AF280813

Martin Wördenweber

Unternehmensplanung und Kontrolle

4., überarbeitete und wesentlich erweiterte Auflage

Bibliographische Information der Deutschen Nationalbibliothek
Die Deutsche Nationalbibliothek verzeichnet diese Publikation
in der Deutschen Nationalbibliografie; detaillierte bibliografische
Daten sind im Internet über http://dnb.d-nb.de abrufbar.

Verlag:
BoD · Books on Demand GmbH, In de Tarpen 42,
22848 Norderstedt, bod@bod.de
Druck:
Libri Plureos GmbH, Friedensallee 273, 22763 Hamburg

ISBN 978-3-7693-5791-2

Vorwort zur 4. Auflage

Die zunehmende Digitalisierung, verbunden mit Änderungen in immer kürzeren Zeitabständen, erfordert eine neue Auflage. So wurden u. a. entsprechende Abschnitte im Bereich der Planung, insb. Koordination, und Kontrolle aufgenommen.

Die wesentlichen Ergänzungen finden sich im Unterabschnitt 1.6.11 „Instrumente der Planung" wieder. Dort wurden grundlegende Elemente der strategischen Planung wie Wettbewerbsvorteile, Erfolgspotenziale und Erfolgsfaktoren erläutert sowie die strategischen Geschäftsfelder (SGF) von den strategischen Geschäftseinheiten (SGE) abgegrenzt. Hinzu getreten sind Analyseformen des Unternehmens wie die PIMS-Studie, die Wertschöpfungskettenanalyse, die Ressourcen- und Kompetenzanalyse, die (Produkt-)Lebenszyklusanalyse und die Erfahrungskurvenanalyse. Bei den Portfolio-Analysen wurde die Marktattraktivitäts-Wettbewerbs-Analyse (GE-Matrix) hinzugefügt. Die SWOT-Analyse wurde um ein weiteres Beispiel aus der Praxis ergänzt.

Ein weiterer neuer Block umfasst die planbaren strategischen Handlungsoptionen mit der Definition des Strategiebegriffes, der Vorstellung der Arten von Strategien sowie die Unternehmensstrategien, Geschäftsbereichsstrategien und Funktionsbereichsstrategien.

Aus Gründen der besseren Lesbarkeit wird im Folgenden auf die gleichzeitige Verwendung männlicher, weiblicher und diverser Sprachformen verzichtet und das generische Maskulinum verwendet.[1] Sämtliche Personenbezeichnungen gelten für alle Geschlechter.

Für die zahlreichen Anregungen, Hinweise und Verbesserungsvorschläge möchte ich mich bei den Studierenden und Ehemaligen der HSBI Hochschule Bielefeld bedanken. Zum Gelingen des Buches hat auch Frau Prof. Dr. Ricarda Hildebrand-Peitzmeier von der EAH Jena mit zahlreichen Diskussionen beigetragen.

Für Anregungen, die der weiteren inhaltlichen und didaktischen Verbesserung dienen, unter der E-Mail-Adresse management@dr-woerdenweber.de, bin ich dankbar.

Büren, im März 2025   Martin Wördenweber

---

[1] Eine ausführliche Begründung und Erläuterung dieses Themenkomplexes finden Sie bspw. bei WÖRDENWEBER, M.: Leitfaden für wissenschaftliche Arbeiten. Praktikums-, Seminar-, Bachelor- und Masterarbeiten sowie Dissertationen, 3. Aufl., Berlin 2024, S. 164–172.

Vorwort zur 3. Auflage

Der Unterabschnitt „Instrumente der Planung" wurde im Themengebiet „Analyse der Konkurrenten" deutlich erweitert. Des Weiteren wurde neben der BCG-, Gap- und SWOT-Analyse die Vorstellung der Prognoseinstrumente neu in das Buch aufgenommen.

Zur Verwendung der geschlechtsspezifischen, meist männlichen Schreibweise sei folgender Hinweis erlaubt: Es ist schreibtechnisch deutlich einfacher, nur die männliche Form zu verwenden, anstatt der gelegentlich gebrauchten Ausdrücke wie AutorIn, Autor*in, Autor/in, Autor:in, Autor oder Autorin, StudentIn, Student/in, Student*in, Student oder Studentin etc. Zweitens wäre die vorstehende Verwendung grammatikalisch falsch. Drittens lässt sie sich in sehr vielen Fällen wie z. B. beim Arzt nicht einheitlich anwenden: Eine Arztin gibt es nicht. Viertens führt die Ausführung zu einer erschwerten Les- und Erfassbarkeit des Textes. Zuletzt ist vorstehende Art der genderorientierten (?) Schreibweise angesichts der drei Geschlechter (Männer, Frauen, Intersexuelle) ohnehin nicht korrekt und ethisch bedenklich, da sie nicht alle Formen der sexuellen Orientierung gleichwertig nebeneinanderstellt; die Angehörigen des dritten Geschlechts werden zu reinen Symbolen herabgesetzt. Eine Lösung könnte in der Findung neuer Sprachformen liegen. Was aber etliche neue Probleme schafft. Denn dann bräuchten wir bei detaillierter Betrachtung (neben dem Neutrum) mind. vier Formen: m, w, d und ein übergeordnetes Substantiv für Personen. Infolgedessen opfern wir nicht nur die hergebrachte deutsche Sprache, sondern schaffen wie im Lateinischen oder Griechischen eine noch komplexere Sprache, deren Anwendbarkeit und Beherrschbarkeit die nächsten Fragen aufwirft. (So würden etwa bestimmte gesellschaftliche Gruppen (negativ) diskriminiert, da sie schon allein rein sprachlich überfordert sein könnten.) Es sei zudem darauf hingewiesen, dass das Sprechen mit einer zeitlichen Lücke, etwa beim „Gender-Sternchen" eine Zumutung für die vielen Hörgeschädigten darstellt. Die Nutzung der vorherrschenden Ausdrucksweise, die oft das männliche Genus beinhaltet, ist in dieser Monografie lediglich als Kurzform für die drei Geschlechter zu verstehen. Insofern mögen Leserinnen und Intersexuelle mir verzeihen und ein wenig Verständnis aufbringen.

Für die zahlreichen Anregungen, Hinweise und Verbesserungsvorschläge möchte ich mich bei den Ehemaligen der Fachhochschule Bielefeld, allen voran Herrn M. A. Daniel Jockwitz, bedanken. Zum Gelingen des Buches hat meine wissenschaftliche Hilfskraft, Frau cand. M. A. Sophie Rehlaender, mit außerordentlichem Fleiß und kreativen Ideen beigetragen.

Für Anregungen, die der weiteren inhaltlichen und didaktischen Verbesserung dienen, unter der E-Mail-Adresse management@dr-woerdenweber.de, bin ich dankbar.

Büren, im Juli 2022   Martin Wördenweber

Vorwort zur 1. Auflage

Planlosigkeit erreicht spielend Ziele – anderer.[2]

Jede sinnvolle Entscheidung bezüglich einer bestimmten Aktivität (dazu gehört grundsätzlich auch immer die Unterlassensalternative) setzt ein Ziel voraus. Sicher, auch ohne ein Ziel können – und müssen oft, meist auf Drängen Externer, Entscheidungen getroffen werden. Allerdings könnte man ohne Ziel auch gleich würfeln oder eine Münze werfen oder anderweitig zufällige Ergebnisse bewirken. Aber eine derartige „fremdbestimmte" Entscheidung kann nicht im Sinne eines rational handelnden Menschen, einer Gruppe oder einer Organisation wie das Unternehmen sein.

Dem Vorstehenden folgend ist ein Ziel die Grundlage jeder sinnstiftenden Entscheidung. Somit stellen sich u. a. die Fragen, welche Ziele sich (überhaupt) anbieten und wie man diese finden kann, welches Ziel das richtige ist bzw. wie man bei Vorliegen mehrerer Ziele agiert. Diese und weitere Fragen soll die vorliegende Monografie beantworten.

Grundsätzlich ist also zunächst eine Entscheidung zu treffen, welches Ziel angestrebt werden soll. Ist darüber ein Beschluss gefasst, gilt es, diejenigen Maßnahmen zu finden, mittels derer das Ziel erreicht werden kann.

In beiden Fällen (Ziel und Maßnahme/Aktivität) ist es unvermeidlich, vor der Entscheidung über ein Ziel bzw. eine Maßnahme systematisch Alternativen zu suchen und zu finden, sich mit letzteren auseinanderzusetzen, d. h. sie zu untersuchen und zu bewerten sowie die Auswahl der besten Aktivität zu treffen. Diesen Prozess nennt man Planung (i. e. S.). Durch sie wird das zukünftige Handeln durchdacht, sie ist das gedankliche Durchdringen der Zukunft. Denn sowohl ein Ziel als auch eine Entscheidung über eine Maßnahme ist immer zukunftsbezogen. Am Ende einer solchen Planungsphase steht ein Plan und die Entscheidung an, ob dieser Plan umgesetzt wird oder nicht (Planungsphase i. w. S.). – Unterlässt man jedoch die Planung, gleich ob sich diese auf die Ziele oder auf die Maßnahmen zur Zielerreichung bezieht, wird es so sein, dass man fremdbestimmt den Zielen anderer folgt. Es ist oft mehr als fraglich, ob diese Ziele mit den eigenen, so denn man eines hat, kompatibel sind bzw. ob die fremdbestimmten Maßnahmen zum eigenen Wohl gerieren. Gleiches gilt in etwa, ließe man den Zufall über eigene Ziele und Aktivitäten entscheiden.

---

[2] Manfred Hinrich (1926-2915), Dr. phil., deutscher Philosoph, Philologe, Lehrer, Journalist, Kinderliederautor, Aphoristiker und Schriftsteller.

Planung ohne Kontrolle ist [...] sinnlos, Kontrolle ohne Planung unmöglich.[3]

Diese elementare Feststellung von Wild verdeutlicht, dass eine Planung ohne spätere Kontrolle nicht zu einem Optimum führen kann. Diese Denkweise impliziert, dass es sich i. d. R. um einen Regelkreis von Planung und Kontrolle handelt, denn erst wenn die Kontrolle eines geplanten (und entschiedenen) Ziels bzw. einer Maßnahme erfolgt ist, wird klar, ob das Ziel das richtige war bzw. die Maßnahme zur Zielerreichung geführt hat. Je nach Ausgang der Kontrolle entscheidet sich, ob ein anderes Ziel gesucht werden muss bzw. eine andere Aktivität besser zur Zielerreichung beiträgt. Insofern versteht es sich von selbst, dass eine Kontrolle nur dann durchgeführt werden kann, wenn vorab eine entsprechende Planung vorgenommen und darüber entschieden wurde. (Anmerkung: Eine Planung ohne abschließende Entscheidung ist sinnlos; man hätte sich letztere ersparen können – unabhängig davon, ob man sich für oder gegen einen Plan entscheidet oder ggf. eine Alternativplanung („Schubladenplanung") vornimmt.) Planung und Kontrolle bilden somit eine untrennbare Einheit; Kontrolle ist die „Zwillingsfunktion der Planung".[4]

In dieser Schrift wird auf beide Themen grundlegend eingegangen, indem zunächst die Themen Planung und Kontrolle in den Kontext der Unternehmensführung eingeordnet werden. Dabei wird explizit auf die Organisationseinheit „Unternehmen" als auch auf die Führungsebenen und -aufgaben sowie die Anforderungen an eine Führungskraft eingegangen. Nachdem die Rahmenbedingungen der Unternehmensführung beschrieben worden sind, wird das Themengebiet „Planung" intensiver bearbeitet. Daran schließt sich (nahezu zwangsläufig) die „Kontrolle" an.

Für die zahlreichen Anregungen, Hinweise und Verbesserungsvorschläge möchte ich mich bei den Studierenden (cand. B. A.) der Fachhochschule Bielefeld, insbesondere Frau Stefanie Kramp, Frau Laura Müller, Frau Isabel Panhorst, Frau Lara Steggewentz. Frau Bernadett Weese herzlich bedanken. Ebenfalls bedanken darf ich mich bei meiner wissenschaftlichen Hilfskraft, Herrn Daniel Jockwitz, B. A. und meinen studentischen Hilfskräften, Frau cand. B. A. Jennifer Mersch und Frau cand. B. A. Tina von dem Brinke, Frau cand. B. A. Stephanie Bertram, die mit außerordentlichem Fleiß und kreativen Ideen zum Gelingen des Buches beigetragen haben.

Für Anregungen, die der weiteren inhaltlichen und didaktischen Verbesserung dienen, bin ich unter der E-Mail-Adresse management@dr-woerdenweber.de dankbar.

Büren, im April 2019   Martin Wördenweber

---

[3] WILD, J.: Grundlagen der Unternehmensplanung, 4. Aufl., Opladen 1982, S. 44.
[4] DELFMANN, W., REIHLEN, M.: Planung, in: KÜPPER, H.-U., WAGENHOFER, A. (HRSG.): Handwörterbuch Unternehmensrechnung und Controlling, 4. Aufl., Stuttgart 2002, S. 1440.

Inhaltsverzeichnis

Abkürzungs- und Symbolverzeichnis

$	Dollar
€	Euro
§	Paragraf
§§	Paragrafen
%	Prozent
&	und
A	Aktiva
AG	Aktiengesellschaft
a. a. O.	am angegebenen Ort, am angeführten Ort
AGG	Allgemeines Gleichbehandlungsgesetz
AIDA	Attention (Aufmerksamkeit), Interest (Interesse), Desire (Bedürfnis), Action (Kauf)
AktG	Aktiengesetz
altgriech.	altgriechisch
Anm.	Anmerkung
AO	Abgabenordnung
AR	Aufsichtsrat
ArbZG	Arbeitszeitgesetz
Art.	Artikel
Aufl.	Auflage
AWG	Außenwirtschaftsgesetz
AZ	Aktenzeichen
BAFA	Bundesamt für Wirtschaft und Ausfuhrkontrolle
BaFin	Bundesanstalt für Finanzdienstleistungsaufsicht
BAG	Bundesarbeitsgericht
BB	Betriebs-Berater (Zeitschrift)
BGB	Bürgerliches Gesetzbuch
Bd.	Band
BDU e. V.	Bundesverband Deutscher Unternehmensberater e. V.
BetrVG	Betriebsverfassungsgesetz
BFH	Bundesfinanzhof
BGBl.	Bundesgesetzblatt

BGH	Bundesgerichtshof
BIP	Bruttoinlandsprodukt
BSI	Bundesamt für Sicherheit in der Informationstechnik
bspw.	beispielsweise
BVerfG	Bundesverfassungsgericht
bzgl.	bezüglich
bzw.	beziehungsweise
ca.	circa
CARB	California Air Resources Board
cbm	Kubikmeter
CC	Corporate Citizenship
CEO	Chief Executive Officer
cm	Zentimeter
CO_2	Kohlendioxid
CSR	Corporate Social Responsibility
Darst.	Darstellung
DAX	Deutscher Aktienindex
DDR	Deutsche Demokratische Republik
d. h.	das heißt
Diss.	Dissertation
DNK	Deutscher Nachhaltigkeitskodex
DrittelbG	Gesetz über die Drittelbeteiligung der Arbeitnehmer im Aufsichtsrat (Drittelbeteiligungsgesetz)
Eds.	Editors (Herausgeber)
EDV	Elektronische Datenverarbeitung
EK	Eigenkapital
EBO	Employee-Buyout
EPA	(United States) Environmental Protection Agency
EStG	Einkommensteuergesetz
etc.	et cetera
EuGH	Europäischer Gerichtshof
e. V.	eingetragener Verein
evtl.	eventuell

f. bzw. ff.	folgende, fortfolgende
FCPA	United States Foreign Corrupt Practices Act (Anti-Korruptions-Gesetz)
F&E	Forschung und Entwicklung
g	Gramm
G	Gewinn
gem.	gemäß
GeschGehG	Gesetz zum Schutz von Geschäftsgeheimnissen (Geschäftsgeheimhaltungsgesetz)
GG	Grundgesetz
ggf.	gegebenenfalls
GmbH	Gesellschaft mit beschränkter Haftung
GoB	Grundsätze ordnungsgemäßer Buchführung
GuV	Gewinn- und Verlustrechnung
HGB	Handelsgesetzbuch
Hrsg.	Herausgeber
IAS	International Accounting Standards
i. d. R.	in der Regel
IFRS	International Financial Reporting Standards
inkl.	inklusiv(e)
IoT	Internet of Things (Internet der Dinge)
IPO	Initial Public Offering (Erstemission einer Aktie)
i. S. d.	im Sinne des/der
i. S. v.	im Sinne von
IT-Sicherheitsgesetz	Gesetz zur Erhöhung der Sicherheit informationstechnischer Systeme
i. V. m.	in Verbindung mit
i. w. S.	im weiteren Sinne
Jg.	Jahrgang
Kap.	Kapitel
KMU	Kleine und mittlere Unternehmen
KonTraG	Gesetz zur Kontrolle und Transparenz im Unternehmensbereich

KWG	Gesetz über das Kreditwesen (Kreditwesengesetz)
kWh	Kilowattstunde
lat.	lateinisch
lt.	laut
m^3	Kubikmeter
M&A	Mergers and Acquisitions
m. a. W.	mit anderen Worten
MBLM	Mindestbestand an liquiden Mitteln
MBO	Management-Buyout
MbO	Management by Objectives
Mio.	Million(-en)
MitBestG	Gesetz über die Mitbestimmung der Arbeitnehmer (Mitbestimmungsgesetz)
MontanMitbestG	Gesetz über die Mitbestimmung der Arbeitnehmer in den Aufsichtsräten und Vorständen der Unternehmen des Bergbaus und der Eisen und Stahl erzeugenden Industrie (Montanmitbestimmungsgesetz)
Mrd.	Milliarde(n)
n.	nach
NGO	Non-Governmental Organizations (Nichtregierungsorganisation, nichtstaatliche Organisation)
NJW	Neue Juristische Wochenschrift (Zeitschrift)
NPO	Non-Profit-Organization (Nicht gewinnorientierte Organisation)
Nr.	Nummer
o. g.	oben genannt(-e, -er)
o. O.	ohne Ortsangabe
o. V.	ohne Verfasser
OWiG	Gesetz über Ordnungswidrigkeiten (Ordnungswidrigkeitengesetz)
p.	page (Seite)
PEST	Political, Economical, Social, Technological
PESTLE	Political, Economical, Social, Technological, Legal, Environmental
PIMS	Profit Impact of Market Strategies

POLC	Planning (Planung), Organizing (Organisation), Leading (Mitarbeiterführung), Controlling (Controlling)
POSDC	Planning (Planung), Organizing (Organisation), Staffing (Personaleinsatz), Directing (Führung), Controlling (Kontrolle und Korrektur)
POSDCoRB	Planning (Planung), Organizing (Organisation), Staffing (Personaleinsatz), Directing (Führung), Co-ordinating (Ko-ordination), Reporting (Berichtswesen), Budgeting (Budgetierung)
qm	Quadratmeter
ROI	Return on Investment
S.	Seite
SBU	Strategic Business Unit (Strategische Geschäfteinheit)
SEC	United States Securities and Exchange Commission (US-Börsenaufsicht)
s. o.	siehe oben
sog.	so genannt(-e, -er, -en)
sonst.	sonstige(-r)
SprAuG	Gesetz über Sprecherausschüsse der leitenden Angestellten (Sprecherausschussgesetz)
SGE	Strategische Geschäftseinheit
SGF	Strategisches Geschäftsfeld
St.	Stück, Steuern
StGB	Strafgesetzbuch
Std.	Stunde(-n)
strat.	strategisch(-e, -es)
SWOT	Strength, Weakness, Opportunities, Threats
t	Zeit, Jahr(-e), Tonne(-n)
Tab.	Tabelle
Tsd.	Tausend
U	Umsatz
u.	und
u. a.	unter anderem, und andere
Uni	Universität
USP	Unique Selling Proposition (Alleinstellungsmerkmal)

UStG	Umsatzsteuergesetz
usw.	und so weiter
u. U.	unter Umständen
u. v. m.	und vieles mehr
Verf.	Verfasser
vgl.	vergleiche
Vorj.	Vorjahr
VRIO	Value (Wert), Rarity (Seltenheit), Inimitability (Nicht-Imitierbarkeit), Organization (Organisation)
VVaG	Versicherungsverein auf Gegenseitigkeit
W	Woche
WiSt	Wirtschaftswissenschaftliches Studium (Zeitschrift)
WpHG	Gesetz über den Wertpapierhandel (Wertpapierhandelsgesetzt)
z. B.	zum Beispiel
ZfbF	Zeitschrift für betriebswirtschaftliche Forschung
z. T.	zum Teil

1 Grundlagen der Unternehmensplanung und -kontrolle

1.1 Unternehmen, Betrieb, Firma

Ausgangspunkt der Überlegungen ist der Titel dieses Buches „Unternehmensplanung und Kontrolle". Planung und Kontrolle sind zwei wesentliche Aufgaben der Unternehmensführung, wie dies im Verlauf dieser Monografie (Unter-Unterabschnitt 1.2.2.2 „Aufgaben des Managements") noch deutlich wird. Es geht also um die Führung eines Unternehmens. Um auf die Führung, speziell eines Unternehmens, näher eingehen zu können, ist zunächst der Begriff „Unternehmen" zu klären.

Sowohl im allgemeinen Sprachgebrauch als auch in der Fachliteratur wird der **Unternehmensbegriff kontrovers definiert**. Je nach Disziplin bzw. fachspezifischer Ausrichtung findet sich eine oft divergierende Auffassung, wie das Erfahrungsobjekt „Unternehmen" beschrieben werden kann oder sollte. Dies liegt weniger an der unterschiedlichen Bezeichnung, sondern vielmehr an der unterschiedlichen Funktion (Zweck) und Ausgestaltung des Begriffs in den einzelnen wissenschaftlichen Disziplinen oder der Gesetzgebung. Die Auseinandersetzung mit dem Unternehmensbegriff findet in diesem ersten Abschnitt statt, um letztlich zu einer Definition zu gelangen, mit der in diesem Werk gearbeitet werden kann.

Da der Unternehmensbegriff oft im Kontext mit den Begriffen „Unternehmung", „Betrieb" und „Firma" verwendet wird, werden diese Begriffe näher untersucht. Es ist zu klären, ob und bei welchen Begriffen es sich um Synonyme handelt. Zusätzlich soll für jeden der abzugrenzenden Begriffe eine eigene Definition aufgestellt werden.

Zunächst sollen fachübergreifend die Begriffe „Unternehmen" und „Betrieb" analysiert werden. Die Abgrenzung zwischen den Begriffen „Unternehmen" und „Betrieb" ist nicht einheitlich. Es bieten sich folgende Varianten an:

1. Betrieb als Oberbegriff für unterschiedliche Betriebsformen. Eine Unternehmung ist ein erwerbswirtschaftlich ausgerichteter Betrieb (privatwirtschaftliches Unternehmen) neben nicht erwerbswirtschaftlichen Betrieben wie z.B. Hochschulen, gemeinnützige Krankenhäuser, Sportvereine oder kirchliche Einrichtungen mit karitativen Zwecken.

2. Die Begriffe Unternehmen und Betrieb werden synonym gebraucht.

3. Unternehmen als Oberbegriff: Der Betrieb als technisch-organisatorische Untereinheit ist in eine wirtschaftliche Einheit, das Unternehmen, integriert. Ein Unternehmen kann mehrere Betriebe im Sinne von Betriebsstätten (u. a. Verkaufsniederlassungen, Werke, oder Läger) managen.

Darst. 1.101: Abgrenzungsmöglichkeiten Unternehmen und Betrieb

1.1.1 Unternehmen

Zuerst soll ausgeführt werden, was im Allgemeinen unter einer Unternehmung zu verstehen ist. Grundsätzlich wird das Wort „Unternehmung" aus dem Verb „unternehmen" gebildet. Hiermit ist gemeint, dass der Mensch **auf Dauer eine Tätigkeit ausübt**, um einen Zweck zu verfolgen, der über diese Tätigkeit hinausgeht.[5]

Im Rahmen der Suche nach einer Definition für den Begriff „Unternehmen" werden nachfolgend etliche Ausführungen in der Literatur näher beleuchtet.

In der **Volkswirtschaftslehre** wird das Unternehmen, dessen Zweck des Wirtschaftens in der Versorgung der Haushalte mit Konsumgütern zur Bedürfnisbefriedigung liegt, einerseits als produzierende Wirtschaftseinheit verstanden; andererseits werden u. a. Faktorleistungen, die die Unternehmungen von den Haushalten nachfragen (Arbeits-, Sachkapital- und Bodenleistungen), eingesetzt.[6] Unter Produktion wird nicht nur die industrielle oder handwerkliche Produktion verstanden, sondern allgemeiner die Erzeugung wirtschaftlicher Güter, zu denen auch Dienstleistungen gehören. Demnach gelten als Unternehmen „auch das Transport-, das Lebensmitteleinzelhandels- und das Friseurgeschäft, ebenso die Rechtsanwalts- und die Arztpraxis."[7] Nach

---

[5] Vgl. MOLITOR, E.: Das Wesen des Arbeitsvertrages. Eine Untersuchung über die Begriffe des Dienst- und Werkvertrags, sowie des Vertrags über abhängige Arbeiten, Leipzig, Erlangen 1925, S. 6.

[6] Vgl. beispielsweise SCHUMANN, J., MEYER, U., STRÖBELE, W.: Grundzüge der mikroökomischen Theorie, 9. Aufl., Berlin, Heidelberg 2011, S. 127.

[7] SCHUMANN, J., MEYER, U., STRÖBELE, W.: a. a. O., S. 127.

Turin „erscheint der Unternehmer als der Hauptagent der Produktion, als derjenige, der das Ge-bilde, das die Unternehmung darstellt, in den Markt, den volkswirtschaftlichen Gesamtprozess, einordnet."[8]

Aus **betriebswirtschaftlicher Sicht** beschreibt Gutenberg, der als Begründer der modernen deutschen Betriebswirtschaftslehre gilt, drei „systemindifferente Tatbestände", die allen Betrie-ben – unabhängig vom Wirtschaftssystem – gemeinsam sind:[9]

- der kombinierte Einsatz von Produktionsfaktoren,
- die Beachtung des Wirtschaftlichkeitsprinzips[10] und
- die Einhaltung eines finanziellen Gleichgewichts.[11]

Hinsichtlich der Betriebe differenziert Gutenberg zwischen Betrieben in einer Marktwirtschaft, die er als Unternehmungen bezeichnet und Betrieben (im engeren Sinne) in einer Planwirtschaft, da die vorgenannten Betriebe, abhängig von dem jeweiligen Wirtschaftssystem („systembezo-gene Tatbestände") sind, in dem sie agieren. Während bei ersteren das erwerbswirtschaftliche Prinzip (= Gewinnmaximierung) und das Autonomieprinzip sowie das Privateigentum die Basis bilden, gelten für die Betriebe in der Planwirtschaft das Gemeineigentum, die Produktion nach einem zentralen staatlichen Plan (Organprinzip) und die Erfüllung dieses Plans als grundsätzli-che Kennzeichen. Das erwerbswirtschaftliche Prinzip geht davon aus, „dass volkswirtschaftlich die beste Versorgung mit [Sach]gütern und Dienstleistungen erreicht [wird], wenn jedes ein-zelne Unternehmen versucht, auf die Dauer einen möglichst großen Gewinn auf das eingesetzte Kapital zu erzielen."[12] Das Autonomieprinzip heißt, dass die Entscheidungen von Unternehmen nicht durch unternehmensexterne Instanzen vorgegeben sind. Aus dem Prinzip des Privateigen-tums wird der Anspruch auf Alleinbestimmung abgeleitet. Des Weiteren findet sich bereits in seiner Habilitationsschrift die Idee des Zusammenhangs der betrieblichen Teilbereiche Produk-tion, Finanzierung und Absatz (und Beschaffung). Gutenberg notiert 1929: „So gesehen, kann man die Unternehmung als einen Komplex von Quantitäten bezeichnen, die in gegenseitigen Abhängigkeitsverhältnissen zueinander stehen (funktional verbunden sind) …"[13]

Bei Gutenberg ist zu erkennen, dass der Betrieb dem Unternehmen (als spezieller Ausprägung des kapitalistisch-liberalen Wirtschaftssystems) übergeordnet ist.

---

[8] TURIN, G.: Der Begriff des Unternehmers, Zürich 1947, S. 46.

[9] Vgl. GUTENBERG, E.: Grundlagen der Betriebswirtschaftslehre, Bd. 1: Die Produktion, im Folgenden mit „Grund-lagen" abgekürzt, 24. Aufl., Berlin, Heidelberg, New York 1983, S. 458ff.

[10] Vermeidung von Verschwendung.

[11] Damit ist die Fähigkeit gemeint, jederzeit zu den vereinbarten Zeitpunkten fällige Zahlungen leisten zu können.

[12] Vgl. GUTENBERG, E.: Grundlagen, a. a. O., S. 464.

[13] GUTENBERG, E.: Die Unternehmung als Gegenstand betriebswirtschaftlicher Theorie, im Folgenden mit „Unter-nehmung" abgekürzt, Berlin, Wien 1929, S. 42.

Die Differenzierung zwischen Unternehmen in der Marktwirtschaft als einer speziellen Betriebsform und zentralwirtschaftlichen Betrieben (= Organbetrieb) hat in den letzten Jahrzehnten – mit dem Niedergang des Sozialismus[14] – an Bedeutung verloren. Daher wird heute üblicherweise die **Unternehmung als Oberbegriff** und autonome rechtlich-wirtschaftliche Einheit angesehen.

Im Gegensatz zu Gutenberg zählt Kosiol das erwerbswirtschaftliche Prinzip und das Prinzip des Privateigentums nicht zu den konstitutiven Merkmalen einer Unternehmung, da es Unternehmen gibt, die nicht nach Gewinnmaximierung streben und/oder nicht im Privateigentum stehen.[15] Insofern trennt Kosiol zwischen öffentlichen Unternehmen[16] und privaten Unternehmungen.

Laut Seyffert wird eine Unternehmung von einem Unternehmer geleitet, der freiwillig ein Marktrisiko auf sich nimmt, um fremde Bedarfe zu decken und sich bei diesem Vorhaben stets an die kaufmännischen Grundsätze hält.[17] Becker führt aus, dass „die Unternehmung oder das Unternehmen … die rechtliche und wirtschaftliche Einheit einer nach dem erwerbswirtschaftlichen Prinzip tätigen Institution [darstellt]"[18]. Interessant ist an dieser Stelle, dass der Autor die Unternehmung und das Unternehmen in einem Zuge nennt und diese auf die gleiche Weise definiert. Als Ergänzung hierzu erwähnt er in seinen Fußnoten, dass beide Begriffe synonym verstanden werden; die Verwendung des einen oder des anderen jedoch nur auf Gewohnheiten beruht. Rieger spricht in seinem Buch zum Beispiel erst über die Unternehmung, verwendet

---

[14] Dieser hängt mit mehreren Faktoren zusammen. Als Beispiel sei nur die nicht praktikable Durchführbarkeit einer Zentralplanung genannt. Selbst mit den heutigen Rechenmöglichkeiten müsste auf einem viel zu hohen Aggregationsgrad gearbeitet werden, um für eine (insbesondere große) arbeitsteilige (wegen der Produktivität!) Volkswirtschaft ein (im besten Fall) optimales, zumindest aber zufriedenstellendes Input-Output-Modell mit allen erforderlichen Lieferverflechtungen zu konzipieren. Allein für die Erfassung und Bearbeitung der Daten und die ständigen Änderungsanforderungen aufgrund von Lieferverzögerungen und –ausfällen (z. B. aufgrund der Witterung und von Unfällen) wäre unter Beachtung des Instanzenweges ein Heer von (unproduktiven) Arbeitskräften nötig, die für die Produktion der Güter fehlen und einen Zielkonflikt in Bezug auf die (Arbeits-)Produktivität der Volkswirtschaft offenbaren. Hierbei ist noch nicht berücksichtigt, dass der technische Fortschritt, sofern der Wohlstand und insbesondere der medizinische Standard höher sein sollen als im Kapitalismus, sowie Änderungen der Bedürfnisse der Volksangehörigen – unabhängig von saisonalen Schwankungen – ständige Planänderungen hervorrufen. Als zweiter Punkt sei die von Marx als ein Hauptziel geforderte Aufhebung der Entfremdung genannt, unter der die Arbeiter im kapitalistischen System leiden. Sofern eine hohe (Arbeits-)Produktivität einer Volkswirtschaft erreicht werden soll, um letztlich den Wohlstand aller zu mehren, kann auf eine Arbeitsteilung nicht verzichtet werden. Arbeitsteilung ist vom Wirtschaftssystem unabhängig, und soweit sie (überhaupt) Entfremdung hervorruft, muss sich diese auch in einer sozialistisch industrialisierten Wirtschaft zeigen. Im real existierenden Sozialismus hat sich die Entfremdung aufgrund der zentralen Planungen, weit ab vom produzierenden Betrieb, eher noch verstärkt.

[15] Vgl. KOSIOL, E.: Die Unternehmung als wirtschaftliches Aktionszentrum, 4. Aufl., Reinbek bei Hamburg 1972, S. 203f.

[16] Im Sinne von öffentlich-rechtlichen Unternehmen. (Anmerkung: Öffentliche Zwecke können auch von privaten Unternehmen erfüllt werden.)

[17] Vgl. SEYFFERT, R.: Über Begriff, Aufgaben und Entwicklung der Betriebswirtschaftslehre, 6. Aufl., Stuttgart 1971, S. 11f.

[18] BECKER, F. G.: Grundlagen der Unternehmensführung, Einführung in die Managementlehre, Berlin 2011, S. 22.

dann kurz den Begriff des Unternehmens und wechselt dann wieder zu ersterem Begriff.[19] Aufgrund der vorstehenden Befunde sollen die **Begriffe „Unternehmung" und das „Unternehmen" als Synonyme** verwendet werden.

Albers betrachtet das Unternehmen als „produzierende Wirtschaftseinheit in ganzheitlicher Sicht".[20] Dies umfasst die Kombination der Produktionsfaktoren, um Sachgüter und Dienstleistungen herzustellen, aber auch die finanziellen Mittel, die zur Erstellung der Sachgüter und Dienstleistungen erforderlich sind, und die rechtlichen Erscheinungsformen des Unternehmens. Für die weitere Definition des Unternehmens als produzierende Wirtschaftseinheit in ganzheitlicher Sicht, wird zwischen drei verschiedenen Fassungen unterschieden.

Erstens beinhaltet die engste Fassung des Unternehmensbegriffes die für den anonymen Markt produzierenden großen Erwerbswirtschaften. Diese Erwerbswirtschaften erstellen Güter für den anonymen Markt in Massenproduktion und aus diesem Grund werden kleinere Produktionseinheiten nicht mit in den Unternehmensbegriff eingeschlossen. Es werden nicht mehr nur die privaten Unternehmen betrachtet, sondern ebenso die öffentlich-rechtlichen und gemischtwirtschaftlichen. In diesem Zusammenhang treten also eher die Probleme der großen Erwerbswirtschaften auf, die sowohl organisatorische, finanzielle und absatzwirtschaftliche Aspekte umfassen können.[21]

Zweitens umfasst der Begriff in der weiteren Fassung alle erwerbswirtschaftlich orientierten Produktionseinheiten, sodass die Zielsetzung der Unternehmen im Mittelpunkt steht. Dieses Ziel heißt nicht zwingend Gewinnmaximierung, aber stützt sich trotzdem weitestgehend auf die Gewinnerzielung. In der älteren Literatur wird entweder von einem Unternehmer wie in der Privatwirtschaft ausgegangen, der durch die Kombination von Faktoren Unternehmergewinne erzielt oder von einem Unternehmer, der gleichzeitig Geschäftsführer und Kapitalgeber des Unternehmens ist, wobei er dadurch auch das Risiko trägt. Da dies aber nicht mehr zeitgemäß ist und den Anforderungen der neueren Unternehmensformen nicht mehr gerecht wird, spricht man nun oft von einer Trennung von Eigentum und Geschäftsführung, was bedeutet, dass es zum einen einen (oder mehrere) Kapitalgeber gibt, der das Risiko trägt und somit auch die erzielten Gewinne erhält und zum anderen einen Geschäftsführer, der das Unternehmen leitet und dafür ein Gehalt bekommt, das unternehmerische Risiko allerdings nicht tragen muss. Charakteristisch für das Unternehmen ist nicht nur das erwerbswirtschaftliche Prinzip, sondern auch die innere und äußere Autonomie kennzeichnen dieses. Die äußere Autonomie besagt, dass das Unternehmen selbst über Bedarf und Deckung in einer Volkswirtschaft entscheidet und die innere

---

[19] Vgl. RIEGER, W.: Einführung in die Betriebswirtschaftslehre, 2. Aufl., Erlangen 1959, S. 17.

[20] ALBERS, W., BORN, E., DÜRR, E. ET AL.: Handwörterbuch der Wirtschaftswissenschaft (HdWW). Zugleich Neuauflage des Handwörterbuchs der Sozialwissenschaften. Terminmärkte bis Wirtschaft der DDR, Bd. 8, Stuttgart u. a. O. 1980, S. 65.

[21] Vgl. ALBERS, W., BORN, E., DÜRR, E. ET AL.: a. a. O., S. 66.

Autonomie bezieht sich darauf, dass der Anteilseigner ein Alleinbestimmungsrecht besitzt, welches er auch auf die von ihm gewählten Geschäftsführer übertragen kann. Auch bei dieser Auffassung werden öffentlich-rechtliche und gemischtwirtschaftliche Wirtschaftseinheiten von dem Unternehmensbegriff eingeschlossen.[22]

Drittens werden die produzierenden Wirtschaftseinheiten ohne jede Einschränkung in die weiteste Fassung des Unternehmensbegriffs aufgenommen. Unternehmen wollen fremde Bedarfe decken, sind wirtschaftlich selbstständig und übernehmen freiwillig ein Marktrisiko. In diesem Fall werden alle Einheiten, die werteschaffend agieren, als Unternehmen angesehen und somit gilt dies auch für die Landwirtschaft und die freien Berufe, die sonst aus dem Unternehmensbegriff ausgeschlossen werden. Die Haushalte zählen allerdings auch hier nicht zu den Unternehmen dazu, da sie nicht produzieren, sondern konsumieren.[23]

Die Privatwirtschaftslehre befasst sich nur mit privaten oder Einzelwirtschaften, weshalb diese Definition gesondert von der betriebswirtschaftlichen betrachtet wird. Wenn hier von einer Unternehmung gesprochen wird, wächst der Horizont über das Wirtschaften im Betrieb hinaus und umfasst auch geldliche und finanzielle Aspekte. Das Unternehmen wird von Rieger als „eine geschlossene wirtschaftliche Einheit, die zum Zwecke des Gelderwerbs für ihre Rechnung und Gefahr Güter herstellt oder vertreibt"[24] bezeichnet. Die Besonderheiten bei einem Unternehmen sind, dass die Höhe der Produktion geschätzt wird und kein direkter Kontakt zum Verbraucher besteht, der diese Daten liefern könnte. Es entstehen bestimmte Risiken und Gefahren, die der Unternehmer tragen muss. Es ist für ihn nicht möglich, diesen Risiken und Gefahren ohne weiteres zu entgehen und wenn es so wäre, würde das Unternehmen kein Unternehmen mehr sein. Ein Unternehmen stellt Waren und Dienstleistungen zur Verfügung, ohne direkt beauftragt worden zu sein, weshalb Preis, Absatzmenge und Absatzzeitraum ungewiss sind. All das wird unternommen, um Gewinne zu erzielen. Das Unternehmen gilt als Erwerbswirtschaft und um dieses Ziel zu verfolgen, müssen Produktionsfaktoren und Kapital zur Verfügung stehen. Hiermit wird ein anderer wichtiger Punkt aufgefasst, denn der Unternehmer muss in das Unternehmen Kapital in nennenswerter Höhe investieren, ohne zu wissen, ob und wie viel er daran verdient. Auch hier entsteht für ihn ein sehr hohes Risiko, da zum Beispiel Investitionen in feste Anlagen getätigt werden müssen, an die der Unternehmer vorerst gebunden sein wird. Gleiches Risiko entsteht in Bezug auf umlaufende Mittel, da, wie zuvor erwähnt, nicht sicher ist, ob und wann der Unternehmer die Waren und Dienstleistungen seines Unternehmens verkaufen kann. Trotzdem muss er neues Umlaufvermögen beschaffen, um neue Einheiten produzieren zu können. Darüber hinaus bestehen auch Produktionsrisiken. Zudem können sich Preise ändern und Neuerungen auftreten. Auch der Geschmack der Verbraucher kann sich gegensätzlich entwickeln. Der Unternehmer kann sich also niemals in Sicherheit wiegen und ist stets konjunkturellen

---

[22] Vgl. ALBERS, W., BORN, E., DÜRR, E. ET AL.: a. a. O., S. 66f.
[23] Vgl. ebenda, S. 67.
[24] RIEGER, W.: a. a. O., S. 15.

Schwankungen ausgesetzt. Grundsätzlich hat der Unternehmer die Chance, sich gegen verschiedene Risiken abzusichern, wie zum Beispiel Brand oder Diebstahl, aber gegen das Risiko der Unternehmung kann und soll es keine Absicherung geben.[25] Rieger beschreibt „Unternehmer ... [als] Leute, die wagen, um dadurch zu gewinnen"[26]. Ein Unternehmen erfordert nicht nur technisches, sondern auch kaufmännisches Wissen, da auch geldliche und finanzielle Probleme auftreten können. Das Unternehmen hat die Aufgabe, „sich selbst zu unterhalten und darüber hinaus dem Unternehmer einen Geldertrag zu verschaffen"[27]. Das Unternehmen erhält nur Einnahmen aus den Betriebserzeugnissen und -leistungen, sodass ein Risiko besteht, dass das Unternehmen finanziell scheitert. Die Beziehung von Unternehmen und Betrieb laut Rieger wurde zuvor schon dargestellt und soll hier nur kurz aufgegriffen werden. Der Betrieb bildet den Kern des Unternehmens und verfolgt den technischen Zweck, wobei das Unternehmen den Betrieb umschließt und den Gedanken nach Gewinnstreben hinzufügt. Das Unternehmen nutzt den Betrieb als Instrument zum Wirtschaften und kann selbst aus vielen einzelnen Betrieben bestehen.

Ähnlich beschreibt Dieter Schneider den Unternehmer: „Wer die Ziele erst im Einzelnen festlegen, die Mittel suchen, die Handlungsmöglichkeiten in ihren Beiträgen zu den Zielen und ihrer Mittelbeanspruchung erforschen muss, wer sich dann für eine Handlungsmöglichkeit entscheidet und sie verwirklicht, den nennen wir Unternehmer. Unternehmer heißt im Folgenden also jeder Mensch, der Einkommen erwerben will und dabei Ziele, Handlungsmöglichkeiten, Mittel angesichts einer unsicheren Zukunft untersuchen muss."[28]

In der Privatwirtschaftslehre kennzeichnen ein Unternehmen neben dem erwerbswirtschaftlichen Charakter vor allem das vorhandene Unternehmensrisiko und der Einsatz von nennenswertem Kapital, das vielleicht nicht wieder erwirtschaftet werden kann.

Laut Hugentobler werden Unternehmen in private, öffentliche oder gemischtwirtschaftliche Unternehmen eingeteilt. Öffentliche Unternehmen sind Eigentum des Staates, wohingegen private Unternehmen einer natürlichen oder juristischen Person gehören. Bei gemischtwirtschaftlichen Unternehmen sind sowohl der Staat als auch eine private oder juristische Person Eigentümer des Unternehmens. Im Folgenden wird eher auf die privaten Unternehmen eingegangen. Das Unternehmen verfolgt das Ziel, Gewinne zu erwirtschaften. Demnach ist anzunehmen, dass Non-Profit-Organisationen aus dem Unternehmensbegriff auszuschließen sind. Die Gewinne können verwendet werden, um dem Kapitalgeber einen Teil seines zur Verfügung gestellten Kapitals zurückzugeben und diesen für das Risiko, das er eingegangen ist, zu entschädigen. Es ist nicht zwingend notwendig, dass der Kapitalgeber gleichzeitig der Eigentümer des Unternehmens ist. Das Gewinnstreben ist auch in dieser Definition Bestandteil des Unternehmens, da es

---

[25] Vgl. RIEGER, W.: a. a. O, S. 15–26.
[26] Ebenda, S. 29.
[27] Ebenda, S. 37.
[28] SCHNEIDER, D.: Investition, Finanzierung und Besteuerung, 7. Aufl., Wiesbaden 1992, S. 3.

ohne diese Gewinne nicht langfristig erhalten bleiben kann. Außerdem hat das Unternehmen eine Rechtsform zu wählen, welche dieses dabei unterstützt, rechtliche Beziehungen gegenüber Dritten zu führen. Insgesamt lassen sich verschiedene Faktoren darstellen, die das Unternehmen beeinflussen können: Eigentum, Gewinnorientierung, Branche, Größe, Standort, geografische Ausbreitung und Rechtsform. Gründet ein Unternehmer ein neues Unternehmen, muss er all diese Aspekte bedenken und für jeden dieser Faktoren eine für sich geeignete Lösung finden.[29]

Thommen/Achleitner beschreiben Unternehmen im Gegensatz zu Haushalten als produktionsorientierte Wirtschaftseinheiten, die primär der Fremdbedarfsdeckung dienen.[30] Sie werden in private, öffentliche und gemischtwirtschaftliche Einheiten unterteilt. Für die Unterscheidung der Unternehmensformen gibt es einige Merkmale, die dabei helfen, zu erkennen, ob ein Unternehmen privat oder öffentlich ist, aber wie zuvor wird der Fokus auf die privaten Unternehmen gelegt. Deren verschiedene Charakteristika sollen an dieser Stelle kurz erwähnt werden: rechtliche Grundlagen, Kapitalbeteiligung, Grad der Selbstbestimmung und Gewinnorientierung. Es wird erklärt, dass ein privates Unternehmen gewinnorientiert handelt. Die Ausrichtung des Unternehmens ist auf die Bedürfnisse des Marktes ausgelegt und um diese Bedürfnisse zu decken, muss das Unternehmen produktive Leistungen erstellen. In dem Unternehmen ist ein soziales System wiederzufinden, da in diesem viele Menschen tätig sind, welche durch ihr Verhalten einen Einfluss auf das Unternehmen haben können. Dies erklärt auch die Offenheit eines Unternehmens, da es viele Beziehungen zu seiner Umwelt pflegt und mit dieser im ständigen Austausch ist. Laut dieser neueren Definition besteht ein Unternehmen aus vielen einzelnen Elementen, wodurch es zu einem komplexen System wird, welches wiederum laufenden Änderungen unterzogen werden muss, um sich der Umwelt und den Entwicklungen anzupassen. Zusammenfassend kann das Unternehmen aus managementorientierter Sicht als ein offenes, dynamisches, komplexes, autonomes, marktgerichtetes und produktives soziales System charakterisiert werden.[31]

Aus rechtswissenschaftlicher Sicht lässt sich – ähnlich wie in der Betriebswirtschaftslehre – keine einheitliche Definition des Begriffs „Unternehmen" finden. Dies liegt weniger an der unterschiedlichen Bezeichnung, sondern vielmehr an der unterschiedlichen Funktion und Ausgestaltung des Begriffs in den einzelnen Rechtsgebieten.[32] Die recht unterschiedlichen Interpretationen des Unternehmensbegriffs belegt folgende Auswahl an Fundstellen: Jacobi betitelt die

---

[29] Vgl. SCHAUFELBÜHL, K., HUGENTOBLER, W., BLATTNER, M. (HRSG.): Betriebswirtschaftslehre für Bachelor, Zürich 2007, S. 37–71.

[30] Vgl. hier und im Folgenden: THOMMEN, J.-P., ACHLEITNER, A.-K.: Allgemeine Betriebswirtschaftslehre – Umfassende Einführung aus managementorientierter Sicht, 8. Aufl., Wiesbaden 2017, S. 40–49.

[31] Vgl. THOMMEN, J.-P., ACHLEITNER, A.-K.: a. a. O., S. 44–45.

[32] Als Beispiel sei das Aktienrecht genannt, das beispielsweise für das Konzernrecht keine Definition des Unternehmens enthält. Laut Eisenhardt hat der Gesetzgeber (hier) von einer genaueren Umschreibung des Begriffs wegen der großen praktischen Schwierigkeiten bewusst abgesehen. (EISENHARDT, U.: Gesellschaftsrecht, 9. Aufl., München 2000, S. 469.)

erwerbswirtschaftlichen Unternehmen, die Gewinne zu erzielen versuchen, als „[gewerbsmä-ßige] Unternehmen".[33] Neben diesen gewerbsmäßigen Unternehmen gibt es aber auch noch die gemeinnützigen Unternehmen und öffentlichen Behörden, die keineswegs aus dem Unternehmensbegriff ausgeklammert werden müssen.[34] Das Unternehmen wird durch das Ziel, welches den Willen des Unternehmers darstellt und auf der Bedürfnisbefriedigung beruht, zu einer Einheit und nicht durch den technischen Zweck allein. Es ist zu beachten, dass ein einziges Rechtssubjekt die Herrschaft über mehrere Unternehmen besitzen kann, und außerdem können persönliche, sächliche und immaterielle Mittel zur Befriedigung verschiedener Bedürfnisse genutzt werden, obwohl diese Bedürfnisse keine Einheit darstellen, also unterschiedlich sind. Somit findet sich ein Rechtsbegriff des Unternehmens, der wie folgt lautet: „Die Vereinigung von persönlichen, sächlichen und immateriellen Mitteln durch das von einem Rechtssubjekt (oder von mehreren Rechtssubjekten gemeinsam) verfolgte Ziel, ein bestimmtes Bedürfnis zu befriedigen".[35] Ein Unternehmen beginnt mit der Zielsetzung und endet, wenn das Ziel nicht weiterverfolgt wird.[36]

Von Gierke schlägt folgende Definition vor: „Unternehmen ist der durch Gewerbe (Betriebstätigkeit) geschaffene Tätigkeitsbereich mit den ihm (regelmäßig) ein- und angegliederten Sachen und Rechten einschließlich der zu ihm gehörenden Schulden.[37] Eine andere an Raisch anlehnende Erklärung lautet: „[Ein Unternehmen ist] die organisierte Wirtschaftseinheit, mittels derer der Unternehmer am Markt auftritt."[38] Bei dieser Formulierung wird davon ausgegangen, dass ein Markt für die zu produzierenden und abzusetzenden materiellen und immateriellen Güter existiert. Es bleibt aber u. a. offen, ob es sich um eine Organisation mit oder ohne Gewinnerzielungsabsicht handelt. Ebenso ungenau bleibt Dütz, der „unter einem Unternehmen eine wirtschaftliche Organisationseinheit [versteht], der ein oder mehrere Betriebe zugeordnet sind, z. B. gemeinschaftliche Wirtschaftsleitung für mehrere Betriebe."[39] Nach Canaris ist „das kaufmännische Unternehmen ein Tätigkeitsbereich in Verbindung mit den dazugehörigen Gegenständen (Sachen, Rechten, Chancen, Beziehungen usw.) einschließlich der Schulden."[40]

Im Zuge der Einführung von Verbraucherschutzvorschriften im Falle von z. B. einem Verbrauchsgüterkauf und einem Verbraucherdarlehensvertrag wurde 2000 der Begriff des Unternehmers im **BGB** verankert. Nach § 14 BGB ist ein Unternehmer eine natürliche oder juristi-

---

[33] JACOBI, E.: Betrieb und Unternehmen als Rechtsbegriff, Leipzig 1926, S. 17.

[34] Vgl. JAOCBI, E.: a. a. O., S. 16f.

[35] JAOCBI, E.: a. a. O., S. 20.

[36] Vgl. ebenda, S. 18–20.

[37] VON GIERKE, J., SANDROCK, O.: Handels- und Wirtschaftsrecht, Bd. I, Allgemeine Grundlagen. Der Kaufmann und sein Unternehmen, 9. Aufl., Berlin 1975, § 13 III 1.

[38] SCHMIDT, K.: Handelsrecht, 5. Aufl., Köln 1999, § 4 I 2.

[39] DÜTZ, W.: Arbeitsrecht, 22. Aufl., München 2017, S. 25.

[40] CANARIS, C.-W.: Handelsrecht, 24. Aufl., München 2006, S. 173.

sche Person oder eine rechtsfähige Personengesellschaft, die bei Abschluss eines Rechtsge-
schäfts in **Ausübung ihrer gewerblichen oder selbstständigen beruflichen Tätigkeit** handelt.
Die rechtsfähige Personengesellschaft (u. a. OHG und KG) ist in § 14 Abs. 2 BGB näher bestimmt. Die Definition des Unternehmers enthält damit drei Merkmale:

- **persönliche Kriterien**: Es kann sich um natürliche oder juristische Personen oder rechtsfähige Personengesellschaften gemäß § 14 Abs. 2 BGB handeln. Natürliche Personen sind die
  Personen an sich, die bspw. keine GmbH oder OHG für ihre Tätigkeiten als Rechtsform
  gewählt haben. Zu den natürlichen Personen gehören auch Einzelhändler, Freiberufler,
  Künstler, Wissenschaftler und Landwirte. Juristische Personen sind z. B. die GmbH, die AG,
  eingetragene Vereine (e. V.) oder die KGaA. Zu den rechtsfähigen Personengesellschaften
  zählen u. a. die OHG, die Partnerschaftsgesellschaft oder die KG.
- **gewerbliche Tätigkeit**: Die gewerbliche Tätigkeit wird in § 14 BGB nicht weiter erläutert.
  Insofern wird hier auf die Definition des Gewerbebegriffs in § 1 Abs. 2 HGB zurückgegriffen. Unter einer gewerblichen Tätigkeit ist ein planvolles und auf längere Sicht angelegtes
  selbstständiges Handeln unter Beteiligung am wirtschaftlichen Verkehr zu verstehen. Laut
  BGH-Urteil vom 29.03.2006 (VIII ZR 173/05) muss die Geschäftstätigkeit nicht mit der
  Absicht verbunden sein, Gewinn zu erzielen;[41] für die Annahme einer gewerblichen Tätigkeit reicht die bloße Entgeltlichkeit aus.
- **selbständige, berufliche Tätigkeit** bedeutet jedes berufliche Tun, ohne dass ein Abhängig-
  keitsverhältnis gegeben ist. Nicht selbstständig tätig sind demnach bspw. Angestellte und
  Beamte in ihrem Tätigkeitsbereich.[42] Selbstständig beruflich tätig sind die Angehörigen der
  freien Berufe wie Ärzte, Steuerberater, Wirtschaftsprüfer, Rechtsanwälte, Architekten usw.
  Selbständiges Handeln meint, dass eine Person seine Tätigkeit im Wesentlichen frei gestalten kann und seine Arbeitszeit frei festlegen kann.[43]

§ 631 BGB regelt die vertragstypischen Pflichten beim Werkvertrag. Dort ist der Unternehmer
die **Partei, die ein dem Besteller versprochenes (vertraglich vereinbartes) Werk herstellt**.[44]
Damit sind nicht einmal die beiden im BGB enthaltenen Unternehmensbegriffe deckungsgleich.

Ähnlich § 14 BGB findet sich der Begriff des Unternehmers im **Umsatzsteuerrecht**. Demnach
ist Unternehmer, wer eine **gewerbliche oder berufliche Tätigkeit selbstständig** ausübt.[45] „Beruflich oder gewerblich ist jede **nachhaltige Tätigkeit zur Erzielung von Einnahmen, auch
wenn die Absicht, Gewinn zu erzielen, fehlt**." (§ 2 Abs. 1 S. 3 UStG) Nachhaltig meint hier

---

[41] Vgl. BGH, Urteil vom 29.03.2006, VIII ZR 173/05 – Unternehmerbegriff, in: NJW 2006, S. 2250ff.
[42] Dies schließt nicht aus, dass die vorgenannten Arbeitnehmer nicht nebenberuflich als Unternehmer tätig sind.
[43] Vgl. § 84 Abs. 1 S. 2 HGB.
[44] Vgl. § 631 Abs. 1 BGB.
[45] Vgl. § 2 Abs. 1 S. 1 UStG.

dauerhaft, also mit Wiederholungsabsicht. Selbstständig ist im UStG nicht weiter definiert; wohl aber werden im § 2 Abs. 2 UStG die Fälle der Unselbstständigkeit benannt.

In der **Abgabenordnung** wird der **Betriebsbegriff dem Unternehmensbegriff untergeordnet.**

Der Begriff „Unternehmer" ist vom Begriff „**Kaufmann**" zu unterscheiden, der nicht im BGB festgeschrieben ist. Letzterer bestimmt sich nach §§ 1 ff. **HGB.** „Kaufmann" ist im Vergleich zum „Unternehmer" der engere Begriff, denn nur ein Teil aller Unternehmer ist zugleich auch Kaufmann im handelsrechtlichen Sinn. In § 1 Abs. 1 HGB ist zu lesen, dass nur derjenige ein Kaufmann ist, der ein Handelsgewerbe betreibt. Entscheidend, und dies stellt ein zentrales Tatbestandsmerkmal des Handelsgewerbes gemäß § 1 Abs. 2 HGB dar, ist das Erfordernis eines in kaufmännischer Weise eingerichteten Geschäftsbetriebes.[46] 90 % aller Einzelunternehmer (Einzelhändler, Handwerker, Gastwirte etc.) sind keine Kaufleute im Sinne des HGB. Ebenfalls kein Kaufmann, wohl aber Unternehmer sind die so genannten Freiberufler (Ärzte, Steuerberater, Wirtschaftsprüfer, Rechtsanwälte, Architekten usw.), sofern sie nicht als Privatperson handeln, es sei denn, einer oder mehrere von ihnen gründen z. B. eine GmbH, die als Handelsgesellschaft gilt.

Nach § 84 HGB hingegen ist ein Unternehmer derjenige, der einen Handelsvertreter ständig damit beauftragt hat, Geschäfte zu vermitteln oder in seinem Namen abzuschließen.[47]

Zuletzt wird das Unternehmen aus soziologischer und psychologischer Sicht analysiert, um eine umfassende Betrachtung des Unternehmensbegriffes darzustellen und nicht nur auf wirtschaftliche und rechtliche Aspekte einzugehen.

Von Beckerath versteht ein Unternehmen als „ein dynamisch ausgerichteter Leistungsverbund in einem Interessengeflecht von Kapital-, Arbeits-, Bezugs- und Absatzmärkten".[48] Ein Unternehmen bezieht Leistungsbeiträge von verschiedenen Quellen und der Unternehmer hat die Aufgabe, durch das Zusammenführen dieser Leistungen die Entstehung von Produkten und Dienstleistungen zu erzielen, die danach am Absatzmarkt verkauft werden können, wobei in diesem Prozess Gewinne entstehen sollen. In diesen Fachgebieten ist definiert, dass Zweck und Ziel des Unternehmens nicht von dem Unternehmer allein festgelegt werden, sondern von allen,

---

[46] § 1 Abs. 2 HGB: „... das Unternehmen nach Art oder Umfang einen in kaufmännischer Weise eingerichteten Geschäftsbetrieb ... erfordert." „Kaufmännische Einrichtungen sind vor allem Buchführung und Bilanzierung, Führung einer Firma sowie eine kaufmännische Ordnung der Vertretung, insbesondere die Bestellung von Prokuristen." (MEHRINGS, J.: Grundlagen des Wirtschaftsprivatrechts. Theorie und Praxis für Wirtschaftswissenschaftler, München 2006, S. 73.)

[47] Anmerkung: Gemäß § 84 Abs. 4 HGB kann der Unternehmer auch ein Handelsvertreter sein.

[48] VON BECKERATH, P. G. ET AL. (HRSG.): Handwörterbuch der Betriebspsychologie und Betriebssoziologie, Stuttgart 1981, S. 367.

die an dem Unternehmen beteiligt sind. Daraus folgt, dass der Zweck des Unternehmens nicht die Gewinnerzielung sein muss, sondern dass die Gewinne nur dazu dienen, zu messen, welche Position das Unternehmen in der Wirtschaft einnimmt. Beispielsweise kann der Kapitalgeber den Zweck verfolgen, Gewinne zu erzielen, um seinen Kapitaleinsatz erneut zu erwirtschaften, aber dieser Zweck wird nicht von den Mitarbeitern eines Unternehmens verfolgt. Außerdem wurde bereits erwähnt, dass das Unternehmen an verschiedenen Märkten tätig ist. Nun ist es Ziel der Unternehmensleitungen, den Leistungsaustausch an diesen Märkten im Gleichgewicht zu halten, um alle am Unternehmen Beteiligten zur vollen Leistungshergabe zu motivieren. Es soll ein Ausgleich zwischen den Interessengruppen bestehen und dazu sollen sowohl gegenwärtige als auch zukünftige Bedürfnisse befriedigt werden.[49]

Bereits anhand dieser Quelle lässt sich festhalten, dass nicht nur der Unternehmer und die Gewinnerzielung im Zusammenhang mit dem Unternehmen stehen, sondern dass die Mitarbeiter ebenfalls Einfluss auf die Zielsetzung und den Zweck eines Unternehmens haben. Insgesamt befassen sich diese Fachgebiete stark mit den menschlichen Faktoren im Unternehmen und weniger mit den wirtschaftlichen.

Neben die Mitarbeiter mit ihren – teilweise gesetzlich fixierten – Einflussmöglichkeiten treten noch weitere **Anspruchsgruppen**, die unter dem Begriff **Stakeholder** subsumiert werden. Mit diesen steht das Unternehmen als offenes System in unterschiedlichen, ein- oder zweiseitigen Beziehungen.[50]

Es ist festzustellen, dass in den einzelnen Disziplinen, auch in der Betriebswirtschaftslehre, viele verschiedene Auffassungen über den Unternehmensbegriff vertreten sind und insofern keine einheitliche Definition zu finden ist. Allerdings gibt es einige Merkmale, die wiederkehrend erwähnt werden. Dazu gehören

- eine rechtliche Einheit (Rechtsform),
- eine Organisation, die Waren und Dienstleistungen produziert, um einen Fremdbedarf zu decken,
- kombinierter Einsatz von Produktionsfaktoren,
- die freiwillige Übernahme eines Marktrisikos mit der Möglichkeit, im schlimmsten Fall das eingesetzte Kapitel zu verlieren,
- die Ausübung einer Tätigkeit auf Dauer, um einen Zweck zu verfolgen, der über diese Tätigkeit hinausgeht,
- ein zielorientiertes Handeln,

---

[49] Vgl. VON BECKERATH, P. G. ET AL.: a. a. O., S. 366f.

[50] Dieser Aspekt wird im Abschnitt 1.5 „Rahmenbedingungen der Unternehmensführung" und im Abschnitt 2.3 „Ziel-Führungsprozess" vertiefend behandelt wird.

- vielfältige Beziehungen zur Unternehmensumwelt (offenes System), insbesondere der zunehmende Einfluss von Anspruchsgruppen (Stakeholder) auf die Ziele der Unternehmung.
- das erwerbswirtschaftliche Prinzip (Gewinnstreben) als primäres Ziel,
- die Beachtung des systemindifferenten Wirtschaftlichkeitsprinzips,
- ein soziales System (durch die Zusammenarbeit von Menschen in Gruppen und Teilsystemen) und
- das Autonomieprinzip (selbstständige Entscheidungen).

Unter den vorgenannten Aspekten sind einige Punkte, die kritisch diskutiert werden müssen. Zum einen betrifft dies das (primäre) Ziel der Gewinn- und/oder Renditemaximierung, zum anderen das Autonomieprinzip. In unserer Gesellschaft, speziell im Gesundheits- und Sozialbereich, sind viele Organisationen tätig, deren **Ziel nicht die Verfolgung des erwerbswirtschaftlichen Prinzips** ist. Unter diesen befinden sich auch große Organisationen wie beispielsweise der Deutsche Caritasverband e. V. mit fast 600.000 Menschen, die dort in 24.000 Einrichtungen und Diensten beschäftigt sind oder die gemeinnützige kirchliche Unternehmensgruppe St. Franziskus-Stiftung Münster mit rd. 10.000 Mitarbeitern und einem konsolidierten Umsatz 2013 in Höhe von 618,9 Mio. € in 13 Krankenhäusern, neun Behinderten- und Senioreneinrichtungen sowie weiteren Beteiligungen oder die zweitgrößte deutsche Hochschule, die Ludwig-Maximilians-Universität München mit über 50.000 Studierenden im WS 2014/15 und ca. 17.000 Mitarbeitern. Angesichts solch großer Zahlen wird deutlich, dass auch diese Organisationen unternehmerisch geführt werden müssen. Aus diesem Grund beziehen sich die nachfolgenden Ausarbeitungen sowohl auf Non-Profit-Organisationen als auch auf erwerbswirtschaftliche Unternehmen aller Branchen, schwerpunktmäßig jedoch auf Unternehmen mit Gewinnerzielungsabsicht.

Der zweite Punkt betrifft die **Autonomie**. In einer **freien Marktwirtschaft** können bestimmte Personen wie z. B. alte Menschen, Kranke, Arbeitslose kein Einkommen generieren, da sie keine marktfähigen Leistungen produzieren. Folglich sind sie nicht in der Lage, ihre existenziellen Bedürfnisse zu befriedigen. Dies zieht gravierende soziale, moralisch-sittliche/ethische Probleme nach sich. Aus diesen Gründen und weil das Angebot von kollektiven und meritorischen Gütern (z. B. Bildung, Infrastruktur) ausbleiben würde, möglicherweise eine kurzfristige Ausrichtung an Maximalgewinnen langfristige, chancenreiche Investitionen vernachlässigen würde und der ungehinderte Wettbewerb zu einer Monopolisierung mit all den i. d. R. negativen Begleiterscheinungen wie beispielsweise erhöhten Preisen und ausbleibendem technologischen Fortschritt führen würde, sind **staatliche Eingriffe mit Augenmaß erforderlich**. Das Unternehmen kann sich in einer sozialen Marktwirtschaft nur innerhalb der durch staatliche Organe gesetzten Grenzen (Gesetze, Verordnungen etc.) bewegen. Daneben wird die **gesellschaftliche Akzeptanz des Unternehmensverhaltens als Wettbewerbsfaktor** immer bedeutsamer.[51] In diesem Zusammenhang können auch von Anspruchsgruppen Grenzen definiert werden. Dies

---

[51] Deutlich wird dies bei aktuellen Themen wie Umwelt- und Klimaschutz sowie Globalisierung.

wird insbesondere bei den sogenannten gefährlichen Stakeholdern deutlich, die aufgrund ihrer Macht ein Risiko gegenüber Vorhaben des Unternehmens darstellen können. Nicht zuletzt schränkt die im Laufe der Zeit verstärkte **Mitbestimmung der Arbeitnehmer** (als wohl stärkste Anspruchsgruppe) die Verfügungsgewalt über das Unternehmen ein. Insofern kann statt von Autonomie nur von einer **Teilautonomie** des Unternehmens ausgegangen werden.

Wirtschaftlichkeit heißt, die Effizienz (des Handelns), also Inputs und Outputs in Geldeinheiten zu bewerten. Abhängig vom Unternehmensziel und -zweck sind Inputs (Ressourcen) und Outputs (Ziele) aber nicht in jedem Fall in Geldeinheiten zu messen. Daher soll allgemeiner von **Produktivität** gesprochen werden, wenngleich vorrangig privatwirtschaftliche Unternehmen im Fokus der folgenden Ausarbeitungen liegen.

Die wirtschaftliche Selbstständigkeit ist Ursache für das wirtschaftliche Risiko (**Marktrisiko** auf der Seite der Produktionsfaktoren einerseits und des Absatzes andererseits), dass der Unternehmer aus freiem Willen und sicherlich auch bewusst übernommen hat. Aufgrund des Kausalzusammenhangs muss dieser Aspekt nicht in die Definition des Unternehmensbegriffs aufgenommen werden.

Als Quintessenz aller Überlegungen kann ein Unternehmen wie folgt definiert werden:

> Ein Unternehmen ist ein rechtliches, soziales, komplexes, weitgehend autonom agierendes, offenes System, das zur Erreichung der Unternehmensziele materielle und/ oder immaterielle Güter zwecks Fremdbedarfsdeckung produktiv hervorbringt und vermarktet.

Darst. 1.102: Definition Unternehmen

Es sei noch einmal darauf hingewiesen, dass diese Definition auch Non-Profit-Organisationen wie z. B. eine gGmbH mit einschließt, wenngleich der Schwerpunkt der nachfolgenden Ausführungen Unternehmen mit dem Ziel Gewinnmaximierung bzw. Wertorientierung sind.

1.1.2 Betrieb

In den vorherigen Ausführungen war zu erkennen, dass das **Unternehmen der Oberbegriff für verschiedene Betriebsformen** ist. Jetzt ist noch zu klären, wie der Betrieb definiert werden kann.

Unter einem Betrieb ist laut Seyffert „ein soziales Gebilde, das mit menschlichem Zweckhandeln erfüllt ist"[52], zu verstehen. Ein einzelner Mensch kann also einen Betrieb bilden, um die Durchführung von Arbeit, die auf einen Zweck gerichtet ist, zu verfolgen. Wie bei der Unternehmung bereits dargestellt, handelt es sich bei diesem Zweck um die Befriedigung der menschlichen Bedürfnisse. Gründen mehrere Menschen zusammen einen Betrieb spricht man von einer Betriebsgemeinschaft. Die Bedürfnisse des Menschen umfassen viele Bereiche, daher kann ein Betrieb ebenfalls in diesen unterschiedlichsten Bereichen gebildet werden. Genannt werden an dieser Stelle beispielsweise politische, künstlerische, erzieherische, wissenschaftliche und wirtschaftliche Bereiche.[53]

Im Rahmen dieser Arbeit werden die wirtschaftlichen Betriebe in den Fokus genommen. Derartige Betriebe sind i. d. R. geschlossene Organisationseinheiten, in denen wirtschaftliche Prozesse stattfinden, um Bedarfe zu decken.[54]

Rieger geht davon aus, dass der Betrieb „eine rein technische Institution"[55] ist. Der Betrieb wirtschaftet nicht als Subjekt selbst, sondern es wird mit ihm als Objekt gewirtschaftet, wodurch der Betrieb einer Instanz zugeordnet werden muss, um als Wirtschaftseinheit angesehen werden zu können. An dieser Stelle kommt die Abgrenzung zu dem Unternehmen zum Tragen. Der Betrieb bildet also den Kern und befasst sich mit technischen Aspekten, wohingegen das Unternehmen den Betrieb und außerdem noch die Idee des Gewinnstrebens umfasst. Rieger bringt zum Ausdruck, dass der Betrieb die „konkrete Gestalt ist, in der der Unternehmungsgedanke auftritt"[56]. Das Unternehmen bedarf also des Betriebes, um sein Vorhaben, Gewinne zu erzielen, verfolgen zu können. Fügt man dem Betrieb einerseits also das Gewinnstreben hinzu, wird es zu einem Unternehmen und andererseits kann ein Unternehmen aus vielen Betrieben bestehen, solange der Unternehmensgedanke, also das verfolgte Ziel existiert und von allen zugehörigen Betrieben verfolgt wird. Abschließend wird passend zusammengefasst, dass „der **Betrieb der technische Kern**; finanzieller, geldlicher Mantel und zugleich richtungsgebende Idee ... die

---

[52] SEYFFERT, R.: a. a. O., S. 7.

[53] Vgl. ebenda, S. 7f.

[54] Vgl. SEYFFERT, R.: a. a. O., S 8.

[55] RIEGER, W.: a. a. O., S. 33.

[56] Ebenda, S. 40.

Unternehmung [ist]"[57]. Betriebe verkörpern somit die **produktionswirtschaftliche Seite/Untereinheit eines Unternehmens** und somit der Ort des kombinierten Faktoreinsatzes (Betriebs- oder Produktionsstätte, Werk).[58]

Ein Unternehmen kann aus mehreren Betrieben bestehen, aber auch über keinen Betrieb im vorstehenden Sinn verfügen (z. B. eine Holding-Gesellschaft als Dachgesellschaft verschiedener Unternehmen).

Handelt es sich bei den Betrieben um rechtlich selbstständige Gebilde, wird der Begriff des **Konzerns** verwendet.

Sofern der Betrieb eine Organisation ist, die Waren und Dienstleistungen produziert, um ausschließlich denjenigen Fremdbedarf zu decken, der als **Unternehmenszweck** z. B. im Gesellschaftsvertrag einer GmbH oder der Satzung einer AG festgelegt ist, würden deren Aufwendungen gemäß der Kosten- und Leistungsrechnung sämtlich Kosten darstellen; es sei denn, es würde sich bei den zu buchenden Kosten um periodenfremde oder außergewöhnliche Aufwendungen oder Erträge handeln. **Kostenrechnerisch** ist der Betrieb diejenige (gedankliche) **Teileinheit eines Unternehmens**, die **(ausschließlich) dem Unternehmenszweck dient**.

Auch in der **Rechtswissenschaft** wird zumeist davon ausgegangen, dass sich der Betrieb auf den technischen Zweck beschränkt und auch nur dieser Zweck kann als Betriebszweck bezeichnet werden.[59] Rechtlich ist eine Unterscheidung z. B. aufgrund des Gesellschafts- und Mitbestimmungsrechts erforderlich, da zwischen Unternehmens- und Betriebsverfassung unterschieden wird. Während die Unternehmensverfassung[60] die Vorschriften für das Gesamtsystem Unternehmen beinhaltet, regelt die **Betriebsverfassung**[61] die Mitwirkung der Arbeitnehmer über ihre Vertreter **am Ort der Faktorkombination, dem Betrieb**. Daneben wurde die Interessenvertretung der Leitenden Angestellten im Sprecherausschussgesetz[62] eingeführt, das ebenfalls die Einflussnahme **auf der Ebene des Betriebs** ermöglicht.

Als Kernaussage lässt sich festhalten:

---

[57] RIEGER, W.: a. a. O., S. 42.

[58] Vgl. MACHARZINA, K., WOLF, J.: Unternehmensführung: Das internationale Managementwissen. Konzepte – Methoden – Praxis, 12. Aufl. Wiesbaden 2023, S. 18.

[59] Vgl. JACOBI, E.: a. a. O., S. 9–16.

[60] Die Mitbestimmung auf Unternehmensebene wird im MontanMitbestG von 1951, dem MitbestG von 1976 sowie dem DrittelbG von 2004 geregelt.

[61] Das im Jahr 2001 novellierte BetrVG von 1972 regelt die Mitbestimmung auf Betriebsebene.

[62] SprAuG vom 20.12.1988 (BGBl. I S. 2312).

> Ein Betrieb verkörpert die produktionswirtschaftliche Untereinheit eines Unternehmens. Kostenrechnerisch ist der Betrieb diejenige (gedankliche) Teileinheit eines Unternehmens, die (ausschließlich) dem Unternehmenszweck dient.

Darst. 1.103: Definition Betrieb

1.1.3 Firma

Im allgemeinen Sprachgebrauch werden die Begriffe Betrieb und Firma oft synonym verwendet. Ein Beispiel hierfür ist die Aussage: „Ich gehe in den Betrieb/in die Firma". Allerdings ist die synonyme Verwendung nicht zulässig, da „Firma" gem. § 17 Abs. 1 HGB nur „der **Name** [ist], unter dem [ein Kaufmann] seine Geschäfte betreibt und die Unterschrift abgibt".[63] **Ausschließlich Kaufleute** besitzen das Recht, eine Firma zu führen. Zudem kann ein Kaufmann „unter seiner Firma klagen und verklagt werden" (§ 17 Abs. 2 HGB). Auch dies trifft nicht auf den Betrieb zu, da er kein Rechtssubjekt ist, das die Fähigkeiten besitzt, zu klagen oder verklagt zu werden, sondern eine Organisationseinheit der Wirtschaft, die den technischen Zwecken des Unternehmens dient. Somit sind auch die Begriffe „Unternehmen", „Betrieb" und „Firma" nicht synonym zu verwenden.

1.1.4 Gewerbebetrieb

Der steuerliche Begriff des Gewerbebetriebs gem. § 15 Abs. 2 S. 1 EstG unterscheidet sich in vielerlei Hinsicht von den Definitionen des Unternehmens und des Betriebes. Der Gewerbebetrieb ist eine selbständige und nachhaltige Betätigung, die mit Gewinnabsicht unternommen wird, sich als Teilnahme am allgemeinen wirtschaftlichen Verkehr darstellt und nicht als Ausübung von Land- oder Forstwirtschaft oder selbständiger Arbeit anzusehen ist; darüber hinaus darf es sich nach der Rechtsprechung nicht um private Vermögensverwaltung handeln[64]. Im Vergleich zum Betrieb ähnelt der Gewerbebetrieb eher dem Unternehmen, da der Gewerbebetrieb weit mehr als nur die produktionswirtschaftliche Untereinheit eines Unternehmens ist und auch kostenrechnerisch nicht allein dem Unternehmenszweck dienen muss. Andererseits schließt der Gewerbebetrieb gegenüber dem Unternehmen die Land- und Forstwirtschaft aus. Auch eine Gewinnerzielungsabsicht ist bei einem Unternehmen nicht in jedem Fall gegeben.[65]

---

[63] ULLRICH, N.: Wirtschaftsrecht für Betriebswirte, 4. Aufl., Herne, Berlin, S. 117.

[64] Vgl. z. B. BFH, Urteil vom 07.11.2018, X R 34/16, BFH/NV 2019, 686.

[65] Zum Beispiel bei den sog. NPOs (Non-Profit-Organizations).

1.2   Unternehmensführung und Management

In der Fachliteratur sowie im allgemeinen Sprachgebrauch werden die Begriffe Unternehmensführung und Management immer häufiger verwendet. Speziell der Begriff Management findet sich als eigenständiges Wort als auch in Kombination mit anderen Termini[66] auf. Dementsprechend existiert eine Vielzahl unterschiedlicher Auffassungen über die terminologische Handhabung dieser beiden Ausdrücke.[67] Angesichts der Tatsache, dass sich der Managementbegriff erst seit relativ kurzer Zeit in der deutschen Sprache etabliert hat, wird sich dieses Kapitel der vorliegenden Monografie mit beiden Begriffen befassen, um zu erarbeiten, ob es sich bei diesen Begriffen möglicherweise um Synonyme oder doch um (völlig) unterschiedliche handelt.

1.2.1   Unternehmensführung

1.2.1.1   Führung, Macht, Herrschaft und Leitung

Ausgangspunkt der Überlegungen ist der Titel dieses Buches „Unternehmensführung". Es geht also um die Führung eines Unternehmens. Um auf die **Führung**, speziell eines Unternehmens, näher eingehen zu können, ist zunächst der Begriff „Führen" zu erläutern.

Das deutsche Verb „führen" entstammt dem Wort „fahren" bzw. dem altertümlichen Begriff „fahren machen" (mittelhochdeutsch „vueren", altdeutsch „fuoren"). Insbesondere die mittelhochdeutschen Verben enthalten im Kern die zentralen Aspekte der Dynamik und Zielorientierung und lassen sich am besten mit „in Bewegung setzen" und „Richtung weisen" in das Hochdeutsche übertragen.[68]

---

[66] Als Beispiele seien genannt: Risikomanagement, Krankenhausmanagement, Servicemanagement, Interkulturelles Management, Sportmanagement, Selbstmanagement, Technologiemanagement, Hochschulmanagement, Prozesskostenmanagement, Wissensmanagement, Wikimanagement, Wertorientiertes Management, Management in der sozialen Arbeit, Objekt-Manager (Hausmeister), Account-Management, Cash-Management, Feelgood-Management.

[67] Vgl. dazu bspw. JUNG, R. H., HEINZEN, M., QUARG, S. (HRSG): Allgemeine Managementlehre. Lehrbuch für die angewandte Unternehmens- und Personalführung, 7. Aufl., Berlin 2018, S. 3ff.

[68] Vgl. TENNSTEDT, T.: Mitarbeiterführung und Kulturbezug, Mering 2007, S. 8.

Ein erster Ansatz, Führung zu begründen, entspringt der Anthropologie[69]. Führung existiert deshalb, weil Menschen aufgrund der unterschiedlich verteilten Fähigkeiten geführt werden müssen bzw. wollen. Somit werden geordnete, wünschenswerte Zustände erreicht. Menschen wollen geführt werden, um nicht die Last der Verantwortung zu tragen.[70]

Immer dann, wenn mehrere Personen (arbeitsteilig) zusammenarbeiten, um ein Ziel zu erreichen oder ein Problem zu lösen, ergibt sich ein **Koordinationsbedarf**. Dieser führt zu einer Arbeits- und Rollenzuweisung innerhalb der Gruppe, so dass sich die Betroffenen (tendenziell) als **Führende** oder **Geführte** klassifizieren lassen. Führung wird – insbesondere bei größeren Organisationsformen – als notwendig angesehen.[71] Dies trifft auch dann zu, wenn für die zu lösenden Aufgaben keine vorgegebenen Mittel oder Lösungswege verfügbar sind.[72] Dies gilt vor allem für komplexe Umweltsituationen mit schlecht strukturierten Problemen oder Sachverhalte, die komplex, mehrdeutig, widersprüchlich oder instabil sowie zeitkritisch sind.[73]

Führung wird oft im Kontext von Herrschaft, Macht und Einfluss gesehen.[74] Um den Begriff Führung (und später Unternehmensführung) definieren zu können, ist eine kurze Abgrenzung zu den vorgenannten Termini erforderlich. Führung ohne ein gewisses Potential an **Macht**[75] – genauer: mit Machtverhältnissen – ist nicht möglich.[76] Im Zusammenhang mit Machtverhältnissen fragt sich, was Führung von **Herrschaft** unterscheidet. Nach Triepel liegt Führung „zwischen der Stufe des bloßen Einflusses und der der Herrschaft. Führung ist mehr als Einfluss, sie ist bestimmender Einfluss.“[77] Sie ist diejenige Macht, „die ein starkes Maß von Energie des Willens, aber nicht den Willen zur Herrschaft enthält. Führung ist energische, aber gebändigte

---

[69] Anthropologie = Menschenkunde (Wissenschaft vom Menschen). Von altgriech. ἄνθρωπος (ánthrōpos) = Mensch und –logie = Kunde, Kenntnis.

[70] Unter diesem Aspekt sind immer auch Mitmenschen zu finden, die eine Diktatur angenehmer empfinden als eine Demokratie. Für diese ist Leben mit dem Abnehmen von Entscheidungen leichter zu ertragen als Entscheidungen, gerade bei vielfältigen, komplexen und/oder sich gar widersprechenden Alternativen, selbst zu treffen.

[71] Vgl. MAIER, I.: Führungskompetenzen: Inwieweit sind diese in Führungstheorie und Führungsstilen enthalten?, Hamburg 2015, S. 4.

[72] Vgl. MISTELE, P.: Faktoren des verlässlichen Handelns: Leistungspotenziale von Organisationen in Hochrisikoumwelten, Diss. TU Chemnitz 2007, Wiesbaden 2007, S. 157.

[73] Vgl. NEUBERGER, O.: Führen und Führen lassen, 6. Aufl., Stuttgart 2002, S. 43.

[74] Vgl. WALDMANN, R.: Führungsverhalten, in: KUHNHARDT, H. (HRSG.): Systematisches Management im Gesundheitswesen. Innovative Konzepte und Praxisbeispiele, Wiesbaden 2011, S. 69.

[75] Macht ist nach TRIEPEL „die Fähigkeit, in einem Subjekte Motive zu setzen, die stärker sind als die Motive, die dem Willen des Motive Setzenden widerstreben." (TRIEPEL, H.: Die Hegemonie. Ein Buch von führenden Staaten, Stuttgart, Berlin 1938, S. 32.). Macht bedeutet demnach, innerhalb eines sozialen Gebildes den eigenen Willen auch gegen Widerstände durchzusetzen.

[76] Vgl. JÄGER, T., PAULUS, J., WINTER, K.: Macht Führung Regeln? Die Koordinierung der Außenpolitiken der EG-Staaten im Konflikt um Jugoslawien 1991/92, in: KNOOT, M., KOHLER-KOCH, B. (HRSG.): Deutschland zwischen Europäisierung und Selbstbehauptung, Frankfurt 2000, S. 113.

[77] TRIEPEL, H.: Die Hegemonie. Ein Buch von führenden Staaten, Stuttgart, Berlin 1938, S. 40f.

Macht."[78] Herrschaft „ist [im Gegensatz zur Führung - Anm. des Verf.] als solche vollkommen unabhängig von der Anerkennung der Unterworfenen."[79]

Des Weiteren stellt sich die Frage, ob und wie Führung von **Leitung** abzugrenzen ist. Ein Blick in die Fachliteratur zeigt hier stark divergierende Ansichten. Erste Position: Während Führung grundsätzlich stets in Verbindung mit Personen (Mitarbeitern) gesehen wird,[80] ist Leitung nach Rühli als die „mittelbare Executive der Führung" zu betrachten, die im Gegensatz zur Führung nicht das Zentrum der Willensbildung, sondern als (untergeordnetes) Organ zwecks Willensdurchsetzung anzusehen ist.[81] Leitung konzentriert sich eher auf sachbezogene Aspekte. Gibb ergänzt u. a.: Bei der Leitung ist nur eine geringe oder gar keine Beteiligung anderer Personen bei der Verfolgung eines bestimmten Ziels gegeben. Zudem besteht eine große soziale Distanz zwischen den Gruppenmitgliedern einerseits und dem Leiter andererseits.[82] Nach Weibler ist die Akzeptanz der Beeinflussten Kennzeichen der Führung, so dass „die potenziell Geführten darüber [entscheiden], ob freiwillige Gefolgschaft geleistet wird"[83], z. B. im Rahmen der informellen Führung, während die Leitung eine rein formale hierarchische Position darstellt.[84] Letztere wird dann auch als Amtsautorität bezeichnet. Einer anderen Auffassung nach wird wie folgt differenziert: Leitung wird im institutionellen Sinne, z. B. als Unternehmensleitung interpretiert, während Führung im funktionalen Sinn, z. B. als konkretes Tun verwendet wird. Drittens: Häufig werden die beiden Begriffe synonym benutzt.

Eine Auswahl chronologisch geordneter Definitionen von Führung lautet:

- „Führung [ist] der Prozess der Beeinflussung der Aktivitäten einer organisierten Gruppe in Richtung auf Zielsetzung und Zielerreichung."[85]
- Führung wird als „eine Tätigkeit definiert, die die Steuerung und Gestaltung des Handelns anderer Personen zum Gegenstand hat."[86]
- „Führung ist jede zielbezogene interpersonelle Verhaltensbeeinflussung mit Hilfe von Kommunikationsprozessen."[87]

---

[78] TRIEPEL, H.: a. a. O., S. 40f.

[79] Ebenda.

[80] Vgl. KORFF, E.: Leiten und Führen: Profil des leitenden Angestellten, 2. Aufl., Heidelberg 1971, S. 17ff.

[81] Vgl. RÜHLI, E.: Unternehmensführung und Unternehmenspolitik. Bd. I, 3. Aufl., Bern 1966, S. 66.

[82] Vgl. GIBB, C. A.: Leadership, in: LINDZEY, G., ARONSON, E. (HRSG.): The Handbook of Social Psychology, Bd. 4, Reading 1969, S. 213.

[83] WEIBLER, J.: Personalführung, 2. Aufl, München 2012, S. 21.

[84] Vgl. ebenda, S. 29f. und 34–36.

[85] STOGDILL, R. M.: Leadership, membership and organization, Psychological Bulletin, 47, S. 4.

[86] WILD, J.: Betriebswirtschaftliche Führungslehre und Führungsmodelle, in: WILD, J. (HRSG.): Unternehmensführung. Festschrift für E. Kosiol, Berlin 1974, S. 158.

[87] BAUMGARTEN, R.: Führungsstile und Führungstechniken, Berlin 1977, S. 9.

- „Führung von Menschen wird ausgeübt, wenn Personen mit bestimmten Motiven und Zielen im Wettbewerb oder im Konflikt mit anderen die institutionellen, politischen, psychologischen und anderen Ressourcen so mobilisieren, sodass die die Motive der Geführten wecken, verpflichten und befriedigen."[88]
- „Führung wird verstanden als systematisch-strukturierter Einflussprozess der Realisation intendierter Leistungs-Ergebnisse; Führung ist damit im Kern zielorientierte und zukunftsbezogene Handlungslenkung, wobei diese Einwirkung sich auf Leistung und Zufriedenheit richtet."[89]
- Führung „ist die Fähigkeit, menschliche Ressourcen zur Durchsetzung bestimmter Ziele zu mobilisieren."[90]
- „Führung soll heißen, Anweisungen zu geben, die befolgt werden, weil die Untergebenen sich mit ihnen identifizieren."[91]
- „Führung ist richtungsweisendes und steuerndes Einwirken auf das Verhalten anderer Menschen, um eine Zielvorstellung zu verwirklichen; es umfasst den Einsatz materieller Mittel. Ein wesentliches Merkmal erfolgreicher Führung ist ihre Dynamik."[92]
- „Führung wird als zielorientierte, wechselseitige und soziale Beeinflussung zur Erfüllung gemeinsamer Aufgaben in und mit einer strukturierten Arbeitssituation definiert. Sie vollzieht sich zwischen hierarchisch unterschiedlich gestellten Personen."[93]
- „Führung heißt andere durch eigenes, sozial akzeptiertes Verhalten so zu beeinflussen, dass dies bei den Beeinflussten mittelbar oder unmittelbar ein intendiertes Verhalten bewirkt."[94]

Es kann weiter zwischen der direkten Führung als aktive Einflussnahme einer Führungskraft auf das Handeln anderer Personen und der indirekten Führung mittels generalisierter Regelungen und Verfahrensanweisungen unterschieden werden.[95]

---

[88] BURNS, J. M.: Leadership, New York 1978, S. 18.

[89] STEINLE, C.: Führung. Grundlagen, Prozesse und Modelle der Führung in der Unternehmung, Stuttgart 1978, S. 27.

[90] WELSH, W. A.: Leaders and Elites, New York 1979, S. 18.

[91] BAECKER, D.: Postheroisches Management. Ein Vademecum, Berlin 1994, S. 32.

[92] BUNDESMINISTERIUM DER VERTEIDIGUNG (HRSG.): Heeresdienstvorschrift 100/200, Bonn 1998.

[93] WUNDERER, R.: Führung und Zusammenarbeit. Eine unternehmerische Führungslehre, 3. Aufl., Neuwied 2000, S. 19.

[94] WEIBLER, J.: a. a. O., S. 19.

[95] Vgl. UHLENDORFF, W., JÄGER, M.: Führung in der Polizei. Ein praxisbezogenes Lehr- und Lernbuch, 5. Aufl., Stuttgart 2011, S. 22f.

Kennzeichnung	Beschreibung	
autoritär	Führungskraft entscheidet und ordnet an.	führerzentriert
patriarchalisch	Führungskraft entscheidet und „verkauft"/begründet seine Entscheidung.	
beratend	Führungskraft legt den von ihm vorgesehenen Beschluss vor und entscheidet nach (Rück-)Fragen.	
konsultativ	Führungskraft legt unterschiedliche Beschlüsse vor und entscheidet nach Einholung der Meinungen endgültig.	
partizipativ	Führungskraft präsentiert das Problem und entscheidet auf der Basis der erstellten Lösungen der Gruppe.	Partizipation
delegativ	Führungskraft erläutert das Problem und legt die Rahmenbedingungen fest. Gruppe entscheidet sich für für eine von ihr entwickelte Lösung.	
demokratisch	Führungskraft koordiniert die Gruppe so, dass letztere das Problem definiert, Lösungsalternativen sucht und autonom entscheidet.	gruppenzentriert

Darst. 1.201: Führungskontinuum von TANNENBAUM und SCHMIDT

Die doch sehr unterschiedlichen Definitionen für den Begriff „Führung" zeigen eine Spannweite auf, die im **Führungskontinuum** von Tannenbaum und Schmidt visualisiert wurde.[96] Es handelt sich um eine Typologie alternativer Führungsstile auf der Basis des (alleinigen) Kriteriums der Partizipation in Entscheidungssituationen.

---

[96] Vgl. TANNENBAUM, R., SCHMIDT, W. H.: How to Choose a Leadership Pattern, in: Harvard Business Review, Nr. 36, 1958, S. 95–102.

1.2.1.2 Definition Unternehmensführung

Im nächsten Schritt ist zu eruieren, inwieweit sich Führung allgemein von Unternehmensführung im Besonderen unterscheidet bzw. welches die kennzeichnenden Spezifika einer Unternehmensführung sind. Die Beschreibung hängt u. a. auch davon ab, aus welchem Blickwinkel, d. h. aus welcher Fachrichtung eine Spezifizierung vorgenommen werden soll. So ist es recht simpel zu erklären, dass Ingenieure, Systemtheoretiker, Kybernetiker, Geschichtswissenschaftler, Mediziner, Psychologen, Soziologen etc. eine unterschiedliche Interpretation vorlegen. Exemplarisch seien folgende Definitionen wiedergegeben:

- „Unternehmensführung ist eine komplexe Aufgabe: Es müssen Analysen durchgeführt, Entscheidungen getroffen, Bewertungen vorgenommen und Kontrollen ausgeübt werden."[97]
- „Unternehmensführung kann definiert werden als die Verarbeitung von Informationen und ihre Verwendung zur zielorientierten Steuerung von Menschen und Prozessen."[98]
- „Unternehmensführung ist zielgerichtete Lenkung, Gestaltung und Entwicklung von Strukturen und Prozessen."[99]
- „Unternehmensführung ist ein Prozess der Willensbildung und Willensdurchsetzung zur Erreichung eines Ziels oder mehrerer Ziele gegenüber anderen Personen unter Übernahme der hiermit verbundenen Verantwortung."[100]
- „Unternehmensführung ist eine bedeutende Interessengruppe des Unternehmens und stellt ihr zentrales Steuerungsorgan dar."[101]
- „Unternehmensführung ist die effiziente Steuerung der multipersonalen Problemlösung im Kontext des Systems Unternehmen auf der Grundlage der formalen Elemente der Führungstechnik (Planung, Entscheidung, Aufgabenübertragung und Kontrolle) und des Beeinflussungsvorgangs zwischen Menschen (Absichtskundgebung, Absichtsübertragung, Absichtsannahme) zur Gestaltung des Führungsinhaltes (Analyse der Ausgangslage, Ziele, Strategien, Ressourcen) der verfolgten Unternehmenspolitik"[102].
- "Unternehmensführung umfasst funktional alle Aufgaben des Managements und Leaderships zur zielorientierten Gestaltung, Lenkung und Entwicklung eines Unternehmens."[103]

---

[97] ANSOFF, H. I.: Management-Strategie, Landsberg 1966, S. 9.

[98] WILD, J.: Management-Konzeption und Unternehmensverfassung, in: LOHMANN, M., SCHMIDT, R.-B. (HRSG.): Probleme der Unternehmensverfassung. Gedanken zum 70. Geburtstag von Martin Lohmann, Tübingen 1971, S. 57.

[99] SCHWANINGER, M.: Managementsysteme (St. Galler Management-Konzepte), Frankfurt a. M. 1994, S. 25.

[100] HAHN, D., HUNGENBERG, H.: PuK – Wertorientierte Controllingkonzepte – Planung und Kontrolle – Planungs- und Kontrollsysteme – Planungs- und Kontrollrechnung, 6. Aufl., Wiesbaden 2001, S. 37.

[101] HUTZSCHENREUTER, T.: Allgemeine Betriebswirtschaftslehre: Grundlagen mit zahlreichen Praxisbeispielen, 6. Aufl., Wiesbaden 2015, S. 54.

[102] THOMMEN, J.-P., ACHLEITNER, A.-K.: a. a. O., S. 922.

[103] STOI, R., DILLERUP, R.: Unternehmensführung. Erfolgreich durch modernes Management & Leadership. Methoden – Umsetzung – Trends, 6. Aufl., München 2022, S. 65.

Die vorstehenden Definitionen sprechen im Allgemeinen zielorientierte Entscheidungen an. Diese betreffen (zunächst) die Festlegung von Zielen und (darauf folgend) die Maßnahmen (Aktionen, Aktivitäten) zur Erreichung der Ziele. Die Führung des Unternehmens erfolgt somit über (bereits) festgelegte oder (noch) festzulegende Ziele und entsprechenden Maßnahmen auf der Basis erhobener oder verarbeiteter resp. noch zu erhebender und zu verarbeitender Informationen. Aufgrund der Arbeitsteilung in einem Unternehmen müssen Personen angesprochen und zielorientiert geführt werden.[104] Demgemäß kann Unternehmensführung wie folgt definiert werden:[105]

Unternehmensführung umfasst alle Aktivitäten zur zielorientierten Gestaltung, Lenkung und Entwicklung eines Unternehmens.

Darst. 1.202: Definition Unternehmensführung

Die einzelnen Begriffe sollen zunächst praxisnah anhand eines Beispiels erläutert werden, indem das Schiff für ein Unternehmen steht. Die Aufgabe (Mission) seitens des Kapitäns besteht darin, mittels eines großen Schiffes materielle Güter und Personen von A nach B zu transportieren. Ein derart großes Schiff kann allerdings nur betrieben werden, wenn aufgrund der Arbeitsteilung die Führungsstrukturen und -prozesse auf dem Schiff vorab grundsätzlich zielorientiert erarbeitet und festgelegt (gestaltet) wurden, damit das Schiff zielorientiert geleitet (gelenkt) werden kann. Die Gestaltung und Lenkung des Schiffs (wie auch konkreter Aufträge) wird als Planungsaufgabe und als Kontrollaufgabe an den Schiffscontroller delegiert. Um die Aufträge im Einzelfall erledigen zu können, ist wiederkehrend die Prüfung des Schiffstyps in Bezug auf seine Eignung für bestimmte Aufträge vorzunehmen (Unternehmensanalyse). In diese Analyse gehen auch Prognosen über zukünftige Entwicklungen relevanter Umweltzustände ein. Über die Entscheidungsvorlagen im Rahmen der Planung (über Ziele wie z. B. optimale Auslastung des Schiffs und entsprechende Maßnahmen) entscheidet der Kapitän. Zeigen sich bei der immer wieder vorzunehmenden Eignungsprüfung des Schiffs oder im Verlauf der Planung oder nach Durchführung und Kontrolle konkreter Aufträge Defizite (etwa mangelnde Kompetenzen oder Ressourcen) wird der Kapitän den Controller beauftragen, ihm Vorschläge zur weiteren Entwicklung des Schiffs und seiner Mannschaft in Bezug auf die festgestellten Defizite vorzulegen. Sofern sich Entwicklungen ergeben, die eine Modifikation des Schiffstyps erfordern[106], würde sich dies sowohl auf die Führungsstrukturen und -prozesse auf dem Schiff beziehen als auch die Lenkung des Schiffes tangieren.

---

[104] Die entsprechenden Tätigkeiten werden unter dem Begriff Personalführung subsumiert.

[105] Vgl. OLFERT, K., RAHN, H.-J., ZSCHENDERLEIN, O.: Lexikon der Betriebswirtschaftslehre, 8. Aufl., Herne 2013, Nr. 911.

[106] Zum Beispiel aufgrund einer veränderten Aufgabenstellung, die ggf. wiederum auf veränderte Umweltbedingungen zurückzuführen sind.

Gestaltung bedeutet die Erarbeitung und Festlegung von Führungsstrukturen und -prozessen[107] innerhalb eines in sich kohärenten Führungssystems, welches die zielorientierte **Lenkung** des Unternehmens (Ausrichtung der Elemente des Systems Unternehmung auf die gemeinsamen Ziele) ermöglichen soll. Allerdings darf Lenkungshandeln nicht nur als Einwirken auf die **Richtung** verstanden werden, sondern auch die Beeinflussung der **Geschwindigkeit**.[108] Die (ständige Weiter-)**Entwicklung** des Unternehmens sichert die Überlebens- und Anpassungsfähigkeit und wirkt insofern auf die Gestaltung und Lenkung seitens der Unternehmensführung ein.[109]

An dieser Stelle muss deutlich gemacht werden, dass zwischen der **Unternehmensführung** und der **(Unternehmens-)Steuerung** zu unterscheiden ist. In der Literatur lässt sich eine Fülle recht unterschiedlicher Bedeutungszuweisungen, gelegentlich aber auch eine synonyme Handhabung, feststellen – sofern eine Festlegung überhaupt erfolgt. Horváth versteht **Steuerung** als zielgerichtete Lenkung des Führungsgesamtsystems.[110] Eine einfache kybernetisch-systemtheoretische Definition findet sich bei Ulrich/Probst: „Steuerung ist eine informationelle Anweisung an ein System und die Einwirkung auf ein System, damit es sich in einer bestimmten Art verhält und sein Ziel erreicht."[111] Steuerung kann als zielgerichtete Beeinflussung eines Steuerungsobjektes durch ein Steuerungssubjekt verstanden werden.[112] Weber versteht Steuerung als Medium zur Sicherstellung der Rationalität der Entscheidungen und Garant für die zielsetzungsgerechte Willensumsetzung angesehen werden.[113] Meffert sieht die Aufgabe der Steuerung darin, dass „alle Entscheidungen auf die Erreichung des gewünschten Zustandes ausgerichtet (werden), wobei diejenigen Handlungsalternativen gewählt werden, die den höchsten Zielbeitrag leisten."[114]

Die Vielfalt und Spannweite der Definitionen von „steuern" zeigt sich bereits in den allgemeinen Begriffserklärungen, die von „das Steuer eines Fahrzeugs bedienen" über „irgendwohin Kurs nehmen; eine bestimmte Richtung einschlagen" bis zu „für einen bestimmten Ablauf, Vorgang sorgen; so beeinflussen, dass sich jemand in beabsichtigter Weise verhält [bzw., der Verf.]

---

[107] Stoi/Dillerup verwenden hier den Begriff „Führungskreisläufe" (STOI, R., DILLERUP, R.: a. a. O., S. 66.)

[108] Vgl. JUNG, R. H., HEINZEN, M., QUARG, S.: a. a. O., S. 4.

[109] Vgl. STOI, R., DILLERUP, R.: a. a. O., S. 66.

[110] Vgl. HORVÁTH, P.: Controlling, 9. Aufl., München 2003, S. 125.

[111] ULRICH, H., PROBST, G. J. B.: Anleitung zum ganzheitlichen Denken und Handeln. Ein Brevier für Führungskräfte, 2. Aufl., Bern, Stuttgart 1990, S. 79.

[112] Vgl. VERNAU, K.: Effektive politisch-administrative Steuerung in Stadtverwaltungen: Möglichkeiten und Grenzen einer Reform, Diss. Uni Potsdam 2001, Wiesbaden 2002, S. 29.

[113] Vgl. WEBER, J.: Einführung in das Controlling, 10. Aufl., Stuttgart 2004, S. 45.

[114] MEFFERT, H.: Marketing-Management: Analyse – Strategie – Implementierung, Wiesbaden 1994, S. 94.

etwas in beabsichtigter Weise abläuft".[115] Da das „Steuer eines Fahrzeugs bedienen" im Führungsprozess[116] als konkrete Ausführung anzusehen ist, wird diese Art der Steuerung nicht als Aufgabe des Managements, sondern der ausführenden Organe angesehen. „Irgendwohin Kurs nehmen; eine bestimmte Richtung einschlagen" kann hingegen als Lenkung im Rahmen der Führungsaufgaben angesehen werden. Somit wird als Begriffsauslegung die Variante „für einen bestimmten Ablauf, Vorgang sorgen; so beeinflussen, dass sich jemand in beabsichtigter Weise verhält [bzw., der Verf.] etwas in beabsichtigter Weise abläuft" gewählt. Sie entspricht etwa der obigen Interpretation von Ulrich/Probst. Steuerung wird demnach wie folgt definiert:[117]

In der Durch- und Umsetzungsphase (im Rahmen eines Führungsprozesses) sind Umsetzungsmaßnahmen zu bestimmen und die Willensdurchsetzung vorzubereiten sowie ausführende Organisationseinheiten, ggf. einzelne Mitarbeiter, zu instruieren und zu motivieren. Diese Aktivitäten werden als Steuerung bezeichnet.

Darst. 1.203: Definition Steuerung

Die Umsetzung erfolgt somit (meist) nicht durch die Unternehmensführung selbst.

Den vorstehenden Ausführungen nach gehört die **Steuerung** (in der Durch- und Umsetzungsphase des Führungsprozesses bzw. Organizing/Organisation[118] als Managementaufgabe) neben der **Planung** und **Kontrolle** zu den Aufgaben der Unternehmensführung.[119] In diesem Zusammenhang ist darauf hinzuweisen, dass die Personen, die mit der Unternehmensführung befasst sind, nicht zwangsläufig auch die Träger der weiteren Führungsaufgaben sein müssen und in der Regel auch nicht sind. In der Unternehmenspraxis werden die **Führungsaufgaben Planung, Steuerung und Kontrolle vorwiegend an das Controlling delegiert**, während die **Durch- und Umsetzung von Zielen und Maßnahmen** (Organizing/Organisation) **den Führungskräften** der einzelnen Führungsebenen **vorbehalten ist**. Insbesondere das Treffen weitreichender, konkreter Entscheidungen und die damit verbundene Verantwortung für die zukünftige Entwicklung des Unternehmens ist eine Hauptaufgabe der Unternehmensführung.

---

[115] DUDEN (HRSG.): https://www.duden.de/rechtschreibung/steuern_lenken_fuehren_dirigieren, Abruf am 10.02.2019

[116] Der Führungsprozess wird im Unter-Unterabschnitt 1.2.2.3 „Führungsprozess" beschrieben.

[117] Vgl. STOI, R., DILLERUP, R.: a. a. O., S. 70.

[118] Vgl. die Ausführungen im Paragrafen 1.2.2.2 „Aufgaben des Managements".

[119] Vgl. BEA, F. X.: Führung, in: BEA, F. X., DICHTL, E., SCHWEITZER, M. (HRSG.): Allgemeine Betriebswirtschaftslehre, Bd. 2, 8. Aufl., Stuttgart 2001, S. 13. Diese Bestandteile der Unternehmensführung finden sich auch in den im Unterabschnitt 1.2.2 „Management" beschriebenen Führungsaufgaben wieder.

1.2.1.3 Dimensionen der Unternehmensführung

Während Führen i. d. R. eine personenbezogene Aktivität darstellt, die auf das zielorientierte Verhalten von Menschen gerichtet ist, bedeutet Unternehmensführung (i. w. S.) nicht nur die Beeinflussung von Personen (Führung), sondern umfasst auch sachbezogene Aufgaben. Darüber hinaus kann der Begriff Unternehmensführung auch einer **institutionellen Betrachtung** unterzogen werden, d. h. die Institution Unternehmensführung steht im Fokus der Analyse. In erster Linie handelt es sich um die Gesamtheit aller Führungskräfte. **Führungskräfte** sind Personen, die anderen Personen Weisungen erteilen und diese beeinflussen.[120] In diesem Zusammenhang wird zwischen drei Führungsebenen (im institutionellen Sinne) unterschieden: Der unteren, mittleren und der oberen Führungsebene. Die Ebenen lassen sich anhand der drei Kennzeichen Verantwortung, Weisungsbefugnis und Qualifikation voneinander abgrenzen.[121]

In der Literatur zum Thema Unternehmensführung erfährt die **institutionelle Sichtweise nur geringe Beachtung**. Das Gewicht wird eher auf die funktionale Betrachtung gelegt.

Wie im vorherigen Abschnitt dieses Buches bereits herausgestellt wurde, ist ein Unternehmen ein komplexes Gebilde, welches mehrere Teilbereiche mit diversen Zielen, Aufgaben und Mitarbeitern enthält. Das Oberziel hingegen ist bei allen Teilbereichen gleich: alle Teilbereiche müssen direkt oder indirekt das Unternehmensziel verfolgen. Durch die Aufgabenteilung resp. Spezialisierung einzelner Bereiche kann dieses allgemeine Ziel aus den Augen verloren werden. Da es erstrebenswert ist, dass trotzdem alle Bereiche des Unternehmens mit Ausrichtung auf das Unternehmensziel arbeiten, muss das Handeln in all diesen Bereichen abgestimmt und koordiniert werden.

Die **funktionale Sichtweise** der Unternehmensführung bezieht sich auf die Aufgaben und Aktivitäten zur Steuerung des Unternehmens. Generell beschreibt die funktionale Unternehmensführung die Führung von und in Unternehmen. Weiter wird zwischen **personenbezogener** und **sachbezogener Unternehmensführung** differenziert.

---

[120] Vgl. in diesem Zusammenhang die Ausführungen zum Thema „Anforderungen an eine Führungskraft" im gleichnamigen Abschnitt 1.5.

[121] Vgl. hierzu die weiteren Ausführungen im Abschnitt 1.3 „Führungsebenen und -aufgaben".

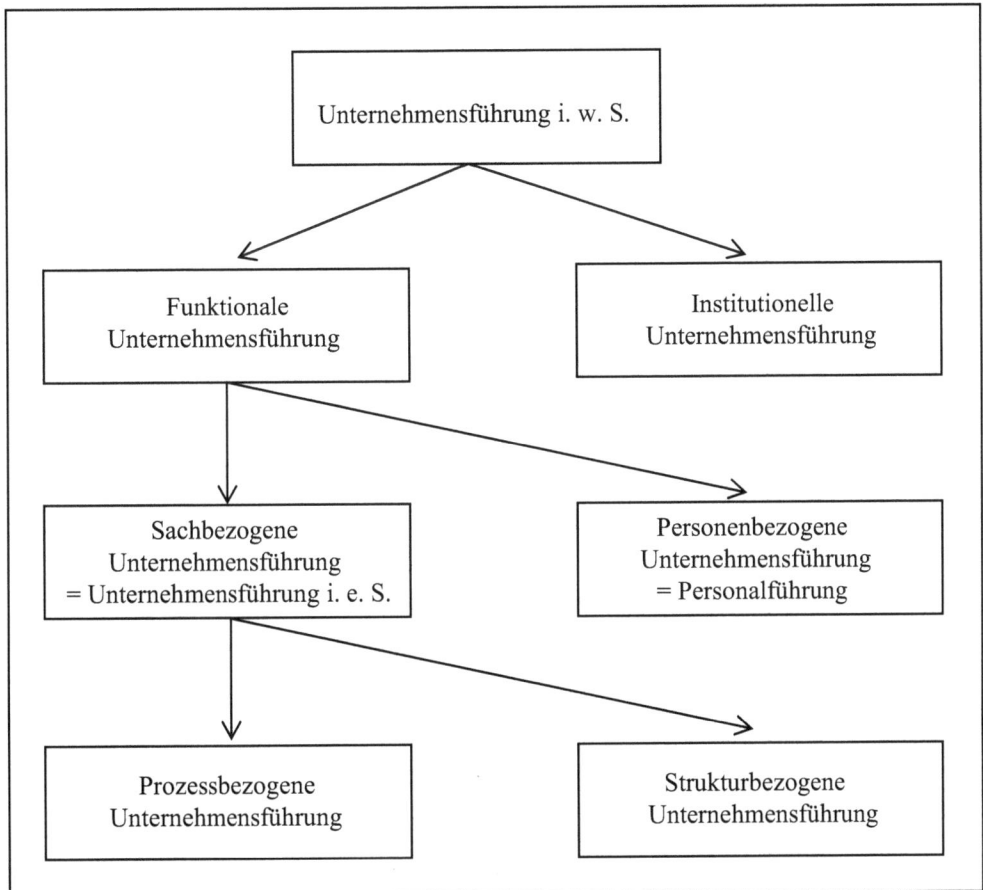

Darst. 1.204: Dimensionen der Unternehmensführung

Mit der **sachbezogenen Differenzierung** (Unternehmensführung i. e. S.) ist die Gesamtheit aller Bestimmungshandlungen gemeint, womit die Führung des Unternehmens beschrieben wird. Die Aufgaben der sachbezogenen Unternehmensführung sind zum einen das Formulieren von Zielen und Grundsätzen und zum anderen das Bestimmen von Maßnahmen zur Erreichung der Ziele und zur Einhaltung festgelegter Grundsätze.

Die sachbezogene Unternehmensführung lässt sich ihrerseits in eine prozessbezogene und eine strukturbezogene Komponente untergliedern. Während die **prozessbezogene Darstellung** dem **Führungsprozess** folgt, bezieht sich die **strukturbezogene Führung** auf die **Aufbaustruktur,** die **Prozessstruktur** und die **Projektstruktur.**

Die **personenbezogene Unternehmensführung** betrachtet die Aspekte, die direkt mit der Führung der Mitarbeiter verbunden sind und daher als **Personalführung** bezeichnet wird. Es wird vor allem auf die generelle Führung von Mitarbeitern eingegangen, die ziel- und erfolgsorientiert durch die Führungskraft beeinflusst werden sollen. Personenbezogene Unternehmensführung beschäftigt sich somit mit der Führung innerhalb eines Unternehmens.[122]

1.2.2 Management

1.2.2.1 Definition Management

Der Begriff **Management** lässt sich etymologisch wohl auf drei Wurzeln zurückführen. Zum einen die Termini „manus agere" (lat.) oder mit der Deklination von manus „manu agere", zum anderen „mansionem agere" (lat.). In allen drei Wortkombinationen steckt das Verb „agere" (lat.), was mit bewegen, treiben, führen, aber auch hetzen, jagen, vertreiben übersetzt werden kann.[123] Auch „ἄγω" (altgriech.) kommt als zweite sprachliche Wurzel infrage. Die Translation ergibt diesbezüglich „führen, leiten, geleiten, treiben (i. S. v. in Bewegung setzen) und auch anführen, befehligen"[124]. In Kombination mit „manus" (lat. = Hand) bedeutet „manus agere" „an der Hand führen"[125]. Dies beschreibt die Kontroll- und Disziplinierungsfunktion des Managements[126], zumal „manus" auch die Bedeutung „Gewalt, Macht" haben kann. Einen etwas anderen Akzent bekäme die Ableitung aus dem deklinierten Begriff „manu agere" (lat.), was „mit der Hand arbeiten, mit der Hand führen" ergeben würde. Demnach wäre ein Manager eher ein Handlanger (des Eigentümers?) oder schlicht ein Handwerker/Handarbeiter, der sich ähnlich dem Chirurgen (χειρουργέω = (chierourgeo, altgriech.) = mit der Hand verrichten) als medizinischer Kunsthandwerker zu einem Spezialisten (in einem Unternehmen) entwickelt hat. Die Bezeichnung „mansionem agere" enthält „mansio" (lat. = Aufenthalt, Bleibe, Aufenthaltsort, Haus) und wird meist mit „den Aufenthaltsort führen, das Haus bestellen" übersetzt.[127] Damit rückt die Steuerungs- und Koordinierungsfunktion mehr in den Fokus der Erklärung des Begriffs Management.[128]

---

[122] Vgl. BAMBERGER, I., WRONA, T.: Strategische Unternehmensführung, Strategien, Systeme, Methoden, Prozesse, 2. Aufl., München 2012, S. 5, STOI, R., DILLERUP, R.: a. a. O., S. 613.

[123] Vgl. PETSCHENIG, M.: Der kleine Stowasser, München 1971, S. 50.

[124] Vgl. MENGE, H.: Langenscheidts Großwörterbuch Griechisch Deutsch, 22. Aufl., Berlin, München, Zürich 1973, S. 9.

[125] Vgl. BRAVERMAN, H.: Labor and Monopoly Capital: The Degradation of Work in the Twentieth Century, New York 1974.

[126] Vgl. STAEHLE, W. H., CONRAD, P., SYDOW, J.: Management. Eine verhaltenswissenschaftliche Perspektive, 8. Aufl., München 1999, S. 71.

[127] Vgl. BOETTICHER, K. W.: Unternehmer oder Manager, Köln 1963, S. 72.

[128] Vgl. STAEHLE, W. H., CONRAD, P., SYDOW, J.: a. a. O., S. 71.

Die in die deutsche Sprache eingegangenen Begriffe Management und **Manager** sind unmittelbar aus dem Englischen übernommen worden. Der Infinitiv „to manage" (engl.) mit den Bedeutungen „leiten, verwalten, managen, administrieren, bewirtschaften, zustande bringen" bzw. „to manage sth." mit „etwas schaffen, etwas erledigen, etwas bewerkstelligen" findet sich als „managen" mit gleichem Bedeutungsinhalt in der deutschen Umgangssprache wieder.

Die einzelne Definition des Begriffs Management hängt auch davon ab, aus welchem Betrachtungswinkel, d. h. aus welcher wissenschaftlichen Perspektive (Fachdisziplin) an eine Beschreibung herangegangen wird. So ist es nicht verwunderlich, dass Ingenieure, Systemtheoretiker, Kybernetiker, Geschichtswissenschaftlicher, Mediziner, Psychologen, Soziologen etc. eine andere Interpretation bevorzugen. Exemplarisch seien folgende Definitionen wiedergegeben:

- Management „is the art of working through other people"[129].
- Ansoff hält Management für eine komplexe Aufgabe, die zum einen die Strategieformulierung enthält und zum anderen die Fähigkeiten einer Unternehmung gestattet sowie zum dritten die Umsetzung von Strategien und die Realisierung der Unternehmenskapazitäten umfasst.[130]
- Management „ist die schöpferischste aller Künste, denn sein Medium ist das menschliche Talent selbst"[131]
- Management „consists of two very basic functions: decision making and influence"[132].
- Wild definiert Führung oder Management als die „zielorientierte Gestaltung und Steuerung sozialer Systeme"[133].
- „The essence of management is the creation, adaption, and coping with change."[134]
- Der Begriff Management bezeichnet generell „eine zweckdienliche Leistung, die zur Erhaltung eines Systems zwingend notwendig ist"[135]
- Nach Ulrich umfasst das Management das Gestalten, Lenken und Entwickeln sozialer Systeme.[136]

---

[129] OWEN, W. V.: Modern Management, its Nature and Functions, New York 1958, S. 4.

[130] Vgl. ANSOFF, H. I.: Corporate Strategy: An Analytic Approach to Business Policy for Growth and Expansion, New York 1965, S. 265.

[131] MCNAMARA, R. S.: The Essence of Security, New York 1968.

[132] ANTHONY, W. P.: Management, Reading 1981, S. 3.

[133] WILD, J.: Grundlagen der Unternehmensplanung, im Folgenden mit „Unternehmensplanung" abgekürzt, 4. Aufl., Opladen 1982, S. 32.

[134] LEONTIADES, M.: Management Policy, Strategy and Plans, Boston, Toronto 1982, S. 34.

[135] STAEHLE, W.: Funktionen des Managements. Eine Einführung in einzelwirtschaftliche und gesamtgesellschaftliche Probleme der Unternehmensführung, Bern 1992, S. 66.

[136] Vgl. ULRICH, H.: Management als Gestalten und Lenken zweckorientierter sozialer Systeme: Entwicklung und Perspektive der systemorientierten Managementlehre, Diskussionspapier im Rahmen eines Nationalfonds-Projektes über „Grundlagen einer allgemeinen Theorie der Gestaltung und Entwicklung zweckorientierter sozialer Systeme", St. Gallen 1982, entnommen aus: ULRICH, H.: Ulrich-Werkausgabe, Bd. 5, Bern 2001, S. 94–98.

- Zwei Jahre später findet sich bei Ulrich unter Management das Gestalten, Lenken und Entwickeln gesellschaftlicher Institutionen.[137]
- „Management is the organ of society specifically charged with making resources productive by planning, motivating, and regulating the activities of persons towards the effective and economical accomplishment of a given task."[138]
- Kotter unterscheidet die Begriffe "Management" und "Leadership": Während Management sich mit der Bewältigung der Komplexität befasst, versucht Leadership den Wandel im Unternehmen zu steuern.[139]
- "Management ist die Leitung soziotechnischer Systeme in personen- und sachbezogener Hinsicht mit Hilfe von professionellen Methoden."[140]
- In einer funktionalen Betrachtung führen Ulrich/Fluri weiter aus: Unter Management werden "alle zur Bestimmung der Ziele, der Struktur und der Handlungsweisen des Unternehmens sowie zu deren Verwirklichung notwendigen Aufgaben, die nicht ausführender Art sind"[141] verstanden.
- „Management ist ein Komplex von Steuerungsaufgaben, die bei der Leistungserstellung und -sicherung in arbeitsteiligen Organisationen erbracht werden müssen."[142]
- Unter Management werden alle Personen und Instanzen in einem Unternehmen verstanden, die eine Steuerungsfunktion ausüben, d. h. Aufgabe an untergeordnete Hierarchieebenen delegieren.[143]
- Hahn versteht im institutionellen Sinn unter dem Management einer Unternehmung die Personen, die "... aufgrund rechtlicher oder organisatorischer Regelungen die Befugnis besitzen, einzeln oder als Gruppe anderen Personen Weisungen zu erteilen, denen diese Personen zu folgen verpflichtet sind."[144]
- „Management is the process of planning, organizing, leading, and controlling the efforts of organizational members and the use of other organizational resources in order to achieve stated organizational goals."[145]
- Staehle sieht Management im institutionellen Sinne als „die Beschreibung der Personen(-gruppen), die Management-Aufgaben wahrnehmen, ihrer Tätigkeiten und Rollen"[146].

---

[137] Vgl. ULRICH, H.: Management, Bern 1984, S. 114ff.

[138] DRUCKER, P. F.: The Practice of Management, New York 1986, S. 4.

[139] Vgl. KOTTER, J. P.: What Leaders Really Do, Harvard Business Review, May-June 1990, S. 103f.

[140] ULRICH, P., FLURI, E.: Management, 7. Aufl., Stuttgart 1995, S. 13.

[141] Ebenda, S. 14.

[142] STEINMANN, H., SCHREYÖGG, G.: Management. Grundlagen der Unternehmensführung: Konzepte – Funktionen – Fallstudien, 8. Aufl. 2020, S. 6.

[143] Vgl. ebenda, S. 13, STAEHLE, W. H., CONRAD, P., SYDOW, J.: a. a. O., S. 71, STEINMANN, H., SCHREYÖGG, G., KOCH, J.: Management. Grundlagen der Unternehmensführung: Konzepte – Funktionen – Fallstudien, 7. Aufl. 2013, S. 6.

[144] HAHN, D.: Planungs- und Kontrollrechnung, 5. Aufl., Wiesbaden 1996, S. 10.

[145] STONER, J. A., FREEMAN, R. E., GILBERT, D. A.: Management, Upper Saddle River 1995, S. 6.

[146] STAEHLE, W. H., CONRAD, P., SYDOW, J.: a. a. O., S. 71.

- „Unter Management versteht man alle unternehmerischen und betrieblichen Steuerungs- und Koordinationsaufgaben. Es müssen
  - viele Menschen
  - in wechselnden Situationen
  - unter wechselnden Bedingungen
  - bei knappen Mitteln (Prinzip Wirtschaftlichkeit)
  - und bei knappen Informationen (Risikohandeln)
  - im Rahmen einer (zunächst) vorgegebenen Organisationsform

  so gelenkt werden, dass der Betriebszweck optimal erfüllt wird."[147]
- „Management ist der Beruf des Resultate-Erzielens oder Resultate-Erwirkens. Der Prüfstein ist das Erreichen von Zielen und die Erfüllung von Aufgaben."[148]
- Management wird definiert als die Auswahl von Zielen, die überlegte Verwendung von Mitteln, die Ausführungs- und Terminplanung, die Verfolgung des Arbeitsfortschrittes sowie die Auswertung durch Informationen über erzielte Ergebnisse.[149]
- Laut Malik ist „Management die Transformation von Ressourcen in Nutzen"[150].
- Robbins versteht unter Management „the process of getting things done, effectively and efficiently, with and through other people"[151].
- „Management ist die englisch-amerikanische Bezeichnung für Führung."[152]
- Jung/Heinzen/Quarg halten an folgender Definition fest: „Management ist zielorientiertes Gestaltungs- und Lenkungshandeln in Betrieben als organisierten, kontinuierlich zweckgerichteten menschlichen Handlungsgemeinschaften."[153]
- „… Management … bezeichnet das Entscheiden und Gestalten von Unternehmensstrukturen und -systemen zur erfolgreichen Umsetzung der unternehmenspolitischen Ziele."[154]

Ein erster Abgleich der vorstehenden, doch sehr divergierenden Definitionen ergibt hinsichtlich des Managementbegriffs zwei grundsätzlich unterschiedliche Sichtweisen:

- **Management als Institution** oder
- **Management als Funktion** im Sinne von Prozessen bzw. Tätigkeiten/Aktivitäten.

---

[147] GONSCHORREK, U.: Personalmanagement, 2. Aufl., Berlin 2001, S. 14.

[148] MALIK, F.: Führen, Leisten, Leben: Wirksames Management für eine neue Zeit, 11. Aufl., Stuttgart, München 2001, S. 73.

[149] Vgl. STREICH, D.: Wertorientiertes Personalmanagement – Theoretische Konzepte und empirische Befunde zur monetären Qualifizierung des betrieblichen Humankapitals, Frankfurt (Main) 2006, S. 50.

[150] MALIK, F.: Management: Das A und O des Handwerks, Frankfurt (Main) 2007, S. 33.

[151] ROBBINS, S. P.: Fundamentals of Management, 7th ed., London 2011, S. 32.

[152] OLFERT, K., RAHN, H.-J., ZSCHENDERLEIN, O.: Lexikon der Betriebswirtschaftslehre, 8. Aufl., Herne 2013, Nr. 578.

[153] JUNG, R. H., HEINZEN, M., QUARG, S.: a. a. O., S. 6. Offenbar verwenden die zitierten Autoren (noch) die Bezeichnung Betrieb als Oberbegriff. Vgl. Abschnitt 1.1 „Unternehmen, Betrieb, Firma".

[154] MEIER, H., BACHMANN, J.-T.: Unternehmensführung: Aufgaben und Techniken des betrieblichen Managements, 7. Aufl., Herne 2025, S. 8.

Management im **institutionellen** Sinne bezieht sich auf **eine oder mehrere Personen** in einer Unternehmung, die aufgrund rechtlicher oder organisatorischer Regelungen (Delegation) über **Weisungsbefugnisse gegenüber anderen Personen** verfügen.[155] Es sind all diejenigen Mitglieder einer Organisation, die eine Vorgesetztenfunktion wahrnehmen und allgemein auch als Führungskräfte bezeichnet werden.[156] Das Management **vertritt primär die Interessen des Unternehmers** als Arbeitgeber gegenüber den Arbeitnehmern. In der Regel sind die Manager deshalb auch nicht gewerkschaftlich organisiert. Wenn, dann haben sie, oft als „Leitende Angestellte", eine eigene Berufsorganisation, die aber nicht im Sinne einer tariflichen Vertretung am Arbeitsmarkt auftritt, sondern sich der sonstigen beruflichen Förderung ihrer Mitglieder widmet. Hier zeigt sich eine divergierende Beschreibung: Im deutschen Sprachgebrauch wird der Begriff Management tendenziell eher für die oberen Führungsebenen präferiert (leitende Angestellte), während im angelsächsischen Raum als Management alle Führungskräfte, vom Meister bis zur Unternehmensleitung bezeichnet werden.[157] Zur Unternehmensleitung gehören dementsprechend auch geschäftsführende Gesellschafter. Von besonderem Interesse ist die Abgrenzung zwischen den nicht geschäftsführenden Anteilseignern und dem professionalisierten Management als Nichteigentümer, da den Anteilseignern der Gewinnanspruch resp. die Pflicht zur Übernahme von Verlusten sowie das Recht zur Veräußerung von Verlusten zusteht, während an nicht am Unternehmen beteiligte Manager das Recht eingeräumt wird, über den Einsatz von Ressourcen zu entscheiden.

Das Management im institutionellen Sinne wird in die Ebenen Top-, Middle- und Lower-Management unterteilt.[158] Je nach Größe und Komplexität des Unternehmens kann es noch weitere Management-Stufen geben.

Das **Top-Management** bildet die oberste Hierarchieebene. Auf dieser Ebene werden normative und strategische Entscheidungen getroffen und der Rahmen für sämtliches Handeln der darauffolgenden Ebenen festgelegt.

Das **Middle-Management** ist das administrative Subsystem. Es entwickelt Programme und Prozesse, die von dem unteren Management ausgeführt werden. Es erhält zum einen Anweisungen vom Top-Management, gibt aber auch Anweisungen an das Lower-Management.

---

[155] Vgl. SCHREYÖGG, G., KOCH, J.: Grundlagen des Managements, Basiswissen für Studium und Praxis, 4. Aufl., Wiesbaden 2023, S. 5, HÜLSMANN, M.: Management im Orientierungsdilemma: Unternehmen zwischen Effizienz und Nachhaltigkeit, Wiesbaden 2013, S. 77.

[156] Vgl. BECKER, T.: Management mit Kultur, Wiesbaden 2013, S. 29.

[157] Vgl. SEELOS, H.-J.: Management in Medizinbetrieben. Medizinmanagement in Theorie und Praxis, Wiesbaden 2010, S. 9.

[158] Robbins/Coulter unterscheiden ebenfalls drei Ebenen: Top Managers, Middle Managers und First-Line Managers. Diesen sind die Nonmanagerial Employees untergeordnet. (Vgl. ROBBINS, S. P., COULTER, M.: Management, 10th. ed., Upper Saddle River 2010, Chapter 1.1. Identisch ROBBINS, S. P., BERGMAN, R., STAGG, I., COULTER, M.: Management, 12th. ed., Melbourne 2014, S. 11, ROBBINS, S. P., COULTER, M., FISCHER, I.: Management. Grundlagen der Unternehmensführung, 12. Aufl., Hallbergmoos 2014, S. 25.)

Das **Lower-Management** formt die unterste Hierarchieebene unter den Managementebenen. Es ist das operative Subsystem und arbeitet direkt mit der Ausführungsebene zusammen. Das Lower-Management plant, steuert und kontrolliert die Ausführungsprozesse.[159]

Die nähere Beschreibung dieser Ebenen und ihrer Aufgaben erfolgt im Abschnitt 1.3 „Führungsebenen und -aufgaben".

Die **funktionale Perspektive** enthält die Beschreibung der Prozesse und Funktionen des Managements und der eingesetzten Instrumente.[160] Im weitesten Sinne geht es um alle Aufgaben, die zur Steuerung einer Unternehmung bzw. einer Organisation erfüllt werden müssen.[161] Damit ist der funktionale Part wesentlich komplexer als der institutionelle Teil. Soweit hierüber Einigkeit in der Literatur herrscht, so unterschiedlich sind die Auffassungen, was die einzelnen Aufgaben und Funktionen des Managements konkret sind und wie sie voneinander abgegrenzt werden können.

Da sich sowohl bei der Beschreibung der Unternehmensführung als auch bei der Erläuterung des Begriffs Management die gleichen Ebenen und Sichtweisen (funktionale und institutionelle Sicht) finden, soll an dieser Stelle eine Festlegung in Bezug auf die Termini Unternehmensführung und Management vorgenommen werden. Ein Vergleich der Definitionen anderer Autoren zum Begriff Unternehmensführung[162] mit denen zum Begriff Management ergibt keine gravierenden Abweichungen. Allerdings bezieht sich **Management** allgemeiner **nicht nur auf Unternehmen, sondern** generell **auf alle sozialen Systeme**. In der Tat findet Management im funktionalen und/oder institutionellen Sinne in allen sozialen Gebilden statt, unabhängig davon, ob es sich um Unternehmen oder andere Organisationen handelt und unabhängig davon, ob sie nach Gewinn streben oder andere Ziele[163] verfolgen. Auch NPOs müssen grundsätzlich wirtschaftlich betrieben werden, um ihre Aufgaben im Hinblick auf die Ziele der Organisation optimal erfüllen zu können. Beispielsweise ist in gemeinnützigen Organisationen der sorgfältige und effiziente Einsatz von Spenden und anderen Zuwendungen, gerade im Interesse der Finanzierenden, von besonderer Bedeutung. Somit ist Management im Sinne einer klassischen Unternehmensführung auch in Sportvereinen, Museen, gemeinnützigen Krankenhäusern, kirchlichen/religiösen Vereinigungen/Einrichtungen, Parteien, Verbänden, militärischen Institutionen etc. notwendig.[164] Dementsprechend zahlreich sind die Kombinationen von Wörtern mit dem

---

[159] Vgl. BECKER, F. G.: Strategische Unternehmensführung – Eine Einführung, 5. Aufl., Berlin 2018, S. 18.

[160] Vgl. GRASS, B.: Einführung in die Betriebswirtschaftslehre. Das System Unternehmung, 2. Aufl., Herne, Berlin 2003, S. 286.

[161] Vgl. SCHIERENBECK, H., WÖHLE, C. B.: Grundzüge der Betriebswirtschaftslehre, 19. Aufl., München 2016, S. 133, SCHREYÖGG, G., KOCH, J.: Grundlagen des Managements, a. a. O., S. 5.

[162] Vgl. hierzu die Ausführungen im Unterabschnitt 1.2.1.2 „Definition Unternehmensführung".

[163] Vgl. NPO = Non-Profit-Organization.

[164] Die Unterschiede sind meist in der andersartigen Erfolgsmessung begründet, da die Erfolgsmaßstäbe (Ziele) oft nicht monetärer Natur sind. Zudem offenbaren sich in einzelnen Funktionsbereichen (z. B. Finanzierung durch

Terminus Management in der einschlägigen Managementliteratur. Es lässt sich festhalten, dass allen sozialen Organisationsformen die Ausrichtung auf strategische Aspekte und übergeordnete, gesamtinstitutionenbezogene, grundsätzliche, längerfristige und/oder finanziell/ertragsmäßig bedeutsame, schlecht-strukturierte, innovative Probleme gemein sind und es sich oft um irreversible Entscheidungen, häufig verbunden mit einer hohen Dringlichkeit, handelt. Management wird daher wie folgt definiert:

> Management umfasst alle Aktivitäten zur zielorientierten Gestaltung, Lenkung und Entwicklung eines sozialen Systems.

Darst. 1.205: Definition Management

Eine Erläuterung der einzelnen Elemente der vorstehenden Definition wurde bereits oben im Zusammenhang mit dem Unternehmensführungsbegriff vorgenommen.

Da die **Inhalte der Unternehmensführung im Wesentlichen mit denen des Managements identisch** sind, sollen die vorgenannten Begriffe **synonym** verwendet werden.[165] Vorrangig werden in diesem Buch die Management- und Unternehmensführungsaufgaben eines Unternehmens erläutert.

Management lässt sich nach den vorstehenden Ausführungen analog zur Darst. 1.204 „Dimensionen der Unternehmensführung" strukturieren und veranschaulichen.

1.2.2.2 Aufgaben des Managements

Im Folgenden soll der Frage nachgegangen werden, welches die wesentlichen Aufgaben der Unternehmensführung sind.

Spendengelder, Werbung im Marketing mit ethischen, sozialen, ökologischen und anderen Gesichtspunkten, spezielle Mitarbeiteransprache ehrenamtlicher Helfer usw.)

[165] Vgl. ALTER, R.: Strategisches Controlling. Unterstützung des strategischen Managements, München 2011, S. 4, BALDERJAHN, I., SPECHT, G.: Einführung in die Betriebswirtschaftslehre, 5. Aufl., Stuttgart 2007, S. 113, BERTHEL, J.: Personal-Management. Grundzüge für Konzeptionen betrieblicher Personalarbeit, 3. Aufl., Stuttgart 1991, S. 6, DRUMM, H.-J.: Literaturübersicht Unternehmensführung, in: WiSt, 20. Jg., Nr. 7, S. 375, EILENBERGER, G.: Bankbetriebswirtschaftslehre. Grundlagen – Internationale Bankleistungen – Bank-Management, 4. Aufl., München, Wien 1990, S. 340, GRASS, B.: a. a. O., S. 285, JUNG, R. H., HEINZEN, M., QUARG, S.: a. a. O., S. 5, MEIER, H., BACHMANN, J.-T.: a. a. O., S. 8, OLFERT, K.: Kompakt-Training. Einführung in die Betriebswirtschaftslehre, 2. Aufl., Ludwigshafen 2008, S. 97, RAHN, H.-J.: Unternehmensführung, 9. Aufl., Herne 2015, S. 26, SCHIERENBECK, H., WÖHLE, C. B.: a. a. O., S. 113, SCHMELTER, R.: Der Einfluss von Management auf Corporate Entrepeneurship, Diss. RWTH Aachen 2008, Wiesbaden 2009, S. 45, SCHROETER, B.: Operatives Controlling. Aufgaben, Objekte, Instrumente, Wiesbaden 2002, S. 43f.

Grundsätzlich kann die Aufgabe der Unternehmensführung wie folgt erklärt werden:

> Die Unternehmensführung hat die Aufgabe, den Prozess der betrieblichen Leistungser-
> stellung und -verwertung so zu gestalten, dass das oder die Unternehmensziele auf
> höchstmöglichem Niveau erreicht werden.

Darst. 1.206: Aufgaben der Unternehmensführung

Fayol beschreibt Management als erster detaillierter als ein Bündel der Funktionen Prévoir, Or-
ganiser, Commander, Coordonner, Controler.[166]

Gulick erweitert die Einteilung von Fayol und publiziert den viel diskutierten „**POSDCoRB**"[167].
Letzeres ist ein Akronym und steht für die Managementfunktionen

- **P**lanning (Planung),
- **O**rganizing (Organisation),
- **S**taffing (Personaleinsatz),
- **D**irecting (Führung),
- **Co**-ordinating (Koordination),
- **R**eporting (Berichtswesen),
- **B**udgeting (Budgetierung).

Dieser Katalog wird später immer wieder zitiert. Heute hat sich der sogenannte Fünferkanon
(**POSDC**) von Koontz und O'Donnell etabliert, indem Reporting und Budgeting zu Controlling
verschmolzen wurden und Koordination eine funktionsübergreifende Tätigkeit darstellt.[168]

Demnach bestehen die als Prozess ausgelegten Hauptaufgaben aus
- **P**lanning (Planung),
- **O**rganizing (Organisation),
- **S**taffing (Personaleinsatz),
- **D**irecting (Führung) und
- **C**ontrolling (Kontrolle und Korrektur).[169]

---

[166] Vgl. FAYOL, H.: Allgemeine und industrielle Verwaltung, München, Berlin 1929, CLAAS, S. C.: Marktorientiertes Management in Wachstumsunternehmen, Diss. RWTH Aachen 2006, Wiesbaden 2006, S. 71.

[167] Vgl. GULICK, L.: Notes on the Theory of Administration, in: GULICK, L., URWICK, L. (EDS.): Papers on the
Science of Administration, New York 1936, S. 1−46.

[168] Vgl. KOONTZ, H., O'DONNELL, C.: Principles of Management: An Analysis of Managerial Functions, 5th, ed.
New York et al. 1972, S. 46−47.

[169] Vgl. CARROLL, S. J., GILLEN, D. J.: Are the Classical Management Functions Useful in Describing Managerial
Work?, in: Academy of Management Review, Heft 12, 1987, Nr. 1, S. 38−51.

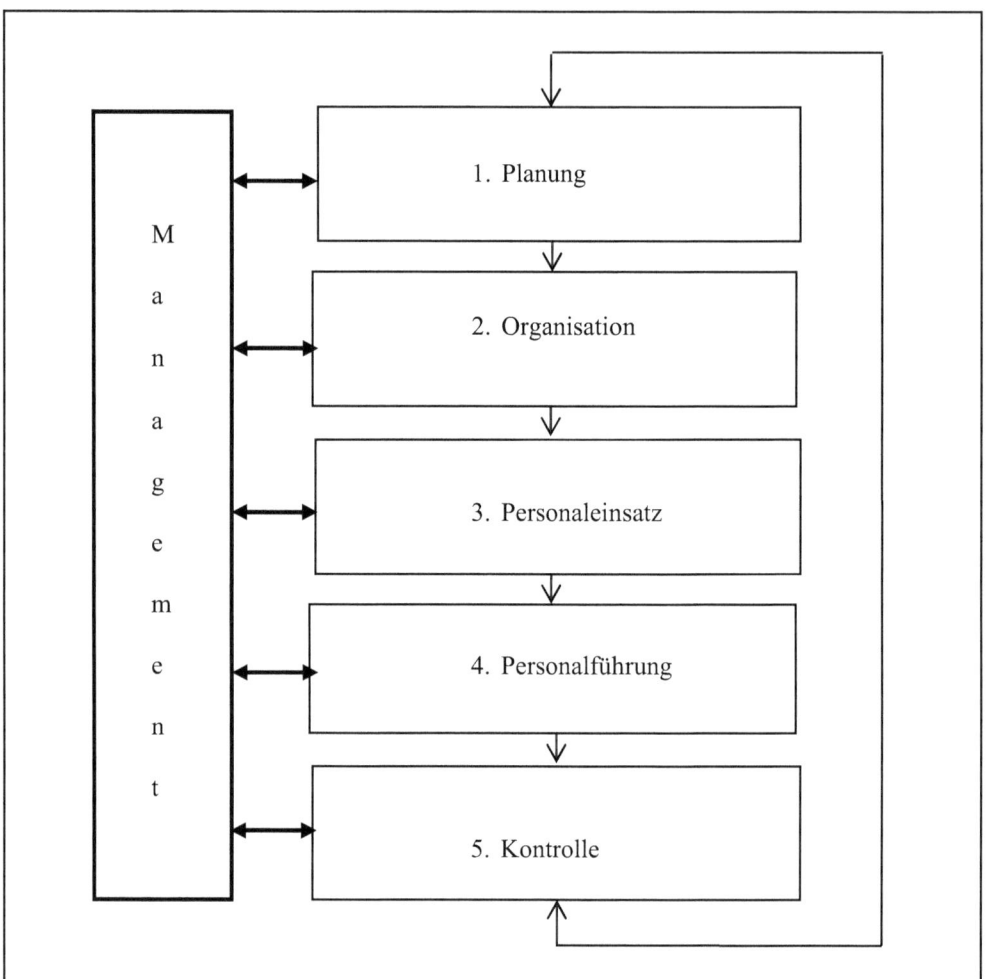

Darst. 1.207: Fünf Phasen des Managementzyklus nach KOONTZ und O'DONNELL

Die **Planungsaufgabe** ist der logische Ausgangspunkt des klassischen Führungsprozesses. Es werden Ziele definiert und Maßnahmen festgelegt. Diese Aufgabe gehört zu der Primärfunktion der Unternehmensführung, da sich alle anderen Aktivitäten an ihr ausrichten.

Zur Realisierung der Planung (im Rahmen des Führungsprozesses) sind **organisatorische Regelungen**, letztlich ein Handlungsgefüge/-gerüst, erforderlich. Es werden plangerechte Aufgabeneinheiten, sogenannte Stellen geschaffen und Kompetenzen sowie Weisungsbefugnisse festgelegt. Die Maßnahmen der Planung müssen horizontal und vertikal zielgerichtet koordiniert werden. Eine weitere Aufgabe des Organisierens ist die Errichtung eines Kommunikationssystems, das alle involvierten Stellen mit notwendigen Informationen versorgt.

Der **Personaleinsatz** ist die anforderungsgerechte Besetzung der Stellen eines Unternehmens mit kompetentem Personal. Weiterhin gehört die fortwährende Sicherstellung und Erhaltung der Humanressourcen zu den Managementaufgaben.[170] Insbesondere die Personalbeurteilung und -entwicklung sowie eine leistungsgerechte Entlohnung sind hier zu nennen.

Unter **Führung** ist die zielgerichtete, dauerhafte, konkrete Veranlassung zur Arbeitsausführung durch jede Führungskraft zu verstehen. Damit wird die Planung realisiert.

Zur **Kontrolle** gehört zum einen das Feststellen der erzielten Ergebnisse, aber auch der Vergleich mit den Plan- bzw. Solldaten (Soll-Ist-Vergleich).[171] Die Abweichungen werden ermittelt und analysiert. Die Kontrolle stellt einerseits den letzten Schritt des Prozesses dar, sie ist aber auch der Ausgangspunkt für die Neuplanung, falls die Istwerte nicht mit den Planwerten übereinstimmen und Korrekturmaßnahmen erwogen werden.[172]

Robbins/Coulter reduzieren die fünf vorgenannten Managementaufgaben auf vier.[173] Dies ist nachvollziehbar, da sich die Organisation/das Organisieren prinzipiell auf *alle* drei originären Produktionsfaktoren (Betriebsmittel, Material, Personal) bezieht und somit das „Staffing" (= Personaleinsatz) inkludiert. Demnach lautet die Reihenfolge bei **POLC**:[174]

---

[170] Vgl. NOTHHAFT, H.: Kommunikationsmanagement als professionelle Organisationspraxis. Theoretische Annäherung auf Grundlage einer teilnehmenden Beobachtungsstudie. Diss. Uni Leipzig 2010, Wiesbaden 2011, S. 119.

[171] Zwischen Plangrößen und Sollgrößen muss differenziert werden. Ob die in einer Planung enthaltenen Ziele (Plangrößen) auch als Zielvorgabe für die Mitarbeiter (Sollgröße) dienen, hängt von der Art des Planungssystems und der Ausprägung des Führungssystems ab. Somit können die Plandaten und die Zielvorgabewerte übereinstimmen oder bewusst voneinander abweichen. Die **Soll-Größe** hat in der Tat einen **Vorgabecharakter**, d. h. die Größe dient als „Messlatte" (Ausmaß der Zielerreichung). Sie muss **nicht zwangsläufig ein Plan-Wert,** der eine **prognostizierte Größe** darstellt, **bzw. mit diesem identisch sein.** Zum einen kann sich ein Zielerreichungsvorgabewert von einem (internen) Wert für die Planung unterscheiden, zum anderen ist auch denkbar, dass der Planende unterschiedliche Planwerte ansetzt, nämlich dann, wenn er z. B. mit unterschiedlichen Szenarien wie „worst case" oder „best case" oder einem realistischen Wert arbeitet. In diesem Fall wäre es nicht von Vorteil, dem Ausführenden den niedrigen worst case-Planwert vorzugeben, wenn ein „höherer" (Soll-)Wert erreicht werden kann – und soll. Vgl. WÖRDENWEBER, M.: Operatives Controlling – Band 1. Planung, Datenaufbereitung, gesamtbetriebliche Kennzahlen, Kontrolle, im Folgenden abgekürzt mit "Operatives Controlling – Band 1", 3. Aufl., Berlin 2021, S. 40, 175–176.

[172] Vgl. WÖRDENWEBER, M.: Operatives Controlling – Band 1, a. a. O., S. 168.

[173] Vgl. ROBBINS, S. P., COULTER, M.: a. a. O., S. 9.

[174] Vgl. ROBBINS, S. P., COULTER, M., FISCHER, I.: a. a. O., S. 28.

- Planning (Planung),
- Organizing (Organisation),
- Leading (Mitarbeiterführung),
- Controlling (Controlling).

Im Vergleich zum Konzept von Koontz und O'Donnell wurde statt der Aufgabe „Directing" die Funktion „Leading" gewählt. Im deutschen Sprachgebrauch ergeben sich keine großen Änderungen, da sich beides mit Führung übersetzen lässt.[175] Statt „Mitarbeiterführung" erscheint „Führung" oder „Personalführung" passender, da die Führung sich nicht nur auf die eigenen Mitarbeiter beschränkt, sondern auch die Mitarbeiter externer Dienstleister (z. B. von Leiharbeitsfirmen) betrifft. An dieser Stelle wird der Unterschied zwischen den Begriffen Personalmanagement und Personalführung deutlich. Das **Personalmanagement** als alle auf die Mitarbeiter bezogenen Planungs-, Steuerungs- und Kontrollaufgaben gehört neben der Personalführung zur Personalfunktion,[176] auf die hier nicht näher eingegangen werden muss. – Der Begriff „Controlling" macht in dieser Aufzählung keinen Sinn, da das „Controlling" die Planung, Steuerung und Kontrolle (jeweils verbunden mit horizontalen und vertikalen Koordinations- und Informationsprozessen) betrifft. Insofern ist in der vorstehenden Auflistung der vier Aufgaben die Planung doppelt enthalten. Zudem bezieht sich ein großer Teil der steuerungsbezogenen Tätigkeiten des Controllers auf den Funktionsbereich Organisation (Durch- und Umsetzung aller Ziele und Maßnahmen bzw. Treffen von operativen, taktischen und strategischen Entscheidungen), welcher in der alleinigen Zuständigkeit der Führungskräfte liegt. Insofern muss Controlling hier mit Kontrolle übersetzt werden.

In vielen deutschsprachigen Monografien wie auch hier wird eine **Vierteilung** bevorzugt. Die Managementfunktionen lauten dann **Planung, Organisation** (bzw. Organisieren) und **Kontrolle** sowie **Personalführung**.

In der Literatur finden sich häufiger neben den vorgenannten Managementfunktionen noch die **Koordination** und **Entscheidung**. Diese können jedoch als sogenannte **Metafunktionen** angesehen werden, da sie (notwendiger) Teil jeder anderen vorgenannten Aufgabe sind.[177] Sie stellen somit funktionsübergreifende Tätigkeiten dar.

---

[175] Im englischen Sprachraum wird eine Differenzierung wie folgt vorgenommen: „The classical view of leadership is the Powerful, authoritarian leader who takes charge and leads the Organization. Her direct his followers more than leading them. There is a subtle, yet fundamental difference between directing and leading." (MISHRA, R. K., SARKAR, S., SINGH, P.: Today's HR for a Sustainable Tomorrow, New Delhi 2012, S. 25.). Vgl. auch ADAMS, J. Q. (6th president of the United States of America): "If your actions inspire others to dream more, learn more, do more and become more, you are a leader." In: WILLIAMS, P.: The Paradox of Power: A Transforming View of Leadership, New York 2002.

[176] Vgl. STOI, R., DILLERUP, R.: a. a. O., S. 613.

[177] Vgl. NOTHHAFT, H.: a. a. O., S. 120, SCHREYÖGG, G., KOCH, J.: Grundlagen des Managements, a. a. O., S. 8.

Der Managementbegriff im funktionalen Sinne lässt sich konkretisieren, wenn die vorgestellte Managementsichtweise mit dem sozialen System/Organisationstyp Unternehmen verbunden wird. Bei allen Management-Aufgaben handelt es sich um Querschnittsaufgaben der Unternehmensführung. Sie stellen sicher, dass alle internen bzw. innerbetrieblichen Teilbereiche effizient zusammenarbeiten. Die einzelnen Aufgaben/Funktionen zur zielorientierten Entwicklung, Gestaltung und Steuerung des sozialen Systems Unternehmen werden nachfolgend ausführlich erläutert.

Management-funktionen im (verkürzten) Management-zyklus	Entwicklung	Beschaffung	Produktion	Vertrieb
Planung				
Organisation				
Kontrolle				

Darst. 1.208: Unternehmensführung als Querschnittsfunktion

Werden die Prozessschritte Organisation und Personaleinsatz im POSDC-Schema resp. Organisation im POLC-System im Zuge einer **prozessorientierten sachbezogenen Sichtweise** zu einer Durch- und Umsetzungsphase[178] zusammengefasst bzw. umbenannt sowie die Planungsphase (= Entscheidungsprozess) in die drei Abschnitte Anregungsphase, Such- und Orientierungsphase und Optimierungs- und Auswahlphase aufgefächert, ergibt sich der bekannte **Führungsprozess**, auch als **Managementzyklus** oder **Managementprozess** bezeichnet.

---

[178] Statt Durch- und Umsetzungsphase findet sich auch der Begriff Realisierungsphase.

1.2.2.3 Führungsprozess

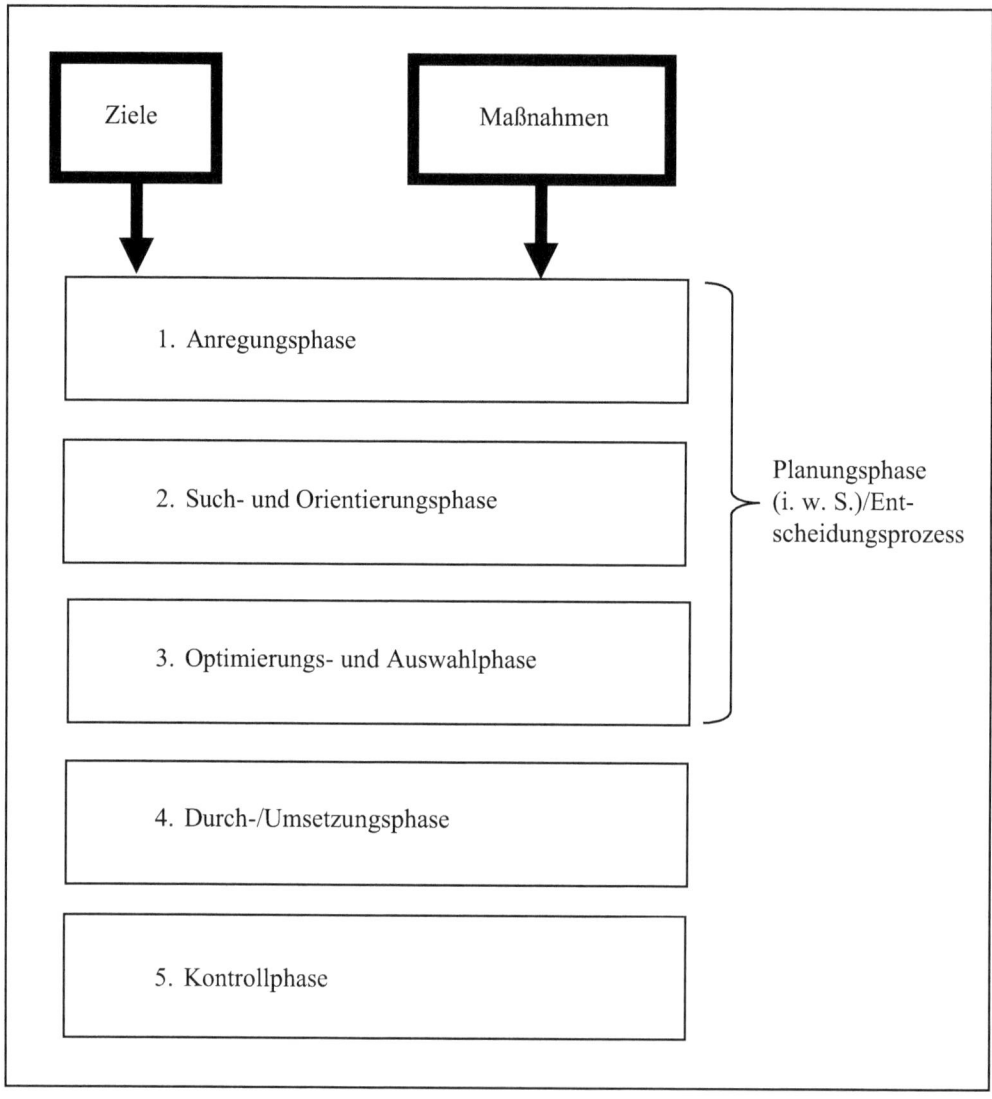

Darst. 1.209: Führungsprozess

Ein Führungsprozess bezieht sich immer auf zwei grundsätzliche Entscheidungen. Was soll wann/bis wann in welchem Ausmaß/Umfang erreicht werden (**Ziele**) und wie, d. h. mittels welcher **Maßnahmen/Aktivitäten** sollen diese Ziele erreicht werden. Maßnahmen ohne (vorherige Festlegung) der Ziele sind sinnlos, die Zielerreichung ohne Maßnahmen unmöglich.

Ein typischer Fall für das Durchlaufen eines maßnahmenbezogenen[179] Führungsprozesses mit dem Beginn in der Anregungsphase sind hohe Soll-Ist-Abweichungen, sich im Zeitablauf verschlechternde Kennzahlen oder im Vergleich zu externen Unternehmen (weit) unterdurchschnittliche Werte bei den vom Controller vorgegebenen und/oder mit ihm vereinbarten Zielgrößen (konkrete Ausprägungen der ausgewählten Kennzahlen), aber auch endogene Informationen, die einen Führungsprozess induzieren. Bei einer im Sinne der Vorgabe negativen Abweichung werden vom Controller in Zusammenarbeit mit dem/den für die Differenz Verantwortlichen die Gründe für die Abweichung eruiert. Ganz allgemein gilt also, zuerst das Problem gründlich und systematisch zu analysieren. Im Rahmen der Such- und Orientierungsphase werden ggf. neue Zielgrößen (konkrete Ausprägungen der ausgewählten Kennzahlen) im Zuge der Ziel-Entscheidungsprozesse festgelegt. Erst dann (!) werden unterschiedliche Maßnahmen ergründet, vorgeschlagen und diskutiert. Sowohl bei den Zielen als auch bei den Maßnahmen spielt die Prognose zukünftiger Szenarien (Umweltzustände) eine wichtige Rolle, da möglicherweise unterschiedliche Szenarien hinsichtlich des Grundsatzes der Flexibilität der Pläne (z. B. Eventual-/"Schubladen"-Planungen unter Berücksichtigung der Eintrittswahrscheinlichkeiten und/oder Erwartungswerte)[180] bei der Planung und Entscheidung bedacht werden müssen. Der Generierung, Zusammenstellung und Auswertung sämtlicher für die Problemlösung relevanter Informationen kommt insbesondere in dieser Phase eine herausragende Bedeutung zu. In der Optimierungs- und Auswahlphase werden die Planungs- bzw. Entscheidungsalternativen auf der Basis vergleichender Analysen (Vergleichsrechnungen) zielorientiert und möglichst rational bewertet. Damit ist die Entscheidungsvorbereitung abgeschlossen. Eine anschließende **Entscheidung** kann **in mehrfacher Hinsicht** erforderlich sein. Zunächst geht es um die Auswahl der „richtigen" Alternative, d. h. die Priorisierung derjenigen Planvariante, über die die zu entscheidende Institution (z. B: die Unternehmensführung) beschließen soll – sofern es mehrere Alternativen gibt, was häufig der Fall ist. Eine **Planverabschiedung** liegt erst dann vor, wenn sich das Entscheidungsgremium für die Umsetzung des ausgewählten Plans entschieden (und damit nicht der Unterlassensalternative den Vorrang eingeräumt) hat. In vielen Fällen ist dies noch nicht die endgültige Entscheidung, denn abhängig von der Tragweite der Entscheidung muss ggf. noch ein weiteres Organ (z. B. bei einer AG der Aufsichtsrat oder gar die Hauptversammlung) sein Votum abgeben (**Ratifizierung**). Mit der Optimierung und Auswahl von Zielen

---

[179] Es wird hier unterstellt, dass der **zielbezogene** Führungsprozess, in dessen Rahmen die Ziele des Unternehmens festgelegt wurden, bereits vorab erfolgt ist.

[180] Vgl. hierzu die Ausführungen in Unter-Unterabschnitt 2.1.3.4 „Grundsatz der Flexibilität" im Buch „Operatives Controlling – Band 1" (WÖRDENWEBER, M.: Operatives Controlling – Band 1, a. a. O.).

und Maßnahmen und der Entscheidung bzw. den Beschlüssen hierüber endet die **Planungsphase** (Planung i. w. S.) resp. der **Entscheidungsprozess**.[181] Zu Beginn einer Durch- und Umsetzungsphase im Rahmen eines Führungsprozesses sind Umsetzungsmaßnahmen zu bestimmen und die Willensdurchsetzung vorzubereiten. Da wesentliche Gründe für die Trennung zwischen Führungsebene und Ausführungsebene wie das Verständnis von Zusammenhängen, (fehlende) Fachkenntnisse und Neutralität[182] vorliegen, müssen die ausführenden Organisationseinheiten, ggf. einzelne Mitarbeiter, instruiert und motiviert werden. Sind Führungskraft und Aus-
führende(r) nicht personenidentisch, ist sicherzustellen, dass der Wille, der sich hinter einer getroffenen Entscheidung verbirgt, keine Veränderung erfährt. Diese Aktivitäten werden als **Steuerung** bezeichnet. Die Durch-/Umsetzungsphase (Realisationsphase) beinhaltet somit die Realisierung der verabschiedeten, ggf. ratifizierten Planung. Bereits während der Realisierung kann
– insb. bei größeren Projekten – ein zwischenzeitlicher Soll-Wird-Vergleich angestellt werden.
Abschließend werden die realisierten Aktionen (z. B. zur Reduktion der Kosten) mittels Soll-
Ist-Vergleiches/Plan-Ist-Vergleich, Zeitreihenanalyse oder internem und/oder externem Benchmarking dahingehend untersucht, ob die zuvor festgelegten Ziele (konkrete Ausprägungen der
ausgewählten Kennzahlen) erreicht wurden. Bei einer zu konstatierenden Abweichung erfolgt
ein wiederholter Durchlauf des Ziel- und/oder Maßnahmen-Führungsprozesses, beginnend mit
der Anregungsphase.

In der Praxis ist ein Ablauf des Führungsprozesses in dieser zeitlichen Reihenfolge nicht zwingend. Auch Rückkoppelungsprozesse sind nicht auszuschließen.[183] Wiederkehrende Sachverhalte (Periodizität) und auch ein „Mehrdurchlauf von Prozessphasen wiederhol[t]en sich zwischen allen hierarchischen Ebenen"[184]. Insofern stellen die einzelnen Phasen lediglich eine Ord-
nungsstruktur dar.

Auf die **Aufgaben der** einzelnen **Planungsphasen**, insb. der **instrumentalen Aspekte des Planungsprozesses** als Teil des Führungsprozesses wird später im Unterabschnitt 1.6.10 „Aufgaben der Planungsphasen eines Planungsprozesses" noch intensiv eingegangen.

Da die Planung in dem vorgestellten Prozess die Basis für alle weiteren Managementfunktionen
bildet, wird auch von der „**plandeterminierten Unternehmensführung**" bzw. vom „**Primat**

---

[181] Eine **Entscheidung** ist die Wahl eines oder mehrerer Entscheidungsträger zwischen verschiedenen Alternativen
(auch der Unterlassensalternative!) zwecks Zielerfüllung im Rahmen der gegebenen Möglichkeiten. Ein **Entscheidungsprozess** ist die systematische Bearbeitung eines Entscheidungsproblems von der Entstehung bis zur konkreten Entscheidung.

[182] Die personelle Trennung von Realisation und Kontrolle sichert die erforderliche Distanz und Neutralität.

[183] Vgl. WITTE, E.: Phasen-Theorem und Organisation komplexer Entscheidungsverläufe, in: Zeitschrift für betriebswirtschaftliche Forschung (ZfbF), 1968, Heft 20, S. 625 ff.

[184] SCHWEITZER, M.: Planung und Kontrolle, in: BEA, X., DICHTL, E., SCHWEITZER, M. (HRSG.): Allgemeine
Betriebswirtschaftslehre. Bd. 2. Führung, 4. Aufl., Stuttgart, New York 1989, S. 17.

der Planung" gesprochen.[185] Ähnlich äußerte sich Gutenberg: „Während Planung den Entwurf einer Ordnung bedeutet, nach der sich der gesamtbetriebliche Prozess vollziehen soll, stellt Organisation den Vollzug, die Realisierung dieser Ordnung dar. ... Die Organisation hat also immer nur dienenden oder instrumentalen Charakter."[186] Weihrich/Koontz schreiben dazu: Die Planung bestimmt also demzufolge die Art der Organisation, welches Personal gebraucht wird, welcher Führungsstil angemessen ist und welche Standards für die Kontrolle gelten."[187]

Dem vorgestellten Fünf-Phasen-Modell der plandeterminierten Unternehmensführung liegen folgende **Grundannahmen** zugrunde, die der näheren Betrachtung bedürfen:[188]

- Die Umwelt des Unternehmens ist in all ihren Wirkungszusammenhängen erfassbar und in ihrer Entwicklung (exakt) prognostizierbar. Die Realität sieht allerdings anders aus: Die Umwelt ist komplex und i. d. R. nicht vollständig, und falls teilweise, dann nicht exakt prognostizierbar.
- Das Handlungssystem Unternehmung kann die Planvorgaben problemfrei und vollständig umsetzen, d. h. Implementierungsprobleme treten nicht auf. Das System Unternehmen ist somit vollständig erfassbar und damit beherrschbar. In der Realität ist das Unternehmen ein soziales, komplexes und offenes System, auf das verschiedene Anspruchsgruppen (Stakeholder) mit divergierenden Interessen verstärkt einwirken.[189] Die Komplexität in Bezug auf das Entscheidungsfeld Unternehmen wird durch den
  - Grad der Vielschichtigkeit aufgrund der funktionalen Differenzierung (des Systems) und der Anzahl relevanter Referenzebenen (Individuum, Gruppe, Organisation),
  - Grad der Vernetzung bzw. Art und Ausmaß der wechselseitigen Abhängigkeiten zwischen den einzelnen Unternehmenseinheiten sowie zwischen den Unternehmensteilen und dem Ganzen und
  - Grad der Folgelastigkeit, d. h. Zahl und Gewicht der durch die Managemententscheidungen ausgelösten Kausalketten und Prozesse bestimmt.[190]
- Aufgrund der angesprochenen interdependenten Managemententscheidungen kann die Umwelt niemals vollständig erfasst werden. Auch ist die Umwelt nicht nur hoch komplex, sondern unterliegt aufgrund der sich ändernden Rahmenbedingungen (Technologie, Klima, Anspruchsgruppen, Gesetzgebung und Rechtsprechung etc.) einer enormen Dynamik, so dass

---

[185] Vgl. KOONTZ, H., O'DONNELL, C., a. a. O., S. 436–437.

[186] Vgl. GUTENBERG, E.: Grundlagen der Betriebswirtschaftslehre. Bd 1. Die Produktion, a. a. O., S. 235f.

[187] WEIHRICH, H., KOONTZ, H.: Management, 10. Aufl., New York 1993, S. 119.

[188] Vgl. SCHAUF, M.: Grundlagen der Unternehmensführung im Mittelstand, in: SCHAUF, M. (HRSG.): Unternehmensführung im Mittelstand: Rollenwandel kleiner und mittlerer Unternehmen in der Globalisierung, 2. Aufl., München, Mering 2006, S. 21, KIRSCH, W., SEIDL, D., VAN AAKEN, D.: Unternehmensführung: Eine evolutionäre Perspektive, Stuttgart 2009, S. 11f., SCHREYÖGG, G., KOCH, J.: Management, a. a. O., S. 122–129.

[189] Vgl. die Definition des Begriffs „Unternehmen" im Unterabschnitt 1.1.1 „Unternehmen".

[190] Vgl. WILLKE, H.: Systemtheorie I: Grundlagen. Eine Einführung in die Grundprobleme der Theorie sozialer Systeme, 7. Aufl., Stuttgart 2006, S. 22f.

reliable und valide Planungen (einschl. zugrunde gelegter Prognosen) nur in wenigen Sektoren möglich sind.

1.2.2.4 Handlungsebenen der Unternehmensführung

Die Gesamtheit der Führungsentscheidungen lassen sich der **Tragweite (zeitlichen Bindungswirkung)** nach grob in drei, vier oder fünf Kategorien **einteilen, die als Handlungsebenen oder Planungs- bzw. Entscheidungsebenen** oder schlicht **Ebenen** bezeichnet werden. Diese dürfen nicht mit den **Führungsebenen im institutionellen Sinne** (Top-Management, Middle-Management, Lower-Management) [191] verwechselt werden! [192]

In der Literatur finden sich folgende Varianten:

Variante I: Strategische und operative Ebene: Diese Variante der Aufteilung ist insbesondere in der amerikanischen Literatur zu finden. [193] Während sich die strategische Ebene um die Effektivität im Sinne von „Doing the right things" bemüht, kümmert sich die operative Ebene um die Effizienz („Doing the things right"). Entsprechend dieser Zuweisung ist die strategische Ebene mit Führungsentscheidungen des Top-Managements wie mit der Schaffung und Weiterentwicklung von Erfolgspotenzialen [194] und der Integration von strategischem und operativen Denken und Handeln befasst, während die operative Ebene die vorgegebenen Erfolgspotenziale optimal nutzen soll und die Entscheidungen des Top-Managements umzusetzen hat. Somit ist die operative Ebene für die Planung, Durch-/Umsetzung und Kontrolle der laufenden Aktivitäten eines Unternehmens verantwortlich. Eine vorgeschaltete normative und konstitutive Ebene (wie bei der dritten Variante) ist nicht vorgesehen, da das Top-Management sämtliche Führungsentscheidungen trifft.

Diese Zweiteilung erscheint nicht praxisnah, da auch Entscheidungen getroffen werden müssen, die keine strategische (langfristige), sondern lediglich ein taktische (mittelfristige) Tragweite aufweisen. Es kann in diesem Zusammenhang schon vorwegnehmend darauf hingewiesen werden, dass die taktischen Entscheidungen vom Top-Management an das Middle-Management delegiert werden. Für diese taktischen Entscheidungen zeichnet somit das Middle-Management

---

[191] Eine Führungsebene ist eine Organisationsebene innerhalb einer hierarchischen Struktur (Aufbauorganisation), auf der die Führungskräfte ähnlich weitreichende Entscheidungen treffen.

[192] Vgl. hierzu die Ausführungen in Abschnitt 1.3 „Führungsebenen und –aufgaben".

[193] Vgl. DAVID, F. R.: Strategic Management: Cases, 10th ed., Upper Saddle River 2004, S. 4, MINTZBERG, H., LAMPEL, J., QUINN, J. B., GHOSAHL, S.: The strategy process: Concepts, contexts, cases, 4th ed., Upper Saddle River 2003, S. 16ff., WHEELEN, T. L., HUNGER, J. D.: Strategic Management, 7th ed., Upper Saddle River, 2000, S. 5. WÖRDENWEBER, M.: Operatives Controlling – Band 1, a. a. O., S. 11.

[194] Siehe Paragraf 1.6.11.1.1.1 „Wettbewerbsvorteile und Erfolgspotenziale".

verantwortlich. Ohne diese Zwischenebene kann insb. in Großunternehmen das Top-Management nicht erfolgreich agieren; u. a. wäre die Zahl der Aufgaben für das Top-Management zu hoch und die Aufgaben zu detailliert sowie die Führungsspanne zu groß.[195]

Variante II: Strategische, taktische und operative Ebene: Eine Vielzahl von Autoren bevorzugt eine Dreiteilung in eine strategische, taktische und operative Ebene (in dieser Reihenfolge).[196] Im Rahmen der **strategischen** Planung (Zeitraum über 5 bis maximal 10 Jahre) werden beispielsweise strategische Allianzen mit Kunden, Lieferanten, Wettbewerbern geprüft sowie Erfolgspotentiale zu entdecken versucht, welche dann im Rahmen der weiteren Planung in konkrete Entscheidungsvorschläge umgesetzt werden. Weitere typische langfristige Sachverhalte sind u. a. die Entwicklung einer Marktstrategie oder die Initiierung und Prüfung des Produktionsrahmenprogramms. Auch konzeptionelle Fragestellungen wie Verwaltungs-, Produktions-, und Vertriebsstandorte, Rechtsformen von Tochtergesellschaften und Joint Ventures, Unternehmensstrukturen sowie der Führungsstil gehören ebenso dazu. Typische strategische Untersuchungsmethoden sind die SWOT-Analyse oder die Produktlebenszyklusanalyse. Der Detaillierungsgrad der tendenziell qualitativ ausgerichteten Pläne ist meist gering, die Toleranzgrenzen im Rahmen der Kontrolle hoch.[197]

Ausgangspunkt der **taktischen,** funktionsbezogenen Planung (Zeitraum über 1 bis 5 Jahre) ist die strategische Planung, die inhaltlich konkretisiert wird. Sie weist eine stärkere quantitative Ausrichtung auf als die strategische Planung. Gegenüber der strategischen Planung nehmen die Detailliertheit, Vollständigkeit und Genauigkeit zu. Es geht hier neben den taktischen Zielen konkret um die Erstellung und Bewertung mittelfristiger Aktionsprogramme und Verfahrensregeln, also beispielsweise mittelfristige Beschaffungs-, Produktions-, Absatz-, Finanzierungs-, Investitions- und Personalausstattungs- und -entwicklungspläne sowie mittelfristige Produktplanungen. Sowohl der Detaillierungsgrad der Pläne als auch die Toleranzgrenzen bei der Kontrolle sind als mittel zu bezeichnen.[198]

---

[195] Vgl. RAHN, H.-J.: a. a. O., S. 34.

[196] Vgl. BALDERJAHN, I., SPECHT, G.: a. a. O., S. 116, BAMBERGER, I., WRONA, T.: a. a. O., S. 12, KNÖLL, H.-D., SCHULZ-SACHAROW, CHR., ZIMPEL, M.: Unternehmensführung mit SAP BI, Wiesbaden 2006, S. 10, KÜPPER, H.-U., FRIEDL, G., HOFMANN, C. ET AL.: Controlling: Konzeption, Aufgaben, Instrumente, 6. Aufl., Stuttgart 2013, S. 137, OLFERT, K., PISCHULTI, H.: Unternehmensführung, 6. Aufl., Herne 2013, S. 26, OLFERT, K., RAHN, H.-J., ZSCHENDER-LEIN, O.: a. a. O., Nr. 713, SZYPERSKI, N., MÜLLER-BÖLING, D.: Aufgabenspezialisierung in Planungssystemen: Eine konzeptionelle und empirische Analyse, in: ZfBF, 36. Jg., 1984, Nr. 2, S. 124-145, WELGE, M. K., AL-LAHAM, A., EULERICH, M.: Strategisches Management: Grundlagen – Prozess – Implementierung, 8. Aufl., Wiesbaden 2024, S. 843, WÖRDENWEBER, M.: Operatives Controlling – Band 1, a. a. O., S. 8–9.

[197] Weiterführende Erläuterungen finden sich bspw. bei WÖRDENWEBER, M: Operatives Controlling – Band 1, a. a. O. im Unter-Unterabschnitt 2.1.5.6 „Planung nach den Planungsebenen" unter dem Stichwort „Strategische Planung", S. 83–84.

[198] Ergänzungen finden sich bspw. bei WÖRDENWEBER, M: Operatives Controlling – Band 1, a. a. O. im Unter-Unterabschnitt 2.1.5.6 „Planung nach den Planungsebenen" unter dem Stichwort „Taktische Planung", S. 84–85.

Die **operative Planung** (bis zu 1 Jahr) beschäftigt sich auf der Basis der taktischen Planung mit kurzfristigen Zielen, Aktionsprogrammen und Verfahrensregeln, zu denen u. a. ein detaillierter Einkaufs-, Produktions-, Absatz- und Finanzplan gehören. Typische zu klärende Probleme sind z. B. die kurzfristige Finanzplanung, Produktionsreihenfolgeplanung, Losgrößenplanung, Bestellmengenoptimierung, Bestandsplanungen, Kapazitätsabstimmungen oder die Personaleinsatzplanung. Während der Detaillierungsgrad der Pläne als hoch einzustufen ist, sind die zulässigen Toleranzen als gering zu kennzeichnen.

Variante III: Strategische, operative und taktische Ebene: Daneben existieren auch – allerdings selten – Aufteilungen in der Abfolge strategisch, operativ, taktisch. Im Gegensatz zur Variante II wird hier lediglich die Bezeichnung „taktisch" gegen „operativ" getauscht. Inhaltlich ergibt sich keine Änderung.

Variante IV: Normative, strategische und operative Ebene: Diese Variante ist als **St. Galler Management-Konzept** bekanntgeworden.[199] Die in der Variante I beschriebenen strategischen Entscheidungen werden zweigeteilt. Neben die strategischen Planungen, wie sie in der Variante II beschrieben werden, treten die normativen Entscheidungen[200]. Bei den normativen Entscheidungen handelt es sich um übergeordnete Festlegungen des Top-Managements, die als Norm für alle Mitarbeiter des Unternehmens Gültigkeit besitzen. Sie fußen auf ethischen, sozialen, umwelt- und nachhaltigkeitsbezogenen sowie weiteren gesellschaftspolitischen Vorstellungen der Unternehmensführung. Sie spiegeln die Motivationen der Entscheider ebenso wider wie die Einschätzung von Gegebenheiten und Entwicklungstendenzen der Umwelt und können sich in gewissen, meist längeren Zeitabständen ändern. Sie gelten daher unbefristet, d. h. bis auf Widerruf. Normative Vorgaben bilden den Rahmen für alle nachgelagerten, also auch strategischen Entscheidungen, gleich auf welcher Ebene sie getroffen werden. „… sichern einem Unternehmen seine Existenzberechtigung und Überlebensfähigkeit (Legitimität), …"[201] Nicht nur wegen der stark divergierenden Aufgaben, sondern auch wegen des Vorgabecharakters für die strategischen Ebene macht eine Trennung zwischen normativen und strategischen Aufgaben Sinn. Normative Entscheidungen finden sich in dem aus der ersten Gründer-Vision bzw. später neuen oder angepassten Vision[202] abgeleitetem Sinn und Zweck des Unternehmens und seinen grundsätzlichen Unternehmenszielen[203] wieder, denn die ethische Grundhaltung des Gründers bzw.

---

[199] Vgl. BLEICHER, K.: Das Konzept Integriertes Management: Visionen, Missionen, Programme, 8. Aufl., Frankfurt, New York 2011, S. 87 ff., STOI, R., DILLERUP, R.: a. a. O., S. 56, HUNGENBERG, H., WULF, T.: Grundlagen der Unternehmensführung, 6. Aufl., Berlin, Heidelberg 2021, S. 26, ALTER, R.: a. a. O., S. 10, BIRKER, K.: Einführung in die Betriebswirtschaftslehre: Grundbegriffe, Denkweisen, Fachgebiete, Berlin 2000, S. 161.

[200] Sie fußen auf ethischen, sozialen, umwelt- und nachhaltigkeitsbezogenen sowie weiteren gesellschaftspolitischen Vorstellungen der Unternehmensführung. Vgl. STOI, R., DILLERUP, R.: a. a. O., S. 67.

[201] STOI, R., DILLERUP, R.: a. a. O., S. 67.

[202] Siehe WÖRDENWEBER, M.: Normatives Management und konstitutive Entscheidungen, im Folgenden abgekürzt mit „Normatives Management", 2. Aufl., Norderstedt 2022, S. 149–158.

[203] Vgl. KOHLERT, H.: Strategische Ausrichtung als Wettbewerbsvorteil, Stuttgart 2018, S. 30.

des späteren Top-Managements beeinflusst neben anderem wie z. B. in der Ferne erkennbare Markterfordernisse oder Kundenwünsche die Vision entscheidend.

Die grundlegenden ethischen Vorstellungen, die bereits auch einen Abgleich mit der Unternehmensumwelt (Stakeholder) enthalten, sind Bestandteil der Unternehmensphilosophie[204]. Sie kann als paradigmatisch geprägte Einstellung der Unternehmung gegenüber seinen wesentlichen Stakeholdern sowie allgemein zur Gesellschaft angesehen werden, die sich in der Unter-

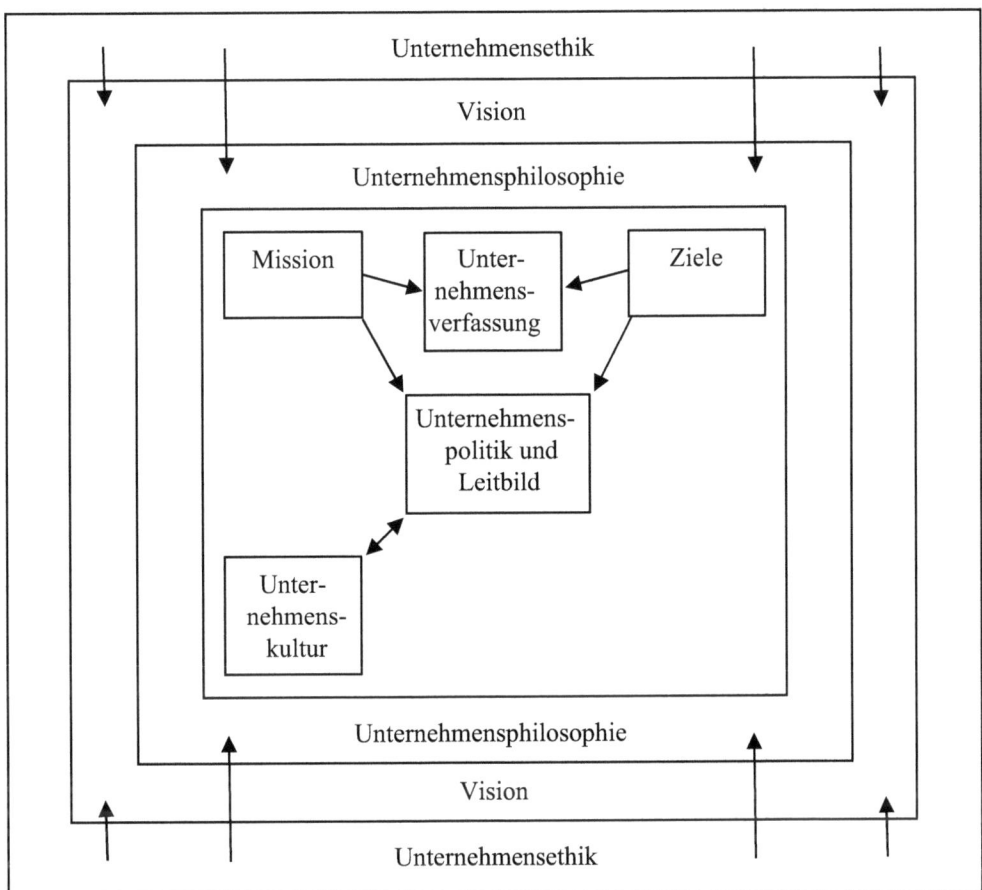

Darst. 1.210: Elemente und Beziehungsgefüge des normativen Managements
(Entnommen: WÖRDENWEBER, M.: Normatives Management, a. a. O., S. 19.)

---

[204] Siehe WÖRDENWEBER, M.: Normatives Management, a. a. O., S. 144–148.

nehmenspolitik[205] als Summe der gebündelten Unternehmensgrundsätze manifestiert. Diese Unternehmensleitlinien ergeben sich aus dem Wertekatalog einschließlich der Unternehmensphilosophie, aus der Vision bzw. den abgeleiteten grundlegenden Zielen sowie der Mission[206].

Die Unternehmensgrundsätze werden in einem Unternehmensleitbild[207] schriftlich fixiert.[208] Eine Unternehmensmission[209] enthält den Unternehmenszweck/-auftrag. Sie soll zum Ausdruck bringen, welches die grundlegenden Existenzgründe einer Organisation sind.

Zwischen dem Unternehmensleitbild und der Unternehmenskultur[210], die die Gesamtheit der in einem Unternehmen anzutreffenden Wertvorstellungen und Normen sowie Denkhaltungen und Meinungen widerspiegelt, besteht eine interdependente Beziehung: Während das Unternehmensleitbild als Soll-Zustand angesehen werden kann und somit auch zur Veränderung der Unternehmenskultur beitragen soll, ist es andererseits eine (oft gewünschte starke) Unternehmenskultur, die aufgrund ihres Beharrungsvermögens eine Veränderung gemäß Unternehmensleitbild be- oder gar verhindert.

Die operative Ebene entspricht hier der in Variante I vorgestellten.

Diese Dreiteilung kann ebenfalls als nicht praxisnah bezeichnet werden, da insbesondere Großunternehmen ein Middle-Management zur Umsetzung der Entscheidungen des Top-Managements benötigen (s. o.).

Variante V: Normative und konstitutive, strategische, taktische und operative Entscheidungsfelder:[211] Aufgrund der vorstehenden Kritikpunkte an den vier beschriebenen Varianten wird hier eine fünfte propagiert. Bei diesem System der Unternehmensführung werden vier Handlungsebenen/Planungs-/Entscheidungsebenen/Ebenen unterschieden. Neben das in Variante IV erläuterte normative Handlungsfeld treten die **konstitutiven Entscheidungen**. Diese

---

[205] Siehe WÖRDENWEBER, M.: Normatives Management, a. a. O., S. 171–186.

[206] Vgl. etwa GOGOLL, F., WENKE, M.: Unternehmensethik, Nachhaltigkeit und Corporate Social Responsibility, Stuttgart 2017, S. 241, HÄRDLER, J., GONSCHOREK, T. (HRSG.): Betriebswirtschaftslehre für Ingenieure. Lehr- und Praxisbuch, 6. Aufl., Leipzig 2016, S. 46, POOTEN, H., LANGENBECK, J.: Bilanzanalyse, 4. Aufl., Herne 2016, S. 295, REISINGER, S., GATTRINGER, R., STREHL, F.: Strategisches Management. Grundlagen für Studium und Praxis, 3. Aufl., München 2022, S. 135.

[207] Das Unternehmensleitbild wird bspw. bei WÖRDENWEBER, M.: Normatives Management, a. a. O., S. 171–186 vorgestellt.

[208] Vgl. ULRICH, H.: Unternehmungspolitik – Instrument und Philosophie ganzheitlicher Unternehmensführung, in: Die Unternehmung, 39. Jg., 1985, Nr. 4, S. 401.

[209] Inhalt und Wesen einer Mission werden u. a. bei WÖRDENWEBER, M.: Normatives Management, a. a. O., S. 167–170 erläutert.

[210] Das Thema Unternehmenskultur wird bei WÖRDENWEBER, M.: Normatives Management, a. a. O., S. 187–236 vertieft.

[211] Vgl. STOI; R., DILLERUP, R.: a. a. O., S. 67–68.

werden bei der Gründung eines Unternehmens getroffen und betreffen im Wesentlichen die Rechtsform und damit die Unternehmensverfassung, den Standort und einen möglichen Unternehmenszusammenschluss. Da diese konstitutiven Entscheidungen grundsätzlich revidiert werden können, wenngleich mit enormen finanziellen und ertragswirtschaftlichen Konsequenzen, gehören sie zu den zu behandelnden Themen der Unternehmensführung. Konstitutive Entscheidungen stehen bspw. dann **in einer engen Verbindung mit normativen Vorstellungen**, wenn das normative Gedankengut Einfluss auf die zu wählende Rechtsform nimmt.[212] Konstitutive Entscheidungen bilden ebenfalls den Rahmen für alle Entscheidungen der einzelnen Führungsebenen. Sowohl die konstitutiven als auch die normativen sowie die strategischen Entscheidungen werden vom Top-Management getroffen.[213] Die Beschreibung der strategischen, taktischen und operativen Handlungsfelder entspricht den in Variante II erläuterten gleichnamigen Ebenen.

Die vorstehende Kategorisierung der unterschiedlichen Führungsentscheidungen führt zu fünf jeweils (relativ) homogenen **Handlungsfeldern**. Gemäß der Beschreibung der vier Handlungsebenen entsteht ein ganzheitliches, hierarchisches **Modell des Managements**, wobei die **jeweils übergeordneten Handlungsfelder den Rahmen für die nachgeordneten Entscheidungen bilden**. Den Zusammenhang der vier **Handlungsebenen** der Unternehmensführung verdeutlicht die nachstehende Abbildung:

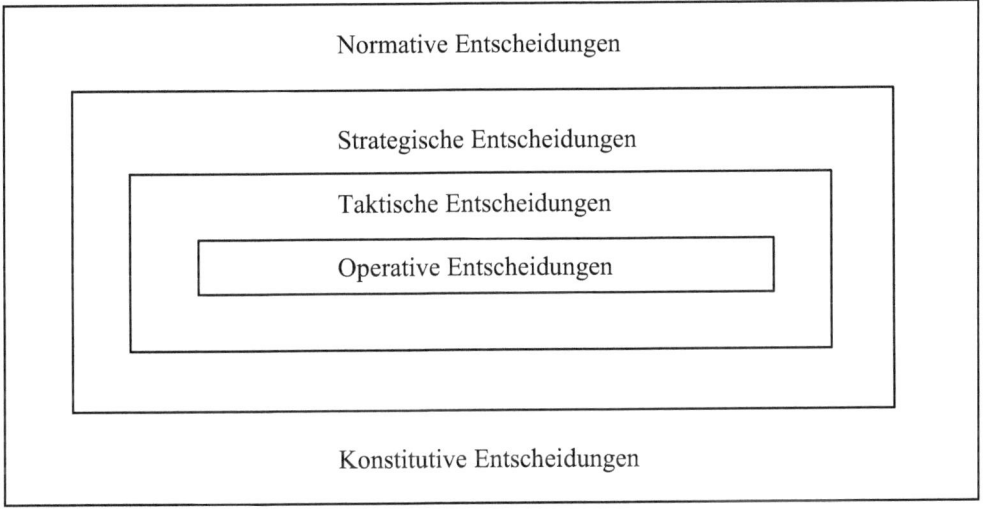

Darst. 1.211: Zusammenhang der Handlungsebenen

---

[212] Beispielsweise im Rahmen einer intensiven Mitarbeiterbeteiligung oder der Umwandlung des Unternehmens in eine Stiftung.
[213] Vgl. hierzu Abschnitt 1.3 „Führungsebenen und Aufgaben".

Weiter oben wurden die vier Aufgaben der Unternehmensführung (Planung, Organisation, Kontrolle sowie Personalführung) vorgestellt. Gleichzeitig wurde die Gesamtheit der Führungsentscheidungen in die fünf Handlungsfelder unterteilt. Dies hat zur Konsequenz, dass sich die vier Aufgaben der Unternehmensführung auf jede einzelne Handlungsebene übertragen lassen.

Im Vorgriff auf die im nächsten Abschnitt beschriebenen Managementebenen ergibt sich folgender Zusammenhang zwischen den Führungsebenen, Handlungsebenen und Handlungsfeldern:

Führungsebene	Handlungsebene	Handlungsfeld (Entscheidungen)
Top-Management	normative und konstitutive	normatives, konstitutives
	strategische	strategisches
Middle-Management	taktische	taktisches
Lower-Management	operative	operatives

Darst. 1.212: Zusammenhang zwischen den Führungsebenen, Handlungsebenen und Handlungsfeldern (Entscheidungen) eines Unternehmens

1.2.2.5   Integriertes System der Unternehmensführung

Aus der Zusammenfassung der Managementaufgaben und der Handlungsfelder (Entscheidungen) ergibt sich ein erstes, zweidimensionales **integriertes System der Unternehmensführung**. Die Aufgaben werden nach den Handlungsfeldern differenziert. Neben den vier Aufgaben ist die Metafunktion Koordination aufzuführen, die (notwendiger) Teil jeder anderen vorgenannten Aufgabe ist und gleichzeitig sowohl die Handlungsfelder als auch die Aufgaben miteinander verbindet. In der nachstehenden Darstellung werden im Hinblick auf die verschiedenen, zu treffenden Entscheidungen (entsprechend ihrer Tragweite) im Unternehmen die oberste Handlungsebene durch die konstitutiven und normativen Entscheidungen, die strategische Ebene durch die strategischen Entscheidungen, die taktische Ebene durch die taktischen Entscheidungen und die operative Ebene durch die operativen Entscheidungen ersetzt, sodass letztlich die einzelnen Handlungsfelder (Entscheidungen) mit den Aufgaben der Unternehmensführung verknüpft werden.

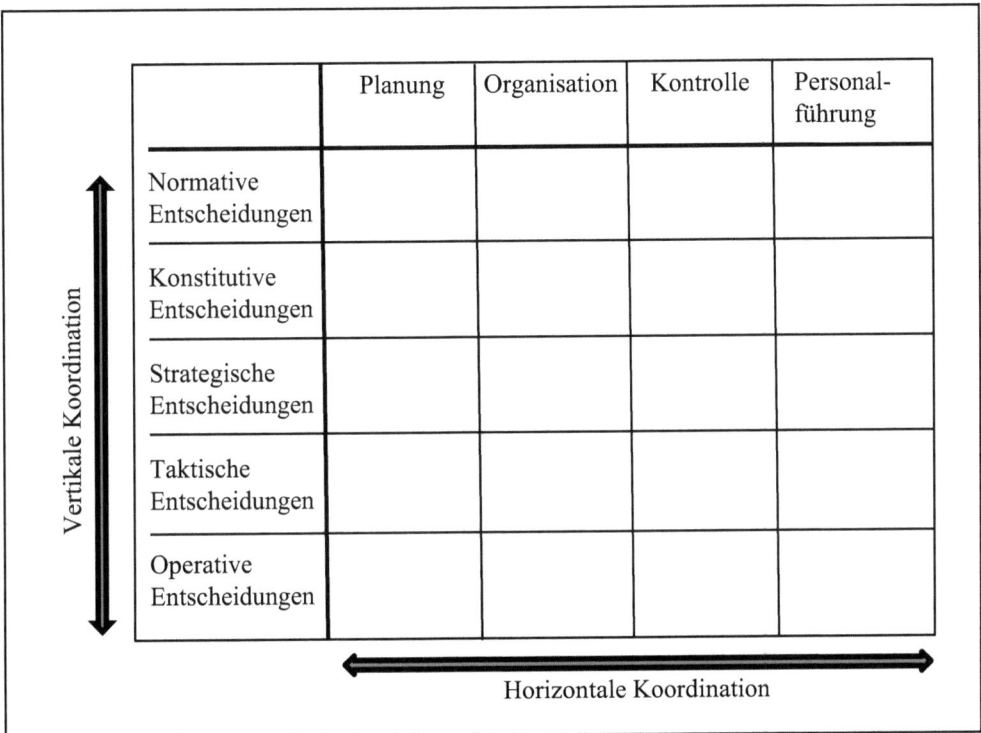

Darst. 1.213: Zweidimensionales integriertes System der Unternehmensführung

Weitergehend lassen sich in einem nächsten Schritt der Managementaufgaben, Handlungsfelder (Entscheidungen) und die Funktionsbereiche des Unternehmens miteinander verknüpfen. Es ergibt sich somit ein zweites, dreidimensionales **integriertes System der Unternehmensführung.** Auch hier ist neben den vier Aufgaben die Metafunktion Koordination zu nennen, die (notwendiger) Teil jeder anderen vorgenannten Aufgabe ist und gleichzeitig sowohl die Handlungsfelder als auch die Aufgaben und Funktionsbereiche miteinander verbindet.

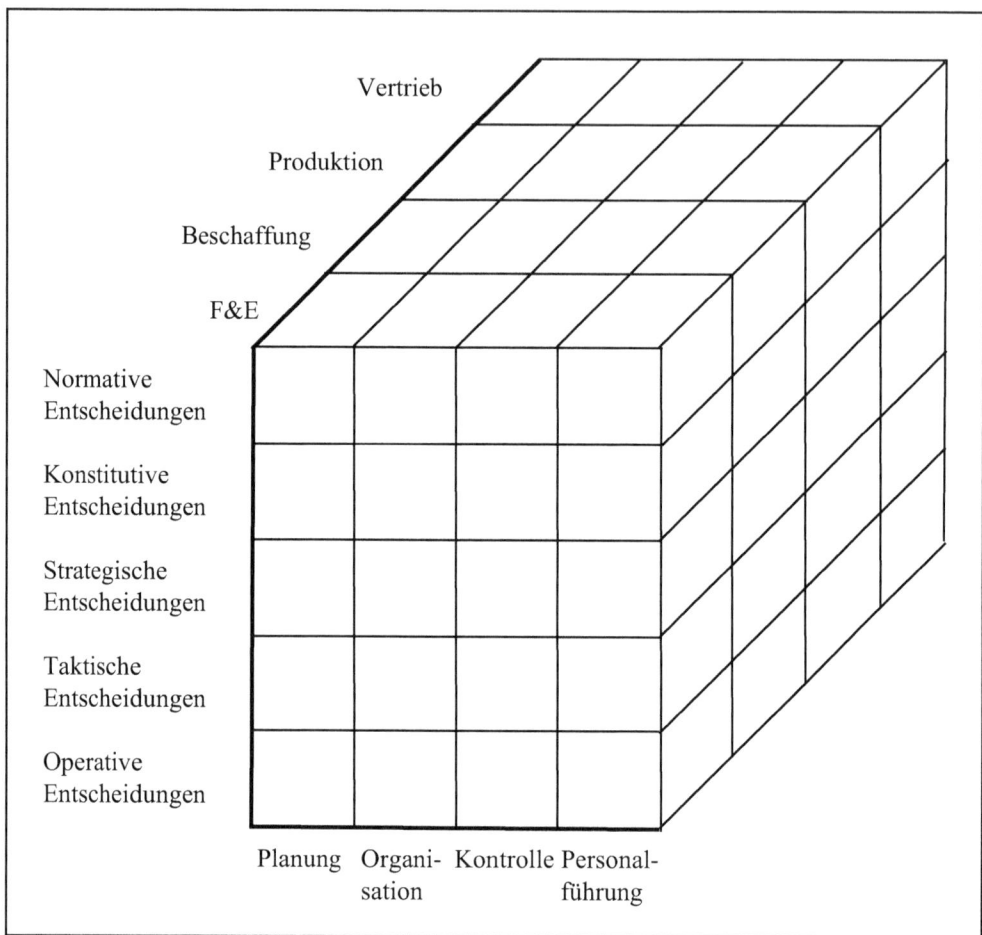

Darst. 1.214: Dreidimensionales integriertes System der Unternehmensführung

Der Aufbau dieses Buches orientiert sich an der vorstehenden Systematik. Die Führungsebenen und ihre Handlungsfelder werden im Abschnitt 1.3, die Anforderungen an eine Führungskraft im Abschnitt 1.5 erläutert. Da Ziele eine unabdingbare Voraussetzung für die als Planung/Entscheidung geeigneter Maßnahmen, gleich auf welcher Handlungsebene, sind wird in einem gesonderten Kapitel 2 auf die Planung und Kontrolle von Zielen explizit eingegangen.

1.3 Führungsebenen und -aufgaben

Im vorhergehenden Abschnitt wurde zwischen Handlungsebenen, das sind Entscheidungsbereiche mit unterschiedlichen Tragweiten und Inhalten, und **Führungsebenen** differenziert. Letztere werden auch als **Managementebenen** bezeichnet.[214]

Bei einer Führungsebene (im institutionellen Sinne) handelt es sich um eine Organisationsebene innerhalb einer hierarchischen Struktur (Aufbauorganisation), auf der die Führungskräfte dieser Ebene ähnlich weitreichende Entscheidungen treffen.

Darst. 1.301: Definition Führungsebene

Üblicherweise werden drei Führungsebenen unterschieden:[215]

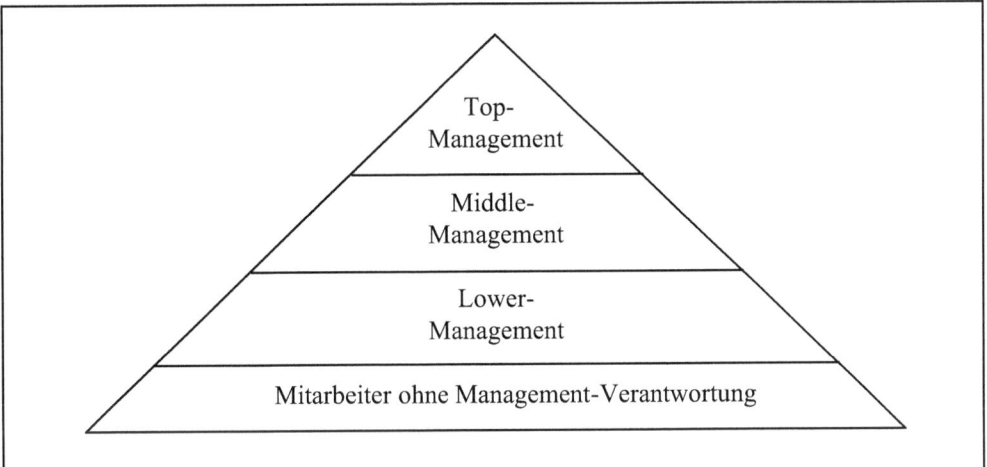

Darst. 1.302: Führungsebenen

Statt Lower-Management findet sich in der Literatur auch der Begriff First Line Manager[216].

---

[214] Vgl. OLFERT, K., PISCHULTI, H.: a. a. O., S. 26.

[215] Je nach Unternehmensgröße und Komplexität kann ein Unternehmen auch mehr als drei Führungsebenen, dann i. d. R. im mittleren Bereich, aufweisen.

[216] Vgl. ROBBINS, S. P., COULTER, M., FISCHER, I.: a. a. O., S. 24.

Die Personen der untersten Ebene sollten Mitarbeiter ohne Management-Verantwortung genannt werden. Der Begriff Mitarbeiter mit ausführenden Tätigkeiten wäre insofern irreführend als auch höhere Ebenen bestimmte Tätigkeiten – wenn auch in deutlich geringerem Umfang – selbst übernehmen.

In diesem Zusammenhang stellt sich grundsätzlich die Frage, warum eine **Hierarchie**[217] in dieser Form entsteht bzw. notwendig ist. Unabhängig von rechtlichen Vorgaben[218] oder quasirechtlichen Normen ist die Bildung einer Hierarchie Folge der Fülle und Vielschichtigkeit von Aufgaben. Das Bestreben handelnder Personen, die Fülle und Komplexität zu reduzieren, führt dazu, bestimmte Aufgaben zu delegieren oder einen Teil der Entscheidungen zwar selbst zu fällen, aber jemand anderen ausführen zu lassen. Die Abgabe von Aufgaben kann u. a. davon abhängen, dass die Kompetenzen und Fähigkeiten unterschiedlich verteilt sind. So schreibt Kosiol: „Sofern die Entscheidung einer Angelegenheit von der Ausführung personal nicht getrennt wird (Eigenentscheidung bzw. Eigenausführung), bleiben die beiden Aufgabenbestandteile innerhalb des gleichen Aufgabenträgers rangmäßig vereint. Sobald jedoch die Entscheidungsaufgabe und die zugehörige Ausführungsaufgabe wenigstens teilweise unterschiedlichen Personen zugeteilt werden, entsteht zwischen beiden Aufgabenträgern die Beziehung rangmäßiger Über- bzw. Unterordnung. In diesem Falle führt die Trennung von entscheidender und ausführender Person zu einem Leitungsverhältnis."[219] Diese Trennung von Entscheidungshandeln und ausführenden Tätigkeiten findet sich bereits bei Gutenberg, der bei der menschlichen Arbeit zwischen der objektbezogenen Arbeit[220] (Ausführung) und der dispositiven Arbeit[221] unterscheidet.

1.3.1 Top-Management

Das **Top-Management** bildet die oberste Hierarchieebene. Auf dieser Ebene werden konstitutive, normative und strategische Entscheidungen getroffen und der Rahmen für sämtliches Handeln der darauffolgenden Ebenen festgelegt. Dementsprechend grenzen sich die aus den im Un-

---

[217] Der Begriff Hierarchie entstammt dem altgriech. ἱεραρχία (hierarchia = Priesteramt), welches auf die beiden Wörter ἱερός (hieros = heilig, heilige Scheu einflößend, unantastbar, hochwichtig) und ἀρχός (archos = Anführer, Führer) bzw. ἄρχειν (archein = voran, der erste sein, vorangehen, anfangen, veranlassen, anführen, herrschen, beherrschen) zurückzuführen ist. Hierarchie bedeutet ein System von Objekten, die einander über- resp. untergeordnet sind.

[218] Vgl. etwa die Bestellung mindestens eines Geschäftsführers bei einer GmbH laut § 35 Abs. 1 GmbHG oder die Bestellung des Vorstands einer AG durch den Aufsichtsrat gem. § 30 Abs. 4 AktG.

[219] KOSIOL, E.: a. a. O., S. 81.

[220] Einer der drei Elementarfaktoren Werkstoffe, Betriebsmittel und Arbeit.

[221] Das sind „die Arbeitsleistungen der mit der Geschäfts- und Betriebsführung betrauten Personen" (dispositiver Faktor). GUTENBERG, E.: Produktion, S. 6, 131 ff.

ter-Unterabschnitt 1.2.2.2 genannten Aufgaben resultierenden Entscheidungen (**echte Führungsentscheidungen**) der obersten Führungsebene (Unternehmensführung als Institution bzw. Top-Management) deutlich von den Entscheidungen auf den unteren Führungsebenen ab (vgl. die nachstehende Auflistung).[222] Bei sehr schwierigen und/oder sehr bedeutsamen Aufgaben greift das Top-Management in die Zuständigkeiten der mittleren und unteren Führungsebene ein. Auch in diesem Fall werden die untergeordneten Führungskräfte in ihrem Handeln eingeschränkt.[223]

Im Sinne des Gestaltens, Lenkens und Entwickelns beginnt Unternehmensführung (bereits) mit der Gründung eines Unternehmens. Erste grundlegende Aufgaben sind neben den konstitutiven Entscheidungen die normativen Festlegungen, die aus der Zusammenstellung eines Wertekatalogs besteht, auf der die Unternehmensphilosophie basiert, sowie der Entwicklung einer Vision, der normativen Ziele und der Mission. Diese normativen Beschlussfassungen werden in einem Unternehmensleitbild zusammengefasst. Im Rahmen der normativen Vorgaben und der konstitutiven Bedingungen lassen sich dann strategische, taktische und operative Planungen vornehmen. Eine (spätere) Änderung der normativen Bedingungen und des konstitutiven Gerüsts haben immer eine Modifikation der strategischen, taktischen und operativen Planungen zur Folge.

- Sie betreffen das ganze Unternehmen.
- Sie gelten als nicht delegierbar.
- Es handelt sich i. d. R. um irreversible Entscheidungen.
- Sie betreffen u. a. konstitutive Entscheidungen.
- Sie beeinflussen die Vermögens- und Ertragslage des Unternehmens wesentlich.
- Für das Handeln im Unternehmen werden grundlegende ethische, insb. ökologische, soziale sowie weitere gesellschaftspolitische Vorgaben gemacht.
- Festlegung der Unternehmenspolitik mit einer großen zeitlichen Bindungswirkung.
- Der grundsätzliche Charakter der Entscheidungen engt den Entscheidungsraum von Folgeentscheidungen ein.
- Entscheidungen mit hoher Dringlichkeit (Sofortentscheidungen).
- Unternehmerische Aktivitäten von außergewöhnlicher Bedeutsamkeit.

Darst. 1.303: Charakter der Unternehmensführungsentscheidungen des Top-Managements

---

[222] Vgl. GUTENBERG, E.: Unternehmensführung. Organisation und Entscheidungen, Wiesbaden 1962, S. 61, 59 ff., HAHN/TAYLOR, JUNG, R. H., HEINZEN, M., QUARG, S.: a. a. O., S. 172, MACHARZINA, K., WOLF, J.: a. a. O., S. 52–55, MEIER, H., BACHMANN, J.-T.: a. a. O., S. 8 f.

[223] Vgl. VAHS, D.: Organisation. Ein Lehr- und Managementbuch, 10. Aufl., Stuttgart 2019, S. 19.

Zu diesen echten Führungsentscheidungen gehören beispielsweise die Festlegung

- der Elemente des normativen Managements (Wertekatalog, Unternehmensphilosophie, Vision, normative Ziele, Mission, festgelegt in einem Unternehmensleitbild und die angestrebte Unternehmenskultur),
- der Rechtsform,
- der Struktur des Unternehmens, insb. der Geschäftsfelder und der weiteren Aufbauorganisation,
- der Geschäftsfeldstrategien,
- der Planungs- und Kontrollsysteme,
- von grundsätzlichen Personalführungsmodellen, manifestiert in Führungsrichtlinien,
- und Besetzung der Führungsstellen im Unternehmen.

Im Rahmen der **strategischen** Planung (Zeitraum 5 bis über 10 Jahre) werden beispielsweise strategische Allianzen mit Kunden, Lieferanten, Wettbewerbern geprüft sowie Erfolgspotentiale zu entdecken versucht, welche dann im Rahmen der weiteren Planung in konkrete Entscheidungsvorschläge umgesetzt werden. Weitere typische langfristige Sachverhalte sind u. a. die Entwicklung einer Marktstrategie oder die Initiierung und Prüfung des Produktionsrahmenprogramms. Auch konzeptionelle Fragestellungen wie Verwaltungs-, Produktions-, und Vertriebsstandorte, Rechtsformen von Tochtergesellschaften und Joint Ventures, Unternehmensstrukturen sowie der Führungsstil gehören ebenso dazu. Typische strategische Untersuchungsmethoden sind die SWOT-Analyse oder die Produktlebenszyklusanalyse. Der Detaillierungsgrad der tendenziell qualitativ ausgerichteten Pläne ist meist gering, die Toleranzgrenzen im Rahmen der Kontrolle hoch.

In Anwendung des Wirtschaftlichkeitsprinzips bemüht sich das strategische Management um **Effektivität** im Sinne von „Doing the right things" (Die richtigen Dinge tun).

Das Top-Management repräsentiert das Unternehmen nach außen und stellt auf oberster Ebene u. a. entscheidende Kontakte zu Institutionen, wie z. B. Behörden und Fachverbänden, ggf. auch Wettbewerbern her.

Abhängig von der Rechtsform des Unternehmens können **Träger der Unternehmensführung** sein:

- der Unternehmer bei einem Einzelunternehmen
- der (die) geschäftsführende(n) Gesellschafter bei einer OHG
- der (die) geschäftsführende(n) Komplementär(e) bei einer KG
- der (die) Geschäftsführer einer GmbH

- gem. § 76 Abs. 2 AktG die Mitglieder des Vorstands bei einer AG oder – in seltenen Fällen – der Vorstand, der aus einer Person besteht. Gemäß § 76 Abs. 1 AktG hat der Vorstand das Recht und die Pflicht, die Gesellschaft unter eigener Verantwortung zu leiten.
- der (die) Komplementär(e) als Mitglieder des Vorstands einer KGaA
- gem. § 24 Abs.2 GenG die Mitglieder des Vorstands bei einer Genossenschaft oder – in seltenen Fällen – der Vorstand, der aus einer Person besteht.

Es sind auch Bezeichnungen wie Präsident oder – zunehmend – CEO (für Chief Executive Officer)[224] üblich, wobei der letztgenannte Begriff in deutschsprachigen Staaten weder eine handels- noch gesellschaftsrechtliche Relevanz aufweist.

Bei großen Unternehmen wie z. B. Allianz, Bayer, Mercedes-Benz, Daimler, Henkel, Siemens oder Volkswagen wird auch die zweite Führungsebene, also die Leiter von Divisionen oder Zentralbereichen zum Top-Management gezählt.

Neben diesen internen Führungskräften sind auch die Vertreter der **externen Führung** zu nennen, da auch sie Einfluss auf die Gesellschaft nehmen. Diese Gremien sind nicht dauerhaft im Unternehmen tätig, sondern treffen ihre Entscheidungen im Rahmen der Hauptversammlung (AG), Gesellschafterversammlung (GmbH), General- oder Vertreterversammlung (Genossenschaften) oder im Rahmen der Sitzungen des Aufsichtsrats (AG, Genossenschaft, ggf. GmbH). Aufgrund ihrer, meist weitreichenden Entscheidungen nehmen auch sie Führungsaufgaben war.

1.3.2   Middle-Management

Das **Middle-Management** ist dem Top-Management unterstellt und bildet somit die **mittlere Führungsebene**. In großen Unternehmen ist diese Managementebene unverzichtbar, da ansonsten die sog. Führungsspanne (des Top-Managements) zu groß wäre und eine effiziente Führung der untergeordneten Mitarbeiter vereitelt würde.

Das Middle-Management erhält zum einen Anweisungen und Entscheidungen vom Top-Management, muss aber gleichzeitig auch das ihm untergeordnete Lower-Management berücksichtigen und in dessen Sinne verantwortlich handeln und entscheiden.[225] Somit haben die Führungskräfte dieser Ebene eine **Mittlerfunktion** zwischen Unternehmensführung und ausführenden Mitarbeitern. Diese sind jedoch auch in gewisser Weise durch das Top-Management eingeschränkt. Sie setzen die vom Top-Management getroffenen Entscheidungen in eine **taktische**

---

[224] Vereinfacht ausgedrückt ist der CEO der Vorstandsvorsitzende einer AG, der Geschäftsführer einer GmbH oder bei anderen Firmen schlicht der Firmenchef.

[225] Vgl. OLFERT, K., PISCHULTI, H.: a. a. O., S. 28.

Planung um und geben somit die von der ersten Führungsebene erhaltenen Vorgaben in konkretisierter Weise an die untere Führungsebene und die Realisationsstellen weiter. Dazu entwickelt das Middle-Management Programme und Prozesse, die von dem unteren Management ausgeführt werden. Das Middle-Management trifft folglich **größtenteils dispositive Entscheidungen** und **erteilt Arbeitsanweisungen**. [226] Bei schwierigen und/oder bedeutsamen Aufgaben greift das Middle-Management in die Zuständigkeiten der unteren Führungsebene ein und führt selbst gelegentlich sachbearbeitende Tätigkeiten aus.

Ausgangspunkt der **taktischen,** funktionsbezogenen Planung (Zeitraum 1-5 Jahre) ist die strategische Planung, die inhaltlich konkretisiert wird. Sie weist eine stärkere quantitative Ausrichtung auf als die strategische Planung. Gegenüber der strategischen Planung nehmen die Detailliertheit, Vollständigkeit und Genauigkeit zu. Es geht hier neben den taktischen Zielen konkret um die Erstellung und Bewertung mittelfristiger Aktionsprogramme und Verfahrensregeln, also beispielsweise mittelfristige Beschaffungs-, Produktions-, Absatz-, Finanzierungs-, Investitions- und Personalausstattungs- und -entwicklungspläne sowie mittelfristige Produktplanungen. Sowohl der Detaillierungsgrad der Pläne als auch die Toleranzgrenzen bei der Kontrolle sind als mittel zu bezeichnen.[227]

Dem Middle-Management sind Leitungsstellen, die für einen Teilbereich des Unternehmens verantwortlich sind, zugeordnet. Werks-/Betriebsleiter, (Haupt-)Abteilungsleiter, Ressortchefs im kaufmännischen Sektor, Leiter von größeren Vertriebsregionen (Länderchef, Geschäftsführer einer Tochtergesellschaft) oder aber auch Obermeister im Fertigungsbereich kommen als Repräsentanten dieser Führungsebene in Frage. Die im Außenverhältnis agierenden Personen dieser Ebene verfügen über Prokura oder Handlungsvollmacht.

Aufgrund der umgangssprachlichen „**Sandwichposition**" der mittleren Führungsebene ist der Erwartungsdruck oft sehr groß. Auf der einen Seite müssen die Stelleninhaber den Leistungserwartungen des Top-Managements gerecht werden, auf der anderen Seite tendieren untere Führungskräfte vermehrt dazu, die Vorgesetztenfunktion der mittleren Managementebene in Frage zu stellen.[228]

Im Zuge des **Lean Management** (hier: „Verschlankung" von Hierarchien) wurde diskutiert, ob nicht das Middle-Management „eingespart" werden kann. In vielen Fällen hat sich gezeigt, dass Stelleninhaber, die das Unternehmen verlassen mussten, ein enormes Know-how mitgenommen

---

[226] Vgl. OLFERT, K., PISCHULTI, H.: a. a. O., S. 28.
[227] Vgl. WÖRDENWEBER, M.: Operatives Controlling – Band 1, a. a. O., S. 9.
[228] Vgl. OLFERT, K., PISCHULTI, H.: a. a. O., S. 28.

und oft gegen das vorhergehende Unternehmen eingesetzt haben. Des Weiteren wurde die Führungsspanne der höheren Ebene so groß, dass diese Instanz mit der Personalführung überlastet war und sachbezogene Aufgaben nicht mehr ausreichend wahrnehmen konnte.

1.3.3 Lower-Management

Das **Lower-Management** formt die unterste Hierarchieebene unter den Managementebenen. Es ist das operative Subsystem und arbeitet direkt mit der Ausführungsebene zusammen. Diesen First Line Managern sind diejenigen Mitarbeiter unterstellt, bei denen es sich nicht um Führungskräfte handelt: Mitarbeiter in der Beschaffung mit direkten Kontakten zu den Lieferanten, in der internen Logistik, in der Produktion, im Vertrieb mit direktem Kundenkontakt, in der Buchhaltung oder im IT-Bereich.

Das Lower-Management steuert und plant die Ausführungsprozesse,[229] d. h. es vollzieht die **operativen Planungs-, Steuerungs- und Kontrollprozesse** innerhalb des Rahmens, den das Middle-Management mit seinen taktischen Entscheidungen gesteckt hat. In Anwendung des Wirtschaftlichkeitsprinzips bemüht sich das operative Management um **Effizienz** im Sinne von „Doing the things right" (Die Dinge richtig tun), z. B. im Hinblick auf die Aufrechterhaltung schneller und wirtschaftlicher Produktionsabläufe. Bei den zu treffenden Entscheidungen handelt es sich überwiegend um **Routineentscheidungen**. Das Lower-Management führt oft selbst sachbearbeitende Tätigkeiten aus.

Die **operative Planung** (bis zu 1 Jahr) beschäftigt sich auf der Basis der taktischen Planung mit kurzfristigen Zielen, Aktionsprogrammen und Verfahrensregeln, zu denen u. a. ein detaillierter Einkaufs-, Produktions-, Absatz- und Finanzplan gehören. Typische zu klärende Probleme sind z. B. die Produktionsreihenfolgeplanung, Losgrößenplanung, Bestellmengenoptimierung, Bestandsplanungen, Kapazitätsabstimmungen oder die Personaleinsatzplanung. Während der Detaillierungsgrad der Pläne als hoch einzustufen ist, sind die zulässigen Toleranzen als gering zu kennzeichnen.

Bei den Stelleninhabern der unteren Managementebene handelt es sich bspw. um die Meister in Fertigungsbereichen, Werkstattleiter, Gruppenleiter in der Verwaltung, Leiter von kleineren Vertriebsregionen (Regionalleiter, Bezirksleiter) und Projektleiter.

---

[229] Vgl. BECKER, F. G.: a. a. O., S. 18.

Auch auf ihnen lastet ein erhöhter **Erwartungsdruck**, denn sie bekommen sowohl vom Top-, als auch vom Middle-Management Anweisungen. Zudem müssen sie den ihnen unterstellten Mitarbeitern gerecht werden und konkrete Anleitungen geben.

Zusammengefasst ergibt sich folgende Darstellung der Handlungsebenen (Tätigkeitsschwer-punkte) der einzelnen Führungsebenen:[230]

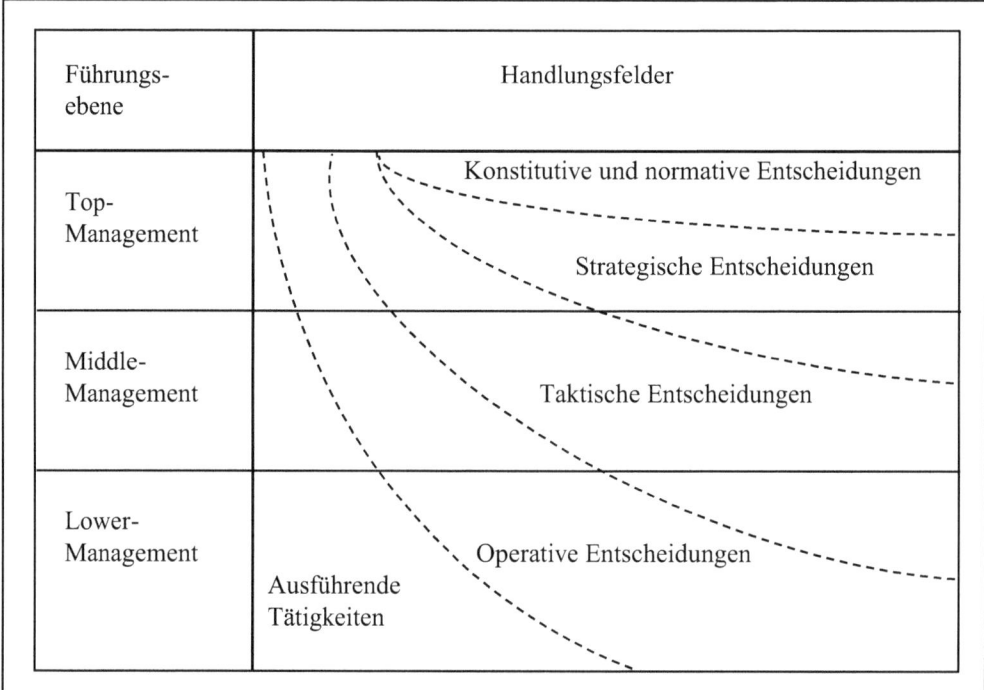

Darst. 1.304: Handlungsfelder der Führungsebenen

[230] In Anlehnung an HAMMER, R.: a. a. O., S. 5, OLFERT, K., PISCHULTI, H.: a. a. O., S. 29, SCHIERENBECK, H., WÖHLE, C. B.: a. a. O., S. 113.

1.4 Anforderungen an eine Führungskraft

1.4.1 Definition Führungskraft

Die Unternehmensführung im institutionellen Sinne besteht aus der Gesamtheit aller **Führungs-kräfte (Manager)**, die auf den einzelnen Führungsebenen des Unternehmens tätig sind, um die betrieblichen Ziele zu erreichen.

Eine Führungskraft ist eine Person, die zur zielorientierten Entwicklung, Gestaltung und Steuerung eines Unternehmens beiträgt und die als Vorgesetzter die Aufgabe hat, auf die ihm unterstellten Mitarbeiter so einzuwirken, dass diese die unternehmerischen Ziele bestmöglich erreichen.

Darst. 1.401: Definition Führungskraft

Die **Vorgesetzteneigenschaft** bedeutet, dass die **Führungskraft das Recht und die Befugnis hat, Weisungen zu erteilen.** Anzumerken ist, dass im weiteren Sinne zu den Führungskräften auch Personen gezählt werden könnten, die keine Führungsverantwortung tragen. Diese sind meist **hochrangige Experten** wie EDV-Fachleute, Entwicklungsingenieure, Fachreferenten, Going-Public-Spezialisten, Juristen, Key-Account-Manager oder M&A-Berater. Diese Perso-nen ohne Weisungs-, aber mit Unterstützungsfunktion sind häufig in die betrieblichen Gestal-tungs-, Lenkungs- und Entwicklungsaktivitäten einbezogen. Auch wenn diese Personengruppe nicht zum Kreis der Manager gerechnet wird, sind die aufgrund ihres Tätigkeitsspektrums wich-tige Adressaten der Erkenntnisse der Managementlehre.[231] So treffen viele der noch zu erläu-ternden Anforderungen an Führungskräfte auch auf diese hochrangigen Spezialisten zu. Auch informelle Führungskräfte, die in Gruppen anzutreffen sind, gehören mangels Weisungsbefug-nis nicht zur Gruppe der Führungskräfte, zumal sie nicht Inhalt der meisten Forschungsarbeiten über Führung sind.[232] Es ist durchaus möglich, dass es sich um **Führungskräfte auf Zeit** han-delt. Dies ist z. B. bei **Projektleitern** der Fall. Ob Führungskräfte das Unternehmen nach innen und außen vertreten, spielt bei der vorgenannten Definition keine Rolle.[233]

---

[231] Vgl. JUNG, R. H., HEINZEN, M., QUARG, S.: a. a. O., S. 26.
[232] Vgl. ROBBINS, S. P., COULTER, M., FISCHER, I.: a. a. O., S. 510.
[233] Anders MEIER, H., BACHMANN, J.-T.: a. a. O., S. 176.

1.4.2 Einordnung der Führungsbedeutung

Durch die zunehmende **Individualisierung** ergeben sich immer mehr Möglichkeiten, wie jeder einzelne seinen optimalen Nutzen aus etwas ziehen kann. Die Menschen streben nach "... Chancenverwertung für die eigene Person ..."[234]. Es ist zu beobachten, dass sie sich immer seltener dauerhaft an ein Unternehmen binden. "Werte wie Sicherheit, Tradition und Verlässlichkeit treten ... in den Hintergrund."[235]. Der Verfall dieser Werte wird auch **Enttraditionalisierung** genannt. Stattdessen geht der Trend zu einer **Optionierung**.[236] Ausgelöst durch die Globalisierung haben sich im Laufe der Zeit viele neue Berufszweige entwickelt und alte spezialisiert. Dadurch entstehen viele neue berufliche Möglichkeiten. Hinzu kommen der demographische Wandel und der damit einhergehende Fachkräftemangel. Der **'War for Talents'** wird immer spürbarer.[237] Auch die **zunehmende Internationalisierung der Mitarbeiter** (auch und gerade in Deutschland) und damit **kulturelle Unterschiede** sind eine aktuelle Herausforderung. Nicht zuletzt nimmt die **Dynamik** in der Umwelt des Unternehmens ständig zu. Dies manifestiert sich bspw. in einer Zunahme an Innovationen und **immer kürzeren Entwicklungszyklen** für neue Produkte, aber auch **geänderten Aufbauorganisationen** und **modifizierten Ablaufprozessen** im Unternehmen. Umso wichtiger ist eine gute Führungs- und Managementbasis im Unternehmen. So müssen Führungskräfte neben einem guten Zahlenverständnis in den Bereichen Kostenrechnung, Rechnungslegung und Investitionsrechnung auch Fremdsprachenkenntnisse, insbesondere Englisch sowie unternehmerisches Denken und Handeln, mitbringen. Es darf jedoch nicht vergessen werden, dass der Faktor Personal zunehmend in den Mittelpunkt des Geschehens rückt, da er für die Unternehmen im globalen Wettbewerb immer entscheidender wird.[238]

1.4.3 Kompetenzen von Führungskräften

Wie im vorhergehenden Unterabschnitt angesprochen, sind **Führungskräfte vielen neuen Herausforderungen ausgesetzt**. Ihr **Anforderungsprofil** ist daher immer wieder zu überprüfen.

---

[234] BECKER, M.: Personalentwicklung. Bildung, Förderung und Organisationsentwicklung in Theorie und Praxis, 6. Aufl., Stuttgart 2013, S. 343.

[235] Vgl. ebenda, S. 343.

[236] Vgl. ebenda.

[237] Vgl. HEIDELBERGER, M., KORNHERR, L.: Handbuch der Personalberatung. Konzepte, Prozesse und Visionen, 2. Aufl., München 2014, S. 179.

[238] Vgl. KROMREI, S.: Zur Bedeutung und Praxis von Kompetenzmodellen für Unternehmen, München, Mering 2006, S. 1.

> Ein Anforderungsprofil beschreibt die (vorausgesetzten oder gewünschten) Fähigkeiten und Kenntnisse von Führungskräften und anderen Mitarbeitern, die zur optimalen Aufgabenerfüllung seitens des Stelleninhabers erforderlich sind.

Darst. 1.402: Definition Anforderungsprofil
(Vgl. STOCK-HOMBURG, R.: Personalmanagement. Theorien - Konzepte - Instrumente, 2. Aufl., Wiesbaden 2010, S. 127.)

Der Unterschied zwischen **Anforderungen** und **Kompetenzen** liegt darin, dass die hier beschriebenen Anforderungen einer Stelle zugewiesen werden, während die Kompetenz zur Erfüllung dieser Aufgaben von der Führungskraft (oder anderen Mitarbeitern) mitgebracht werden müssen.

Diese Differenzierung zeigt sich auch bei der Analyse des **Personalentwicklungsbedarfs**. Er leitet sich aus den ermittelten **Defiziten des Personals ab,** als Abgleich der vorhandenen Kompetenzen mit den gewünschten Anforderungen. **Ursache** der Diskrepanzen können **sich ändernde oder geänderte Unternehmensziele** sein, die oben bzw. im vorigen Unterabschnitt erwähnten **neuen Herausforderungen** sowie mehr **situative Anlässe/Indikatoren** wie überdurchschnittliche Fluktuation, hohe Fehlzeiten, höhere Unfallzahlen, Qualitätsminderungen oder merkliche Verschlechterungen des Betriebsklimas.

Der Begriff **Kompetenz** leitet sich aus dem Lateinischen ab: competere = zusammentreffen, zusammenkommen, ausreichen, zu etwas fähig sein, kräftig sein. Demzufolge kann Kompetenz wie folgt definiert werden:[239]

> Kompetenz beschreibt die Fähigkeiten und Fertigkeiten einer Person.

Darst. 1.403: Definition Kompetenz

Einen ersten Überblick über erforderliche Management-Kompetenzen liefert die nachstehende Übersicht.[240]

---

[239] Abweichend von der nachstehenden Definition werden **Kompetenzen im organisatorischen Sinne** wie folgt beschrieben: Kompetenzen beinhalten alle Rechte und Befugnisse (Entscheidungs- und Weisungsbefugnisse), die einer Person zur Erfüllung seiner Aufgaben zugeordnet sind.

[240] Entnommen: SCHIERENBECK, H., WÖHLE, C. B.: a. a. O., S. 190.

Management-Techniken	Literaturhinweise
(1) Erhebungstechniken	
- Interviewtechnik	SCHMIDT, G. (2009)
- Fragebogentechnik	
- Stichprobenverfahren	COCHRAN (1972)
(2) Analysetechniken	
- Systemanalyse	KOREIMANN (1972)
- Scenario-writing	JANTSCH (1967)
- Netzplantechnik	GROßE-OETRINGHAUS (1979)
- Kennzahlensysteme	STAEHLE (1969)
- Check-list-Verfahren	WILD (1972)
- Wertanalyse	FULTON (1973)
(3) Kreativitätstechniken	
- Brainstorming	CLARK (1972)
- Methode 635	ROHRBACH (1969)
- Synektik	GORDON (1961)
- Morphologische Methode	ZWICKY (1971)
(4) Prognosetechniken	
- Delphi-Methode	ALBACH (1970)
- statistische Extrapolationsverfahren	LEWANDOWSKI (1974)
- Analogieverfahren	MARTINO (1983)
- Querschnittsanalyse	
- Indikatormethode	LEHNEIS (1971)
- Regressionsanalyse	ROGGE (1972)
- Ökonometrische Modelle	SCHNEEWEIß (1990)
- Verweilzeitverteilungen	GUHSE (1967)
- Input-Outputanalyse	LEONTIEF (1970)
- Simulationsmodelle	MERTENS (1982)
- Szenariotechnik	FINK/SCHLAKE/SIEBE (2000)
(5) Bewertungstechniken	
- Produkt-Status-Analyse	WILD (1972)
- Scoring-Modelle (Nutzwertanalyse)	O'MEARA (1961), ZANGEMEISTER (1976)
- Relevanzbäume (Pattern)	TÖPFER (1976)
- Kosten-Nutzen-Analyse	RECKTENWALD (1971) (Hrsg.)
- Wirtschaftlichkeitsrechnung	BLOHM/LÜDER/SCHAEFER (2006)
- Break-Even-Analyse	TUCKER (1973)
- Risiko-Analyse	MÜLLER-MERBACH (1971)
- Risiko-Chancen-Kalkül	NEUBÜRGER (1980)
(6) Entscheidungstechniken	
- (Lineare) Optimierungsmodelle	MÜLLER-MERBACH (1973)
- Spieltheoretische Modelle	BAMBERG/COENENBERG/KRAPP (2008)
- Entscheidungsregeln bei Ungewissheit	SCHMIDT, R.-B. (1973)
- Entscheidungstabellentechnik	ELBEN (1973)
- Entscheidungsbaumtechnik	BÜHLMANN/LOEFFEL/NIEVERGELT (1969)
(7) Darstellungstechniken	
- Funktionendiagramme	WILD (1972)
- Stellenbeschreibungen	HÖHN (1979)
- Flow Charts	REICHARD (1987)
- Mind-Mapping	BUZNAN/BUZNAN (2010)
(8) Argumentationstechniken	
- Präsentationstechnik	BIALAS et al. (2005)
- Verhandlungstechnik	LAY (2003)

Darst. 1.404: Ausgewählte Management-Techniken

Die vorstehende Abbildung lässt jedoch einige Kompetenzen vermissen; z. B. die personenbezogenen Anforderungen wie etwa die Führungs- und Sozialkompetenz.

In der Literatur werden Kompetenzkataloge diskutiert, die sich sehr ähneln. In der überwiegenden Zahl der Fälle werden vier Kompetenzen genannt, die eine Führungskraft benötigt. Da aufgrund der Dynamik der Unternehmensumwelt eine ständige Weiterentwicklung der Kompetenzen unabdingbar ist, wird hier neben den vier Fähigkeiten und Fertigkeiten auf eine fünfte, die Lernkompetenz, ein besonderer Wert gelegt. Der Begriff des „**lebenslangen Lernens**" trifft hier vollkommen zu. Aus diesen fünf Kompetenzen ergibt sich die **Handlungskompetenz** des Managers. Im Einzelnen sind dies:

- Fachkompetenz
- Methodenkompetenz
- Führungs- und Sozialkompetenz
- Lernkompetenz
- Individual-/Personenkompetenz

Darst. 1.405: Handlungskompetenz

1.4.3.1   Fachkompetenz

Die **Fachkompetenz** ist die **Basiskompetenz**, ohne die eine Führungskraft nicht existieren würde. Hierrunter wird das **Fachwissen** verstanden, welches durch ein Studium, eine Aus- und Weiterbildung oder Berufserfahrung erlangt wurde.[241] Sie „... ist die Fähigkeit und Bereitschaft, die berufstypischen Aufgaben fachgerecht, selbständig und eigenverantwortlich zu bewältigen."[242] **Voraussetzung** dafür sind folgende Anforderungen:

---

[241] Vgl. KOLB, M.: Personalmanagement. Grundlagen und Praxis des Human Resources Managements, 2. Aufl., Wiesbaden 2010, S. 110.

[242] Vgl. KROMREI, S.: a. a. O., S. 24.

- Breite, Tiefe und Aktualität des stellenbezogenen Fachwissens
- Sprachkenntnisse
- Mediale Fähigkeiten
- Fachübergreifende Sachkenntnis
- Systemverständnis

Darst. 1.406: Fachkompetenzen

Die Gesamtheit des für die zielgerichtete Erledigung aller Aufgaben des Mitarbeiters erforderlichen Wissens beinhaltet die notwendigen Kenntnisse von Arbeitsabläufen, Arbeitsverfahren und Arbeitsformen, ein detailliertes Wissen über die Produkte, die Produktionsformen sowie die finanzielle und personelle Lage im Unternehmen. Damit das Fachwissen intern richtig angewendet werden kann, muss gleichzeitig auch Fachwissen über die äußeren Faktoren, die auf das Unternehmen einwirken, bestehen. Dazu gehören z. B. Branchen- und Marktkenntnisse, damit die eigene Position am Markt richtig eingeordnet werden kann. Doch nicht nur das **explizite Fachwissen** ist von hoher Relevanz, auch das **betriebswirtschaftliche Basiswissen** ist für Führungskräfte von großer Bedeutung. Hierunter fallen z. B. grundlegende Kenntnisse in den Bereichen Kostenrechnung, Rechnungslegung, Investitionsrechnung und Personalplanung. Das Fach- und Basiswissen wird zudem immer wieder durch neu gewonnene Erfahrungen erweitert. Nicht zuletzt geht es um die Fähigkeit, die Gesamtheit des **Fachwissens** aufgabenbezogen einzusetzen. Die **technischen Fähigkeiten** beziehen sich auf Kenntnisse der eingesetzten Soft- und Hardware. Mitunter wird dieser Punkt explizit als **Medienkompetenz** aufgeführt. Es geht bei den **medialen Fähigkeiten** auch darum, dass sich der einzelne Mensch in der heutigen Wissensgesellschaft mit der Analyse, Auswahl, Nutzung und Kontrolle der eingesetzten Medien befasst. Die **fachübergreifende Sachkenntnis** beinhaltet u. a., sich eventuell ergebende Konsequenzen für andere Stellen (Abteilungen, Funktionsbereiche) im Unternehmen bei den eigenen Entscheidungen zu bedenken. **Systemverständnis** meint das Verständnis der inner- und außerbetrieblichen Wechselbeziehungen.

1.4.3.2 Methodenkompetenz

Die Methodenkompetenz bezieht sich auf folgende Sachverhalte:

- Abstraktes, logisches Denkvermögen
- Fähigkeit, Zusammenhänge zu erkennen
- Erkennen methodischer Alternativen
- Beherrschung von Organisationstechniken
- Anwendung von Problemlösungstechniken

Darst. 1.407: Methodenkompetenz

Unter der **Methodenkompetenz** werden "... die Fähigkeiten, zu analysieren, Konzepte zu entwickeln, zu entscheiden und zu steuern ..."[243] verstanden. Eine Führungskraft muss in der Lage sein, sich **Informationen** zu einem Problem zu **beschaffen** und diese so **aufzubereiten** und zu **strukturieren**, dass daraus **Problemlösungsstrategien** entwickelt und umgesetzt werden können. Die Beherrschung von **Organisationstechniken** umfasst u. a. das Selbstmanagement sowie das Setzen von Prioritäten: Die anfallenden Aufgaben sind hinsichtlich der Arbeitsabläufe, Verfahren und Strukturen so zu organisieren, dass die Ergebnisse rechtzeitig und in der erwarteten Qualität vorliegen. Dies heißt insbesondere, gleichzeitig anfallende Aufgaben nach Wichtigkeit und Dringlichkeit zu ordnen und abzuschließen. Strukturiertes Denken und Handeln, Wahrscheinlichkeitsrechnung und Entscheidungsbäume sind beispielsweise wichtige Erfordernisse im Bereich **Problemlösungstechniken**. Die strategisch geplante und zielgerichtete Umsetzung des Fachwissens fließen hier mit ein.[244] Generell zeichnet sich diese Kompetenz durch **analytisches und ganzheitliches Denken** aus. Die entwickelten Problemlösungsansätze müssen auf die **konkrete Situation** übertragen und angewendet werden. Dabei sollten eventuell auftretende Wechselwirkungen, bedingt durch externe Faktoren, nicht außer Acht gelassen werden.

1.4.3.3 Sozial- und Führungskompetenz

Die Führungs- und Sozialkompetenz bezieht sich auf das Führungsverhalten (gegenüber Untergebenen) und die Zusammenarbeit mit allen Personen im Unternehmen. Während **Teamfähigkeit** sich insbesondere im Kooperationsverhalten zeigt[245], wird bei der **Kommunikationsfähigkeit** (Informationsverhalten) hinterfragt, ob und wie eine Abstimmung mit resp. Information von Mitarbeitern, Kollegen, Vorgesetzten und – soweit erforderlich – an andere Stellen und

---

[243] BERTHEL, J., BECKER, F. G.: Personal-Management. Grundzüge für Konzeptionen betrieblicher Personalarbeit, 8. Aufl., Stuttgart 2007, S. 310.

[244] KOLB, M.: a. a. O., S. 110.

[245] Dazu gehört auch die bereichsübergreifende Zusammenarbeit: die Kooperation und Abstimmung mit anderen Abteilungen des Unternehmens.

Personen rechtzeitig, umfassend und verständlich erfolgt. Kooperatives Verhalten bedeutet, sich auf Ziele und Interessen von Kollegen, Vorgesetzten und Kunden und sonstigen Gesprächs- und Verhandlungspartnern einzustellen, ohne jedoch eigene Ziele zu vernachlässigen. Dazu gehören das Herstellen von Kontakten auf einer gegenseitigen **Vertrauensbasis** und die Fähigkeit zur fachlichen und persönlichen Integration. Integrität (synonym auch Rechtschaffenheit, Unbescholtenheit[246]) ist das auf Erfahrungen und Erwartungen gestützte Ansehen bzw. Vertrauen, dass eine Person bei anderen besitzt. Integrität heißt, (berechtigte) Interessen anderer Personen zu berücksichtigen und Verträge sowie formelle und informelle Regeln einzuhalten. Das Thema **Verhandlungsgeschick** und **Überzeugungskraft** beschäftigt sich mit der Fähigkeit und Bereitschaft, in Gesprächen und Verhandlungen die eigenen und/oder vorgegebenen Ziele nachhaltig zu vertreten. Im Ergebnis gelingt es, persönlich und sachlich auch kritische Gesprächspartner zu überzeugen. Kennzeichen sind das eindeutige Darstellen der eigenen Verhandlungsposition, das Erkennen kritischer Gesprächssituationen und das Beibehalten eigener Positionen. Selbständigkeit, Entscheidungsfähigkeit und **Verantwortungsbereitschaft** gehören oft zusammen. Entscheiden heißt im Allgemeinen, Verantwortung für ein Handeln zu tragen. Im Rahmen der Führungs- und Sozialkompetenz ist hier die Fähigkeit gemeint, Verantwortung auch für andere, insbesondere Mitarbeiter, zu übernehmen.

- Teamfähigkeit
- Kommunikationsfähigkeit
- Vertrauensvolle Zusammenarbeit
- Integrität
- Sensibilität
- Artikulationsfähigkeit
- Verhandlungsgeschick/Überzeugungskraft
- Verantwortungsbereitschaft
- Anleitung und Entwicklung anderer
- Konfliktbewältigung
- Zielsetzungsfähigkeit
- Delegieren
- Motivieren
- Urteilsvermögen und Mitarbeiterförderung

Darst. 1.408: Merkmale der Sozial- und Führungskompetenz

---

[246] Im rechtlichen Sinne bedeutet Integrität auch die Unverletzlichkeit (von staatlichen Einrichtungen).

Konfliktbewältigung meint die Fähigkeit und Bereitschaft, Konflikte und ihre Ursachen recht-zeitig und richtig zu erkennen, zu bewerten und konstruktiv und offen zu lösen. In vielen Situ-ationen ist ein gewisses Einfühlungsvermögen hilfreich.[247] Konflikte sollten als Chance gesehen und genutzt werden. Die **Zielsetzungsfähigkeit** wird als Fähigkeit und Bereitschaft definiert, aus den Unternehmenszielen Teilziele für den eigenen Verantwortungsbereich abzuleiten und diese den Mitarbeitern verständlich und ihren Fähigkeiten entsprechend zu vermitteln. Konse-quentes **Delegieren** heißt, dem Mitarbeiter die mit den Aufgaben verbundene Verantwortung und Entscheidungskompetenz ausschließlich und dauerhaft oder fallweise entsprechend seiner Qualifikation so zu übertragen, dass sie vom Mitarbeiter selbständig wahrgenommen werden können. Neben der Fähigkeit, die Aufgabenstellung so detailliert wie nötig und dennoch ver-ständlich zu beschreiben, tritt die Herausforderung, den Mitarbeiter zur Selbstkontrolle seiner Aufgabenerledigung, ggf. mit einem gewünschten Feedback (an den Vorgesetzten), zu motivie-ren. Das Ziel des **Motivierens** liegt darin, bei den Mitarbeitern u. a. Aufgeschlossenheit und Leistungsbereitschaft für ihre Arbeit ohne Druck zu erreichen. Dies bedeutet, einerseits die ar-beitsplatzbezogenen Anforderungen zu erfüllen und andererseits die Erwartungen und Vorstel-lungen der Mitarbeiter zu berücksichtigen, also beide Aspekte in Übereinstimmung mit den Zie-len des Verantwortungsbereichs zu bringen. Im Rahmen der Führungsverantwortung muss der Vorgesetzte das **Verhalten und Können von Mitarbeitern** arbeitsplatzbezogen **korrekt be-werten**, **vertreten** und **besprechen** können. Insbesondere gehört zu den Fähigkeiten einer Füh-rungskraft das Erkennen von Entwicklungsmöglichkeiten und Interessen der Mitarbeiter. Der Vorgesetzte muss in der Lage sein, den ihm anvertrauten Mitarbeitern **Entwicklungsmöglich-keiten aufzuzeigen**, die Mitarbeiter **mit konkreten und angemessenen Hinweisen zielgerich-tet zu unterstützen**, sie **ihren Entwicklungsmöglichkeiten entsprechend einzusetzen** und – sofern aus betrieblicher Sicht erforderlich – den Mitarbeiter den zuständigen Stellen für weitere **Förderungsmaßnahmen** vorzuschlagen.

Die soziale Kompetenz hat mit der zunehmenden **Globalisierung**, insbesondere mit der **ver-stärkten Internationalisierung der Mitarbeiter (auch und gerade in Deutschland)** und dem hinzukommenden **Fachkräftemangel** massiv an Bedeutung gewonnen. Für die Unternehmen wird es zunehmend schwieriger, geeignete Fachkräfte auszubilden und/oder zu rekrutieren und diese langfristig im Unternehmen zu halten. Auf diese Aspekte wurde bereits in Abschnitt 1.2 eingegangen. Für die Führungskräfte bedeutet diese Entwicklung ein Umdenken, weg von dem Fachvorgesetzten hin zum **Talentmanager, Mentor und Coach**.[248] Die Führungskraft bewegt sich in einem Spannungsfeld zwischen Kooperation und Führung bzw. Verantwortungsüber-nahme, was ein erhebliches Fingerspitzengefühl und Einfühlungsvermögen erfordert. Die Auf-gabe der Führungskräfte ist es, Rahmenbedingungen zu schaffen, die dem Abgehen von quali-

---

[247] Vgl. BECKER, M.: a. a. O., S. 344, Abb. 4-56.
[248] Vgl. ebenda, S. 343.

fizierten Mitarbeitern entgegenwirken und grundsätzlich Arbeitswillige, oft mit Migrationshintergrund, an die Anforderungen heranzuführen. Führungskräfte müssen u. a. kognitive Dissonanzen der Mitarbeiter abbauen. Das geschieht am besten, indem sie ihnen Vertrauen schenken, sie **motivieren, inspirieren** und individuell in **ihrer Karriere unterstützen**. Auch ein **optimales Arbeitsklima** gehört dazu. Hierzu braucht es ein hohes Maß an **Empathie, Menschenkenntnis**, **Motivationsfähigkeit** und **Führungsverantwortung**.[249]

1.4.3.4 Lernkompetenz

Die **Lernkompetenz** befasst sich mit den Bereichen Lehren und Lernen:

- Lernfähigkeit und -bereitschaft
- Anwendung rationeller Lernmethoden
- Fähigkeit, Wissen anderen zu vermitteln

Darst. 1.409: Merkmale der Lernkompetenz

Im Rahmen der **Lernbereitschaft** wird von den Unternehmen (fast selbstverständlich) erwartet, dass der Mitarbeiter – auch zum eigenen Wohle! – bereit und willens ist, sich insbesondere **außerdienstlich** weiterzubilden. Wichtig ist, dass die vorgenannten Kompetenzen, insbesondere die fachliche, keine gesetzten Größen sind, sondern ständig weiterentwickelt werden müssen. Der Begriff des „**lebenslangen Lernens**" trifft hier den „Kern". Besonders in den letzten Jahren hat sich der Markt durch die Globalisierung deutlich verändert und ist schnelllebiger geworden. Hinzu kommen der permanente Druck durch die hohe Konkurrenzsituation und der damit verbundene Preiskampf. Somit ist es eine Pflichtaufgabe einer Führungskraft, immer „mit der Zeit zu gehen" und seine Kompetenzen, vor allem die fachlichen, permanent anzupassen und auf den neuesten Stand zu bringen.[250]

Auch hier soll noch einmal kurz auf den bereits festgestellten Fachkräftemangel eingegangen werden. Ein Halten und der Ausbau der hohen technologischen Standards sind nur dann mög-

---

[249] Vgl. BECKER, M.: a. a. O., S. 344, Abb. 4-56.
[250] FRANKEN, R., FRANKEN, S.: Integriertes Wissens- und Innovationsmanagement, Wiesbaden 2011, S. 139–142.

lich, wenn es gelingt, genügend junge Menschen auszubilden. Angesichts teilweise festzustellender erheblicher Defizite bei vielen Auszubildenden[251] erscheint dies eine enorme Herausforderung. Daher wird es auch auf die **Fähigkeit** ankommen, **anderen Personen Wissen zu vermitteln.**

1.4.3.5 Individual-/Personenkompetenz

Die **Individual-/Personenkompetenz** wird auch als **Selbstkompetenz** oder **Humankompetenz** bezeichnet. Ausdruck dieser Kompetenz sind Fähigkeiten und Einstellungen, in denen sich im Wirtschaftsleben die **individuelle Haltung zur Arbeit** und die **Physis des Arbeitnehmers** widerspiegeln. Im Grunde geht es um **Arbeitstugenden**; allgemein um Persönlichkeitseigenschaften, die nicht nur im Arbeitsleben Bedeutung haben.

Im Gegensatz zur sozialen Kompetenz bezieht sich die **Selbstkompetenz** auf die Führungskraft und ihre **Eigenschaften.**[252] Die persönliche Kompetenz bildet die Grundlage für eine gute soziale Kompetenz. Von einer guten Führungskraft wird ein sympathisches, vertrauensvolles und verantwortungsbewusstes Auftreten erwartet. Um diese Merkmale zu erfüllen, sollte sie bereit sein, sich ständig weiterzuentwickeln und zu lernen. Auch hier findet der Begriff des „**lebenslangen Lernens**" erneut Anwendung. Die **Selbstreflexion**, dass die eigenen Kenntnisse immer wieder erneuert und erweitert werden müssen, ist enorm wichtig.[253] Doch nicht nur im Hinblick auf den eigenen Kenntnisstand ist Selbstreflexion gefragt, auch im Kontakt mit unterstellten Mitarbeitern, muss sich die Führungskraft über ihr Handeln und dessen Konsequenzen bewusst sein. Zum täglichen Aufgabenspektrum einer Führungskraft gehört es, Entscheidungen zu treffen. Änderungen in der Umwelt des Unternehmens führen oft zu Änderungen im Unternehmen (Stichwort „Change Management"). Deshalb sollte eine **Offenheit** gegenüber neuen Erkenntnissen, Lösungswegen und auch Mitarbeitern, gegeben sein. Dennoch müssen sie ihre **Glaubwürdigkeit** gegenüber ihren Mitarbeitern langfristig wahren. Nachstehend sind die bisher genannten sowie weitere Merkmale der Selbstkompetenz zusammengestellt:

---

[251] In diesem Kontext sei an die aktuell sehr hohe Zahl an Flüchtlingen erinnert, deren Integration in eine für sie völlig fremde Welt eine echte Herausforderung für die Gesellschaft und damit auch für die Wirtschaft darstellt.

[252] Vgl. KOLB, M.: Personalmanagement. Grundlagen und Praxis des Human Resources Managements, 2. Aufl., Wiesbaden 2010, S. 110.

[253] Vgl. KROMREI, S.: a. a. O., S. 25.

- Unternehmerisches Handeln
- Selbständigkeit
- Beharrlichkeit des Vorgehens
- Entscheidungsfähigkeit
- Eigenmotivation
- Einsatzbereitschaft
- Belastbarkeit
- Flexibilität
- Mobilität
- Initiative
- Gestaltungs- und Innovationsfreude
- Qualität der Arbeit[1]

Darst. 1.410: Merkmale der Individual-/Personenkompetenz

[1] Der Wert der Arbeit, d. h. der erfolgsbezogene Beitrag aus unternehmerischer Sicht wird unter dem Aspekt „Unternehmerisches Handeln" und dort z. B. unter „ertragsbewusstem Handeln" beurteilt.

Das Kriterium „**Unternehmerisches Handeln**" kann weiter differenziert werden:

- Taktisches und strategisches Handeln
- Kostenbewusstes Handeln
- Ertragsbewusstes Handeln
- Risikobewusstes Handeln

Darst. 1.411: Merkmale des „Unternehmerischen Handelns"

Taktisches und strategisches Handeln zeigt sich in der Fähigkeit und Bereitschaft mittel- und langfristige Trends sowie zukünftige Probleme und Erfordernisse in den kommenden zwei bis zehn Jahren zu erkennen. Dem Mitarbeiter gelingt es, sich im Denken und Handeln auf die Lösung der Probleme von morgen einzustellen und im Interesse einer ertragsorientierten Weiterentwicklung des Unternehmens rechtzeitig auf die sich ändernden Rahmenbedingungen Einfluss zu nehmen. Unter **kostenbewusstem Handeln** wird die Fähigkeit und Bereitschaft verstanden, knappe Ressourcen (Zeit, Arbeitsmittel, Verfahren etc.) wirtschaftlich und ökologisch schonend einzusetzen. Dies impliziert unangemessen hohe Kostenquellen aufzuspüren und Maßnahmen vorzuschlagen und/oder zu ergreifen, die zu Kostenreduktionen führen. Im Hinblick auf die Maxime, dauerhaft **Ertragssteigerungen** zu realisieren, ist insbesondere ein Handeln zu verstehen, das auf die langfristige Absicherung kurzfristig erzielbarer Erfolge, aber auch dem Verzicht auf Ertragschancen mit unkalkulierbar hohen Risiken beruht. **Risikobewusstes Handeln** bedeutet, Risiken des eigenen Handelns zu erkennen und realistisch einzuschätzen sowie bereits aufgetretene Risiken zu minimieren oder zu beseitigen.

Selbständigkeit erklärt sich durch eigenverantwortliches Erkennen und Lösen sinnvoller Ziele und Aufgaben. Kennzeichen der Selbständigkeit und **Entscheidungsfähigkeit** ist, die Aufgaben entsprechend den vorgegebenen Zielen ohne Versuche der Rückdelegation oder Weitergabe von Aufgaben und Verantwortung an Kollegen, ohne unnötige Rückfragen und ohne Beaufsichtigung und ohne zeitliche Verzögerungen zuverlässig zu erledigen. Dazu gehört das Finden eigener Lösungswege und Einholen notwendiger Informationen. Die **Beharrlichkeit des Vorgehens** wird offenbar in der zielorientierten und ausdauernden Konzentration auf gestellte Aufgaben. Unter **Eigenmotivation** ist der innere Antrieb zu verstehen, Dinge voranzutreiben. Die **Einsatzbereitschaft** ist gekennzeichnet durch den vollen Einsatz der Qualifikation und den vollen zeitlichen Einsatz (insbesondere bei Führungskräften über die vereinbarten Arbeitszeiten hinaus). **Belastbarkeit** bedeutet, den körperlichen und geistigen Anforderungen seines Arbeitsplatzes auch in vorübergehenden schwierigen Situationen[254] ohne wesentliche Auswirkungen auf Güte und Menge der Arbeit zuverlässig zu entsprechen. **Flexibilität** bedeutet in der Regel Anpassungsfähigkeit. Das schnelle Umstellen auf neue Sachverhalte oder Personen ist hier ebenso zu nennen wie die Fähigkeit und Bereitschaft, Neuem gegenüber aufgeschlossen zu sein, nicht starr an Gewohntem festzuhalten sowie mit Freude neue Tätigkeiten zu übernehmen. Das rasche Einarbeiten in ungewohnte Aufgabenbereiche und ein erfolgreiches Improvisieren runden die vorstehenden Fähigkeiten ab. **Initiative** zeigen bedeutet, von sich aus Sachverhalte anzusprechen, die zu einer Verbesserung der Unternehmenssituation beitragen und Hindernisse unter Einsatz angemessener Mittel zu überwinden. Die Anregungen beziehen sich dabei nicht nur auf das eigene Arbeitsumfeld, sondern auch auf andere Abteilungen und/oder Funktionsbereiche sowie das Unternehmen insgesamt. Die **Gestaltungs- und Innovationsfreude** zeigt sich in einer selbständigen kreativen Ideenfindung zum Nutzen des Unternehmens. Die **Qualität der Arbeit** beinhaltet die zuverlässige, schnelle und pünktliche Erledigung von Aufgaben in dem erwarteten Umfang ohne ständige Aufforderung und Kontrolle durch den Vorgesetzten. Dies schließt die Fähigkeit ein, die gestellten Aufgaben gründlich, genau und zielgerecht zu überprüfen. Die ggf. hier ergänzend erwähnbare Fähigkeit und Bereitschaft, kostenbewusst zu denken und zu handeln, wurde bereits oben unter dem Stichwort „Kostenbewusstes Handeln" explizit erläutert.

---

[254] Schwierige Situationen ergeben sich beispielsweise aus Termindruck, gleichzeitiger Erledigung mehrerer Aufgaben, beruflichen Misserfolgen, mangelnder Kooperationsbereitschaft von Kollegen oder Mitarbeitern oder dem (temporären) Ausfall von Kollegen.

Die vorgestellten Anforderungen finden sich in den **Mitarbeiterbeurteilungen** wieder. Diese dienen der Vorbereitung vielfältiger personalpolitischer Entscheidungen.

1.4.4 Regeln für Führungskräfte

Bei der Vorstellung diverser Kompetenzen im vorherigen Unterabschnitt ist bereits mehrfach indirekt angeklungen, dass zu den Kompetenzen einer Führungskraft auch das Befolgen von Regeln gehört; beispielsweise bei der Zielsetzungsfähigkeit, Teamfähigkeit, Konfliktbewältigung, korrekten Bewertung von Mitarbeitern oder generell dem strategischen und taktischen Handeln. Unter einer **Regel** kann folgendes verstanden werden:[255]

> Eine Regel ist eine aus bestimmten Regelmäßigkeiten abgeleitete, aus Erfahrungen und Erkenntnissen gewonnene, festgelegte, für einen bestimmten Bereich als verbindlich geltende Richtlinie.

Darst. 1.412: Definition Regel

Als **Norm** oder **Vorschrift** kann sie in einer bestimmten Form schriftlich fixiert werden bzw. worden sein. Eine Regel[256] wird in den meisten Fällen **in Übereinkunft** erstellt werden – allein schon aus Gründen der Akzeptanz der Regeln oder wegen der „Absicherung" der Regeln aufstellenden Personen. Nur in wenigen Fällen (bei Diktatoren/Despoten oder bspw. autoritär arbeitenden, prägnanter: herrschenden Eigentümern und/oder Unternehmensführern) ist dies oft nicht der Fall.

Regeln im betriebswirtschaftlichen Kontext zeigen sich vor allem als Benimmregeln, Spielregeln, Verhaltensregeln oder Vorrangregeln. Regeln erleichtern oder ermöglichen gar erst das Zusammenleben und –arbeiten. Wer sich an Regeln hält, muss sich für sein Handeln/sein Verhalten nicht rechtfertigen. Wer dagegen verstößt, wird in vielfältiger Form sanktioniert. Aktuelle Beispiele sind das (regelwidrige) Handeln verantwortlicher Personen bei der Deutschen Bank AG, der Siemens AG oder der Volkswagen AG. Bei der **Deutschen Bank AG** wurden bspw. 2015 sowohl Strafzahlungen im sogenannten Liborskandal – Zinsmanipulationen im großen Stil beim Libor und Euribor – in Höhe von ca. $ 2,5 Mrd. an Regulierungsbehörden in Großbritannien und den USA verhängt als auch seitens der Regulierungsbehörden durchgesetzt, dass einige

---

[255] Vgl. DUDENREDAKTION (HRSG.): Duden. Deutsches Universalwörterbuch, 8. Aufl., Berlin 2015, Stichwort „Regel". Hinsichtlich anderer, hier nicht weiter relevanter Bedeutungsinhalte sei auf das vorstehende Wörterbuch verwiesen.

[256] Abgeleitet von lat. regula in der Bedeutung Richtschnur, Maßstab, Regel.

Mitarbeiter die Bank verlassen mussten. Die **Siemens AG** ist mehrfach durch diverse Vergehen aufgefallen. Laut einem Vergleich mit dem US-Justizministerium und der US-Börsenaufsicht SEC musste der Siemens-Konzern 2008 ca. $ 800 Mio. für Schmiergeldzahlungen überweisen. Davon entfielen $ 450 Mio. auf Strafzahlungen an die amerikanische Justiz und $ 350 Mio. auf eine Gewinnabschöpfung an die SEC. Das Bundesgericht in Washington D. C. hatte die Siemens AG wegen bewusst umgangener und fehlender Kontrollen und Nichteinhaltung der Rechnungslegungsvorschriften des United States Foreign Corrupt Practices Act (FCPA) schuldig gesprochen. Der Vorwurf im Zivilverfahren der US-Börsenaufsicht (SEC) lautete ähnlich.[257] In Deutschland waren nach Angaben des US-Justizministeriums noch einmal rund 600 Mio. € fällig. Hintergrund waren Zahlungen von Siemens in den Jahren 2000 bis 2006 in Höhe von ca. 1,3 Mrd. € an Regierungsmitarbeiter verschiedener Länder, die Siemens dafür bei der Vergabe von Aufträgen für U-Bahnen oder Mobilfunksysteme bevorzugten (Straftatbestand: Bestechung). In Deutschland waren nach Angaben des US-Justizministeriums ebenfalls rund 600 Mio. € zu zahlen. Hintergrund waren parallel eingeleitete Ermittlungsverfahren gegen frühere Vorstände und Mitarbeiter der Siemens AG sowie andere Einzelpersonen. Hier ging es vor allem um die Verletzung der Aufsichtspflicht des Gesamtvorstandes der Siemens AG. Des Weiteren wurden Schadenersatzforderungen der Siemens AG gegen bestimmte (frühere) Mitarbeiter gestellt. 2009 erhielt der Konzern fast 20 Mio. € von ehemaligen Mitarbeitern der Siemens AG. Unter ihnen waren nicht nur die ehemaligen Vorstände von Pierer und Kleinfeld, sondern auch der Ex-Aufsichtsratschef Baumann.[258] Für die Aufarbeitung, Strafen und Steuernachzahlungen wurden seitens der Siemens AG bis Ende 2009 ca. 2,5 Mrd. € aufgewendet![259] Cromme, Aufsichtsratsvorsitzender der Siemens AG 2008, stellte fest, dass interne Kontrollmechanismen sowie ein unternehmensweites Compliance-Programm fehlten und erhebliche Mängel in der Führungskultur erkannt worden sind.[260] 2013 wies der EuGH die Berufung der Siemens AG gegen das Urteil der Vorinstanz in Sachen Kartell-Verstöße ab. Damit musste der Siemens-Konzern etwa 397 Mio. € Kartellstrafe zahlen. Nach Ermittlungen der EU-Kommission hatte Siemens (und zehn andere Unternehmen aus Europa und Japan) Ende der 80er Jahre im Markt für gasisolierte Schaltanlagen Auftragskontingente aufgeteilt und Preise abgesprochen. In der Abgas-Affäre/dem VW-Skandal der **Volkswagen AG** hat sich im zweiten Halbjahr 2015 die deutsche Justiz eingeschaltet. Kern des Vorwurfs ist, dass durch manipulierte Software in den Diesel-Fahrzeugen des Konzerns Laborwerte geschönt[261] und letztere bei den amerikanischen Zulassungsbehörden eingereicht wurden. Insofern wurden die entsprechenden Genehmigungen

---

[257] O. V.: Korrupte Siemens AG: 1,2 Milliarden Euro Strafe, http://www.compliancemagazin.de/markt/unternehmen/siemens171208.html, Abruf am 16.02.2016.

[258] O. V.: Siemens-Aufseher einigen sich mit Pierer, in: manager-magazin vom 02.12.2009 2009, http://www.manager-magazin.de/unternehmen/artikel/a-664748.html, Abruf am 16.02.2016.

[259] Ebenda.

[260] Vgl. O. V.: Korrupte Siemens AG, a. a. O.

[261] Die im Auto installierte Software konnte erkennen, ob es sich um bestimmte in einem Labor durchgeführte Messverfahren handelt.

erschlichen. Strafrechtlich kommen demnach die Tatbestände des Betrugs und der Urkundenfälschung sowie Ordnungswidrigkeiten in Frage. Ein Betrug ist nicht vermutlich nur gegenüber der EPA (United States Environmental Protection Agency) begangen worden, sondern auch gegenüber den Händlern und Endkunden, da die Fahrzeuge nicht zulassungsfähig waren und damit einen deutlich niedrigeren Wert aufwiesen. Darüber hinaus dürften auch die zugesicherten Eigenschaften nicht zutreffend gewesen sein. Der Betrug kann sowohl in den USA als auch in Deutschland persönliche Strafen für Manager, auch die des Top-Managements, nach sich ziehen – je nachdem, wer von den Manipulationen wusste.[262] Aber auch dann, wenn das (Top-)Management die Manipulationen nicht angeordnet hatte, droht die Anwendung des Strafrechts, da ein Manager, der Straftaten seiner Mitarbeiter erkennt, gegen diese aber nicht einschreitet, sich ebenfalls strafbar gemacht hat.[263] Es handelt sich dann um eine Unterlassungstat oder Beihilfe, je nachdem. Und selbst wenn die Führungskräfte tatsächlich nichts von den Straftaten gewusst haben sollten, kann gegen sie wegen Verletzung der Aufsichtspflicht ermittelt werden. Denn durch die Verletzung der Aufsichtspflicht ist erst das Fehlverhalten der Mitarbeiter ermöglicht worden. Dies wäre zwar „nur" eine Ordnungswidrigkeit, aber mit einer Geldbuße von bis zu 1 Mio. €. Das Unternehmen kann für den Mitarbeiter die Strafzahlungen vornehmen, wenn dies im Interesse des Unternehmens ist. Bei Aktiengesellschaften ist dafür laut BGH die Zustimmung der Hauptversammlung erforderlich. Laut Medienberichten wollen die VW-Aufsichtsräte der Arbeitnehmerseite den ehemaligen VW-Vorstandsvorsitzenden Winterkorn aus den vorgenannten Gründen für den entstandenen Schaden durch die Manipulationen an den Dieselfahrzeugen haftbar machen. Das kann im Extremfall seine Insolvenz bedeuten.[264] Neben drei Entwicklungschefs wurde der Leiter des Bereichs Antriebstechnologie beurlaubt.[265] Auch VW selbst kann nach amerikanischem Recht strafrechtlich zur Verantwortung gezogen werden. Für notwendige Servicemaßnahmen und weitere Anstrengungen, nicht aber Strafzahlungen, wurden seitens VW 2015 zunächst Rückstellungen in Höhe von rund 6,5 Mrd. € gebildet. Für das dritte Quartal 2015 wird der größte Autohersteller Europas nach Analystenschätzungen einen Verlust von gut 2 Mrd. € ausweisen. Allein in Deutschland muss VW 2,4 Mio. PKW zurückrufen, europaweit 8,5 Mio., weltweit 11 Mio.[266] Bereits im Januar 2016 zeigten sich die Auswirkungen auf den Umsatz von VW: Während die Neuzulassungen (gegenüber dem Vorjahresmonat) um

---

[262] TÖDTMANN, C.: Diese Strafen drohen Volkswagen, in: Wirtschaftswoche vom 23.09.2015, http://www.wiwo. de/unternehmen/auto/vw-skandal-diese-strafen-drohen-volkswagen/12355350.html, Abruf am 16.02.2015.

[263] Insofern besteht das dringende Interesse daran, aufzuklären, wer im VW-Konzern wann von diesen Manipulationen gewusst hatte.

[264] HANK, R., MECK, G.: Dem früheren VW-Chef droht der Ruin, in: Frankfurter Allgemeine Zeitung, http://www. faz.net/aktuell/wirtschaft/vw-abgasskandal/nach-vw-abgas-skandal-winterkorn-droht-der-ruin-13962946.html, Abruf am 16.02.2016.

[265] O. V.: VW erwägt Neuwagen-Prämie für Diesel-Fahrer, in: Wirtschaftswoche vom 25.10.2015, http://www. wiwo.de/unternehmen/auto/vw-abgasskandal-vw-erwaegt-neuwagen-praemie-fuer-diesel-fahrer/12494178.html, Abruf am 16.02.2016.

[266] Ebenda.

gut drei Prozent gestiegen sind, verzeichnete die Hauptmarke VW einen Umsatzrückgang von fast neun Prozent. Auch die zum VW-Konzern gehörenden Marken Seat und Skoda mussten einen Umsatzrückgang hinnehmen. In diesem Zusammenhang und insbesondere im Hinblick auf die zu diskutierenden Regeln für Führungskräfte ist u. a. die Kommunikationspolitik der Volkswagen AG näher zu betrachten. So zeigte sich, dass VW die Kunden mit „Halbwahrheiten"[267] informiert. Die Antworten, die die Händler den Kunden geben sollten, bezogen sich auf die Fragen, welche Fehler die Fahrzeuge aufweisen und ob die Fahrzeuge nach der Reparatur andere Fahreigenschaften haben oder mehr Kraftstoff verbrauchen. Tatsächlich ist dies bei Dieselfahrzeugen mit 1,2 oder 1,6 Liter Hubraum der Fall. Auch die Agilität kann eingeschränkt sein. Es stellte sich 2015/2016 einerseits die Frage, ob das Agieren mit Halbwahrheiten moralisch und ethisch vertretbar ist und der Unternehmensphilosophie entspricht und andererseits, wie mit dieser Verhaltensweise Vertrauen wiedergewonnen werden soll und drittens, ob diese Strategie von Vorteil für VW ist oder Kunden beim Erkennen der tatsächlichen Fakten erst recht von Produkten dieses Konzerns – und dann möglicherweise für lange Zeit oder für immer – Abstand nehmen. Generell ist der **Imageschaden** für Volkswagen beträchtlich.

Die **Händler** des VW-Konzerns stehen nicht nur vor dem Problem des Minderabsatzes von Neufahrzeugen, sondern auch, inwieweit der Wertverlust des Gebrauchtwagenbestandes von Seiten der Volkswagen AG ausgeglichen wird. Erste Klagen waren bereits 2016 anhängig.[268]

Von den Absatzrückgängen sind auch die **Zulieferer** von VW betroffen.

Neben den Schäden für das Unternehmen sind die enormen Verluste für die **Eigentümer** zu erwähnen. Nach Bekanntwerden der Verfehlungen sind die Aktienkurse der vorgenannten Unternehmen extrem gesunken. In einigen Fällen haben sich die Aktienkurse halbiert; d. h. das Vermögen der Eigentümer hat sich um 50 % vermindert. Ob und inwieweit ein Schadensersatz seitens der Volkswagen AG in Frage kommt, hängt vor allem von den Untersuchungen der BaFin ab. Diese geht der Frage nach, ob die Volkswagen AG nicht viel früher eine Ad-hoc-Mitteilung hätte veröffentlichen müssen. Stichtag ist hier der 25.09.2015, der Tag, an dem seitens VW die Manipulationen öffentlich eingeräumt wurden. Vermutlich liegt eine Verletzung des Wertpapierhandelsgesetzes vor, denn Führungskräfte des Automobilherstellers hatten den

---

[267] O. V.: Volkswagen informiert Kunden mit Halbwahrheiten, in: Wirtschaftswoche vom 07.10.2015, http://www.wiwo.de/unternehmen/auto/vw-abgas-skandal-volkswagen-informiert-kunden-mit-halbwahrheiten/12422310.html, Abruf am 17.02.2016.

[268] Vgl. http://www.aktiencheck.de/exklusiv/Artikel-VW_Abgasskandal_Klage_gegen_Audi_Fuhrpark_Verband_sieht_Wertminderung-7012379, Abruf am 17.02.2016.

damaligen Vorstandsvorsitzenden Winterkorn in einem Brief vom 04.09.2015 darüber unterrichtet, dass sie bei einem Treffen mit der US-Umweltbehörde CARB den Einsatz von Manipulationssoftware zugegeben hätten.[269]

Als ein Zwischenfazit lässt sich festhalten, dass Compliance-Verstöße bei börsennotierten Aktiengesellschaften eine eigenständige Ad-hoc-Publizität begründen können. So nennt die BaFin u. a. „erhebliche außerordentliche Aufwendungen (z. B. nach Großschäden oder Aufdecken krimineller Machenschaften)" der Emittentin, „Aufwendungen aufgrund eines für das Unternehmen existentiellen Prozesses" oder „maßgebliche Produkthaftungs- oder Umweltschadensfälle" wegen eines Ereignisses mit erheblichem Preisbeeinflussungspotenzials als Grund für eine Ad-hoc-Mitteilung.[270] Wird diese Ad-hoc-Mitteilung unterlassen oder ist sie fehlerhaft und ist es in der Zwischenzeit zu einem nennenswerten Kursverfall der Aktie gekommen, kann dies wiederum Grund eines neuen Regel-Verstoßes sein, der dann wiederum eine Ad-hoc-Publizität zur Folge hat.

Bleibt die Frage, warum oder wie konnte es dazu kommen. Einige erste Erklärungsversuche lauten: Den Führungskräften fehlten vier wichtige Charaktereigenschaften (Regeln): Integrität, Verantwortungsbewusstsein, Empathie und Versöhnlichkeit.[271] Stattdessen herrschte dort „eine Kultur der Angst, in der solche Skandale gedeihen konnten".[272]

In allen Fällen zeigt sich, dass **Führungskräfte** gegen Regeln verstoßen haben – in den vorgenannten Beispielen mit schwerwiegenden Folgen für das Unternehmen und für sich selbst. Es muss daher im Interesse des Unternehmens und der Mitarbeiter sein, sich an bestimmte Regeln zu halten. Grundsätzlich können – unabhängig von der nachstehenden Gliederung der Regeln – sämtliche der nachgenannten **Regeln explizit oder implizit** sein.

Um welche Regeln es sich handeln kann, zeigt – aus Sicht der Führungskräfte – nachfolgendes Schaubild:

---

[269] O. V.: VW verletzte Wertpapierhandelsgesetz, in: Wirtschaftswoche vom 28.02.2016, http://www.wiwo.de/unternehmen/auto/abgas-skandal-vw-verletzte-wertpapierhandelsgesetz/13026258.html, Abruf am 29.02.2016.

[270] Vgl. BUNDESANSTALT FÜR FINANZDIENSTLEISTUNGSAUFSICHT (HRSG.): Emittentenleitfaden, 4. Aufl., Bonn 2013, S. 53.

[271] KIEL, F.: Return on Character – The real reason leaders and their companies win, Boston, MA, 2015.

[272] KIEL, F.: Chefs brauchen Moral und Anstand, in: Wirtschaftswoche vom 22.10.2015, http://www.wiwo.de/erfolg/management/fred-kiel-chefs-brauchen-moral-und-anstand/12484248.html, Abruf 24.10.2015; im Folgenden mit „Chefs" abgekürzt.

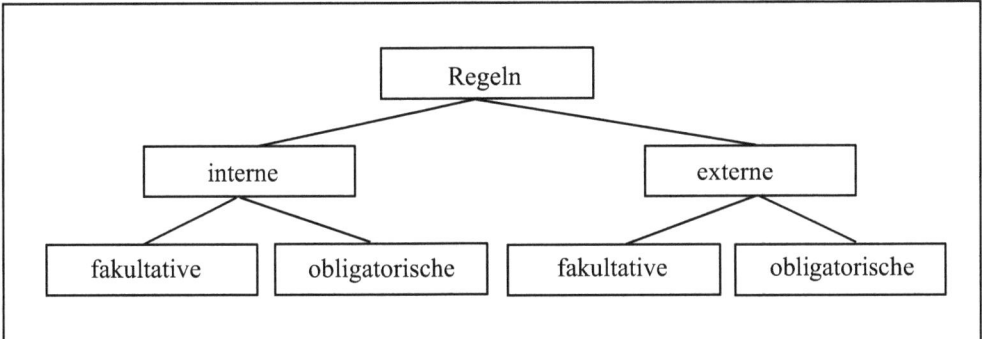

Darst. 1.413: Arten von Regeln

Bei den **internen fakultativen Regeln** handelt es sich um Richtlinien, die die Unternehmensführung freiwillig und aus eigenem Ermessen erstellt hat, damit alle im Unternehmen handelnden Personen sich nach ihnen richten. Diese werden im Rahmen der normativen Unternehmensführung festgelegt. Die normative Unternehmensführung beinhaltet grundlegende Entscheidungen, die als von Normen und Werte und Werte für alle im Unternehmen Beschäftigte zu verstehen sind. Sie fußen auf Wertvorstellungen der Unternehmensleitung.[273] Sofern die Eigentümer selbst das Unternehmen führen, entfallen die nachstehenden internen obligatorischen Regeln. Letztere gelten nur für den Fall der Fremdgeschäftsführung. M. a. W.: Interne fakultative Regeln existieren in jedem Betrieb, da externe Regeln allein nicht ausreichen, ein Unternehmen erfolgreich zu führen. Es fehlt eine Deskription des Selbstverständnisses des Unternehmens, um die Lebens- und Entwicklungsfähigkeit der Unternehmung zu ermöglichen.[274] Das Thema „Normatives Management" wird ausführlich in der Monografie „Normatives Management und konstitutive Entscheidungen" von Wördenweber[275] behandelt.

Die (für die Führungskräfte, insbesondere das Top-Management) **internen obligatorischen Regeln** stammen von Seiten der Eigentümer. Sofern Gesellschafter/Eigentümer und die Geschäftsführung nicht personenidentisch sind, stellen die Regeln der Gesellschafter eine Vorgabe für das Top-Management dar. Diese werden von der Unternehmensführung übernommen und fließen (zwingend) in die internen fakultativen Regeln ein. In diesem Zusammenhang ist auf den **Prinzipal-Agent-Konflikt** (principal-agent problem, Agency-Problem) hinzuweisen. Die Prinzipal-Agent-Theorie fußt auf dem Modell der Neuen Institutionenökonomik. Grundsätzlich han-

---

[273] Vgl. HUNGENBERG, H.: Strategisches Management im Unternehmen, Ziele – Prozesse – Verfahren, 8. Aufl., Wiesbaden 2014, S. 21, BLEICHER, K.: a. a. O., S. 88 f.

[274] Vgl. BLEICHER, K.: a. a. O., S. 73.

[275] Vgl. WÖRDENWEBER, M.: Normatives Management, a. a. O., S. 1–378.

delt es sich um zwei Parteien, die miteinander in einer bestimmten Beziehung stehen: der Prinzipal und der von ihm beauftragte Agent (Unternehmensführer). Der letztgenannte besitzt aufgrund seiner Nähe zu den von ihm (aus-)geführten Tätigkeiten gegenüber ersterem im Normalfall einen Wissensvorsprung (Informationsasymmetrie)[276], der in unterschiedlicher Weise genutzt werden kann. Entweder eigennützig im Sinne und Interesse des Agenten oder zu Gunsten des Prinzipals. Aus diesen gegensätzlichen Positionen lässt sich ein Modell herleiten, um das Handeln/Verhalten der beiden Parteien (in einer Hierarchie) zu erklären. Auf die Betriebswirtschaftslehre übertragen wird der Fall diskutiert, in dem ein Unternehmen nicht von dem Eigentümer/den Eigentümern selbst geleitet wird, sondern angestellte Führungskräfte, speziell die Top-Manager mit der Unternehmensführung beauftragt werden. Letztere werden als Personengruppe mit eigenen Interessen angesehen, die nicht (unbedingt) mit den Vorstellungen des Anteilseigners kompatibel sind. Bereits vor Abschluss eines Arbeitsvertrages und/oder der Berufung als Geschäftsführer/Vorstandsmitglied kann der Prinzipal die Werte und Normen, z. B. soziale Kompetenz und Verlässlichkeit, des Agenten nicht zuverlässig einschätzen. Nach Aufnahme der Tätigkeit ist es dem Prinzipal nur bedingt möglich, die Handlungen des Agenten umfassend zu überwachen und hinsichtlich ihrer Angemessenheit zu beurteilen.[277] Ein eigennutzorientiertes Verhalten der angestellten Führungskräfte bietet Möglichkeiten, zu Lasten des Unternehmens persönliche Bedürfnisse hinsichtlich Komfort, Geltungsstreben oder Freizeitaktivitäten zu befriedigen. Als Beispiel sei Thomas Middelhoff (ehemaliger Vorstandsvorsitzender der Arcandor AG) benannt, der vom LG Essen 2014 u. a. wegen Untreue in 26 Fällen zu einer Freiheitsstrafe von drei Jahren verurteilt wurde.[278] U. a. aufgrund der hohen Schadensersatzforderungen des Insolvenzverwalters des früheren Arbeitgebers musste er 2015 Privatinsolvenz anmelden. Eine Schadensersatzforderung bezog sich beispielsweise auf 28 Hubschrauberflüge für insgesamt 80.000 € von seinem Wohnsitz Bielefeld in die Unternehmenszentrale (in Essen), da er wegen einer Baustelle am Kamener Kreuz nicht im Stau stehen wollte.[279] Letztlich stellt sich auch in diesem Fall die Frage der Beachtung von Regeln, gleich welcher Art und insbesondere, ob und welche seitens des Prinzipals erstellt und als verpflichtend für den Agenten gelten. Daneben sind bei derartigen Konstellationen offenbar Kontrollmechanismen und die Weiterentwicklung der Corporate Governance vonnöten.

Die **externen fakultativen Regeln** resultieren aus den Werten und Normen der sogenannten Stakeholder außerhalb des Unternehmens. Fakultativ deshalb, weil es in der Entscheidung der

---

[276] Vgl. ARROW, K. J.: The Economics of Agency, in: PRATT, J. W., ZECKHAUSER, R. J. (HRSG.): Principals and Agents: The Structure of Business, Boston, MA, S. 37–51.

[277] Abhilfe schaffen kann hier in begrenztem Umfang ein Management-/Führungskräfteaudit.

[278] Der BGH hat die Revision im Februar 2016 verworfen (AZ: 1 StR 209/15).

[279] O. V.: Middelhoff verteidigt Pendeln per Hubschrauber, in: Süddeutsche Zeitung vom 02.06.2014, http://www.sueddeutsche.de/wirtschaft/ehemaliger-arcandor-chef-middelhoff-verteidigt-pendeln-per-hubschrauber-1.1983114, Abruf am 17.02.2016.

Unternehmensführung liegt, externe, nicht obligatorische Regeln zu akzeptieren und zu übernehmen – oder nicht oder nur zu einem Teil.

Jedes Unternehmen ist eingebettet in seine Makro- und Mikroumwelt. Während es sich bei der Makroumwelt um kaum oder gar nicht durch das Unternehmen beeinflussbare Entwicklungen[280] handelt, lassen sich die Elemente der Mikroumwelt – mehr oder weniger gut – beeinflussen. Auf diese Umwelt sind die Instrumente des Marketing-Mix eines Unternehmens in unterschiedlichen Aktivitätsgraden konzentriert.

Ein Unternehmen, auch Shareholder-Value-orientierte, lebt in seiner Umwelt von und mit Austauschbeziehungen (Aktionen und Reaktionen) zu den jeweils zugehörigen Elementen, die als **Stakeholder** bezeichnet werden.

Stakeholder (Anspruchsgruppen) sind alle Personen, Gruppen oder Organisationen bzw. Institutionen innerhalb oder außerhalb eines Unternehmens, die direkt oder indirekt von den unternehmerischen Aktivitäten in der Vergangenheit betroffen waren, gegenwärtig betroffen sind oder in Zukunft betroffen sein können. Ebenso gelten diejenigen Personen, Gruppen oder Organisationen als Stakeholder, von deren Handlungen die Entscheidungen des Unternehmens bereits tangiert wurden, derzeit betroffen sind oder künftig beeinflusst werden könn(t)en.

Darst. 1.414: Definition Stakeholder

Im Sinne des zukunftsgerichteten Führungsprozesses sind diejenigen Handlungen des Unternehmens relevant, die sich künftig auf die Anspruchsgruppen auswirken können oder die diejenigen Handlungen von Stakeholdern, die die Entscheidungen des Unternehmens in Zukunft tangieren könn(t)en.

Die nachfolgende Darstellung zeigt einige der wichtigen Anspruchsgruppen eines Unternehmens:[281]

---

[280] Im Einzelnen lassen sich ökonomische, demografische, technologische, ökologische, politisch-rechtliche und sozio-okulturelle Entwicklungen differenzieren.

[281] Vgl. ROBBINS, S. P., COULTER, M., FISCHER, I.: a. a. O., S. 58. Die Anspruchsgruppen und ihre Ziele sind immer im Kontext der jeweiligen Organisation bzw. Institution zu sehen. So sind speziell im Gesundheitsbereich wichtige „Kunden" die Patienten, deren Angehörige aber auch die Kostenträger (u. a. Sozialversicherungen) und die Träger der jeweiligen Einrichtung.

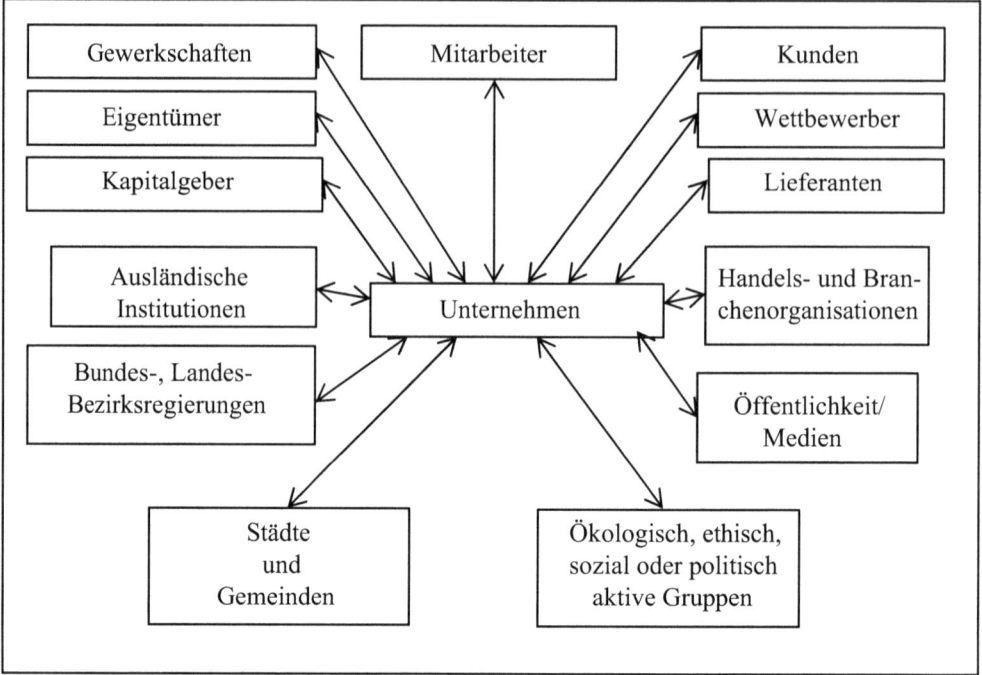

Darst. 1.415: Stakeholder eines Unternehmens

Die Stakeholder werden durch die Handlungen des Unternehmens nachhaltig beeinflusst. Vice versa können sie ihrerseits wiederum Einfluss auf die Organisation nehmen. Aber auch zwischen den Stakeholdern finden Interaktionen statt. Dabei geht es immer um Werte und Normen, die gegenüber anderen durchgesetzt werden sollen. Diese können sehr unterschiedlich sein. Ausgehend von den Anspruchsgruppen kann es sich beispielsweise um folgende Themen handeln:

- verbesserte Produkte im Hinblick auf Nachhaltigkeit und Sicherheit,
- höhere Renditen (der Eigentümer),
- mehr Selbständigkeit und Arbeitsautonomie der Mitarbeiter,
- Status, Anerkennung und Prestige (ego-needs) der Mitarbeiter,
- stärkere Einflussnahme auf die Unternehmensentwicklung,
- bessere Produktionsbedingungen und Ausschluss von Kinderarbeit in ausländischen Produktionsstätten,
- höhere Steuereinnahmen,
- langfristige und „faire" Lieferantenbeziehungen zum Unternehmen,

- Einhaltung fairer Grundsätze und Spielregeln im Wettbewerb mit den Konkurrenten,
- positive Beiträge des Unternehmens an die Infrastruktur,
- Spenden an kulturelle, wissenschaftliche und Bildungsinstitutionen.

Das Eingehen auf die verschiedenen Einflussgruppen liegt immer im Interesse des Unternehmens, z. B., um mithilfe der Anspruchsgruppen eine bessere Vorhersehbarkeit von Veränderungen in der Mikroumwelt zu erhalten, Innovationen erfolgreicher zu vermarkten, grundsätzliches Vertrauen zu gewinnen oder das Ansehen des Unternehmens zu erhöhen, bestimmte unpopuläre Entscheidungen zu verteidigen, aber auch um schädliche Einflüsse der Stakeholder für das Unternehmen abzuwehren.

Um die Werte und Normen und Strategien der einzelnen Gruppen zu erkennen, ist eine intensive **Stakeholder-Analyse** nötig. Mittels dieser Recherche ist zu

- ermitteln,
  - welche Stakeholder[282] welche Werte und Normen vertreten,
  - mit welcher Intensität[283] und Richtung[284] sie auf wen Einfluss nehmen und
  - inwieweit es möglich ist, auf die einzelnen Anspruchsgruppen einzuwirken[285],
- entscheiden,
  - welche Bedeutung[286] den einzelnen Anspruchsgruppen beizulegen ist,
  - mit welchen Maßnahmen gegenüber der jeweiligen Gruppe zu agieren ist
  - welche Normen und Werte mit welcher Gewichtung in das eigene normative Management einfließen sollen.

Die **externen obligatorischen Regeln** leiten sich bindend aus Recht und Gesetz ab. Diese betreffen Unternehmen als auch deren angestellte Führungskräfte (persönlich).

Nachfolgend werden wichtige Gesetze zitiert, erläutert und mit Beispielen versehen. Der Hierarchie entsprechend wird als erstes das Grundgesetz (GG) mit dessen Grundrechten genannt. Art. 1 Abs. 1 des Grundgesetzes besagt: „Die Würde des Menschen ist unantastbar. Sie zu achten und zu schützen ist Verpflichtung aller staatlichen Gewalt." Dass diese Vorschrift von allen Führungskräften einzuhalten ist, bedarf keiner weiteren Erläuterung.

---

[282] Art der Stakeholder: Z. B. Entscheidungsträger, Experten, Meinungsbildner, sonstige Stakeholder.

[283] Z. B. niedrig, mittel, erheblich.

[284] Z. B. positiv, negativ, neutral.

[285] Z. B. geringes, mittleres, hohes Machtpotenzial.

[286] Z. B. keine, geringe, mittlere, hohe.

Art. 3 GG besagt, dass Führungskräfte ihre Mitarbeiter aufgrund der im Gesetz genannten Unterscheidungen nicht unterschiedlich behandeln dürfen. Es darf keine Vorteile oder Nachteile bei Entscheidungen wie zum Beispiel einer Einstellung oder Kündigung geben. Als besonderes Gesetz ist in diesem Zusammenhang das Allgemeine Gleichbehandlungsgesetz (AGG) zu nennen. Darin finden sich die rechtlichen Ausprägungen zu Art. 3 GG.

Art. 5 Abs. 1 GG: „Jeder hat das Recht, seine Meinung in Wort, Schrift und Bild frei zu äußern und zu verbreiten und sich aus allgemein zugänglichen Quellen ungehindert zu unterrichten..." in Verbindung mit Art. 9 Abs. 1 GG: „Alle Deutschen haben das Recht, Vereine und Gesellschaften zu bilden." ist die Grundlage zur Berechtigung der Arbeitnehmer, sich frei zu äußern und zu organisieren. Dies kann zum Beispiel in Form von Gewerkschaften geschehen.

Betriebsräte als Vertreter der Arbeitnehmer in einem einzelnen Unternehmen oder in einem Konzern können gem. § 1 BetrVG gebildet werden.

Ein weiterer Bereich, der durch die Gesetzgebung geregelt wird, ist der des Arbeitsvertrages. Ein Arbeitsvertrag zwischen einem Arbeitgeber und einem unselbständigen Arbeitnehmer ist immer ein Dienstvertrag. Regelungen zum Arbeitsvertrag finden sich im BGB in den §§ 611 ff. BGB. Dort wird allerdings der Begriff Dienstvertrag verwendet. Gemäß der §§ 126 Abs. 1 und 611 BGB i. V. m. § 105 GewO besteht bei Arbeitsverträgen keine Formvorschrift, und beide Vertragsparteien können Abschluss und Inhalt frei vereinbaren. Jedoch bedarf ein vertraglich geregeltes Wettbewerbsverbot der Schriftform nach § 74 HGB i.V.m. § 110 GewO. Dies ist eine wichtige Vorschrift für Führungskräfte, da Arbeitsverträge oft mit Wettbewerbsverboten im Falle einer Kündigung versehen werden. Die Beendigung eines Arbeitsverhältnisses durch Kündigung oder eines Aufhebungsvertrages bedarf ebenfalls der Schriftform unter Berücksichtigung der Kündigungsfristen (§§ 622 und 623 BGB). Gelegentlich erhalten Führungskräfte auch eine Prokura oder Handlungsvollmacht zur Erweiterung ihrer Verantwortung und ihres Zuständigkeitsbereiches. Dies wird in den §§ 48 ff. HGB geregelt.

Führungskräfte sind auch für die Einhaltung des Arbeitsschutzrechtes verantwortlich. Es dient dem Schutz des Arbeitnehmers. Zu diesem zählen zum Beispiel das Kündigungsschutzgesetz, das Arbeitsschutzgesetz, das Arbeitssicherheitsgesetz, das Arbeitszeitgesetz, das Mutterschutzgesetz und das Jugendarbeitsschutzgesetz. Organe, die zur gesetzlichen Vertretung einer juristischen Person berufen sind, sind von dem ersten Abschnitt des Kündigungsschutzgesetzes (KSchG) ausgeschlossen (§ 14 KSchG). Auf leitende Angestellte im Sinne von § 5 Abs. 3 BetrVG finden die Vorschriften des ersten Abschnitts des Kündigungsschutzgesetzes (KSchG) nur eingeschränkt Anwendung.

Des Weiteren ist das Arbeitszeitgesetz für leitende Angestellte nicht anzuwenden gemäß § 18 Abs. 1 Nr. 1 ArbZG i. V. m. § 5 Abs. 3 BetrVG.

Als Beispiel für eines der zahllosen Gerichtsurteile bei Regelverstößen von Führungskräften sei ein Urteil des OLG München zitiert, indem es um die Haftung eines GmbH-Geschäftsführers für pflichtwidrige Gehaltsauszahlungen eines Mitgeschäftsführers geht: Der Geschäftsführer einer GmbH haftet nach § 43 Abs. 2 GmbHG, wenn er für ihn erkennbare pflichtwidrige Gehaltsauszahlungen eines Mitgeschäftsführers an sich selbst nicht verhindert oder unterbindet.[287]

Als ein weiteres Beispiel für die – auch ggf. persönliche Haftung von Führungskräften – kann das Gesetz zur Erhöhung der Sicherheit informationstechnischer Systeme (IT-Sicherheitsgesetz) genannt werden. Mit diesem Artikelgesetz (auch Mantelgesetz genannt) werden eine Reihe anderer Gesetze wie das BSI-Gesetz[288], das Atomgesetz, das Energiewirtschaftsgesetz, das Telemedien- und Telekommunikationsgesetz sowie das Bundesbesoldungs- und Bundeskriminalamtgesetz geändert. Das IT-Sicherheitsgesetz sieht im Kern drei Verpflichtungen vor, denen Unternehmen und die öffentliche Hand nachkommen müssen: verpflichtende Mindestanforderungen an die IT-Sicherheit durch die Umsetzung allgemeiner und branchenspezifischer Mindeststandards, regelmäßige Inspektionen der Sicherheitsmaßnahmen und -standards zum Nachweis der Anforderungen sowie eine Meldepflicht für Vorfälle unter Nennung von Warn- und Alarmierungskontakten an das BSI.[289]

In der Öffentlichkeit eher unbekannte Bestimmungen stellen die EU-Verordnungen 753/2011 und 881/2002 dar, die sich gegen Osama bin Laden, das Al Qaida-Netzwerk und die Taliban richten, sowie die EU-Verordnung 2580/2001, die sich auf die wie auch immer geartete Unterstützung von Personen und Organisationen bezieht, die im Verdacht stehen, an Terrororganisationen in irgendeiner Form beteiligt zu sein. Diese Verordnungen sind unmittelbar geltendes Recht und gelten somit auch für deutsche Unternehmen. Verstöße können (erhebliche) strafrechtliche Konsequenzen für Führungskräfte haben.[290] Bei Fahrlässigkeit, die als Ordnungswidrigkeit eingestuft werden, sind hohe Geldbußen (bis 500.000 €) für die Verantwortlichen im Unternehmen als auch das Unternehmen selbst die Folge. Konkret ist ein Unternehmen neben dem Embargo verpflichtet, die eigenen Kunden- und Lieferantenlisten mit den Listen der terrorverdächtigen Personen, Organisationen, Unternehmen oder Einrichtungen abzugleichen.[291] Da auch die eigenen Mitarbeiter als auch potentielle Beschäftigte zum aufgelisteten Personen-

---

[287] OLG München, Urteil vom 22.10.2015, AZ: 23 U 4861/14.

[288] BSI: Bundesamt für Sicherheit in der Informationstechnik.

[289] Vgl. LURZ, H., SCHEBEN, B., DOLLE, W.: Das IT-Sicherheitsgesetz: Herausforderungen und Chancen für Unternehmen – vor allem für KMU, in: Betriebs-Berater, Heft 46, 2015, S. 2756.

[290] Gem. § 18 AWG beträgt die Freiheitsstrafe bis zu fünf Jahren.

[291] Diese Listen, die regelmäßig aktualisiert werden, finden sich auf der Internetseite des Bundesamtes für Wirtschaft und Ausfuhrkontrolle BAFA (www.ausfuhrkontrolle.info).

kreis gehören können, sind auch diese Personen anhand der Listen in regelmäßigen Zeitabstän-den zu kontrollieren.[292] Aktuell finden sich auf diesen Listen auch die Bestimmungen des Russ-land-Embargos aufgrund der unrechtmäßigen Annexion der Krim und Sewastopols sowie als Reaktion auf die Entwicklung in der Ukraine.[293]

Für börsennotierte Aktiengesellschaften finden sich die gesetzlichen und andere regulative Rah-menbedingungen u. a. in der **Corporate Governance** wieder; d. h. in der Corporate Governance sind sowohl rechtliche und gesetzliche Regeln als auch (fakultative) Werte und Normen enthal-ten.

Corporate[294] Governance[295] kann als Grundsätze der Unternehmensführung übersetzt werden.

Corporate Governance bezeichnet den Ordnungsrahmen für eine verantwortungsvolle Führung und Überwachung von Unternehmen.

Darst. 1.416: Corporate Governance

Der Ordnungsrahmen wird maßgeblich durch Recht und Gesetz auf der einen Seite und den Eigentümern auf der anderen Seite bestimmt. Sie ist auf eine **nachhaltige Wertschöpfung** aus-gerichtet, d. h. **primär Shareholder-Value-orientiert**.

Die unternehmensspezifische Corporate Governance besteht aus der Gesamtheit relevanter Ge-setze und Rechtsprechung, Richtlinien, Kodizes, Absichtserklärungen sowie den im jeweiligen Unternehmen geltenden Normen und Werten, die sich beispielsweise im Unternehmensleitbild, aber auch in der Art der internen (Kontrollinstanzen) und externen (Aktionäre) Unternehmens-kommunikation sowie der praktizierten Zusammenarbeit zwischen den Führungs- und Überwa-chungsgremien widerspiegeln.[296] Näheres zum Thema „Corporate Governance" findet sich bei Wördenweber.[297]

---

[292] Datenschutzrechtlich bestehen gegen einen solchen Datenabgleich keine Bedenken. Der Betriebsrat hat, sofern nur Kollisionen mit den sogenannten Anti-Terrorlisten geprüft werden, keine Mitbestimmungsrechte gemäß BetrVG.

[293] BUNDESAMT FÜR WIRTSCHAFT UND AUSFUHRKONTROLLE (HRSG.): Merkblatt zum Außenwirt-schaftsverkehr mit der Russischen Föderation, http://www.ausfuhrkontrolle.info/ausfuhrkontrolle/de/arbeitshil-fen/merkblaetter/merkblatt_russland.pdf, Abruf am 23.02.2016.

[294] Corporate (engl.) = Unternehmens-, Firmen-.

[295] Governance (engl.) = Steuerung, Führung, Regieren.

[296] Anmerkung: Im Unterschied zur Corporate Governance betrifft die Unternehmensverfassung primär die Binnen-ordnung des Unternehmens.

[297] Vgl. die ausführliche Darlegung des Themas im Unterabschnitt 1.8.2 „Corporate Governance" bei Wördenweber (WÖRDENWEBER, M.: Normatives Management, a. a. O., S. 261–378).

Corporate[298] **Compliance**[299] steht im Rahmen der Corporate Governance für die Einhaltung gesetzlicher und rechtlicher Bestimmungen sowie der unternehmensinternen Richtlinien[300], um Haftungsansprüche und sonstige rechtliche Nachteile des Unternehmens zu vermeiden. Der Begriff Corporate Compliance kann wie folgt definiert werden:[301]

Corporate Compliance ist die Gesamtheit aller unternehmerischen Aktivitäten zur Einhaltung der gesetzlichen und anderer externer Regeln sowie der unternehmensinternen Richtlinien durch die Organmitglieder und Mitarbeiter des Unternehmens.

Darst. 1.417: Definition Compliance

Die Verantwortung dafür trägt die Unternehmensführung, bei Aktiengesellschaften also der Vorstand. Gesetzliche Grundlagen für Compliance sind die §§ 9, 30 und 130 OWiG, welche fordern, dass Unternehmen und Unternehmensverantwortliche dafür Sorge zu tragen haben, dass aus dem Unternehmen heraus keine Gesetzesverstöße erfolgen.[302]

Werden entsprechende Organisations- und Aufsichtsmaßnahmen nicht ergriffen, kann die Unternehmensführung, aber auch der Compliance Officer/der Compliance-Beauftragte zu Strafen verurteilt werden, wenn es seitens der Mitarbeiter des Unternehmens zu Gesetzesverstößen gekommen ist. Auch das Unternehmen muss mit der Einleitung eines Ordnungswidrigkeiten-Verfahrens rechnen, weil den Organisations- und Aufsichtspflichten, genauer: den Leitungspflichten, den Koordinations- und Organisationspflichten sowie den Kontroll- und Sanktionspflichten[303] nicht nachgekommen wurde. Und zwar dann, wenn im Rahmen eines gegen eine Führungskraft geführten Strafverfahrens von den Ermittlungsbehörden (Staatsanwaltschaft, Strafsachenfinanzamt) der Tatnachweis einer vorsätzlich begangenen Straftat nicht geführt werden kann. In diesen Fällen ist eine sogenannte Verbandsgeldbuße fällig. Sie kann gegen juristische

---

[298] Corporate (engl.) = Unternehmens-, Firmen-.

[299] Compliance (engl.) = Einhaltung, Übereinstimmung, Regelbefolgung.

[300] Vgl. WIELAND, J., STEINMEYER, R., GRÜNINGER, S. (HRSG.): Handbuch Compliance-Management, 2. Aufl., Berlin 2014, S. 15, KRÜGLER, E.: Compliance - ein Thema mit vielen Facetten, in: Umwelt Magazin, Heft 7/8, 2011, S. 50.

[301] Vgl. BEHRINGER, S. (HRSG.): Compliance kompakt – Best Practice im Compliance-Management, 3. Aufl., Berlin 2013, S. 35. Vgl. auch die weitergehenden Ausführungen im Unter-Unterabschnitt 1.8.2.6 „Corporate Compliance" bei Wördenweber (WÖRDENWEBER, M.: Normatives Management, a. a. O., S. 325–370).

[302] Vgl. WOLLFFRAMM, S.: Die ethische Dimension des Compliance: Notwendigkeit oder Hindernis?, München 2008, S. 5.

[303] Vgl. dazu detaillierter ROGALL, K., in: SENGE, L. (HRSG.): Karlsruher Kommentar zum Ordnungswidrigkeitengesetz, 4. Aufl., München 2014, § 130, Rn. 53 ff.

Personen und Personenvereinigungen verhängt werden, wenn durch eine Pflichtverletzung bestimmter Führungspersonen[304] eine Straftat oder Ordnungswidrigkeit begangen wurde. Die Geldbuße kann bis zu 1 Mio. € betragen. Außerdem kann es zu einer Gewinnabschöpfung bei dem Unternehmen kommen.

In den letzten Jahren ist zu konstatieren, dass die Risiken einer persönlichen Haftung von Führungskräften stark zugenommen haben. Das bezieht sich nicht nur auf die Häufigkeit, sondern auch auf die Höhe der geltend gemachten Schäden. Dazu tragen neben härteren Gesetzen[305] ambitionierte Insolvenzverwalter und Staatsanwälte bei. Auslöser sind (zunächst) unternehmerische Entscheidungen, die zu erheblichen Verlusten betroffener Parteien wie Eigentümer, Lieferanten, Arbeitnehmer usw. geführt haben. Ebenso haben Konkurrenten die Justiz als „Waffe" gegen den Wettbewerber entdeckt.[306] Aber auch Aufsichtsräte von Unternehmen, die Schadensersatz-Zahlungen an Geschädigte vorgenommen haben, stehen in der Pflicht, „schuldige" Führungskräfte für den geleisteten Schadensersatz haftbar zu machen.[307] Es sei nur am Rande vermerkt, dass betroffene Führungskräfte nach amerikanischem Recht effektiver persönlich verklagt werden können.

Typische Beispiele für Regelverstöße und damit Haftungsfälle sind:

• Eine Führungskraft trifft bedeutende Unternehmensentscheidungen auf nicht objektiv angemessener Informationsgrundlage.[308]
• Chancen und Risiken einer geschäftlichen Entscheidung bzw. ihrer Folgen werden in nicht verantwortlicher Weise falsch beurteilt.

---

[304] Damit sind (hier) die Mitglieder der Organe juristischer Personen (z. B. Geschäftsführer, Vorstandsmitglieder, Prokuristen, Aufsichtsräte, Verwaltungsräte) und sonstige Leitungspersonen, die für die Überwachung der Geschäftsführung oder die Ausübung von Kontrollbefugnissen in leitender Stellung zuständig sind. Die Ausübung von Kontrollbefugnissen ist so zu verstehen, dass die jeweilige Person durch diese Befugnis eine Führungsposition in der juristischen Person innehat (vgl. ROGALL, K., a. a. O., § 30, Rn. 84). Das kann auch für den Compliance-Officer (CO) (vgl. MEYBERG, E., in: GRAF, J. P. (HRSG.): Beck'scher Onlinekommentar zum OWiG, 8. Edition, § 30, Rn. 53.), den Chief Information Officer (CIO) oder den IT-Sicherheitsbeauftragten gelten (vgl. LURZ, H. SCHEBEN, B., DOLLE, W.: a. a. O., S. 2759.).

[305] Als Beispiel seien hier die verschärften Kapitalmarkt-Informationspflichten genannt, die auch im Fall des VW-Skandals (Schadensersatz gegenüber den Aktionären) eine Rolle spielen dürften.

[306] Vgl. BUCHHORN, E., WERLE, K.: Auf eigene Gefahr, in: manager magazin vom 04.09.2006, http://www.manager-magazin.de/magazin/artikel/a-422780.html, Abruf am 19.02.2016.

[307] Als Beispiel sei das BGH-Urteil vom 21.04.1997, II ZR 175/95 (Düsseldorf) im Fall ARAG/Garmenbeck angeführt, in dem die Pflicht des Aufsichtsrats zur Geltendmachung von Schadensersatzansprüchen gegen Vorstandsmitglieder betont wird, selbst dann, wenn der Aufsichtsrat mehrheitlich eine Schadensersatzklage gegen ein Vorstandsmitglied abgelehnt hatte. Dementsprechend wurde hier über Nichtigkeit eines entsprechenden Aufsichtsratsbeschlusses entschieden.

[308] Beispielsweise war die Marktforschung vor der Einführung eines neuen Produkts mangelhaft.

- Eine Führungskraft handelt trotz klar erkennbarem Interessenkonflikt oder Fremdeinfluss oder zum persönlichen Vorteil zu Lasten des Unternehmens.
- Im Verantwortungsbereich einer Führungskraft werden Steuern und/oder Sozialabgaben nicht ordnungsgemäß entrichtet.
- Im Verantwortungsbereich einer Führungskraft arbeiten korrupte Mitarbeiter.
- Ein Insolvenzantrag wird trotz Illiquidität oder Überschuldung nicht rechtzeitig gestellt.
- Rechnungen wurden noch beglichen, obwohl das Unternehmen längst insolvenzreif war.

In den beiden letztgenannten Fällen geht es nicht nur um Schadensersatz, sondern um eine Strafanzeige wegen Insolvenzverschleppung.

In all den vorgenannten Fällen haften Führungskräfte, es sei denn, sie (!) können als Folge der Umkehrung der Beweislast nachweisen, dass sie sich korrekt verhalten haben.

Generell ist es zudem für ein Gericht schwierig, Ursache und Wirkung zu erkennen. Sie betrachten wirtschaftliche Sachverhalte im Nachhinein und können sich auch nicht in die Situation eines Managers hineindenken, der eine Entscheidung fällen musste und im Gegensatz zum Richter nicht wusste, wie der Ausgang einer Sache sein wird.[309]

In begrenztem Umfang kann eine sogenannte Directors-and-Officers-Versicherung (D&O)[310] Abhilfe schaffen. Vereinfacht ausgedrückt soll sie die Organe eines Unternehmens und seine Führungskräfte, nicht aber das Unternehmen selbst, vor Vermögensschäden schützen. In diesem Zusammenhang soll kurz auf das Wissentlichkeitsprinzip eingegangen werden. Viele Versicherungen beinhalten neben dem Vorsatzausschluss auch einen sogenannten Wissentlichkeitsausschluss. Danach sind vom Versicherungsschutz sämtliche Ansprüche ausgenommen, die durch bewusstes Abweichen von Gesetz, Satzung, Weisung oder sonstige wissentliche Pflichtverletzung entstehen, selbst wenn der Manager ohne Vorsatz gehandelt hat, das Unternehmen zu schädigen.[311]

Zusammenfassend lässt sich feststellen, dass die beste Versicherung gegen eine Haftung von Führungskräften das Beachten von Regeln, insbesondere von Recht und Gesetz, sowie eine fundierte betriebswirtschaftliche Ausbildung ist. Bei risikobehafteten Geschäften empfiehlt es sich zudem, die vorherigen Analysen sorgfältig vorzunehmen, die Abwägungen (zwischen verschiedenen Alternativen)[312], die Entscheidung für eine der Wahlmöglichkeiten und ihre Begründung

---

[309] Vgl. BUCHHORN, E., WERLE, K., a. a. O., S. 22.

[310] Auch Organ- oder Manager-Haftpflichtversicherung genannt.

[311] Vgl. BUCHHORN, E., WERLE, K., a. a. O., S. 22.

[312] Auch die Unterlassensalternative ist eine mögliche Wahl!

sowie ggf. die endgültige Genehmigung – unabhängig von rein wirtschaftlichen Kosten-Nutzen-Überlegungen – sorgsam zu dokumentieren. Gleiches gilt für organisatorische Regelungen, um gravierendes Organisationsverschulden zu vermeiden und den steigenden Anforderungen an interne und externe Vorschriften (Compliance) gerecht zu werden.[313] Auch Weisungen der Gesellschafter, vor allem, wenn diese in das Tagesgeschäft eingreifen, sollten belegbar sein, da in diesen Fällen der/die Geschäftsführer nicht für die hieraus resultierenden Schäden haften. Grundsätzlich haften Geschäftsführer gesamtschuldnerisch für das unternehmerische Handeln. Zwar lässt sich die Haftung in einigen Fällen über Zuständigkeitseinteilungen im Rahmen einer Geschäftsordnung begrenzen; allerdings nie bei Schulden gegenüber dem Fiskus[314] oder den Sozialversicherungsträgern[315], bei Kassen- oder Warenfehlbeträgen und bei Lieferungen an insolvente Gesellschaften. Daher ist es ratsam, dass sich die Führungskräfte, insbesondere die Geschäftsführung, ein genaues Bild der Lage macht und sich über alle relevanten rechtlichen und wirtschaftlichen Umstände informiert. Soweit Führungskräfte Aufgaben delegieren, haften sie für die Folgen. So muss z. B. der Leiter des Rechnungswesens die Buchhaltung überwachen. Er kann sich nicht darauf berufen, er habe jederzeit ausreichend geschultes Personal eingesetzt.

1.4.5   Anforderungen an Führungskräfte in Abhängigkeit vom Reifegrad des Unternehmens

Es ist davon auszugehen, dass sich die **Anforderungen an Führungskräfte in Abhängigkeit vom Reifegrad** eines Unternehmens unterschiedlich gestalten. Denkbar sind **drei unterschiedliche Führungstypen**, in Abhängigkeit vom Reifegrad des Unternehmens. Im Folgenden werden typisierend drei Reifegrade des Unternehmens und die daraus resultierenden Anforderungen bzw. Führungstypen charakterisiert.

In der **ersten Generation** der Unternehmensführung, benötigt das Unternehmen „**stabilisierende Funktionäre**". Diese sollen die Tradition des Unternehmens hinsichtlich seines Systems stärken und die Einhaltung und Reproduktion des solchen fördern. Sie führen das Unternehmen im klassischen Sinne: **Anweisen, Gehorchen, Ausführen, Kontrollieren**.[316] Ein solches Unternehmen befindet sich in der **Institutionalisierungsphase**. Typisch für diese Phase sind feh-

---

[313] Vgl. KLIMMER, M.: Unternehmensorganisation. Eine kompakte und praxisnahe Einführung mit Online-Training, 4. Aufl., Herne 2016, S. 105.

[314] Unterlassene Steuerzahlungen (LSt und/oder USt) führen zu einer Haftung des Geschäftsführers in voller Höhe mit seinem Privatvermögen (§ 69 S. 1 AO und § 34 Abs. 1 S. 1 AO).

[315] Bei Nichtabführung droht gem. § 266a StGB eine Freiheitsstrafe bis zu fünf Jahren sowie eine Erstattung des Schadens aus dem Privatvermögen des/der Geschäftsführer. (§ 823 Abs. 2 BGB i. V. m. 3 266a StGB).

[316] Vgl. BECKER, M.: a. a. O., S. 344 f.

lende Bedarfsermittlungen und eine mangelhafte Erfolgskontrolle. Diese Form der Unternehmensführung ist auch bekannt als „**Reaktive Unternehmensführung**", welche von wenig Dynamik und gleichbleibenden Anforderungen und Tätigkeiten geprägt ist.

Befindet sich ein Unternehmen in der **zweiten Generation** der Unternehmensführung, wird auch von **transitionalen Unternehmen** gesprochen, denn in diesem Reifegrad streben sie nach **Veränderung und Erneuerung**. Das Unternehmen befindet sich in einer Differenzierungsphase mit zunehmender Dynamik. Hier sind „**kreative Zerstörer**" gefragt, die in der Lage sind, ein bestehendes System zu revolutionieren und neue Ansatzpunkte zu generieren. Sie führen ein Unternehmen im Rahmen des anspruchsvollen Managementzyklus, welcher die systematische Planung, Steuerung, Realisierung und Evaluierung beinhaltet, um eine vollständige Erreichung der Unternehmensziele zu gewährleisten.

In der **dritten Generation**, dem letzten Reifegrad sind Führungskräfte gefragt, die in der Lage sind, das System und die Systembeziehungen eines **transformierten Unternehmens** zu interpretieren. In „**sinnstiftenden Exegeten**" sind solche zu finden. Diese leiten einzelne Organisationsgruppen mittels Impulse zur kontinuierlichen Selbstreflexion an.[317] Ziel einer Führungskraft eines sich in der Integrationsphase befindenden Unternehmens ist die **Stärkung der Leistungsfähigkeit**, um auf Veränderungen schneller und besser reagieren zu können. Ausschlaggebend hierfür ist eine kontinuierliche Organisations- und Personalentwicklung.[318]

---

[317] Vgl. BECKER, M.: a. a. O., S. 344 f.

[318] Vgl. TSCHUMI, M.: Praxisratgeber zur Personalentwicklung, 4. Aufl., Zürich 2014, S. 14 f.

1.5 Rahmenbedingungen der Unternehmensführung

In diesem Abschnitt soll kurz erläutert werden, vor welchem Hintergrund Führungskräfte in diesen Zeiten agieren. Es soll das Spannungsfeld des unternehmerischen Handelns aufgezeigt werden.

Bereits die Ausführungen im Unterabschnitt 1.4.4 „Regeln für Führungskräfte" zeigten, dass es zunehmend wichtiger wird, das interne und externe Regelungswerk penibel zu befolgen. Gleichzeitig wurde deutlich, dass sich diese Konventionen immer wieder ändern (können), weil nicht nur die **Gesetzgebung und Rechtsprechung die Bestimmungen laufend modifizieren** (aus der Haftungssicht des Managements verschärfen), sondern auch die **Bedeutung der Stakeholder und ihre Einflüsse zunehmen** und sich einer besonderen Dynamik unterziehen. Dabei ist zu berücksichtigen, dass die Stakeholder nicht nur keine homogene Gruppe darstellen, sondern sich auch die Gewichte innerhalb des Stakeholder-Systems verschieben können und werden.

Ein Auslöser sind in diesem Kontext die prognostizierten **demografischen Veränderungen**, die aus Unternehmenssicht in erster Linie die Kunden und Mitarbeiter betreffen.

- weiterer Geburtenrückgang nach bis 2020 stabiler Geburtenzahl
- Zahl der Sterbefälle wird trotz steigender Lebenserwartung sinken
- Bevölkerungszahl in Deutschland wird mittel- und langfristig abnehmen
- Jugendquote[1] bleibt stabil
- gravierende Verschiebungen der Relation zwischen Alt und Jung, insbesondere zwischen Erwerbstätigen und Renten-/Pensionsempfängern
- starke Abnahme der Bevölkerung im Erwerbsalter
- Alterung der Bevölkerung durch aktuell hohe Zuwanderung nicht umkehrbar
- enormer Anstieg der Zahl der Hochbetagten

Darst. 1.501: Trends der Bevölkerungsvorausberechnung
      (Vgl. STATISTISCHES BUNDESAMT (HRSG.): Bevölkerung Deutschlands bis 2060 – 13. Koordinierte Bevölkerungsvorausberechnung, Wiesbaden 2015, S. 5ff.)
      [1] Verhältnis zwischen jungen Menschen unter 20 und der Bevölkerung im Erwerbsalter.

Für das Management ergeben sich hieraus fünf zentrale Herausforderungen:

- Der „War for Talents", d. h. der Wettbewerb um eine geringe Zahl qualifizierter Nachwuchs-kräfte verschärft sich,
- Die zunehmende Alterung der Belegschaft kann die Innovationsfähigkeit und Produktivität des Unternehmens im globalen Wettbewerb gefährden.
- Im Rahmen der Personalführung muss sich das Unternehmen auf eine steigende Alters- und Generationsvielfalt, verbunden mit einer diversifizierten Mitarbeiterstruktur aufgrund der erheblichen Migrationen, einstellen.
- Die Gefahr eines erheblichen Wissens- und Erfahrungsverlustes im Falle eines Ausschei-dens wesentlicher Gruppen älterer Mitarbeiter infolge des Erreichens der Altersgrenze.[319]
- Dem vorgenannten Problem wirkt die zunehmende Erwerbstätigkeit von Personen in ihrem Ruhestand. Laut einer Studie des Instituts für Arbeitsmarkt- und Berufsforschung (IAB) von 2018 gehen 28 % der Männer und 31 % der Frauen in den ersten drei Jahren ihres Ruhestan-des regelmäßig einer bezahlten Arbeit nach.[320] Zum einen ist es ein Indiz für steigende Al-tersarmut, bspw. bei vorherigen Langzeitarbeitslosen oder Geringverdienern, zum anderen besteht seitens dieser „umtriebigen" Menschen der Wunsch, weiterhin eine Aufgabe sowie Kontakt zu anderen Menschen zu haben. Insbesondere der Spaß an der Arbeit spielt bei diesen Personen eine große Rolle.[321] Bei dieser Klientel der „berufstätigen Rentner" sind die Unternehmen gefordert, sich auf die weiter auseinandergehende Altersdifferenz der Mitar-beiter einzustellen und das Wissen der Generationen koordiniert zu nutzen.

Als weitere gesellschaftliche Veränderung ist der sich im Laufe der Jahrzehnte schneller voll-ziehende **Wertewandel**[322] zu nennen. Standen gegen Ende des letzten Jahrhunderts traditionelle Werte wie Pflicht und Akzeptanz im Vordergrund, so ist heute eine andere Anspruchshaltung gegenüber Arbeit und Beruf zu erkennen, die durch eine zunehmende Ablehnung von Autorität, Unterordnung und Pflichterfüllung gekennzeichnet ist und sich in einer stärkeren Eigenverant-wortung, Selbstverwirklichung, Individualismus[323] und Pluralisierung von sozialen Milieus und

---

[319] Vgl. BRUCH, H., KUNZE, F, BÖHM, S.: Generationen erfolgreich führen. Konzepte und Praxiserfahrungen zum Management des demografischen Wandels, Wiesbaden 2010, S. 46.

[320] Unter den älteren Menschen mit einem Haushaltseinkommen von 2.500 € und mehr waren es sogar 58 % der Frauen und 59 % der Männer. Vgl. auch die IAB-Studie vom 15.08.2019: INSTITUT FÜR ARBEITSMARKT-UND BERUFSFORSCHUNG (IAB) DER BUNDESAGENTUR FÜR ARBEIT (HRSG.): IAB-Kurzbericht Nr. 15 vom 15.08.2019, http://doku.iab.de/kurzber/2019/kb1519.pdf, Abruf am 18.09.2019.

[321] Vgl. INSTITUT FÜR ARBEITSMARKT- UND BERUFSFORSCHUNG (IAB) DER BUNDESAGENTUR FÜR ARBEIT (HRSG.): IAB-Kurzbericht Nr. 24 vom 16.10.2018, http://doku.iab.de/kurzber/2018/kb2418.pdf, Abruf am 18.09.2019.

[322] Auf die Bedeutung von Werten und Normen für ein Unternehmen wurde bereits im Unterabschnitt 1.4.4 „Regeln für Führungskräfte" grundsätzlich eingegangen.

[323] So stellt etwa Takeda die Anforderungen der Verbraucher wie folgt zusammen: Jeder hat einen anderen Ge-schmack. Ich möchte, was andere nicht haben! Alles muss frisch sein! Qualität ist selbstverständlich. Billiger muss es sein. Auch wenn es teuer ist, möchte ich es sofort haben. Gibt es nicht etwas Neues? Etwas Besonderes? Ich möchte es sofort! Ich möchte es hierher gebracht haben! (TAKEDA, H.: LCIA – Low Cost Intelligent Automation, Produktionsvorteile durch Einfachautomatisierung, 3. Aufl., München 2011, S. 18.).

Lebensstilen zeigt. Die Lebensform schlägt sich stärker in selbst erstellten Wahl- bzw. Bastel-biografien ohne sichernde, stabile sozial-moralische Milieus nieder. Aktuell scheint es so, als wenn materialistische Orientierungen wieder stärker in den Vordergrund treten, ausgelöst durch eine Globalisierung der Wirtschaft (zunehmende Weltmarktkonkurrenz), spürbare Wohlstands-verluste, vor allem in den westlichen Bundesländern, aufgrund der Belastungen durch die deut-sche Wiedervereinigung, Störungen durch die anhaltenden Finanz- und Wirtschaftskrisen und bereits jetzt merkliche Aufwendungen für die Aufnahme und Versorgung einer enormen Zahl von Migranten (einschl. Flüchtlingen), gekoppelt mit einem Verlust an Solidarität und Einigkeit innerhalb der europäischen Gemeinschaft. Als Ausdruck der wieder zunehmenden materialisti-schen Orientierungen kann unter dem Stichwort „Sicherheit" die steigende Wichtigkeit der Frage von Ruhe und Ordnung in Deutschland gelten. Gleichzeitig spielt in der Öffentlichkeit nicht mehr allein der ökonomische Erfolg eine Rolle, sondern auch die Frage, was gerecht ist und welche moralischen Maßstäbe gelten sollen.[324] In diesem Zusammenhang spielt das Thema **„Nachhaltigkeit"**, welches nicht nur auf den Umgang mit unseren Ressourcen, die Ökologie und die Corporate Social Responsibility (CSR) gemünzt ist, sondern das von vielen als kurzat-mig empfundene Agieren in Wirtschaft und Politik einbezieht[325], eine besondere Rolle. Mit CSR ist die unternehmerische Gesellschaftsverantwortung gemeint, die den Beitrag der Wirtschaft zu einer nachhaltigen Entwicklung über die gesetzlichen Forderungen (Compliance) hinaus um-schreibt.[326] Zu den zentralen Punkten einer CSR gehören soziale Belange, u. a. auch soziale Beziehungen[327] und Inhalte[328] im Unternehmen, Umweltfragen sowie die Wechselbeziehungen zu den Stakeholdern[329].

Die Kunden stellen nicht nur Anforderungen an Unternehmen, die Werte und Normen betreffen, sondern äußern auch Wünsche, die sich konkret auf die Produkte und die Lieferung derselben beziehen.[330] Zum Beispiel:

---

[324] Vgl. HENNERKES, B.-H., AUGUSTIN, G. (HRSG.): Wertewandel mitgestalten, Freiburg, Basel, Wien 2014, S. 12.

[325] Vgl. ebenda, S. 13.

[326] Der Belang externer (fakultativer oder obligatorischer) Regeln für ein Unternehmen (und auch für die Führungs-kräfte) wurde bereits im Unterabschnitt 1.4.4 „Regeln für Führungskräfte" klar vor Augen geführt.

[327] Ein aktuelles Thema im Jahr 2014 war bspw. ein Urteil des BAG (BAG vom 20.11.2014, AZ: 2 AZR 651/13), wo es um die Frage der sexuellen Belästigung am Arbeitsplatz und insbesondere um die die Schutzpflichten des Ar-beitgebers ging.

[328] Genannt seien hier beispielsweise die Wünsche nach einem verständlichen Sinngefüge oder nach einem aktiveren Gesundheitsmanagement im Unternehmen.

[329] Dieses Thema wurde bereits im Unterabschnitt 1.4.4 „Regeln für Führungskräfte" kurz erörtert. Eine weiterge-hende Auseinandersetzung mit dieser Frage findet sich im Abschnitt 2.3 „Ziel-Führungsprozess".

[330] Es sei der Hinweis erlaubt, dass die Werte und Normen von Kunden oft nicht kompatibel sind mit ihren Anforde-rungen an Produkte und die Lieferung derselben.

- Jeder hat einen anderen Geschmack.
- Ich möchte, was andere nicht haben!
- Alles muss frisch sein!
- Qualität ist selbstverständlich.
- Möglichst preiswert muss es sein.
- Auch wenn es teuer ist, muss ich es sofort haben.
- Gibt es nicht etwas Neues? Etwas Besonderes?
- Ich möchte es sofort!
- Ich möchte es möglichst schnell an einem bestimmten Ort geliefert bekommen.
- Lieferung(en) und Retoure(n) erfolgen versandkostenfrei.

Darst. 1.502: Anforderungen der Kunden an Produkte und ihre Lieferung
(Vgl. TAKEDA, H.: a. a. O., S. 18.)

Daraus resultieren u. a. folgende Herausforderungen, die das Unternehmen zu meistern hat:

- Extrem hohe Produktvielfalt
- Verkleinerung der Losgrößen
- Kürzere Produktionszyklen
- Kurze Lieferzyklen
- Kurze Lieferzeiten
- Fehlerquote null bei den Produkten, der Lieferung und dem Service
- Kostenminimierung
- Steile Anlaufkurven bei Neuprodukten
- Verkürzte Produktlebenszyklen
- Gesteigerte Flexibilität

Darst. 1.503: Anforderungen an das Unternehmen als Reflex der Wünsche der Kunden an
Produkte und ihre Lieferung
(Vgl. TAKEDA, H.: a. a. O., S. 18.)

Diese Anforderungen führen zu einem Anstieg der vorbereitenden, planenden, koordinierenden, und überwachenden Tätigkeiten in allen Bereichen des Unternehmens. Mit der Zunahme vor allem der nicht unmittelbar produktionsbezogenen Aktivitäten steigen die sogenannten **Komplexitätskosten**, mithin also die Gemein- und/oder Fixkosten.

Bereits die (sehr) unterschiedlichen Anforderungen der Kunden an Produkte und ihre Lieferung zeigt, dass ein Unternehmen nicht nur diesbezüglich von einer Umwelt mit zunehmender **Komplexität** umgeben ist: Das Unternehmen als ein rechtliches, soziales, komplexes, weitgehend autonom agierendes, offenes System ist von nationalen oder internationalen Krisen, oft wenig verlässlichen politischen Rahmenbedingungen, einer wachsenden Vernetzung mit den Stakeholdern des Unternehmens im Sinne wechselseitiger Abhängigkeiten und funktionaler Differenzierung sowie einer wachsenden Zahl der durch eine Entscheidung ausgelösten Kausalketten betroffen.[331] In der Folge sind eine Vielzahl interdependenter Entscheidungs- und Handlungsalternativen zu konstatieren. Somit kann die Umwelt des Unternehmens niemals vollständig erfasst und abgebildet werden. Sie ist nicht nur hoch komplex, sondern verändert sich aufgrund der

- demografischen (s. o.)
- sozio-kulturellen (siehe vorstehend zum Beispiel das Thema „Wertewandel")
- ökologischen (bereits oben im Kontext „Nachhaltigkeit" und „CSR" erwähnt)
- ökonomischen
- wettbewerbsbezogenen
- politischen
- technologischen

Entwicklungen immer schneller (**Dynamik**) und **zunehmend diskontinuierlich**, so dass *zuverlässige* Prognosen[332] und Planungen[333] nur in wenigen Bereichen möglich sind. Da diese Umweltentwicklungen, auch angesichts der Digitalisierung und Globalisierung immer wichtiger werden, kann die traditionelle Managementsicht, die soziale Konstrukte und Prozesse weitgehend ausblendet, nicht erfolgreich sein. Daher wird in diesem Buch auf die innere Veränderungsdynamik, die wachsende Vernetzung der inter- und intraorganisatorischen Arbeitsteilung, divergierende Interessen der Organisationsmitglieder[334] sowie heterogene Normen- und Wertesysteme der Stakeholder innerhalb und außerhalb der Unternehmung[335] stärker eingegangen.

---

[331] Vgl. SCHAUF, M.: a. a. O., S. 21.

[332] Auf das Thema „Prognosen" wird im Unterabschnitt 1.6.1 „Notwendigkeit der Planung, Planungsbegriff und Prognose" ausführlich eingegangen.

[333] Mit den Planungen im Unternehmen (allgemein) beschäftigt sich der Abschnitt 1.6 „Planung" intensiv.

[334] Als Beispiel sei die Prinzipal-Agent-Theorie genannt, die bereits im Unterabschnitt 1.4.4 „Regeln für Führungskräfte" angeschnitten wurde.

[335] Auf die Stakeholder-Problematik wurde bereits oben und im Unterabschnitt 1.4.4 „Regeln für Führungskräfte" einführend eingegangen. Dieser Aspekt wird im Abschnitt 1.5 „Rahmenbedingungen der Unternehmensführung" noch einmal angesprochen.

Im politisch-gesellschaftlichen Bereich ist die, wenn auch zurzeit mit gedrosseltem Tempo, **wachsende Bedeutung der EU** zu nennen. Des Weiteren ist eine **zunehmende „Verrechtlichung" des gesellschaftlichen Lebens** und eine – trotz aller politischen Beteuerungen – **verstärkte Bürokratisierung** zu konstatieren.

Eine weitere wichtige Facette des Themas Komplexität ist die **Globalisierung** mit einem weltweit zunehmenden Angebot an Waren und Dienstleistungen auf den einzelnen Märkten und dem damit verbundenen Kampf um die Kunden, der einerseits immer wieder neue Herausforderungen für das Marketing des Unternehmens bereithält und andererseits nach ständig ausgefeilteren Kostenmanagementkonzepten verlangt.

Die vorab beschriebene Globalisierung geht einher mit einer weltweiten Vernetzung der Märkte (siehe dazu auch unten), die zu einer **Intensivierung des Wettbewerbs** führt.[336] So reduziert sich die Zahl der Wettbewerber, Lieferanten und in bestimmten Bereichen auch der Kunden (**wachsende Konzentration**).

Die bereits mehrfach angesprochene Dynamik in den verschiedenen Bereichen bedeutet, dass der **Faktor Zeit**, insbesondere aus Kundensicht (s. o.), einen wesentlichen Wettbewerbsparameter darstellt. Damit ist die **Reaktionszeit** angesprochen, definiert als die Zeitspanne zwischen dem Erkennen eines bestimmten Reaktionsanlasses (einschließlich der Beurteilung, ob eine Reaktion erforderlich ist oder nicht) und der entsprechenden Reaktion.

Wird der Fokus auf die beiden für die Unternehmung bedeutsamen Parameter „Reaktionszeit" und „Komplexität und Dynamik" gelegt, lässt sich eine umgekehrte Proportionalität zwischen diesen beiden Parametern erkennen. Während die zunehmende Dynamik nach einer kürzeren Reaktionszeit verlangt, wird angesichts der steigenden Komplexität eine längere Reaktionszeit benötigt. Dieses Phänomen wird von Bleicher als „Zeitschere" bezeichnet.[337] Den Zusammenhang verdeutlicht die nachstehende Abbildung:

---

[336] Neben den USA und Japan nehmen international die sogenannten Schwellenländer wie China, Indien und Brasilien stärker am Welthandel teil.

[337] BLEICHER, K.: a. a. O., S. 59.

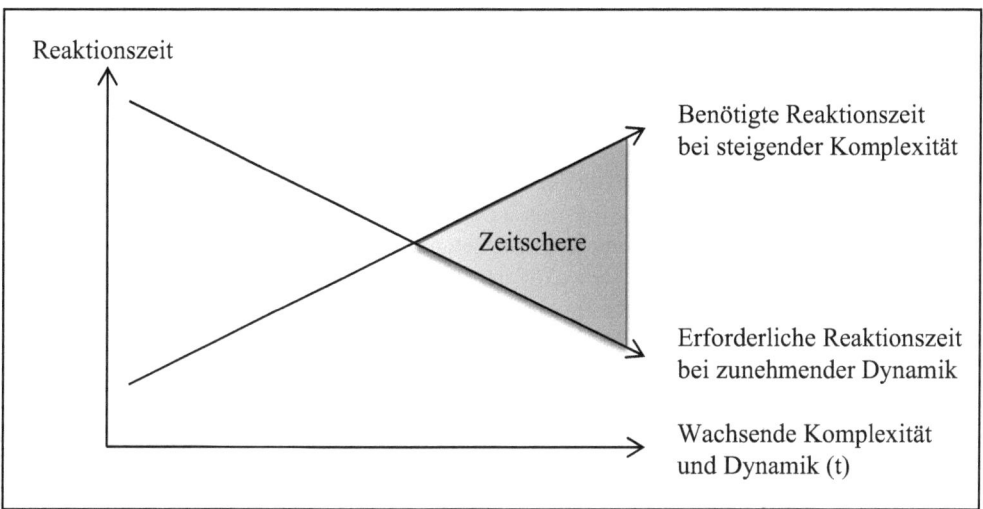

Darst. 1.504: Zeitschere im Management
(In Anlehnung an BLEICHER, K.: a. a. O., S. 59)

Zum Begriff **Digitalisierung** existieren zwei Definitionen. Informationstechnisch ist Digitalisierung die (elektronische) Überführung analoger Informationen wie z. B. Bild, Schrift, Ton in digitale (diskrete) Daten, um sie elektronisch zu be- oder verarbeiten und/oder zu speichern.[338] Die zweite Interpretation beinhaltet primär die sozio-kulturellen und ökonomischen Dimensionen der Digitalisierung, etwa das Erfassen und Abbilden von Personen, Gegenständen und Informationen in maschinenlesbarer Form bei zunehmender Vernetzung derselben.[339] Mit der Digitalisierung ab der Jahrtausendwende 2000 (Beginn des „Digitalen Zeitalters")[340] haben sich viele Prozesse in der Gesellschaft, zum Teil dramatisch, geändert. Diese Änderungen betreffen nicht nur die Unternehmen, sondern auch die Kunden und andere Stakeholder. Im privaten Kontext sind beispielsweise die (intensive) Nutzung sozialer Netzwerke zu nennen, die nicht nur Privatpersonen im Umfeld des Users tangiert, sondern auch (z. T. erhebliche) Auswirkungen auf ein Unternehmen zeigt, wenn der Nutzer Nachrichten bestimmter Art über ein Unternehmen verbreitet. Zu den Folgen können positive und negative Effekte gehören, z. B. bezüglich des Images oder der Einstellung zum Unternehmen, aber auch konkrete schädliche Handlungen wie bspw. Produktboykotts. Mit der Digitalisierung sind auch andere Konflikte entstanden, wie z. B.

---

[338] Engl.: digitizing.

[339] Engl.: digitalization.

[340] HILBERT, M., LÓPEZ, P.: The World's Technological Capacity to Store, Communicate, and Compute Information from 1986 to 2010, S. 1, http://www.ris.org/uploadi/editor/13049382751297697294Science-2011-Hilbert-science.1200970.pdf, Abruf am 24.02.2016.

der Dissens zwischen Erstellern und Nutzern digitaler Inhalte aufgrund des oft simplen Zugangs und der einfachen Reproduktion derselben. Gegenstand der Diskussionen sind u. a. die urheberrechtliche Absicherung geistigen Eigentums, die technischen Möglichkeiten eines wirksamen Kopierschutzes und die (kostenpflichtige) Verwertung digital produzierter Inhalte. Digitalisierung bedeutet immer auch eine **Änderung der Kostenstruktur**. Mit dem einfachen Zugang zu digitalen Informationen und der (meist) leichten Kopierbarkeit digitaler Inhalte sowie bei der schnelleren Übermittlung dieser Informationen sind **Effizienzsteigerungen** und **Produktivitätsfortschritte** und damit **Kosteneinsparungen** möglich. Damit können **Verbesserungen der Wirtschaftlichkeit** erreicht werden. Auf der anderen Seite sind **Kostenerhöhungen** unumgänglich, um die gewünschte hohe Datensicherheit der Datenübertragung und der IT-Sicherheit der eigenen Datenbe- und verarbeitungssysteme zu gewährleisten. In diesem Zusammenhang sei aktuell an das neue IT-Sicherheitsgesetz[341] erinnert, welches erhebliche Anforderungen an die Unternehmen im Bereich im Hinblick auf die Erhöhung der Sicherheit informationstechnischer Systeme stellt. Dieses IT-Sicherheitsgesetz beeinflusst nicht nur die betrieblichen Abläufe eines betroffenen Unternehmens, sondern betrifft auch das Geschäftsmodell eines Unternehmens, welches Sicherheitstechnik anbieten kann/könnte und möchte. Insofern stellt sich die Frage, ob und inwieweit eine Digitalisierung von Aktivitäten integrativer Bestandteil des existierenden **Geschäftsmodells** werden muss oder ob gänzlich neue Geschäftsmodelle entwickelt werden müssen, um den veränderten Bedingungen im Wettbewerb und insbesondere den veränderten Kundenwünschen und -bedürfnissen gerecht werden zu können. Informationstechniken und -technologien sind dahingehend zu untersuchen, ob sie zur Wertschöpfung[342] des Unternehmens beitragen können. Viele Unternehmen sind oft Teil eines Netzwerkes, das enge Verbindungen zwischen Lieferanten, Unternehmen und Kunden aufweist. Daraus folgt, dass das bereits genannte Scannen von Techniken und Technologien nicht nur innerhalb des Unternehmens, sondern auch extern erfolgen muss. Es stellt sich die Frage, welchen Aktionsfeldern eine hohe Priorität zugeordnet werden muss oder welche eher als unterstützende zu kennzeichnen sind. In diesem Kontext sind insbesondere die Schnittstellen zwischen den Akteuren zu identifizieren und näher zu betrachten. Empfehlenswert ist, diese „Baustelle" als Projekt zu handeln. Digitalisierung ist somit ein strategisches Kompetenzfeld von herausragender Bedeutung.

Ob und inwieweit ein konkretes Unternehmen von den vorstehenden Aussagen betroffen ist, muss im Einzelfall mit Hilfe geeigneter Tools geklärt werden. Aus diesem Grund beinhalten die nächsten Kapitel und Abschnitte folgende Themen: Die Abschnitte 1.6 und 1.7 beschäftigen sich zunächst planungsebenenübergreifend mit den Themen Planung und Kontrolle. Da die Ziele entscheidend für das unternehmerischen Handeln („zielorientierte Entscheidungen und

---

[341] Gesetz zur Erhöhung der Sicherheit informationstechnischer Systeme (IT-Sicherheitsgesetz), in: Bundesgesetzblatt Teil I Nr. 31 vom 24.07.2015.

[342] Vgl. zum Thema „Wertschöpfung" die Ausführungen im Paragrafen 1.6.11.1.4.4 „Wertschöpfungskettenanalyse".

Handlungen") sind, wird ihnen ein eigenes Kapitel 2 „Planung und Kontrolle von Zielen" gewidmet. Bezüglich der Grundsatzplanungen, zu denen normative und konstitutive Entscheidungen gehören, wird auf die Monografie von Wördenweber[343] verwiesen. Im dortigen Kapitel 1 werden die Optionen eines normativen Managements und die konstitutiven Entscheidungen vorgestellt, da alle weiteren strategischen Analysen und Optionen auf den vorgenannten grundsätzlichen normativen und konstitutiven Entscheidungen basieren bzw. das normative Management ihren Rahmen bildet.

---

[343] WÖRDENWEBER, M.: Normatives Management, a. a. O.

1.6 Planung

1.6.1 Notwendigkeit der Planung, Planungsbegriff und Prognose

Nach wie vor bewegt sich die Zahl der **Unternehmensinsolvenzen** auf hohem Niveau:

Darst. 1.6001: Zahl der Unternehmensinsolvenzen ab 1991
Quelle: DESTATIS Statistisches Bundesamt, Insolvenzen, Wiesbaden 2019, https://www.desta
tis.de/DE/ZahlenFakten/Indikatoren/LangeReihen/Insolvenzen/lrins01.html;jsessionid=227D6E1
D5267E3BB5EB8575E64922375.cae4

Die hohe Zahl von Unternehmensinsolvenzen verursacht – neben vielen Einzelschicksalen –
grundsätzlich einen **enormen Schaden für eine Volkswirtschaft**. Nicht nur, dass im Falle einer
Insolvenz für viele abhängig Beschäftigte **keine Beträge in die Sozialversicherungskassen**

mehr eingezahlt werden, die Unselbständigen erhalten in sehr vielen Fällen **Unterstützungsleistungen des Staates**. Die „Liquiditätsschere" geht somit deutlich auseinander. Auch die Folgewirkungen einer Arbeitslosigkeit infolge einer Insolvenz sind nicht zu unterschätzen: Ein
(deutlich) niedrigeres Einkommen bei den betroffenen Personen führt zu einer Art „**Kettenreaktion**": Übliche Ausgaben, erst recht größere Anschaffungen, die u. a. die Binnennachfrage
ausmachen, werden nicht mehr getätigt, sodass weitere Arbeitsplätze auch in anderen Branchen
entfallen oder zumindest gefährdet sind. Die jetzt entlassenen Arbeitskräfte reduzieren ihrerseits
ebenfalls die Ausgaben usw. Neben den fehlenden **Einkommensteuern** muss der Staat **auch
auf Umsatzsteueraufkommen verzichten**. Da beide Steuern zusammen etwa zwei Drittel des
Gesamtsteueraufkommens ausmachen, wird schnell klar, wie empfindlich Rückgänge bei diesen beiden Steuerarten die öffentlichen Kassen treffen.

In Einzelfällen können sich aus Insolvenzen nachteilige Folgen für die Marktwirtschaft ergeben;
nämlich dann, wenn es zu **Konzentrationen auf bestimmten Märkten** kommt und der fehlende Wettbewerb zu steigenden Preisen und weniger Innovationen führt.

Weitere Belastungen resultieren aus den **individuellen Konsequenzen** der Arbeitslosigkeit infolge einer Insolvenz. Hoffiller weist auf psychosoziale Folgen von Arbeitslosigkeit wie Depressivität, Angstsymptome, Schlaflosigkeit und Konzentrationsstörungen bis hin zu körperlichen Beeinträchtigungen wie beispielsweise Magersucht oder Übergewichtigkeit hin. Insbesondere die Einnahme von Schlaf- und Beruhigungsmitteln in der akuten Phase verschlimmert die
Problematik bis hin zu Suchtgefahren.[344] Schwierigkeiten bei der zeitlichen Strukturierung des
Tages, Verlust des beruflichen Status, (alle Angehörigen belastende) Veränderungen des Familienlebens, Verlust von sozialen Kontakten, Qualifikationsaberkennung, Identitätskrisen, Perspektivlosigkeit sowie eine Störung des Selbstvertrauens und des Selbstwertgefühls schaffen
erhebliche, oft auch existentielle Probleme[345], die oft in Arztbesuchen oder (längeren) Krankenhausaufenthalten münden. Diese Maßnahmen werden **von den Krankenkassen und den Rentenversicherungen, also letztlich den öffentlichen Kassen, aber auch den Arbeitnehmern
und Unternehmern über ihre Beiträge finanziert**. Zusammenfassend lässt sich feststellen,
dass es **im Falle einer Insolvenz sowohl auf individueller als auch auf gesellschaftlicher
Ebene zu einer Kumulierung gravierender negativer Effekte** kommt.

---

[344] Vgl. HOFFILLER, R.: Der Unternehmer in der Insolvenz: Eine erste explorative Studie, Hamburg 2012, S. 33.

[345] Vgl. HOFMANN, W, THEYMANN, W.: Wenn Personalabbau unvermeidlich wird – Outplacement als sozialverträglicher Lösungsweg? In: REFA-Nachrichten, Heft 3, 2002, S. 26.

Im Gegensatz dazu stehen **positive Konsequenzen einer derartigen Marktbereinigung**, bei dem sich die Zahl der Anbieter auf einem Markt verringert. Es handelt sich um einen Marktmechanismus, der ein sogenanntes Überangebot eliminiert.[346] Diese Anbieter produzieren Sachgüter und Dienstleistungen, die zu teuer offeriert werden oder aus diversen Gründen[347] nicht (mehr) verkäuflich sind oder verkauft werden dürfen. Eine Marktbereinigung im Sinne eines Strukturwandels ist i. d. R. erwünscht und wird in vielen Fällen auch unterstützt, wenn sie beispielsweise die Außenwirtschaftsposition eines Staates, letztlich verbunden mit dem Ziel der Wiedererlangung der Zahlungsfähigkeit eines Schuldnerlandes, wiederherstellen soll[348] oder die Existenz zukunftsträchtiger Unternehmen ermöglicht.

Auch wenn positive Effekte einer Marktbereinigung durch Insolvenzen auftreten (können), so sind immer erhebliche negative Auswirkungen für die Gesellschaft und letztlich die öffentlichen Kassen zu konstatieren.

Es stellt sich daher die Frage, ob eine Insolvenz nicht vermieden werden kann und prophylaktische Maßnahmen nicht so rechtzeitig ergriffen werden können, dass eine Insolvenz vermieden wird resp. vermieden werden kann. Diese Frage führt unmittelbar zu den **Gründen einer Insolvenz**. Eine Untersuchung der Deutschen Ausgleichsbank (heute KfW) führt folgende **Ursachen für Geschäftsaufgaben** an:

- Finanzierungsmängel (68,6 %)
- Informationsdefizite (61 %)
- Qualifikationsmängel (48 %)
- Planungsmängel (30,1 %)
- Familienprobleme (29,9 %)
- Überschätzung der Betriebsleistung (20,9 %)
- Äußere Einflüsse (15,4 %)

Darst. 1.6002: Ursachen für Geschäftsaufgaben (Mehrfachnennungen möglich)
(Quelle: Deutsche Ausgleichsbank 1996.)

---

[346] Vgl. MÜLLER, M., STURM, R.: Wirtschaftspolitik kompakt, Wiesbaden 2010, S. 241.

[347] Beispielsweise weil sie – wie oftmals in der früheren DDR – technisch veraltet sind oder die Optik/das Design nicht (mehr) den Geschmack der Nachfrager trifft oder rechtliche und andere Rahmenbedingungen einen Verkauf nicht mehr zulassen.

[348] Vgl. SIEBOLD, TH.: Die sozialen Dimensionen der Strukturanpassung – eine Zwischenbilanz, Duisburg 1995, http://edoc.vifapol.de/opus/volltexte/2014/5529/pdf/report13.pdf, S. 2, Abruf am 05.01.2015.

In dieser Aufstellung fällt auf, dass es einen Punkt gibt, der eigentlich selbstverständlich sein sollte: **Planungsmängel**. Entweder wird in den untersuchten Unternehmen gar nicht, schlecht oder falsch geplant. Diesen Eindruck vermittelt auch eine Studie von 2006:

- Fehlendes Controlling (79 %)
- Finanzierungslücken (76 %)
- Unzureichendes Debitorenmanagement (64 %)
- Autoritäre, rigide Führung (57 %)
- Ungenügende Transparenz und Kommunikation (44 %)
- Investitionsfehler (42 %)
- Falsche Produktionsplanung (41 %)
- Dominanz persönlicher über sachliche Motivation (33 %)
- Ungenügende Marktanpassung (29 %)
- Egozentrik, fehlende Außenorientierung (28 %)
- Mangel an strategischer Reflexion (27 %)
- Personalprobleme (25 %)
- Unkontrollierte Investition und Expansion (21 %)
- Zu viel Wechsel (21 %)

Darst. 1.6003: Die wichtigsten Insolvenzursachen (Mehrfachnennungen möglich)
   (Quelle: EULER HERMES KREDITVERSICHERUNGS-AG (HRSG.): Ursachen von Insolvenzen, Wirtschaft Konkret Nr. 414 in Zusammenarbeit mit dem ZIS Zentrum für Insolvenz und Sanierung an der Universität Mannheim e. V., Hamburg 2006, S. 20.)

Unter den 14 grundlegenden Insolvenzursachen fallen neben dem

- „fehlendem Controlling" (wichtigste Unterpunkte: fehlende Unternehmensplanung, keine Kostenrechnung, kein Controlling),
- „Investitionsfehlern" (wichtigster Unterpunkt: falsche Einschätzung des benötigten Investitionsvolumens), einer
- „falschen Produktionsplanung" der
- „Mangel an strategischer Reflexion" (wichtigster Unterpunkt: keine vom Tagesgeschäft freigestellte Person für Strategieüberlegungen)

auf.

Auf die **Planungsfehler**, die auch vorab unter dem Sammelbegriff „Fehlendes Controlling", „falsche Produktionsplanung" und „Mangel an strategischer Reflexion" zu finden sind, ist nun näher einzugehen. Im Einzelnen sind dies u. a.:[349]

- unstrukturiertes, unverbindliches und ungenaues Vorgehen infolge eines fehlenden Planungshandbuches inkl. eines Planungskalenders[350] und mangels Plausibilitätskontrollen der (Teil-)Planung,
- starrer Planungsansatz/fehlende Flexibilität der Planung (Planung ohne Szenario-/Sensitivitätsanalysen)[351], keine oder nicht zeitnahe Überarbeitung der Pläne (rollierende Planung)[352],
- suboptimales Planungsverfahren (z. B. Bottom-up-Prinzip statt Gegenstromverfahren)[353],
- mangelhafte Koordination der Teilpläne mit der Folge nicht beachteter Interdependenzen[354] sowie nicht integrierte GuV-/Bilanz- und Liquiditätsplanung,
- unsicheres und angemessenes Planungssystem (z. B. Verwendung simpler EXCEL-Anwendungen oder fehlerhafter, unübersichtlicher EXCEL-Lösungen statt eines – allerdings auch aufwändigeren – qualifizierteren Planungssystems wie bspw. LucaNet),
- nicht oder nicht genügend qualifizierte Planungsträger (Kompetenz, Linienerfahrung etc.)[355],
- fehlende Dokumentation der Planungsprämissen (Mikro-/Makroumwelt) und damit verhinderte Verplausibilisierung der Annahmen[356],
- unprofessionelle, auch unübersichtliche Präsentation der Planungsresultate (Layout, Formatierung, Herausstellen der Kernaussagen etc.)[357].

---

[349] Vgl. im Folgenden EBNER STOLZ: BWL-Basics: Der Jahresabschluss, seine Rechenwerke und Implikationen für die Business Planung, Frankfurt 2013, S. 15 f., http://www.vc-germany.com/German_Venture_Club_e.V./Veranstaltungen_files/Handout%20-%20BWL-Basics.PDF, Abruf 22.11.2015.

[350] Auf diese beiden Punkte wird im Unterabschnitt 1.6.9 „Planungshandbuch" näher eingegangen.

[351] Vgl. zu diesem Thema den Unter-Unterabschnitt 1.6.3.4 „Grundsatz der Flexibilität".

[352] Vgl. Paragraf 1.6.7.3.2 „Planungsrhythmus".

[353] Die Planungsverfahren finden sich im Unter-Unterabschnitt 1.6.7.1 „Vertikale Koordination".

[354] Die horizontale Koordination wird im Unter-Unterabschnitt 1.6.7.2 „Horizontale Koordination" angesprochen, das hierarchische Planungssystem im Unter-Unterabschnitt 1.6.5.4 „Planung nach dem Integrationsgrad".

[355] Auf die Qualifikation der Planungsträger wird im Unterabschnitt 1.6.8 „Planungsträger" sowie im Unter-Unterabschnitt 1.6.8.10 „Auswahl der Planungsträger" hingewiesen.

[356] Dieses Thema wird im Unter-Unterabschnitt 1.6.3.6 „Grundsatz der Kontrollierbarkeit" aufgegriffen.

[357] Zu diesem Punkt finden sich Aussagen im Unter-Unterabschnitt 1.6.3.7 „Grundsatz der Einfachheit und Klarheit".

Auch der Gesetzgeber in Deutschland hat diese Ursachen für Insolvenzen erkannt und am 05.03.1998 das am 01.05.1998 in Kraft getretene Gesetz zur Kontrolle und Transparenz im Unternehmensbereich (**KonTraG**) beschlossen. U. a. waren das AktG und das HGB von einer Vielzahl von Änderungen betroffen, von denen einige wichtige hier wiedergegeben sind:

- § 90 Abs. 1 Satz 1 AktG:

  § 90　Bericht an den Aufsichtsrat

  Abs. 1 Satz 1　Der Vorstand hat dem Aufsichtsrat zu berichten über

  1. die beabsichtigte Geschäftspolitik und andere grundsätzliche Fragen der Unternehmensplanung (insbesondere die Finanz-, Investitions- und Personalplanung);

- § 91 Abs. 2 AktG:

  Abs. 2　Der Vorstand hat geeignete Maßnahmen zu treffen, insbesondere ein Überwachungssystem einzurichten, damit den Fortbestand der Gesellschaft gefährdende Entwicklungen früh erkannt werden.

- § 289 Abs. 1 HGB:

  Abs. 1　Im Lagebericht sind zumindest der Geschäftsverlauf und die Lage der Kapitalgesellschaft so darzustellen, dass ein den tatsächlichen Verhältnissen entsprechendes Bild vermittelt wird; **dabei ist auch auf die Risiken der zukünftigen Entwicklung einzugehen.**

Darst. 1.6004: Ausgewählte Änderungen (fett) bestehender Gesetze durch das KonTraG

Zwei Punkte sind bemerkenswert: Zum einen ist ein Überwachungssystem einzurichten. Damit können m. E. neben einer Revision nur eine **funktionsfähige Kostenrechnung und die Einrichtung eines Controllings** mit entsprechendem Berichtswesen gemeint sein. Und zum anderen muss eine (Unternehmens-)**Planung** vorgenommen werden. Warum eine Planung (überlebens-)notwendig ist, wird schnell klar:

Da die Planung von Maßnahmen immer ein Ziel voraussetzt, wird ein **Handeln ohne Planung nur in Ausnahmefällen zu einer (maximalen) Zielerreichung** führen. Handeln ohne vorherige Planung bedeutet **Improvisation** und verlangt eine **außerordentliche Flexibilität**. Improvisieren bedeutet oft **Qualitätsverluste** und eine **Reduzierung der Produktivität**. Eine hohe **Flexibilität ist oft seitens der Produktionsfaktoren (Material, Betriebsmittel, Personal) nicht gegeben**.

Da eine globale Planung immer auch eine Abstimmung zwischen den Funktionsbereichen mit sich bringt, bedeutet dies im Umkehrschluss, dass ein betriebliches Handeln ohne Planung immer wieder zu **Engpässen bei den Produktionsfaktoren** und/oder den **Finanzen** bis hin zu einer möglichen Illiquidität führt. Würde man eventuell auftretenden Engpässen bei den Produktionsfaktoren durch jeweils hohe Reserven vorbeugen, wäre dies grob unwirtschaftlich.

Da eine Planung immer auch eine bewusste Auseinandersetzung mit der Zukunft ist, werden bei einer umfassenden Planung auch künftige Risiken eingeschätzt und in der Planung antizipiert. Planung ist insofern immer auch **Risikoprophylaxe**. Sind im Rahmen der zukunftsbezogenen Planung unterschiedliche **Szenarien** erkennbar, kann der Planende auf diese künftigen Umweltzustände eingehen und die Planung dementsprechend **flexibilisieren**. Dadurch wird vor allem die **Reaktionszeit auf veränderte Umweltzustände verkürzt**. Damit wird nicht unnötig auf Lager produziert und die neuen Kundenkreise können schneller befriedigt werden. **Planvolles Handeln wird erst durch Planung ermöglicht!**

Konkret sind u. a. folgende **Vorteile einer Unternehmensplanung** zu nennen:

- Jede Planung ist ein guter Anlass, die vorhandenen Strukturen (Aufbau und/oder Prozesse) zu überprüfen und ggf. zu modifizieren.
- Generell das frühzeitige Erkennen von Schwachstellen und Fehlentwicklungen oder anders formuliert: Minimierung der Abweichung eines künftigen Ist-Zustandes von den Soll-Vorgaben.
- Konkret die Vermeidung von überraschenden Unternehmensergebnissen zum Ende des Geschäftsjahres.
- Vorhersage der Liquiditätsentwicklung und (rechtzeitiges) Feststellen möglicher Liquiditätsengpässe und Finanzierungserfordernisse.
- Darstellung von Ergebnis- und Liquiditätsauswirkungen bei unterschiedlichen Szenarien (Worst Case, Best Case).
- Möglichkeiten zu Verbesserungen des Ratings, d. h. relevanter Unternehmenskennzahlen bei bestehenden und potenziellen Kreditgebern, vor allem im Hinblick auf die Kreditkonditionen, und/oder bei einem angedachten Gang an die Börse (Hereinnahme neuen Eigenkapitals).
- Unternehmensplanung als unerlässliche Grundlage für Kreditverhandlungen.

Mittels einer Planung wird festgelegt, was konkret erreicht werden soll. Damit wird eine Transparenz geschaffen und zusätzlich adäquate Anreizsysteme für verantwortliche Mitarbeiter ermöglicht.[358] Mittels einer Planung sollen aber auch diverse Fragestellungen beantwortet werden. Typische Beispiele sind:

- Welche Umsätze, ggf. Umsatzerlöse wird das Unternehmen im nächsten Monat/Quartal/Jahr/Jahren – je nach Planungszeitraum – erzielen?
- Mit welchen Kosten sind die vorgenannten Umsätze, ggf. Umsatzerlöse verbunden?
- Welches Ergebnis resultiert aus den Umsätzen, ggf. Umsatzerlösen und Kosten in den Planungszeiträumen?
- Welche Auswirkung haben die vorstehenden Erfolgsplanungen auf die Liquidität? Wird die unabdingbare Nebenbedingung des Mindestbestands an liquiden Mitteln (MBLM) jederzeit eingehalten?[359]
- Wie würden sich höhere Umsätze, allerdings mit geringeren Margen, auf das Unternehmensergebnis auswirken?
- Welche Artikel sind auf kurzfristige Sicht aufgrund negativer Deckungsspannen (Deckungsbeiträge pro Stück) bzw. Deckungsbeiträge I (pro Erzeugniseinheit) Kandidaten für die cross-off list?
- Wie wird die Bilanz im nächsten Jahr/in den nächsten Jahren aussehen? Können im Hinblick auf die Finanzierungsgespräche mit Kreditgebern bestimmte Kennzahlen den Anforderungen (der potenziellen Kreditgeber) nicht genügen?
- Sind sogenannte Worst Case-Szenarien im Planungszeitraum denkbar? Mit welchen Ergebnissen muss das Unternehmen im Falle von Worst Case-, aber auch Best Case-Szenarien rechnen?

Bevor eine Definition des Begriffs Planung vorgenommen wird, sollen zunächst einige Aussagen der Rechtsprechung zum vorgenannten Begriff wiedergegeben werden:[360]

- Es gibt keine objektive Planung.
- Daher würde das Erfordernis der objektiven Planung vom Gutachter/Gericht etwas Unmögliches verlangen (impossibilium nulla est obligatio).
- Eine auf zutreffender Tatsachengrundlage beruhende vertretbare Prognose darf nicht durch eine andere – ebenfalls notwendigerweise nur vertretbare – ersetzt werden. Eine Planung,

---

[358] Vgl. LORSON, P., QUICK, R., WURL, H. J.: Grundlagen des Controlling, Weinheim 2013, S. 215 f.

[359] Vgl. zum Thema MBLM die Ausführungen im Paragrafen 2.3.3.3.2 „Ziele und Aufgaben der Finanzierung" bei WÖRDENWEBER, M.: Operatives Controlling – Band 1, a. a. O., S. 234–239.

[360] BVerfG zum Umtauschverhältnis Daimler/Chrysler, Beschluss der 3. Kammer des Ersten Senats vom 24.05.2012, 1 BvR 322/10, Rn. 12, 13, 29, 30.

von der die Geschäftsführung vernünftigerweise annimmt, dass sie realistisch ist, darf nicht durch eine andere – ebenfalls nur vertretbare – Annahme des Gerichts ersetzt werden.

- Art. 14 Abs. 3 GG schreibt weder eine bestimmte Methode der Unternehmensbewertung noch bestimmte Prognoseverfahren zur Einschätzung künftiger Erträge vor.
- Ein Gericht ist lediglich befugt, die grundsätzliche Geeignetheit und Vertretbarkeit der gewählten Methode zu prüfen.
- Die in die Zukunft gerichteten Planungen sind in erster Linie ein Ergebnis der jeweiligen unternehmerischen Entscheidung der für die Geschäftsführung verantwortlichen Personen.
- Die Planerwartungen müssen auf zutreffenden Informationen sowie daran orientierten, realistischen Annahmen aufbauen und dürfen nicht in sich widersprüchlich sein.
- Grundsätzlich sind Spruchverfahren gerade wegen der in tatsächlicher und rechtlicher Hinsicht besonders komplexen Bewertungsfragen einer erhöhten Gefahr ausgesetzt, nicht in angemessener Zeit abgeschlossen zu werden und dann das Gebot effektiven Rechtschutzes zu verletzen.[361]

Eine ausführliche Definition, was unter einer Planung zu verstehen ist, liefert Pepels: „Planung ist ein willensbildender, informationsverarbeitender und prinzipiell systematischer Entscheidungsprozess mit dem Ziel, zukünftige Entscheidungs- und Handlungsspielräume problemorientiert einzugrenzen und zu strukturieren. Planung wird von dazu legitimierten Akteuren [synonym: Planer, Planungsträger[362] – Anm. d. Verf.] durchgeführt. Das intendierte Resultat ist ein ratifizierter Plan bzw. ein System ratifizierter Pläne.“[363] Planung kann grundsätzlich als eine gegenwärtige gedankliche Vorwegnahme künftiger Aktivitäten umschrieben werden oder als Mittel zur Vorbereitung zukunftsbezogener Entscheidungen. Die zuletzt gewählte Formulierung könnte eine zweifache Entscheidung implizieren: Zum einen die Entscheidung zwischen verschiedenen Entscheidungsalternativen im Verlauf eines Planungsprozesses und zum anderen die Entscheidung, ob ein Plan (auch) tatsächlich umgesetzt/realisiert/ggf. ratifiziert wird.[364] Die hier verwendete Definition des Begriffs Planung[365], die den grundsätzlichen Entscheidungsprozess im Verlauf einer Planung beinhaltet, ist kürzer und einprägsamer als die vorstehend zitierte:

---

[361] Art. 2 Abs. 1 i. V. m. Art. 20 Abs. 3 GG.

[362] Der Begriff des Planungsträgers wird ausführlich im Unterabschnitt 1.6.8 „Planungsträger" erläutert.

[363] PEPELS, W.: Produktmanagement: Produktinnovation – Markenpolitik – Programmplanung – Prozessorganisation, 6. Aufl., München 2013, S. 632.

[364] In diesem Zusammenhang wird oft von der „**Verabschiedung** eines Plans" gesprochen. Der Begriff „Verabschiedung" wird dann so interpretiert, dass sich die Entscheider im wahrsten Sinne des Wortes von der Planung verabschieden, d. h. die Planungsphase verlassen und in die Durch-/Umsetzungsphase eintreten.

[365] Vgl. WILD, J.: Grundlagen der Unternehmensplanung, 4. Aufl., Hamburg 1982, S. 13.

> Planung ist ein systematisches, zukunftsbezogenes Ermitteln, Abwägen und Festlegen von Zielen sowie Maßnahmen, Mitteln und Wegen zur künftigen Zielerreichung in einem definierten (Planungs-)Zeitraum.

Darst. 1.6005: Definition Planung

In Bezug auf die **operative Planung** erfährt der Planungsbegriff lediglich eine geringfügige Modifikation hinsichtlich des Planungszeitraums:

> Planung ist ein systematisches, zukunftsbezogenes Ermitteln, Abwägen und Festlegen von Zielen sowie Maßnahmen, Mitteln und Wegen zur künftigen Zielerreichung in einem kurzfristigen (Planungs-)Zeitraum.

Darst. 1.6006: Definition Operative Planung

Die vorstehenden Ausführungen haben deutlich gemacht, dass Planung immer eine Gratwanderung zwischen Bürokratie im Falle von übertriebener Planung – auch ohne jegliche Freiheitsgrade seitens der Planungsträger – z. B. durch Detailverliebtheit oder „Zahlenfriedhöfe" einerseits und Improvisation mit der Tendenz zum Chaos ist. Einen möglichen Anhaltspunkt bietet die Beachtung des Grundsatzes der Wirtschaftlichkeit.[366]

Ob die in einer Planung enthaltenen Ziele (Plangrößen) auch als Zielvorgabe für die Mitarbeiter (Sollgröße) dienen, hängt von der Art des Planungssystems[367] und der Ausprägung des Führungssystems ab. Somit **können die Plandaten** und die **Zielvorgabewerte übereinstimmen oder bewusst voneinander abweichen**.

In den vorstehenden Ausführungen ist bereits erkennbar, dass eine Planung, also auch die operative, grundsätzlich wichtige **Funktionen**[368] erfüllt:

---

[366] Vgl. Unter-Unterabschnitt 1.6.3.5 „Grundsatz der Wirtschaftlichkeit".
[367] Die Planungsarten werden im Unterabschnitt 1.6.5 näher erläutert.
[368] Im Sinne von Auswirkungen, die durch eine Planung erreicht werden sollen.

Neben dieser Aufstellung von Töpfer werden in der Literatur weitere Kataloge an Funktionen beschrieben.[369] Als wesentliche Funktionen werden genannt:

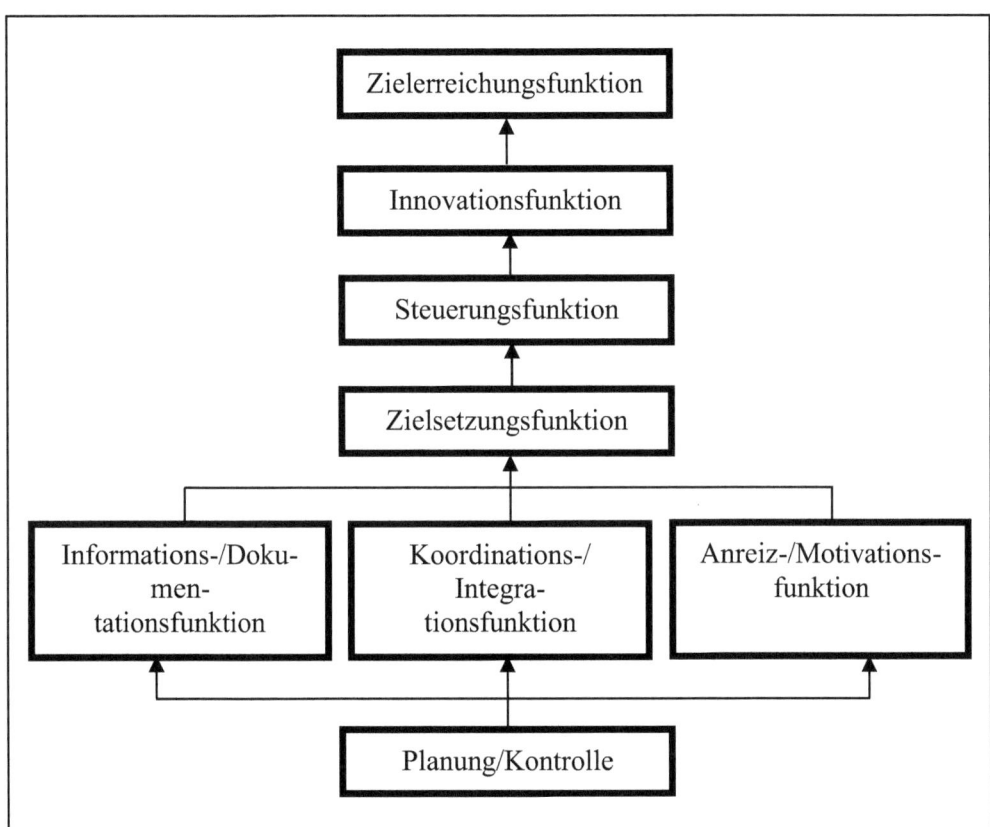

Darst. 1.6007: Funktionen der Planung
(Vgl. HORVÁTH, P.: Controlling, 12. Aufl., München 2011, S. 147.)

[369] Vgl. u. a. BUCHNER, H.: Planung im turbulenten Umfeld, München 2002, S. 74, STOI, R., DILLERUP, R.: a. a. O., S. 345–346, HAMPRECHT, M.: Controlling von Konzernplanungssystemen: theoretische Ableitung und betriebliche Realität führungsstrukturabhängiger Ausprägungsmuster, Wiesbaden 1996, S. 41–43, HENTZE, J., BROSE, P., KAMMEL, A.: Unternehmensplanung, 2. Aufl., Bern 1993, S. 36 ff., JUNG, R. H., HEINZEN, M., QUARG, S.: a. a. O., S. 135 ff., PFOHL, H.-C., STÖLZLE, W., a. a. O., S. 80–119, RÜTH, D.: Planungssysteme der Industrie, Wiesbaden 1989, S. 126, WILD, J.: a. a. O., S. 18.

Die **Koordinations-/Integrationsfunktion** bezieht sowohl die horizontale als auch die vertikale Koordination/Integration mit ein. Auf der horizontalen Ebene findet die Abstimmung zwischen interdependenten Unternehmensteilbereichen oder Funktionsbereichen statt. Zum Beispiel wird der Beschaffungs- mit dem Absatzplan abgestimmt. Auf der vertikalen Ebene findet eine hierarchische Koordination von strategischer, taktischer und operativer Planung statt. Zum Beispiel werden operative Ziele mit taktischen Zielen abgestimmt.

Die **Anreiz-/Motivationsfunktion** soll einerseits Mitarbeiter durch Beteiligung am Planungsprozess und andererseits durch die gesetzten Vorgaben zur Erreichung des Plans motivieren.

Die **Innovationsfunktion** zielt darauf ab, neue Lösungswege in Problemsituationen zu finden.

Das Unternehmen ist ständigen Veränderungen der Umwelt ausgesetzt. Durch die **Flexibilitätsfunktion** greift die Planung diese ungewissen Zustände auf und entwirft alternative Handlungsmöglichkeiten, wodurch das Unternehmen sich an verändernde Umweltbedingungen anpassen soll.

Mit Hilfe der **Sicherungsfunktion** der Planung sollen mögliche Risiken in der Umwelt frühzeitig erkannt und deren Auswirkungen auf das Unternehmen abgeschwächt oder gar verhindert werden.

Die **Optimierungsfunktion** der Planung hängt mit dem Entscheidungsbezug zusammen. Aus den zur Auswahl stehenden Handlungsalternativen soll durch systematisches Vorgehen die optimale Entscheidung getroffen werden.

Welche Funktionen die Planung im Speziellen erfüllen soll, hängt vom Zweck der Unternehmensplanung, der Funktionsaufteilung zwischen Planung, Organisation (Durch- und Umsetzung) und Kontrolle sowie von der zugrundeliegenden Organisationstheorie ab.[370]

---

[370] Vgl. FINK, C. A.: Prozessorientierte Unternehmensplanung: Analyse, Konzeption und Praxisbeispiele, Dissertation an der Universität Stuttgart, Wiesbaden 2003, S. 119.

In engem gedanklichen Zusammenhang mit den Funktionen (i. S. v. Zwecken) einer Planung stehen die **Aufgaben einer Planung**, die wie folgt dreigeteilt werden können:

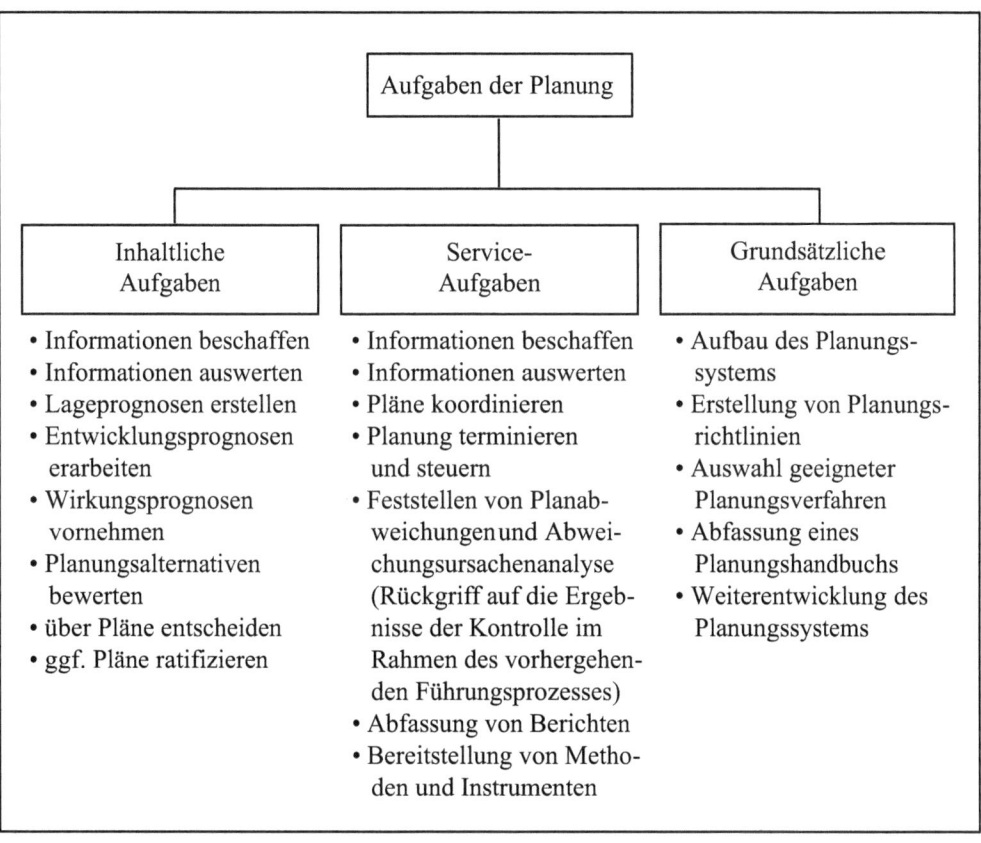

Darst. 1.6008: Aufgaben der Planung
(Vgl. SZYPERSKI, N., MÜLLER-BÖLING, D.: a. a. O., S. 124ff., STOI, R., DILLERUP, R.: a. a. O., S. 351.)

Auf die Aufgaben wird im Detail im Unterabschnitt 1.6.10 „Aufgaben der Planungsphasen eines Planungsprozesses" und im Weiteren speziell im Unterabschnitt 1.6.11 „Instrumente der Planung" eingegangen.

Von dem Planungsbegriff abzugrenzen ist die **Prognose**[371] (engl. forecast). Bei der Prognose handelt es sich um eine Voraussage im Rahmen der Planung, mit welcher Wahrscheinlichkeit ein bestimmtes Ereignis oder ein Zustand[372] eintritt, bevor der Planungsprozess mit den vom Controlling vorgeschlagenen und dem Management vorzulegenden Entscheidungen über Ziele sowie Maßnahmen, Mittel und Wege (zur Zielerreichung) abgeschlossen wird. Genauer:

> Bei einer Prognose handelt es sich um die Voraussage über das mit einer bestimmten Wahrscheinlichkeit verbundene Eintreffen eines künftigen Ereignisses in einem definierten Zeitraum oder zu einem festgelegten Zeitpunkt, die auf praktischen Erfahrungen und/oder theoretischen Erkenntnissen basiert. Ziel der systematischen Informationssuche und -verarbeitung im Rahmen einer Prognose ist die Reduktion der Unsicherheiten über zukünftige Entwicklungen.

Darst. 1.6009: Definition Prognose
(Vgl. WEBER, J., LINDER, S.: Budgeting, Better Budgeting oder Beyond Budgeting? – Konzeptionelle Eignung und Implementierbarkeit. Reihe Advanced Controlling. Bd. 33, Vallendar 2003, S. 32, WEBER, K.: Prognose und Prognoseverfahren, in: GROCHLA, E., WITTMANN, W. (HRSG.): Handwörterbuch der Betriebswirtschaft. Bd. 2, 4. Aufl., Stuttgart 1975, Sp. 3188. WEBER, K.: Wirtschaftsprognostik, München 1990, S. 1.)

Diese Begriffsbestimmung ähnelt der Beschreibung des Planungsbegriffs, zumal auch sie zukunftsorientiert ist; die Planung verfolgt gegenüber der Prognose jedoch einen anderen Zweck: Sie enthält „… immer absichtsvolle und zielbezogene Elemente."[373] Eine **Prognose** hingegen bleibt passiv, d. h. sie hat lediglich abbildenden, **nicht** aber **gestaltenden** Charakter.[374] Eine Planung schließt (ex- oder implizit) immer Vorhersagen über künftige Ereignisse und/oder Zustände mit in die vorgenannten Entscheidungen ein.

Im Verlauf eines Planungsprozesses sind dreierlei Prognosen vonnöten. Zum einen in der Anregungsphase die **Lageprognose**, die die zukünftigen Zustände betrachtet, die sich ohne korrigierende Eingriffe des Unternehmens ergeben werden.[375] Im Gegensatz zur **Entwicklungsprognose**, die einen Zeitraum abdeckt, bezieht sich die Lageprognose auf einen Zeitpunkt.[376] Zum

---

[371] Von griech. πρόγνωσις (prognosis) = Vorherwissen, Voraussicht.

[372] Zustände werden auch Szenarien genannt. Planungen werden oft auch für verschiedene Szenarien wie den „worst case" und/oder den „best case" erstellt.

[373] ZIEGENBEIN, K.: Controlling, 10. Aufl., Herne 2012, S. 110.

[374] Vgl. FISCHER, J.: Qualitative Ziele in der Unternehmensplanung – Konzepte zur Verbesserung betriebswirtschaftlicher Problemlösungstechniken, Habilitationsschrift, Münster 1989, S. 20.

[375] Siehe die Ausführungen im Paragrafen 1.6.10.1.2 „Lageprognose".

[376] Vgl. BEA, F. X., HAAS, J.: a. a. O., S. 309.

anderen sind in der Such- und Orientierungsphase (Alternativensuche) **Wirkungsprognosen** erforderlich, bei denen das Unternehmen die Auswirkungen seiner angedachten Aktivitäten eruiert.[377]

Eine Prognose kann intern oder extern vorgenommen werden. Die Entscheidung darüber hängt nicht nur von den Kosten, sondern auch von der Qualität (Informationsgehalt und Sicherheitsgrad)[378] der Prognose ab. Die vorgenannten Kriterien stehen (oft) in einer wechselseitigen Abhängigkeit: eine höhere Qualität der Prognose ist meist mit höheren Kosten verbunden. Das grundsätzliche **Problem** besteht also darin, dass ein (faktisch und theoretisch) nicht auflösbarer Widerspruch zwischen den i. d. R. hohen Anforderungen an die Qualität der Prognosen einerseits und den Restriktionen im Hinblick auf sichere und informative Prognosen existiert.

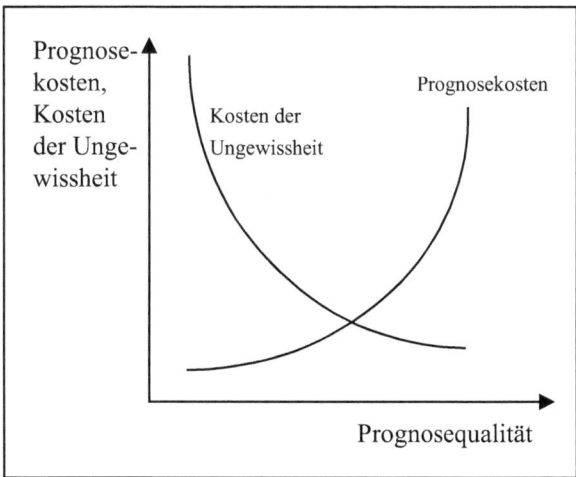

Darst. 1.6010: Zusammenhang zwischen den Prognosekosten, Kosten der Ungewissheit und der Prognosequalität

---

[377] Siehe ausführlich im Unter-Unterabschnitt 1.6.11.2 „Prognoseinstrumente".

[378] Detailliertere Ausführungen zu diesem Thema finden sich beispielsweise bei WILD, J.: a. a. O., S. 138 (Determinanten der Prognosequalität).

1.6.2 Kennzahlen

Vor der Planung von Maßnahmen muss die Festlegung der Ziele erfolgen. Unternehmensziele können sein:

- Gewinn
- Rentabilität
- Position in der Branche, Marktanteil
- Unabhängigkeit
- Umsatz
- Substanzerhaltung
- soziale Verantwortung
- Umweltschutz

Darst. 1.6011: Unternehmensziele
>   (Quelle: WELGE, M. K.: Planung, Unternehmensführung. Band 1. Planung, Stuttgart 1985, S. 59.)

Die **Planungsinhalte/Planungsgegenstände** (vgl. Unter-Unterabschnitt 1.6.5.6 „Planung nach den Planungsebenen") sind in vielen Fällen identisch mit den inhaltlich spezifizierten Zielen (Zielinhalten). Dies sind oft auch die für die Unternehmung entscheidenden **Kennzahlen**, anhand derer im Rahmen der Zielerreichungskontrolle (vgl. z. B. Unterabschnitt 1.7.5 „Kontrollgröße und Vergleichswert") mögliche Abweichungen festgestellt und dann ggf. eine Abweichungsanalyse vorgenommen werden muss.

In einem Unternehmen wird eine Vielzahl von Daten erfasst – gleich ob fakultativ oder extern oktroyiert. Diese Daten stammen in der Regel aus der Finanzbuchhaltung (Aufwand- und Ertragsrechnung), der Kosten- und Leistungsrechnung oder aus anderen betrieblichen Quellen (Statistiken). Neben den Zahlen aus diesen Rechenwerken liegt oft auch eine ganze Reihe qualitativer Daten vor.

Diese Informationsflut stellt den Unternehmer vor ein großes Problem: Muss er doch, meist auch noch in kürzester Zeit, auf die „richtigen" Informationen zurückgreifen können, um die „richtigen" Entscheidungen[379] fällen zu können. Es kommt also darauf an, **möglichst schnell** auf **aussagekräftige**, im besten Falle **komprimierte Informationen** zurückgreifen zu können. Richtig bedeutet, dass die erhaltenen oder zu gewinnenden Informationen von den zu treffenden Entscheidungen abhängen, also entscheidungsrelevant sind.

---

[379] Die Beurteilung, ob eine „richtige" Entscheidung getroffen wurde, ist nur in Verbindung mit dem Ziel/den Zielen des Unternehmers bzw. dessen legitimierten Aktoren möglich.

Da die Entscheidungen nur im Kontext mit den vorgegebenen Zielen des Unternehmens getroffen werden können, dienen diese Informationen der **Messung betrieblicher Ziele** resp. der **Beurteilung zielgerichteter Maßnahmen/Aktivitäten**[380]. Dies setzt allerdings voraus, dass es sich um **quantitative Informationen** handelt.

Kennzahlen erfüllen die vorgenannten Vorgaben. Sie **verdeutlichen Zusammenhänge** in einem Unternehmen **in komprimierter Form**, **machen komplexe Sachverhalte**, auch zwischen betrieblichen Teilbereichen, **transparent** und **ermöglichen eine unternehmerische Gesamtschau**. Sie geben **Aufschluss** darüber, wie sich die **Entscheidungen der Unternehmensführung** im internen Bereich (internes Benchmarking), im Zeitvergleich (Zeitreihenanalyse) und im Vergleich mit externen Unternehmen oder Unternehmenseinheiten oder mit der Branche (externes Benchmarking)[381] ausgewirkt haben. Sie dienen somit der **Kontrolle vergangener Maßnahmen** und daran anschließend (quasi zu Beginn eines neuen Planungs- und Entscheidungsprozesses) der **Planung künftiger Aktivitäten**.

In diesem Zusammenhang sei ausdrücklich darauf hingewiesen, dass eine **isolierte Betrachtung einer Kennzahl nicht aussagekräftig** ist. Die Bewertung einer Kennzahl (im Sinne von gut oder schlecht bzw. besser oder schlechter) ist nur im Rahmen einer **vergleichenden Betrachtung** (Soll-Ist-Abgleich oder Plan-Ist-Abgleich, Zeitreihenanalyse, internes oder externes Benchmarking) sinnvoll.[382]

Die wesentlichen Aufgaben von Kennzahlen finden sich in folgender Übersicht:

Kennzahlen

- liefern Informationen in komprimierter Form und verdeutlichen Sachverhalte;
- dienen der Planung zukünftiger Maßnahmen;
- ermöglichen die Kontrolle vergangener Aktivitäten;
- messen, in welchem Ausmaß die Ziele des Unternehmens erreicht worden sind;
- geben Aufschluss darüber, wie sich die Entscheidungen der Unternehmensführung in der Zeitreihenanalyse sowie im inner- und zwischenbetrieblichen Vergleich ausgewirkt haben.

Darst. 1.6012: Aufgaben von Kennzahlen

---

[380] Die oben angesprochenen Ziele bzw. Maßnahmen/Aktivitäten eines Unternehmens leiten sich her aus dem gesamten Fundus der Betriebswirtschaftslehre.

[381] Vgl. hierzu die Ausführungen in Unterabschnitt 1.7.6 „Bewertung von Kennzahlen und Benchmarking".

[382] Ebenda.

Zusammengefasst lässt sich festhalten:

Unter Kennzahlen werden allgemein konzentrierte, komprimierte, quantitative Informationen in Form von Grund- oder Verhältniszahlen mit einem ziel- oder maßnahmen-/aktivitätsbezogenen Erkenntniswert verstanden.

Die im Controlling betrachteten Ziele und/oder Maßnahmen/Aktivitäten eines Unternehmens bzw. in einem Unternehmen entstammen dem gesamten betriebswirtschaftlichem Repertoire. Kennzahlen werden von den Verantwortlichen zur Planung, Steuerung und Kontrolle von Zielen und/oder Maßnahmen/Aktivitäten eingesetzt.

Darst. 1.6013: Kennzahlen (Definition)

Kennzahlen lassen sich nach verschiedenen Merkmalen systematisieren. Auf einige wenige soll näher eingegangen werden, da sie für die spätere Entwicklung, Anwendung und Interpretation von Kennzahlen von Bedeutung sind.

Eine grundlegende Unterscheidung von Kennzahlen bezieht sich auf **statistisch-methodische Gesichtspunkte**. Neben **Grundzahlen**[383], die Einzelzahlen, Summen, Differenzen oder Mittelwerte[384] sein können, geht es um **Verhältniszahlen**[385]. Da absolute Zahlen, isoliert betrachtet, nur eine geringe Aussagekraft besitzen, werden in der Betriebswirtschaftslehre eher Verhältniszahlen verwendet, da sich hier bei zwei Zahlen, die in einem betriebswirtschaftlich sinnvollen Zusammenhang stehen, bei der Analyse wesentlich bessere Erkenntnisse liefern. Ein Beispiel hierfür sind Produktivitäts-Kennzahlen.

Verhältniszahlen werden unterteilt in

- Gliederungszahlen,
- Beziehungszahlen und
- Indexzahlen.

---

[383] Auch absolute Zahlen genannt.

[384] Bei der Verwendung von Mittelwerten sei auf die Problematik von „Ausreißern" hingewiesen, derentwegen oft statt des arithmetischen Mittels der Median gewählt wird. Vgl. BLEYMÜLLER, J., WEISSBACH, R., DÖRRE, A.: Statistik für Wirtschaftswissenschaftler, 18. Aufl., München 2020, S. 22, KOHN, W.: Statistik. Datenanalyse und Wahrscheinlichkeitsrechnung. Berlin 2004, S. 67.

[385] Diese werden auch als relative Zahlen bezeichnet.

Systematisie-rungsmerkmal	Arten betriebswirtschaftlicher Kennzahlen					
betriebliche Funktionen	Kennzahlen aus dem Bereich					
	Beschaf-fung	Lager-wirt-schaft	Produk-tion	Marke-ting	Personal-wesen	Rech-nungs-wesen
statistisch-methodische Gesichtspunkte	Absolute Zahlen				Verhältniszahlen	
	Einzel-zahlen	Sum-men	Diffe-renzen	Mittel-werte	Bezie-hungs-zahlen / Gliede-rungs-zahlen	Index-zahlen
quantitative Struktur	Gesamtgrößen				Teilgrößen	
zeitliche Struktur	Zeitpunktgrößen				Zeitraumgrößen	
inhaltliche Struktur	Wertgrößen				Mengengrößen	
Erkenntniswert	Kennzahlen mit selb-ständigem Erkenntniswert				Kennzahlen mit unselb-ständigem Erkenntniswert	
Quellen im Rechnungs-wesen	Finanzbuch-haltung		Kosten-rechnung		Statistik	
Elemente des Ökonomischen Prinzips	Einsatzwerte		Ergebniswerte		Maßstäbe aus Bezieh-hungen zwischen Ein-satz- und Ergebniswerten	
Gebiet der Aussage	gesamtbetriebliche Kennzahlen				teilbetriebliche Kennzahlen	
Planungs-gesichtspunkte	Plan-Kennzahlen (zukunftsorientiert)				Ist-Kennzahlen (vergangenheitsorientiert)	
Zahl der beteiligten Unternehmen	einzel-betriebliche Kennzahlen	Konzern-Kennzahlen	Branchen-Kennzahlen (Richtzahlen)		gesamt-betriebliche Kennzahlen	
Umfang der Ermittlung	Standard-Kennzahlen				betriebsindividuelle Kennzahlen	
Leistung des Betriebes	Wirtschaftlichkeits-Kennzahlen		Erfolgs-Kennzahlen		Liquiditäts-Kennzahlen	

Darst. 1.6014: Systematisierung von Kennzahlen
    (Sehr ähnlich: MEYER, C.: Kennzahlen und Kennzahlensysteme, Sternenfels 1976, S. 13.)

Gliederungszahlen liegen vor, wenn eine **Teilmasse zu einer Gesamtmasse** in Beziehung gesetzt wird. Also zum Beispiel Eigenkapital zum Gesamtkapital. Dieses Verhältnis heißt Eigenkapitalquote und wird als Prozentgröße angegeben.

Beziehungszahlen sind **sachlich unterschiedliche**, jedoch in einem **sinnvollen Zusammenhang** stehende Massen, die in Beziehung zueinander gebracht werden. Überwiegend handelt es sich bei den Verhältniszahlen um Beziehungszahlen. Als Beispiel sei hier die Personalaufwandsquote genannt, die sich aus der Relation von Personalaufwand (im Zähler) und Umsatz (im Nenner) ergibt.

Indexzahlen werden gebildet, indem **gleichartige**, aber **zeitlich verschiedene Massen zu einer als Basis definierten Masse** in Beziehung gesetzt werden. Das Anwendungsgebiet von Indexzahlen liegt in der **Zeitreihenanalyse**. So kann beispielsweise der Gewinn in seiner zeitlichen Entwicklung betrachtet werden. Entscheidend bei der Bildung von Indexreihen ist die **geeignete Wahl der Basisperiode**. Es darf sich nicht um eine Periode mit außergewöhnlichen Entwicklungen handeln, wie dies zum Beispiel im Jahr nach dem „Fall der Mauer" (1990) war.[386] Insbesondere bei den Indexzahlen ist darauf zu achten, dass die betrachtete Größe **inhaltlich über mehrere Jahre konstant** sein muss. Die **Aussagekraft** dieser Größe kann erheblich eingeschränkt sein, wenn die inhaltliche Ausgestaltung nicht mehr zeitgemäß ist.[387]

Hinsichtlich der **inhaltlichen Struktur** von Kennzahlen ist eine Unterscheidung von **Wert- oder Mengengrößen** von wesentlicher Bedeutung. Während **Mengengrößen** anhand der Maßeinheiten (Bezugsgrößen) **eindeutig interpretierbar** sind, weil sich die Menge, gemessen in g, kg, t, mm, cm, m, km, ml, l, hl, kWh, qm, cbm, etc., ändert, ist eine Aussage bei **Wertgrößen**, die sich als **Produkt der Multiplikanden Preis und Menge** ergeben, **nicht ohne Weiteres** möglich. Ursache einer Steigerung der Wertgröße kann also eine Erhöhung der Menge oder des Preises oder beider Komponenten sein. Selbst wenn eine der beiden Größen sinkt, kann sich per Saldo noch eine Steigerung der Wertgröße ergeben, nämlich dann, wenn der andere Multiplikand eine größere Steigerung aufweist. So kann eine Umsatzsteigerung aus einer Erhöhung der Absatzmenge, einer Anhebung des Preises oder beider Komponenten resultieren. Eine Steigerung des Umsatzes ist selbst dann möglich, wenn die Absatzmenge beispielsweise um 10 % sinkt, der Preis jedoch um 20 % erhöht wurde.

---

[386] Im Jahr nach dem Zusammenbruch der Deutschen Demokratischen Republik (DDR) war es z. B. für Gebrauchtwarenhändler und Anbieter von Zitrusfrüchten relativ einfach, in den ostdeutschen Bundesländern zusätzliche Umsätze zu generieren, da viele Produkte in der sozialistischen Planwirtschaft (in den Vorjahren) nicht erhältlich waren.

[387] Dies stellt zum Beispiel bei einem Warenkorb, der der Messung der Inflationsrate zugrunde gelegt wird, ein gravierendes Problem dar, da sich das Konsum- und damit das Ausgabeverhalten der Haushalte immer wieder (und auch immer schneller) ändert. Das heißt, in regelmäßigen Abständen wird eine Anpassung des Warenkorbes erforderlich.

Ein drittes wesentliches Merkmal betrifft die **zeitliche Struktur**. Kennzahlen können demnach **Zeitpunkt- oder Zeitraumgrößen** sein. Während sich Zeitpunktgrößen **auf einen bestimmten Zeitpunkt**, z. B. den Stichtag 31.12. beziehen und dementsprechend **nur für diesen Tag** Gültigkeit besitzen[388], resultieren Zeitraumgrößen aus den **Veränderungen während einer Periode**, z. B. eines Geschäftsjahres. Typische Zeitpunktgrößen sind die Bestandswerte (Aktiva, Passiva) der Bilanz; typische Zeitraumgrößen die Erfolgsgrößen (Aufwendungen, Erträge) der Gewinn- und Verlustrechnung.

Oben wurde formuliert, dass ein Entscheidungsträger, meist auch noch in kürzester Zeit auf die „richtigen" Informationen zurückgreifen können muss, um die „richtigen" Entscheidungen fällen zu können. Richtig bedeutet, dass die erhaltenen oder zu gewinnenden Informationen von den zu treffenden Entscheidungen abhängen, also entscheidungsorientiert sind.

Bereits an dieser Aussage wird deutlich, dass es bestimmte Ansprüche gibt, die an eine Kennzahl zu stellen sind. Diese Ansprüche sind als (allgemeine) **Bewertungskriterien für die Güte einer Kennzahl** zu verstehen.
Die folgende Auflistung stellt eine Reihe von Bewertungskriterien vor, die im Folgenden näher erläutert werden.

- Zweckeignung
- Validität und Reliabilität
- Inhaltliche und zeitliche Abbildungsmöglichkeit im Hinblick auf bestimmte Segmente (Bereiche, Kostenstellen)
- Fähigkeit zur Verdichtung von Sachverhalten
- Klarheit und Verständlichkeit
- Kosten-Nutzen-Aspekt (Wirtschaftlichkeit in Bezug auf die Erhebung, Analyse und Weitergabe der Daten)

Darst. 1.6015: Bewertungskriterien bei Kennzahlen und Kennzahlensystemen

Ein erstes Bewertungskriterium einer Kennzahl ist ihre **Zweckeignung**. Sie muss die Informationen hervorbringen, die **zur Erreichung der Unternehmensziele und zur Lösung betrieblicher Probleme zweckmäßig** sind. Zudem müssen sie geeignet sein, die Aufgaben zu erfüllen, die aus den Zielen und Problemen hervorgehen. **Voraussetzungen eines Kennzahleneinsatzes sind demnach die Ziel- und Problemerkenntnis sowie die Aufgabendefinition**.

---

[388] Vgl. die Problematik der Liquiditätsgrade etwa bei WÖRDENWEBER, M.: Operatives Controlling – Band 2, Kennzahlenanalyse der betrieblichen Funktionsbereiche – Grundlagen, Methoden, Techniken, im Folgenden abgekürzt mit „Operatives Controlling – Band 2" ,3. Aufl., Berlin 2022, S. 585–589.

- Kenntnis der Unternehmensziele und der daraus abgeleiteten Unterziele
- Erkenntnis der betrieblichen Probleme
- Definition der zu lösenden Aufgaben
- Operationalisierung und Quantifizierbarkeit von Unternehmenszielen, betriebswirtschaftlichen Problemen und abgeleiteten Aufgaben

Darst. 1.6016: Voraussetzungen für die Definition von Kennzahlen und Kennzahlensystemen

Aus der Aufgabendefinition resultiert der Informationsbedarf, den es mit einer Kennzahl zu decken gilt. Der Informationsbedarf gibt folglich Auskunft über den Erfüllungsgrad der Aufgabe. Wird z. B. ein Umsatzrückgang oder das Nachkommen von Zahlungsverpflichtungen als Problem definiert, müssen entsprechende zu lösende Aufgaben festgelegt werden. Die in diesem Beispiel festzulegenden Aufgaben wären Umsatz- und Liquiditätserhaltung. Den benötigten Informationsbedarf über den Status der Umsätze und der Liquidität liefern die Summenzahlen Umsatz bzw. der Bestand an liquiden Mitteln. Eine Kennzahl sollte möglichst nur dann zur Anwendung kommen, wenn ihr Aussageinhalt den Informationsbedarf deckt.

Eine weitere Voraussetzung für den Einsatz aussagekräftiger Kennzahlen ist die **Operationalisierung** und **Quantifizierbarkeit** von Unternehmenszielen, betriebswirtschaftlichen Problemen und abgeleiteten Aufgaben. So müssen **Ziele, Probleme und Aufgaben durch Wert- oder Mengengrößen bzw. deren Relationen abgebildet und gemessen** werden können.

Zudem muss die Formel bzw. müssen die Formelelemente einer Kennzahl dem Informationsbedarf angepasst sein. Auch der **Formelaufbau**, die Konstruktion, ist **in Abhängigkeit des Informationsbedarfs** zu erstellen. Neben der richtigen Konstruktion einer Zahl ist die **Beständigkeit ihrer Berechnung** von großer Bedeutung (Stichwort **Reliabilität**). Durch fehlerhafte Berechnungen entstehen mangelhafte Informationen, die wiederum zu Fehlhandlungen führen können. Zudem sind Zeitvergleiche durch Kennzahlen, die unterschiedlich berechnet wurden, kaum aussagekräftig. Daneben müssen die relevanten Daten zur Berechnung einzelner Kennzahlen in gleichbleibender Qualität (Stichwort: **Validität**) vorliegen, um eine dauerhafte Qualität der Berechnung und somit auch der Informationen zu gewährleisten.

Es besteht eine Fülle von Abbildungsmöglichkeiten für Kennzahlen.[389] Sie müssen nicht nur aus Wirtschaftlichkeitsgründen für mehrere Kostenstellen (z. B. Geschäftsbereiche, Abteilungen) abzubilden sein, sondern auch um einzelne Kostenstellen miteinander zu vergleichen. Aus-

---

[389] Vgl. u. a. WÖRDENWEBER, M.: Leitfaden für wissenschaftliche Arbeiten. Praktikums-, Seminar-, Bachelor- und Masterarbeiten sowie Dissertationen, 3. Aufl., Berlin 2024, S. 307–352.

sagen über Erfolg oder Misserfolg einzelner Teilbereiche des Unternehmens werden somit erleichtert. Brauchbare Zahlen können betriebliche Tatbestände von der obersten Unternehmensebene bis zur untersten Ebene abbilden. So kann mit dem Umsatz nicht nur der Gesamtumsatz eines Unternehmens ermittelt werden, sondern auch der Umsatz jedes einzelnen Kunden. Ebenso können geeignete Zahlen sowohl die Vergangenheit als auch die Zukunft darstellen. Voraussetzung für einen Zeitvergleich mit Kennzahlen ist ein einheitlicher Zeitbezug. Die **inhaltliche und zeitliche Abbildungsmöglichkeit** einer Kennzahl soll als weiteres Bewertungskriterium dienen.

Eine der Hauptfunktionen einer Kennzahl ist die komprimierte Darstellung von komplexen Sachverhalten. Kennzahlen „sollen das Wesentliche in konzentrierter Form abbilden und dennoch vollständig sein."[390] So können auf relativ einfache Weise komplizierte betriebliche Gegebenheiten, Strukturen und Prozesse mit ihnen abgebildet werden, um somit einen umfassenden Überblick zu gewährleisten. Als weiteres Bewertungskriterium von Kennzahlen gilt daher die **Fähigkeit, einen Sachverhalt in verdichteter Darstellung abzubilden** sowie ausreichend Informationen bereitzustellen.

Eine **klare und verständliche Kennzahlendefinition** ermöglicht nicht nur eine gute Kommunizierbarkeit und das Ausschließen von möglichen Fehlinterpretationen, sondern auch einen besseren Umgang durch den Nutzer. Sind ihm die Ursache-Wirkungs-Beziehungen und Zusammenhänge der Kennzahl und deren Komponenten klar und verständlich, kann er dadurch Nutzen für seine Arbeit ziehen. Zudem steigt die Qualität der Interpretationen und Informationen über betriebliche Tatbestände. Folglich kann die Verständlichkeit der Zusammenhänge einer Kennzahl als ein weiteres Kriterium zur Bewertung herangezogen werden.

Die Ermittlung jeder Einzelkennzahl unterliegt der Forderung nach **Wirtschaftlichkeit**. Folglich werden sie nur erhoben, wenn der daraus gewonnene Nutzen größer ist als der Aufwand der Erhebung, Aufbereitung, Aus- und Bewertung einschließlich Weitergabe. Demnach muss das Verhältnis zwischen Kosten der Informationsbeschaffung und -nutzung angemessen sein. Als Aufwand sind nicht nur die monetären, sondern auch die zeitlichen Inanspruchnahmen aufzuführen, um die Informationsbeschaffung, -interpretation und -übermittlung sicherzustellen. Dementsprechend kann die Forderung nach wirtschaftlicher Ermittlung und Nutzung von Kennzahlen als Bewertungskriterium dienen.

Zusammenfassend kann festgehalten werden, dass viele Eigenschaften zur Bewertung von Kennzahlen herangezogen werden können. Zudem bestimmen die Bewertungskriterien entspre-

---

[390] Vgl. HORVÁTH & PARTNERS: Das Controllingkonzept. Der Weg zu einem wirkungsvollen Controllingsystem, 8. Aufl., München 2026, Stichwort 235 „Kennzahlen".

chend dem Grad ihrer Erreichung insgesamt die Informationsqualität von Kennzahlen. In welcher **Priorität** die einzelnen Merkmale zu erfüllen sind, ist **abhängig vom jeweiligen Informationsbedarf sowie vom notwendigen Anspruchsniveau.**

Neben den vorab diskutierten Voraussetzungen aussagekräftiger Kennzahlen stechen die sog. **Key Performance Indicators (KPIs)** hervor. Das sind Kennzahlen, die für den Erfolg des Unternehmens entscheidend sind (Effektivität). Sie dürfen nicht mit den Erfolgsfaktoren verwechselt werden, die u. a. auch qualitativer Natur sein können.[391]

Bei einem Key-Performance-Indicator (KPI) handelt es sich um eine besondere Kennzahl, mit der der Fortschritt oder der Erfüllungsgrad bedeutsamer Ziele eines Unternehmens gemessen wird. Der KPI ist in diesem Kontext ein kritischer (Schlüssel-)Faktor für den Unternehmenserfolg. Er misst somit die Effektivität einer Maßnahme zur Erreichung entscheidender Unternehmensziele.

Darst. 1.617: Key-Performance-Indicator (KPI)

Entscheidend sind somit erst einmal die Ziele des Unternehmens;[392] danach erfolgt die Auswahl derjenigen Kennzahlen, mittels derer die Zielerreichung am besten abgebildet werden kann.

Die **Auswahl dieser Kennzahlen** ist **kein einmaliger Vorgang**! Von Zeit zu Zeit müssen die Entscheidung bezüglich der Kennzahlenauswahl überprüft werden, weil sich die Makroumwelt und/oder die Mikroumwelt des Unternehmens ändern kann und wird – und das in immer kürzeren Zeitabständen. Insbesondere bei zunehmendem Unternehmenswachstum kann es durchaus sinnvoll sein, einige Kennzahlen mehr aufzunehmen.

Aber auch die Prüfung, ob Kennzahlen eliminiert werden können, ist eine wiederkehrende Aufgabe. So können sich Kennzahlen als wenig brauchbar im Hinblick auf eine bestmögliche Wiedergabe des Ziels erweisen. Es kann sich aber auch herausstellen, dass die Ermittlung und Aufbereitung von Informationen zur Berechnung einer Kennzahl viel zu aufwendig ist und diese möglicherweise schon nicht mehr mit der notwendigen Sorgfalt oder gar nicht mehr berechnet wurden bzw. werden.

---

[391] Vgl. hierzu die Ausführungen im Paragrafen 1.6.11.1.1.1 „Wettbewerbsvorteile, Erfolgspotenziale und Erfolgsfaktoren".

[392] Die Planung (und Kontrolle) von Zielen wird ausführlich im Kapitel 2 erläutert.

Die Ursachen für „**Wildwuchs**" können unterschiedlicher Natur sein:[393]

- **Sammelwahn**: Sammeln ist eine Tätigkeit, die glücklich machen und Sinn stiften kann. Jedes neue Objekt wird begierig aufgegriffen. Im Laufe der Zeit wächst eine beachtliche Sammlung heran, die den Sammler mit Stolz erfüllt. Dieses Phänomen trifft nicht nur auf natürliche Personen, sondern auch auf Organisationen wie das Unternehmen zu. Dort quellen Mailboxen, Festplatten und Datenbanken über. „Ausgemistet" wird eher selten und wenn, dann nur, weil das Medium (wirklich) nicht mehr handelbar ist. Vielleicht könnte irgendein Datensatz – abgesehen von rechtlichen Erfordernissen – doch irgendwann einmal noch gebraucht werden. In Bezug auf Kennzahlen kommt hier dem Controller eine besondere Verantwortung zu!
- **Kontrollwahn**: Unsicherheiten und Risiken sind Teil unseres Lebens. Der Mensch tendiert dazu, diese minimieren und im Extremfall *alle* Situationen und Umstände im Griff haben zu wollen. Ein ausgeprägtes Sicherheits- und Kontrollbedürfnis bedeutet in diesem Fall, alles und jedes zu beobachten und zu überwachen. Und dieses Verhalten führt oft zu einem gut ausgebauten oder überdimensionierten Kontrollsystem mit einer unüberschaubaren Vielzahl von Daten. Auf diese Weise wird versucht, einen möglichst großen Teil der Verantwortung auf ein System zu projizieren.
- **Macht der Gewohnheit**: Gewohnheit und Standardisierung gehören häufig zusammen. Dinge, die einem leicht von der Hand gehen, werden gerne bevorzugt erledigt. Denn diese Handlungen brauchen nicht hinterfragt zu werden. Vor allem aber muss nichts neu entschieden werden. Denn Entscheidungen zu fällen, ist i. d. R. mit Unsicherheiten und Risiken verbunden. Also erscheint es einfacher und auch bequemer, standardisierte und gewohnte Aufgaben zu erledigen. – Sicher, gewohnte und (gut) trainierte Abläufe tragen meist zu hoher Effizienz bei. Aber sind diese Arbeiten überhaupt (noch) notwendig? Diese Frage wird viel zu oft gar nicht (erst) gestellt. Denn damit ist ein Ausbrechen aus der gemütlichen Routine verbunden. Derartige Arbeiten (und Kennzahlen) beziehen ihre Daseinsberechtigung allein aus ihrer Historie. Und Historie ver- und behindert oft die Zukunft, d. h. notwendige Anpassungen.
- **Natürlichkeit der Unordnung**: Dem Naturgesetz der Entropie[394] folgend strebt jedes System den Zustand maximaler Unordnung an. Unzählige Schreibtische in Unternehmen, nicht

---

[393] Vgl. OSSOLA-HARING, C., SCHLAGETER, A., SCHÖNING, S.: 11 Irrtümer über Kennzahlen. Mit den richtigen Zahlen führen, 2. Aufl., Wiesbaden 2019, S. 92–93.

[394] Physikalisch ist die Entropie eine fundamentale thermodynamische Zustandsgröße [Joule pro Kelvin]. Alle in einem System spontan ablaufenden Prozesse (z. B. Vermischung, Wärmeleitung, chemische Reaktion oder Umwandlung von mechanischer in thermische Energie durch Reibung) bewirken eine Zunahme seiner Entropie. So wird etwa beim Schmelzen von Eis die geordnete Eiskristallstruktur in eine ungeordnete Bewegung einzelner Wassermoleküle überführt. (Die Entropie des Wassers im Eiswürfel nimmt dabei zu.) Dementsprechend kann Entropie umgangssprachlich als „Maß für die Unkenntnis der Zustände aller einzelnen Teilchen" (BECKER, R.: Theorie der Wärme, Heidelberg 2013, S. 253.), verstanden werden. Vereinfachend wird Entropie als „Maß für Unordnung" angesehen.

nur in Zeiten der Covid-19-Pandemie, sind stumme Zeugen für diesen Grundsatz. Auch Läger und Produktionsräumlichkeiten, aber auch Datenbankstrukturen, Laufwerksverzeichnisse (Ordner) und Mailordner sind häufig davon betroffen. In Bezug auf die Zunahme von Kennzahlen und das Wachstum von Kennzahlensystemen bedeutet dies, dass die Wahrscheinlichkeit sinkt, Ordnung und Überblick zu behalten. Die Entropie ist dann geeignet, den „Wildwuchs" voranzubringen.

Ziel und Grenzen der Kennzahlenanalyse

Es ist nicht das Ziel der Kennzahlenanalyse, im ersten Anlauf zu umfassenden und abgesicherten Urteilen über die eigene Unternehmung zu gelangen. Vielmehr geht es darum, mit Hilfe des hier in Grundzügen vorgestellten Instrumentariums **Auffälligkeiten und Besonderheiten zu erkennen**, die es dann ermöglichen, entsprechend sachkundige Fragen zu stellen und gezielt weitere Informationen heranzuziehen, die schließlich das Urteil abrunden und es vielleicht überhaupt erst ermöglichen.

Doch beinhaltet das Arbeiten mit Kennzahlen auch Probleme. Derjenige, der Kennzahlen nutzt, muss sich über ihre Stärken, aber auch über ihre Schwachstellen genau im Klaren sein. "Wie ein Skalpell nur in die Hände eines erfahrenen Chirurgen gehört, so erfordert auch das Arbeiten mit Kennzahlen umfassende betriebswirtschaftliche Erfahrung."[395] Die Kennzahlenanalyse lässt **nur begrenzte Aussagen** auf bestimmte Fragestellungen zu, die stets kritisch zu werten sind. Trotz allem hilft die operative Unternehmensanalyse auf Basis von Kennzahlen bei der Beurteilung der Rentabilität, der Wirtschaftlichkeit, der Produktivität und der Liquidität und lässt erste Einblicke in die Ertrags-, Vermögens- und Finanzlage zu, die zu weiteren Fragen und Analysen führen sollten.

Auswahl der Kennzahlen

Ein modernes Controlling bedeutet mehrdimensionales **Controlling von Wert-, Mengen- und Zeitgrößen**. Lange Zeit **standen ausschließlich Wertgrößen im Vordergrund, zumal das klassische Rechnungswesen primär eine Wertrechnung** ist. In der betrieblichen Praxis zeigt sich jedoch, dass alle Formen von Daten und somit **auch Mengen- und Zeitdaten von hoher eigenständiger Bedeutung für Planung, Steuerung und Kontrolle sind. Mengen- und Zeitdaten sind sogar in vielen Fällen schneller, kostengünstiger, direkter und aussagefähiger**

---

[395] HOFMANN, R.: Bilanzkennzahlen, Industrielle Bilanzanalyse und Bilanzkritik, 3. Aufl., Opladen 1973, S. 365.

als Wertdaten. Das Controlling kann sich also nicht allein auf das Management von Wertgrößen und schon gar nicht auf die Kostenkontrolle begrenzen. Controller müssen Kennzahlen aus allen Bereichen kennen, beherrschen und situativ und im Mix einsetzen können.

Anliegen der Fachbücher zum Thema „Controlling" (Beispiel: WÖRDENWEBER: „Operatives Controlling, Band 1 und 2") ist es, die **bedeutendsten Kennzahlen vorzustellen und die Ableitung und daraus resultierend die Aussagefähigkeit und Problematik dieses Zahlenmaterials dem Controller nahe zu bringen. Die Kenntnis und die Interpretation der Kennzahlen sollen helfen, ein qualitatives inhaltliches Unternehmenscontrolling durchführen zu können.** Dem Controller wird ein Instrument an die Hand gegeben, mit dessen Hilfe er in der Lage ist, **zeitsparend, aber dennoch effektiv die vergangene, gegenwärtige und künftige Situation der Unternehmung beurteilen bzw. abschätzen zu können.** Aus der Fülle von Kennzahlen der betriebswirtschaftlichen Theorie und Praxis wird ein für die Unternehmensanalyse relevanter Kennziffernkatalog ausgewählt und vorgestellt. Die Nennung von gebräuchlichen Synonymen für einzelne Kennziffern trägt zu mehr terminologischer Klarheit bei. Ferner sollen die Ausführungen Denkanstöße liefern, um Controllingkennzahlen leistungsfähiger zu konzipieren und effizienter nutzen zu können.

Bei der Auswahl der Kennziffern stehen häufig **kleine und mittlere Unternehmen** (KMU) im Mittelpunkt der Betrachtung. Es werden Kenngrößen ausgewählt, die als weitgehend repräsentativ für die Performancemessung im modernen Management mittelständischer Unternehmen anzusehen sind.

Da in deutschen KMU die **handelsrechtliche Rechnungslegung** die zentrale Informationsbasis für das externe und interne Rechnungswesen darstellt, wird diese als Grundlage der Datenaufbereitung und Kennzahlenermittlung herangezogen. Nichtsdestotrotz wären die internationalen Rechnungslegungsstandards aufgrund ihrer investororientierten Perspektive näher an betriebswirtschaftlichen Controllingmodellen ausgerichtet. Doch sind die IAS/IFRS eher bei kapitalmarktorientierten Unternehmen und Konzernen zu finden. Auch die IFRS für KMU haben in Deutschland noch keine Verbreitung gefunden.

Basis der Datengenerierung soll in erster Linie die externe Rechnungslegung auf Basis des deutschen Handelsrechts sein, die um eine interne Sichtweise und **interne Datenquellen** erweitert werden soll. Adressaten des Kapitels sind insofern nicht – wie in den klassischen Lehrbüchern zur Jahresabschlussanalyse – der externe Bilanzanalyst, sondern der interne Controller und/oder der Manager, die entsprechend problemlos auf weitere erforderliche interne Informationsmaterialien zurückgreifen können. Neben den genannten internen Adressaten kommen in KMU ebenso die Gesellschafter als Interessenten der Kennzahlenanalyse in Frage. Gesellschafter von KMU weisen üblicherweise andere Prioritäten auf als anonyme Kapitalmarktteilnehmer bei börsennotierten Kapitalgesellschaften. Die Unterschiede liegen dabei zum einen im Umfang und zum anderen in der Relevanz bestimmter Informationen. So haben die Kapitalgeber von Familienunternehmen im Gegensatz zu anonymen Publikumsgesellschaften in den meisten Fällen direkten und uneingeschränkten Zugang zu unternehmensinternen Informationen. Aber auch in Bezug auf die Informationsinteressen unterscheiden sich die Gesellschafter von Familienunternehmen essenziell von Kapitalmarktinvestoren. Gesellschafter von Familienunternehmen legen Wert auf leicht nachvollziehbare und gut verständliche Kenngrößen, z. B. Eigenkapital, (Finanz-)Verbindlichkeiten oder liquide Mittel. Komplexe und als schwer nachvollziehbar eingestufte Daten wie latente Steuern, Leasing oder Pensionsrückstellungen werden hingegen als eher unwichtig eingestuft.[396]

1.6.3   Planungsgrundsätze

Eine solide und zukunftsfähige Planung ist für den Erfolg eines Unternehmens unerlässlich. Sie bildet die Grundlage für weitere Entscheidungen über die angedachte Entwicklung eines Unternehmens oder seiner Teilbereiche. Da jedes Unternehmen einzigartig ist, ist jede Planung individuell vorzunehmen. Bei einer Planung handelt es sich i. d. R. um einen komplizierten und anspruchsvollen Prozess. Vor diesem Hintergrund stellt sich die Frage, welchen wesentlichen Grundsätzen eine erfolgreiche Planung entsprechen muss. Zunächst sollen die rechtlichen Rahmenbedingungen für Planungen vorgestellt werden.

1.6.3.1   Rechtliche Grundlagen

Grundsätzlich bleiben die Rechtsvorschriften zum Thema Planung recht vage, da konkrete Vorgaben hier sehr tief in die unternehmerische Freiheit (u. a. abgeleitet aus der Berufsfreiheit des Art. 12 GG) und die Eigentumsrechte des Art. 14 GG eingreifen würden. Ein Eingriff in den Schutzbereich des Grundrechts setzt in Deutschland eine entsprechende Rechtfertigung voraus. Hier kommen vor allem der **Arbeitnehmerschutz** und der **Gläubigerschutz** in Betracht.

Es existieren **vor allem für die größeren Gesellschaften gesetzliche Vorgaben**. Maßgebend für eine ordnungsgemäße Planung ist hierbei die **Sorgfaltspflicht**, die für Aktiengesellschaften in § 93 AktG geregelt ist. Diese gibt allerdings keine Auskunft darüber, welchen Grundsätzen

---

[396] REUTHER, F., FINK, C.: Besonderheiten der Bilanzierung in Familienunternehmen in: Betriebs-Berater (Zeitschrift) 2010, S. 363−367.

eine Planung entsprechen muss.[397] Gemäß § 93 Abs. 1 S. 1 AktG haben die Vorstandsmitglieder „ ... bei ihrer Geschäftsführung die Sorgfalt eines ordentlichen und gewissenhaften Geschäftsleiters anzuwenden."

Eine ähnliche Regelung findet sich auch im GmbHG. Dort ist vor allem § 43 Abs. 1 S. 1 GmbHG einschlägig. „Die Geschäftsführer haben in Angelegenheiten der Gesellschaft die Sorgfalt eines ordentlichen Geschäftsmannes anzuwenden."

Diese sehr allgemein formulierten Auflagen des Gesetzgebers lassen relativ viel Freiraum für Interpretationen. Dennoch sollte von einem ordentlichen Geschäftsmann erwartet werden können, zumindest eine grobe Planung vorzunehmen. Der BGH konkretisiert den „Sorgfaltsmaßstab" des Gesetzes in einem Urteil vom 28.10.1971 dabei wie folgt: „... den **Anspruch, den man an einen selbstständigen, treuhänderischen Verwalter fremden Vermögens** stellen kann."[398]

Darüber hinaus existieren mehrere Rechtsvorschriften, welche die Haftung im Falle einer Pflichtverletzung festlegen. Bei der GmbH wird diese unter § 43 Abs. 2 S. 1 GmbHG geregelt: „Geschäftsführer, welche ihre Obliegenheiten verletzen, haften der Gesellschaft solidarisch für den entstandenen Schaden."

Ähnliche Regelungen finden sich auch für andere Gesellschaftsformen, alle infrage kommenden Rechtsformen hier abzuhandeln würde jedoch den Rahmen dieser Ausarbeitung sprengen.

Zu den eher konkreten Vorgaben des Gesetzgebers gehört § 289 Abs. 1 S. 4 **HGB**, der **große sowie mittelgroße Kapitalgesellschaften** dazu verpflichtet, einen Lagebericht zu erstellen: Sie haben „...die **voraussichtliche Entwicklung mit ihren wesentlichen Chancen und Risiken** zu beurteilen und zu erläutern; zugrundeliegende Annahmen sind anzugeben." Das Handelsgesetz verpflichtet betroffene Gesellschaften also dazu, sich mit der zukünftigen Entwicklung auseinander zu setzen. Im Rahmen einer Unternehmensplanung ist genau dies ein wichtiger Teilaspekt.

Des Weiteren verpflichtet der Gesetzgeber durch § 90 Abs. 1 S. 1 Nr. 1 AktG den Vorstand dazu „...dem Aufsichtsrat […] über die **beabsichtigte Geschäftspolitik und andere grundsätzliche Fragen der Unternehmensplanung** (insbesondere Finanz-, Investitions- und Personalplanung) [zu berichten], wobei auf **Abweichungen** der tatsächlichen Entwicklung ... einzugehen ist." Es wird also nicht nur eine umfassende Planung verlangt, sondern auch eine regelmäßige Kontrolle der Abweichungen von den Zielvorgaben. Gerade die Kontrollierbarkeit einer

---

[397] Vgl. INSTITUT DER UNTERNEHMENSBERATER: Grundsätze ordnungsgemäßer Planung, V. 2.1, 2007, S. 8.
[398] BGH, Urteil vom 28.10.1971, II ZR 49/70.

Planung führt zu einer Reihe von Formalitäten, die im Unternehmen geklärt werden müssen. Auf diesen Punkt wird zu einem späteren Zeitpunkt genauer eingegangen.

In der Kommentierung zu diesem Paragrafen unterscheidet der Gesetzgeber „die **kurzfristige**, die **mittelfristige** (Mehrjahresplan) und die **langfristige** (Unternehmensplan)" Planung. Die Legislative sieht es als Selbstverständlichkeit an, dass ein Unternehmen **wenigstens eine kurzfristige Budgetplanung** erstellt.[399]

Da die gesetzlichen Vorschriften nicht für alle Unternehmen verbindlich sind, bleibt eine Planung in den meisten Fällen fakultativ, selbst wenn das Unternehmen ohne diese auf Dauer wohl kaum bestehen wird.[400] Aus diesem Grund empfiehlt es sich nicht, nur nach Vorgaben zu planen, die sich in irgendeiner Art und Weise aus dem Gesetz ableiten lassen.

Es existieren unterschiedliche Ansichten darüber, auf welchen Grundsätzen eine solide Planung fußen sollte. In vielen Fällen werden Unter-/Überordnungen nicht beachtet oder Grundsätze genannt, die nicht grundlegend für eine Planung sind. Als **Planungsgrundsätze** werden hier daher nur die folgenden näher betrachtet:

- Vollständigkeit
- Genauigkeit
- Flexibilität/Elastizität
- Wirtschaftlichkeit
- Kontrollierbarkeit
- Einfachheit und Klarheit
- Realisierbarkeit

Darst. 1.6018: Grundsätze der Planung

1.6.3.2 Grundsatz der Vollständigkeit

Die Vollständigkeit der Planung soll gewährleisten, dass **alle relevanten Sachverhalte** im Planungsprozess berücksichtigt werden.[401] Dies umfasst auch die Einbeziehung der voraussichtlichen zukünftigen Entwicklungen. Primär bezieht sich dieser Grundsatz auf die **Planungsbreite**

---

[399] Vgl. BDU E. V.: Grundsätze ordnungsgemäßer Planung (GoP), 3. Aufl., Bonn 2009, S. 9.

[400] Vgl. hierzu Unterabschnitt 1.6.1 "Notwendigkeit der Planung, Planungsbegriff und Prognose".

[401] Vgl. hierzu Unterabschnitt 1.6.1 "Notwendigkeit der Planung, Planungsbegriff und Prognose".

und nicht auf die Planungstiefe.[402] Jede unvollständige Planung, die für die Entscheidung bedeutsame Information außen vor lässt, muss als mangelhaft eingestuft werden.

An dieser Stelle wird zwischen **der sachlichen und der zeitlichen Vollständigkeit** unterschieden.[403] Mit **zeitlicher Vollständigkeit** ist gemeint, dass die Vollständigkeit auf den Planungszeitraum selbst bezogen wird. Dies hat zur Konsequenz, dass geprüft werden muss, ob eine Planung kontinuierlich/wiederholt durchgeführt werden muss oder ob es sich um eine einmalige Planung handelt. Sofern die Langfristigkeit der Planung nur auf die generelle Planungsdauer der fortlaufenden Planung Bezug nimmt, muss sichergestellt sein, dass in dem zu betrachtenden Planungszeitraum des anstehenden Planungsproblems keine Lücken auftreten.

Im Unter-Unterabschnitt 1.6.7.3 „Zeitliche Koordination" wird noch einmal kurz auf die Flexibilität der Planung eingegangen und dort explizit sowohl die rollende/rollierende als auch die revolvierende Planung vorgestellt.

Um alle relevanten Sachverhalte abzudecken, muss die Planung im Hinblick auf die **sachliche Vollständigkeit** alle betroffenen Bereiche innerhalb des Unternehmens mit einbeziehen. Daher bietet es sich an, entlang des Wertschöpfungsprozesses zu planen. Der **Prozessbezug** wird in der Literatur gelegentlich als eigener Grundsatz angesehen.[404] Prinzipiell kann dieser jedoch als Teilaspekt der Vollständigkeit betrachtet werden. Dahinter steht die Forderung, alle für die Leistungserstellung relevanten Bereiche im Planungsprozess zu berücksichtigen und sich am Prozessablauf zu orientieren. Dies beinhaltet auch die Berücksichtigung der gegenseitigen Abhängigkeiten der verschiedenen Teilpläne, die auch als „**Simultanität der Planung**" bezeichnet wird.[405] Das folgende Schaubild zeigt beispielhaft die Verknüpfung der einzelnen Teilplanungen und erklärt insofern, wie wichtig die Abstimmung der Teilbereiche (**Koordination**) für eine fundierte Planung ist.

---

[402] Vgl. KORNDÖRFER, W.: Grundlagen der Unternehmensführung (im Folgenden mit „Grundlagen" abgekürzt), Wiesbaden 1980, S. 53.

[403] Vgl. etwa HANS, L., WARSCHBURGER, V.: Controlling, 3. Aufl., München 2009, S. 28.

[404] HOMBURG, C.: Quantitative Betriebswirtschaftslehre, 3. Aufl., Wiesbaden 2000, S. 3.

[405] Vgl. EHRMANN, H., MINTERT, S.-M.: a. a. O., S. 45.

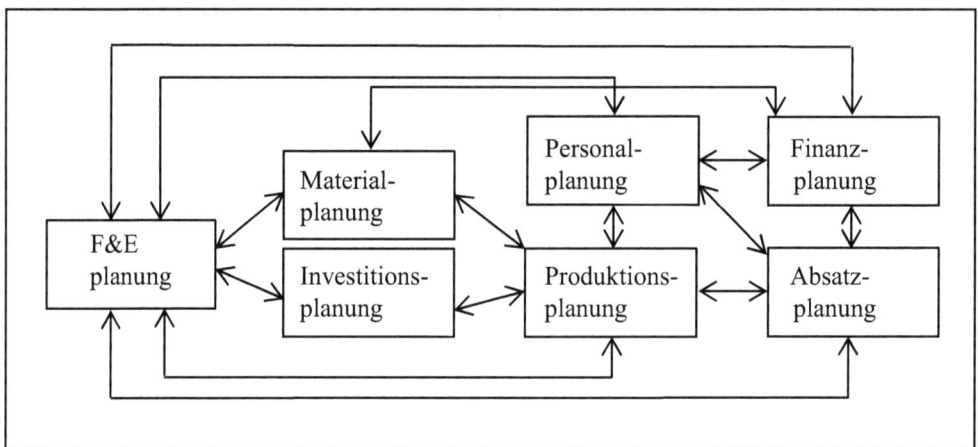

Darst. 1.6019: Planungsinterdependenzen ausgewählter Teilplanungen

Grundsätzlich spielen bei den mittelfristigen, besonders aber bei den kurzfristigen Planungen die betrieblichen **Engpässe** eine wichtige Rolle. Je kurzfristiger eine betriebliche Planung erfolgt, desto stärker muss sie sich an den Engpässen orientieren; d. h. nach dem von Gutenberg aufgestellten **Ausgleichsgesetz der Planung**[406] muss mit dem Teilbereich begonnen werden, der den Engpass (**Minimumsektor**) des Unternehmens bildet. Dies ist angesichts zunehmenden Wettbewerbs – auch infolge der Globalisierung der Wirtschaft – in aller Regel der Absatzmarkt[407]. Die Folge ist, dass für eine zuverlässige Produktionsplanung erst die Daten der Absatzplanung vorliegen müssen. Gleichzeitig wird sich die Produktion mit dem Vertrieb darüber verständigen müssen, ob die angepeilte Absatzmenge unter Berücksichtigung der vorhandenen Kapazitäten realisierbar ist. Ähnliche Rückkopplungen sind auch zwischen den anderen Abteilungen notwendig.

Als größten Vorteil einer prozessbezogenen Planung kann dabei vor allem die Effizienz der Planung in Bezug auf die dafür aufgewendete Zeit betrachtet werden. Wäre z. B. bereits eine Personalplanung durchgeführt worden, bevor die eigentliche Absatzmenge sowie Produktionsmenge feststehen, hätte diese von Grund auf neu erstellt werden müssen. Die Prozessausrichtung stellt somit eine wichtige Herangehensweise an den Planungsprozess dar, um der gegenseitigen Abhängigkeit von Teilplänen verschiedener Organisationsteile gerecht zu werden.

---

[406] Vgl. GUTENBERG, E.: Grundlagen der Betriebswirtschaftslehre, Bd. 1: Die Produktion (im Folgenden mit „Produktion" abgekürzt), 24. Aufl., Berlin, Heidelberg, New York 1983, S. 163 ff.

[407] In sanierungsbedürftigen Firmen vordergründig der Finanzbereich; in einer Nachkriegszeit oder bei inneren Unruhen ist regelmäßig die Produktion der Engpass.

Grundsätzlich sind (weitere) mögliche Engpässe ebenfalls im Rahmen der Vollständigkeit auf-zudecken. Dadurch soll vor allem die strategische Planung auf Erschwernisse ausgerichtet wer-den, die für eine erfolgreiche Entwicklung des Betriebes hinderlich sind. Dabei sollten diese Hinderlichkeiten je nach Dringlichkeit der Reihe nach abgebaut werden.

1.6.3.3 Grundsatz der Genauigkeit

Die Planung sollte zwingend eine bestimmte **Genauigkeit** aufweisen. Dahinter steht jedoch nicht die Forderung nach absoluter Genauigkeit. Dies ist in der Praxis auch nahezu unmöglich, da oft Prognosen in die Planung einfließen, die sich zukünftig als falsch erweisen können. Viel-mehr sollte gerade so genau geplant werden, wie es zur Zielerfüllung als notwendig angesehen wird. Angestrebt wird also eine relative und ausreichende Genauigkeit.[408] Trotz der gewünsch-ten Genauigkeit darf nie vergessen werden, dass eine Planung, je weiter sie in die Zukunft ragt, auf umso unsichereren Zukunftsinformationen (Prognosen) basiert.

Welches Maß an Genauigkeit die einzelnen Teilpläne tatsächlich aufweisen sollten, hängt daher vom **Planungshorizont** ab. So ist eine langfristige Planung im Gegensatz zur mittelfristigen, vor allem aber zur kurzfristigen Planung eine Grobplanung, auf die bezüglich der Genauigkeit nicht so viel Wert gelegt wird. Im Gegensatz dazu setzt die kurzfristige Planung als Feinplanung eine hohe Genauigkeit voraus. Zur Lösung diverser kurzfristiger Planungsprobleme werden oft mathematische Verfahren wie z. B. die Lineare Programmierung eingesetzt.

Genauigkeit in der Planung bedeutet beispielsweise, dass **Schwankungen** bei den Kennzahlen innerhalb des Planungszeitraums berücksichtigt werden sollten. Bei einer kurzfristigen bzw. operativen Planung sind dies saisonale Schwankungen, bei einer langfristigen bzw. strategi-schen Planung (konjunktur-)zyklische Unstetigkeiten. Da aber nicht jede Schwankung gleich zu einer neuen Planung führen muss, sind hier seitens des Unternehmens in den Planungen be-stimmte **Toleranzgrenzen**[409] einzuführen, die bei einem Überschreiten eine Überarbeitung der Pläne angeraten erscheinen lassen.

---

[408] Vgl. KORNDÖRFER, W.: Unternehmensführungslehre. Einführung – Entscheidungslogik – Soziale Komponen-ten, 7. Aufl., Wiesbaden 1989, S. 106.

[409] Vgl. dazu die Ausführungen im Unterabschnitt 1.7.7 „Darstellung und Bewertung von Abweichungen".

1.6.3.4 Grundsatz der Flexibilität

Grundsätzlich neigt jede Planung dazu, gegenüber sich ändernden Situationen für unbeweglich und starr gehalten zu werden. Dieser Annahme steht das **Postulat der elastischen Planung**, welches auch als **Grundsatz der flexiblen Planung** oder **Grundsatz der Elastizität** bezeichnet werden kann, entgegen. Planung wurde im vorherigen Unterabschnitt als prospektives Denkhandeln beschrieben. Dementsprechend muss ein gelungener Plan **für eventuell eintretende Änderungen der im Entscheidungsprozess[410] unterstellten in- (Unternehmens-) und externen (Umwelt-)Bedingungen alternative Ziele und die zur Zielerreichung erforderlichen Maßnahmen bereithalten**. Gewisse Abweichungen **zwischen prognostizierten und (später) tatsächlich eintretenden Umweltzuständen** sind nahezu unvermeidlich und reichen von kleinen Fehlprognosen bis hin zu unvorstellbaren Abweichungen (z. B. die Wirtschaftskrise 2007 oder die Covid-19-/Corona-Pandemie 2020/2021). Für international agierende Unternehmen sind insbesondere schwankende Wechselkurse von großer Bedeutung, da diese erhebliche Auswirkungen auf die Finanz- und Ertragslage haben können. Daher muss die Planung so flexibel gestaltet sein, dass sie sich an externe und interne Schwankungen anpassen kann.[411]

In der Praxis sind folgende Möglichkeiten denkbar, um das Postulat der flexiblen Planung zu erfüllen:

> - Vorhaltung von Reserven
> - Aufstellung von Eventualplänen
> - Planrevisionen (rollierende, vor allem revolvierende Planung)
> - Hinausschieben der Planungsentscheidung

Darst. 1.6020: Alternativen einer elastischen Planung

Eine erste Möglichkeit besteht darin, **Reserven anzulegen**. Dies können Kapazitäts-, Zeit- oder Liquiditätsreserven sein. Konkret bedeutet dies, u. a. Personal, Maschinen und Werkstoffe oder finanzielle Mittel bereitzustellen. Die Haltung von Reserven im Bereich der Produktionsfaktoren kann **finanzielle Mittel vernichten**, z. B. wenn das Unternehmen im Endeffekt nicht benötigtes Personal vorhält und entlohnen muss, oder **finanzielle Mittel aufgrund der Kapitalbindung anderen Verwendungszwecken vorenthalten**, d. h. das Geld steht für andere nicht oder nicht mehr zur Verfügung. Letzteres ist der Fall, wenn bspw. statt einer Duozweck- eine teurere

---

[410] Vgl. Darst. 1.209 „Führungsprozess".
[411] Vgl. EHRMANN, H., MINTERT, S.-M.: a. a. O., S. 46.

Monozweckmaschine angeschafft wird. Im schlimmsten Fall kommt es zu **Liquiditätsengpässen** bis hin zu einer Insolvenz. Grundsätzlich sollten die Reserven so angelegt sein, dass sie ihrerseits eine möglichst gute Anpassung ermöglichen. Statt Personal selbst vorzuhalten, sollte ein Rahmenvertrag mit einer Personalüberlassungsfirma abgeschlossen werden. Oder die bankseitige Zurverfügungstellung eines Kreditrahmens, bei dem die einzelnen Mittelabrufe flexibel getätigt werden können. Oder z. B. die bereits erwähnte Wahl einer Duozweck- statt Monozweckmaschine. Grundsätzlich gilt aber für alle (nicht genutzten) Reserven, dass sie die **Rentabilität des Unternehmens negativ beeinflussen**, da beispielsweise der angesprochene Kreditrahmen wegen der flexiblen Inanspruchnahme einen höheren Zins beinhaltet oder etwa die Abschreibung für die Zweizweckmaschine aufgrund der höheren Anschaffungskosten größer ist als diejenige der Einzweckmaschine.

Eine zweite, oft gewählte Möglichkeit besteht darin, für verschieden denkbare Situationen sogenannte **Eventualpläne**, die auch „Schubladenpläne" genannt werden, aufzustellen. Diese Eventualpläne antizipieren künftige Umweltzustände, die sich aufzunehmen „lohnen". Mit „lohnen" sind drei Situationen gemeint: Im ersten Fall liegen die **Wahrscheinlichkeiten für das Eintreten zweier oder mehrere Umweltzustände** so **nah beieinander**, dass mit dem Eintreten (auch) der Alternative(n) fast zu rechnen ist. Als Beispiel können hier Wahlen gelten, bei denen das eine „Lager" für eine für das Unternehmen günstige Position eintritt (z. B. Ausbau der günstigeren, aber nicht absolut sicheren Kernkraft), das andere „Lager" eine gegenteilige Auffassung (z. B. Ausbau der deutlich teureren, aber überwiegend sichereren regenerativen Energien) vertritt. Betreibt das Unternehmen in dieser Situation Atommeiler, so sollte es bei einem absehbaren, annähernden Gleichstand zwischen den Parteiblöcken tunlichst eine Alternativplanung vornehmen. Bei einem Unterlassen der Eventualplanung und einem Gewinn der Wahlen durch die Parteien, die auf regenerative Energien setzen, ist das Unternehmen nahezu chancenlos; zumindest kann es sich nicht schnell und reibungslos genug auf die sich ändernden Umweltbedingungen einstellen. In einem zweiten Fall **erhöhen sich die Wahrscheinlichkeiten für das Eintreten eines Umweltzustandes drastisch** (meist auch noch schnell). Werden derartige Trends ersichtlich, sollte möglichst rasch eine Eventualplanung vorgenommen werden. Als Beispiel können (tendenziell populistische?) Gesetzesänderungen gelten oder z. B. (konkret) Streiks der Lokführer. Steht zum Beispiel als Incentivemaßnahme eines Unternehmens ein gemeinsamer Besuch eines Fußballspiels per Zug auf dem Programm, sollte vorsorglich eine alternative Anreise geplant werden. Eine dritte Lage sieht so aus, dass die **Wahrscheinlichkeiten eher im unteren Bereich liegen oder** eine Umweltsituation als nahezu **unwahrscheinlich** gilt, die **Auswirkungen** im Falle eines Eintritts aber **gravierend** sind. Mit gravierend sind beispielsweise extreme Kosten oder erhebliche finanzielle Mittel gemeint. Als Beispiel sei der Unfall im Atomkraftwerk Fukushima (Japan) 2011 angeführt. Zwar galt und gilt ein Atomunfall in dieser Größenordnung (INES-Stufe 7 mit der Freisetzung von mehr als 10.000 Terabecquerel radioaktiven Materials) als sehr unwahrscheinlich[412], die – nicht nur materiellen – Schäden (z. B. in Form von Schadensersatz) gehen in die Milliarden.[413] Entscheidend sind also nicht nur die Wahrscheinlichkeiten, sondern die **Erwartungswerte**[414] für das Eintreten eines Umweltzustandes. Angenommen, die Wahrscheinlichkeit für das Eintreten eines ursächlichen Erdbebens der aufgetretenen Stärke läge bei 0,0002 %, der Schaden bei 180 Mrd. €, ergibt sich daraus ein Erwartungswert von 3,6 Mio. €. – In der Praxis werden oft **drei mögliche Szenarien** angedacht: Der für das Unternehmen bestmögliche Verlauf stellt dabei den „**Best Case**" dar, der ungünstigste Verlauf den „**Worst Case**". Dazwischen befindet sich als weitere Versionen eine Planung für den „**Normalfall**". Voraussetzung hierfür ist natürlich das frühzeitige Erkennen dieser Risiken und ebenso möglicher Chancen.

Eine dritte Alternative besteht in der **laufenden Planrevision**. Indem die verabschiedeten Pläne revidiert werden, kann jederzeit eine eventuell auftretende Änderung der prognostizierten Daten berücksichtigt werden. Neben der **rollierenden (rollende, „überlappende") Planung** wird hier vor allem die **revolvierende Planung** empfohlen. Das Merkmal der revolvierenden Planung ist die Konkretisierung und Fortschreibung von Plänen um einen weiteren Teil-Zeitraum am Ende des vorhergehenden Gesamt-Zeitraumes, der dem abgelaufenen Teil-Zeitraum entspricht. Anders ausgedrückt: Sobald das Ende des letzten fein geplanten Teil-Zeitraumes erreicht ist, wird der entsprechende Zeitraum an das (bisherige) Planungsende des gesamten Planungszeitraums angehängt, so dass der gesamte Planungszeitraum in seiner zeitlichen Ausdehnung nicht verändert wird. Zudem werden bei der revolvierenden Planung im Zuge des „Vortriebs" sämtliche Planungsprämissen einschl. Prognosen überprüft. Ein Beispiel für einen revolvierenden (dreimonatigen) Finanzplan findet sich im Paragraf 1.6.7.3.2 „Planungsrhythmus".

Bei der vierten Möglichkeit wird eine bestimmte **Entscheidung so lange wie möglich hinausgeschoben**, um alle in der Zwischenzeit noch eintretenden Änderungen und/oder Verbesserungen der Datenlage in die Entscheidung mit einfließen zu lassen. Damit wird die Entscheidung qualitativ besser. Insbesondere bei weitreichenden, nicht oder kaum revidierbaren Entscheidungen ist ein Hinauszögern der Entscheidung eine gute Alternative. Allerdings darf nicht verkannt werden, dass eine späte Festlegung nicht nur langfristige Inkonsequenzen mit sich bringen kann, sondern auch die Zahl der Handlungsalternativen insofern eingeschränkt wird, als nur noch bestimmte Alternativen kurzfristig umsetzbar sind.

---

[412] Die Wahrscheinlichkeit für das dann in dieser Stärke aufgetretene, ursächliche Tohoku-Erdbeben (am 11.03.2011) war relativ gering.

[413] Die Schätzungen lagen 2014 zwischen 150 und 190 Mrd. Euro.

[414] Ein Erwartungswert ist das Produkt aus Wahrscheinlichkeit und der Merkmalsausprägung.

1.6.3.5 Grundsatz der Wirtschaftlichkeit

Der grundsätzlichen Forderung nach Genauigkeit sowie Vollständigkeit und Flexibilität steht der Grundsatz der **Wirtschaftlichkeit** als einschränkende Bedingung gegenüber:

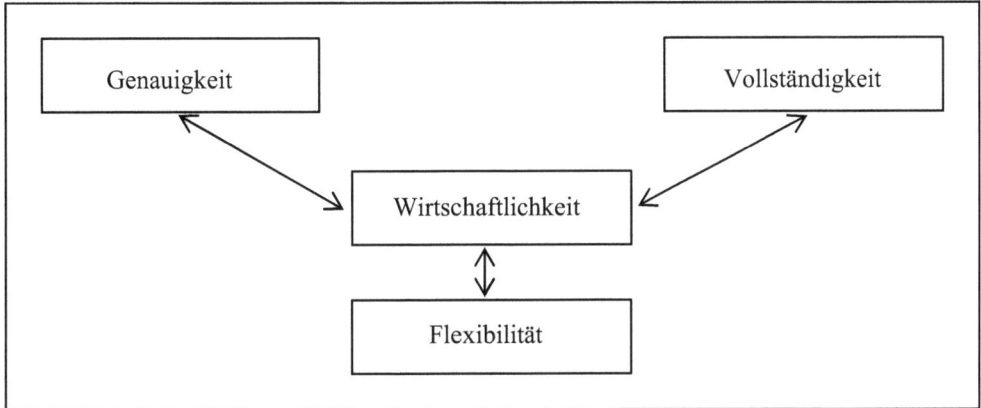

Darst. 1.6021: Interdependenzen zwischen verschiedenen Grundsätzen der Planung

Der Nutzen der Planung endet an dem Punkt, an dem der durch die Planung erzielte Ertrag (auch in Form von Aufwandsvermeidung) den durch die Planung verursachten Aufwendungen entspricht.[415] Da diese Größen in der Praxis jedoch sehr schwer zu erfassen sind und die Erfassung selbst gar den Planungsaufwand weiter ansteigen lässt, lassen sich keine exakten Vorgaben definieren. Vielmehr sollten die Planungsträger darauf bedacht sein, nur dort zu planen, wo es unbedingt notwendig erscheint. Des Weiteren empfiehlt es sich, die Planung nur so vollständig und umfassend durchzuführen, wie es für den jeweiligen Sachverhalt als nötig empfunden wird.[416]

1.6.3.6 Grundsatz der Kontrollierbarkeit

Der gesamte Planungsprozess hat nur dann eine Existenzberechtigung, wenn sich der Planende einen Eindruck von dem Grad der Zielerreichung verschaffen kann. Aus diesem Grund muss

---

[415] Vgl. KORNDÖRFER, W.: Grundlagen, a. a. O., S. 54.
[416] Vgl. ebenda.

eine Planung dem Grundsatz der **Kontrollierbarkeit** entsprechen. Ehrmann/Mintert unterscheiden dabei zwischen formalen und inhaltlichen Aspekten.[417] Unter **formalen Gesichtspunkten** ist wichtig, dass bei der Planung nach einem „systematischen Charakter" vorgegangen wird.[418] Auch Mag deckt diesen Aspekt durch seine Forderung nach einem „methodisch-systematischen Vorgehen" ab.[419] Durch die Etablierung eines einheitlichen Systems wird die Planung nicht nur für eventuelle Adressaten nachvollziehbarer (siehe Unter-Unterabschnitt 1.6.3.1 „Rechtliche Grundlagen"), die Kontrolle wird dadurch auch erst richtig ermöglicht. In diesem Sinne bietet es sich ab einer gewissen Größe des Unternehmens an, ein **Planungshandbuch** zu führen, in dem u. a. die Planungsmethoden, Planungsträger, Planungszeiträume etc. vorgegeben werden.[420] In diesem können sowohl formale Anforderungen an die Planung festgehalten werden als auch die **inhaltlichen Bestandteile** der jeweiligen Teilpläne. Quantifizierbare Größen eignen sich unter dem Aspekt der Kontrollierbarkeit am besten.[421] In diesem Zusammenhang ist auf gute mathematisch-statistische Kenntnisse hinzuweisen, denn oft wird mit Skalen gearbeitet, die nicht metrisch sind, sondern nur ordinalskaliert. Nur bei metrischen Skalen (Verhältnis-[422] oder Intervallskala[423]) sind die Differenzen gleich, während schon bei ordinalskalierten Größen[424] größer/kleiner-Relationen zu erkennen sind.

Die regelmäßige Gegenüberstellung von Plan-Größe und Wird-Größe lassen frühzeitig eine eventuelle Verfehlung der Planziele erkennen, so dass bei Bedarf geeignete Maßnahmen ergriffen werden können, um dieser entgegenzuwirken.[425]

1.6.3.7 Grundsatz der Einfachheit und Klarheit

Durch den Grundsatz der **Einfachheit** soll sichergestellt werden, dass die Planung, d. h. die Ziele und die zur Zielerreichung vorgesehenen Maßnahmen für jeden Mitarbeiter im Unternehmen, vom Top-Management bis hin zum „einfachen Werker" möglichst einfach formuliert werden. Dadurch wird es den Adressaten auf allen Ebenen ermöglicht, die Pläne sofort zu verstehen und ihre Tätigkeit auf die Planerreichung auszurichten. Des Weiteren wird durch eine leicht

---

[417] Vgl. EHRMANN, H., MINTERT, S.-M.: a. a. O., S. 46.

[418] Vgl. HOMBURG, C., a. a. O., S. 3.

[419] Vgl. MAG, W.: Unternehmensplanung, München 1995, S. 4.

[420] Auf das Thema „Planungshandbuch" wird im gleichnamigen Unterabschnitt 1.6.9 ausführlich eingegangen.

[421] Vgl. EHRMANN, H., MINTERT, S.-M.: a. a. O., S. 46.

[422] Beispiele: Alter, Geschwindigkeiten, Längen, Temperatur in Kelvin.

[423] Beispiele: IQ-Skala, Jahreszahlen, Temperatur in Celsius.

[424] Beispiele: Bundesligatabelle, Energieeffizienzklassen, Kundenzufriedenheitswerte, Schulnoten, Umweltverträglichkeitsklassen.

[425] Vgl. hierzu die Ausführungen im Unterabschnitt 1.7.6 „Bewertung von Kennzahlen und Benchmarking".

verständliche Formulierung der Vorgaben die Planung für alle Empfänger greifbarer, was eine höhere Zielakzeptanz mit sich bringt. So wird ein Fertigungsmitarbeiter in der Holzindustrie die Forderung nach einer „Verringerung des Materialausschuss durch Verwendung der neuen Fräsvorlage Nr. 3534" gegenüber wahrscheinlich offener sein als einer „Senkung von Herstellkosten durch die Verringerung der Materialeinzelkosten." **Klar** meint, dass die Planungsziele und -maßnahmen in sich widerspruchsfrei und speziell die Begriffe eindeutig sind und keinen Spielraum für Interpretationen lassen. Wenn also bspw. die abzusetzende Menge angesprochen werden soll, ist der Begriff „Absatz" richtig und nicht „Umsatz" (als Wertgröße).

Darüber hinaus sollten sowohl die geplanten Ziele wie auch die festgelegten Maßnahmen gewissenhaft **dokumentiert** werden, um diese jederzeit nachprüfen zu können. Da die Dokumentation aller wesentlichen Geschäftsvorgänge jedoch als allgemeiner Grundsatz unternehmerischen Handelns bezeichnet werden könnte, wird an dieser Stelle nicht näher darauf eingegangen.

1.6.3.8 Grundsatz der Realisierbarkeit

Die **Realisierbarkeit** der Planung kann als ein selbstverständlicher Grundsatz angesehen werden, bei welchem ein Unternehmen darauf bedacht sein sollte, mit der Planung realisierbare Vorgaben und damit realistische Pläne zu generieren.[426] Dies bedeutet, dass grundsätzlich nur Planbares/Vorausschaubares geplant werden darf. Darüber hinaus müssen die Ziele so operationalisiert sein, dass sie unter Einsatz mindestens normaler, ggf. erhöhter, jedoch nicht zu hoher Mittel und Mühen erreichbar sind. Zu hoch gesteckte Ziele haben bei einem Scheitern der Pläne i. d. R. Auswirkungen auf die Motivationslage der Mitarbeiter.[427]

1.6.4 Planungsproblematik

Für das Controlling sind folgende Merkmale der Planung von Bedeutung:[428]

- Die Planung ist ein Informationsverarbeitungsvorgang.
- Die Planung ist als Systemgestaltung zu sehen.
- Die Planung dient der Anpassung an die Umweltänderungen.

---

[426] Vgl. EHRMANN, H., MINTERT, S.-M.: a. a. O., S. 45.

[427] Vgl. THOMMEN, J.-P., ACHLEITNER, A.-K.: Allgemeine Betriebswirtschaftslehre. Umfassende Einführung aus managementorientierter Sicht, 8. Aufl., Wiesbaden 2016, S. 933.

[428] Vgl. HORVÁTH, P.: Controlling, 12. Aufl., München 2011, S. 147.

- Die Planung ist eine Abfolge von Planungsphasen.
- Die Planung muss geplant werden.
- Die Planung ist ein Instrument der Koordination, muss aber selbst koordiniert werden.

Dadurch, dass Informationen im gesamten Unternehmen systematisch ermittelt, erfasst, gespeichert, verarbeitet und an verschiedene Stellen weitergegeben werden, ist die Planung ein komplexer Informationsverarbeitungsprozess. Entscheidend ist, dass die Informationen nur dann für die Planung relevant sind, wenn sie zukunftsbezogen sind. Die (notwendige) Anpassung an die Umweltänderungen kann bedeuten, dass zukünftige Gefüge- und Prozessstrukturen (Aufbau- und Prozessorganisation) in der Unternehmung festlegt werden müssen.

Der Controller steht bei der Planung vor einem grundsätzlichen Problem: Die Notwendigkeit zur Planung wächst mit zunehmender Komplexität, während die Möglichkeit eingeengt wird, in diesen umfassenden und komplexen Zusammenhängen überhaupt planerisch vorzugehen. Umso wichtiger ist es, in der konkreten Situation die Vor- und Nachteile der Planung abzuwägen.

Mit Hilfe der Planung sollen Unsicherheiten bewältigt werden. Da dem Controller nicht alle relevanten Informationen zur Verfügung stehen, stellt das Erkennen und Vorhersagen der Entscheidungskonsequenzen eine (theoretisch) unlösbare Aufgabe dar. In diesem Zusammenhang sind Techniken zu berücksichtigen, die der Erhebung und Bewältigung der auftretenden Planungsunsicherheiten und Risiken dienen.[429] Letztlich muss sich der Planende, auch wenn verschiedene Szenarien wie der „worst case" und/oder „best case" denkbar sind, im Rahmen des Entscheidungsprozesses für *einen* konkreten Plan entscheiden, der im Unternehmen durch-/umgesetzt werden soll.

1.6.5 Planungsarten

Bevor die Planung – ausgehend von der Definition in Unterabschnitt 1.6.1 „Notwendigkeit der Planung, Planungsbegriff und Prognose " – näher beschrieben wird, soll zunächst grundsätzlich auf die unterschiedlichen **Planungsarten** eingegangen werden.

---

[429] Vgl. HORVÁTH, P.: Controlling, 12. Aufl., München 2011, S. 148. Diese werden im Unter-Unterabschnitt 1.6.11.4 „Bewertungsinstrumente" angesprochen.

In den Unternehmen gibt es nicht *die* Planung. Planung findet dezentralistisch oder zentralistisch, auf verschiedenen Ebenen, für unterschiedliche Zeiträume oder in den einzelnen Funktionsbereichen usw. statt. Damit bieten sich unterschiedliche Klassifizierungen für die unternehmerischen Planungsarten und die damit verbundenen Planungsaktivitäten an:[430]

- Planung nach der Datensituation
- Planung nach dem Inhalt
- Planung nach den Funktionsbereichen
- Planung nach dem Integrationsgrad
- Planung nach dem Zeitraum
- Planung nach den Planungsebenen

Darst. 1.6022: Planungsarten

1.6.5.1 Planung nach der Datensituation

Bei der **Planung nach der Datensituation** stellt sich die Frage nach dem Sicherheitsgrad der Umweltzustände bzw. der Vollkommenheit des Informationssystems. Demnach sind folgende Sicherheitsgrade zu unterscheiden:

- Sicherheit,
- Risiko oder
- Unsicherheit.

Sicherheit bedeutet, dass das prognostizierte Ereignis/der vorausgesagte Zustand mit einer 100%igen Wahrscheinlichkeit eintritt (sicheres Ereignis). Sowohl beim Risiko als auch bei der Unsicherheit sind mehrere Datenkonstellationen denkbar. Bei einem Risiko können den einzelnen Situationen (objektiv oder subjektiv) Wahrscheinlichkeiten zugeordnet werden; bei Unsicherheit sind den Ereignissen oder Umweltzuständen keine Wahrscheinlichkeiten zuordenbar. In den beiden letztgenannten Fällen wird der Planer auf entsprechende Lösungsvorschläge zurückgreifen, wie sie die Entscheidungstheorie anbietet.[431]

---

[430] Vgl. im Folgenden EHRMANN, H., MINTERT, S.-M.: a. a. O., S. 33–38, STOI, R., DILLERUP, R.: a. a. O., S. 347–367. Ehrmann/Mintert nennen als siebte Planungsart die „Planung nach der gesellschaftlichen Verantwortung". Diesem Vorschlag wird hier nicht gefolgt, da es sich im Grunde um eine inhaltliche Planung handelt, bei der Stakeholderinteressen oder nachhaltigkeitsbezogene Themen berücksichtigt werden.

[431] Näheres dazu findet sich im Unter-Unterabschnitt 1.6.11.4 „Bewertungsinstrumente".

1.6.5.2 Planung nach dem Inhalt

Bei der **Planung nach dem Inhalt** kann es sich um eine

- Grundsatzplanung,[432]
- Zielplanung,[433]
- Strategieplanung[434] oder
- Maßnahmenplanung

handeln.

Die **Zielplanung**[435] berücksichtigt die Ziele bzw. die Zieldimensionen, nach denen geplant werden soll. Kosiol hat die beiden Hauptziele, **Sachziele** und **Formalziele**, in den Vordergrund gestellt.[436]

- **Sachzielorientierte Planung**: Das Sachziel[437] bezieht sich auf die Leistungssphäre eines Wirtschaftssubjektes bzw. auf den Beitrag eines Unternehmens zur Bedarfsdeckung, also auf reale Objekte und Aktivitäten, z. B. die Herstellung einer bestimmten Anzahl eines Produktes oder den Wechsel einer Fertigungstechnologie. Die Planung bestimmt die dafür erforderlichen Programme und Maßnahmen.
- **Formalzielorientierte Planung**: Das Formalziel[438] bezieht sich auf die Finanzsphäre bzw. die finanziellen Auswirkungen von Handlungen, z. B. Liquidität, Umsatz, Rentabilität, Kosten oder Gewinn. Hierbei bezieht sich die Planung auf Erfolgs- und Liquiditätsaspekte bzw. die Erreichung einer Wertsteigerung.

Während die sachzielorientierte Planung als **Aktionsplanung** bezeichnet wird, wird die formalzielorientierte mit **Budgetierung** gleichgesetzt.[439]

---

[432] Die Grundsatzplanung ist Gegenstand des normativen Managements. Siehe etwa WÖRDENWEBER, M.: Normatives Management, a. a. O., S. 1–21.

[433] Auf die Zielplanung wird explizit im Abschnitt 2.3 „Ziel-Führungsprozess" eingegangen.

[434] Siehe zu diesem Thema die Ausführungen in den Paragrafen 1.6.11.1 „Analyseinstrumente für langfristige Planungszeiträume" und 1.6.11.3 „Planbare strategische Handlungsoptionen".

[435] Auf die Zielplanung wird explizit im Abschnitt 2.3 „Ziel-Führungsprozess" eingegangen.

[436] KOSIOL, E.: Die Unternehmung als wirtschaftliches Aktionszentrum, Reinbek 1972, S. 54, S. 223, DAMBROWSKI, J.: Budgetierungssysteme in der deutschen Unternehmenspraxis, Darmstadt 1986, S. 23 ff.

[437] Synonym: Leistungsziel (Output-Ziel).

[438] Gleichbedeutend mit ökonomischem Ziel.

[439] Vgl. HAMMER, R.: a. a. O., S. 195.

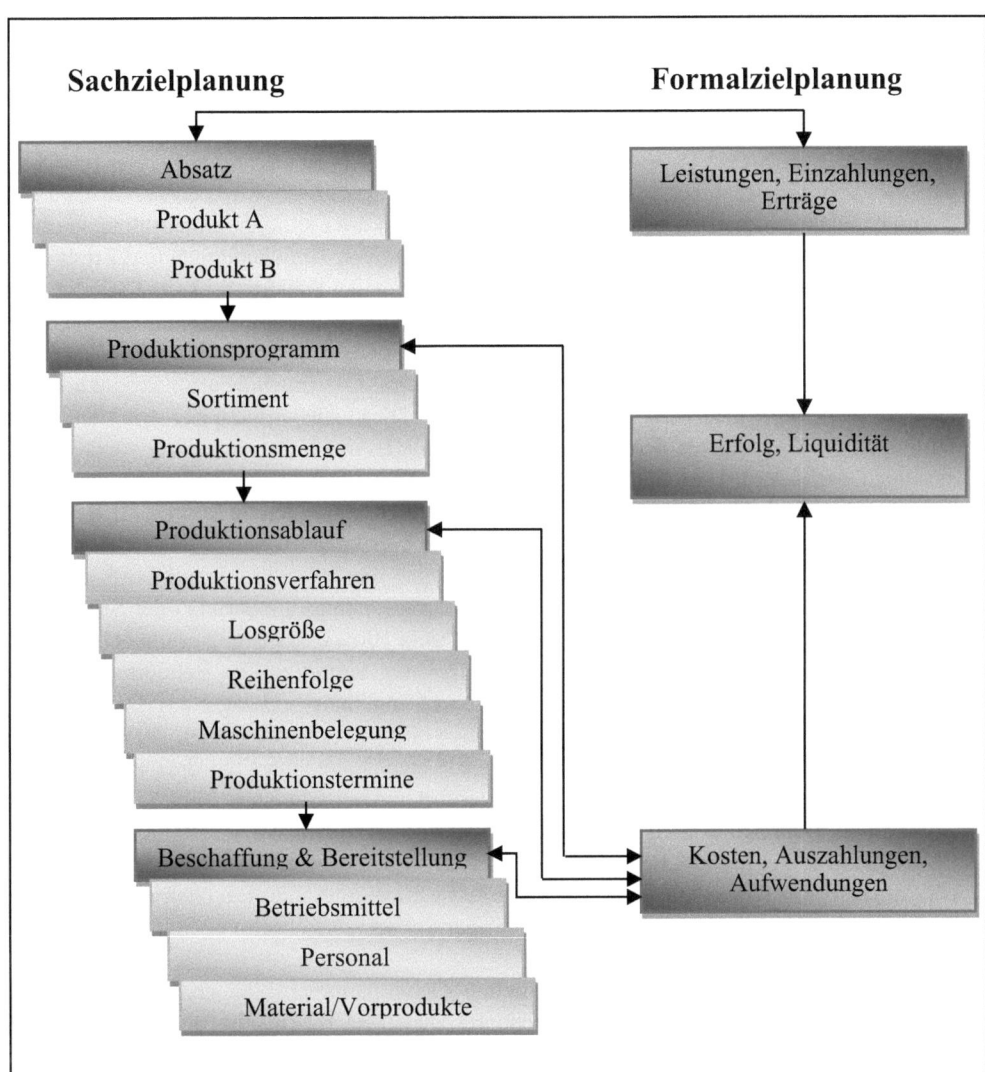

Darst. 1.6023: Zusammenhang zwischen sach- und formalzielorientierter Planung
(Vgl. HAMMER, R.: a. a. O., S. 195.)

Bei der Planung sind grundsätzlich beide Zieldimensionen zu berücksichtigen. Dies wird auch deutlich, wenn der Zusammenhang zwischen der sach- und formalzielorientierten Planung wie vorstehend visualisiert wird:

Diese Aufteilung wurde von einem großen Teil der Lehre und Praxis übernommen; allerdings wird die Zielproblematik inzwischen differenzierter betrachtet, da andere Ziele ebenfalls in den Fokus der Planer gerückt sind. Letztere sind nicht ohne Weiteres den beiden Kategorien zuzuordnen.

Um die Erfolgsziele, denen ein anderer Stellenwert zugemessen wird, hervorzuheben sowie deutlich und eindeutiger zwischen **Finanzzielen**, die auf die Liquidität (Auszahlungen, Einzahlungen) abstellen, und **Erfolgszielen**, die auf der Ebene von Aufwendungen und Erträgen oder Kosten und Leistungen agieren, zu differenzieren, verwendet Schierenbeck die Einteilung **Leistungsziele**, Erfolgsziele und Finanzziele.[440] Aber auch diese sinnvolle Dreiteilung erfasst nicht weitere Ziele, wie sie nach heutigem Verständnis beispielsweise im Public oder Gesundheits-Management als Outcome oder Impact definiert werden. Das Ergebnis einer Produktion ist der **Output**, der eine Auswirkung auf den Kunden hat. Diese Auswirkung auf den Kunden heißt **Outcome**. Gleichzeitig hat der Outcome Auswirkungen auf Dritte, z. B. Verwandte oder die gesamte Gesellschaft. Dies ist der **Impact**. Diese Differenzierung ist wichtig, um das Ergebnis einer Leistungserstellung aus unterschiedlichen Sichten beurteilen zu können.[441] Besteht beispielsweise der Output eines Unternehmens aus der Gesundheitsbranche aus einer Betreuung, Beratung oder Gesundheitsleistung, hat diese Leistung eine Auswirkung auf den Kunden/Patienten in Form eines Wohlfühlens, einer Sicherheit, Gesundung, Linderung oder Selbsterkenntnis. Auch wenn das Unternehmen eine aus seiner Sicht 100%ige Leistung erbracht hat, kann der Kunde/Patient eine durchaus abweichende Auffassung vertreten. Die Betreuung eines Kunden/Patienten hat darüber Auswirkungen auf seine Umgebung und sogar auf die Gesellschaft. Wurde also beispielsweise eine an der Spanischen Grippe erkrankte Person 1918 in einem britischen Krankenhaus behandelt, wobei gleichzeitig eine Quarantäne verordnet wurde, kann medizinisch eine erfolgreiche Behandlung durchgeführt und eine sinnvolle Entscheidung getroffen worden sein. Dennoch wäre der Patient möglicherweise unzufrieden, weil er für einen bestimmten Zeitraum seiner Freiheit beraubt wurde und keinerlei Besuch empfangen durfte. Für sämtliche Menschen in seiner Umgebung, ja theoretisch für die gesamte Bevölkerung wäre die Behandlung einschließlich Quarantäne ein wichtiger Schutz, also absolut positiv zu bewerten.[442]

Neben den zuletzt genannten **gesellschaftlichen Zielen** bleiben bei den erstgenannten Klassifikationen weitere, heute weitgehend akzeptierte Ziele wie **technische, soziale, ökologische, sonstige gesellschaftliche und kulturelle** unberücksichtigt. Ökonomische, ökologische, soziale und sonstige gesellschaftliche Ziele können unter dem Begriff „**nachhaltigkeitsbezogene**

---

[440] Vgl. SCHIERENBECK, H., WÖHLE, C. B.: a. a. O., S. 78.

[441] So kann ein Unternehmen eine objektiv korrekte Leistung erbracht haben, die der Kunde subjektiv als schlecht empfindet. So gesehen ist nicht der Output, sondern der Outcome entscheidend. Aus Marketingsicht ist es daher wünschenswert, dass der Kunde eine objektiv gut erbrachte Leistung auch gut bewertet.

[442] Durch Quarantänemaßnahmen (vor dem Betreten des Landes musste jede einreisende Person ca. 40 Tage in Quarantäne) wurde Australien 1918 vor dem Übertritt der Spanischen Grippe geschützt.

Ziele" subsumiert werden. Werteorientierte Ziele werden unter dem Terminus „**ethische Ziele**" zusammengefasst. Es sei angemerkt, dass zwischen den vorgenannten Zielen (teils erhebliche) Konflikte bestehen können.[443] – Auf die Berücksichtigung von mehr als nur Sach- und Formalzielen weist auch die Balanced Scorecard hin.[444]

1.6.5.3 Planung nach den Funktionsbereichen

Die **Planungen nach den Funktionsbereichen** können folgende sein:

- Beschaffungsplanung
- interne Transportlogistikplanung
- Produktionsplanung
- Marketing- einschl. Vertriebs- und Absatzplanung
- Personalplanung
- Finanzierungsplanung
- Investitionsplanung
- Kostenplanung
- Ergebnisplanung
- usw.

Darst. 1.6024: Bereichsplanungen

In den vorgenannten Bereichsplanungen ist die **Lagerplanung** (ins. Bestandsplanung) nicht explizit enthalten, da eine Lagerplanung in den Bereichen Beschaffung, Produktion oder Marketing (genauer: Distribution) erstellt werden kann.

Die Planung nach den Funktionsbereichen beantwortet nicht die Frage, ob die Planungen isoliert durchgeführt werden oder ob eine Koordination bzw. Integration der einzelnen Planungen erfolgt.

---

[443] Möglichkeiten zur Lösung wirtschaftsethischer Zielkonflikte werden u. a. bei WÖRDENWEBER, M.: Normatives Management, a. a. O., S. 81–104 angesprochen.

[444] Vgl. KAPLAN, R. S., NORTON, D. P.: The Balanced Scorecard, Boston 1996, KAPLAN, R. S., Norton, D. P.: The Balanced Scorecard – Measures That Drive Performance, in: Harvard Business Review, January-February 1992, S. 71–79, HORVÁTH & PARTNERS (HRSG.): Balanced Scorecard umsetzen, 5. Aufl., Stuttgart 2013.

1.6.5.4 Planung nach dem Integrationsgrad

Die Frage nach dem **Integrationsgrad der Planung** ist identisch mit dem Thema **Ganzheit-lichkeit der Planung**. Es geht darum, ob eine integrierte Gesamtplanung vorgenommen wird oder eine nicht integrierte Teilplanung vorliegt. Die **integrierte Gesamtplanung** wird auch als **synoptische** (ganzheitliche) **Planung** oder **Gesamtunternehmensplanung** bezeichnet; die **nicht integrierte Teilplanung** als **inkrementale** (bruchstückhafte). Eine integrierte Gesamt-planung bezieht alle Bereiche des Unternehmens unter völliger gegenseitiger Abstimmung in sachlicher und zeitlicher Sicht ein. „Eine **zentralistische Unternehmensplanung** zu praktizie-ren, bedeutet mit einer integrierten Unternehmensplanung zu arbeiten."[445] Eine perfekte zentra-listische Unternehmensplanung heißt eine totale **Simultanplanung**/-optimierung vorzunehmen. Mit einer integrierten Gesamtplanung wird dem Problem des **Partikularismus** begegnet, denn Partikularismus bedeutet, dass der Gewinn des Unternehmens aufgrund mangelhafter Abstim-mung der einzelnen Bereiche und starken Eigeninteressen eines jeden Bereichs (Jeder will das Beste für seinen Bereich = Zentrifugalkräfte) reduziert wird. Insgesamt ergibt sich durch eine integrierte Gesamtplanung eine in sich geschlossene Unternehmenspolitik. Eine zentralistische Unternehmensplanung mit mehrperiodigen totalen Optimierungsmodellen ist jedoch aus vieler-lei Gründen wie z. B. mangelnde Langfristigkeit, Datenkonformität, Planungselastizität, Pla-nungsstimulanz nicht praktikabel.[446] Weitere Hemmnisse sind u. a. die fehlende Datenbankan-bindung, die fehlende Planungsfunktionalität sowie die mangelhafte Unterstützung des gesam-ten Planungsprozesses.[447] Aus diesen Gründen verfügt nicht einmal jedes fünfte Unternehmen über ein – mehr oder weniger – vollständig integriertes Planungsmodell, welches durch eine treiberbasierte Planung oder die Simulation von Ergebnisveränderungen weiter optimiert wer-den kann.[448] Bei einer nicht integrierten Teilplanung, die gleichbedeutend mit einer **dezentra-listischen Planung** ist, werden die einzelnen Unternehmensbereiche (relativ) isoliert geplant. Es kann sich hier um Teilbereichsplanungen, z. B. für Geschäfts- oder Funktionsbereiche oder Stellen handeln. Die Nachteile einer dezentralistischen Planung stellen die Vorteile einer zent-ralistischen Planung (s. o.) dar.

---

[445] EHRMANN, H., MINTERT, S.-M.: a. a. O., S. 81.

[446] Vgl. KOCH, H.: Aufbau der Unternehmensplanung, Wiesbaden 1977, S. 35 ff.

[447] Vgl. ICV INTERNATIONALER CONTROLLER VEREIN E. V.: Noch viel Raum zur Verbesserung der Planung, München, Würzburg 2015, https://www.icv-controlling.com/de/verein/presse/presseinformationen/ansicht/noch-viel-raum-zur-verbesserung-der-planung.html?tx_news_pi1%5Bcontroller%5D=News&tx_news_pi1%5Baction% 5D=detail&cHash=28b44f167307713ec8a06647b8eb6189 (Abruf am 15.12.2018).. Laut ICV wird die Umsetzung von Advanced-Planning-Ansätzen durch die immer noch weit verbreitete Nutzung von Microsoft Excel®, das 90 % der befragten Unternehmen für die Planung einsetzen, erschwert.

[448] Vgl. ICV INTERNATIONALER CONTROLLER VEREIN E. V.: a. a. O.

Beide Systeme sind aufgrund ihrer Mängel in der Praxis nicht anwendbar. Die Kombination, ein mittlerer Dezentralisierungsgrad, beinhaltet daher sowohl zentralistische als auch dezentralistische Elemente. Dies wird als **hierarchische Unternehmensplanung** bezeichnet. Das System der hierarchischen Unternehmensplanung[449] hat sich in der Unternehmenspraxis weitestgehend durchgesetzt. Es treten zwar verschiedene Varianten im Detail auf. Im Kern jedoch ist ihnen die Integration des Planungs- und Kontrollsystems in das hierarchische Stellengefüge der Unternehmensorganisation gemeinsam. Damit verbunden sind die Vornahme von Teilplanungen und die Koordination derselben.

1.6.5.5   Planung nach dem Zeitraum

Der Zeithorizont der Planung (und Kontrolle) bezieht sich auf den **Zeitraum**, für den ein Plan erstellt wird und über den er sich erstreckt. Die **Planung nach dem Zeitraum** kann in eine

- langfristige für Zeiträume von über fünf Jahren bis über zehn Jahre,
- mittelfristige für Zeiträume zwischen einem und fünf Jahren und
- kurzfristige Planungen für Zeiträume bis zu einem Jahr.

unterschieden werden.

Die im Unternehmen konkret verwendeten Zeithorizonte, insbesondere bei den langfristigen Plänen, sind in den verschiedenen Branchen, ja sogar in den einzelnen Unternehmen eines Zweiges recht unterschiedlich.

Kurzfristige Pläne können im Extremfall für den unmittelbar folgenden Zeitraum von weniger als einer Stunde erstellt werden. In diesem Fall dürfte es sich eher um eine **Improvisation** als eine Planung handeln. Improvisation stellt dann einen Planersatz dar: sie wird beim Eintritt unerwarteter Situationen angewendet. Improvisation kann aber auch dann als Planungsergänzung infrage kommen, wenn eine Planung nicht lohnt.[450]

Je weiter in die Zukunft geplant wird, desto größer sind die Unsicherheiten in Bezug auf die in der Zukunft liegenden Sachverhalte als bei Ereignissen, die für die nahe Zukunft geplant sind. Daher nehmen die Bedeutung von Prognosen und die Anforderungen an deren Qualität (Informationsgehalt und Sicherheitsgrad) mit längeren Planungszeiträumen zu, zumal die langfristig getroffenen Entscheidungen nur mit erheblichen Mühen und meist nicht kurzfristig revidierbar

---

[449] Vgl. KOCH, H.: a. a. O., S. 47 ff.

[450] Vgl. ebenda., S. 12.

sind. Wie in Unterabschnitt 1.6.1 „Notwendigkeit der Planung, Planungsbegriff und Prognose" bereits ausgeführt wurde, steigen die Kosten mit zunehmender Qualität der (Prognose-)Daten. Deshalb ist es unter Kosten-Nutzen-Aspekten eher nicht sinnvoll, weit in der Zukunft liegende Ereignisse oder Zustände exakt zu planen. Je länger der Planungshorizont, desto weniger detailliert sind die entsprechenden Pläne. Dies bedeutet auch, dass sich die Toleranzgrenzen im Rahmen der Kontrolle der Planung und Umsetzung mit zunehmendem Zeithorizont vergrößern.

Grundsätzlich spielen bei den mittelfristigen, besonders aber bei den kurzfristigen Planungen die betrieblichen **Engpässe** eine wichtige Rolle. Je kurzfristiger eine betriebliche Planung erfolgt, desto stärker muss sie sich an den Engpässen orientieren; d. h. nach dem von Gutenberg aufgestellten **Ausgleichsgesetz der Planung**[451] muss mit dem Teilbereich begonnen werden, der den Engpass (**Minimumsektor**) des Unternehmens bildet. Dies ist angesichts zunehmenden Wettbewerbs – auch infolge der Globalisierung der Wirtschaft – in aller Regel der Absatzmarkt[452]. Langfristig sollte sich ein Unternehmen bemühen, diese Engpasssituation zu beseitigen.

Große betriebliche Unterschiede und unternehmensspezifische Festlegungen der Planungszeiträume lassen „zur Charakterisierung der unterschiedlichen Anforderungen und Aufgaben von Planung und Kontrolle eine **Differenzierung nach [Handlungs-/Planungs- – Anm. d. Verf.] Ebenen besser geeignet**" erscheinen.[453] Auch die u. U. irreführende Beschreibung der strategischen Planung als langfristige (s. der nachfolgende Unter-Unterabschnitt) führt dazu, im Hinblick auf eine konsequente Handlungsorientierung die Planungsebenen der Sache nach zu unterscheiden.[454] Letztere werden nachfolgend dargestellt.

---

[451] Vgl. GUTENBERG, E.: Produktion, a. a. O., S. 163 ff.

[452] In sanierungsbedürftigen Firmen vordergründig der Finanzbereich; in einer Nachkriegszeit oder bei inneren Unruhen ist regelmäßig die Produktion der Engpass.

[453] Vgl. STOI, R., DILLERUP, R.: a. a. O., S. 349.

[454] Vgl. ähnlich die Anmerkung von SCHREYÖGG, G., KOCH, J.: Management, a. a. O., S. 271 zur operativen Planung.

1.6.5.6 Planung nach den Planungsebenen

Die Unterscheidung der **Planungsebenen** (Handlungsebenen) erfolgt nach der **Tragweite der getroffenen Entscheidungen** (Ziele und Maßnahmen) und „dem Ausmaß der geplanten Systemänderung"[455]. Die drei Planungsebenen (strategisch, taktisch, operativ)[456] bilden entsprechend der hierarchischen Unternehmensplanung[457] eine Rangfolge/Rangordnung, wobei die übergeordnete Ebene jeweils die Basis für die nachfolgende Ebene ist. Allerdings ist es denkbar, dass insbesondere die operative Ebene aufgrund ihrer zeitlichen und „räumlichen" (z. B. zum Kunden oder zu den Mitarbeitern) Nähe und damit besserer Einschätzung der gegenwärtigen Situation und der Prognosemöglichkeiten den Anstoß für eine Überarbeitung der übergeordneten Pläne liefert.[458] Die Handlungsebenen stellen das oberste Strukturierungsmerkmal für das gesamte Führungssystem dar.[459]

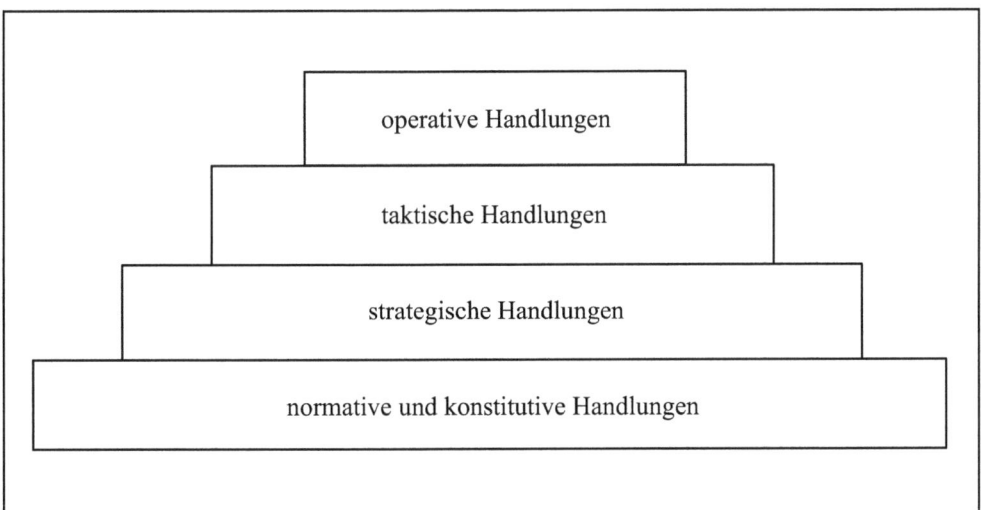

Darst. 1.6025: Handlungsebenen

---

[455] Ebenda. Die einzelnen Planungsebenen (Handlungsebenen) wurden ausführlich im Unter-Unterabschnitt 1.2.2.4 „Handlungsebenen der Unternehmensführung" beschrieben.

[456] In der betriebswirtschaftlichen Literatur werden die taktische und die operative Planung nicht einheitlich definiert. Es finden sich Autoren, die die operative Planung der untersten hierarchischen Planungsebenen zuordnen, während andere Autoren die taktische Planung auf dieser Planungsebene ansiedeln.

[457] Vgl. Unter-Unterabschnitt 1.6.5.4 „Planung nach dem Integrationsgrad".

[458] Vgl. hierzu insbesondere den Unter-Unterabschnitt 1.6.3.4 „Grundsatz der Flexibilität".

[459] Vgl. u. a. KÜPPER, H.-U., FRIEDL, G., HOFMANN, C. ET AL.: a. a. O., S. 137.

Neben den konstitutiven Entscheidungen liefert die **normative Planung**, die aus der **Vision** und/oder den **normativen Unternehmenszielen** bzw. der **Mission** unter Beachtung der in der **Unternehmensphilosophie** niedergelegten Aussagen abgeleitet wird, den **äußeren Rahmen für alle Teilplanungen** des Unternehmens.[460] Die dort getroffenen Entscheidungen gelten für das ganze Unternehmen prinzipiell **unbefristet**, d. h. bis auf Widerruf. Die **Unternehmenspolitik** legt die gebündelten Unternehmensgrundsätze fest, die sich aus dem Wertekatalog einschließlich Unternehmensphilosophie, aus der Vision bzw. den abgeleiteten grundlegenden Zielen sowie der Mission ergeben. Die Unternehmenspolitik wird einem **Unternehmensleitbild** schriftlich fixiert. In der Unternehmenspolitik resp. dem Leitbild spiegeln sich somit die Wertvorstellungen und Motivationen der Entscheider ebenso wider wie die Einschätzung von Gegebenheiten und Entwicklungstendenzen der Umwelt. In der angelsächsischen Literatur findet sich dafür der Ausdruck „**Mission Statements**". Sie beschreiben keinen Ist-Zustand, sondern eine zukunftsbezogene Vorstellung, die sogar eine „Vision", ein ehrgeiziges, fast idealistisches Ziel enthalten kann.

In der **strategischen Planung** wird grob skizziert, welche Maßnahmen wann und wie durchgeführt werden sollen, um die unternehmenspolitischen Zielvorstellungen zu verwirklichen. Da sich die strategische Planung oft auf einen Zeitraum von fünf bis zehn Jahren bezieht, wird sie auch als **langfristige Planung** bezeichnet. Diese **Gleichsetzung** von strategisch und langfristig ist jedoch **mit Vorsicht** zu genießen. Strategische Pläne können einen relativ kurzen Zeithorizont aufweisen bzw. einen kurzen Zeitraum betreffen, ohne dass sie gleich als operative Pläne zu charakterisieren wären. Bspw. dann, wenn einem Unternehmen ein anderes überraschend, etwa aus der Insolvenzmasse, angeboten wird.[461] Auch eine – zumindest für die Öffentlichkeit – unerwartete Fusion oder sehr zeitnaher Austausch der Geschäftsbereiche in einer Krise kann ein ähnlich kurzfristiges Unterfangen sein. Durch den grundsätzlich langen Zeithorizont lassen die tendenziell qualitativ ausgerichteten Pläne mit geringem Detaillierungsgrad ein hohes Maß an Toleranz im Rahmen der Kontrolle zu. Der strategische Planungsprozess bezieht sich vornehmlich auf Entscheidungen mit langfristigen Auswirkungen. Dazu gehören das Schmieden von strategischen Allianzen mit Kunden, Lieferanten und Wettbewerbern sowie das Aufspüren von künftigen Erfolgspotentialen[462]. Weiter können Gegenstand derartiger Entscheidungen umfangreiche Werbestrategien, preispolitische Maßnahmen von grundlegender Bedeutung, Geschäftsfelder, Produkt-, Produktprogramm-[463] und/oder Marktbearbeitungsstrategien, Standorte

---

[460] Mit der normativen Planung im Rahmen des normativen Managements beschäftigt sich u. a. Wördenweber (WÖRDENWEBER, M.: Normatives Management, a. a. O.)

[461] In manchen Fällen ist das sogar der bisherige Wettbewerber. So wurde bspw. 2006 die Hornitex Gruppe Gebr. Künnemeyer GmbH & Co. KG mit 1.400 Mitarbeitern im Zuge des Insolvenzverfahrens an die Sonae Indústria, Meia, Portugal veräußert, zu der zu diesem Zeitpunkt auch der bisherige Konkurrenz Glunz AG gehörte.

[462] Siehe Paragraf 1.6.11.1.1.1 „Wettbewerbsvorteile und Erfolgspotenziale".

[463] Vgl. BAMBERGER, I., WRONA, T.: Strategische Unternehmensführung. Strategien, Systeme, Prozesse, München 2004, S. 233.

(für Verwaltung, Produktion, Lager, Vertrieb), die Erweiterung von Produktionsanlagen im Ausland oder auch Kostensenkungsprojekte sein. Rechtsformen von Tochtergesellschaften und Joint Ventures, Unternehmensstrukturen sowie der Führungsstil gehören ebenso dazu. Typische strategische Untersuchungsmethoden sind die SWOT-Analyse oder die Produktlebenszyklusanalyse. Dabei soll die strategische Planung festlegen, was zu tun ist, um

- Chancen zu erkennen und zu nutzen
- Risiken möglichst zu vermeiden
- Stärken zu erhalten und auszubauen
- Schwächen zu mindern und zu beseitigen.[464]

Die strategische Planung erstreckt sich nicht nur auf das Unternehmen, sondern auch auf dessen Teilbereiche und Funktionen. Sie ist als Prozess zu verstehen und fällt in den Aufgaben- und Verantwortungsbereich der Unternehmensleitung.[465] In der Literatur ist vereinzelt zu lesen, dass auf der strategischen Ebene die Effektivität im Vordergrund steht.[466] Dieser Auffassung kann nicht gefolgt werden, da die Effektivität nicht ausschließlich der strategischen Planung zugeordnet werden kann. Die Forderung nach Effektivität, die besagt, die richtigen Dinge zu tun,[467] ist ebenfalls bei der taktischen und operativen Planung essenziell.

In der strategischen Planung geht es um die Sicherung und die Entwicklung neuer Erfolgspotenziale bzw. um die Erreichung von Wettbewerbsvorteilen. Die **taktische Planung** ist darauf ausgerichtet, die strategischen Vorstrukturierungen und Abgrenzungen inhaltlich (durch mehrperiodige Ziele und Maßnahmen) zu konkretisieren, um die bestehenden und erkannten Erfolgspotenziale eines Unternehmens bestmöglich zu nutzen. Es geht hier neben den taktischen Zielen konkret um die Erstellung und Bewertung mittelfristiger Aktionsprogramme und Verfahrensregeln; also beispielsweise um mittelfristige Beschaffungs-, Produktions-, Absatz-, Finanzierungs-, Investitions- und Personalausstattungs- und -entwicklungspläne[468] sowie mittelfristige Produktziele. Auch der Erhalt der Zahlungsfähigkeit ist ein wichtiger Bestandteil der taktischen Planungen. Zu den taktischen Planungen gehören oft auch Projekte.[469] Der Planungszeitraum liegt zwischen ein und fünf Jahren. Insofern ist sie **mittelfristig** ausgelegt. In der Unternehmung

---

[464] Vgl. HORVÁTH, P.: a. a. O., S. 133.

[465] Siehe dazu auch Unter-Unterabschnitt 1.2.2.4 „Handlungsebenen der Unternehmensführung" sowie S. 36.

[466] Vgl. STOI, R., DILLERUP, R.: a. a. O., S. 67.

[467] That means: „Doing the right things." Not: "Doing the things right."

[468] Insbesondere die Schaffung eines qualifizierten Führungspersonals und Mitarbeiterstamms sind hier zu nennen.

[469] Ein Projekt ist ein einmaliges Vorhaben einer Aufgabenausführung. Unter Projektorganisation kann die Strukturierung von Systemen als Einzelvorhaben mit hohem Schwierigkeitsgrad und mit Risikobeziehung verstehen. Beispiele sind große Bauvorhaben, die Errichtung eines neuen Werkes, die Errichtung einer Niederlassung oder einer Tochtergesellschaft im Ausland, die Übernahme anderer Unternehmen, die Einführung eines Jahresarbeitszeitkontos etc.

ist die taktische Planung auf sachlich und zeitlich überschaubare (Teil-)Bereiche fokussiert. Deshalb müssen die Dependenzen und Interdependenzen zwischen den Bereichen berücksichtigt und die mittelfristigen Planungen der einzelnen Funktionsbereiche koordiniert werden. Gegenüber der strategischen Planung nehmen die Detailliertheit, Vollständigkeit und Genauigkeit zu. Die Toleranzgrenzen im Rahmen der Kontrolle (der Planung und Umsetzung) sind als mittel zu bezeichnen.

Die **operative Planung** ist eine sehr aufgegliederte und exakte Planung und erfolgt auf der untersten hierarchischen Planungsstufe i. d. R. durch die Leitung des jeweiligen Funktionsbereichs. Allerdings werden die Planungsaufgaben meist an die untergeordneten Linieninstanzen delegiert. Welche Stelle die einzelnen Arbeiten erledigt, hängt in erster Linie von der konkreten Aufbauorganisation ab. Auch die operative Planung besteht aus Ziel- und Maßnahmenplanungen, die durch eine Erlös- und Kostenplanung ergänzt werden. Auf dieser Planungsebene liegen das Produktionsprogramm, die erwartete Nachfrage und die Kapazitäten sowie weitere Ressourcen weitestgehend fest. Die Steuerung erfolgt durch die höhere Führungsebene. Der Planungszeitraum in der operativen Planung beträgt in der Regel ein Jahr. Die Fokussierung ist abteilungs- oder tätigkeitsbezogen. Die operative Planung beschäftigt sich auf der Basis der taktischen Planung mit kurzfristigen Zielen wie Kostenminimierung, Durchlaufzeitenminimierung, (in Abhängigkeit von übergeordneten Zielen) i. d. R. einperiodige und/oder stückbezogene Erfolgsziele sowie mit Aktionsprogrammen bzw. Teilaktionen und Verfahrensregeln, zu denen u. a. ein detaillierter Einkaufs-, Bestands-, Produktions-, Absatz- und Finanzplan gehören. Typische zu klärende Probleme sind z. B. die Ablauf- einschließlich Produktionsreihenfolgeplanung, Losgrößenplanung, Bestellmengenoptimierung, Bestandsplanungen, Kapazitätsabstimmungen mit dem Ziel einer optimalen Kapazitätsauslastung, Insertionspläne (Inter- und Intramediaplanung), die Sicherung der Jahres-, Monats- und Tagesliquidität, die Personaleinsatzplanung einschl. der Urlaubsplanung der Mitarbeiter. In einer weiteren Unterteilung werden Jahrespläne (z. B. Personal, Stellen), Monatspläne (z. B. im Vertrieb), Wochenpläne (z. B. in der Produktion, Logistik) oder gar Tagespläne (Personaleinsatzplanung, Cash Management) unterschieden. Der Detaillierungsgrad ist sehr hoch, die Vollständigkeit nahezu gegeben und die Planungsinhalte fast immer quantitativer Natur. In vielen Fällen ist "eine tiefgehende Aufspaltung in isolierte Planungsmodelle notwendig. [Es handelt sich oft um – Anm. d. Verf.] wohldefinierte Probleme, die in hohem Maße mit EDV-gestützten quantitativen Methoden"[470] gelöst werden können. Aufgrund der Realisationsnähe sind ihre Aussagen meist dokumentiert und auf Kontrollierbarkeit angelegt.[471]

Zusammenfassend ergibt sich folgende Abgrenzung der strategischen, taktischen und operativen Planung nach den Kriterien

---

[470] KÜPPER, H.-U., FRIEDL, G., HOFMANN, C. ET AL.: a. a. O., S. 138.
[471] Vgl. HAMMER, R.: a. a. O., S. 193–194.

Ebene	Strategisch	Taktisch	Operativ
Zeitbezug	langfristig, über 5 bis über 10 Jahre	mittelfristig, über 1 bis 5 Jahre	kurzfristig, bis 1 Jahr
Rahmen/Basis	normative Planung	strategische Planung	taktische Planung
Ziele	Erfolgspotenziale, Gewinnmaximierung, Kostenführerschaft, Preisführerschaft u. a.	Produktziele, Gewinnmaximierung, Sicherung der Zahlungsfähigkeit	Erfolgs- und Finanzziele, Sicherung der Zahlungsfähigkeit
Aktionsinhalte	strategische Allianzen, Geschäftsfelder, Marktbearbeitungs- strategien, Produkt-/ Produktionsprogramm- entscheidungen, Werbestrategien, Standorte u. a.	mittelfristige Be- schaffungs-, Pro-, duktions-, Absatz-, Finanzierungs-, In- vestitions-, Personal- ausstattungs- und entwicklungspläne u. a., Projekte	detaillierter Beschaffungs-, Bestands-, Produk- tions-, Absatz-, Finanzierungs-, Investitions-, Per- sonaleinsatzplan, etc.
Geltungsbereich	(Gesamt-) Unternehmung	Funktions- bereich	Abteilung, Gruppe, Stelle
Verantwortlichkeit	Oberste Leitung (Top-Management), Geschäftsführung/ Vorstand	Mittlere Leitung (Middle-) Management), Bereichsleiter	Untere Leitung (Lower-Manage- ment), Abteilungs-, Gruppenleiter, Sachbearbeiter
Darstellungsart	qualitativ	eher quantitativ	quantitativ
Detailliertheit	gering	mittel	hoch
Toleranzgrenzen	hoch	mittel	gering

Darst. 1.6026: Strategische, taktische und operative Planung und Kontrolle

- Zeitbezug,
- Rahmen/Basis der Planung,
- Ziele,
- Aktionsinhalte,
- Geltungsbereich,
- Verantwortlichkeit,
- Darstellungsart,
- Detailliertheit und
- Toleranzgrenzen:[472]

Im Rahmen der operativen Planung müssen die Inhalte immer in Verbindung mit der **Budgetierung**[473] gesehen und überlegt werden. Auf der einen Seite lassen sich nur durch entsprechende Maßnahmen die Formalziele realisieren, auf der anderen Seite werden aus den durchgeführten Maßnahmen monetäre Ergebnisse realisiert. Maßnahmenpläne und Budgets müssen diesem Umstand Rechnung tragen. Zusätzlich müssen sie grundsätzlich untereinander vereinbar sein und aufeinander abgestimmt werden. In der Planungspraxis ist die operative Planung mit potenziellen Schwachstellen konfrontiert. Diese stehen in Verbindung mit dem nicht unbeträchtlichen Planungsaufwand und stellen somit den Nutzen der operativen Planung in Frage. Im Wesentlichen werden folgende **Kritikpunkte** genannt:

- In vielen Unternehmen wird die strategische und operative Planung unabhängig voneinander erstellt.
- Die operative Planung wird einseitig auf nur monetäre Größen ausgerichtet.
- Auf Grund zu langer Planungsprozesse und unzureichenden Anpassungen sind Aktualität und Flexibilität zu wenig gegeben.
- Der Nutzen der operativen Planung wird von den Mitarbeitern nicht gleichermaßen anerkannt.

Im Rahmen der Ausgestaltung des operativen Planungssystems und der Planungsprozesse gilt es diesen potenziellen Schwachstellen entgegenzuwirken.

Die Aufgabe der Geschäftsführung ist es, ein **Planungssystem** zu entwickeln, welches die drei Planungsebenen unter Berücksichtigung der normativen Vorgaben so zueinander in Beziehung setzt, dass eine Koordination und Integration der Planungen aller beteiligten Planer im Hinblick auf die Erreichung der Unternehmensziele möglich werden.[474]

---

[472] Vgl. KÜPPER, H.-U., FRIEDL, G., HOFMANN, C. ET AL.: a. a. O., S. 137.

[473] Siehe zum Thema Budgetierung ausführlich Abschnitt 2.4 „Budgetierung" in WÖRDENWEBER, M.: Operatives Controlling – Band 1, a. a. O., S. 273–316.

[474] Vgl. BRÜHL, R.: Controlling. Grundlagen des Erfolgscontrollings, 2. Aufl., München 2009, S. 23.

Die Koordination der Planungsebenen gestaltet sich als schwierig, da die Ebenen unterschiedliche Ziele verfolgen. Die strategische Planung sucht primär Erfolgspotentiale[475], welche dann im Rahmen der weiteren Planung in konkrete Entscheidungsvorschläge umgesetzt werden, während sich die taktische und operative Planung an Erfolgs- und Finanzzielen orientieren.

1.6.6 Merkmale und Elemente eines Plans

Planung bedeutet eine bestimmte Methode der Willensentscheidung.[476] Planung wurde oben als eine gegenwärtige gedankliche Vorwegnahme künftiger Aktivitäten umschrieben oder als Mittel zur Vorbereitung zukunftsbezogener Entscheidungen. Die zuletzt gewählte Formulierung könnte eine zweifache Entscheidung implizieren: Zum einen die Entscheidung zwischen verschiedenen Entscheidungsalternativen im Verlauf eines Planungsprozesses und zum anderen die Entscheidung, ob ein Plan (auch) tatsächlich umgesetzt/realisiert/ggf. ratifiziert wird. Die hier verwendete Definition des Begriffs Planung enthält den grundsätzlichen Entscheidungsprozess im Verlauf einer Planung.

> Planung ist ein systematisches, zukunftsbezogenes Ermitteln, Abwägen und Festlegen von Zielen sowie Maßnahmen, Mitteln und Wegen zur künftigen Zielerreichung in einem definierten (Planungs-)Zeitraum.

Darst. 1.6027: Definition Planung

Das Ergebnis einer Planung ist der **Plan** oder ein **Plansystem**, das aus mehreren Einzelplänen besteht.

> Ein Plan enthält die gewählten Entscheidungen hinsichtlich der Ziele und der Maßnahmen zur Zielerreichung in einem definierten (Planungs-)Zeitraum und benennt die jeweils verantwortlichen Aufgabenträger.

Darst. 1.6028: Definition Plan

---

[475] Siehe Paragraf 1.6.11.1.1.1 „Wettbewerbsvorteile und Erfolgspotenziale".

[476] Vgl. KOCH, H., a. a. O., S. 12 ff.

Um Pläne zu einem späteren Zeitpunkt überprüfen zu können, werden sie in der Regel **schriftlich** verfasst.

Pläne können anhand von (mindestens) sieben Merkmalen unterschieden werden:

- Umfang
- Zieldimension
- Tiefe des Plans
- Datensituation
- Maßeinheit
- Handlungsebene
- Zeitrahmen

Darst. 1.6029: Merkmale eines Plans

Hinsichtlich des **Umfangs** von Plänen wird zwischen Teilplänen und Gesamtplänen unterschieden. Sie können als **Gesamtpläne** für die gesamte Unternehmung Gültigkeit besitzen oder sich als **Teilpläne** auf einzelne Bereiche des Unternehmens beziehen. Letztere können sich je nach der Organisation des Unternehmens auf Funktionsbereiche (F&E, Beschaffung, Produktion, Vertrieb, Controlling, Personal, EDV etc.) oder nach anderen Kriterien gestaltete Geltungsbereiche beziehen. Typische Teilpläne sind Forschungs-, Beschaffungs-, Produktions-, Absatz- und Personalpläne sowie Finanz-, Kapitalbedarfs- und Erfolgspläne. Bei sukzessiver Planung muss nach dem von Gutenberg aufgestellten **Ausgleichsgesetz der Planung**[477] mit dem Teilbereich begonnen werden, der den Engpass (**Minimumsektor**) des Unternehmens bildet. Dies ist angesichts zunehmenden Wettbewerbs – auch infolge der Globalisierung der Wirtschaft – in aller Regel der Absatzmarkt. Diese Pläne können beliebig weiter differenziert werden, wodurch sich der Planungsumfang dementsprechend verringert. Entscheidend ist, dass die Pläne sowohl vertikal (zwischen den Planungsebenen) als auch horizontal (innerhalb einer Handlungsebene) miteinander abgestimmt wurden. Für die Erstellung des Plans und/oder dessen Realisation ist die im Plan benannte Führungskraft oder Stelle verantwortlich.

Wie im Unter-Unterabschnitt 1.6.5.2 „Planung nach dem Inhalt" erläutert, berücksichtigt die Zielplanung die Ziele bzw. die **Zieldimensionen**, nach denen geplant werden soll. Häufig wurden die beiden Hauptziele, **Sachziele** und **Formalziele**, genannt.[478] Diese Aufteilung wurde von

---

[477] Vgl. GUTENBERG, E.: Produktion, a. a. O., S. 163 ff.

[478] Vgl. zu den Begriffen „Formal- und Sachziel" die Ausführungen im Unter-Unterabschnitt 1.6.5.2 „Planung nach dem Inhalt".

einem großen Teil der Lehre und Praxis übernommen; allerdings wird die Zielproblematik inzwischen differenzierter betrachtet, da andere Ziele (s. u.) ebenfalls in den Fokus der Planer gerückt sind. Letztere sind nicht ohne Weiteres den beiden Kategorien zuzuordnen. Um die Erfolgsziele, denen ein anderer Stellenwert zugemessen wird, hervorzuheben sowie deutlich und eindeutiger zwischen **Finanzzielen**, die auf die Liquidität (Auszahlungen, Einzahlungen) abstellen, und **Erfolgszielen**, die auf der Ebene von Aufwendungen und Erträgen oder Kosten und Leistungen agieren, zu differenzieren, verwendet Schierenbeck die Einteilung **Leistungsziele**, Erfolgsziele und Finanzziele.[479] Aber auch diese sinnvolle Dreiteilung erfasst nicht weitere Ziele, wie sie nach heutigem Verständnis beispielsweise im Public oder Gesundheits-Management als Outcome oder Impact definiert werden. Neben den vorstehend genannten **gesellschaftlichen Zielen** bleiben bei den erstgenannten Klassifikationen weitere, heute weitgehend akzeptierte Ziele wie **technische, soziale, ökologische, sonstige gesellschaftliche und kulturelle** unberücksichtigt. Soziale, ökologische und sonstige gesellschaftliche Ziele können unter dem Begriff „**nachhaltigkeitsbezogene Ziele**" subsumiert werden. Letztere und weitere werteorientierten Ziele werden hier unter dem Terminus „**ethische Ziele**" Ziele zusammengefasst. Auf die Berücksichtigung von mehr als nur Sach- und Formalzielen wies bereits die Balanced Scorecard hin.

Die **Tiefe des Plans** bezieht sich auf den **Grad der Detailliertheit**. Während auf der Ebene des Gesamtunternehmens bzw. bei strategischen Planungen der Geschäftsbereiche meist eine Grobbzw. Umrissplanung stattfindet, erfolgt auf den unteren Ebenen dann die Detail- bzw. Feinplanung.[480] Grobpläne gehen nicht so sehr „in die Tiefe", d. h. detaillierte Einzelheiten werden außen vor gelassen. Sie geben den Rahmen vor, innerhalb dessen sich die Detailpläne bewegen müssen. Erst die Feinpläne enthalten die Einzelheiten. Sie sind im Sinne der Realisierung eindeutig(er). So würde bspw. ein grober Absatzplan die Menge eines unternehmensweit zu vertreibenden Produktes festlegen, während die Feinplanung die abzusetzenden Mengen auf die einzelnen Vertriebsregionen aufteilt.

Die **Datensituation** befasst sich mit der **Sicherheit** der Pläne. Entsprechend den Eintrittswahrscheinlichkeiten zwischen 0 und 100 % sind folgende Sicherheitsgrade zu unterscheiden:

- Sicherheit,
- Risiko oder
- Unsicherheit.[481]

---

[479] Vgl. SCHIERENBECK, H., WÖHLE, C. B.: a. a. O., S. 78.

[480] Vgl. HENTZE, J., BROSE, P., KAMMEL, A.: a. a. O., S. 51.

[481] Die einzelnen Sicherheitsgrade werden im Unter-Unterabschnitt 1.6.5.1 „Planung nach der Datensituation" weiter erläutert.

Hinsichtlich der inhaltlichen Struktur von (Kenn-)Zahlen ist eine Unterscheidung von **Wert- oder Mengengrößen** von wesentlicher Bedeutung. Während **Mengengrößen** anhand der **Maßeinheiten** (Bezugsgrößen) im Hinblick auf die Umsetzung und Kontrolle **eindeutig interpretierbar** sind, weil sich die Menge, gemessen in g, kg, t, mm, cm, m, km, ml, l, hl, kWh, qm, cbm, etc., ändert, ist eine Aussage bei **Wertgrößen**, die sich als **Produkt der Multiplikanden Preis und Menge**[482] ergeben, **nicht ohne Weiteres** möglich. Ursache einer Steigerung der Wertgröße kann also eine Erhöhung der Menge oder des Preises oder beider Komponenten sein. Selbst wenn eine der beiden Größen sinkt, kann sich per Saldo noch eine Steigerung der Wertgröße ergeben, nämlich dann, wenn der andere Multiplikand eine größere Steigerung aufweist. So kann eine Umsatzsteigerung aus einer Erhöhung der Absatzmenge, einer Anhebung des Preises oder beider Komponenten resultieren. Eine Steigerung des Umsatzes ist selbst dann möglich, wenn die Absatzmenge beispielsweise um 10 % sinkt, der Preis jedoch um 20 % erhöht wurde.

Im Unterabschnitt 1.6.5.6 „Planung nach den Planungsebenen" wurden vier **Handlungsebenen** mit fünf **Handlungsfeldern** anhand der Tragweite der Entscheidungen unterschieden: Auf der Basis der konstitutiven und normativen Entscheidungen der Unternehmensführung finden strategische, taktische und operative Planungen statt.[483] Diese **Handlungsebenen** oder **Planungsebenen** oder schlicht **Ebenen** dürfen nicht mit den **Führungsebenen im institutionellen Sinne** (Top-Management, Middle-Management, Lower-Management)[484] verwechselt werden![485]

Der **Zeitrahmen** der Planung (und Kontrolle) bezieht sich auf den **Zeitraum**, für den ein Plan erstellt wird und über den er sich erstreckt. Ein Plan kann

- langfristig Zeiträume von über fünf Jahren bis über zehn Jahre,
- mittelfristig Zeiträume zwischen einem und fünf Jahren und
- kurzfristig Zeiträume bis zu einem Jahr.

abdecken.[486]

---

[482] Die Maßeinheit ist hier eine Währung.

[483] In der Literatur finden sich auch nur die beiden Planungshorizonte (operativ und strategisch); die taktische Planung fehlt. Vereinzelt werden auch die Bezeichnungen für den mittelfristigen Planungszeitraum vertauscht: dann steht „operativ" für „taktisch"; analog ist dann für den kurzfristigen Planungszeitraum „taktisch" statt „operativ" zu finden. Vertreter der letztgenannten Auffassung sind beispielsweise Koch (KOCH, H.: a. a. O., S. 49.) oder Ehrmann/ Mintert (EHRMANN, H., MINTERT, S.-M.: a. a. O., S. 34.).

[484] Eine Führungsebene ist eine Organisationsebene innerhalb einer hierarchischen Struktur (Aufbauorganisation), auf der die Führungskräfte ähnlich weitreichende Entscheidungen treffen.

[485] Vgl. hierzu die Ausführungen in Abschnitt 1.3 „Führungsebenen und -aufgaben".

[486] Vgl. ausführlicher im Unter-Unterabschnitt 1.6.5.5 "Planung nach dem Zeitraum".

Je weiter in die Zukunft geplant wird, desto größer sind die Unsicherheiten in Bezug auf die in der Zukunft liegenden Sachverhalte als bei Ereignissen, die für die nahe Zukunft geplant sind. Daher nehmen die Bedeutung von Prognosen und die Anforderungen an deren Qualität (Informationsgehalt und Sicherheitsgrad) mit längeren Planungszeiträumen zu, zumal die langfristig getroffenen Entscheidungen nur mit erheblichen Mühen und meist nicht kurzfristig revidierbar sind. Wie in Unterabschnitt 1.6.1 „Notwendigkeit der Planung, Planungsbegriff und Prognose" bereits ausgeführt wurde, steigen die Kosten mit zunehmender Qualität der (Prognose-)Daten. Deshalb ist es unter Kosten-Nutzen-Aspekten eher nicht sinnvoll, weit in der Zukunft liegende Ereignisse oder Zustände exakt zu planen. Je länger der Planungshorizont, desto weniger detailliert sind die entsprechenden Pläne. Dies bedeutet auch, dass sich die Toleranzgrenzen im Rahmen der Kontrolle der Planung und Umsetzung mit zunehmendem Zeithorizont vergrößern.

Vor allem die operative Planung ist durchführungsbezogen. Um die operativen Zielsetzungen zu erreichen, ist es erforderlich, so präzise und detailliert wie möglich und nötig, unter Berücksichtigung von Machbarkeit und Wirtschaftlichkeit, vier Fragen, die auch als die 4 „R" bezeichnet werden, zu beantworten. Dies soll sicherstellen, dass für die zu planenden Elemente grundsätzlich folgende Bedingungen als erfüllt gelten:

- die **richtigen Gegenstände** (z. B. Produkte),
- in der **richtigen** (benötigten) **Menge**,
- zur **richtigen Zeit** (wann),
- am **richtigen Ort** (wo, z. B. welcher Absatzmarkt, welcher Bankplatz?) bereitzustellen
- unter **Beachtung der** gegebenen **Restriktionen** (z. B. Marketingbudgets, Mindestreserve).

Es ergeben sich weitergehend folgende **Planelemente (Planstruktur)**, die in einer vollständigen Planung mindestens enthalten sein müssen.[487] Sie sind hier als Fragen formuliert:

---

[487] Vgl. WILD, J.: a. a. O., S. 49 ff., ROBBINS, S. P., COULTER, M., FISCHER, I.: Management. Grundlagen der Unternehmensführung, 12. Aufl., Hallbergmoos 2014, S. 223 f., EHRMANN, H., MINTERT, S.-M.: a. a. O., S. 304–305.

- warum (Problemstellung)?
- was (Planungsgegenstand)?
- unter welchen Voraussetzungen (Prämissen)?
- wieviel (Menge)?
- wo, bis wohin (Ort)?
- wann, bis wann (Zeit)?
- womit (Ressourcen, Budget, Personal)?
- wer (Planersteller und/oder Ausführungsverantwortlicher)?
- wem berichtend (Ergebnis-, Ausführungs-, Budgetkontrolle)?

Darst. 1.6030: Elemente eines Plans

1.6.7 Koordination der Planung

Folgende vier verschiedene Arten der Koordination (**Koordinationsverfahren**) sind denkbar:[488]

- Die vertikale Koordination: Abstimmung der Pläne mit den über- und untergeordneten Stellen.
- Die horizontale Koordination: Planabstimmung mit den benachbarten Stellen auf einer Ebene.
- Die zeitliche Koordination: Abstimmung der verschiedenen Planungsschritte untereinander.
- Die Koordination der Verwendung nach: Abstimmung der Periodenplanung mit der Projektplanung.

---

[488] Vgl. PEEMÖLLER, V. H.: Controlling. Grundlagen und Einsatzgebiet, 5. Aufl., Herne, Berlin 2005, S. 217, STOI, R., DILLERUP, R.: a. a. O., S. 74. Die Gliederungsstruktur ist in der Literatur nicht einheitlich: So ist die vertikale Koordination („Hierarchische Ableitung der Pläne" oder „Koordination von Plänen verschiedener Hierarchieebenen") und die horizontale Koordination mit der Simultan- und Sukzessivplanung bspw. bei Küpper /Friedl/Hofmann et al. (KÜPPER, H.-U., FRIEDL, G., HOFMANN, C. ET AL.: a. a. O., S. 405 ff.) unter dem Stichwort „Zeitliche Gliederung/Koordination" zu finden.

1.6.7.1 Vertikale Koordination

Die Abstimmung zwischen den drei Planungsebenen (strategisch, taktisch, operativ) entsprechend der hierarchischen Unternehmensplanung wird als **vertikale oder unternehmenshierarchische Koordination** verstanden. Aus dem arbeitsteiligen zielgerichteten Aufgabenerfüllungssystem eines Unternehmens ergibt sich die Notwendigkeit der Koordination. Dieses System macht Aktionen erforderlich, um die organisatorischen Teilbereiche auf das Gesamtziel eines Unternehmens auszurichten. Da die einzelnen Hierarchieebenen als Folge des unterschiedlichen Detaillierungsgrades über einen entsprechenden Entscheidungsspielraum verfügen, besteht eine große Notwendigkeit für die vertikale Koordination.

1.6.7.1.1 Maßnahmen zur Lösung des vertikalen Koordinationsproblems

Es liegen verschiedene Ansätze vor, um das Koordinationsproblem zu lösen. Diese gliedern sich in personenorientierte, strukturorientierte und technokratische Maßnahmen.[489] Unter **personenorientierten Maßnahmen** sind die Umsetzung eines partizipativen Führungsstils und eine Ausbildungsverbesserung der Mitarbeiter zu verstehen. **Strukturorientierte Maßnahmen** können die Bildung von Ausschüssen und anderen Organisationsformen sein.

Die Formalisierung von Planungs-, Kontroll- und Budgetierungssystemen zählen zu den **technokratischen Maßnahmen**. Im Prinzip handelt es sich um organisatorische Varianten der hierarchischen Planung. Die Verfahren, die in vertikaler Hinsicht genutzt werden, dienen der Abstimmung zwischen der Einzel- und der Gesamtplanung im Unternehmen. Die operative Planung basiert mittelbar auf der langfristigen und unmittelbar auf der mittelfristigen Planung, wobei sich der operative Teil überwiegend im ersten Jahr der Planung abspielt. Es gilt, hierbei den Planungszeitraum möglichst differenziert und sorgfältig zu gestalten. Dabei sollten alle Unternehmensbereiche in den Planungsprozess einbezogen werden. Bei der vertikalen Koordination wird zwischen verschiedenen **Planungsverfahren**, auch **Planungsrichtungen** oder **Planungsprinzipien** genannt, unterschieden:[490]

---

[489] Vgl. FUCHS-WEGNER, G., WELGE, M.: Kriterien und Auswahl von Organisationskonzepten, in: Zeitschrift für Organisation, 43. Jg.,1974, Nr. 4, S. 79.

[490] Vgl. ZELL, M.: Kosten- und Performance Management. Grundlagen – Instrumente – Fallstudie, Wiesbaden 2008, S. 207, RICHTER, F., KNECKTYS, L., BIHLER, A.: Wirtschaftsbezogene Qualifikationen für Dummies, Weinheim 2023, S. 461.

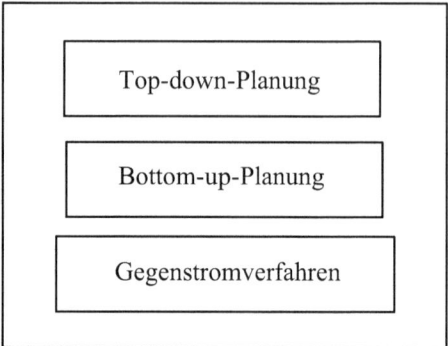

Darst. 1.6031: Planungsverfahren

1.6.7.1.2 Top-down-Planung

In der **Top-down-Variante**, die auch als **retrograde Planung**[491] bezeichnet wird, werden auf Geschäftsführungsebene strategische Zielvorgaben aufgestellt. Die Planung erfolgt infolgedessen von der strategischen bis zur operativen Ebene von oben nach unten. Die Unternehmensführung formuliert langfristige Ziele und stellt sie in sogenannte Gesamt- bzw. Rahmenpläne ein. Diese Rahmenpläne werden den darunterliegenden Ebenen als Oberziele vorgegeben und von ihnen in Teilpläne zerlegt und weiter präzisiert. Somit wird gewährleistet, dass gleichzeitig eine weitgehende Ausrichtung aller Planungsebenen auf die Oberziele/die Unternehmensziele erreicht wird. Dieses Verfahren gewährleistet eine Zielkonvergenz der Teilpläne mit der Unternehmensgesamtplanung.[492] Der Vorteil des Top-down-Vorgehens liegt darin, dass die Zielsetzungen aller Teilpläne der Zielsetzung des gesamten Unternehmens entsprechen.[493] Als Voraussetzung dafür gilt die Erreichbarkeit des Oberziels, denn es besteht eine latente Gefahr, dass Ergebnisse eingefordert werden, die sich nachher auf der Arbeitsebene als nicht umsetzbar erweisen.[494] Dazu kann es beispielsweise kommen, wenn die vorgelagerte der nachgelagerten Ebene Plandaten vorgibt, die diese nicht erfüllen kann. Da eine vertikale Interdependenz der Pläne vorherrscht, kann es hierbei zu Einschränkungen des Arbeitsablaufes kommen. Um dieses Problem zu umgehen, muss die übergeordnete Planungsebene dafür sorgen, dass die untere

---

[491] Vgl. z. B. STOI, R., DILLERUP, R.: a. a. O., S. 360, EHRMANN, H., MINTERT, S.-M.: a. a. O., S. 87.

[492] Vgl. HAGENLOCH, T.: Einführung in die Betriebswirtschaftslehre. Theoretische Grundlagen. Rechnungswesen und Managementlehre, 2. Aufl., Norderstedt 2018, S. 376.

[493] Vgl. KUSSMAUL, H.: Betriebswirtschaftslehre. Eine Einführung für Einsteiger und Existenzgründer, 9. Aufl., München 2022, S. 29.

[494] Vgl. SPRAUL, A., OESER, J.: Controlling. Unternehmenssteuerung, Controlling-Werkzeuge, Unternehmensplanung, Managementinformationssysteme, Strategische Ausrichtung, Stuttgart 2004, S. 29.

Ebene immer aktuell informiert ist, was jedoch in der Regel mit einem hohen Aufwand verbunden ist. Als weiterer Nachteil der retrograden Planung ist anzuführen, dass bei den unteren Planungsebenen der Eindruck entstehen kann „verplant" zu werden. Deshalb ist anzuzweifeln, ob die unteren Planungsebenen auf Anfragen offen und ehrlich informieren. Aufgrund dieser Tatsache kann die Planungsqualität in erheblichem Maße beeinträchtigt werden.[495]

Die Top-down-Planung kann dahingehend abgewandelt werden, dass sich die Planung der einzelnen Planungsobjekte eines Unternehmens am Engpassfaktor wie z. B. dem Absatz ausrichten. Das Mengengerüst des Absatzes, welches entsprechend der Produkthierarchie aufgelöst wurde, dient hierbei als Vorgabe für die Mengengerüstplanung der anderen, nachfolgenden Zweck- und Verwaltungsaufgaben wie z. B. dem des Einkaufs, der Fertigung oder des Personalwesens.[496]

Die Planungsrichtung der vertikalen Koordination lässt sich wie folgt veranschaulichen:

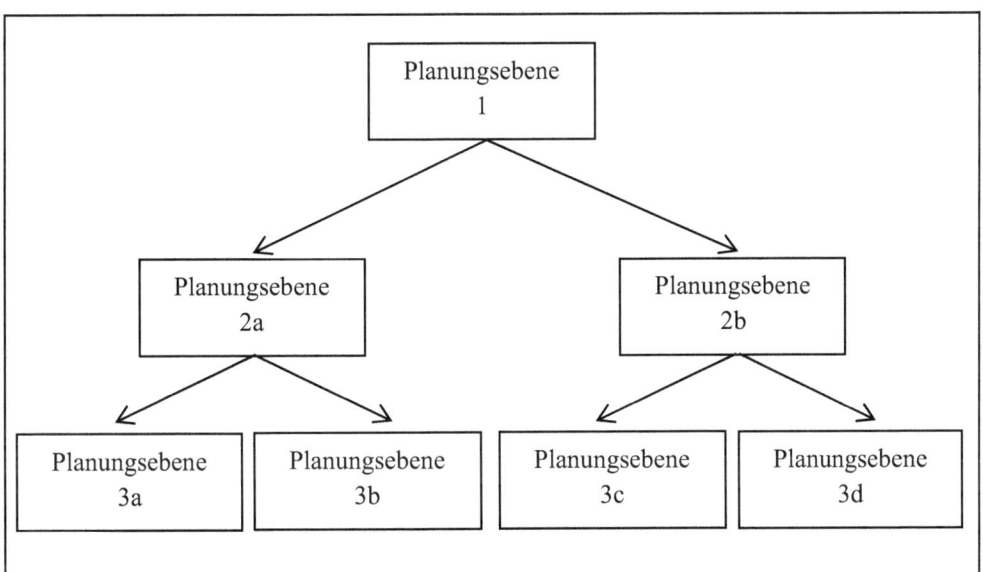

Darst. 1.6032: Top-down-Planung

---

[495] Vgl. KUSSMAUL, H.: a. a. O., S. 29.
[496] Vgl. SCHROETER, B.: a. a. O., S. 312.

1.6.7.1.3 Bottom-up-Planung

Als Antithese zur Top-down-Planung wird die **Bottom-up-Planung** definiert, die auch als **progressive Planung** bezeichnet wird.[497] Hierbei werden die Planansätze der Teilpläne in den Fachabteilungen von den Mitarbeitern formuliert und in mehreren Iterationsschritten von der operativen Ebene nach oben zu einem Gesamtplan bzw. Gesamtziel aggregiert.[498]

Dabei werden die Pläne in jeder Stufe koordiniert, zusammengefasst und weitergegeben, bis die oberste Planungsebene erreicht wird. Ein großer Vorteil der progressiven Planung ist, dass nicht nur die Realistik der Planungsprämissen, sondern auch die Motivation der Planungsträger erhöht wird, da die Planung unmittelbar von den Mitarbeitern der unteren Planungsebenen ausgeht.

Die operative Planung beruht bei dieser Vorgehensweise auf einer breiten Informationsgrundlage, da die Beteiligten sofortigen Zugang zu allen nötigen Auskünften haben und sich somit mit den, von ihnen ausgearbeiteten Planinhalten identifizieren. Ein wesentlicher Nachteil der Bottom-up-Planung ist darin zu sehen, dass sich die Teilpläne, die der übergeordneten Planungsebene eingereicht werden, inhaltlich widersprechen können bzw. sich nicht gleichzeitig realisieren lassen können. Außerdem wird in der Unternehmenspraxis bei der progressiven Planung, die Planerstellung häufig an den Plänen der Vorperioden ausgerichtet. Diese Vergangenheitsorientierung steht jedoch im Widerspruch zu der eigentlichen Zukunftsorientierung der Planung. Zudem ist nicht auszuschließen, dass die unteren Stellen „mauern", d. h. sie geben nur leicht erreichbare Pläne ab. In diesem Fall werden erhebliche Potenziale „verschenkt". Die Bottom-up-Planungsrichtung gilt mit einer Gesamtprozessdauer von rund drei Monaten als sehr zeitintensiv. Eine Ursache liegt in der Datenbereitstellung, also der Vorgabe von Ist-Daten, der Eingabe von Plan-Daten und das Einsammeln von Plan-Daten aus unterschiedlichen Unternehmensbereichen. Daraus resultiert auch ein enormes Einsparpotenzial im Bereich der Datenbereitstellung.

---

[497] Vgl. PFOHL, H. C., STÖLZLE, W.: a. a. O., S. 134.

[498] Vgl. FISCHER, T. M., MÖLLER, K., SCHULTZE, W.: Controlling. Grundlagen, Instrumente und Entwicklungsperspektiven, 2. Aufl., Stuttgart 2015, S. 72–73.

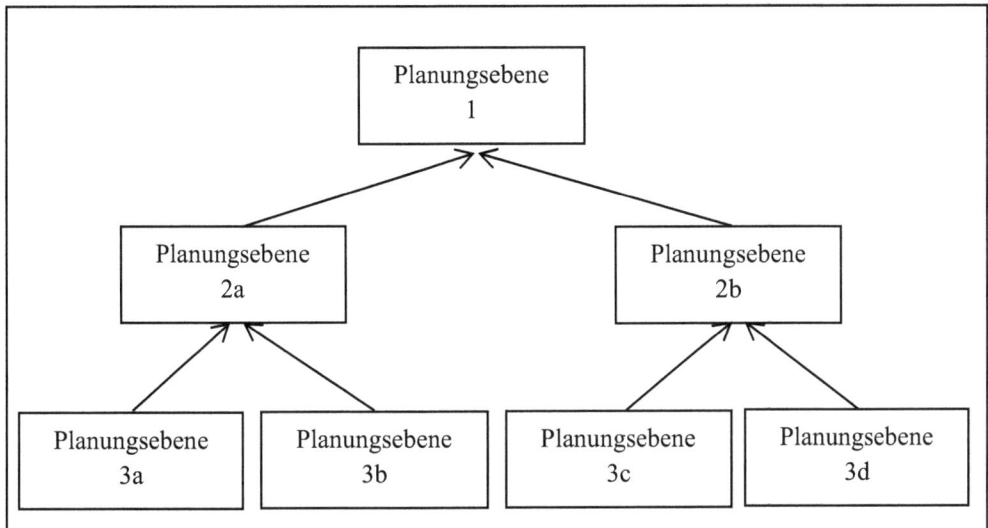

Darst. 1.6033: Bottom-up-Planung

Das Bottom-up-Prinzip kann z. B. bei der Gemeinkostenplanung der einzelnen Bereiche sehr sinnvoll eingesetzt werden, weil hier ein sehr breites Wissen über die Ursachen des Gemeinkostenanfalls vorzufinden ist. Sollten sich nach der Zusammenfassung der einzelnen Gemeinkostenplanungen Abweichungen zu den Vorstellungen der Unternehmensführung ergeben, besteht die Möglichkeit eine absolute oder prozentuale Gemeinkostenkürzung vorzunehmen oder für einzelne Gemeinkostenarten eine Überarbeitung der Bereichsgemeinkostenplanung zu verfügen.[499]

---

[499] Vgl. SCHROETER, B.: a. a. O., S. 312 f.

1.6.7.1.4 Gegenstromverfahren

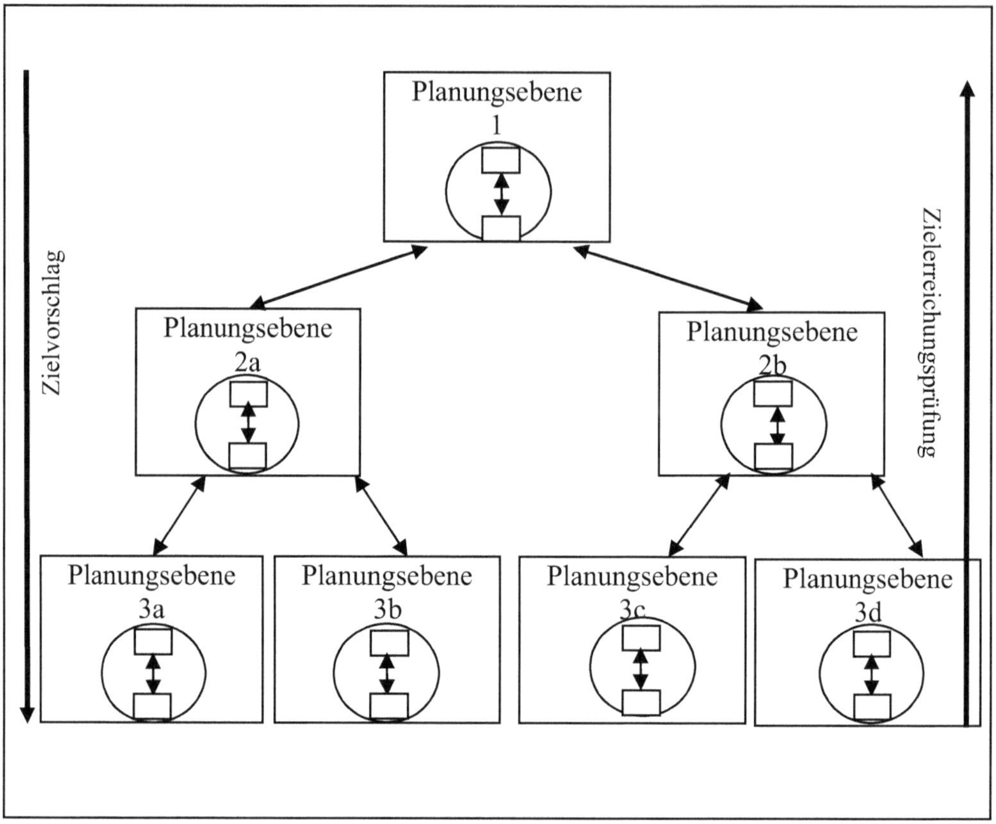

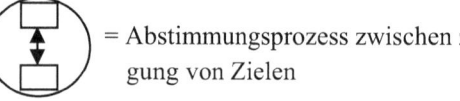

Darst. 1.6034: Gegenstromverfahren

= Abstimmungsprozess zwischen zwei Ebenen zwecks Festlegung von Zielen

Ein geeignetes Instrument, um die Nachteile der retrograden und der progressiven Planung weitgehend auszuschalten und ihre jeweiligen Vorteile zu nutzen, ist das sogenannte **Gegenstromverfahren**, auch **interaktives Planungssystem** oder **zirkuläre Planung**[500] genannt. Diese Planungsphilosophie besteht aus einem Top-down-Vorlauf und einem Bottom-up-Rücklauf. Mittels Gegenstromverfahren soll das logische Zirkelproblem der Planung gelöst werden, nach dem über untergeordnete Pläne (Ziele und Maßnahmen) nicht ohne Kenntnis der übergeordneten Pläne (Ziele und Maßnahmen) entschieden werden kann und vice versa. Aus diesem Grund ist das Gegenstromverfahren schon aus logischen Gründen den beiden anderen überlegen.

Primär wird Top-down geplant: Die Unternehmensführung, also die oberste Planungsebene, erstellt zunächst einen vorläufigen Rahmenplan, von dem die vorläufigen Teilpläne abgeleitet werden. Mitglieder von mindestens zwei Führungsebenen stimmen dabei in mehreren sogenannten Planungskonferenzen ihre Ziel- und Zielerreichungsvorstellungen ab. Dies ist die Grundlage für die (vorläufige) Planverabschiedung.[501] Beginnend mit der untersten Planungsebene erfolgt daraufhin im progressiven Verfahren Bottom-up die stufenweise Erarbeitung sowie die Zusammenfassung der Teilpläne. Beispiel: Der Absatz im Inland je Verkaufsgebiet und der Absatz im Ausland je Land werden zum Gesamtabsatz zusammengefasst. Nach dem Rücklauf entscheidet die Unternehmensleitung über das Gesamtsystem der Teilpläne und nimmt eventuelle Anpassungen der ursprünglichen Ziele und Pläne vor. In der Praxis sind häufig mehrere Iterationen zu beobachten, bis der endgültige Gesamtunternehmensplan feststeht. Der Impuls der Gegenstromplanung muss nicht zwingend von oben, sondern kann auch von unten erfolgen. Das Gegenstromverfahren hilft, Zielkonflikte und Suboptima zu vermeiden: Führt die Top-down-Planung zu einem unrealistischen Ziel auf der Mitarbeiterebene, die Bottom-up-Planung zu vorsichtigen, sehr defensiven Zielen, die die Marktposition des Unternehmens schwächen, wird mit dem Gegenstromverfahren ein Interessenausgleich versucht. Die einzelnen Durchläufe müssen jedoch nicht unbedingt zu einer Plankonvergenz führen. Im Zweifel wird häufig eher durch hierarchische Macht als durch Qualität von Argumenten entschieden. Dann dominiert das Top-down-Prinzip. Der Abstimmungsprozess könnte dann wie folgt aussehen:

---

[500] Vgl. STOI, R., DILLERUP, R.: a. a. O., S. 361–362, STRAUB, T.: Einführung in die Allgemeine Betriebswirtschaftslehre, München 2012, S. 350.

[501] Vgl. FISCHER, T. M., MÖLLER, K., SCHULTZE, W.: a. a. O., S. 74–75.

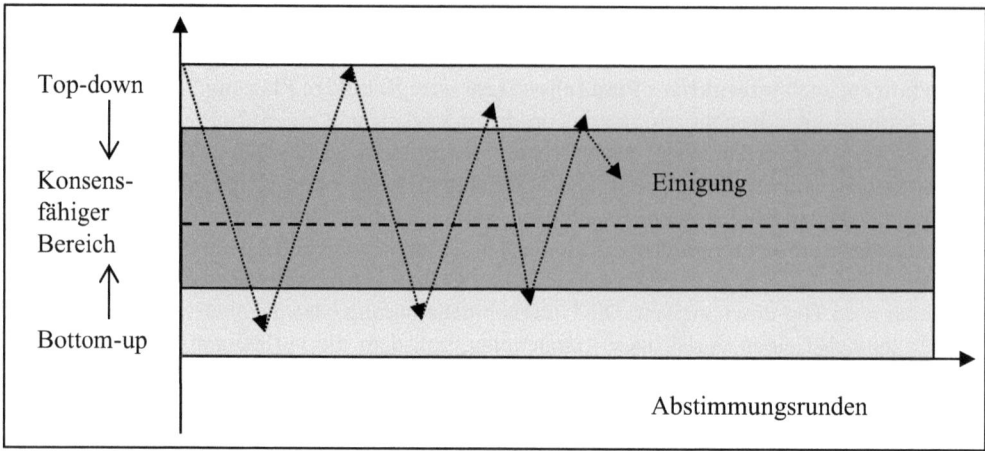

Darst. 1.6035: Abstimmungsrunden zwischen zwei Hierarchiestufen bei stärkerer Durch-
          setzungskraft des Vorgesetzten

Grundsätzlich gewährleistet dieses interaktive Planungssystem, dass die Pläne realisierbar erscheinen. Letztlich erhöht sich auch die Motivation der (unteren) hierarchischen Ebenen, da sie
an der Planung beteiligt werden. Gleichzeitig **entspricht das Gegenstromverfahren drei zentralen Führungsgrundsätzen**:[502]

- Jede Führungskraft sollte die Maßnahmen (Aktionen) in ihrem unmittelbaren Verantwortungsbereich aus Motivationsgründen selbst planen und gleicherweise die Planung nachge-
  ordneter Instanzen steuern und integrieren.
- Die Planung sollte arbeitsteilig durchgeführt werden. Neben die zentrale Planung und Koordination durch einen zentralen Planungsstab der Unternehmensführung tritt die dezentrale
  Planung der betroffenen Linieninstanzen. Die Planungsarbeiten sind so zu delegieren, dass
  das im Unternehmen vorhandene Planungswissen optimal genutzt wird.
- Es sollte strikt differenziert werden zwischen der Erstellung der dezentralen Pläne (Entwicklung und Konkretisierung) einerseits und der Koordination/Integration der Pläne sowie der
  Entscheidung und Durch-/Umsetzung der Pläne andererseits.

Als Nachteil des Gegenstromverfahrens ist die relativ hohe Zeitintensität im Zuge der Planungs-
runden zu sehen.

---

[502] Vgl. WILD, J.: a. a. O., S. 196.

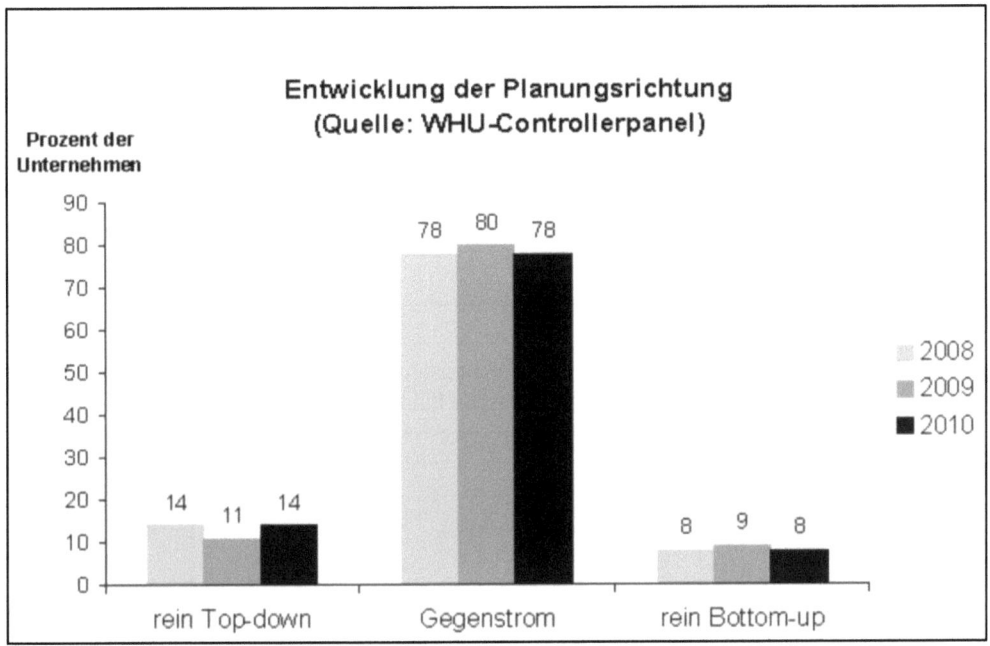

Darst. 1.6036: Verbreitung unterschiedlicher Planungsrichtungen
(In Anlehnung an WEBER, J., SCHÄFFER, U., Einführung in das Controlling, 13. Aufl., Stuttgart 2011, S. 262.)

Wie die vorstehende Grafik zeigt, ist das Gegenstromverfahren laut einer Erhebung der WHU
2010 und auch heute noch das am häufigsten praktizierte Planungsverfahren:

Die Verbreitung des Gegenstromverfahrens lässt sich auch mit der Führungskonzeption des
Managements by Objectives (MbO) begründen. Im Rahmen des MbO wird eine Kombination
aus Top-down-Planung und Gegenstromverfahren praktiziert; zumindest über ein bis zwei Hierarchieebenen. Dieses Führungsprinzip geht von der Ausrichtung allen unternehmerischen Handelns im Hinblick auf die Erreichung der Unternehmensziele aus. Die von der oberen Ebene
angedachten Planungsziele (nicht unbedingt Maßnahmen (!), um der untergeordneten Ebene
Handlungsspielräume zu lassen) werden mit der unmittelbar tieferliegenden Ebene diskutiert.
Ergebnis ist ein System abgestimmter Planungsziele. Die Bedeutung dieser Führungstechnik
ergibt sich aus der Symbiose einer praxisgerechten Unternehmensführung mit verhaltenstheo-
retischen Erkenntnissen.

1.6.7.2 Horizontale Koordination

Durch die Überschneidung der Aufgaben und der daraus resultierenden erforderlichen Zusammenarbeit der einzelnen Teilbereiche einer Ebene sowie der wechselseitigen Abhängigkeit der Teilpläne ergibt sich die Notwendigkeit der **horizontalen Koordination**. Kurz gesagt: Es geht um die inhaltliche Abstimmung der einzelnen Teilpläne. In welchem Ausmaß eine horizontale Koordination erforderlich ist, hängt davon ab, wie die Organisationsstruktur des Unternehmens aufgebaut ist.

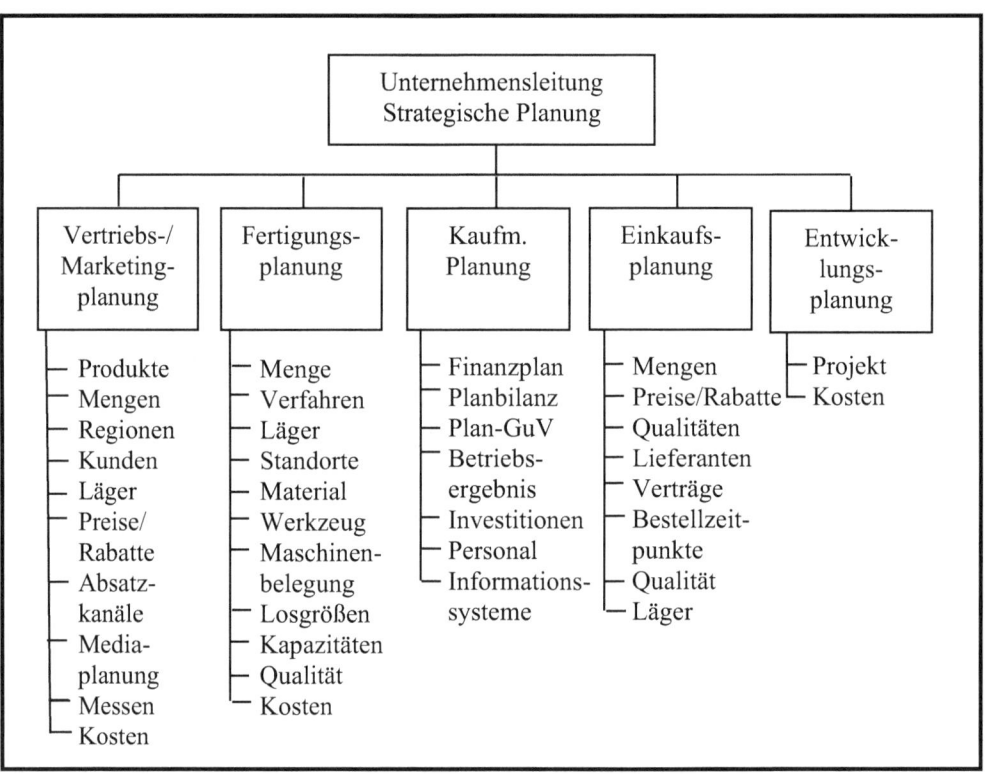

Darst. 1.6037: Funktional gegliedertes Planungssystem

Autonom aufgestellte Sparten benötigen keine bzw. bei wechselseitigem Leistungsverkehr nur geringe Anpassungen, wohingegen eine funktionale Gliederung einen sehr hohen Anpassungsbedarf hat.[503] Die vorstehende Darstellung zeigt ein funktional gegliedertes Planungssystem.

Das folgende Beispiel zeigt die Interessenkonflikte zwischen den Teilbereichen auf: Die Fertigungsabteilung hat großes Interesse daran, wenige Produkte in großen Serien herzustellen, um die Stückkosten zu verringern. Dagegen wird sich die Vertriebsabteilung für kleine Serien und ein großes Sortiment einsetzen, um dadurch eine stärkere Position (höherer Marktanteil) auf dem Absatzmarkt zu erlangen. Die Personalabteilung wird in Zeiten schwacher Nachfrage die Meinung vertreten, dass Produkte auf Lager produziert werden sollten, um nicht kurzfristig hochqualifiziertes Personal entlassen und dieses später bei anziehender Nachfrage wieder mühevoll suchen zu müssen. Jedoch wird sich die Finanzabteilung mit großer Sicherheit gegen eine Produktion auf Lager aussprechen, weil aus einer Lagerhaltung eine unproduktive Kapitalbindung resultieren würde.

Ein weiteres Beispiel soll die Interdependenzen einzelner Teilbereiche und ihrer Teilpläne verdeutlichen: In der Regel kann eine Finanzplanung nicht aufgestellt werden, ohne die Absatzplanung und die damit verbundenen voraussichtlichen Umsatzerlöse zu kennen. Andersherum kann beispielsweise die Realisierung einer Werbekampagne davon abhängig gemacht werden, ob die finanziellen Mittel dafür verfügbar sind. Um diese Information zu erhalten, müsste die Finanzplanung aufgestellt sein, die ihrerseits aber eine fertig gestellte Absatzplanung erfordert.

Solche Interdependenzen sind typisch und können in vielen Teilbereichen des Unternehmens auftreten. Die horizontale Koordination der Planung kann als Simultan- oder Sukzessivplanung ausgestaltet sein:

---

[503] Vgl. THOM, N., WENGER A. P.: Die optimale Organisationsform. Grundlagen und Handlungsanleitung, Wiesbaden 2010, S. 160.

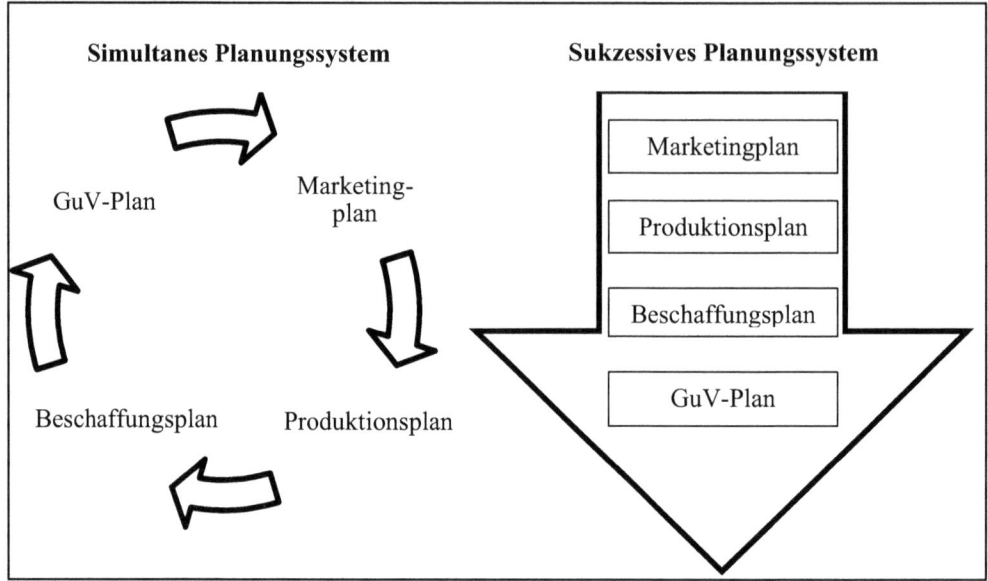

Darst. 1.6038 Simultanes und sukzessives Planungssystem
    (Quelle: HÄRDLER, J. (HRSG.): Betriebswirtschaftslehre für Ingenieure. Lehr- und Praxisbuch für
    Ingenieure und Wirtschaftsingenieure, 3. Aufl., Leipzig 2007, S. 560.)

1.6.7.2.1 Simultanplanung

Mit Hilfe der **Simultanplanung**, auf die bereits im Unter-Unterabschnitt 1.6.5.4 „Planung nach
dem Integrationsgrad" ausführlich eingegangen wurde, wird versucht, das Interdependenzprob-
lem zu lösen, indem alle Teilbereiche des Betriebs gleichzeitig aufeinander abgestimmt werden.[504]

Obwohl sich in den letzten Jahren die Computertechnologie sowie die Leistungsfähigkeit der
Optimierungssoftware stark entwickelt haben, kann die Simultanplanung wegen der Planungs-
komplexität nur bei wenig umfangreichen Gesamtproblemen angewendet und somit empfohlen
werden. Die Kosten für die notwendige Informationsversorgung und die rechentechnischen Lö-

---

[504] Vgl. JOOS, T.: Controlling, Kostenrechnung und Kostenmanagement. Grundlagen – Anwendungen – Instrumente,
    5. Aufl., Wiesbaden 2014, S. 49.

sungen sind meist zu hoch. Des Weiteren ist es unmöglich, das Planungsmodell mit seinen un-
zähligen Entscheidungsvariablen den ständigen Veränderungen der Planungssituation anzupassen.[505] Insofern ist die Aussagekraft für die Praxis begrenzt.

1.6.7.2.2 Sukzessivplanung

Die **Sukzessivplanung** ist in der Praxis wesentlich bedeutsamer als die Simultanplanung. Bei
der Sukzessivplanung werden die betrieblichen Teilpläne zeitlich nacheinander, also schrittweise, aufgestellt. Das sogenannte „Ausgleichsgesetz der Planung"[506] liefert eine Empfehlung
zur Reihenfolge der Planung. Die operative Planung hat, diesem Gesetz entsprechend, **vom sogenannten Minimumsektor auszugehen**. Der Minimumsektor ist der Unternehmensbereich,
der andere betriebliche Teilbereiche in deren Handeln einschränkt und stellt somit die Restriktionen für die anderen Teilpläne dar.[507] Es ist Aufgabe der strategischen Planung, diesen Minimumsektor zu beseitigen. Da die Märkte nicht mehr unbegrenzt aufnahmefähig sind, stellt der
Absatzbereich den restriktiven Teilbereich der operativen Planung dar. Die Planung muss in
diesem Fall also vom Absatzplan ausgehen. Der Absatzplan ist die Basis für den Produktions-
plan, dieser wiederum ist das Fundament für den Beschaffungsplan. Diese schrittweise Planung
setzt voraus, dass jeder Teilbereich über den nachfolgenden sachkundig informiert ist. So können z. B. in einem Absatzplan nicht erreichbare Bedingungen hinsichtlich der Fertigungskapa-
zitäten angenommen worden sein. Diese falschen Annahmen können erst bei der Produktionsplanung aufgedeckt werden und dann dazu führen, dass der Absatzplan revidiert werden muss.

Es ist aber auch denkbar, dass andere Teilbereiche des Unternehmens den Minimumsektor darstellen. Wenn z. B. ein finanziell sanierungsbedürftiges Unternehmen weniger anbieten kann
als der Markt nachfragt, stellt dementsprechend der Finanzbereich den restriktiven Teilbereich
(Minimumsektor) dar. Bestehende Interdependenzen werden mittels des sukzessiven Verfah-
rens vernachlässigt.[508] Es ist also abzuwägen, bis zu welchem Komplexitätsgrad es angemessen
ist, eine simultane Planung durchzuführen und ab welchem Komplexitätsgrad eine sukzessive
Planung sinnvoller wäre.

---

[505] Vgl. KLEIN, R., SCHOLL, A.: Planung und Entscheidung, 2. Aufl., München 2011, S. 234.

[506] Vgl. hierzu die Ausführungen im Unter-Unterabschnitt 1.6.5.5 „Planung nach dem Zeitraum".

[507] Vgl. WILTINGER, K., HEUPEL, T., DEIMEL, K.: Controlling, 2. Aufl., München 2022, S. 45.

[508] Vgl. JOOS-SACHSE, T.: a. a. O., S. 46.

1.6.7.3   Zeitliche Koordination

Unter der **zeitlichen Koordination der Planung** wird die **Abstimmung und Integration der Ziel- und Maßnahmenplanungen unterschiedlicher Fristigkeiten (kurz-, mittel- und langfristige Planung)** verstanden. Hierbei ist zu differenzieren, ob zeitlich unterschiedliche Planungshorizonte koordiniert werden sollen, oder ob sich die zeitliche Verknüpfung auf jeweils denselben Planungshorizont bezieht.[509] Infolgedessen soll auf zwei Punkte näher eingegangen werden, und zwar auf die

- Koordination bzw. Integration von Plänen mit unterschiedlichen Zeithorizonten und den
- Planungsrhythmus, d. h. die Frequenz der Teilplanungen.

1.6.7.3.1   Koordination von Plänen mit unterschiedlichen Zeithorizonten

Wenn in einem Unternehmen alle drei Planungsarten, also die langfristige, die mittelfristige sowie die kurzfristige Planung nebeneinander bestehen, entsteht – unabhängig von der Frage des Planungsrhythmus – das **Problem der zeitlichen Verknüpfung/Verkettung**.

Es sind hierbei drei grundsätzliche Alternativen denkbar:

- Prinzip der Reihung,
- Prinzip der Staffelung,
- Prinzip der Schachtelung.

Aus einer induktiven Vorgehensweise ergibt sich das **Prinzip der Reihung**. Bei diesem Prinzip werden Pläne mit gleicher oder unterschiedlicher Fristigkeit lückenlos hintereinandergeschaltet. Zuerst erfolgt die Entwicklung eines kurzfristigen Plans, dieser ist die Basis für die mittel- und langfristige Planung. Die Ausgangszahlen des mittelfristigen Plans sind die Endzahlen des kurzfristigen Plans. Wiederum sind die Ausgangszahlen des langfristigen Plans die Endzahlen des mittelfristigen Plans. Eine Überlappung der Pläne findet nicht statt.[510] Die Folge ist, dass sowohl der kurz- als auch der mittelfristige Plan auch nicht ansatzweise in die übergeordneten Pläne integriert sind.

---

[509] Vgl. GAITANIDES, M., a. a. O., Sp. 2258 ff.

[510] Vgl. EHRMANN, H., MINTERT, S.-M.: a. a. O., S. 308.

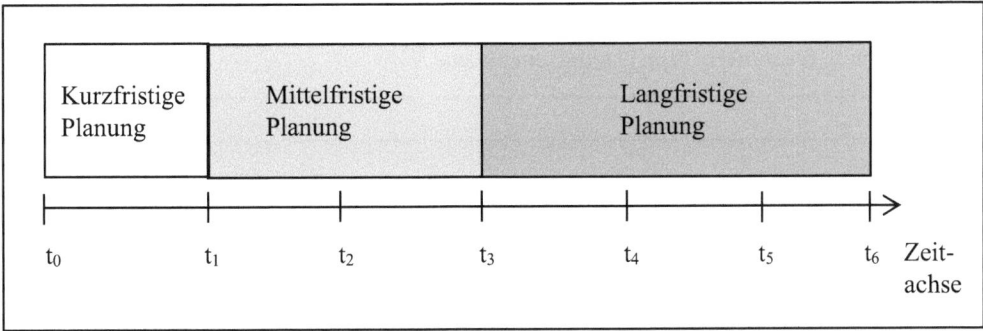

Darst. 1.6039: Prinzip der Reihung

Wenn Pläne miteinander verbunden werden, wird von einer **Staffelung** gesprochen. Bei diesem Prinzip überlappt der letzte Teil eines Planes gleichzeitig den ersten Teil des Folgeplanes. Dieser Fall liegt vor, wenn beispielsweise das zweite Halbjahr eines kurzfristigen Plans gleichzeitig das erste Halbjahr des mittelfristigen Plans ist. Wiederum kann das vierte Jahr des mittelfristigen Plans das erste Jahr des langfristigen Plans darstellen.

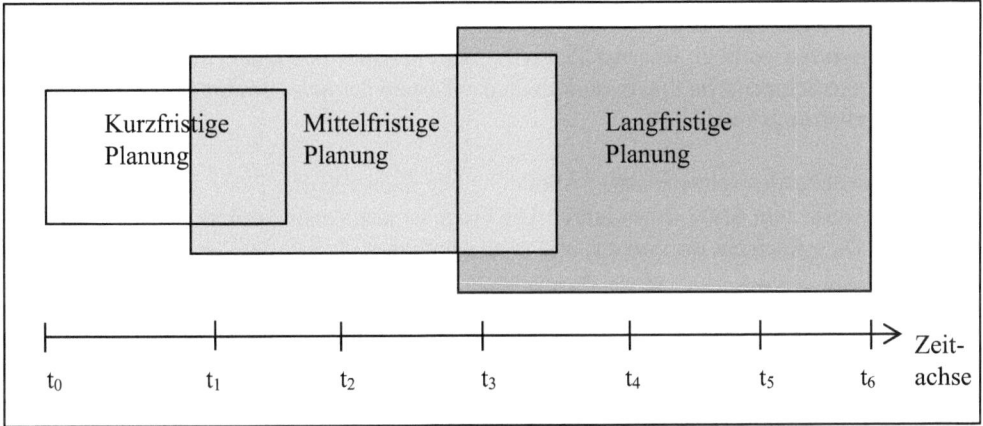

Darst. 1.6040: Prinzip der Staffelung

Bei einer **Schachtelung** beginnen die kurz-, mittel-, sowie langfristigen Planungen zum gleichen Zeitpunkt. In der langfristigen Planung ist die mittel- und kurzfristige Planung eingebettet.

Es wird von einer deduktiven Vorgehensweise gesprochen. Als erstes wird die langfristige Planung durchgeführt und in die mittelfristige Planung integriert. Die kurzfristige Planung wird wiederum in die mittelfristige Planung eingebettet.[511]

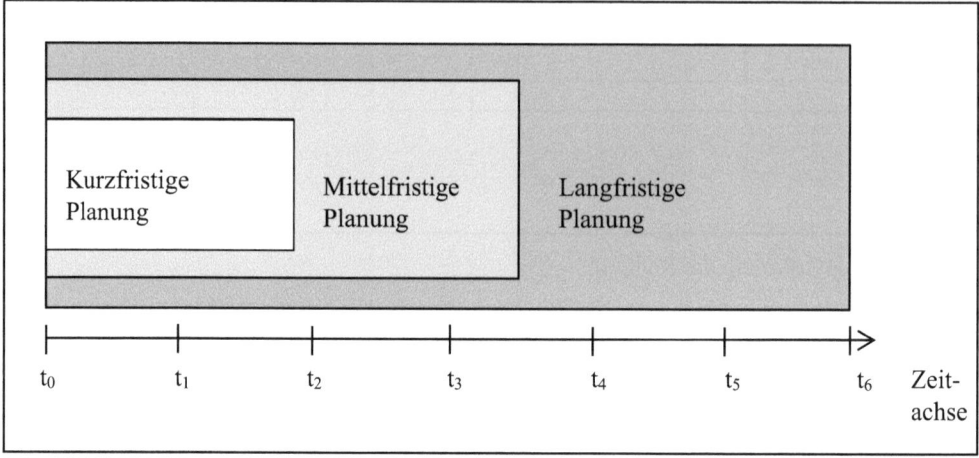

Darst. 1.6041: Prinzip der Schachtelung

Es ist anzumerken, dass **nur bei der Schachtelung eine zeitlich vollständige Integration der Planungsstufen** vorliegt, da jeder längerfristige Plan stets den kürzerfristigen Plan umgreift. Für die unternehmerische Praxis ist deshalb das Prinzip der **Schachtelung die einzige brauchbare Verkettungsform**.[512]

In der vorstehenden schematischen Abbildung beginnen alle drei Pläne zum Zeitpunkt t_0, also beispielsweise zum 01.01. eines Jahres. Die Frage ist jetzt, wann konkret die drei Pläne erstellt werden. Dies geschieht im Vorjahr, und zwar wie folgt:[513]

Die **strategische Planung** sollte spätestens in der ersten Hälfte des Wirtschaftsjahres[514] abgeschlossen sein. Diese langfristige Planung wird üblicherweise in Jahren[515] angegeben. Der Pla-

---

[511] Vgl. HAMMER, R.: a. a. O., S. 81.

[512] Vgl. BECK, M.: Grundsätze der Personalplanung. Ausrichtung der Betriebsverfassung am Strategischen Human Resource Management, Diss. Universität Mannheim, Wiesbaden 2002, S. 139.

[513] Diese Planung wird üblicherweise in einem Planungskalender festgehalten. Dieser wird im Rahmen des Planungshandbuchs im gleichlautenden Unterabschnitt 1.6.9 ausführlicher erläutert.

[514] Dies ist bei Wirtschaftsjahren, die nicht identisch mit dem Kalenderjahr sind, nicht der 30.06.

[515] In Kalenderjahren, wenn das Wirtschaftsjahr dem Kalenderjahr entspricht.

nungszeitraum beginnt mit dem nächsten Wirtschaftsjahr und endet am Planungshorizont. Dieser Planungszeitraum umfasst bei drei Planungsebenen (strategisch, taktisch, operativ) etwa fünf bis zehn Jahre, bei zwei Planungsebenen (strategisch, operativ) drei Jahre bis ca. zehn Jahre.[516] Sofern mit drei Planungsebenen gearbeitet wird, sollte die **taktische Planung** spätestens zu Beginn des letzten Tertials eines Wirtschaftsjahres beendet sein. Der Planungszeitraum umfasst bei drei Planungsebenen (strategisch, taktisch, operativ) ein bis fünf Jahre, bei zwei Planungsebenen (strategisch, operativ) entfällt die taktische Planung.[517]

Die **operative Planung** inklusive der Budgetierung bezieht sich auf das erste Planjahr der taktischen bzw. strategischen Planung.[518] Wie bereits zuvor im Zusammenhang mit der Planungsproblematik erörtert, sollte die operative Planung erst so spät wie möglich erfolgen, also erst frühestens in der zweiten Jahreshälfte des laufenden Wirtschaftsjahres, jedenfalls nach Vorlage der strategischen bzw. taktischen Planung starten, um zeitnah noch möglichst viele relevante Daten zu erhalten.

1.6.7.3.2 Planungsrhythmus

Der Planungsrhythmus legt fest, wann und wie oft Pläne erarbeitet (geprüft und verabschiedet), überarbeitet und fortgeschrieben werden. Gaitanides unterscheidet im Hinblick auf Planwiederholungen zwischen einer rollierenden[519] und einer revolvierenden[520] Planung.[521] Daneben wird in der Literatur die recht einfach zu handhabende serielle Planung[522] genannt. Während eine rollierende Planung eine Planung gleicher Fristigkeit, aber unterschiedlicher Detailliertheit meint, nimmt eine revolvierende Planung keine Aktualisierung bzw. Fortschreibung vor, sondern enthält auch die deutlich aufwändigere Prüfung des gesamten Planungsansatzes und die

---

[516] Zur strategischen Planung sei auf die Ausführungen im Abschnitt 1.1 „Grundlagen des Controllings" bei Wördenweber (WÖRDENWEBER, M.: Operatives Controlling – Band 1, a. a. O., S. 8–9) verwiesen.

[517] Die taktische Planung wird ebenfalls im Abschnitt 1.1 „Grundlagen des Controllings" bei Wördenweber (WÖRDENWEBER, M.: Operatives Controlling – Band 1, a. a. O., S. 9) erläutert.

[518] Je nach Zahl der Planungsebenen. Die operative Planung wird grob im Abschnitt 1.1 „Grundlagen des Controllings" und ausführlicher in den speziellen Abschnitten 2.4 „Operative Funktionsbereichsplanungen und bereichsübergreifende Planung" sowie 2.4 „Budgetierung" bei Wördenweber (WÖRDENWEBER, M.: Operatives Controlling – Band 1, a. a. O.) erläutert.

[519] Auch rollende, gleitende oder überlappende Planung genannt. Vgl. GAITANIDES, M.: a. a. O., Sp. 2263 f.

[520] Vereinzelt findet sich auch der Begriff „rekursive Planung".

[521] Vgl. DWORSKI, E. A.: Flexibilisierung der Budgetierung mit Rolling Forecasts und Relativen Zielen, Diss. Universität Stuttgart, München 2011, S. 58.

[522] Vgl. KÜPPER, H.-U., FRIEDL, G., HOFMANN, C. ET AL.: a. a. O., S. 407 f. Synonym: „anschließende Planung"; z. B. bei STOI, R., DILLERUP, R.: a. a. O., S. 349.

rückwirkende Überarbeitung der Prämissen. Damit wird das gesamte Planungssystem zyklisch überprüft und modifiziert.

Bei einer **seriellen Planung** schließt sich der folgende Plan (gleicher Fristigkeit) ohne Überlappung unmittelbar an den vorherigen Plan an. Die im vorhergehenden Plan festgelegten Ziele und Maßnahmen werden wie vorgesehen durchgeführt. Das Prinzip veranschaulicht die folgende Abbildung.

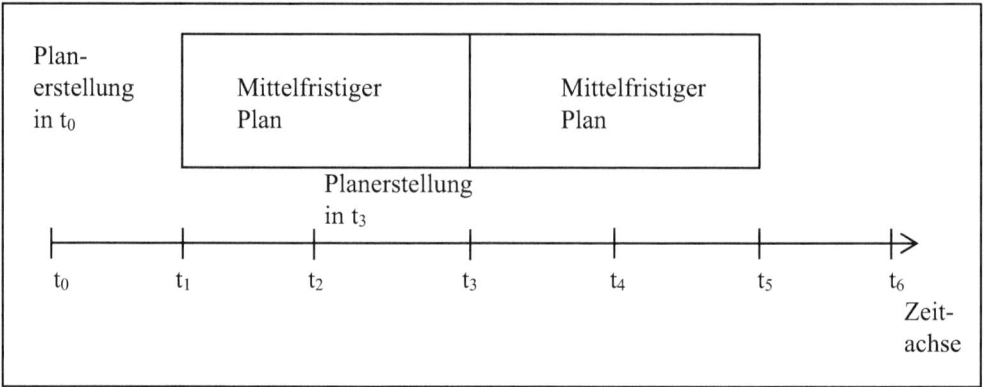

Darst. 1.6042: Serielle Planung am Beispiel einer mittelfristigen Planung mit zwei-
                periodigem Planungshorizont

Eine Überarbeitung findet während der laufenden Planumsetzung nicht statt. Auch die Anschlussplanung kann die im Zuge der Kontrolle der Planung und Durch-/Umsetzung festgestellten Abweichungen und die daraus zu ziehenden Schlüsse, wenn überhaupt, nur partiell umsetzen, und auch nur dann, wenn diese vor Ablauf des Planhorizontes bereits offenbart wurden. Eine vollständige Kontrolle des „alten" Plans ist erst – oft sehr viel –später (wegen der Zeit für die Kontrollarbeiten) nach Realisation dieses Plans möglich. Vor allem wegen der mangelnden zeitnahen Aktualisierung stellt die serielle Planung keine vernünftige Methode dar.

Das Merkmal der **rollierenden Planung** ist die Konkretisierung und Fortschreibung von Plänen um einen weiteren Zeitraum am Ende des bereits abgelaufenen Zeitraums. Bei der rollenden Planung wird eine regelmäßige Fortschreibung und Konkretisierung der einzelnen Planperioden durchgeführt. Dabei wird der operative Plan in einen näher liegenden, kurzfristigen Zeitraum (z. B. mehrere Wochen) und in einen nachfolgenden, längerfristigen Abschnitt (z. B. mehrere Monate) aufgeteilt. Der kurzfristige Zeitabschnitt kann ebenso wie der längerfristige weiter in Teilabschnitte (z. B. Wochen oder Monate) unterteilt sein (s. die nachfolgende Abbildung). Der näher in der Zukunft liegende Planungszeitraum wird dabei fein und detailliert ausgeführt, während der weiter in der Zukunft liegende Planungszeitraum grober geplant wird. Nach Ablauf des ersten, fein geplanten Zeitabschnitts wird ein Teilabschnitt, der der Dauer des bisherigen, kurzfristigen Plans entspricht, des sich direkt anschließenden, bisher nur grob geplanten Zeitraums einer Feinplanung unterzogen, wobei während der (neuen) Feinplanung neue Erkenntnisse mit in die Planung einfließen. An den letzten Teilabschnitt des längerfristigen Zeitabschnitts wird jetzt ein Planungszeitraum angehängt, der zwar dem neuen feingeplanten Zeitraum entspricht,

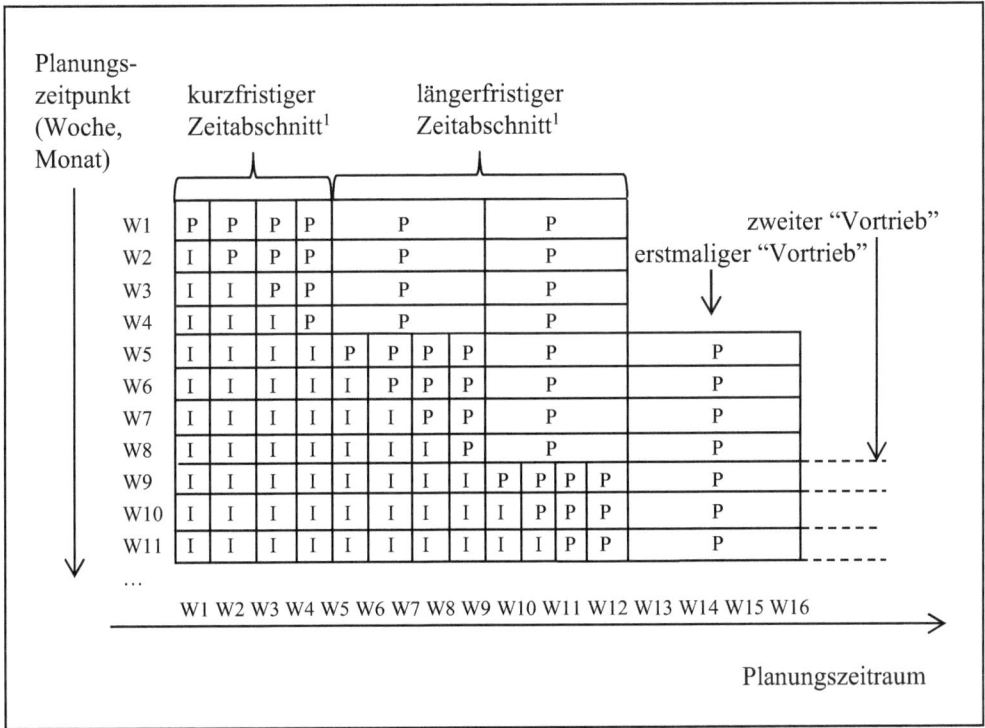

Darst. 1.6043: Rollierender (dreimonatiger) Finanzplan (Beispiel)

Legende:
W = Woche, M = Monat
P = Plan, I = Ist
[1] = Zu Beginn der Planungszyklen.

jedoch nur grob geplant wird. Auf diese Weise wird (jetzt erst) der ursprüngliche, der gesamte Planungszeitraum, bestehend aus einem kurz- und einem längerfristigen Abschnitt, wiederhergestellt. Die Feinplanung, die Aktualisierung und der „Vortrieb" der Planung um einen vorab

definierten Zeitraum erfolgen somit in einem festgelegten Rhythmus. Hinsichtlich eines dreimonatigen Finanzplans könnte die Planung beispielsweise im ersten Monat (kurzfristiger Zeitraum) wöchentlich und danach (längerfristiger Abschnitt) mit zwei grob zu planenden Monaten
ausgeführt werden. Die eingebettete Darstellung zeigt einen dreimonatigen rollierenden Finanzplan.

Die **revolvierende Planung** gleicht im grundsätzlichen Vorgehen der rollierenden Planung. Sie
zeichnet sich allerdings durch eine höhere Planungsfrequenz und eine gesteigerte Kontrollfre-
quenz der zeitlich geschachtelten Pläne aus. Es erfolgt ebenfalls eine Ableitung der kurzfristigen
Planung aus der längerfristigen Planung. Die Pläne werden rhythmisch überprüft, aktualisiert
und erweitert. Die Aktualisierung betrifft aber nicht nur die Fortschreibung (Vortrieb). „Vielmehr wird geprüft, ob angesichts der Daten der verlängerten Bezugszeit der gesamte Planungs-
ansatz noch gültig ist.“[523] Das heißt, dass auch die Planungsprämissen und der Einfluss aufgrund
neuer Erkenntnisse auf die Teilpläne geprüft werden. Der Planungsprozess wird nicht nur einmal im Jahr durchgeführt, sondern erfolgt mehrmals innerhalb eines Jahres und verlängert den
nachgelagerten Planungshorizont um den abgelaufenen Teilabschnitt.[524] Somit weist der kurzfristige Planungsabschnitt immer die gleiche Länge auf. (Beim rollierenden Verfahren
schrumpft der kurzfristige Zeitraum so lange, bis ein neuer Vortrieb nach Ablauf des *gesamten*
kurzfristigen Zeitraums erfolgt.) Durch den Vortrieb wird bereits nach einem Teilabschnitt die
– auch bei der rollierenden Planung – „Jahresendproblematik“[525] gelöst. Damit ist die in der
Praxis oft vorkommende Neigung gemeint, durch gezielte Vor- oder Nachverlagerung von
budgetrelevanten Vorgängen, z. B. Verschiebung von Umsätzen oder Kosten, die Zielerreichung herzustellen oder „Reserven“ für zukünftige Planungen zu legen.[526] Der entscheidende
Vorteil des revolvierenden Prinzips ist eine verstärkte Aktualisierung der Planung unter Berücksichtigung der neuesten Informationen. Jedoch ist dabei auch ein höherer Planungs- und Kon-
trollaufwand erforderlich.

---

[523] GAITANIDES, M.: a. a. O., Sp. 2265.

[524] Vgl. STOI, R., DILLERUP, R.: a. a. O., S. 366.

[525] Ebenda.

[526] Vgl. RATHNOW, P.: Management weltweit. Mit praxiserprobten Instrumenten zu Spitzenleistungen, München
2010, S. 43.

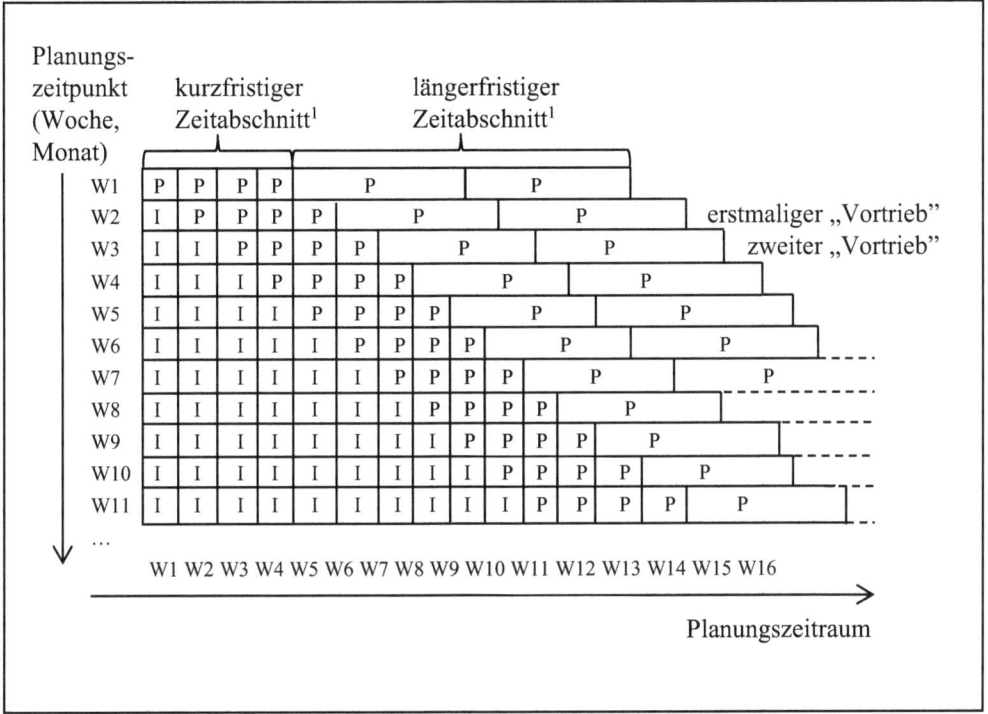

Darst. 1.6044: Revolvierender (dreimonatiger) Finanzplan (Beispiel)

> Legende:
> W = Woche, M = Monat
> P = Plan, I = Ist
> [1] = Zu Beginn der Planungszyklen.

1.6.7.4 Koordination der Verwendung nach

Die operative Planung im Unternehmen umfasst zunächst bestimmte Zeiträume. Als wichtigste
Größen sind Umsatz, Gewinn und Kosten zu nennen, die innerhalb dieser Zeiträume geplant
werden. Die einzelnen Abteilungen des Unternehmens leiten ihre Pläne aus den betrieblichen
Gesamtplänen ab. Daraus entstehen jährliche Pläne für die organisatorischen Einheiten. Jedoch
gibt es in Unternehmen Vorhaben, die sich über mehrere Zeiträume erstrecken. Projekte dieser
Art müssen besonders behandelt werden. Spezielle, auf bestimmte **Projekte** bezogene Pläne,
werden entweder aus den definierten Zielen des Gesamtplans abgeleitet oder resultieren aus der

Umfeldveränderung des Unternehmens. Es muss eine organische Implementierung in die periodenbezogenen Pläne erfolgen.

Die Projektplanung muss u. a. folgende Grundsätze erfüllen:

- Projektergebnis und -aufwand müssen der jeweiligen Periodenplanung zuzuordnen sein.
- Bei mehreren Projekten müssen die Beziehungen zwischen diesen Vorhaben in der Projektplanung verdeutlicht werden.
- Es muss eine Kontroll- und Nachkalkulation an bestimmten Leistungsabschnitten gewährleistet werden.[527]

Die folgende Grafik stellt mögliche Zusammenhänge dar:

Periodenbezogene Planung / Projektbezogene Planung	Abteilungspläne					Ge-samt-plan
	Vertrieb	Produktion	Beschaffung	FuE	Verwaltung	
Marktuntersuchung	X					X
Investitionen		X	X	X		X
Lagerneubau	X		X			X
EDV- Einführung				X	X	X
Einrichtung Tochtergesellschaft	X	X	X	X	X	X

Darst. 1.6045: Zusammenhang zwischen Projekt- und Periodenplanung

1.6.7.5 Koordination im digitalen Kontext

Die Koordination der betrieblichen Geschäftsprozesse wird ebenfalls von der Digitalisierung berührt. So ist es heutzutage möglich, mittels „**Process Mining**"[528] einen digitalen Zwilling[529]

---

[527] Vgl. PEEMÖLLER, V. H.: a. a. O., S. 226.

[528] Siehe u. a. LAUE, R., KOSCHMIDER, A., FAHLAND, D.: Prozessmanagement und Process-Mining. Grundlagen, Berlin, Bosten 2021.

[529] Digitale Zwillinge (digital twins) sind virtuelle Abbilder von physischen Objekten (Komponenten, Endprodukte, Systeme) und begleiten diese als digitale Echtzeitkopien über den gesamten Produktlebenszyklus, beginnend mit

der End-to-End-Geschäftsprozesse abzubilden. Alle systembasierten Tätigkeiten des Prozesses lassen sich in Echtzeit erfassen und können den hinterlegten „Soll-Aktivitäten" hinsichtlich Zeit, Sequenz, Verantwortungsbereich und Ergebnis gegenübergestellt werden. Abweichungen vom Soll-Prozess werden somit unmittelbar identifiziert und das Controlling kann manuell oder automatisiert gegensteuern. Zu beachten ist allerdings, dass derartige Mechanismen nur im digitalen Umfeld greifen und analoge Prozessschritte (wie bspw. der Austausch von ausgedruckten Dokumenten) nicht erfasst werden. Die Koordinationsfunktion des Controllings wird somit zwar erleichtert, aber gleichzeitig auf eine andere Ebene gehoben.

1.6.8 Planungsträger

Während es in kleinen Unternehmen meist nur eine planungsverantwortliche Person gibt, bedarf es ab einer gewissen Unternehmensgröße aufgrund der Komplexität der Planung vieler Planungsträger. Die Unternehmensführung kann nicht (mehr) alle anstehenden Planungsaufgaben selbst lösen und ist daher gezwungen, bestimmte Aufgaben teilweise oder vollständig an andere Personen oder organisatorische Einheiten zu delegieren.

In diesem Unterabschnitt soll daher die Frage diskutiert werden, **wer** im Unternehmen Planungsaufgaben übernehmen kann und sollte. Es geht nicht darum, welche Mitarbeiter oder Instanzen in die Planung involviert werden, sondern darum, wer für eine bestimmte Planungsaufgabe **verantwortlich** zeichnet.[530] Diese Personen und Instanzen stellen die **Planungsträger**

---

der Beschaffung der Materialien, über die Herstellung und Nutzung bis zu ihrer Entsorgung oder Wiederverwertung. (WASER, P. R., PETER, D.: Prozess- und Operations-Management. Strategisches und operatives Prozessmanagement in Wertschöpfungsnetzwerken, 6. Aufl., Zürich 2020, S. 105.). Vgl. u. a. LUCKS, K.: Interview mit Dr. Stephan Fischer, Head of Software Development, TRUMPF Werkzeugmaschinen GmbH & Co. KG, in: LUCKS, K. (HRSG.): Praxishandbuch Industrie 4.0. Branchen – Unternehmen – M&A, Stuttgart 2017, S. 276.

[530] Anders Stoi/Dillerup, Krupp, Küpper/Friedl/Hofmann et al. und Reihlen, die auch Personen, die am Planungsprozess mitwirken, wie z. B. Informanten, zu den Planungsträgern rechnen (STOI, R., DILLERUP, R.: a. a. O., S. 359–360, KRUPP, A. D.: Unternehmensplanung und Kontrolle. Kompakt, Norderstedt 2013, S. 7, KÜPPER, H.-U., FRIEDL, G., HOFMANN, C. ET AL.: a. a. O., S. 134, REIHLEN, M.: Entwicklungsfähige Planungssysteme: Grundlagen, Konzepte und Anwendungen zur Bewältigung von Innovationsproblemen, Diss. Uni Köln, Wiesbaden 1997, S. 31). Die gelegentlich zu findende Formulierung (z. B. bei Ehrmann/Mintert und Jung/Heinzen/Quarg), es handele sich um „Personen, denen Planungsaufgaben zugeordnet werden", lässt den Leser im Unklaren, ob es sich um die Mitwirkung im Zuge der Erstellung einer Planung oder die Verantwortung für einen fertig erstellten Plan handelt (EHRMANN, H., MINTERT, S.-M.: a. a. O., S. 39, 308, JUNG, R. H., HEINZEN, M., QUARG, S.: a. a. O., S. 139.).

oder **Planungsorgane**[531] des Unternehmens dar. Aufgrund des engen Zusammenhangs zwischen Planung und Kontrolle[532] können Planungs- und Kontrollträger in vielen Unternehmen identisch sein.

Als Planungsträger werden Personen oder organisatorische Einheiten bezeichnet, denen Planungskompetenzen übertragen worden sind.

Darst. 1.6046: Definition Planungsträger

Grundsätzlich beschreibt die **Kompetenz** die Fähigkeiten und Fertigkeiten einer Person.[533] abweichend von der vorstehenden Definition beinhalten **Kompetenzen im organisatorischen Sinne** alle Rechte und Befugnisse (Entscheidungs- und Weisungsbefugnisse), die einer Person zur Erfüllung seiner Aufgaben zugeordnet sind.

Planungskompetenz bedeutet, dass ein Planungsträger alle Rechte und Befugnisse (Entscheidungs- und Weisungsbefugnisse) erhält, die zur Erfüllung seiner Planungsaufgabe erforderlich sind.

Darst. 1.6047: Planungskompetenz

Zu den Rechten gehört die Erstellung des Plans einschließlich der Entscheidung über die endgültig vorzulegende Fassung und viele Einzelentscheidungen wie die Terminierung der Planungsarbeiten und die Abgrenzung der Planinhalte (soweit nicht ex ante vorgegeben) sowie die Auswahl geeigneter Planungs- und Prognoseverfahren etc. Weisungen sind beispielsweise im Rahmen der Informationseinholung zu erteilen.

Die Entscheidungen in der Optimierungs- und Auswahlphase eines Planungsprozesses[534] dürfen nicht mit der **Ratifizierung** eines Plans verwechselt werden. In vielen Unternehmen ist es üblich, dass eine andere, oft höhere Instanz die vorgelegten Pläne genehmigen muss.

---

[531] Siehe etwa STOI, R., DILLERUP, R.: a. a. O., 359–360, FRIEDL, B.: Controlling, 2. Aufl., Konstanz, München 2013, S. 157.

[532] Vgl. Unterabschnitt 1.7.1 „Zusammenhang zwischen Planung und Kontrolle".

[533] Vgl. Unterabschnitt 1.4.3 „Kompetenzen von Führungskräften".

[534] Siehe die Phasen eines Führungsprozesses (Darst. 1.209 „Führungsprozess").

Wer im Unternehmen als Planungsträger infrage kommt, hängt von mehreren Faktoren ab, in erster Linie von

- der organisatorischen Struktur des Unternehmens[535]
- optimale Distanz zum Planungsgegenstand[536]
- der Wertigkeit (Bedeutung) eines Plans für das Unternehmen
- der Art der Planung (zentral oder dezentral)
- dem planungsrelevanten Wissen der Planungsträger[537].

Mit der Aufbauorganisation des Unternehmens eng verbunden sind die Fragen der potenziellen Planungsträger und der Aufbauorganisation der Planung[538]. So konzentriert die funktionale Organisation die Planungskompetenz in der Unternehmensspitze. Daher sind der Unternehmensleitung oft Planungsstäbe zugeordnet. Die divisionale Organisation eines Unternehmens führt zu einer Verlagerung der Planungsaufgaben in die Sparten, während zentral nur noch spartenübergreifende Planungen vorgenommen werden.[539] Abstimmungsprobleme zwischen zentralen und dezentralen Planungen sind oft die Folge und müssen daher a priori geklärt werden.

Die Frage des Zentralisationsgrades wurde bereits im Unter-Unterabschnitt 1.6.5.4 „Planung nach dem Integrationsgrad" diskutiert. In diesem Zusammenhang geht es auch um die Partizipation (und damit auch die Motivation) der Mitarbeiter. Die Motivation steigt in den meisten Fällen mit dem Grad der Mitwirkungs- und (Mit-)Entscheidungsmöglichkeiten. In diesem Zusammenhang sei auf die Auseinandersetzung mit den Planungsverfahren (Planungsprinzipien, Planungsrichtungen) im Unter-Unterabschnitt 1.6.7.1 „Vertikale Koordination" verwiesen.

Zum planungsrelevanten Wissen der Planungsträger zählt neben der **Fach- die Methodenkompetenz**. Zur Fachkompetenz gehören die folgenden Punkte:[540]

- Breite, Tiefe und Aktualität des stellenbezogenen Fachwissens
- Sprachkenntnisse
- Mediale Fähigkeiten
- Fachübergreifende Sachkenntnis
- Systemverständnis.

---

[535] Vgl. BAIER, P.: Praxishandbuch Controlling, 2. Aufl., München 2008, S. 360.

[536] Vgl. PFOHL, H.-C., STÖLZLE, W.: a. a. O., S. 194.

[537] Vgl. EHRMANN, H., MINTERT, S.-M.: a. a. O., S. 39, 308.

[538] Weitere Erläuterungen zur Aufbauorganisation der Planung finden sich bspw. bei HILL, W.: Stichwort „Planungsmanagement", in: SZYPERSKI, N. (HRSG.): Handwörterbuch der Planung, Stuttgart 1989, Sp. 1458.

[539] Vgl. BEA, F. X., HAAS, J.: a. a. O., S. 68.

[540] Vgl. Unter-Unterabschnitt 1.4.3.1 „Fachkompetenz".

Die Methodenkompetenz bezieht sich auf folgende Sachverhalte:[541]

- Abstraktes, logisches Denkvermögen
- Fähigkeit, Zusammenhänge zu erkennen
- Erkennen methodischer Alternativen
- Beherrschung von Organisationstechniken
- Anwendung von Problemlösungstechniken.

Darüber hinaus sollte der Planungsträger auch weitere Fähigkeiten mitbringen, wie sie generell von Führungskräften erwartet werden. Die Gesamtheit der Kompetenzen wird als Handlungskompetenz[542] bezeichnet.

Optimale Distanz bedeutet, dass die Planungsträger zwar über ausreichende Detailkenntnisse des Planungsgegenstandes verfügen, andererseits aber auch eine gewisse Distanz einhalten, um die notwendige Übersicht und Neutralität sicherzustellen.[543]

Als Planungsträger stehen zur Auswahl:[544]

- Selbstplanung
- Unternehmensführung
- zentrale Planungsträger
- Controller
- Bereichsleitungen
- Planungsorgane entlang der Linie
- Planungsteams
- Ausschüsse und Kommissionen
- externe Planungsträger

Darst. 1.6048: Planungsträger

Zunächst werden zwei Planungsträger, die als zwei Extreme angesehen werden können, vorgestellt. Einmal die Selbstplanung, das heißt jeder Mitarbeiter ist Planungsträger und plant seinen

---

[541] Vgl. Unter-Unterabschnitt 1.4.3.2 „Methodenkompetenz".

[542] Vgl. die Ausführungen auf S. 67.

[543] Vgl. STOI, R., DILLERUP, R.: a. a. O., S. 359.

[544] Vgl. STOI, R., DILLERUP, R.: a. a. O., S. 359–360, EHRMANN, H., MINTERT, S.-M.: a. a. O., S. 39–44, FRIEDL, B.: Controlling, S. 157, FÜRTJES, H.-T.: Planungsorgane, in: SZYPERSKI, N. (HRSG.): Handwörterbuch der Planung, Stuttgart 1989, Sp. 1464 ff., PFOHL, H.-C., STÖLZLE, W.: a. a. O., S. 199 f.

eigenen Aufgabenbereich, und als anderes Extrem die Planung durch die Unternehmensleitung als alleiniger Planungsträger. Anschließend werden weitere potenzielle Planungsträger vorgestellt, da die beiden Planungsorgane – bis auf den Ausnahmefall der Kleinstunternehmung – aus wichtigen Gründen nicht infrage kommen.

1.6.8.1 Selbstplanung

Wenn jede Person eines Unternehmens die vollständige Planung für ihren eigenen Aufgabenbereich vornehmen würde, fiele die Planung für diesen Bereich ideal aus, denn die planende Person kann ihre Expertise und Erfahrung für ihren Arbeitsplatz einbringen.[545] Sie ist mit den wichtigsten Einflussgrößen ihrer Aufgaben vertraut. Die Motivation eines einzelnen Mitarbeiters wäre sehr hoch, denn er möchte seine selbstgesteckten Ziele erreichen. Die Planung eines Einzelnen hängt jedoch stark von der Planung vieler anderer Personen ab. Je mehr Mitarbeiter an der Planung beteiligt sind, desto höher ist die Abstimmungsarbeit. Dieser hohe Koordinierungsaufwand hätte eine zeitaufwändige und unwirtschaftliche Planung zur Folge. Eine Abstimmung der planenden Personen ist in diesem Umfang für ein Unternehmen nahezu unmöglich.

1.6.8.2 Unternehmensführung

Die gesamte Planung könnte auch von der Unternehmensleitung übernommen werden. Dabei könnte diese von einer zentralen Planungsabteilung, einem zentralen Controlling oder von Planungsstäben unterstützt werden. Das Aufgabenspektrum der obersten Führungsebene wäre jedoch deutlich überschritten. Die Hauptaufgaben der Unternehmensleitung sind unter anderem das Festlegen wichtiger Unternehmensziele und der Strategie sowie die Vorgabe einer Unternehmenspolitik. Somit sollte die Unternehmensleitung auch nur die Planungen tätigen, die im direkten Bezug zu diesen Führungsaufgaben stehen.[546] Demnach ist ihr die strategische Planung zuzuordnen, die einen langfristigen Charakter (Tragweite) bei einem Planungszeitraum von fünf bis zehn oder mehr Jahren aufweist.[547] Die strategische Planung ist gesamtunternehmensbezogen und hat eine geringe Detailliertheit. Bei der strategischen Planung geht es um die Schaffung von Erfolgspotenzialen, indem beispielsweise die Produkt- und Marktstrategien, Geschäftsfelder und Standorte erarbeitet und ausgewählt werden.

---

[545] Vgl. EHRMANN, H., MINTERT, S.-M.: a. a. O., S. 40.

[546] Vgl. ebenda.

[547] Vgl. Unter-Unterabschnitt 1.6.5.6 „Planung nach den Planungsebenen".

1.6.8.3 Zentrale Planungsträger

Als Planungsträger eines Unternehmens können auch zentrale Planungsbereiche fungieren. Diese Form der Planung hat den Vorteil, dass sie von Planungsfachleuten durchgeführt wird. Ferner kann die Abstimmung der planenden Personen direkt in der Abteilung oder am Arbeitsplatz erfolgen. Zeitaufwändige Kontaktaufnahmen und Diskussionen entfallen. Daher kann die zentrale Planung als einfachste angesehen werden.[548] Zentrale Planungsbereiche müssen dennoch eng mit den einzelnen Fachabteilungen zusammenarbeiten. Sie sind auf die Weitergabe von Informationen angewiesen.

Planung durch eine zentrale Planungsabteilung

Die Planung kann als funktionaler Teilbereich in die Organisation des Unternehmens eingefügt werden. Eine Eingliederung dieser Abteilung auf hoher Führungsebene ist ratsam. So kann sichergestellt werden, dass die Fachbereiche der zentralen Planungsabteilung schnell und direkt Auskunft geben und die Planung nicht langwierig und umständlich wird. Es muss aber darauf geachtet werden, dass die Planungsabteilung mit der ihr zugewiesenen Autorität angemessen umgeht. Eine weitere Gefahr besteht darin, dass eine zentrale Planungsabteilung zu schwerfällig wird. Die Fachabteilungen mit ihren Spezialisten benötigen Freiraum für fachliche Themen. Nur in Bezug auf die Planungsmethoden gemäß ihrer eigenen Fachkompetenz kann die zentrale Planungsabteilung richtungsweisend auftreten.[549] Als weiterer Vorteil kann die erleichterte Koordinierung der einzelnen Pläne vermerkt werden.

Planung durch einen Planungsstab

Stäbe haben keine Weisungs- und Entscheidungsbefugnis. Sie zeichnen sich durch ihre unterstützende und beratende Funktion gegenüber der vorgesetzten Instanz aus. Ein Planungsstab hilft bei den Planungstätigkeiten, der Planungskoordinierung und bei der Informationsbeschaffung. Er kann als Generalstabsstelle direkt der Unternehmensführung untergeordnet werden, um sie in der strategischen Planung zu unterstützen. Dabei kann er auch verantwortlich für Studien und Beurteilungen von Themen sein, die für die Unternehmensleitung interessant sind. Auch einzelnen Abteilungen kann ein Planungsstab, dann allerdings dezentral, angegliedert werden. An dieser Stelle überprüft und beurteilt der Stab die von den Abteilungen entwickelten Teilpläne. Dabei koordiniert er die verschiedenen Pläne und integriert sie in einen gesamtheitlichen Plan. Überdies gibt er Anregungen zur Planung und macht Verbesserungspotenziale ausfindig. Dafür stellt der (dezentrale) Stab Methodenkompetenz in Bezug auf die Planung bereit.

---

[548] Vgl. BUSSIEK, J.: Wie entsteht eine Unternehmensplanung? 2. Aufl., Wiesbaden 1991, S. 182.
[549] Vgl. EHRMANN, H., MINTERT, S.-M.: a. a. O., S. 40.

1.6.8.4 Controller

Sofern in einem Unternehmen weder Planungsabteilungen noch -stäbe existieren, übernimmt das Controlling die Planungsaufgaben im Sinne einer Unterstützung der Unternehmensführung, indem es in der Planungsphase entscheidungsrelevante Methoden, Techniken und Informationen bereitstellt und die funktionsübergreifende Koordination der Teilpläne übernimmt.[550] Zu den einzelnen Aufgaben gehören nach Ehrmann/Mintert:[551]

- Mitwirkung bei der Situationsanalyse
- beratende Mitwirkung bei der Festlegung von strategischen, taktischen und operativen Zielen
- Erarbeitung von Strategien
- Festlegung von Planungsmethoden
- Hilfestellung bei der Erstellung von Teilplänen (Ziele und Maßnahmen)
- Koordinierung der Teilpläne
- Fixierung der Termine für die Planungsaktivitäten
- Terminüberwachung der Planaufstellung
- Ermittlung von Planabweichungen
- ständige Beobachtung der Planziele
- permanente Überprüfung der Planung im Hinblick auf Verbesserungsmöglichkeiten
- Ausarbeitung von Richtlinien für die Planung und deren Dokumentation in einem Planungshandbuch.

Je nach Bedeutung des Controllings für das Unternehmen und organisatorischer Verankerung im Unternehmen kann die vorstehende Auflistung verlängert werden.

Zwischen Zentral- und Bereichscontrolling soll hier nicht weiter differenziert werden.

---

[550] Vgl. die Aufgaben des Controllings, wie sie im Abschnitt 1.1 „Grundlagen des Controllings" von Wördenweber (WÖRDENWEBER, M.: Operatives Controlling – Band 1, a. a. O., S. 1–12) geschildert werden.

[551] Vgl. EHRMANN, H., MINTERT, S.-M.: a. a. O., S. 42.

1.6.8.5   Bereichsleiter

Werks-/Betriebsleiter, (Haupt-)Abteilungsleiter und Ressortchefs im kaufmännischen Sektor gehören als Bereichsleiter zum Middle-Management[552]. Das Middle-Management ist dem Topmanagement unterstellt und bildet somit die mittlere Führungsebene. Das Middle-Management erhält zum einen Anweisungen und Entscheidungen vom Top-Management, muss aber gleichzeitig auch das ihm untergeordnete Lower-Management berücksichtigen und in dessen Sinne verantwortlich handeln und entscheiden.[553] Sie setzen die vom Top-Management getroffenen Entscheidungen in eine **taktische Planung** um und geben somit die von der ersten Führungsebene erhaltenen Vorgaben in konkretisierter Weise an die untere Führungsebene und die Realisationsstellen weiter.

Ausgangspunkt der taktischen, funktionsbezogenen Planung (Zeitraum 1-5 Jahre) ist die strategische Planung, die inhaltlich konkretisiert wird. Sie weist eine stärkere quantitative Ausrichtung auf als die strategische Planung. Gegenüber der strategischen Planung nehmen die Detailliertheit, Vollständigkeit und Genauigkeit zu. Es geht hier neben den taktischen Zielen konkret um die Erstellung und Bewertung mittelfristiger Aktionsprogramme und Verfahrensregeln, also beispielsweise mittelfristige Beschaffungs-, Produktions-, Absatz-, Finanzierungs-, Investitions- und Personalausstattungs- und -entwicklungspläne sowie mittelfristige Produktplanungen. Sowohl der Detaillierungsgrad der Pläne als auch die Toleranzgrenzen bei der Kontrolle sind als Mittel zu bezeichnen.

Wird die taktische Planung von den einzelnen Bereichsleitern übernommen, ergeben sich viele Vorteile. Sie kennen ihre untergeordneten Bereiche sehr gut und haben die für die Planung notwendigen Informationen schnell zur Hand. Aufwändig wird es aber, die in den einzelnen Unternehmensbereichen entwickelten Teilpläne miteinander abzustimmen.[554]

1.6.8.6   Planungsträger entlang der Linie

Die Bereichsleiter werden zur Durchführung ihrer Planungsaufgaben i. d. R. ihre Linieninstanzen gemäß der bestehenden Unternehmensorganisation (Aufbauorganisation) einschalten. Über die hierarchischen Beziehungen wird bestimmt, wer wem Aufgaben im Planungsprozess übergeben kann.

---

[552] Zum Thema „Middle-Management" sei auf den gleichnamigen Unterabschnitt 1.3.2 verwiesen.

[553] Vgl. OLFERT, K., PISCHULTI, H.: Unternehmensführung, 6. Aufl., Herne 2013, S. 28.

[554] Vgl. die Ausführungen zur horizontalen Koordination im gleichnamigen Unter-Unterabschnitt 1.6.7.2.

Die Übernahme der bestehenden Weisungsrechte auf die unteren Instanzen, beginnend bei den Bereichsleitern unterstellten Abteilungsleitern, weist einige Vorteile auf. Es wird festgelegt, dass ein übergeordneter Planungsträger für die Koordination der an der Planung beteiligten Personen seines untergliederten Bereiches verantwortlich ist. Die ihm zugewiesene Kompetenz lässt es zu, auch bei unterschiedlichen Zielen und Erwartungen seiner Mitarbeiter einen einheitlichen Plan durchzusetzen. Dadurch wird das Konfliktpotenzial erheblich reduziert. Auf der anderen Seite hat ein übergeordneter Planungsträger die Möglichkeit, Planungsaufgaben zu delegieren und andere Planungsträger mit erforderlichen Weisungsrechten auszustatten. Bei einer dezentralen Planung ist aufgrund der hohen Anzahl an einzelnen Planungsträgern dafür Sorge zu tragen, dass eine überschneidungsfreie Festlegung der Aufgaben und Verantwortungen vollzogen wird.[555]

Für die Führungskräfte ist es unbedingt ratsam, auch die unterstellten Mitarbeiter mit in den Planungsprozess einzubeziehen und sie nicht ausschließlich als Informationsgeber heranzuziehen. Die Motivation der Mitarbeiter hängt stark von ihrer Mitwirkungs- und Entscheidungskompetenz ab (s. o.). Die am Einliniensystem orientierte Organisation der Planungsträger ist einfacher als eine Orientierung am Mehrliniensystem.[556] Bei einem Mehrliniensystem erhalten untergliederte Stellen von mehreren Leitungsstellen Anweisungen. Eine Koordination der Planungsträger wäre in dieser Struktur sehr mühsam.[557] Findet die Unternehmensplanung auf allen Hierarchieebenen statt, ist es empfehlenswert, abwärts der Linie von einer langfristigen zu einer kurzfristigen Ausrichtung der Planung überzugehen.[558]

Als Beispiel für Planungsträger entlang der Linie sei der Bereichsleiter Marketing herausgegriffen, der innerhalb des Marketing-Mix den Abteilungsleiter Kommunikation mit der operativen Planung der Kommunikation beauftragt und der seinerzeit entsprechende Kompetenzen für die operative Planung der Werbung dem Sachgebietsleiter Werbung übergibt. Letzterer betraut einen Spezialisten in seinem Team mit der operativen Planung der Internet-Werbung.

1.6.8.7 Planungsteams

Planungsteams werden i. d. R. **fallweise, für Planungen mit einmaligen Charakter** zusammengestellt, während **Ausschüsse und Kommissionen** dauerhafte Einrichtungen sind. Planungsteams bestehen aus Spezialisten verschiedener Fachgebiete. Die Gruppenmitglieder von Planungsteams können aus gleichen oder unterschiedlichen Hierarchieebenen stammen. Nach

---

[555] Vgl. BAIER, P.: a. a. O., S. 362.
[556] Vgl. ebenda, S. 395 f.
[557] Vgl. VAHS, D.: a. a. O., S. 108–109.
[558] Vgl. KÜPPER, H.-U., FRIEDL, G., HOFMANN, C. ET AL.: a., a. a. O., S. 156.

Erledigung der Planungsaufgabe werden sie meist wieder aufgelöst. Ist in den Planungsteams auch die Unternehmensführung zugegen, dann werden dort in aller Regel auch die Pläne genehmigt. Planungsteams können unterschiedliche Aufgaben zugewiesen werden. Beispielsweise können sie für sehr bedeutende Projekte wie z. B. Fusionen, Unternehmenszukäufe, die Abwehr sogenannter feindlicher Übernahmen, den Aufbau von Landesgesellschaften im Ausland oder die Konzeptionierung anderer größerer Projekte gebildet werden. Insbesondere bei Unternehmenszusammenschlüssen ist der Planungsaufwand erheblich, wenn das erworbene Unternehmen in einen bestehenden Betrieb eingegliedert werden muss. Für die Planung bei Unternehmenszusammenschlüssen bietet sich die Möglichkeit an, unternehmensübergreifende Planungsinstanzen zu bilden, bei denen die Beteiligten über gute interne Kenntnisse bezüglich der Planungen in den beiden Unternehmen verfügen. Auch Themengebiete wie die Problemanalyse, Szenarioanalysen, Alternativensuche oder Prognosen können ihnen übertragen werden.[559]

1.6.8.8   Ausschüsse und Kommissionen

Ausschüsse und Kommissionen, auch Komitees genannt, werden dauerhaft und somit als feste Institutionen für die Planung im Unternehmen angelegt. Die Mitglieder sind meist Mitarbeiter oder Leiter organisatorischer Einheiten und auf verschiedenen Hierarchieebenen. Ausschüsse und Kommissionen werden von der Unternehmensführung oder vom Controlling geleitet oder moderiert. Der Vorteil dieser heterogenen Zusammensetzung ist, dass sowohl die Interessen der einzelnen Bereiche als auch die gesamtbetrieblichen Interessen vertreten sind. Den Ausschüssen und Kommissionen wird ein hohes Maß an Kompetenz zugesprochen. Sie werden hauptsächlich zur Planungsvorbereitung, zur Koordinierung der einzelnen Teilpläne und deren Abstimmung mit dem Gesamtplan gebildet. Die Ausarbeitung von Einzelplänen wird von ihnen in der Regel nicht übernommen. Die Ausschüsse oder Kommissionen treten in der Regel zu den vom Leiter dieser Planungsrunde bestimmten Zeitpunkten zusammen. Oft kommt es hier zu Konflikten bei der Terminierung, zumal Mitarbeiter unterschiedlicher Hierarchiestufen in diesem Gremium vertreten sind. Sind dann bestimmte Mitarbeiter nicht anwesend oder werden diese durch bisher nicht involvierte Personen vertreten, leidet darunter die Qualität der Planungsergebnisse. Weitere wichtige Punkte sind eine straffe Organisation der Sitzungen (ggf. Zeitlimit setzen), eine gute Vorbereitung der Teilnehmer und eine effiziente Gesprächsführung, da derartige Treffen oft hohe Kosten verursachen. Spezielle Treffen können beispielsweise vor Planungsbeginn, nach Erstellung der Vorpläne und zur Genehmigung der erstellten Pläne stattfinden.[560]

---

[559] Vgl. KÜPPER, H.-U., FRIEDL, G., HOFMANN, C. ET AL.: a. a. O., S. 397.
[560] Vgl. EHRMANN, H., MINTERT, S.-M.: a. a. O., S. 43.

1.6.8.9 Externe Planungsträger

Externe Planungsorgane können Unternehmensberater, Wirtschaftsprüfer, Experten von Unternehmensverbänden oder der Muttergesellschaft sowie Marktforschungsinstitute sein. Es gibt verschiedene Gründe, warum ein Unternehmen bei der Planung die Hilfe von externen Stellen in Anspruch nimmt. Oft ist es der Mangel an geschultem Personal, der die Unternehmen zu dieser Handlung zwingt. Besonders kleinen Unternehmen ist es oft nicht möglich, eigene Planungsgremien zu schaffen und dafür notwendige Fachkräfte einzustellen. Aber auch mittleren und großen Unternehmen fehlt insbesondere für Sonderplanungen oft das nötige Know-how.[561] Somit können allein rein wirtschaftliche Gründe für einen externen Planungsträger sprechen. Hin und wieder werden aber auch Unternehmensberater aus „politischen" Gründen eingeschaltet. Handelt es sich beispielsweise um Projekte, die ein hohes Konfliktpotential beinhalten oder bei denen gar von vornherein Konflikte, z. B. mit den Mitarbeitern/den Gewerkschaften „vorprogrammiert" sind,[562] empfiehlt es sich häufig, externe Berater mit einer Planung zu beauftragen. Diese können nicht nur zwischen den Parteien vermitteln, sondern wirken oft auch als „Prügelknabe", wenn sie die für die Betroffen negativen Folgen, die zu erwarten sind, verkünden. Externe Berater fungieren gelegentlich auch als „Eisbrecher", indem sie zunächst für die Mitarbeiter „grausame" Vorstellungen entwickeln, die dann in abgeschwächter Form von der Geschäftsführung übernommen werden. Die Geschäftsführung wird in beiden Fällen somit mehr oder weniger „aus der Schusslinie genommen". Ein weiterer Vorteil in Bezug auf die Einschaltung externer Planungsorgane ist folgender: Bei der Entwicklung neuer Planungskonzepte oder der Überprüfung bestehender Planungskonzepte kann eine externe und objektive Meinung sehr hilfreich sein und wirkt der Betriebsblindheit entgegen. Allerdings mangelt es den externen Beratern an spezieller betrieblicher Erfahrung und Kenntnis. Dieser Mangel muss durch die Zuarbeit von Mitarbeitern des Betriebes kompensiert werden. Ein grundsätzliches Problem besteht darin, dass die externe Planung bei den internen Mitarbeitern auf wenig Akzeptanz stößt. Auch wenn die Planung plausibel und realistisch ist, kommt es nicht selten vor, dass sich einige Mitarbeiter ihr widersetzen.[563]

---

[561] Vgl. HAMMER, R., a. a. O., S. 74.
[562] Zum Beispiel Neuorganisationen oder Betriebsstillegungen oder „Sparprogramme".
[563] Vgl. BUSSIEK, J.: a. a. O., S. 182.

1.6.8.10 Auswahl der Planungsträger

Wer im Unternehmen als Planungsträger infrage kommt, hängt von verschiedenen Faktoren ab; in erster Linie von

- der Art der Planung,
- der Aufbauorganisation der Unternehmung, und – oft noch wichtiger –
- der Prozessorganisation des Unternehmens,
- den Anforderungen an den mit der Planung zu beauftragenden Planungsträger,
- den Kompetenzen des Planungsträgers.[564]

Der passende Planungsträger muss bestimmte Anforderungen erfüllen, die die Planungsaufgabe mit sich bringt. Um aus einer Vielzahl von potenziellen Planungsträgern den oder die Richtigen zu finden, bietet es sich an, die Potenziale der Personen einzuschätzen und auszuwerten. Im Rahmen eines fachgerechten **Auditverfahrens** lassen sich die Anforderungen mit den vorhandenen Kompetenzen besonders gut abgleichen, da verschiedene Einschätzungsquellen kombiniert werden können. Im Folgenden wird genauer auf vier mögliche, nachstehend aufgelistete Einschätzungsquellen eingegangen.[565]

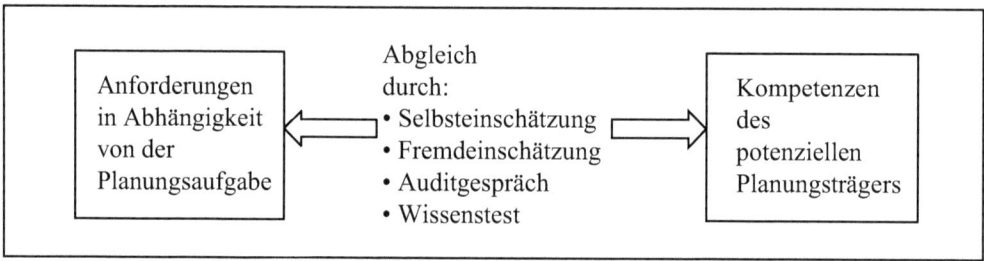

Darst. 1.6049: Auswahl eines Planungsträgers

Bei der **Selbsteinschätzung** wird die Eintaxierung der Fähigkeiten des potenziellen Planungsträgers anhand von skalierten Fragebögen durch ihn selbst erhoben. Bei dieser Art von Beurteilung ist zu erwähnen, dass sie bei den meisten Teilnehmern einen Reflexionsprozess bezüglich der persönlichen Fähigkeiten auslöst und infolgedessen stärkt dies die Selbstkompetenz.

---

[564] Die Kompetenz beschreibt die Fähigkeiten und Fertigkeiten einer Person. Die Kompetenz kann sich ggf. auch auf eine Personengruppe oder Institution beziehen. Vgl. Unterabschnitt 1.4.3 „Kompetenzen von Führungskräften".

[565] Im Folgenden in Anlehnung an ANWANDER, A.: Strategien erfolgreich verwirklichen, 2. Aufl., Berlin, Heidelberg 2002, S. 240 ff.

Eine **Fremdeinschätzung** beruht auf einer Bewertung des potenziellen Planungsträgers durch den unmittelbaren Vorgesetzten oder eine andere Führungskraft, die den künftigen Planungsträger aus eigenen Erfahrungen oder aufgrund von Unterlagen, z. B. Personalakten einschl. einschlägiger Gutachten beurteilen kann.

Das **Auditgespräch** dient zur zuverlässigen Einschätzung des gesamten Kompetenzspektrums. Insbesondere auf die Sozialkompetenz und die Selbstkompetenz wird hier besonderer Wert gelegt. Die Gesprächsrunden eines Audits können verschiedene Formen annehmen, da diese abhängig von der Anzahl der potenziellen Planungsträger ist. Bei mehreren Kandidaten empfehlen sich weniger Vieraugengespräche als Gespräche zwischen dem Probanden und zwei Beurteilenden geführt, wobei einer der beiden beteiligten „Gutachter" lediglich als Schriftführer fungieren kann, damit bei der vergleichenden Bewertung durch nur eine Person subjektive Verzerrungen reduziert werden können. Bei einer kleineren Zahl potenzieller Planungsträger bietet es sich an, entweder während des Gesprächs oder (vor oder nach dem Gespräch) additiv seine Arbeitsprobe zu verlangen.

Durch den **Wissenstest** werden die kognitiven Fähigkeiten eingeschätzt sowie die Fach- und ein Teil der Methodenkompetenz überprüft.

Als Ergebnis dieser Einschätzungen können vier Planertypen unterschieden werden. Die Grundeinstellung zur Planung lässt sich aus zwei Merkmalen ableiten:

- den (bisher) erworbenen planungsspezifischen Kompetenzen und
- der (bisherigen) planungsspezifischen Weiterbildung.

Sie verdeutlichen die Einschätzung potenzieller Planungsträger gegenüber der Sinnhaftigkeit der Planung und deren Einstellung zur Notwendigkeit einer aktiven Gestaltung der Realität.[566] Durch die Kombination der jeweiligen Merkmalsausprägungen ergeben sich folgende Planertypen:

---

[566] Vgl. WEBER, J., SCHÄFFER, U.: Einführung in das Controlling, 17. Aufl., Stuttgart 2022, S. 284.

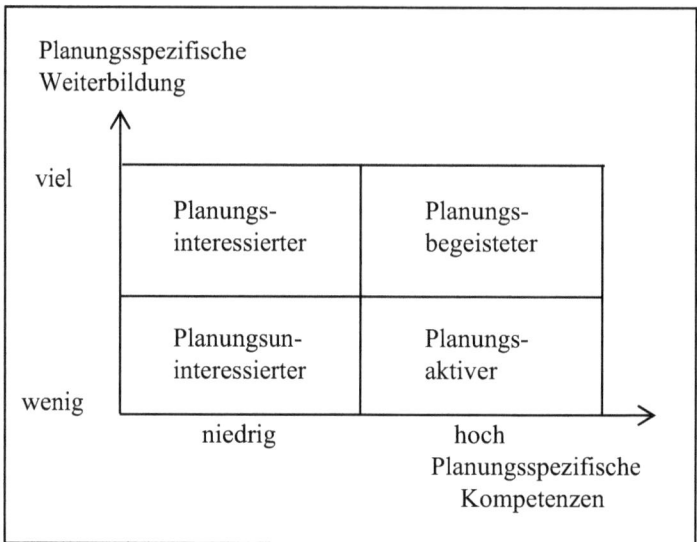

Darst. 1.6050: Planertypen

Der „Planungsuninteressierte" fällt durch (bisher) niedrige planungsspezifische Kompetenzen und wenig planungsspezifische Weiterbildung auf. Er lehnt vermutlich sowohl die Planung als auch den Zwang, die Realität aktiv zu gestalten, ab. Planungen hält er für überflüssige Bürokratie. Diskontinuitäten, wie dies die schnellen Veränderungen im Markt zeigen, könnten für ihn ein unausweichliches Übel bedeuten, dem er sich nicht stellen will. Möglicherweise muss er als „Chaot" eingestuft werden. Es ist allerdings nicht auszuschließen, dass diese Person ein Meister der Flexibilität ist. Ob er auch als „Planungsverweigerer" gilt, müsste geprüft werden, wenn er an der Planung beteiligt werden sollte.

Der „Planungsinteressierte" hat sich bisher an planungsspezifischen Weiterbildungsmaßnahmen beteiligt, ohne dass seine derzeitigen planungsspezifischen Kompetenzen als hoch eingestuft werden können. Insofern müsste bei Bedarf geklärt werden, ob die mangelnden Kompetenzen nicht durch eine spezifische Weiterbildung behoben werden können.

Der „Planungsaktive" verfügt zwar über die notwendigen Kompetenzen, lässt aber den Drang zur Weiterbildung im Bereich der planungsspezifischen Kompetenzen vermissen. Hier müsste ggf. nachgefragt werden, warum dieser Mitarbeiter keine Weiterbildung betreibt.

Der optimale Kandidat für die Position eines Planungsträgers ist der „Planungsbegeisterte". Er bildet sich nicht nur in hohem Maße weiter, sondern verfügt bereits jetzt über hohe planungsspezifische Kompetenzen. Er versteht die Notwendigkeit der Planung. Die aktive Gestaltung der Realität ist für ihn eine ständige Herausforderung, der er sich gerne stellt. Dies gilt insbesondere für Diskontinuitäten, wie sie im Markt auftreten. Der „Planungsbegeisterte" will aktiv die Zukunft des Unternehmens mitgestalten. Eine gut strukturierte und detaillierte Planung ist für ihn eine Selbstverständlichkeit. Denkbar ist aber auch, dass es sich bei dem „Planungsbegeisterten" um jemanden handelt, der „alles und jedes" regeln will und dementsprechend als Bürokrat eingestuft werden muss.

Nichtsdestotrotz empfiehlt es sich, Planungsbegeisterte in die engere Wahl zu nehmen, wenn es darum geht einen Planungsträger auszuwählen, da dieser vollkommen von der Idee der Planung

Planungsträger / Aufgaben	Leiter der Funktionsbereiche[1]	Controller	Geschäfts-führung
• Konzeption des Planungssystems		x	
• Genehmigung des Planungssystems			x
• Durchführung der Planung	x	x[2]	x
• Plausibilitätsprüfungen		x	
• Genehmigung der Pläne			x
• Modifikation der Planung[3]	x		
• Prüfung der Planänderungen		x	
• Genehmigung der geänderten Pläne			x

Darst. 1.6051: Planungsträger und ihre Funktionen im Rahmen der Unternehmensplanung (Beispiel)

[1] Und weitere beteiligte Linienmanager.
[2] Hilfestellung (z. B. Moderation) und Koordination der Tätigkeiten
[3] Z. B. Aktualisierung im Rahmen der rollierenden Planung

überzeugt ist, und diese möglichst gut abstimmen wird und auch die Notwendigkeit der aktiven Gestaltung der Realität sieht. Voraussetzung dafür ist natürlich, dass der potenzielle Planungsträger in diesem Zusammenhang auch die anderen Anforderungen z. B. die erforderlichen Kompetenzen mitbringt.

In einem letzten Schritt werden die Aufgaben den einzelnen an der Planung Beteiligten zugeordnet. Die vorstehende Darstellung zeigt ein stark vereinfachtes Beispiel für eine hierarchische Unternehmensplanung.

1.6.9   Planungshandbuch

1.6.9.1   Aufgaben eines Planungshandbuchs

Immer dann, wenn

- eine Planung regelmäßig, also als Daueraufgabe, durchgeführt wird und/oder
- eine Planung aufgrund ihrer Komplexität (projektartig) arbeitsteilig erfolgt,

ergibt sich die Notwendigkeit, eine Planung zu planen bzw. eine Planungsorganisation zu gestalten. Die Planung der Planung wird als **Metaplanung** bezeichnet. Ihre wesentlichen drei Aufgaben sind die Gestaltung, Lenkung und Analyse der Planung.[567] Diese Aufgaben sind in der im nachstehenden Unter-Unterabschnitt gezeigten Gliederung eines Planungshandbuchs deutlich erkennbar. Die **institutionelle Sichtweise** eines Planungssystems spiegelt sich in der **Organisation der Planung** wider. Hier handelt es sich um dauerhafte Regelungen, die

- das Planungssystem,
- die Planungsträger,
- den Planungsablauf,
- die Planungsinstrumente und ggf.
- ein Planungslexikon

---

[567] Vgl. STOI, R., DILLERUP, R.: a. a. O., S. 358, HILL, W.: a. a. O., Sp. 1457 ff., TÖPFER, A.: Stichwort „Planungssystemkonzeptionen", in: SZYPERSKI, N. (HRSG.): Handwörterbuch der Planung, Stuttgart 1989, Sp. 1516.

zum Inhalt haben. Diese Planungsorganisation muss einerseits vor der Durchführung der Planung (präsituativ) abgeschlossen sein; andererseits muss sie fortwährend im Hinblick auf Änderungen bei den vorgenannten Punkten (z. B. andere Planungsträger) aktualisiert werden.

Diese Regelungen werden in **Richtlinien** festgehalten, die alle an der Planung Beteiligten, also nicht nur die Planungsträger[568], über die Ziele und Absichten der Planung sowie die zu verfolgenden Prinzipien (als Teil des Planungssystems) informiert, sondern auch Regelungen zu den oben aufgelisteten Punkten enthält. Gleichzeitig legen sie im Rahmen des Planungssystems fest, für welche Bereiche, Gebäude, Materialien, Personen, Projekte oder Maßnahmen sie Gültigkeit besitzen. Möglicherweise enthalten die Richtlinien Regelungen im Fall von Ausnahmesituationen oder bei beabsichtigten Abweichungen. Richtlinien können darüber hinaus auch Sanktionen bei Nichtbefolgung derselben beinhalten.

Aus dem Gesagten lassen sich folgende Funktionen von Richtlinien bzw. eines Planungshandbuches ableiten:

- Zielerreichungsfunktion
- Koordinations-/Integrationsfunktion
- Lenkungsfunktion
- Anreiz-/Motivationsfunktion
- Informations-/Dokumentationsfunktion

Darst. 1.6052: Funktionen des Planungshandbuchs

Die **Zielerreichungsfunktion** zielt darauf ab, dass durch das Befolgen der Richtlinien im Planungshandbuch eine optimale Planung im Unternehmen ohne zeitliche Verzögerungen erreicht wird.

Die **Koordinations-/Integrationsfunktion** bezieht sowohl die horizontale als auch die vertikale Koordination/Integration mit ein. Auf der horizontalen Ebene findet die Abstimmung zwischen interdependenten Unternehmensteilbereichen oder Funktionsbereichen statt. Zum Beispiel wird der Beschaffungs- mit dem Absatzplan abgestimmt. Auf der vertikalen Ebene findet eine hierarchische Koordination von strategischer, taktischer und operativer Planung statt. Zum Beispiel werden operative Ziele mit strategischen Zielen abgestimmt.

---

[568] Zum Begriff des Planungsträgers siehe den vorstehenden Unterabschnitt.

Die **Lenkungsfunktion** wird als das zielorientierte, gelenkte Handeln aller an der Planung Beteiligten innerhalb eines ggf. zugestandenen Freiraums bezeichnet (s. u. „Formalisierung"). Die Lenkung erfolgt über verbindliche Regelungen in Bezug auf das Planungssystem, die Planungsträger, den Planungsablauf und die Planungsinstrumente.

Über die **Anreiz-/Motivationsfunktion** sollen alle betroffenen Mitarbeiter zur Planung angeregt und motiviert werden.

Die **Informations- und Dokumentationsfunktion** erfüllt das Planungshandbuch insofern, als dass es eine Darstellung aller Weisungen, Regelungen und Definitionen enthält und somit – auch in Form eines Nachschlagewerks – als Hilfestellung für alle Planenden dient.

Welche Funktionen ein Planungshandbuch im Speziellen erfüllen soll, hängt vom Zweck der Unternehmensplanung, der Funktionsaufteilung zwischen Planung, Organisation und Controlling sowie von der zugrundeliegenden Organisationstheorie ab.

Die Richtlinien dienen zum einen der Formalisierung, zum anderen der Standardisierung. Die **Formalisierung** bezieht sich auf die formale Ausgestaltung des Planungssystems. Ziel ist es, allen an der Planung Beteiligten ein übersichtliches, verlässliches und geschlossenes Instrumentarium anzubieten. Insbesondere in internationalen Unternehmen, die mit einer Vielzahl ausländischer Tochterunternehmen in (teilweise sehr) heterogenen Staaten agieren, gilt ein hoher Standardisierungs- und Formalisierungsgrad der Planung und des Rechnungswesens als entscheidende Voraussetzung zur Handhabung der Komplexität und der Steuerbarkeit des Konzerns. Trotz aller Formalisierung muss den Planungsträgern ein gewisser Freiraum eingeräumt werden, damit diese eigene Gedanken in die Planung einbringen können und nicht zu stark eingeengt werden. Die Formalisierung soll eine maximale Transparenz bewirken. Mit der Standardisierung soll eine Vereinheitlichung der Planung erreicht werden. Regelmäßig wiederkehrende, gleiche Planungsaufgaben sollen auch jeweils auf die gleiche Art und Weise erledigt werden. Im Einzelnen sind die Vereinheitlichung der verwendeten Begriffe (Planungssprache), Verfahren (Planungsmethoden), Arbeitsunterlagen und Hilfsmittel gemeint. Auch die Konzeption einheitlicher Planungsrichtlinien wird mit der Standardisierung angesprochen. Auch hier gilt es, dem Planungsträger einen ausreichenden Spielraum für seine Eigeninitiative und Kreativität zu gewähren.[569]

Im Hinblick auf die beiden vorgenannten Punkte wird dem Unternehmen dringend angeraten, evtl. bestehende Richtlinien zu überarbeiten, sie systematisch zu dokumentieren und allen an

---

[569] Vgl. BAMBERGER, I., WRONA, T.: Planung, in: BREUER, W., GÜRTLER, M. (HRSG.): Internationales Management. Betriebswirtschaftslehre der internationalen Unternehmung, Wiesbaden 2003, S. 57–110, EHRMANN, H., MINTERT, S.-M.: a. a. O., S. 233.

der Planung Beteiligten zugänglich zu machen. Dies geschieht zweckmäßigerweise in einem **Planungshandbuch**. Speziell dem neuen Mitarbeiter im Unternehmen, der Planungsaufgaben wahrnehmen soll, bietet sich mit dem Planungshandbuch ein hervorragendes Instrument, um sich mit den wesentlichen Begriffen und Inhalten der Planung im Unternehmen vertraut zu machen.

Ein Planungshandbuch stellt eine aussagekräftige und umfassende Dokumentation aller dauerhaften Regelungen dar, die die systematische und in sich stimmige Durchführung aller Planungsaktivitäten im Unternehmen zum Ziel haben.

Darst. 1.6053: Planungshandbuch

Der projektartige Charakter der Planung und die allgemeine Unternehmensdynamik haben zur Folge, dass der Planungsprozess sowie die Aufgaben, Ziele und Inhalte der Unternehmensplanung oft nur rudimentär dokumentiert sind. Die Konsequenz ist, dass die Planungsvorbereitung neben der eigentlichen Planung mit einem unverhältnismäßigen Aufwand wieder erneut konzipiert werden muss. In diesem Fall besteht die Gefahr, dass sich Planungsprobleme und -fehler in den Planungsprozessen wiederholen.[570] Daher ist die Anlage eines Planungshandbuchs nur zu empfehlen. Da – wie oben bereits angedeutet – Änderungen und Aktualisierungen im Unternehmen „an der Tagesordnung sind" kann das Planungshandbuch nichts Statisches sein. Insofern muss das Planungshandbuch als **Working Paper** betrachtet werden, welches die neuesten Planungserkenntnisse laufend übernimmt, aber auch als Diskussionsgrundlage für alle Planungsträger.

1.6.9.2   Aufbau und Inhalt eines Planungshandbuchs

Im Planungshandbuch werden die **Aufgaben und Ziele der Planung**, auch der Teilpläne, schriftlich festgehalten. Es enthält zudem Antworten auf folgende Fragen:

---

[570] Vgl. WANICZEK, M.: Unternehmensplanung neu: Vom teuren Managementprozess zum wirkungsvollen Steuerungsinstrument, Wien 2008, S. 123.

- warum (Notwendigkeit der Planung)?
- was (Planungsgegenstände/-inhalte)?
- wie (Vorgehensweise, Planungsverfahren/-methoden und -modelle)?
- unter welchen Voraussetzungen (Prämissen)?
- wie oft (Planungshäufigkeit)?
- wann, bis wann (Planungsbeginn, Ablieferungsdatum)?
- womit (Ressourcen, Budget, Personal)?
- wer (Planungsträger und alle anderen an der Planung Beteiligten)?
- wem berichtend (Ergebnis-, Ausführungs-, Budgetkontrolle)?

Darst. 1.6054: Elemente eines Planungshandbuchs

Darüber hinaus enthält ein Planungshandbuch oft auch Stellenbeschreibungen und Funktions-diagramme sowie neben Planungsformularen und der zu verwendenden organisatorischen Hilfs-mittel ein Planungslexikon.

Das Planungshandbuch kann wie folgt aufgebaut sein:[571]

```
 1  Einleitung
 2  Allgemeine Hinweise zum Planungshandbuch
 3  Planungsphilosophie
 4  Planungsverfahren
 5  Planungsträger und weitere an der Planung Beteiligte
 6  Inhalt und Umfang der Planung
 7  Zeitliche Koordination/Planungskalender
 8  Informationsversorgung
 9  Dokumentation der durchgeführten Planung
10  Planungslexikon
```

Darst. 1.6055: Gliederung eines Planungshandbuchs

Auf die einzelnen Bestandteile des Planungshandbuchs soll im Folgenden näher eingegangen werden.

---

[571] Vgl. BERSCHIN, H. H.: Handbuch Controlling. Systematisches Planen, Führen, Steuern, Überwachen des Unter-nehmens und seiner Abteilungen, München 1989, S. 105 f., DÜROLF, P.: Das Planungshandbuch als Controlling-instrument, Darmstadt 1988, S. 179 f., EHRMANN, H., MINTERT, S.-M.: a. a. O., S. 121–122.

In der **Einleitung** wird auf die Funktion/die Aufgaben des Planungshandbuchs und insbesondere die Notwendigkeit der Planung hingewiesen, wie sie im Unterabschnitt 1.6.1 „Notwendigkeit der Planung, Planungsbegriff und Prognose" abgehandelt wird. Es muss deutlich gemacht werden, dass die Unternehmensleitung vorbehaltlos hinter dem im Planungshandbuch dokumentierten Planungssystem steht (Autorisierung). Aus Sicht des Controllings ist die Identifikation der Unternehmensführung mit der vorgelegten Planungsorganisation ein wesentliches Anliegen.[572] Gleichzeitig sollte die Verbindlichkeit der Regelungen herausgestellt werden.

In diesem Kapitel sollte neben den Möglichkeiten aber auch auf die Grenzen der Planung hingewiesen werden. Vgl. hierzu u. a. den Unterabschnitt 1.6.4 „Planungsproblematik". Mit Hilfe der Planung sollen Unsicherheiten bewältigt werden. Da dem Controller nicht alle relevanten Informationen zur Verfügung stehen, stellt das Erkennen und Vorhersagen der Entscheidungskonsequenzen eine (theoretisch) unlösbare Aufgabe dar. In diesem Zusammenhang sind Techniken zu berücksichtigen, die der Erhebung und Bewältigung der auftretenden Planungsunsicherheiten und Risiken dienen.[573] Letztlich muss sich der Planende, auch wenn verschiedene Szenarien wie der „worst case" und/oder „best case" denkbar sind, im Rahmen des Entscheidungsprozesses für *einen* konkreten Plan entscheiden, der im Unternehmen durch-/umgesetzt werden soll.

Im Kapitel „**Allgemeine Hinweise zum Planungshandbuch**" soll der Benutzer mit dem Aufbau und der Handhabung des Planungshandbuches so detailliert wie möglich vertraut gemacht werden. Es soll ihm erläutert werden, was er finden kann, wie er bestimmte wichtige Informationen ansteuern kann. Die Gefahr besteht darin, dass vom Benutzer nur die ihn unmittelbar betreffenden Teilpläne gelesen werden und die Beschreibung des Gesamtsystems übergangen wird. Dieser Gefahr kann entgegengewirkt werden, indem die Erläuterung der Zusammenhänge unmittelbar vor die Darstellung der Einzelpläne gesetzt wird, oder auf die Bedeutung der Kenntnis der Gesamtzusammenhänge aufmerksam gemacht wird.

In diesem Kapitel werden auch die grundlegenden Merkmale und Elemente eines Plans erläutert, wie dies im Unterabschnitt 1.6.6 „Merkmale und Elemente eines Plans" nachzulesen ist.

Sofern im Unternehmen eine **Planungssoftware** eingesetzt wird, lehnt sich das Handbuch eng an die vorgegebene Planungssoftware an bzw. geht auch auf diese näher ein und beschreibt dann u. a. die Festlegung frei wählbarer Parameter.
Ein wichtiger Punkt in diesem Kapitel betrifft die **Neuerungen** (gegenüber der vorherigen Auflage des Planungshandbuchs). Diese Novitäten sollten kurz gefasst werden mit dem Hinweis

---

[572] Vgl. DÜROLF, P.: a. a. O., S. 174.
[573] Vgl. HORVÁTH, P.: a. a. O., S. 148.

auf eine ausführliche Behandlung an der entsprechenden Stelle.[574] Änderungen betreffen beispielsweise

- die bisherige Planungsphilosophie,
- neue Geschäftsfelder oder Geschäftsfelder/Bereiche wie z. B. Akquisitionen oder andere Großprojekte, die ein besonderes Monitoring erfordern und deshalb separat geplant werden müssen,
- weitere organisatorische Veränderungen (Aufbau oder Prozesse),
- neue Produkte,
- weitere Abwandlungen des Planungsverfahrens,
- den Detaillierungsgrad (grober oder detaillierter),
- weitere Änderungen bei den Planungsträgern,
- den Austausch, den Wegfall oder die Hinzunahme interner oder externer Informationslieferanten.

Darüber hinaus enthält dieses Kapitel Benutzerhinweise zum Änderungsdienst, zu Auskunftsmöglichkeiten bei Fragen, zur Anlaufstelle für Verbesserungsvorschläge, sowie Aussagen dazu, ob das Planungshandbuch nur zur persönlichen Verwendung bestimmt ist, und/oder in der Abteilung für alle Abteilungsmitglieder zur Einsichtnahme offen liegt. Des Weiteren sollte auch die Rückgabepflicht für die persönlichen Exemplare bei Ausscheiden der Empfänger aus dem Empfängerkreis geregelt werden.[575]

Die **Planungsphilosophie** befasst sich mit den Grundsätzen der Planung im Allgemeinen sowie speziell mit den Grundsätzen der Planung im Unternehmen. Erstere werden ausführlich im Unterabschnitt 1.6.3 „Planungsgrundsätze" vorgestellt. Die Ausgestaltung der Grundsätze der Planung im Unternehmen hängt u. a. von verschiedenen externen und internen Kontextfaktoren wie z. B. der Unternehmensgröße, dem Grad der Internationalisierung, der kulturellen Struktur der Mitarbeiterschaft, der Art und Dynamik des Wettbewerbs in der Branche oder der Branche selbst ab. U. a. muss die Frage beantwortet werden, ob Pläne aufgestellt und Kontrollen durchgeführt werden, um bspw. innovative Lösungen zu finden, die Mitarbeiter zu motivieren, die Leistung des Unternehmens zu steigern oder lediglich Regelungen zu erlassen, die das Zusammenspiel der Beteiligten reglementiert und u. U. jegliche Diskussion „im Keim ersticken" und mögliche Konflikte vermeiden soll. Zahlreiche im Rahmen der Planung auftretenden Konflikte sind nicht auf Sachfragen, sondern auf Werthaltungen und/oder Machtfragen zurückzuführen.[576]

---

[574] Zu den weiteren Erläuterungen gehören u. a. die Fragen der Wirksamkeit (ab wann: unterjährig oder erst im Folgejahr/in den Folgejahren?), der periodischen Abgrenzungen und der Konsequenzen dieser Veränderungen.

[575] Vgl. DÜROLF, P.: a. a. O., S. 177 f.

[576] Vgl. STOI, R., DILLERUP, R.: a. a. O., S. 370.

In diesem Zusammenhang ist eine Verknüpfung mit der Unternehmensphilosophie und den Unternehmensleitlinien angezeigt. Den Betroffenen wird neben diesen Rahmenbedingungen für die Planung das Planungsmodell vorgestellt. Dieses enthält in groben Zügen das Planungssystem, d. h. das Planungsverfahren, den Gesamtplan sowie die einzelnen strategischen, ggf. taktischen und operativen Teilpläne.[577]

Im Kapitel **Planungsverfahren** wird zunächst Bezug genommen auf das bereits im obigen Kapitel „Planungsphilosophie" in groben Zügen vorgestellte Planungssystem. Auch wenn eine integrierte Unternehmensplanung, die in ihrer vollendeten Ausgestaltung eine Simultanplanung ist und damit alle Interdependenzen berücksichtigen würde, angestrebt wird, wird diese aus unterschiedlichen Gründen[578] nur von einem Fünftel der befragten Unternehmen[579] praktiziert. Insofern erfolgt hier eine Festlegung der **vertikalen**[580] **Koordination** zwischen den drei Planungsebenen (strategisch, taktisch, operativ) im Rahmen einer **hierarchischen Unternehmensplanung**. Die Notwendigkeit der Koordination ergibt sich aus dem arbeitsteiligen zielgerichteten Aufgabenerfüllungssystem des Unternehmens. Dieses System macht Aktionen erforderlich, um die organisatorischen Teilbereiche auf das Gesamtziel eines Unternehmens auszurichten. Da die einzelnen Hierarchieebenen als Folge des unterschiedlichen Detaillierungsgrades über einen entsprechenden Entscheidungsspielraum verfügen, besteht eine große Notwendigkeit für die vertikale Koordination. Eine vertikale Koordination wird über sogenannte Planungsverfahren, auch als Planungsrichtung bezeichnet, erreicht. Zur Auswahl stehen hier die drei im Unterabschnitt 1.6.7.1 „Vertikale Koordination" beschriebenen Verfahren.

In dem Kapitel über die **Planungsträger und weitere an der Planung Beteiligte** werden die Planungsträger und die zuliefernden Organe und ihre Aufgaben benannt. Weiterhin geht es um den Aufgabeninhalt, die Kompetenzen und die kooperierenden Stellen. Letztere können beispielsweise die Marktforschung, der Außendienst, die volkswirtschaftliche Stabsstelle oder die IT-Abteilung sein. Die potenziellen Planungsträger sowie die Auswahl derselben einschl. der erforderlichen Kompetenzen werden im Unterschnitt 1.6.8 „Planungsträger" ausführlich beschrieben. Die Kompetenzen können über denkbare Rechte wie das

- Auftragsrecht,
- Informationsrecht,

---

[577] Vgl. bspw. Abschnitt 2.3 „Operative Funktionsbereichsplanungen und bereichsübergreifende Planung" bei Wördenweber (WÖRDENWEBER, M.: Operatives Controlling – Band 1, a. a. O., S. 203–272).

[578] Die einzelnen Begründungen finden sich im Unter-Unterabschnitt 1.6.5.4 „Planung nach dem Integrationsgrad" bzw. im Paragrafen 1.6.7.2.1 „Simultanplanung".

[579] Vgl. ICV INTERNATIONALER CONTROLLER VEREIN E. V.: a. a. O. Laut ICV wird die Umsetzung von Advanced-Planning-Ansätzen durch die immer noch weit verbreitete Nutzung von Microsoft Excel®, das 90 % der befragten Unternehmen für die Planung einsetzen, erschwert.

[580] Zu den vertikalen Koordinierungsmöglichkeiten gehören das in Unter-Unterabschnitt 1.6.7.1 „Vertikale Koordination" beschriebene Top-down-, Bottom-up- und das Gegenstromverfahren.

- Auswahl- und Entscheidungsrecht,
- Einspruchs- und Genehmigungsrecht,
- Kontrollrecht sowie
- Vorschlags- und Beratungsrecht

abgebildet werden.[581]

Hinsichtlich des Auswahl- und Entscheidungsrechts ist auf zwei unterschiedliche Entscheidungen Bezug zu nehmen. Sowohl hier als auch nachstehend wird angesprochen, wer im Unternehmen die endgültige Fassung von Plänen zu verantworten hat, wer – auch im Rahmen der Zusammenarbeit mit anderen an der Planung Beteiligten – detailliert zu beschreibende einzelne Auswahl- und Entscheidungsrechte besitzt und wer welche Pläne genehmigt. In der Regel wird es so sein, dass die jeweils höhere Planungsebene die Pläne der untergeordneten Instanz genehmigt. Im Falle der Geschäftsführung ist in bestimmten Fällen eine Genehmigung seitens der Eigentümer/Anteilseigner oder im Falle von Aktiengesellschaften seitens des Aufsichtsrates einzuholen.

Im Kapitel **Inhalt und Umfang der Planung** wird zunächst Bezug genommen auf das bereits im obigen Kapitel „Planungsphilosophie" in groben Zügen vorgestellte Planungssystem mit der Gesamtarchitektur der Pläne sowie die Einzelpläne. Wie vorab geschrieben ist eine integrierte Unternehmensplanung (Simultanplanung) aus unterschiedlichen Gründen meist nicht praktikabel. Insofern muss im Rahmen einer **hierarchischen Unternehmensplanung** auch eine Festlegung der **horizontalen**[582] **Koordination** erfolgen. Daneben sind in der Praxis aber auch (noch) rein dezentralistische Unternehmensplanungen zu beobachten, bei denen ebenfalls eine sorgfältige Abstimmung der Einzelpläne und eine Koordination durch die Unternehmensführung erforderlich werden. In beiden Fällen müssen neben dem Gesamtplan die Einzelpläne[583] hinsichtlich ihrer Zielsetzung, der Input- und Outputdaten[584], der Planprämissen etc. beschrieben werden.[585] Des Weiteren werden die Planungsebenen[586] differenziert und der Planungshorizont[587] bestimmt. Während die Zerlegung komplexer Teilaufgaben u. a. Gegenstand der **Aufbauorga-**

---

[581] Vgl. EHRMANN, H., MINTERT, S.-M.: a. a. O., S. 77. Dort finden sich auf S. 78–79 auch zwei Beispiele für ein Aufgaben- und Kompetenzbild.

[582] Zu den horizontalen Koordinationsalternativen zählen die in Unter-Unterabschnitt 1.6.7.2 „Horizontale Koordination" erwähnte Simultanplanung sowie die Sukzessivplanung in Form der hierarchischen Unternehmensplanung.

[583] Siehe Unterabschnitt 1.6.5.3 „Planung nach den Funktionsbereichen".

[584] Vgl. Unterabschnitt 1.6.5.2 „Planung nach dem Inhalt".

[585] Vgl. HORVATH, P., GLEICH, R., VOGGENREITER, D.: Controlling umsetzen: Fallstudien, Lösungen und Basiswissen, 5. Aufl., Stuttgart 2012, S. 89.

[586] Die Planungsebenen werden im Unterabschnitt 1.6.5.6 „Planung nach den Planungsebenen" unterschieden.

[587] Auf den Planungshorizont wird im Unterabschnitt 1.6.5.5 Planung nach dem Zeitraum" näher eingegangen.

nisation der Planung sind, wird die Kombination einzelner Planungsaktivitäten zu Planungsprozessen sowie – neben der zeitlichen Abstimmung – ihre räumliche Koordination durch die **Ablauforganisation der Planung** geregelt.[588]

Zu den zentralen Planungsarbeiten gehören neben der Festlegung der horizontalen Koordination die Initiierung bzw. der Entwurf von Formularen, die Festlegung von Unter- und Obergrenzen der Planinhalte und ggf. eine Konkretisierung der Planungsgrundsätze. Insbesondere Wertgrenzen dienen der Steuerung des Detaillierungsniveaus zur Vereinfachung der Planung ebenso wie der Beachtung der einzuholenden Genehmigungen genehmigungspflichtiger Geschäftsvorgänge aufgrund interner (z. B. Geschäftsordnung für die Geschäftsführung) oder externer Regularien (z. B. Aktiengesetz in Bezug auf die Beteiligung des Aufsichtsrates).[589] Des Weiteren werden die planungsrelevanten Prämissen (z. B. prozentuale Veränderung des Bruttoinlandsprodukts, Inflationsrate, Lohn- und Gehaltserhöhungen, Senkungen oder (wahrscheinlicher) Erhöhungen der Sozialversicherungsausgaben, Steigerungen bei den Materialkosten, Änderungen der Wechselkursrelationen, Zinsniveau für die Finanzierung von Investitionsvorhaben oder die Anlage von Zahlungsüberschüssen) zentral, oft von der volkswirtschaftlichen Abteilung, festgelegt. Die dezentralen Planungsarbeiten bestehen in der Ausarbeitung der Planentwürfe, der Teilnahme an Koordinierungsmaßnahmen, der Mitarbeit bei Planrevisionen sowie Vorschläge und Anregungen zwecks Verbesserung der unternehmerischen Planung.[590]

Die vorgenannten Wertgrenzen spielen auch eine Rolle im **Umgang mit Ungewissheiten**. Im Rahmen eines ganzheitlichen **Risikomanagements** werden Risikoklassen für unternehmerische Tatbestände und Aktivitäten definiert und identifiziert. Im Planungshandbuch sollte manifestiert werden, **welche Risiken auf welcher Planungsebene** eingegangen werden dürfen und wenn ja, nur mit welchen oder gar keinen Absicherungen oder grundsätzlich nicht.

Hinsichtlich des Aufbaus der Planung, vor allem der kurzfristigen, sollte geprüft werden, wie das **Rechnungswesen aufgebaut** ist. Hilfreich wäre es, die Planung korrespondierend zu erstellen. Dies erleichtert speziell einen Soll- bzw. Plan-Ist-Vergleich. Voraussetzung ist eine **formelle und materielle Identität** der Größen.[591] Liegen diese nicht vor, sollte geklärt werden, ob und wie das Rechnungswesen an die Erfordernisse der betriebswirtschaftlichen Planung und Kontrolle angepasst werden kann.

---

[588] In Anlehnung an FRESE, E.: Grundlagen der Organisation. Konzept – Prinzipien – Strukturen, 8. Aufl., Wiesbaden 2000, S. 7.

[589] Vgl. WANICZEK, M.: a. a. O., S. 124.

[590] Vgl. EHRMANN, H., MINTERT, S.-M.: a. a. O., S. 122.

[591] Vgl. hierzu die Ausführungen im Unterabschnitt 1.7.5 „Kontrollgröße und Vergleichswert".

Im Rahmen der **strategischen** Planung werden beispielsweise strategische Allianzen mit Kunden, Lieferanten, Wettbewerbern geprüft sowie Erfolgspotentiale zu entdecken versucht, welche dann im Rahmen der weiteren Planung in konkrete Entscheidungsvorschläge umgesetzt werden. Weitere typische langfristige Sachverhalte sind u. a. die Entwicklung einer Marktstrategie oder die Initiierung und Prüfung des Produktionsrahmenprogramms. In vielen Unternehmen bezieht sich die strategische Planung konkret auf die Neuausrichtung oder vorzunehmende Akquisitionen von Geschäftsbereichen, sofern vorhanden oder angedacht. Auch konzeptionelle Fragestellungen wie Verwaltungs-, Produktions-, und Vertriebsstandorte, Rechtsformen von Tochtergesellschaften und Joint Ventures, Unternehmensstrukturen sowie der Führungsstil gehören ebenso dazu.[592]

Ausgangspunkt der **taktischen,** funktionsbezogenen Planung ist die strategische Planung, die inhaltlich konkretisiert wird. Es geht hier neben den taktischen Zielen konkret um die Erstellung und Bewertung mittelfristiger Aktionsprogramme und Verfahrensregeln, also beispielsweise mittelfristige Beschaffungs-, Produktions-, Absatz-, Finanzierungs-, Investitions- und Personalausstattungs- und -entwicklungspläne sowie mittelfristige Produktplanungen.[593]

Aufgabe der **operativen Planung** ist es, die entsprechenden Vorgaben der übergeordneten Planung in detaillierte und (besser) kontrollierbare Daten umzusetzen. Ferner sind die taktischen und strategischen Projekte in die operative Planung einzubeziehen. Dabei werden die für die operative Planung relevanten Prämissen (s. o.) übernommen.[594]

Wie vorstehend bereits angeklungen ist, kann hier ggf. noch einmal verdeutlicht werden, wer im Unternehmen die endgültige Fassung von Plänen zu verantworten hat, wer – auch im Rahmen der Zusammenarbeit mit anderen an der Planung Beteiligten – detailliert zu beschreibende einzelne Auswahl- und Entscheidungsrechte besitzt und wer welche Pläne genehmigt.

Unter der **zeitlichen Koordination** der Planung wird die **Abstimmung und Integration der Ziel- und Maßnahmenplanungen unterschiedlicher Fristigkeiten (kurz-, mittel- und langfristige Planung)** verstanden. Hierbei ist zu differenzieren, ob zeitlich unterschiedliche Planungshorizonte koordiniert werden sollen, oder ob sich die zeitliche Verknüpfung auf jeweils denselben Planungshorizont bezieht. Infolgedessen besteht bezüglich zweier Punkte Entscheidungsbedarf, und zwar hinsichtlich der

---

[592] Weiterführende Erläuterungen finden sich im Abschnitt 1.1 „Grundlagen des Controllings" von Wördenweber (WÖRDENWEBER, M.: Operatives Controlling – Band 1, a. a. O., S. 8–9).

[593] Im Abschnitt 1.1 „Grundlagen des Controllings" wird von Wördenweber (WÖRDENWEBER, M.: Operatives Controlling – Band 1, a. a. O., S. 9) näher auf die taktische Planung eingegangen.

[594] Vgl. ebenda.

- **Koordination bzw. Integration von Plänen mit unterschiedlichen Zeithorizonten** und
  dem
- **Planungsrhythmus**, d. h. der Frequenz der Teilplanungen.

Auf die Koordination von Plänen mittels Reihung, Staffelung oder Schachtelung wird im Paragrafen 1.6.7.3.1 „Koordination von Plänen mit unterschiedlichen Zeithorizonten" näher eingegangen. Die serielle, rollierende oder revolvierende Planung als alternative Planungsrhythmen finden sich in den entsprechenden Ausführungen im Paragrafen 1.6.7.3.2 „Planungsrhythmus".

Der **Planungskalender** hält übersichtlich die Abfolge der einzelnen Planungsaktivitäten und damit verbunden die jeweiligen Anfangs- und Abgabetermine, daraus abgeleitet die Ausführungsdauern, das jeweilige Datum von Sitzungen der Planungskomitees bzw.-konferenzen, die Gültigkeitsdauer der Pläne (s. o. Planungshorizont) etc. fest. In diesem Plan ist ersichtlich, welche Aufgaben voneinander unabhängig und somit parallel durchgeführt werden können und welche Aktivitäten vor- oder nachgelagert sind. Aus Zeitersparnisgründen ist immer eine parallele Bearbeitung der Planungsaufgaben empfehlenswert. Die verbindliche Festlegung von Terminen für die Planung von Zielen und Maßnahmen und deren Verabschiedung ermöglicht einen schnellen und reibungslosen Ablauf der Planung.

Zur Darstellung der Abläufe kann beispielsweise ein Netzplan verwendet werden, um die einzelnen Tätigkeiten der Planungsträger und weiterer an der Planung Beteiligter grafisch ansprechend zu visualisieren, kritische Teilprozesse (Ereignisse, Vorgänge) zu offenbaren sowie Leer- und Pufferzeiten zu erkennen. Eine Verbesserung des Managements *aller* Planungsaufgaben wird dadurch jedoch nicht erreicht. Dazu müssten alle Planungsaktivitäten *simultan* im Hinblick auf die Interdependenzen und Ressourcen aufeinander abgestimmt werden.

Im Folgenden werden neben dem Netzplan vier weitere grafische Abbildungsmöglichkeiten der Teilprozesse vorgestellt:[595]

- Balkendiagramm
- Teilprozessdiagramm (Flowchart-/Flussdiagramm)
- Fischgrät(en)diagramm
- Ablaufdiagramm (Gantt-Diagramm)
- Netzplan

Darst. 1.6056: Darstellungsmöglichkeiten von Prozessen

---

[595] Diese Instrumente zur Terminierungsaktivitäten finden sich bspw. bei GAITANIDES, M.: Zeitliche Koordination, Konzepte zur, in: SZYPERSKI, N. (HRSG.): Handwörterbuch der Planung, Stuttgart 1989, Sp. 2269 f.

Ein Planungsprozess im Unternehmen lässt sich grundsätzlich auch als Projekt begreifen. Sofern die Termine die **Meilensteine** darstellen, ist hierüber eine zeitnahe Kontrolle der Planung möglich.

Die **Planungsproblematik**, genauer das Dilemma der Terminplanung liegt darin, dass

- eine frühe Planung einschließlich Festlegung Sicherheit schafft über das zu verfolgende Ziel, aber auch zukünftige Entscheidungsspielräume einengt (konsequente Ausrichtung auf ein längerfristiges Ziel)
- eine späte Planung und Festlegung nicht nur langfristige Inkonsequenzen mit sich bringen kann, sondern auch die Zahl der Handlungsalternativen insofern einschränkt, als nur noch bestimmte Alternativen kurzfristig umsetzbar sind.

Der erforderliche **Zeitbedarf korreliert mit dem Detaillierungsgrad** der Pläne, d. h. eine grobe, meist langfristige Planung lässt sich wesentlich zügiger durchführen und kann deshalb durch den späteren Anfangstermin noch weitere und damit aktuelle Informationen verarbeiten. Auch insofern macht eine Untergliederung in strategische (meist langfristige), taktische (eher mittelfristige) und operative (kurzfristige) Planungen Sinn.

Ausgehend vom Endtermin, das ist i. d. R. der Zeitpunkt, in dem ein Plan (endgültig) verabschiedet, d. h. genehmigt wird, werden die einzelnen Planungsschritte festgelegt und die Termine gesetzt, zu denen die einzelnen Teilplanungen abgeschlossen und die dazu erforderlichen Zulieferarbeiten erledigt sein müssen. Spätestens zu Beginn des neuen Kalenderjahres muss die Planung in Gänze vorliegen und verabschiedet sein.[596]

Die **strategische Planung** sollte spätestens in der ersten Hälfte des Wirtschaftsjahres[597] abgeschlossen sein. Diese langfristige Planung wird üblicherweise in Jahren[598] angegeben. Der Planungszeitraum beginnt mit dem nächsten Wirtschaftsjahr und endet am Planungshorizont. Dieser Planungszeitraum umfasst bei drei Planungsebenen (strategisch, taktisch, operativ) etwa fünf bis zehn Jahre, bei zwei Planungsebenen (strategisch, operative) drei Jahre bis ca. zehn Jahre.[599]

Sofern mit drei Planungsebenen gearbeitet wird, sollte die **taktische Planung** spätestens zu Beginn des letzten Tertials eines Wirtschaftsjahres beendet sein. Der Planungszeitraum umfasst

---

[596] Vgl. SCHELD, G. A.: Controlling im Mittelstand, Bd. 1: Grundlagen und Informationsmanagement, im Folgenden abgekürzt mit „Grundlagen", 5. Aufl., Büren 2012, S. 202.

[597] Dies ist bei Wirtschaftsjahren, die nicht identisch mit dem Kalenderjahr sind, nicht der 30.06.

[598] In Kalenderjahren, wenn das Wirtschaftsjahr dem Kalenderjahr entspricht.

[599] Zur strategischen Planung sei auf die Ausführungen im Abschnitt 1.1 „Grundlagen des Controllings" von Wördenweber (WÖRDENWEBER, M.: Operatives Controlling – Band 1, a. a. O., S. 8–9) verwiesen.

bei drei Planungsebenen (strategisch, taktisch, operativ) ein bis fünf Jahre, bei zwei Planungsebenen (strategisch, operative) entfällt die taktische Planung.[600]

Die **operative Planung** inklusive der Budgetierung bezieht sich auf das erste Planjahr der taktischen bzw. strategischen Planung.[601] Wie bereits zuvor im Zusammenhang mit der Planungsproblematik erörtert, sollte die operative Planung erst so spät wie möglich erfolgen, also erst frühestens in der zweiten Jahreshälfte des laufenden Wirtschaftsjahres, jedenfalls nach Vorlage der strategischen bzw. taktischen Planung starten, um zeitnah noch möglichst viele relevante Daten zu erhalten.

Wegen der Vielzahl der eingebundenen Personen können Zeitverzögerungen bei der Bearbeitung der Planungsaufgaben eintreten. Problematisch sind insbesondere Verzögerungen in einer frühen Phase des Planungsprozesses, da diese die termingerechte Fertigstellung aller folgenden Planungsstufen und -schritte gefährden, da einige Teilpläne aufeinander aufbauen bzw. miteinander verzahnt sind. Daher ist der Einbau einer gewissen **Zeitreserve**, gerade zu Beginn des Planungsprozesses, während der gesamten Dauer der Planung dringend zu empfehlen.

Ein erstes Beispiel für einen integrierten Planungskalender zeigt die nachfolgende Abbildung:

Monat		
1	**Strategische Planung** (5-10 Jahre)	
	Aufgabe: Erarbeitung strategischer Ziele und Maßnahmen	
	Ziel: Beschluss der Geschäftsführung/ggf. des Aufsichtsrates bzw. der Eigentümer	
	Unternehmenspolitik	Strategische Geschäftsfelder
2	(auch Balanced Scorecard)	
	Geschäftsfeldentwicklungen	Strategische Programme
	Produktentwicklungen	
	Absatzpotenziale	Strategische Projekte
3	Umsatzpotenziale	
	Gewinn- und Rentabilitäts-erwartungen	Strategische Maßnahmen/Aktionen

---

[600] Die taktische Planung wird ebenfalls im Abschnitt 1.1 „Grundlagen des Controllings" von Wördenweber (WÖRDENWEBER, M.: Operatives Controlling – Band 1, a. a. O., S. 9) erläutert.

[601] Je nach Zahl der Planungsebenen. Die operative Planung wird grob im Abschnitt 1.1 „Grundlagen des Controllings" und ausführlicher in den speziellen Abschnitten 2.3 „Operative Funktionsbereichsplanungen und bereichsübergreifende Planung" sowie 2.5 „Budgetierung" des Buches von Wördenweber (WÖRDENWEBER, M.: Operatives Controlling – Band 1, a. a. O.) erläutert.

4 **Taktische Planung** (2-4 Jahre)
<u>Aufgabe:</u> Erarbeitung taktischer Ziele und Maßnahmen, Koordination der Bereichsplanungen, Rückkopplung mit den strategischen Vorgaben
<u>Ziel:</u> Beschlussfassung der Geschäftsführung

5

Produktkosten	Produktplanung
Personalkosten	Absatzplanung
Engpassprüfung	Produktionsplanung
Management-Erfolgsrechnung (MER)	Beschaffungsplanung
	Investitionsplanung
	Finanzplanung
	Personalplanung
	Projekte (auch F&E)

6

7

Operative Planung ($\leq$ 1 Jahr)
<u>Aufgabe:</u> Erarbeitung operativer Pläne (Ziele und Maßnahmen), Kooperation der operativen Teilpläne, Abgleich mit den strategischen und taktischen Vorgaben

8 Ziel: Beschluss der Funktionsbereichsleitungen

Vertriebsplanung (Verkaufsziele,	Betriebsergebnisrechnung
Werbeaktionen, Außendienst,	Erfolgsrechnung
Außendienst, Umsatz,	Handelsbilanz
Marketingbudget)	Steuerbilanz
Kostenplanung (Produktkosten,	Liquiditätsplanung
Strukturkosten, Standardkosten,	
Leistungsstandards,	Umsatzbudget
Kostenstellenbudgets)	Investitionsbudget
	Produktionsbudget
	Materialkostenbudget
	Fertigungslohnbudget
	Gemeinkostenbudgets (Material-,
	Fertigungs-,Verwaltungs-, Vertriebs-
	gemeinkosten)

9

10

11

12

Darst. 1.6057: Beispiel für einen integrierten Planungskalender

Als zweites Beispiel für einen Planungskalender ist nachfolgend der zeitliche Ablauf der Planung bei der Siemens AG wiedergegeben:

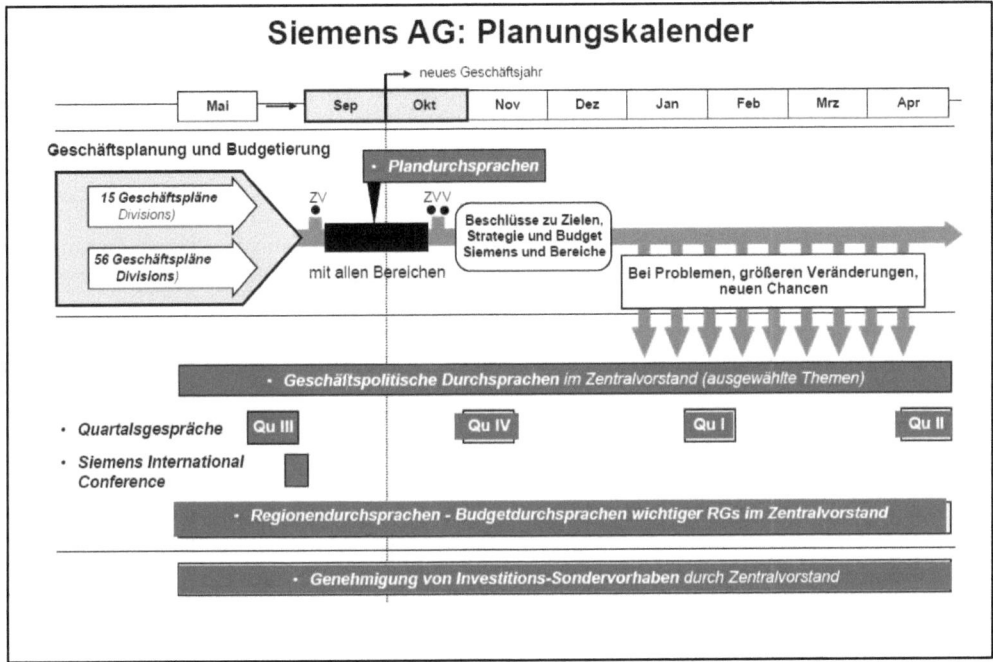

Darst. 1.6058: Planungskalender der Siemens AG
   (MIROW, M.: Strategie zwischen Führung und Autonomie, Vortrag zum St. Galler Forum für Unternehmensführung am 09.09.2011, http://www.ifb.unisg.ch/~/media/Internet/Content/Dateien/ InstituteUndCenters/IfB/FFU/Mirow.ashx, Abruf am 22.11.2015).

Das Thema **Informationsversorgung** kann – was die unternehmensinterne Übermittlung speziell von z. B. Plänen betrifft – unter den Punkten „Planungsträger und weitere an der Planung Beteiligte", „Ablauforganisation der Planung" oder „Planungskalender" abgehandelt werden. Sinnvoll erscheint jedoch ein eigenes Kapitel mit der Überschrift „Informationsversorgung", um dort auch grundlegende Aspekte der Informationsversorgung ansprechen zu können. Hier geht es zum einen um die

- **Informationsbedarfsermittlung,**
- **Informationsgewinnung,**
- **Be- und Verarbeitung** sowie

- **Speicherung**, zum anderen auch um die
- **Weitergabe von Informationen** innerhalb des Unternehmens zu ermöglichen.

Während das erste Thema meist im Rahmen der **Marktforschung** abgehandelt wird, finden sich die Prozesse zur Weiterleitung von Informationen unter den Stichworten **Berichtswesen** oder **Informationssystem**. Die Informationsbe- und –verarbeitung (Informationsaufbereitung) wird häufig in dem Wissensgebiet der **Statistik** ausführlich beschrieben. Die vorab beschriebenen Funktionen können unter dem Begriff **Informationsmanagement** zusammengefasst werden.

Informationsmanagement umfasst das zielgerichtete, systematische Planen, Organisieren und Kontrollieren von Information und Kommunikation.

Darst. 1.6059: Informationsmanagement

Auf diese wird im Folgenden näher eingegangen. Vorab sind jedoch der Begriff „Informationen" und die Gütekriterien für Informationen näher zu betrachten.

Jede Planung setzt die zielgerichtete Bedarfsermittlung, Aufnahme sowie die Be- und Verarbeitung, oft auch (nachfolgend) die Weitergabe der im Unternehmen be- und verarbeiteten Informationen, z. B. durch eine volkswirtschaftliche Stabsstelle, voraus.

Informationen sind Daten, die für den Empfänger eine bestimmte, ggf. individuelle Bedeutung besitzen und damit als Grundlage von Entscheidungen dienen können.

Darst. 1.6060: Informationen

Das Dilemma besteht darin, aus der Menge der verfügbaren Informationen diejenigen herauszufiltern, die für die Planung „brauchbar" sind. Brauchbar bedeutet, dass die Informationen generell mindestens folgenden **Ansprüchen (Qualitätskategorien, Gütekriterien)** entsprechen müssen. Mindestens heißt, dass es je nach Anforderungsprofil der Aufgabe bzw. des Adressaten der Information weitere Kriterien geben kann. Zu den Qualitätskriterien für Informationen zählen:

- Problemrelevanz (Zweckorientiertheit, Relevanz der Informationen)
- Informationsgehalt (mit seinen drei Bestimmungsgrößen: Allgemeinheit, Präzision und Bedingtheit der Aussage)
- Vollständigkeit
- Wahrscheinlichkeit (Grad der Sicherheit)
- Reliabilität (Zuverlässigkeit der Information bzw. des Informanten)
- Überprüfbarkeit (Möglichkeit der Überprüfung des Wahrheitsgehalts der Informationen bzw. des Informanten)
- Aktualität (Alter bzw. Neuigkeitsgrad von Informationen)
- Zeitliche Verfügbarkeit (Rechtzeitige Information an den Informationsempfänger)

Darst. 1.6061: Qualitätskriterien für Informationen

Zwischen diesen Qualitätskriterien bestehen einige **Interdependenzen**. Beispielsweise trifft dies auf den Zusammenhang zwischen Vollständigkeit, Relevanz und Kosten zu. So ist auf der einen Seite oftmals eine Entscheidung zwischen der Relevanz bzw. den relevanten Daten und der Vollständigkeit derselben zu treffen. Auf der anderen Seite begrenzen die Kosten das Streben nach vollständiger Information, so dass letztendlich auch hier eine **Abwägung unter Kosten-Nutzen-Aspekten** vorgenommen werden muss.

Ein ähnliches Spannungsfeld ergibt sich aus einer möglichst zeitnahen Information einerseits und möglichst zuverlässigen und/oder vollständigen Informationen andererseits.

Als drittes Spannungsfeld sei die Beziehung zwischen der Reliabilität (Zuverlässigkeit) und der Validität (Genauigkeit) genannt. Maßstab für die Genauigkeit einer Information ist bei Intervallschätzungen die Breite des Konfidenzintervalls, innerhalb dessen der gesuchte „wahre" Wert liegt. Sicherheitsgrad (Signifikanzniveau) und Genauigkeitsgrad hängen voneinander ab, so dass bei gegebenem Untersuchungsplan der Sicherheitsgrad zu Lasten der Genauigkeit bzw. umgekehrt erhöht werden kann. Sollen beide Werte höheren Anforderungen genügen, ist der Untersuchungsplan zu ändern, eine Erhöhung des Stichprobenumfangs vorzunehmen. Letzteres ist dann allerdings mit höheren Kosten verbunden.
Die vorstehenden Aspekte sind grundsätzlich sowohl bei Primär-(originären) als auch bei Sekundär-(derivativen) Informationen zu beachten, gleich ob sie aus internen oder externen Quellen stammen.

Das Planungshandbuch kann resp. sollte auf die vorstehenden grundsätzlichen Aspekte sowie die nachstehenden Punkte hinweisen.

Im Rahmen der **Informationsbedarfsermittlung** kann auf die bekannten 4 „R" zurückgegriffen werden:

- die richtige Art von Informationen,
- die richtige Menge von Informationen,
- der richtige Zeitpunkt für die Vorlage der Informationen,
- der richtige Ort der Ablieferung von Informationen (Informationsempfänger).

> Im Rahmen der Informationsbedarfsermittlung werden die für eine Planung objektiv erforderlichen Informationen bestimmt.

Darst. 1.6062: Informationsbedarfsermittlung

> Der Informationsbedarf wird definiert durch die Art, Qualität und Menge an Informationen, die ein Entscheidungsträger aus objektiver Sicht bis zu einem bestimmten Zeitpunkt für das Treffen einer Entscheidung benötigt.

Darst. 1.6063: Informationsbedarf
(Vgl. STOI, R., DILLERUP, R.: Unternehmensführung. Erfolgreich durch modernes Management & Leadership. Methoden – Umsetzung – Trends, 6. Aufl., München 2022, S. 753, PICOT, A., REICHWALD, R., WIGAND, R. T.: Die grenzenlose Unternehmung – Information, Organisation und Management – Lehrbuch zur Unternehmensführung im Informationszeitalter, 5. Aufl., Wiesbaden 2003, S. 81, SZYPERSKI, N.: Informationsbedarf, in: GROCHLA, E. (HRSG.): Handwörterbuch der Organisation, 2. Aufl., Stuttgart 1980, S. 904.)

Die **Datengewinnung** kann auf folgenden Wegen erfolgen:[602]

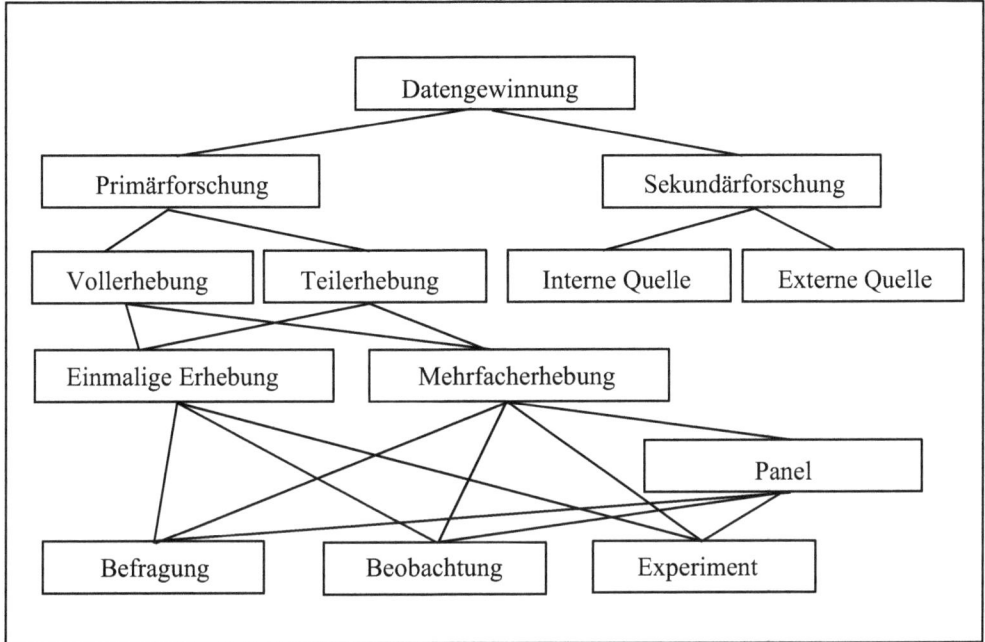

Darst. 1.6064: Methoden der Datengewinnung

Das **Panel** stellt insofern einen Sonderfall der Mehrfacherhebung dar, als eine Erhebung

- eines prinzipiell identischen Untersuchungsgegenstandes
- bei einem bestimmten, gleichbleibenden Kreis von Rezipienten
- über einen bestimmten, längeren Zeitraum,
- i. d. R. in einem regelmäßigen zeitlichen Abstand
- in der gleichen Art und Weise

[602] Vgl. etwa FRETER, H.: Marketing – Die Einführung mit Übungen, München 2004, S. 44 ff., MEFFERT, H., BURMANN, C., KIRCHGEORG, M., EISENBEISS, M.: Marketing. Grundlagen marktorientierter Unternehmensführung. Konzepte – Instrumente – Praxisbeispiele, 14. Aufl., Wiesbaden 2024, S. 181–201, KOTLER, PH., ARMSTRONG, G., HARRIS, L., PIERCY, N.: Grundlagen des Marketing, 7. Aufl., München 2019, S. 200–222, WEIS, H. C., STEINMETZ, P.: Marktforschung, 8. Aufl., Herne 2012, S. 62 ff.

durchgeführt wird. Der Unterschied zu einer Mehrfachbefragung liegt darin, dass es sich nicht um denselben Personenkreis handelt und somit eine zeitraumbezogene, dynamische Marktveränderung, speziell des Konsumentenverhaltens, festgestellt werden kann.

In Abhängigkeit vom Informationsbedarf und unter Berücksichtigung sowohl der Gütekriterien (s. o.) als auch der Wirtschaftlichkeit (Kosten-/Nutzen-Aspekt) sind eine Vielzahl von Vorgehensweisen möglich. In Bezug auf die detaillierte Darstellung der einzelnen Datengewinnungsmethoden und die Abwägung zwischen den verschiedenen Verfahren sei auf die einschlägige Fachliteratur verwiesen.[603]

Neben den Methoden zur Datengewinnung von Einzelinformationen ist im Rahmen der Informationsversorgung auch auf **Analyse-Methoden** wie die SWOT-Analyse[604], Umweltanalyse[605] und Unternehmensanalyse[606] etc. hinzuweisen.

Bei der **Informationsbe- und -verarbeitung** (Informationsaufbereitung) sind einige wesentliche Anforderungen zu beachten.[607]

- Viele Aufbereitungskriterien sind im Voraus nicht bekannt und werden erst bei der Benutzung deutlich.
- Der Benutzer sollte deshalb die Form der Aufbereitung mitbestimmen dürfen.
- Die Informationsversorgung sollte schon bei der Aufbereitung der Informationen eine Beurteilung über deren vermutlichen Nutzen aufzeigen. So kann sie dem Benutzer Impulse geben.
- Der Informationsstand des Benutzers sollte bei der Aufbereitung berücksichtigt werden.
- Die Informationsaufbereitung ist mit der Speicherung und Ausgabe abzustimmen.

Die gewonnenen und be- und verarbeiteten Informationen können für eigene Zwecke verwendet oder an andere Personen weitergegeben werden, um dort ihrerseits in deren weitere Arbeit einzufließen. Auch diese Arbeiten, z. B. Pläne werden ggf. **an andere Stellen im Unternehmen weitergeleitet**. Diese Prozesse sind Bestandteile eines **Informationssystems**, welches seinerseits ein Teil des Informationsmanagements darstellt.

---

[603] Etwa ALTOBELLI, C. F.: Marktforschung: Methoden – Anwendungen – Praxisbeispiele, 2. Aufl., Konstanz 2011, HERRMANN, A., HOMBURG, C., KLARMANN, A., Handbuch Marktforschung: Methoden – Anwendungen – Praxisbeispiele, 3. Aufl., Wiesbaden 2014, KOCH, J.: Marktforschung: Grundlagen und praktische Anwendungen, 6. Aufl., München 2012, KUSS, A., WILDNER, R., KREIS, H.: Marktforschung: Grundlagen der Datenerhebung und Datenanalyse, 5. Aufl., Wiesbaden 2014.

[604] Siehe Paragraf 1.6.11.1.6 „SWOT-Analyse".

[605] Siehe die Paragrafen 1.6.11.1.2 „Analyse der Makroumwelt" und 1.6.11.1.3 „Analyse der Mikroumwelt".

[606] Siehe Paragraf 1.6.11.1.4 „Analyse des Unternehmens".

[607] Vgl. HORVÁTH, P., GLEICH, R., SEITER, M.: Controlling, 14. Aufl., München 2019, S. 192.

> Unter einem Informationssystem wird das zielgerichtete, systematische Planen, Organisieren und Kontrollieren von Informationsprozessen verstanden.

Darst. 1.6065: Informationssystem

Im Planungshandbuch kann, sofern dies wie oben beschrieben nicht an anderer Stelle erfolgt, das **Informationssystem der Planung** dargelegt werden. Bezüglich weitergehender Ausführungen zu den Themen Informationssysteme und **Informationstechnik** sei auf die einschlägige Fachliteratur verweisen.[608]

Eine besondere Form der Informationsübermittlung stellt das Berichtswesen dar.

> Gegenstand des Berichtswesens ist die zielgerichtete Weitergabe von Informationen an unternehmensinterne oder -externe Personen oder Institutionen.

Darst. 1.6066: Berichtswesen

Wie vorab erkennbar, kann sich das Berichtswesen an unternehmensinterne und -externe Stellen richten. Das **interne Berichtswesen** richtet sich ausschließlich an interne Berichtsempfänger.

> Gegenstand des internen Berichtswesens ist die zielgerichtete Übermittlung verdichteter Informationen primär an Führungskräfte des Unternehmens.

Darst. 1.6067: Internes Berichtswesen

Da nur **verdichtete Informationen** Gegenstand des internen Berichtswesens sind, werden originäre unbearbeitete Informationen nicht dazu gezählt. Durch die Be- und Verarbeitung werden bereits erhaltene Informationen umgeformt, zerlegt oder in neue Informationen umgewandelt. Bei Informationen im Rahmen des Berichtswesens handelt es sich somit um interne Primär- oder externe Sekundärinformationen.

---

[608] Etwa KRCMAR, H.: Informationsmanagement, 6. Aufl., Berlin, Heidelberg 2015, BRENNER, W., HILBERS, K.: Unternehmensführung und Informationssystem, 2. Aufl., Wiesbaden 2014.

Berichte sollten folgende Merkmale aufweisen:[609]

- Berichtszweck: Warum bzw. wozu soll berichtet werden?
- Berichtssender: Wer erstattet den Bericht? Ansprechpartner für den Berichtsempfänger
- Berichtsempfänger: Wem ist der Bericht geschuldet?
- Berichtsart: Welche Art von Bericht (wie) soll berichtet werden?
- Berichtsinhalt: Was ist Gegenstand des Berichts?
- Berichtstermin: Bis wann ist der Bericht an den Empfänger abzuliefern?

Darst. 1.6068: Elemente eines Berichts

Berichte dienen vor allem der Planung und sowohl der Kontrolle der Realisierung der Pläne als auch der Planung selbst. Je genauer der Berichtszweck bestimmt werden kann, umso besser kann der Informationsbedarf des Empfängers befriedigt werden. Ein Bericht versorgt die Planungsträger bzw. Entscheider der einzelnen Führungsebenen entsprechend ihrer Aufgaben in der gewünschten Häufigkeit und Verdichtung mit Informationen. Gewöhnlich werden Berichte an Planungsträger und Entscheider höherer Führungsebenen stärker verdichtet und seltener aktualisiert, gleichwohl sie i. d. R. globaler sind.[610]

Als Berichte kommen je nach dem Grund ihrer Erstellung und ihres Erstellungsrhythmus **Standardberichte** (in regelmäßigen Abständen), **Abweichungsberichte** (beim Überschreiten von vorgegebenen Toleranzgrenzen[611] und vor allem im Rahmen der Kontrolle) und **Bedarfsberichte** (auf Anfrage) in Betracht.[612]

Im Hinblick auf eine verbesserte Informationsverwendung sollten folgende **Grundsätze der Berichterstellung** beachtet werden:[613]

---

[609] Vgl. BLOHM, H.: Die Gestaltung des betrieblichen Berichtswesens als Problem der Leitungsorganisation, Herne, Berlin 1974, S. 13, SCHROETER, B.: Operatives Controlling, Wiesbaden 2002, S. 330 ff.

[610] Vgl. DILLERUP, R., STOI, R.: a. a. O., S. 767 ff.

[611] Zu diesem Thema vgl. die Darlegungen im Unterabschnitt 1.7.7 „Darstellung und Bewertung von Abweichungen".

[612] Diese Berichtsarten werden ausführlich etwa bei KÜPPER, H.-U., FRIEDL, G., HOFMANN, C. ET AL.: a. a. O., S. 231–235 und HORVÁTH, P.: Controlling, (2006), a. a. O., S. 609 f. beschrieben.

[613] Vgl. auch SCHELD, G. A.: Grundlagen, a. a. O., S. 158 f., 161 ff., KÜPPER, H.-U., FRIEDL, G., HOFMANN, C. ET AL.: a. a. O., S. 235–240, KOCH, R.: Betriebliches Berichtswesen als Informations- und Steuerungsinstrument, Frankfurt 1994, S. 225 ff., MERTENS, P., MEIER, M. C.: Integrierte Informationsverarbeitung 2 – Planungs- und Kontrollsysteme in der Industrie, 10. Aufl., Wiesbaden 2009, S. 86 f.

- Grundsatz der Relevanz
- Grundsatz der Vollständigkeit
- Grundsatz der Genauigkeit
- Grundsatz der Einfachheit und Klarheit
- Grundsatz der Kontinuität

Darst. 1.6069: Grundsätze der Berichterstellung

Der **Grundsatz der Relevanz** bedeutet, dass die Informationen im Sinne einer **Empfängerorientierung** den Anforderungen der Planungsträger bzw. Entscheider entsprechend bereitgestellt werden. Hier ist die Verknüpfung mit den anderen Grundsätzen „Vollständigkeit" und „Einfachheit und Klarheit" dahingehend zu beachten, dass der Berichtsempfänger weder mit Informationen überfrachtet wird noch ein Teil der relevanten Informationen infolge einer zwar übersichtlichen, aber zu knappen Darstellung als fehlend moniert noch eine zielgenaue Ansprache des Planungsträgers unterbleibt. Somit ist auf den Informationsstand des Empfängers abzustellen.

Hinsichtlich des **Grundsatzes der Vollständigkeit** kann auf die Hinweise im Unter-Unterabschnitt 1.6.3.2 „Grundsatz der Vollständigkeit" verwiesen werden.

Gleiches gilt für die **Grundsätze der Genauigkeit** (Unter-Unterabschnitt 1.6.3.3 „Grundsatz der Genauigkeit") und **der Kontrollierbarkeit** (vgl. Unter-Unterabschnitt 1.6.3.6 „Grundsatz der Kontrollierbarkeit").

Der **Grundsatz der Einfachheit und Klarheit**[614] zielt auf die Verständlichkeit und Erfassbarkeit der Berichtsinhalte ab. Wie bereits vorab erwähnt, sollte der Text auf den Berichtsempfänger abgestimmt sein. Grundsätzlich sind u. a. folgende Regeln hilfreich:

- eindeutige Terminologie,
- Erklärung von Zusammenhängen und Bedeutungen,
- Register der verwendeten Abkürzungen und Symbole,
- einfache (nicht Umgangs-!) Sprache,
- klare/logische hierarchische Strukturen bei längeren Texten,
- optische Trennung von Übersichts- und Detailinformationen,
- Verdichtung der Informationen zur Reduktion der Anzahl der Daten (Komplexität) ohne Einschränkung der Vollständigkeit, Genauigkeit oder Kontrollierbarkeit,

---

[614] Vgl. Unter-Unterabschnitt 1.6.3.7 „Grundsatz der Einfachheit und Klarheit".

- optische Trennung von Übersichts- und Detailinformationen,
- Visualisierungen statt Text oder Zahlenanhäufungen,
- Hervorhebung von key words[615] oder außergewöhnlichen Aspekten (z. B. durch Fettdruck, Unterstreichung, Farben oder Symbole)
- Angabe von Vergleichsgrößen im Text oder in Darstellungen zur Relativierung und somit besseren Beurteilung von Sachverhalten.[616]

Nach Durchführung der Planung und der Genehmigung der strategischen, taktischen und operativen Pläne sollten zumindest letztere, die zugrunde gelegten Prämissen, die angewandten Planungsmethoden und -verfahren sowie die während der Planung aufgetretenen Probleme in einer **Dokumentation der durchgeführten Planung**, ggf. mehreren Dokumentationen für die jeweilige Planungsebene festgehalten werden. Ziel dieser Nachweise ist es, eine nachlesbare Grundlage für die Kontrolle der Planung und die Lösung der bereits aufgetretenen Probleme schaffen. Erkennbare Defizite in der Metaplanung sind der Auslöser für eine Überarbeitung des Planungshandbuchs. Als Ablageort bietet sich das (interne) Data Warehouse an, in dem die Daten und Berichte aus allen betrieblichen Bereichen gesammelt werden. Um eine effiziente Nutzung des durch einen hohen Komplexitätsgrads gekennzeichneten Data Warehouse zu erreichen, empfiehlt sich das Konzept der Data Marts, bei dem die Daten und Berichte für eine bestimmte Klasse von Anwendungen bzw. für eine bestimmte Nutzergruppe so zusammengefasst werden, dass eine effektive und schnelle Abfrage der Daten und Berichte ermöglicht wird.

Den Abschluss eines Planungshandbuchs sollte ein **Planungslexikon** bilden, welches die zentralen Begriffe der Planung definitionsartig erläutert. Ein von allen beherrschtes gemeinsames Vokabular übt eine integrative Wirkung aus. Deshalb ist eine alphabetisch geordnete Erklärung zentraler Begriffe des Planungssystems, welche bei Bedarf präzisiert und ergänzt werden muss, erforderlich. Der Umfang eines solchen Lexikons hängt im Wesentlichen von folgenden drei Faktoren ab:

- von der Komplexität des Unternehmens und damit des Planungssystems,
- vom Erfahrungs- und Wissensstand der in die Planung involvierten Personen,
- von zur Verfügung stehenden, aktuellen Planungssoftware, die eine möglichst integrierte Unternehmensplanung zulässt.

Letztlich ergibt sich der „richtige" Umfang auf Dauer indirekt durch Beschwerden über zu viel Erklärung selbstverständlicher Begriffe und Klagen über fehlende Informationen.[617]

---

[615] Das sind Schlüsselwörter oder „Textanker".
[616] Vgl. hierzu auch die Ausführungen im Unterabschnitt 1.7.6 „Bewertung von Kennzahlen und Benchmarking".
[617] Vgl. DÜROLF, P.: a. a. O., S. 287.

1.6.10   Aufgaben der Planungsphasen eines Planungsprozesses

Zur Planung können zahlreiche Instrumente eingesetzt werden. Eine der möglichen Einteilungen orientiert sich an den Schritten eines Planungsprozesses, der bereits im Unter-Unterabschnitt 1.2.2.3 „Führungsprozess" einführend beschrieben wurde.[618] Die drei Phasen des Planungsprozesses wurden dort wie folgt benannt:

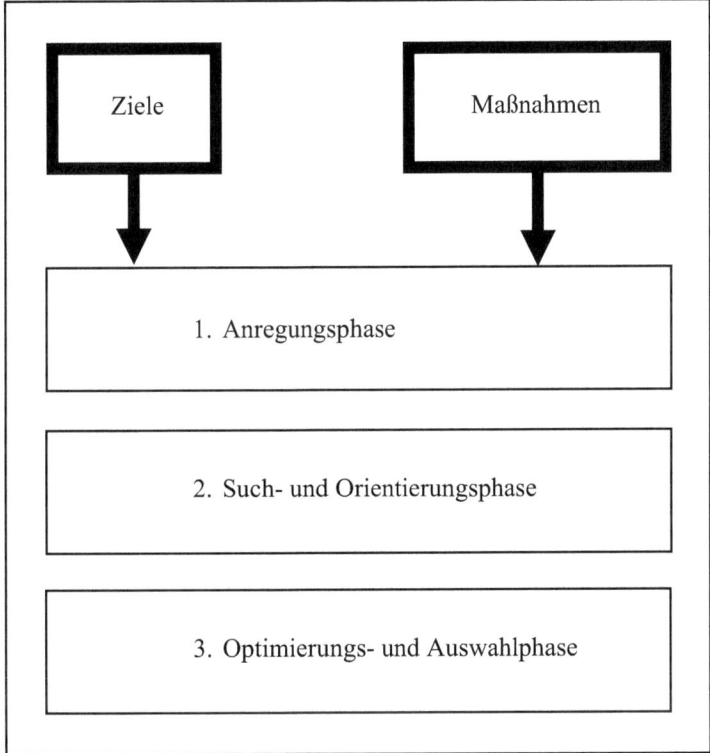

Darst. 1.6070: Planungsprozess

---

[618] Siehe auch WEBER, J., WALLENBURG, C. M.: Logistik- und Supply Chain Controlling, 6. Aufl., Stuttgart 2010, S. 121 ff.

1.6.10.1 Anregungsphase

Ein typischer Fall für das Durchlaufen eines *maßnahmenbezogenen* Planungsprozesses mit dem Beginn in der Anregungsphase sind hohe Soll-Ist- oder Plan-Ist-Abweichungen, sich im Zeitablauf verschlechternde Kennzahlen oder im Vergleich zu externen Unternehmen (weit) unterdurchschnittliche Werte bei den vom Controller vorgegebenen und/oder mit ihm vereinbarten Zielgrößen (konkrete Ausprägungen der ausgewählten Kennzahlen), aber auch endogene Informationen, die einen (neuen) Planungsprozess induzieren. Bei einer im Sinne der Vorgabe negativen Abweichung wurden zum Abschluss eines (ggf. vorausgegangenen) Führungsprozesses im Rahmen der Kontrolle[619] vom Controller in Zusammenarbeit mit dem/den für die Differenz Verantwortlichen die Gründe für die Abweichung eruiert. Ganz allgemein gilt also, zuerst das **Problem**, das als unbefriedigender Zustand angesehen wird, gründlich und systematisch zu analysieren. Darüber hinaus geht es aber nicht nur um Abweichungen zwischen dem angestrebten Soll- bzw. Plan-Zustand, sondern auch um Abweichungen zwischen dem gegenwärtigen und dem zukünftigen Zustand. Denkbar ist aber auch, dass sich im Zuge der Abweichungsanalyse herausstellt, dass die ursprünglichen Ziele nicht die „richtigen" waren. Dann müssen im Rahmen des zielbezogenen Planungsprozesses andere bzw. neue Ziele gesucht und ausgewählt werden. Dies bedeutet, dass i. d. R. neue Zielgrößen (konkrete Ausprägungen der ausgewählten Kennzahlen) im Rahmen der Ziel-Entscheidungsprozesse festgelegt werden. Auch in diesem Fall ist eine gründliche Analyse der Ist-Situation/des Problems erforderlich.

Sofern die Kontrolle als letzte Phase des Führungsprozesses[620] mit der Abweichungsursachenanalyse endet, ergibt sich aus der Notwendigkeit der Sicherung des Unternehmens, d. h. dem Ziel des Managements, die Lebensfähigkeit des Unternehmens zu gewährleisten und die Fähigkeit zur Entwicklung desselben zu begünstigen,[621] der Beginn eines neuen Regelkreises, der Beginn eines neuen Führungsprozesses.

Die erste Phase, hier als **Anregungsphase** tituliert, befasst sich mit der **Problemanalyse**[622] oder **Problemfeststellung**[623] oder Problemfeststellung und -analyse[624].

---

[619] Vgl. zum Thema Kontrolle die ausführlichen Erläuterungen im separaten Abschnitt 1.7. „Kontrolle".

[620] Vgl. Unter-Unterabschnitt 1.2.2.3 „Führungsprozess".

[621] Vgl. WÖRDENWEBER, M.: Normatives Management, a. a. O., S. 11–13.

[622] Vgl. etwa JUNG, R. H., HEINZEN, M., QUARG, S.: Allgemeine Managementlehre. Lehrbuch für die angewandte Unternehmens- und Personalführung, 7. Aufl., Berlin 2018, S. 148, SCHIERENBECK, H., WÖHLE, C. B.: a. a. O., S. 116.

[623] Es sei an dieser Stelle auf die grundsätzlichen Aussagen zur Unternehmensplanung von Wild verwiesen: WILD, J.: Unternehmensplanung, a. a. O., S. 86 f.

[624] Vgl. KÜPPER, H.-U., FRIEDL, G., HOFMANN, C. ET AL.: a. a. O., S. 133.

> Ziel der Problemfeststellung ist es, bestehende oder zukünftige Probleme zu identifizie-
> ren und für sie in der zweiten Phase des Planungsprozesses (Such- und Orientierungs-
> phase) Lösungen zu finden

Darst. 1.6071: Ziel der Problemfeststellung

1.6.10.1.1 Lageanalyse

Der erste Teilschritt der Problemfeststellung beginnt mit der **Lageanalyse** .[625]

> Sinn und Zweck einer Lageanalyse ist es, die gegenwärtige Situation (Ist-Zustand) zu
> beschreiben und zu analysieren.

Darst. 1.6072: Lageanalyse

Ausgangspunkt sind die Abweichungen, d. h. das Auseinanderfallen von Ist-Zuständen auf der
einen Seite und Soll- bzw. Plan-Zuständen auf der anderen Seite. Zunächst werden die Kontrollobjekte (Was soll kontrolliert werden?) sowie im Falle einer Ergebniskontrolle die Kontrollgrößen (die zu kontrollierenden Größen) und die Vergleichswerte festgelegt.[626] Bei den
Vergleichswerten kann es sich um Größen im Rahmen des Benchmarkings[627] handeln. Ein
Benchmarking kann aber auch in Bezug auf andere Objekte wie bspw. Methoden und Strategien
oder Unternehmensziele wie etwa Flexibilität oder Qualität erfolgen. Die Abweichungen werden häufig in dazu geeigneten Darstellungen visualisiert.[628] Eine weitere Aufgabe besteht darin,
das aufgetretene Problem zu bewerten. Das Problem ist im Hinblick auf seine Relevanz (Dringlichkeit und Bedeutung) zu untersuchen. Damit nicht *alle* aufgetretenen Abweichungen betrachtet werden müssen, bieten sich im Vorfeld die kontrollobjektbezogenen Toleranzgrenzen als

---

[625] Sofern in einigen Monografien *nur* von „Analyse" die Rede ist (nicht aber explizit von Prognose), ist implizit in
diesen Fällen immer auch die Prognose von Entwicklungen und Wirkungen bzw. Ergebnissen gemeint. Analyse
allein reicht nicht aus, um sich auf die Zukunft vorzubereiten. Dazu bedarf es prognostischer Untersuchungen.
Eine Prognose ohne auf einer Analyse basierende Vorarbeit ist allerdings wenig effektiv.

[626] Siehe die Ausführungen in den Unterabschnitten 1.7.4 „Kontrollobjekte" und 1.7.5 „Kontrollgröße und Vergleichswert".

[627] Das Benchmarking wird im Unterabschnitt 1.7.6 „Bewertung von Kennzahlen und Benchmarking" vorgestellt.

[628] Vgl. zum Thema „Darstellung von Abweichungen" die Anmerkungen im Unterabschnitt 1.7.7 „Darstellung und
Bewertung von Abweichungen".

bewährtes Hilfsmittel an.[629] Diese Toleranzgrenzen arbeiten wie ein Filter, der wesentliche und unwesentliche Abweichungen voneinander trennt. In einem letzten Schritt muss den Ursachen für die (wesentlichen) Abweichungen auf den Grund gegangen werden. Als allgemeine Abweichungsursachen kommen kontrollierbare Abweichungsursachen, scheinbare Abweichungen und nicht kontrollierbare Abweichungsursachen in Betracht.[630] Ein bedeutsamer Punkt kommt der Identifizierung der Einflussgrößen auf die Zielerreichung zu. Bei einer Betriebsergebniskontrolle sind dies die Kosteneinflussgrößen.[631]

1.6.10.1.2 Lageprognose

Neben der vergangenheitsbezogenen Diagnose der Divergenzen zwischen Ist-Zustand einerseits und dem in der vorherigen Planungsrunde festgelegten Soll- bzw. Plan-Zustände sind auch die zukünftigen Zustände zu betrachten, die sich ohne korrigierende Eingriffe des Unternehmens ergeben werden. Dazu dient die **Lageprognose** als zweiter Teilschritt der Problemfeststellung. Im Gegensatz zur **Entwicklungsprognose**, die einen Zeitraum abdeckt, bezieht sich die Lageprognose auf einen Zeitpunkt.[632]

> Aufgabe einer Lageprognose ist es, die künftige Situation (Wird-Zustand) ohne korrigierende Eingriffe des Unternehmens zu beschreiben und zu analysieren.

Darst. 1.6073: Lageprognose

Die Lageprognose enthält also die Prädiktion[633] eines künftigen Szenarios unabhängig von den zu ergreifenden Maßnahmen.

Die Passivität des Unternehmens unterscheidet die Lageprognose von den später noch vorzustellenden **Wirkungsprognosen**, bei denen das Unternehmen die Auswirkungen seiner angedachten Aktivitäten eruiert.

---

[629] Vgl das Arbeiten mit Toleranzgrenzen im Unterabschnitt 1.7.7 „Darstellung und Bewertung von Abweichungen".

[630] Vgl. die Ausarbeitungen im Unterabschnitt 1.7.8 „Abweichungsursachenanalyse".

[631] Vgl. WÖRDENWEBER, M.: Kennzahlen und Verfahren der Kostenrechnung, im Folgenden mit „Kostenrechnung" abgekürzt, 4. Aufl., Norderstedt 2023, S. 23, 33−34.

[632] Vgl. BEA, F. X., HAAS, J.: a. a. O., S. 309.

[633] Von lat. praedicere = voraussagen.

1.6.10.1.3 Problemlücke

Die Feststellung der **Problemlücke** stellt den dritten Teilschritt der Problemfeststellung dar. Ausgangspunkt ist zwar die Lageanalyse, die aber um die Lageprognose zu ergänzen ist.

> Die Problemlücke beschreibt die Abweichung zwischen der (überarbeiteten) Zielvorstellung (Soll- bzw. Plan-Zustand) und dem Ergebnis der Lageprognose (Wird-Zustand).

Darst. 1.6074: Problemlücke

Bei der Feststellung der Problemlücke zeigt sich ein grundsätzliches Dilemma der Planungspraxis:[634] Erst durch die Gegenüberstellung von erwarteter Situation (Lageprognose) und geplantem Ziel sind Probleme, die durch die Planung gelöst werden sollen, festzustellen. Wird bei der Alternativensuche zur Lösung des Problems übersehen, dass sich die Ausgangssituation im Planungszeitraum ändern kann, wird mit Restriktionen (bei den originären Produktionsfaktoren sowie im Hinblick auf die Zeit und die organisatorischen Möglichkeiten) oder Umweltentwicklung gerechnet, die im Planungszeitpunkt gegeben sind, aber zukünftig in dieser Form nicht bestehen, kann eine Unter- oder Überschätzung der Problemlücke der Fall sein. Die Möglichkeit derartiger Fehleinschätzungen zukünftiger Entwicklungen führt dazu, dass an eine Planung und an eine Prognose hohe Anforderungen zu stellen sind.[635]

1.6.10.2 Such- und Orientierungsphase

1.6.10.2.1 Alternativensuche

In der **Such- und Orientierungsphase** steht nun die **Suche nach Alternativen** zur Lösung der Probleme an. Hier spielt auch die Prognose zukünftiger Szenarien (Umweltzustände) eine wichtige Rolle, da möglicherweise unterschiedliche Szenarien hinsichtlich des Grundsatzes der Fle-

---

[634] Vgl. WILD, J.: Unternehmensplanung, a. a. O., S. 88.

[635] In Bezug auf die Planung wären hier etwa die Planungsgrundsätze im gleichnamigen Unterabschnitt 1.6.3 zu nennen. Auf die Anforderungen an Prognosen ist im Unter-Unterabschnitt 1.6.11.2 „Prognoseinstrumente" noch näher einzugehen.

xibilität der Pläne (z. B. Eventual-/"Schubladen"-Planungen unter Berücksichtigung der Eintrittswahrscheinlichkeiten und/oder Erwartungswerte)[636] bei der Planung und Entscheidung bedacht werden müssen. Der Generierung, Zusammenstellung aus Auswertung sämtlicher für die Problemlösung relevanter Informationen kommt insbesondere in dieser Phase eine herausragende Bedeutung zu. Unter Beachtung der erwarteten Umweltentwicklung sowie der Restriktionen (bei den originären Produktionsfaktoren sowie im Hinblick auf die Zeit und die organisatorischen Möglichkeiten), innerhalb derer ein Problem zu lösen ist, werden unterschiedliche Lösungen erarbeitet.

Die Menge der zur Auswahl stehenden Alternativen, genauer: der zulässigen Lösungen, kann endlich sein, wenn es sich um ein sog. wohldefiniertes Problem handelt.[637] Bei schlecht-definierten Problemen ist der Alternativenraum dagegen unbestimmt.[638] Diese Unterscheidung ist im Hinblick auf die Art der Alternativensuche (Herangehensweise) und späteren Alternativenbewertung in der Optimierungs- und Entscheidungsphase von grundlegender Bedeutung.

Die Alternativensuche kann in folgenden sechs Schritten erfolgen:[639]

---

1. Systematische und umfassende Suche nach Einzelideen
2. Kombination der Einzelideen zu Maßnahmenkombinationen
3. Präzise Beschreibung der Alternative einschl. Ressourcenbedarf (originäre Produktionsfaktoren, Zeit, Organisation)
4. Analyse der Beziehungen zwischen den Alternativen (auch funktionsübergreifend)
5. Abgrenzung des zulässigen Bereichs
6. Überprüfung der Alternativen auf Vollständigkeit, Eindeutigkeit/Verständlichkeit, Zielerreichung/Problemlösungsfähigkeit

---

Darst. 1.6075: Sechs Schritte der Alternativensuche

1.6.10.2.2 Kreativitätstechniken

Da die Suche nach Alternativen ein kreativer Prozess ist, kommen auch **Kreativitätstechniken** wie das Brainstorming, als Weiterentwicklung das Brainwriting oder abgewandelt die CNB-

---

[636] Vgl. hierzu die Ausführungen im Unter-Unterabschnitt 1.6.3.4 „Grundsatz der Flexibilität".

[637] Näheres dazu findet sich im Unter-Unterabschnitt 1.6.11.4 „Bewertungsinstrumente".

[638] Vgl. KIRSCH, W.: Die Handhabung von Entscheidungsproblemen, 5. Aufl., Herrsching 1998, S. 57 ff.)

[639] Vgl. SCHWEITZER, M.: Planung und Steuerung, in: BEA, F. X., SCHWEITZER, M. (HRSG.): Allgemeine Betriebswirtschaftslehre, Bd. 2, Führung, 10. Aufl., Konstanz, München 2011, S.   , WILD, J.: Unternehmensplanung, a. a. O., S. 85 ff.(?)

Methode (Collective Notebook), die Synektik, die Methode 635 oder der Morphologische Kasten infrage.

Entscheidend ist, dass **Flexibilität, Originalität und Unkonventionalität** unverzichtbare **Voraussetzungen** für einen erfolgreichen Einsatz von Kreativitätsverfahren sind.

Brainstorming: Dies ist die bekannteste Kreativitätstechnik. Eine hierarchiefreie Gruppe soll, ausgehend von einem klar umrissenen Problem, in möglichst kurzer Zeit eine Vielzahl neuartiger und unkonventioneller Problemlösungen finden.
Probleme könnten z. B. folgendermaßen beschrieben werden:

- Wie soll ein Event für die Großkunden im Raum München aufgezogen werden?
- Was müssen wir tun, um den Bestelleingang innerhalb eines Monats zu verstetigen?
- Wie können wir angesichts der sich abzeichnenden Pandemie unsere Kapazitäten innerhalb von drei Wochen verdoppeln?
- Wie gelingt es uns, die Kosten für Wartung und Reparatur unseres Maschinenparks dauerhaft zu senken?

Um ein erfolgreiches Brainstorming zu gewährleisten, sind folgende **Rahmenbedingungen** unerlässlich:

- Ideen müssen nicht realisierbar sein; Quantität rangiert vor Qualität; auch sehr ausgefallene Lösungen sind erwünscht,
- Kritik und Bewertung der Ideen während des Ideenfindungsprozesses sind untersagt,
- es gibt keine Urheberrechte,
- um wechselseitige Assoziationen und Spontaneität zu fördern, sollten die Ideen miteinander kombiniert werden.

Um eine hierarchiefreie Gruppe zu erreichen, kann es ggf. sinnvoll sein, im Vorfeld auch auf Kleinigkeiten wie z. B. äußerliche Merkmale (Dienstbekleidung, Abzeichen u. Ä.) zu achten. So wird zu den Sitzungen i. d. R. auf eine legere Bekleidung hingewiesen.

Brainstorming stellt hohe Anforderungen an den **Moderator**. Er muss darauf achten, dass Ideen nicht durch Killer-Phrasen „abgewürgt" werden. Darüber hinaus hat er die Gruppe zu motivieren und sie aufzufordern, bei sehr ungewöhnlichen Ideen den neuen Kern mit Hilfe von Denkanstoß-Fragen weiterzuspinnen. Solche könnten sein:

- Warum eigentlich nicht?
- Was lässt sich kombinieren?
- Was liegt drumherum?

- Was spricht dafür, was dagegen?
- Was kann ich vergrößern oder verkleinern?
- Wo kann ich es überall einsetzen?
- Kann ich die Anordnung/Reihenfolge ändern?
- Kann ich den zeitlichen Ablauf modifizieren?
- Was kann ich umkehren?
- Was kann ich für den Komfort tun?
- Wie kann ich das Design verbessern?

I. d. R. beteiligt sich der Moderator inhaltlich nicht an den Diskussionen innerhalb der Gruppe, sondern achtet u. a. auch darauf, dass alle Mitglieder der Gruppe zu Wort kommen, insb. die introvertierten unter ihnen oder Personen mit Behinderungen wie z. B. mit einem Asperger-Syndrom. Gerade diese Menschen können aufgrund ihrer Besonderheit außergewöhnliche Impulse liefern.

Um eine erfolgreiche Sitzung zu ermöglichen, sollten sich die Mitglieder der Gruppe mithilfe des Moderators zu bestimmten Regeln committen. So sollten die Redeanteile innerhalb der Gruppe zugunsten der „Stillen" beachtet werden. Auch Respekt vor der Aussage des anderen ist ein wichtiger Punkt. Eine „Selbsterhöhung" des Sprechenden ist zu vermeiden. Des Weiteren gehört dazu das Nicht-Verwenden von Killer-Phrasen:

- Geht nicht.
- Keine Zeit.
- Haben wir alles schon versucht.
- Alles graue Theorie.
- Drastischer: Saublöde Idee.
- Das ist gegen die Vorschriften.
- Zu altmodisch/old-fashioned.
- Was sollen andere von uns denken?
- Das bringt nichts.
- Dazu fehlen uns die Arbeitskräfte.
- Das lässt sich nicht durchsetzen.
- Wenn Sie erst mal so lange dabei sind wie ich …
- Da haben doch gar keine Erfahrung. (Ganz speziell: Sie haben doch gar keine Kinder!)
- Das haben wir noch nie so gemacht.
- Das haben wir immer schon so gemacht.

Während des Brainstormings protokolliert der Moderator die von den Teilnehmern geäußerten Ideen und bringt sie ggf. nach Gruppen geordnet für alle stets sichtbar auf einer Moderatorenwand, einem Flip-Chart-Ständer oder auf einer Projektionswand mittels Beamer an. Nach Ablauf der Sitzung kann eine (erste) Bewertung durch den Moderator, eine Evaluationsgruppe oder aber die Brainstorming-Gruppe selbst erfolgen. Danach kann sich eine weitere Runde anschließen, bei der sich die Gruppe auf die Weiterentwicklung der in der ersten Gruppe gefundenen erfolgversprechenden Ideen konzentriert.

Häufig kommen die guten Ideen erst in der zweiten Hälfte der Sitzung, da sich die Gruppenmitglieder dann von Konventionellem befreit haben und über Weiterentwicklung und Kombination bereits vorliegender Ideen höhere Stufen der Ideen entwickeln.

Im Hinblick auf eine erfolgreiche Sitzung empfiehlt sich eine Gruppengröße von nicht mehr als sieben bis acht Personen. Die durchschnittliche Dauer einer Brainstorming-Zusammenkunft sollte nicht mehr als 45 Minuten betragen.

Brainwriting: Weiterentwicklung des Brainstormings, indem die Ergebnisse anonym und schriftlich von jedem Teilnehmer niedergelegt werden. Die Arbeitsergebnisse werden dann vom Moderator zusammengetragen. Der entscheidende Vorteil ist die Anonymität der Teilnehmer. Als Nachteil lässt sich anmerken, dass (klärende) Rückfragen nicht möglich sind. Beim Gliedern sind subjektive Handlungen des Moderators nicht gänzlich auszuschließen. Wird wegen der Subjektivität die Gruppe zur Sichtung, Gliederung und Bewertung zusammengerufen, kann u. U. die Anonymität aufgehoben werden.

CNB-Methode: Etwas abgewandelt ist die Collective Notebook-Methode: Der Ideenfindungsprozess setzt sich über mehrere Tage bzw. Wochen fort. Der Moderator legt dazu eine schriftliche Unterlage in Buchform an, die das Problem sowie die Aufforderung enthält, alle Ideen niederzuschreiben, zu versuchen, das Problem neu zu definieren und auf bereits bekannte Lösungsansätze hinzuweisen. Nach Ablauf der vorgegebenen Frist ermittelt jedes Gruppenmitglied im CNB die beste Idee zum Problem und gibt Vorschläge zur weiteren Vorgehensweise. Die CNB-Methode hat sich besonders als Vorphase von komplexen Planungsprozessen bewährt.

Synektik:[640] Diese ebenfalls bekannte und verbreitete Kreativitätstechnik ist wesentlich anspruchsvoller als das Brainstorming. Synektik versucht, eine Problemlösung herbeizuführen, indem das Problem sachlich, zeitlich oder örtlich verfremdet wird.[641] Da so verfremdete Problem wird gelöst − möglicherweise besteht für das verfremdete Problem schon eine Lösung − und die Lösung mit Hilfe von Analogien auf das ursprüngliche Problem angewendet.

---

[640] Von altgriech. συνέχειν (synechein) = verküpfen, miteinander verbinden, zusammenfassen.

[641] Vgl. GORDON, W.: Synectics: The Development of Creative Capacity, New York 1961.

Der Prozess der Problemverfremdung wird bewusst organisiert, d. h. Verfremdung ist zunächst einmal Ziel des Methodeneinsatzes. Das basiert auf der Annahme, dass emotionale und irrationale Faktoren im Kreativitätsprozess von großer Bedeutung sind und völlig neue Lösungsideen so einfacher gefunden werden können.

Demzufolge gliedert die Synektik den kreativen Prozess in drei Phasen:

• Darstellung des Problems und Erläuterung der wesentlichsten Wirkungszusammenhänge
• Verfremdung des Problems mit Hilfe von Verfremdungstechniken
• Analogienbildung und Übertragung der Lösung

Im Detail ergibt sich folgender Ablauf:

• Das eigentliche Problem wird vom Moderator dargestellt.
• Das Problem wird so lange diskutiert, bis alle es verstanden haben; ggf. auf der Hand liegende Problemlösungen werden diskutiert und kritisiert (Spontanreaktion).
• Alternative Problemdefinitionen werden von den Teilnehmern entwickelt und diskutiert.
• Der Moderator versucht, durch Fragestellungen das Problem zu verfremden, z. B. indem technische Fragestellungen auf die Natur übertragen werden. Es werden mehrere Verfremdungen entworfen (Analogiebildung).
• Diejenige Verfremdung wird ausgewählt, die
  ⋅ interessant erscheint,
  ⋅ mit dem Problem möglichst wenig zu tun hat,
  ⋅ den Teilnehmern bekannt ist.
• Die Teilnehmer sollen sich nun selbst „in die Haut" des Analogieobjektes versetzen und einander mitteilen, was sie in diesem Falle fühlen, denken und tun würden (persönliche Analogie).
• Es werden weitere Analogien und Verfremdungen auf der Grundlage der bisher diskutierten gebildet. Die Analogien sollen aus zwei Wörtern bestehen, die auf der Grundlage der persönlichen Analogie ein möglichst widersprüchliches Objekt ergibt; z. B. seltenes Feuer, mutiges Fenster, verschmuste Uhr (Symbolanalogie).
• Zerlegung und Lösung der analogen Problemsituation. Auf welche Bereiche lässt sich die Symbolanalogie anwenden? (Direkte Analogie)
• Analyse der Eigenschaften der direkten Analogie.
• Versuch der Übertragung der direkten Analogie oder zunächst bestimmter Aspekte der analogen Situation auf das ursprüngliche Problem (Force Fit)[642]. Wenn das nicht gelingt, Rückkehr an den Anfang des Synektik-Prozesses.

---

[642] Zwang zur Verbindung.

Synektiksitzungen sollten fünf bis acht Teilnehmer umfassen. Sie sind i. d. R. sehr zeitintensiv: Von drei bis vier Stunden kann sie sich auch über mehrere Tage hinziehen. Ähnlich wie beim Brainstorming (s. o.) muss der Moderator steuernd auf die Gruppe einwirken. Auch die Regeln des Miteinanders der Gruppenmitglieder (Respekt, Killer-Phrasen etc.) sind weitestgehend identisch mit denen des Brainstormings.

Es gibt eine Reihe von Beispielen für die erfolgreiche Anwendung dieser Kreativitätstechnik. Etwa von der Aussendung reflektierender Signale bei der Fledermaus bis zum Radar. Oder Archimedes, der das spezifische Gewicht entdeckte, als er laut Überlieferung „Heureka"[643] rief und feststellte, dass er so viel Wasser verdrängt, wie es der Fülle seines Körpers entspricht. Das ist bei allen Dingen so. Dann kann ich auch das Volumen einer Königskrone messen.

Methode 635: Die Besonderheit der Methode 635 ist darin zu sehen, dass die Ideen nicht wie beim Brainstorming in akustischer, sondern in schriftlicher Form zum Ausdruck gebracht werden. Dabei zeigt sich als Vorteil, dass vorgebrachte Ideen eine weitere systematische Vertiefung erhalten. Die erforderliche Gruppe besteht aus **sechs** heterogen zusammengesetzten Teilnehmern, von denen jeder **drei** Ideen schriftlich fixiert, das in einer vorgegebenen Reihenfolge **fünf**mal weitergegeben wird. Dabei soll jedes Blatt Papier um bis zu drei weitere Vorschläge, möglichst in Anlehnung an die vorgegebenen Ideen, ergänzt werden. Je nach dem Schwierigkeitsgrad des Problems sind mehrere Runden denkbar.

Morphologischer Kasten: Im Unterschied zu anderen Kreativitätstechniken, die Lösungsbeiträge für zwar schlecht, aber einfach strukturierte Probleme liefern sollen, dient der von Zwicky[644] entwickelte Morphologische Kasten der systematischen Erarbeitung alternativer Lösungsansätze. Dabei werden verschiedenen Merkmalen (Komponenten, Elemente, Teilprobleme) eines Problems jeweils unterschiedliche Lösungsansätze zugeordnet.

Im Einzelnen läuft die morphologische Analyse in fünf Schritten ab:[645]

1. Definition des Problems in möglichst allgemeiner Form.
2. Auflistung der Merkmale, d. h. das Problem wird in die Komponenten zerlegt, die seine Lösung beeinflussen.
3. Aufstellung des morphologischen Kastens. Für jedes Merkmal werden Lösungsalternativen festgelegt und in den morphologischen Kasten eingetragen.

---

[643] Altgriech. εὕρηκα (heureka) = ich habe (es) gefunden. Konjugation von εὑρίσκειν (heuriskein) = (er)finden, entdecken: 1. Person Singular Indikativ Perfekt Aktiv.

[644] Vgl. ZWICKY, F.: Entdecken, Erfinden, Forschen im morphologischen Weltbild, 2. Aufl., München 1989, S. 44 ff.

[645] Vgl. WEIS, H. CHR., STEINMETZ, P.: a. a. O., S. 82.

4. Kombination: Die im morphologischen Kasten enthaltenen Lösungsansätze werden zu kreativen Lösungen kombiniert.
5. Optimierung: Aus allen umsetzbaren Lösungen wird die für das Problem optimale Lösung
   ausgewählt.

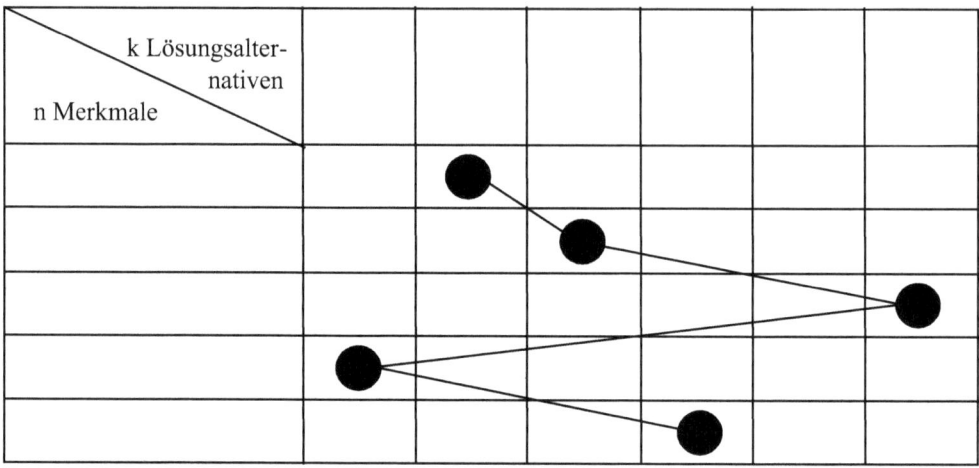

Darst. 1.6076: Morphologischer Kasten mit optimaler Lösung mit n=5 Merkmalen und k=6
     Lösungsalternativen

Wenn n verschiedene Merkmale eines Problems in einer Matrix k Lösungsalternativen gegenübergestellt werden, ergeben sich n • k Lösungen. Damit ist die Menge der betrachteten Lösungen bzw. die Zerlegung eines Problems in jeweils unabhängig voneinander betrachtete Merkmale (Teilprobleme) in praktischen Fällen begrenzt. Insofern ist die Anwendung dieser Kreativitätstechnik nur scheinbar einfach. Ihr Erfolg liegt vor allem in der „richtigen" Aufgliederung
des Problems in Merkmale (Teilprobleme) und der Zusammenstellung der „richtigen" Lösungsansätze, die für jedes Teilproblem den Lösungsraum darstellen.

1.6.10.2.3 Prognose

Für die Wahl einer Alternative ist maßgeblich, ob die Problemlücke gefüllt werden kann und in
welchem Ausmaß ein Ziel erreicht werden kann. Daher müssen die Auswirkungen einer geplanten Maßnahme auf das oder die Ziele unter Beachtung der (mehr oder weniger beeinflussbaren)
Restriktionen im Unternehmen und der (eher nicht beeinflussbaren) außerhalb des Unternehmens (Unternehmensumfeld) prognostiziert werden.

Bei einer **Prognose**[646] (engl. forecast) handelt es sich um eine Prädiktion, mit welcher Wahrscheinlichkeit ein bestimmtes Ereignis oder ein Zustand[647] eintritt. Genauer:

Bei einer Prognose handelt es sich um die Voraussage über das mit einer bestimmten Wahrscheinlichkeit verbundene Eintreffen eines künftigen Ereignisses in einem definierten Zeitraum oder zu einem festgelegten Zeitpunkt, die auf praktischen Erfahrungen und/oder theoretischen Erkenntnissen basiert. Ziel der systematischen Informationssuche und -verarbeitung im Rahmen einer Prognose ist die Reduktion der Unsicherheiten über zukünftige Entwicklungen.

Darst. 1.6077: Definition Prognose
> Vgl. WEBER, J., LINDER, S.: Budgeting, Better Budgeting oder Beyond Budgeting? – Konzeptionelle Eignung und Implementierbarkeit. Reihe Advanced Controlling. Bd. 33, Vallendar 2003, S. 32, WEBER, K.: Prognose und Prognoseverfahren, in: GROCHLA, E., WITTMANN, W. (HRSG.): Handwörterbuch der Betriebswirtschaft. Bd. 2, 4. Aufl., Stuttgart 1975, Sp. 3188, WEBER, K.: Wirtschaftsprognostik, München 1990, S. 1.

Diese Begriffsbestimmung ähnelt der Beschreibung des Planungsbegriffs, zumal auch sie zukunftsorientiert ist; die Planung verfolgt gegenüber der Prognose jedoch einen anderen Zweck: Sie enthält „... immer absichtsvolle und zielbezogene Elemente.“[648] Eine **Prognose** hingegen bleibt passiv, d. h. sie hat lediglich abbildenden, **nicht** aber **gestaltenden** Charakter.[649] Eine Planung schließt (ex- oder implizit) immer Vorhersagen über künftige Ereignisse und/oder Zustände mit in die vorgenannten Entscheidungen ein.

Der Sinn von Prognosen liegt nicht darin, das Management von dessen Verantwortung zu entlasten, sondern stellt lediglich eine vom Entscheider weitgehend unabhängige, „neutrale“[650] Grundlage für eine (Auswahl-)Entscheidung dar. Letztlich ist der Beschluss eines Managers immer auch von einer guten Beurteilungsgabe und Intuition sowie von einem guten Verständnis der Wirtschaftslage und wirtschaftlichen Zusammenhänge neben einem fundierten Fachwissen geprägt. „Auch noch so moderne Prognosemethoden können den „Unternehmerinstinkt“ nicht

---

[646] Von griech. πρόγνωσις (prognosis) = Vorherwissen, Voraussicht.

[647] Zustände werden auch Szenarien genannt. Planungen werden oft auch für verschiedene Szenarien wie den „worst case“ und/oder den „best case“ erstellt.

[648] ZIEGENBEIN, K.: Controlling, 10. Aufl., Herne 2011, S. 110.

[649] Vgl. FISCHER, J.: Qualitative Ziele in der Unternehmensplanung – Konzepte zur Verbesserung betriebswirtschaftlicher Problemlösungstechniken, Habilitationsschrift, Münster 1989, S. 20.

[650] Vgl. TREYER, O. A. G.: Business Forecasting, Berne 2010, S. 27.

ersetzen.“[651] Sie können aber ihren Beitrag dazu leisten, das Umfeld einer Entscheidung aufzuhellen.

Im Verlauf eines Planungsprozesses sind Prognosen in Abhängigkeit vom Ziel (Gegenstand, Aufgabe) der Prognose an zwei Stellen vonnöten. Zum einen in der **Anregungsphase** die **Lageprognose**, die die zukünftigen Zustände zu betrachtet, die sich ohne korrigierende Eingriffe des Unternehmens ergeben werden.[652] Im Gegensatz zur **Entwicklungsprognose**, die einen Zeitraum abdeckt, bezieht sich die Lageprognose auf einen Zeitpunkt.[653]

In der **Such- und Orientierungsphase** (Alternativensuche) sind neben den Entwicklungsprognosen **Wirkungsprognosen** erforderlich, bei denen das Unternehmen die Auswirkungen seiner

---

1. Definition des Prognoseproblems: Festzulegen sind der Gegenstand der Prognose, der Prognosezeitraum, die erforderliche Genauigkeit, Validität, Reliabilität, Kontrollierbarkeit, Wahrscheinlichkeit und andere Güterkriterien
2. Analyse der Rahmendaten und Aufarbeitung des Ursachensystems (Ursache → Wirkung) unter Berücksichtigung der Vergangenheitserfahrungen
3. Auswahl eines geeigneten Prognoseverfahrens: Prüfung der Anwendbarkeit
4. Klärung der Datenherkunft: interne oder externe Daten
5. Beschaffung und Auswertung der Informationen
6. Ableitung der Prognose unter Angabe der Bedingungen, unter denen diese Prognose gelten soll
7. Aufstellung von Alternativprognosen
8. Beurteilung aller Prognosen, auch hinsichtlich etwaiger Widersprüche zwischen ihnen (Konsistenzprüfung), sowie Prüfung der zugrunde gelegten Prognoseverfahren (Modellevaluation) anhand von Gütekriterien unter Berücksichtigung vorliegender Evidenzen. (De facto sollten die Prognose- bzw. Residuen(abweichungen) möglichst klein und rein zufällig verteilt sein.)
9. Auswahl derjenigen Prognosen, die die Gütekriterien am besten erfüllen.
10. Abschätzung der Prognosewahrscheinlichkeiten
11. Prognosedokumentation und -präsentation

Darst. 1.6078: Vorgehensweise bei der Erstellung von Prognosen
            (Vgl. WILD, J.: Unternehmensplanung, a. a. O., TREYER, O. A. G.: a. a. O., S. 31–32).

---

[651] Vgl. TREYER, O. A. G.: Business Forecasting, Berne 2010, S. 27.
[652] Siehe die Ausführungen im Paragrafen 1.6.10.1.2 „Lageprognose“.
[653] Vgl. BEA, F. X., HAAS, J.: a. a. O., S. 309.

angedachten Aktivitäten eruiert.[654]

Die Vorgehensweise bei der Erstellung von Wirkungsprognosen ist vorstehend wiedergegeben.

Die verschiedenen Prognosearten und insbesondere Prognoseverfahren werden explizit im Unter-Unterabschnitt 1.6.11.2 „Prognoseinstrumente" vorgestellt.

1.6.10.3 Optimierungs- und Auswahlphase

In dieser Phase der Entscheidung und Bewertung findet zum einen die Bewertung der Alternativen und die Auswahl der besten, durchzuführenden Alternative statt. Ziel der Bewertung ist es, durch einen Vergleich der Alternativen auf der Grundlage der relativen Vor- und Nachteile diejenige zu finden, die den höchstmöglichen Beitrag zur Zielerreichung vermuten lässt.

1.6.10.3.1 Bewertungsprozess

Grundsätzlich kann eine Bewertung als Ein- oder Zweikomponentenansatz konzipiert sein.[655] Bei der **eindimensionalen Messung (Einkomponentenansatz)** erfolgt die Messung global über eine einfache Ratingskala, auf dieser die Merkmalsausprägung des betrachteten Kriteriums festgehalten wird. So könnte bspw. ein Kunde seinen Grad der Zufriedenheit angeben. Auf der Ratingskala für ein Zufriedenheitsmerkmal, z. B. „Die Auswahl an Zahlungsmöglichkeiten der XY AG ist …", wird dieses mit Zahlen von bspw. 1 (= völlig ungenügend) bis 10 (= ausgezeichnet) bewertet. Der **Zweikomponentenansatz** berücksichtigt neben der Bewertung eines Merkmals (Items) als zweite Dimension auch dessen Bedeutungsgewicht. Die Bedeutung eines Merkmals wird über eine Ratingskala erfasst, die als Gewichte die Zahlen von bspw. 1 (= nicht wichtig) bis 10 (= äußerst wichtig) enthält. Die Frage würde hier z. B. lauten: „Wie wichtig ist Ihnen die Auswahl an Zahlungsmöglichkeiten?"

Der **zweidimensionale Bewertungsprozess** lässt sich in fünf Phasen gliedern, bevor abschließend die Entscheidung erfolgt. Die einzelnen Schritte des Bewertungsprozesses lauten:[656]

[654] Siehe ausführlich Unter-Unterabschnitt 1.6.11.2 „Prognoseinstrumente".

[655] Weitere Verfahren zur Messung der Kundenzufriedenheit finden sich u. a. bei NERDINGER, F. W., NEUMANN, C., CURTH, S.: Kundenzufriedenheit und Kundenbindung, in: MOSER, K.: Wirtschaftspsychologie, 2. Aufl. Berlin, Heidelberg 2015, S. 128–132.

[656] Vgl. WILD, J.: Unternehmensplanung, a. a. O., S. 111 ff.; Abb. 4.6, FRIEDL, B.: Controlling, a. a. O., S. 127–128, JUNG, R. H., HEINZEN, M., QUARG, S.: a. a. O., S. 153.

---

1. Bestimmung der Bewertungskriterien
2. Festlegung der Gewichtungsskala und der Kriteriengewichte
3. Festsetzung der Kriterienwerteskala und Ermittlung der Kriterienwerte je Alternative
4. Wertsynthese zur Ermittlung der Gesamtbewertung jeder einzelnen Alternative
5. Konsistenzprüfung der Bewertung

Darst. 1.6079: Bewertungsprozess

Bestimmung der Bewertungskriterien: Ausgehend von den in einem vorab durchgeführten Führungsprozess[657] mit den dort bereits festgelegten Zielen bzw. Zielerreichungsgraden werden in diesem Teilschritt (des Bewertungsprozesses) zunächst die Bewertungskriterien bestimmt, anhand derer die Zielerfüllung der Alternativen gemessen werden soll. Bei den Bewertungskriterien handelt es sich um Maßgrößen zur Erfassung der Zielerreichungsgrade.

Festlegung der Gewichtungsskala und der Kriteriengewichte: In der Realität ist davon auszugehen, dass zur Beurteilung der Güte (hier: Zielwirksamkeit) eines Objektes/einer Maßnahme mehrere Kriterien angelegt werden müssen. Als Beispiel sei die Suche nach einem optimalen Standort für ein Ladenlokal[658] (Ziel) genannt, bei dem es u. a. auf die örtliche Kaufkraft, die Lage, die Erreichbarkeit mit öffentlichen Verkehrsmitteln, Parkplätze in unmittelbarer Nähe u. v. m. ankommt. Ursächlich für mehrere Kriterien können aber auch unterschiedliche Ziele sein. Die relevanten Merkmale sind aber i. d. R. nicht gleichgewichtig. Daher müssen den einzelnen Kriterien Gewichte zugeordnet werden. Die zu vergebenen Gewichte richten sich nach einer Gewichtungsskala aus, die vorab zu definieren ist. Wenn in der Entscheidungsphase bspw. ein Scoring-Modell (Nutzwertanalyse) zum Einsatz kommt, kann dieses Punktbewertungsverfahren das Ziel der Maximierung oder Minimierung der Punktsumme verfolgen. Bei einem Maximierungsziel ist darauf zu achten, dass sich die Kriterienwerte (z. B. Schulnoten) und Kriteriengewichte nicht quasi saldieren. Wenn beispielsweise eine Gewichtung von 1 (nicht wichtig) bis 10 (äußerst wichtig) erfolgt, sollte hinsichtlich der Bewertung der Merkmale über Schulnoten beispielsweise das niederländische Notensystem von 1 (völlig ungenügend) bis 10 (ausgezeichnet) verwendet werden. (Das deutsche Schulnotensystem wäre hier ungeeignet.) Die Gewichtungsskala kann metrisch, ordinal (wie im Beispiel) oder nominal skaliert sein.

Festsetzung der Kriterienwerteskala und Ermittlung der Kriterienwerte je Alternative: Ähnlich wie bei der Gewichtungsskala ist hier zunächst die Skalierung der Kriterienwerteskala

---

[657] Vgl. den im Unter-Unterabschnitt 1.2.2.3 „Führungsprozess" beschriebenen Durchlauf, der sich zunächst einmal auf die Planung (i. w. S.) für Ziele und (anschließend) auf die Planung für Maßnahmen beinhaltet.

[658] Ausführlicher finden Sie dieses Beispiel bei WÖRDENWEBER, M.: Normatives Management, a. a. O., S. 396-397.

festzulegen und darauf zu achten, dass sich die Kriterienwerte und Kriteriengewichte nicht quasi saldieren. Ist die Kriterienwerteskala bestimmt, werden jetzt dem Merkmal bzw. den relevanten Merkmalen einer Alternative der entsprechende Kriterienwert (Merkmalsausprägung, bspw. eine Schulnote oder Kosten) bzw. die entsprechenden Kriterienwerte zugeordnet. In diesem Schritt wird noch einmal die schon oben besprochene Prognoseproblematik deutlich.

Wertsynthese zur Ermittlung der Gesamtbewertung jeder einzelnen Alternative: Immer dann, wenn mehrere Kriterien – insbesondere bei unterschiedlichen Zielen – bei einer Alternative relevant sind und zur Anwendung kommen, ist eine Kombination der einzelnen kriterienbezogenen Bewertungen (einer Alternative), eine **Wertsynthese** erforderlich. Sie ermöglicht die Gesamtbewertung einer Alternative. Die Wertsynthese schafft somit die Grundlage für eine konsistente Rangordnung aller Alternativen. Schwierigkeiten bei der Aggregation zu einem Gesamtalternativenurteil treten dann auf, wenn die Kriteriengewichte und Kriterienwerte nicht allesamt metrischer Natur sind.

Konsistenzprüfung der Bewertung: Die Kriterienwerte werden mit den Gesamtalternativenurteil im Hinblick auf eine Verträglichkeit überprüft.

Im Folgenden wird das Konzept des Zweikomponentenansatzes beispielhaft anhand der Messung der Kundenzufriedenheit angewendet.

In einem **ersten Schritt** müssen die **Kriterien für die Bewertung** seitens der Kunden festgelegt werden. Welche Merkmale innerhalb einer Bewertung zum Tragen kommen, hängt u. a. von der Möglichkeit ihrer automatischen Erfassung, ihrer Quantifizierbarkeit, der Vergleichbarkeit mit Richtwerten und in jedem Fall davon ab, welche Anforderungen die Kunden an das Unternehmen stellen.

Als Kriterien kommen bspw. in Frage:[659]

- Lieferflexibilität
- Lieferbereitschaft
- Zahl der Fehllieferungen
- Zahl der Gewährleistungsfälle
- Fester Ansprechpartner bei Reklamation
- Verhalten bei Reklamationsfällen
- Unbürokratische Abwicklung von Garantiefällen
- Qualität der materiellen Güter und/oder Dienstleistungen
- Garantiefristen (bei freiwilligen Garantien)
- Möglichkeiten der Kontaktaufnahme
- Zeitliche Erreichbarkeit der Mitarbeiter des Unternehmens
- Entfernung des stationären Dienstleisters
- Beschreibung des Angebots in den Medien
- Persönliche Beratung, insb. bei hochwertigen Gütern
- Kompetenz der Beratung
- Eingehen auf Sonderwünsche
- Testmöglichkeiten vor dem Kauf bzw. Kauf auf Probe
- Freundlichkeit und Aufgeschlossenheit der Mitarbeiter
- Erscheinungsbild/Auftritt des Anbieters
- Ökologische Anforderungen
- Soziale Aspekte
- Preisniveau bzw. Kosten-Nutzen-Relation
- Verpackungsqualität
- Ggf. diskreter Versand
- Lieferzeit
- Pünktlichkeit der Lieferung (On-Time- bzw. In-Time-Quote)
- Versandkosten
- Zahlungsmöglichkeiten
- Sonstiger Service

Darst. 1.6080: Ausgewählte Parameter der Kundenzufriedenheit

In einem **zweiten Schritt** werden den Kriterien **unternehmensindividuelle Gewichtungen** zugeordnet, da die Bedeutung der Kriterien von Unternehmen zu Unternehmen variiert.

---

[659] Eine Vielzahl der vorgenannten Kriterien wird ausführlich bei WÖRDENWEBER, M.: Operatives Controlling – Band 2, a. a. O., S. 304–495 besprochen.

In einem **dritten Schritt** wird das **Unternehmen** hinsichtlich der Kundenzufriedenheit **eingehend untersucht**, d. h. die Kriterien werden benotet. Da die Kriterien wegen der Übersichtlichkeit für eine Bewertung zu global formuliert sind, werden **Unterkriterien** genutzt, die oft als Fragen gestellt werden.

Nachstehend findet sich ein Beispiel einer Kundenzufriedenheitsbewertung:

	Untersuchungsdatum: Erfasser:		
	Unternehmen: **XY AG**		
Kriterium	Gewicht	Note	Produkt
• Lieferflexibilität	3	6	18
• Zahl der Fehllieferungen	2	4	8
• Zahl der Gewährleistungsfälle	6	8	48
• Verhalten bei Reklamationsfällen	6	7	42
• Pünktlichkeit der Lieferung	6	6	36
• Freundlichkeit der Mitarbeiter	5	8	40
• Ökologische Anforderungen	7	4	28
• Soziale Aspekte	9	8	72
• Preisniveau bzw. Kosten-Nutzen-Relation	8	3	24
• Versandkosten	8	5	40
• Zahlungsmöglichkeiten	7	2	14
Gesamtsumme Audit			370

Darst. 1.6081: Kundenzufriedenheitsindex bei Fa. XY AG

Im vorliegenden Fall hat ein Kunde die Fa. XY AG bezüglich der einzelnen Kundenzufriedenheitskriterien bewertet. Zunächst werden zeilenweise das Gewicht mit der Note multipliziert und anschließend die Zeilenprodukte über die Parameter aufsummiert. Es ergibt sich hier ein Kundenzufriedenheitsindex von 370.

Die **Datengewinnung** kann grundsätzlich auf verschiedenen Wegen erfolgen.[660] Diese werden u. a. bei Wördenweber vorgestellt.[661]

Vor dem nächsten Schritt sollte eine **Plausibilitätsprüfung** stattfinden. Für den Kundenzufriedenheitsindex existieren im besten Fall alternative Kennzahlen wie die „Reklamationsquote"[662] bzw. „Kundenbeschwerdequote". Weitere Abgleiche sind bspw. mit den Kennzahlen des internen Qualitäts-Controllings (z. B. Ausschussrate), Ablieferungsnachweisen, Umsätzen, Zahl der Wiederholungskäufer usw. möglich.

Der Kundenzufriedenheitsindex kann von **einzelnen Kunden** erfragt werden. Im Hinblick auf die Repräsentativität/Aussagekraft des Ergebnisses sollte jedoch gemäß der statistischen Anforderungen eine **ausreichende Anzahl von Kunden** befragt werden.

Der Fragenkatalog lässt sich weiter in Bezug auf einzelne **Kundensegmente** oder **Kundenregionen** etc. **differenzieren**. Damit wird eine genauere Analyse der Stärken und Schwächen bei bestimmten Kundensegmenten oder Kundenregionen sichtbar. Auch eine **Individualisierung des Fragenkataloges** kann sinnvoll sein.

In einem **vierten Schritt** werden die gefundenen **Ergebnisse dokumentiert**. Das Ergebnis könnte wie vorstehend gezeigt aussehen.

In einem **fünften Schritt** werden die gewonnenen **Ergebnisse analysiert**: Aufgrund der unternehmensindividuellen Gewichtung würde sich ein Maximalwert von 670 Punkten (Summe der Gewichte, multipliziert mit der jeweiligen Bestnote) ergeben. Mit 370 Punkten hat die untersuchte Firma lediglich 55 % der maximalen Punktzahl erreicht. Dies würde in etwa der deutschen Schulnote „ausreichend" entsprechen.

---

[660] Vgl. etwa FRETER, H.: a. a. O., S. 44 ff., MEFFERT, H., BURMANN, C., KIRCHGEORG, M., EISENBEISS, M.: a. a. O., S. 181–201, KOTLER, PH., ARMSTRONG, G., HARRIS, L., PIERCY, N.: a. a. O., S. 200–222, WEIS, H. C., STEINMETZ, P.: a. a. O., S. 62 ff.

[661] Vgl. WÖRDENWEBER, M.: Operatives Controlling – Band 1, a. a. O., S. 153–154.

[662] Vgl. zu dieser Kennzahl die Ausführungen bei WÖRDENWEBER, M.: Operatives Controlling – Band 2, a. a. O., S. 475–483.

Die Untersuchung der einzelnen Kriterien zeigt die **Stärken** und **Schwächen** (vgl. die SWOT-Analyse)[663] des Unternehmens betreffend die Kundenzufriedenheit auf. Es ist offenkundig, dass bei dem untersuchten Unternehmen noch einiges im Argen liegt. Zu nennen sind hier das Preisniveau bzw. die Kosten-Nutzen-Relation sowie als eklatante Schwachstellen die Zahlungsmöglichkeiten und die Zahl der Fehllieferungen. Möglicherweise liegen hier Kommissionierfehler vor. Des Weiteren ist die Auswahl der Zahlungsmöglichkeiten schlicht zu gering, vermutlich handelt es sich auch noch um veraltete Zahlungsverfahren. Da das Preisniveau den Kunden insgesamt zu hoch erscheint, müsste weitergehend untersucht werden, ob diese Aussage für alle Produkte und Produktgruppen gilt.

Eine besondere Beachtung verdienen die (ggf.) **K.-o.-Kriterien**, bei denen vorgegebene Werte (Toleranzgrenzen) nicht unterschritten werden durften bzw. dürfen. Eine (erhebliche) negative Abweichung bedeutet sofortige Gespräche mit den zuständigen Unternehmenseinheiten (z. B. Abteilungen) und/oder die Suche nach Alternativen wie etwa Outsourcing.

Als **Vergleichswert (Maß- oder Normgröße)**[664] kann neben der maximal zu vergebenden Punktsumme auch eine Sollgröße dienen. Eine Tendenzaussage liefert ein Ist-Ist-Vergleich im Rahmen der Zeitreihenanalyse. In einem Diagramm, in dem auf der Abszisse die Erhebungszeitpunkte/-räume und auf der Ordinate die Kundenzufriedenheitsindizes abgetragen werden, kann das Engagement des Unternehmens in der Kundenzufriedenheit abgelesen werden.

Der **sechste Schritt** heißt **Besprechung der Ergebnisse** mit den betroffenen Unternehmenseinheiten. Ziel der Unterredungen ist es, auf nicht erfüllte Anforderungen hinzuweisen und **Zielvereinbarungen** zu **treffen**, die eine Verbesserung des Audits ermöglichen.

Der Kundenzufriedenheitsindex sollte **monatlich** erhoben werden, ggf. über Stichproben, um zeitnah reagieren zu können. Zusätzlich kann eine Auswertung für bestimmte Regionen, Kundengruppen, Marken oder Produkte vorgenommen werden.

Die Beschäftigung mit dem Kundenzufriedenheitsindex erfolgt nach dem bekannten Schema des Führungsprozesses. In der Kontrollphase wird der **Ist-Zustand analysiert**, der einen **Vergleich der ursprünglichen Zielsetzung mit dem tatsächlich erreichten Zielausmaß (Abweichungsfeststellung)** und eine **Abweichungsursachenanalyse** beinhaltet. Führt die Abweichungsermittlung zu gravierenden Änderungen gegenüber dem anvisierten Ziel (Anregungsphase), werden im Rahmen der Such- und Orientierungsphase **Maßnahmen, Mittel und Wege**

---

[663] Die SWOT-Analyse wird ausführlich im Paragrafen 1.6.11.1.6 „SWOT-Analyse" vorgestellt.

[664] Siehe die Ausführungen zu diesen Begriffen bei WÖRDENWEBER, M.: Operatives Controlling – Band 1, a. a. O., S. 175–176.

eruiert, um den Kundenzufriedenheitsindex zu steigern. In der Auswahlphase werden dem Management entsprechende **Vorschläge** unterbreitet. Nach der Entscheidung über den vorgelegten Plan werden die **Maßnahmen durch- und umgesetzt**.

Der Kundenzufriedenheitsindex basiert – anders als die ökonomischen Kennzahlen – nicht auf objektiven Daten, sondern auf **subjektiven Bewertungen** der Kunden. Dies zeigt sich bereits bei der Konstruktion der Kennzahl „Kundenzufriedenheit". Zudem muss darauf hingewiesen werden, dass es sich trotz des Anscheins einer metrischen Variablen um eine **ordinalskalierte** handelt, da bei der Zusammensetzung der Kennzahl (Schul-) Noten verwendet werden.[665]

Eine Bewertung von Handlungsalternativen im Rahmen der Planung basiert stets auf unsicheren Wirkungsprognosen. Insofern muss der (Un-)Sicherheitsgrad bzw. die Wahrscheinlichkeit derartiger Prognosen immer mit in die Beurteilung der Alternativen einfließen. Letztlich bedeutet dies, dass eine Alternativenbewertung grundsätzlich eine entsprechende – bewusste oder unbewusste – **Risikoanalyse** beinhaltet. Sie ist insbesondere dann unerlässlich, wenn relative große Prognoseunsicherheiten bestehen und/oder das erfolgswirksame bzw. finanzielle Resultat für das Unternehmen bedeutend ist.[666]

Damit ist die Planung i. e. S. und folglich die Entscheidungsvorbereitung abgeschlossen.

In der Praxis existiert nicht *der eine* Planungsprozess. Vielmehr verhält es sich so, dass die geplanten Ziele, die identifizierten Problemlücken, die erarbeiteten Alternativen oder die Bewertung der Alternativen mehrfach präzisiert oder revidiert bzw. modifiziert werden. Der Grund könnte u. a. sein:[667]

- Die in der Anregungsphase identifizierte Problemlücke lässt das bisher gewählte Ziel als nicht erreichbar erscheinen. Die Operationalisierung des Ziels wird daher entsprechend modifiziert.
- In der Such- und Orientierungsphase werden bei der Konkretisierung von Alternativen Probleme (z. B. hinsichtlich der vorhandenen oder angestrebten Ressourcen) erkannt, die nach einer Erweiterung der Problemhierarchie verlangen.
- In der Optimierungs- und Auswahlphase können den Alternativen keine Kriterienwerte zugeordnet werden, da die Alternativen nicht hinreichend konkret beschrieben wurden.

---

[665] Auf die unterschiedlichen Skalenniveaus wird ausführlicher im Paragrafen 1.6.11.1.3.3 „Analyse der Konkurrenten" eingegangen.

[666] Vgl. SCHIERENBECK, H., WÖHLE, C. B.: a. a. O., S. 119.

[667] Vgl. FRIEDL, B.: Controlling, a. a. O., S. 128.

1.6.10.3.2 Entscheidung

Entscheidung bedeutet, dass über die zu realisierende Alternative entschieden wird. Allerdings kann eine Entscheidung **in mehrfacher Hinsicht** erforderlich sein. Zunächst geht es um die Auswahl der „richtigen" Alternative, d. h. die Priorisierung derjenigen Planvariante, über die die zu entscheidende Institution (z. B: die Unternehmensführung) beschließen soll – sofern es mehrere Alternativen gibt, was häufig der Fall ist. Hierbei helfen diverse Entscheidungstechniken (z. B. OR-Methoden).[668] Eine **Planverabschiedung** liegt erst dann vor, wenn sich das Entscheidungsgremium für die Umsetzung des ausgewählten Plans entschieden (und damit nicht der Unterlassensalternative den Vorrang eingeräumt) hat. In vielen Fällen ist dies noch nicht die endgültige Entscheidung, denn abhängig von der Tragweite der Entscheidung muss ggf. noch ein weiteres Organ (z. B. bei einer AG der Aufsichtsrat oder gar die Hauptversammlung) sein Votum abgeben (**Ratifizierung**). Mit der Optimierung und Auswahl von Zielen und Maßnahmen und der Entscheidung bzw. den Beschlüssen hierüber endet die Planungsphase (Planung i. w. S.) resp. der Entscheidungsprozess.

1.6.11 Instrumente der Planung

1.6.11.1 Analyseinstrumente für langfristige Planungszeiträume

1.6.11.1.1 Grundlagen langfristiger Analysen

1.6.11.1.1.1 Wettbewerbsvorteile, Erfolgspotenziale und Erfolgsfaktoren

Im Unter-Unterabschnitt 1.2.2.4 „Handlungsebenen der Unternehmensführung" wurde aufgezeigt, dass – ausgehend von der Vision und der Mission des Unternehmens – normative Vorgaben den Rahmen für alle nachgelagerten, also auch strategischen Entscheidungen, gleich auf welcher Ebene sie getroffen werden, bilden. Die **normative Unternehmensführung** dient der

---

[668] Die Entscheidungstechniken werden explizit im Unter-Unterabschnitt 1.6.11.4 „Bewertungsinstrumente" vorgestellt.

Unternehmung dazu, seine Existenzberechtigung (Legitimität) sowie Lebens- und (Weiter-)Entwicklungsfähigkeit zu sichern."[669] Nicht nur wegen der stark divergierenden Aufgaben, sondern auch wegen des Vorgabecharakters für die strategischen Ebene macht eine Trennung zwischen normativen und strategischen Aufgaben Sinn. Ein entscheidender Bestandteil einer **strategischen Unternehmensführung** ist die strategische Planung. In Letzterer geht es (konkretisierend) um die Sicherung bestehender und die Entwicklung neuer Erfolgspotenziale und um die Erreichung von Wettbewerbsvorteilen.[670]

Ein Wettbewerbsvorteil im Rahmen der strategischen Planung bezeichnet eine überlegene Position eines Unternehmens gegenüber seinen Wettbewerbern, die es ihm ermöglicht, nachhaltigen Erfolg zu erzielen. Ein solcher Vorteil entsteht, wenn ein Unternehmen einzigartige Ressourcen, überlegene Fähigkeiten oder differenzierende Strategien einsetzt, die schwer imitierbar oder substituierbar sind.

Darst. 1.6082: Wettbewerbsvorteil

„Strategische Unternehmensführung steht für ein Denken in Wettbewerbsvorteilen."[671] Durch sie sollen existierende Märkte erhalten und neue geschaffen, bestehende Kunden gehalten und neue gewonnen sowie Wettbewerber verdrängt werden.

Voraussetzung für unternehmensspezifische Wettbewerbsvorteile (gegenüber Konkurrenten, aus Sicht der Kunden) sind bestehende und neue Erfolgspotenziale, die unternehmensindividuelle Konglomerate materieller und immaterieller Ressourcen verkörpern.

Darst. 1.6083: Erfolgspotenziale

Eine **Strategie** beinhaltet somit immer eindeutige und klare Positionierung des Unternehmens im Wettbewerb und sie ist so konzipiert, dass sie Wettbewerbsvorteile generiert und sich das Unternehmen insofern von den Konkurrenten erkennbar abhebt.

---

[669] Vgl. WÖRDENWEBER, M.: Wertorientiertes Controlling, 2. Aufl., Norderstedt 2022, S. 25, WÖRDENWEBER, M.: Normatives Management, a. a. O., S. 162, STOI, R., DILLERUP, R.: a. a. O., S. 67.

[670] Siehe Unter-Unterabschnitt 1.6.5.6 „Planung nach den Planungsebenen".

[671] STOI, R., DILLERUP, R.: a. a. O., S. 224.

Die **operative Unternehmensführung**[672] hat unter Nutzung der geschaffenen Erfolgspotenziale mit konkreten operativen Maßnahmen dafür zu sorgen, dass letztlich der angestrebte **Unternehmenserfolg** eintritt. Dieser wird v. a. an folgenden Größen festgemacht:

- Liquidität,
- Unternehmenswachstum und
- Rendite und/oder Gewinn bzw. Unternehmenswert.[673]

Liquidität als „conditio sine qua non" ist definiert als die Fähigkeit, den fälligen Zahlungsverpflichtungen uneingeschränkt nachkommen zu können. Liquiditätssicherung ist kein Ziel, sondern eine unabdingbare Nebenbedingung. **Wachstum**, gemessen an Größen wie etwa Umsatz,
Wertschöpfung oder Bilanzsumme, sind in einer tendenziell wachsenden Gesamtwirtschaft
bzw. globalen Weltwirtschaft als zumindest durchschnittliches „Mitwachsen" für eine Unternehmung existenznotwendig, um im Wettbewerb nachhaltig bestehen zu können.[674] Dies wiederum sichert die Liquidität und ermöglicht einen **Gewinn**. Letzterer ist erforderlich, um mindestens das Eigenkapital zu erhalten und eine angemessene Verzinsung des Eigenkapitals zu
ermöglichen. Anderenfalls ließen sich weder Anteilseigner noch Kreditgeber finden.[675] In Bezug auf den Gewinn kann keine kurzfristige Gewinnmaximierung gemeint sein, sondern nur
eine langfristige/nachhaltige. Eine kurzfristige Gewinnmaximierung verhindert häufig zu-
kunftsorientierte, erfolgsträchtige Investitionen bzw. Aufwendungen, da letztere die kurzfristigen Gewinne vermindern oder gar verhindern. Eine langfristige Gewinnmaximierung entspricht
eher dem Ziel „Steigerung des **Unternehmenswertes**".[676]

Der Prozess von der Vision bis hin zum Unternehmenserfolg ist in der nachstehenden Abbildung festgehalten:

---

[672] Zu den einzelnen Handlungsebenen und zur operativen Planung siehe Unter-Unterabschnitt 1.6.5.6 „Planung nach
den Planungsebenen".

[673] Vgl. SCHIERENBECK, H., WÖHLE, C. B.: a. a. O., S. 74, WELGE, M. K., AL-LAHAM, A., EULERICH, M.:
a. a. O., S. 224, WÖRDENWEBER, M.: Wertorientiertes Controlling, a. a. O., S. 44–47.

[674] Vgl. SCHIERENBECK, H., WÖHLE, C. B.: a. a. O., S. 74.

[675] Vgl. WÖRDENWEBER, M.: Wertorientiertes Controlling, a. a. O., S. 26.

[676] Anmerkung: Die beiden Ziele sind nicht identisch, da die Erzielung von Gewinnen auf rechnungslegungsorientier-
ter Basis nicht gleichbedeutend ist mit der Frage, ob für das Unternehmen ein Mehrwert im Sinne eines Wertbei-
trages (Ergebnis minus Kapitalkosten) erwirtschaftet wurde. Vgl. WÖRDENWEBER, M.: Wertorientiertes Controlling, a. a. O., S. 46.

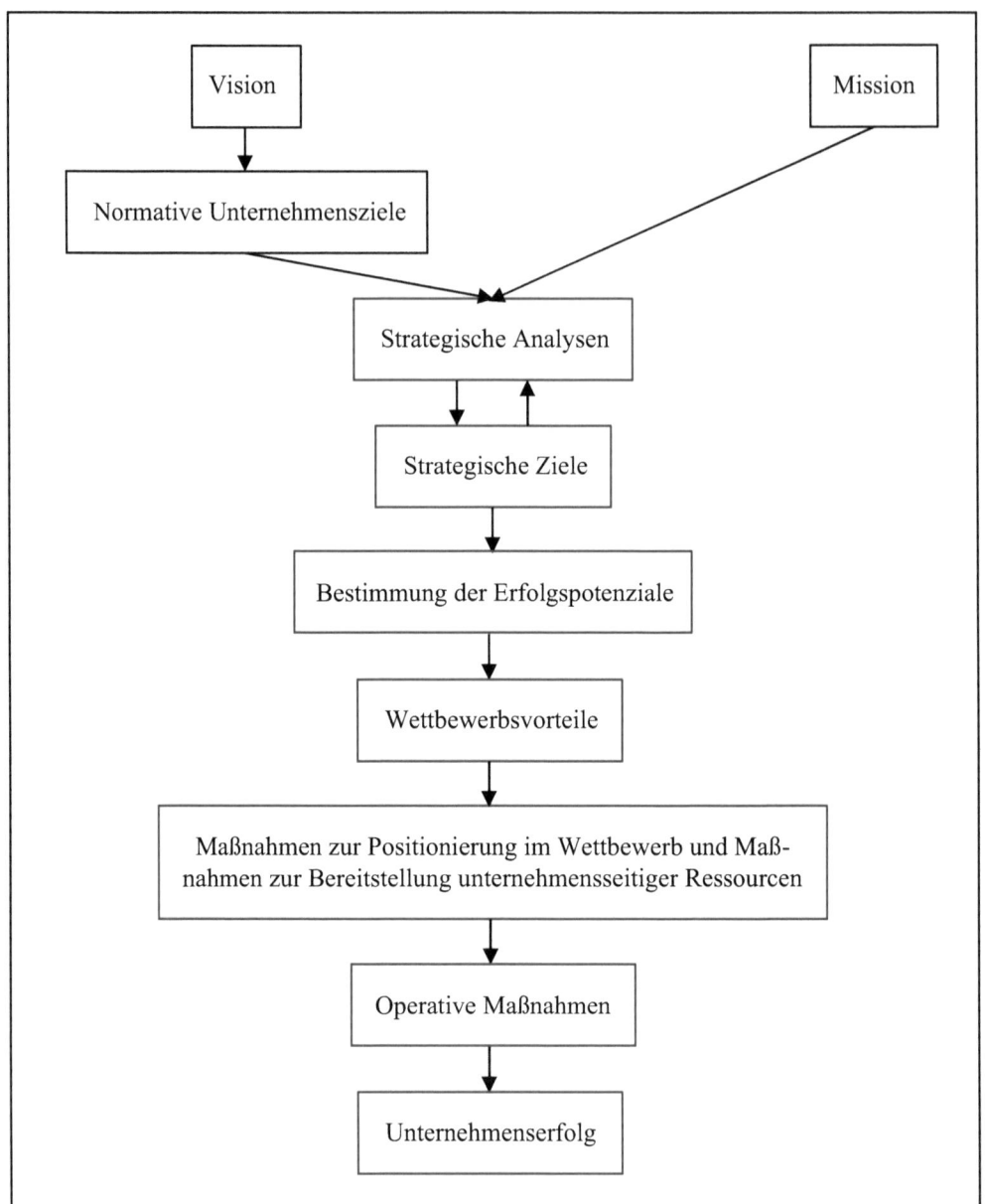

Darst. 1.6084: Von der Vision zum Unternehmenserfolg

Wettbewerbsvorteile sind **einzigartige Stärken eines Unternehmens**, die es von der Konkurrenz abheben und ihm einen Vorteil im Markt verschaffen. Im Gegensatz zu den Erfolgsfaktoren (s. u.), die oft für alle Marktteilnehmer wichtig sind, sind Wettbewerbsvorteile **unternehmensspezifisch** und schwer imitierbar. Vereinfacht ausgedrückt sind Wettbewerbsvorteile die „Trümpfe", mit denen ein Unternehmen die Konkurrenz schlägt.

Wettbewerbsvorteile können **dauerhafter** oder **temporärer** Natur sein: Sie können **nachhaltig (sustainable competitive advantage)** oder **kurzfristig** sein. Für beide Ausprägungen finden sich zahlreiche Beispiele in der Vergangenheit und Zukunft. Angesichts der Rahmenbedingungen (demografische, sozio-kulturelle, ökologische, ökonomische, wettbewerbsbezogene, politischen/juristische und technologische Entwicklungen), die sich zunehmend dynamisch und diskontinuierlich ändern,[677] besitzen viele Wettbewerbsvorteile nur temporär Gültigkeit. Insbesondere allgemein verfügbare Fähigkeiten und organisatorische Ressourcen führen nicht automatisch zu nachhaltigen strategischen Wettbewerbsvorteilen gegenüber der Konkurrenz.[678] Daher gehören die bestehenden, einzigartigen Wettbewerbsvorteile eines Unternehmens **immer wieder auf den Prüfstand**! Ein **nachhaltiger Wettbewerbsvorteil** besteht, wenn dieser langfristig verteidigt werden kann, z. B. durch Patente, hohe Markteintrittsbarrieren oder starke Kundenbindung.

Aus Kundensicht ist neben anderen Merkmalen das Preis-Leistungs-Verhältnis entscheidend. Kunden werden gehalten und neue hinzugewonnen, wenn ein Unternehmen bzw. ein Produkt im Vergleich zu den Wettbewerbern als wahrgenommenen Wettbewerbsvorteil **ein hervorragendes Leistungsmerkmal** aufweist, welches **im besten Fall ein Alleinstellungsmerkmal** verkörpert. Im Marketing wird dies auch als veritabler Kundenvorteil bzw. **Unique Selling Proposition (USP)** definiert.[679] Insbesondere vergleichsweise hohe Preise lassen sich dadurch oft rechtfertigen. Auf Produkte und Leistungen des Unternehmens, die einen (deutlich) höheren Kundennutzen vorweisen oder versprechen, wird das AIDA-Modell[680] angewendet, d. h. die potenziellen Kunden werden auf das Produkt oder die Leistung aufmerksam gemacht, ihr Interesse und ihr Bedürfnis geweckt sowie sie zum Kauf animiert.

---

[677] Vgl. die im Abschnitt 1.5 aufgelisteten „Rahmenbedingungen der Unternehmensführung" und die im Paragrafen 1.6.11.1.2 „Analyse der Makroumwelt" vorgestellte PESTEL-Analyse.

[678] Vgl. KREIKEBAUM, H., GILBERT, D. U., BEHNAM, M.: a. a. O., S. 43.

[679] Vgl. MEFFERT, H., BURMANN, C., KIRCHGEORG, M., EISENBEISS, M.: a. a. O., S. 64.

[680] **A**ttention, **I**nterest, **D**esire, **A**ction.

Zu den Wettbewerbsvorteilen gehören u. a.:[681]

- außergewöhnliches Forschungs- und Entwicklungspotenzial,
- Produktentwicklungen,
- Auf- und Ausbau von Produktionskapazitäten,
- alleiniger oder extrem günstiger Zugang zu bestimmten Materialien,
- hochkarätige Mitarbeiter mit besonderen Fähigkeiten (z. B. Erfinder),
- Eigentum an speziellen Rechten (z. B. Patenten),
- Marktpositionierung (Kostenführerschaft, Differenzierung, Nischenstrategie),
- Einrichtung kostengünstiger, funktionierender (u. a. digitalisierter) Organisationen; gesamt-betrieblich und in den einzelnen Funktionsbereichen.

Als Beispiele lassen sich nennen: Tesla nutzt(e) die Erfolgsfaktoren „Innovationskraft" und „Markenimage", aber sein Wettbewerbsvorteil liegt in der Kombination aus führender Batterietechnologie, Softwarekompetenz und eigenem Ladenetzwerk – was schwer nachzuahmen ist. Miele als Qualitätsführer, UPS mit ausgeprägten Service-Komponenten, Apple mit einem starken Produktimage, Doppelmayr/Garaventa als Qualitäts-, Technologie und Marktführer im Seilbahnbau mit Kernkompetenzen im Bereich der Lösung komplexer Transportprobleme unter schwierigen Umweltbedingungen.

Im sog. Strategischen Dreieck der Wettbewerbsvorteile[682] wird auf **zwei strategische Stoßrichtungen/„Pole"** hingewiesen: Zum einen darauf, ein **Alleinstellungsmerkmal (USP) in Relation zu den Wettbewerbern** herzustellen, zum anderen ein **Alleinstellungsmerkmal (USP) aus Sicht der Kunden** zu erwirken. Ausschlaggebend ist letztlich, ob und wie der Kunde, der durch seinen Kauf über Erfolg oder Misserfolg entscheidet, das Alleinstellungsmerkmal wahrnimmt.

Erfolgspotenziale repräsentieren (grundsätzlich) die langfristigen **Voraussetzungen** und Fähigkeiten eines Unternehmens, um Wettbewerbsvorteile zu erlangen und nachhaltigen wirtschaftlichen Erfolg zu sichern.

Erfolgspotenziale als **Vorsteuergrößen** des Unternehmenswerts, des Erfolgs und der Liquidität weisen folgende **Merkmale** auf:

---

[681] Vgl. GÄLWEILER, A.: Strategische Unternehmensführung, 3. Aufl., Frankfurt 2005, S. 26.

[682] Vgl. REISINGER, S., GATTRINGER, R., STREHL, F.: a. a. O., S. 142, STOI, R., DILLERUP, R.: a. a. O., S. 225, HUNGENBERG, H., WULF, T.: a. a. O., S. 131.

- **Langfristiger Aufbau**: Ihr Aufbau erfordert einen langen Zeitraum, der sich selten verkürzen lässt.
- **Investitionscharakter**: Sie erfordern kontinuierliche Entwicklungen und Anpassungen und tangieren somit sowohl den operativen Erfolg als auch die Liquidität des Unternehmens.
- **Differenzierung**: Sie ermöglichen eine einzigartige Positionierung im Markt.
- **Zukunftsorientierung**: Sie schaffen die Basis für zukünftige Wettbewerbsvorteile.
- **Langfristige Wirkung**: Sie wirken über einzelne Geschäftsperioden hinaus.
- **Obergrenzen**: Sie bilden Obergrenzen für den realisierbaren Erfolg (s. o.) ab. Je höher diese liegen, desto größer ist die Chance auf den angestrebten unternehmerischen Erfolg.

Beispiele für Erfolgspotenziale sind der Zugang zu attraktiven Märkten, eine starke Marke, technologischer Vorsprünge, effiziente Prozesse sowie Kosten-, Qualitäts-, Image- und Distributionsvorteile. Eine strategische Planung zielt darauf ab, solche Potenziale zu identifizieren, auszubauen und nachhaltig zu nutzen.

Nach Gälweiler lassen sich die Erfolgspotenziale unterteilen in:[683]

- **Externe Erfolgspotenziale**: Markt- oder Technologiepotenziale wie bspw. Marktchancen, Kundenzufriedenheit und -bindung (z. B. loyale Kundenbasis), leistungsfähige Lieferketten, Anpassung an regulatorische Veränderungen oder gesellschaftliche Trends (z. B. Nachhaltigkeit),
- **Interne Erfolgspotenziale**: vergleichsweise kostengünstigere und/oder leistungsfähigere Ressourcen wie bspw. qualifizierte Mitarbeiter, technologische Ausstattung, finanzielle Mittel, Innovationskraft, Produktionseffizienz, Werte, Führungsstil, Mitarbeiterengagement, effiziente Organisationsstrukturen, digitale Transformation, starke Marken.

Für das Unternehmen gilt es, eine Kombination materieller und immaterieller Ressourcen (Erfolgspotenziale) zu finden, die einen (möglichst einzigartigen) Wettbewerbsvorteil eröffnen. Dieser ist auf jeden Fall dann gegeben, wenn das Bündel aus materiellen und immateriellen Komponenten kostengünstiger und/oder leistungsstärker ist als das der Konkurrenz.

Das Erfolgspotenzialkonzept als Ziel- und Steuerungsgröße ist nur begrenzt praktikabel. Zum einen lässt die Definition nur wenig präzise Aussagen darüber zu, welche Bereiche Erfolgs- und welche Bereiche Misserfolgspotenziale des strategischen Managements begründen.[684] Zum anderen wird in der Literatur nicht ausgeführt, wie die Erfolgspotenziale gemessen werden sollen.

---

[683] Vgl. GÄLWEILER, A.: a. a. O., S. 29 ff.

[684] Vgl. WELGE, M. K., AL-LAHAM, A., EULERICH, M.: a. a. O., S. 223.

Aus diesem Grunde wurde das Konzept der **Erfolgsfaktoren** entwickelt, um Erfolgspotenziale zu operationalisieren und steuerbar zu machen.[685]

Erfolgsfaktoren sind Maßgrößen, die einen wesentlichen Einfluss auf den Erfolg eines Unternehmens haben.

Darst. 1.6085: Erfolgsfaktoren

Erfolgsfaktoren können als Bedingungen oder Fähigkeiten interpretiert werden,[686] um erfolgreich zu sein. Sie sind die **Ursache für die positive oder negative Entwicklung eines Unternehmens**, müssen aber **nicht automatisch** zu einem **Wettbewerbsvorteil** führen. Es gibt es einen klaren **Unterschied zwischen Wettbewerbsvorteilen** und **Erfolgsfaktoren**, auch wenn sie miteinander verbunden sind. Beispiel: Ein Autohersteller braucht als Erfolgsfaktor eine hohe Innovationskraft, um wettbewerbsfähig zu bleiben. Doch Innovation allein reicht nicht aus, um einen Wettbewerbsvorteil zu haben, wenn alle Wettbewerber ebenfalls innovativ sind. Erfolgsfaktoren sind **allgemein gültig**: Sie gelten oft für eine ganze Branche oder ein Geschäftsmodell. D. h.: **Nicht jeder Erfolgsfaktor ist ein Wettbewerbsvorteil** – erst wenn ein Unternehmen etwas besser oder einzigartig macht als andere, entsteht ein Vorteil.

Während allgemeine Erfolgsfaktoren auch operative oder taktische Aspekte betreffen können, sind **strategische Erfolgsfaktoren** direkt mit den langfristigen Zielen verbunden.[687] Strategische Erfolgsfaktoren beeinflussen den Unternehmenserfolg signifikant über einen längeren Zeitraum und sind eher nicht kurzfristig relevant (langfristige Wirkung). Allgemeine Erfolgsfaktoren sind bspw. eine hohe Produktqualität, ein guter Kundenservice oder effiziente Prozesse; als strategische Erfolgsfaktoren gelten eine starke Marke, ein technologischer Vorsprung oder ein exklusiver Marktzugang.

In zahlreichen Studien wurde immer wieder versucht, den Zusammenhang zwischen Erfolgspotenzialen, Erfolgsfaktoren und dem operativen Unternehmenserfolg herauszuarbeiten, um daraus Schlussfolgerungen für die Relevanz in Bezug auf die strategische Planung abzuleiten. Es gilt, den **Ursache-Wirkungs-Beziehungen** auf die Spur zu kommen. Statistisch muss zwischen

---

[685] Vgl. in diesem Kontext das Profit Impact of Market Strategies-(PIMS-)Projekt, welches im Paragrafen 1.6.11.14.3 „PIMS-Studie" vorgestellt wird.

[686] Um überhaupt erfolgreich wirken zu können, müssen die Unternehmen sie erst einmal beherrschen!

[687] Sie dürfen nicht mit Schlüsselfaktoren oder Schlüsselerfolgsfaktoren verwechselt werden. Sie beinhalten Eigenschaften, ohne deren Vorhandensein das Unternehmen keine Marktberechtigung hat (K. o.-Kriterien). Vgl. BAUM, H.-G., COENENBERG, A. G., GÜNTHER, T.: Strategisches Controlling, 5. Aufl., Stuttgart 2013, S. 38.

den Erfolgsfaktoren und dem unternehmerischen Erfolg eine hohe Korrelation bestehen. (Anmerkung: Allerdings kann von einer hohen Korrelation nicht auf einen Ursache-Wirkungs-Zusammenhang geschlossen werden; eine hohe Korrelation ist aber ein Indiz für einen möglichen
Zusammenhang.) Statt des Unternehmenserfolges kann auch der Erfolg in Bezug auf ein Strategisches Geschäftsfeld (SGF) oder eine strategische Geschäftseinheit (SGE)[688] untersucht werden.

Als Beispiel sei folgender Kausalzusammenhang angeführt:

Strategische Erfolgsfaktoren: Minimierung der Stückkosten durch Verlagerung der Produktion in ein Land mit hoher Automatisierung und hoch qualifizierten Arbeitskräften
bei relativ niedrigen Lohnkosten, im Materialbereich Sicherung seltener Erden, Spielraum bei der Preissetzung, Erfahrungskurveneffekt

$\downarrow$

Strategische Erfolgspotentiale: intern: vergleichsweise leistungsfähige Ressourcen, qualifizierte Mitarbeiter, extern: Sicherung des Materialbezugs, Kundenbindung

$\downarrow$

Strategische Wettbewerbsvorteile: Kosten- und Preisführerschaft (bei Minimierung der
Kosten und gleichzeitig aggressivem Preiswettbewerb)

$\downarrow$

Strategische Erfolgsziele: Verbesserung des Shareholder Value, ROI und des Gewinns

$\downarrow$

Sicherung der (Über-)Lebensfähigkeit und (Weiter-)Entwicklung

---

Darst. 1.6086: Ursache-Wirkungs-Zusammenhang zwischen Erfolgsfaktoren und Existenzsi-
cherungsziel

In der Literatur finden sich zahlreiche Listen mit Beschreibungen der Erfolgsfaktoren. Es seien
u. a. genannt:

7S-Modell von Pascale und Athos (McKinsey): Strategie (strategy), Organisationsstruktur
(structure), Controlling-Systeme (Systems), Mitarbeiter (Staff), Fähigkeiten (Skills), Führungsstil (Style) sowie Ziel und Wertesystem (Shared Values).[689]

---

[688] Zu den Begriffen „SGF" und „SGE" siehe die Erläuterungen im Paragrafen 1.6.11.1.4.1 „Strategische Geschäftsfelder (SGF)/Strategische Geschäftseinheiten (SGE)".

[689] Vgl. PASCALE, R. T., ATHOS, A. G.: The Art of Japanese Management, New York 1981, S. 93.

Bea/Haas: Leistungspotenziale mit strategischen Erfolgsfaktoren wie z. B. Qualität der Vorprodukte, Leistungsstand der Fertigungsanlagen, Laufzeit von Schutzrechten, Lernfähigkeit des Personals, eigene finanzielle Ressourcen, Forschungseffizienz; Führungspotenziale wie z. B. Einsatz von Planungstechniken, Qualität des Kontrollsystems, computergestützte Informationssysteme, Lernfähigkeit der Organisation, Stärke der Unternehmenskultur.[690]

Breid: unternehmensbezogene Erfolgsfaktoren: u. a. Marktanteil, Erfahrungskurveneffekte, Motivation des Personals, Kapitalintensität etc., FuE-Ressourcen, Führungssysteme, Standort, Steuervorteile; umweltbezogene Erfolgsfaktoren: u. a. Wettbewerbsintensität, Marktwachstum, Gesetze, Angebots- und Nachfragestruktur, technologische Komplexität, Lieferantenkonzentration, Umweltschutzgesetze, Wechselkurse.[691]

Peters/Waterman: Neigung zur Handlung, Nähe zum Kunden, unternehmerische Freiräume im mittleren Management, Achtung der Mitarbeiter, Unternehmensführung durch Werte, Orientierung am angestammten Geschäft, einfache, flexible Organisationsstruktur und straff-lockere Führung.[692]

Weitere Arbeiten zur Untersuchung von Erfolgsfaktoren, die u. a. die Überallerhältlichkeit (Ubiquität) bei Marken, Absatzlogistik, widerspruchsfreie, ganzheitliche Marketingkonzepte, schlüssige Koordination gesamtunternehmerischer Zusammenhänge, Innovationsfähigkeit, Kundenzufriedenheit, Effizienz der Prozesse, Markenstärke, qualifizierte Mitarbeiter beinhalten, stellen Bailom/Matzler/Tschemernjak vor.[693]

Als Erfolgsfaktoren in einem **volatilen Umfeld (sog. „VUCA"-Umgebung** oder **VUCA-Welt)**[694], bei dem sich Zustände und Informationen sehr schnell ändern und Anpassungen seitens des Unternehmens erforderlich machen, werden folgende (mit ausgewählten Autoren) aufgelistet:[695] Innovation und Kreativität, dynamische Fähigkeiten und Planung, Führungsstil und

---

[690] BEA, F. X., HAAS, J.: a. a. O., S. 123–124.

[691] Vgl. BREID, V.: Erfolgspotenzialrechnung: Konzeption im System einer finanzierungstheoretisch fundierten, strategischen Erfolgsrechnung, Stuttgart 1994, S. 37, modifiziert in WELGE, M. K., AL-LAHAM, A., EULERICH, M.: a. a. O., S. 225, BECKER, F. G.: a. a. O., S. 181,

[692] Vgl. PETERS, T., WATERMAN, R. H.: Auf der Suche nach Spitzenleistungen, 9. Aufl., Landsberg a. L. 1984, S. 36 ff., PETERS, T., WATERMAN; R. H.: In Search of Excellence. Lessons from America's Best-Run-Companies, New York 1982.

[693] Vgl. BAILOM, F., MATZLER, K., TSCHEMERNJAK, D.: Was Top-Unternehmen anders machen. Mit Strategie, Innovation und Leadership zum nachhaltigen Erfolg, 2. Aufl., Wien 2013, S. 12–13.

[694] VUCA ist ein Akronym der Wörter **V**olatility, **U**ncertainty, **C**omplexity und **A**mbiguity; übersetzt: Volatilität, Unsicherheit, Komplexität, Mehrdeutigkeit. Vgl. PETERS, R., NAUROTH, M.: Process Mining, Wiesbaden 2019, S. 1, LEHMANN, M.-L., KEIMER, I., EGLE, U.: Agile Controlling, in: Controller Magazin, 2021, Ausgabe 1, S. 27.

[695] Vgl. WELGE, M. K., AL-LAHAM, A., EULERICH, M.: a. a. O., S. 153–155.

-kultur, Agile Key Performance Indicators (Agile KPIs), Experimentieren, Wissensmanagement, Aus- und Weiterbildung, Unternehmensagilität, Unternehmenskultur, Organisationsstruktur, Umstrukturierung, Change Management, Stakeholdermanagement, flexible HR, Teamresilienz und Vision.

Die Erfolgsfaktoren werden oft in **weiche** oder **harte** (s. u. Pascale/Athos (McKinsey) oder in **interne** als Stärken und Schwächen des Unternehmens (z. B. effiziente Prozesse, qualifizierte Mitarbeiter) oder **externe** als Chancen und Gefahren der Umwelt (z. B. Markttrends, technologische Entwicklungen) (siehe u. a. Hamel/Prahalad[696]) **Kategorien** unterteilt. Auf diese Differenzierung wird hier nicht weiter eingegangen, da sie keinen weiteren Nutzen stiftet.

Zuletzt soll noch auf den **Unterschied zwischen Key Performance Indicators (KPIs)** und **Erfolgsfaktoren**, die beide in der wertorientierten Unternehmensführung als **Werttreiber** bezeichnet werden, eingegangen werden.

- **Erfolgsfaktoren** sind die strategischen oder operativen Elemente, die maßgeblich zum Erfolg eines Unternehmens oder einer Organisation beitragen. Sie können **qualitativer** oder **quantitativer** Natur sein. Sie sind oft **allgemein formuliert** und dienen als Grundlage für die Unternehmensstrategie.
- **Key Performance Indicators (KPIs)**[697] sind **messbare Werte**, die den Fortschritt in Bezug auf bestimmte Ziele oder Erfolgsfaktoren anzeigen. KPIs sind i. d. R. **zahlenbasiert und quantifizierbar.** Beispiele sind: Umsatzwachstum (in %), Kundenzufriedenheitswert (Net Promoter Score), Retourenquote, Produktionskosten pro Einheit.

Zusammengefasst gilt: **Erfolgsfaktoren definieren, was wichtig ist**, um erfolgreich zu sein (Treiber des Erfolgs). **KPIs messen den Erfolg dieser Faktoren.** Folgendes Beispiel verdeutlich den Unterschied: **Erfolgsfaktor:** Hohe Kundenzufriedenheit. **KPIs dazu:** Kundenbewertung (z. B. 4,5 von 5 Sternen), Wiederkaufsrate, Anzahl der Beschwerden pro 1.000 Bestellungen.

Im Rahmen der strategischen Analysen, die in den nachfolgenden Paragrafen aufgezeigt werden, gilt es herauszufinden, welche strategischen Erfolgsfaktoren Stärken und Schwächen des Unternehmens bedeuten, die als Chancen und Risiken auf den Märkten des Unternehmens eine bedeutende Rolle spielen können.

---

[696] Vgl. HAMEL, G., PRAHALAD, C. K.: Wettlauf um die Zukunft, Wien 1995, MACAT TEAM: An Analysis of C. K. Prahalad and Gary Hamel's The Core Competence of the Corporation, London 2017.

[697] Vgl. die Ausführungen zum Thema „Key Performance Indicator (KPI)" im Unterabschnitt 1.6.2 „Kennzahlen".

1.6.11.1.1.2 Arten langfristiger Analysen

Zu Beginn einer Planung erfolgt in aller Regel zunächst eine Bestandsaufnahme, die i. d. R. als Analyse bezeichnet wird.

Sofern in einigen Monografien *nur* von „Analyse", nicht aber explizit von „Prognose" die Rede ist, ist implizit in diesen Fällen immer auch die Prognose von Entwicklungen und Wirkungen bzw. Ergebnissen gemeint. Analyse allein reicht nicht aus, um sich auf die Zukunft vorzubereiten. Dazu bedarf es prognostischer Untersuchungen. Eine Prognose ohne auf einer Analyse basierende Vorarbeit ist allerdings wenig effektiv.

Eine Analyse wird im zweiten Schritt des vorstehend beschriebenen Planungsprozesses, der Such- und Orientierungsphase, vorgenommen. Eine entscheidende Aktivität in dieser Phase ist die **Analyse der Unternehmensumwelt**, um die bestmögliche Planung für die Ziele und die zur Zielerreichung notwendigen Maßnahmen zu gewährleisten.

Die Unternehmensumwelt wird wie folgt definiert:

Die Umwelt ist eine Restriktion des Handlungsfeldes eines Unternehmens und Gegenstand strategischer Veränderungen. Um eine sinnvolle strategische Orientierung entwickeln zu können, ist eine Strukturierung und Bildung eines Verständnisses des komplexen Umfelds unumgänglich.

Darst. 1.6087: Unternehmensumwelt

Die Umweltanalyse ist eine strategische Analyse der (externen) Umwelt eines Unternehmens.

Bei der Umweltanalyse wird demzufolge das Ziel verfolgt, der Unternehmensführung möglichst sichere, vollständige und genaue Informationen über das Umfeld des Unternehmens bereitzustellen.[698] Damit dieses Ziel erreicht werden kann, muss ein Bild von den relevanten Einflussfaktoren und deren Verknüpfung(en) erarbeitet werden. Auf Grundlage der Vorstellungen dieser Zusammenhänge[699] wird ein Entwurf von strategischen Zielen und Handlungsalternativen sowie die Beurteilung strategischer Positionen erst möglich gemacht.

---

[698] Vgl. WELGE, M. K., AL-LAHAM, A., EULERICH, M.: a. a. O., S. 309–310.
[699] Vgl. SCHREYÖGG, K., KOCH, J.: Management, a. a. O., S. 149, 156.

Die Umwelt eines Unternehmens wird durch eine Vielzahl von Faktoren beeinflusst, die von außen auf das Unternehmen einwirken, jedoch nicht direkt von diesem beeinflusst werden können. An dieser Stelle muss geklärt werden, was genau unter einem Risiko und einer Chance verstanden wird, denn die Faktoren der Umwelt können dem Unternehmen Chancen eröffnen oder Risiken mit sich bringen, die im schlimmsten Fall die Existenz des Unternehmens bedrohen. Da ein Risiko und eine Chance verschiedenartig interpretiert werden können, wird sich im Rahmen dieses Buches auf eine Definition festgelegt. Die Definition erfolgt anhand der nachstehenden Darstellung.

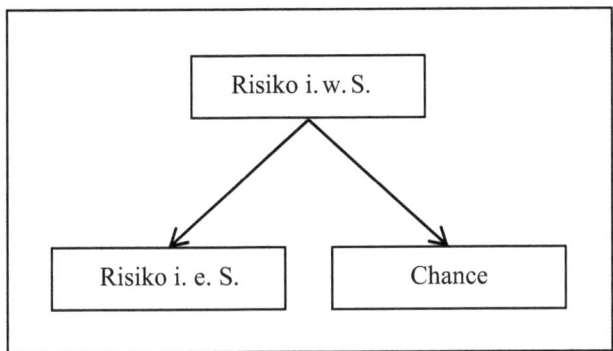

Darst. 1.6088: Risiko im engeren und weiteren Sinne

Ein Risiko i. w. S. wird als eine mögliche, im Hinblick auf die Erreichung eines Unternehmenszieles negativ oder positiv zu bewertende Abweichung eines realisierten Ergebnisses von einem erwarteten Ergebnis verstanden. Ein Risiko i. e. S. stellt die Möglichkeit einer denkbaren, negativ zu bewertenden Abweichung eines realisierten Ergebnisses von einem erwarteten Ergebnis dar.[700] Sie legen die Grenzen des strategischen Spielraums fest und stellen im schlimmsten Fall eine Bedrohung des Unternehmensbestandes dar. Aus diesem Grund werden Risiken i. e. S. im Unternehmen eine hohe Aufmerksamkeit zuteil. Chancen hingegen repräsentieren eine mögliche, positiv zu bewertende Abweichung und können einen Raum für neue strategische Programme und Handlungsalternativen eröffnen und somit dem Unternehmen positiv zugutekommen. Um Bedrohungen[701] einerseits und Chancen[702] andererseits klar voneinander abgrenzen

---

[700] Abweichend davon differenzieren Juristen z. B. im Arbeitsschutzgesetz (ArbSchG) (BGB)l. I, 1996, S. 1246 zwischen einer Gefahr als nicht mehr akzeptables Risiko und einer Gefährdung, die „im Gegensatz zur Gefahr die Möglichkeit eines Schadens oder einer … Beeinträchtigung ohne bestimmte Anforderungen an deren Ausmaß oder Eintrittswahrscheinlichkeit. Vgl. OPPOLZER, A., DAHL, H.: Verfahren zur Beurteilung psychischer Gefährdungen bei der Arbeit, in: BetriebsBerater, 2022, Nr. 11, S. 628.

[701] (Engl.: Threats)

[702] (Engl.: Opportunities)

und analysieren zu können, wird **Risiko** hier im engeren Sinne **als Möglichkeit einer negativen Abweichung eines Ergebnisses gegenüber dem Plan- oder Soll-Wert definiert**. Bei der Umweltanalyse wird das Umfeld des Unternehmens infolgedessen systematisch dahingehend untersucht, ob sich mögliche Risiken und/oder Chancen für die gegenwärtige und zukünftige Unternehmenssituation erkennen lassen.

An dieser Stelle sei darauf hingewiesen, dass in der Entscheidungstheorie für „Risiko" eine andere Begriffsbestimmung vorgenommen wird. Die Entscheidungsmodelle in der Entscheidungstheorie werden anhand der Sicherheitsgrade von Umweltzuständen (Szenarien) differenziert. Als Risiko wird eine Entscheidungssituation definiert, bei der für die künftigen Umweltzustände Eintrittswahrscheinlichkeiten größer 0 und kleiner 1 explizit angegeben werden können.[703]

Eine große Anzahl an Einflussfaktoren erhöht die Komplexität der Unternehmensumwelt signifikant. Zusätzlich beeinflussen sich viele Faktoren wechselseitig, sodass eine Veränderung an einer Stelle in der Umwelt zu mehreren gleich- oder gegenläufigen Entwicklungen an anderer Stelle führen kann.[704] Außerdem ist nicht jedes Ergebnis oder Element der Umwelt für die Formulierung einer Strategie bedeutsam. Somit müssen, aufgrund dieser komplexen großen Masse an Einflussfaktoren der Umwelt, die für die Zielerreichung des eigenen Unternehmens relevanten Faktoren heraussortiert werden, um die Komplexität der Unternehmensumwelt auf ein bestimmtes Maß zu reduzieren. Dies geschieht, indem die Unternehmensumwelt in zwei Analyseebenen unterteilt wird. Zum einen die Analyse der Makroumwelt und zum anderen die Analyse der Mikroumwelt.

---

[703] Näheres dazu wird im Unter-Unterabschnitt 1.6.11.4 „Bewertungsinstrumente" ausgeführt.
[704] Vgl. HUNGENBERG, H.: a. a. O., S. 86.

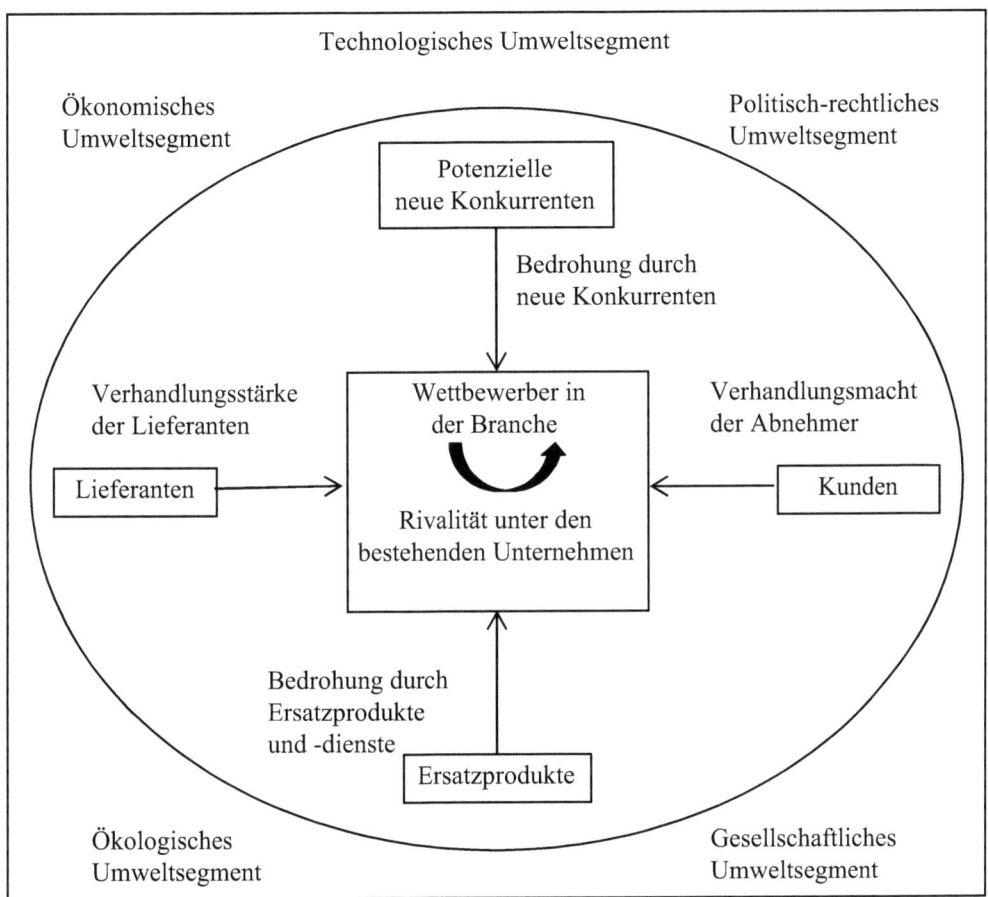

Darst. 1.6089: Makro- und Mikroumwelt
(In Anlehnung an BAUM, H.-G., COENENBERG, A., GÜNTHER, T.: Strategisches Controlling,
5. Aufl., Stuttgart 2013, S. 84.)

1.6.11.1.2 Analyse der Makroumwelt

Die Makroumwelt, welche auch als globales Umfeld bezeichnet wird, umfasst alle Einflussfaktoren, die nicht nur auf die eigene Branche oder das eigene Unternehmen wirken, sondern für

eine weitaus umfangreichere Anzahl von Unternehmen bedeutend ist.[705] Die Makroumwelt umfasst Bedingungen, die nur einen indirekten Bezug zu den Unternehmensaktivitäten haben und
somit von Unternehmen nur eingeschränkt kontrolliert und beeinflusst werden können, so dass
diese als Datenrahmen für fast alle Unternehmen fungieren.

Zur Analyse der Makro-Umwelt wird in der Literatur häufig die sog. **PEST-Analyse,** auch
PESTEL-Analyse oder **PESTLE-Analyse** genannt, verwendet. Das Akronym **PEST** steht für
die Faktoren **P**olitical, **E**conomical, **S**ocio-Cultural und **T**echnological. Im Vergleich zur PEST-
Analyse wird die **PESTEL-** bzw. **PESTLE-Analysen** werden um die Faktoren **E**nvironmental
und **L**egal ergänzt. Mit Hilfe der PEST, PESTEL und PESTLE-Analyse wird das Makroumfeld
in Hinblick auf spezifische Marktgegebenheiten und wahrscheinliche Entwicklungen sowie deren Auswirkungen beschrieben.

Für den weiteren Verlauf der Analyse, soll die Makro-Umwelt durch die fünf nachfolgenden
Umweltsegmente strukturiert werden:

- politisch-rechtliches[1],
- ökonomisches,
- ökologisches,
- gesellschaftliches (demographische und sozio-kulturelle Faktoren)
- technologisches

Darst. 1.6090: Unternehmensumwelt

> [1] Das politisch-rechtliche Umweltsegment entspricht den Faktoren Legal und Political aus der
> PESTEL-Analyse. Legal und Political werden in der deutschsprachigen Literatur meist zusam-
> mengefasst. Inhaltlich werden sowohl die juristischen Instanzen und ihre Rechtsprechung, aber
> auch die in einem Staat anzutreffende Gesetzgebung als auch das politische System angespro-
> chen.

Diese verschiedenen Umweltsegmente beinhalten ihrerseits einzelne Umweltfaktoren, welche
auf das globale Umfeld einwirken können und somit auch auf das eigene Unternehmen sowie
die eigene Branche.[706] Im nachfolgenden sollen die verschiedenen Umweltsegmente mit den
möglichen Umweltfaktoren näher erläutert werden.

Das **politisch-rechtliche** Umweltsegment beinhaltet besonders die staatliche Gesetzgebung für
das wirtschaftliche Handeln, welches durch Gesetze und Verordnungen massiv beeinflusst werden kann. Beispiele für politisch-rechtliche Umweltfaktoren werden nachfolgend dargestellt:

---

[705] Vgl. BAUM, H.-G., COENENBERG, A. G., GÜNTHER, T.: a. a. O., S. 80.
[706] Vgl. ebenda, S. 81.

- Regierungswechsel
- Zwischenstaatliche Abkommen
- Steuergesetzgebungen
- Internationale Konflikte
- Stabilität des gesellschaftlichen Systems
- Produzentenhaftung
- Deregulation der relevanten Märkte
- Arbeitsrechte
- Patentrechte
- Wirtschaftsordnung eines Landes
- Stabilität des politischen Systems
- Aktuelle und angestrebte Außenpolitik

Darst. 1.6091: Politisch-rechtliche Umweltfaktoren

Das **ökonomische Umweltsegment** beinhaltet die volkswirtschaftliche Entwicklung des eigenen Landes, der Absatzländer, größere Wirtschaftsräume oder die gesamte Weltwirtschaft. Durch ökonomische Umweltfaktoren wird die wirtschaftliche Ausgangslage eines Unternehmens beeinflusst. Nachstehend werden mögliche ökonomische Umweltfaktoren dargestellt:

- Reale und nominale Entwicklung des Bruttoinlandsproduktes
- Entwicklung der Inflationsrate
- Entwicklung des Wirtschaftswachstums
- Entwicklung des Kapitalmarktzins
- Wechselkursentwicklung
- Entwicklung des Einkommens
- Entwicklung der Kaufkraft
- Investitionstätigkeiten verschiedener Branchen
- Entwicklung der Arbeitslosenquote
- Entwicklung der Rohstoffpreise
- Entwicklung Import- und Exportgeschäfte

Darst. 1.6092: Ökonomische Umweltfaktoren

Das **ökologische Umweltsegment** betrifft die natürliche Umwelt, an die ein Unternehmen gekoppelt ist, da die Öffentlichkeit eine ökologisch orientierte Unternehmenspolitik erwartet. Mögliche ökologische Umweltfaktoren lassen sich wie folgt darstellen:

- Umweltschutzauflagen
- Entwicklung regenerierbarer Ressourcen
- Verfügbarkeit natürlicher Ressourcen
- Emissionen
- Standort (Klima, Topografie)

Darst. 1.6093: Ökologische Umweltfaktoren

Das **gesellschaftliche Umweltsegment** beinhaltet vor allem soziale, kulturelle und demographische Faktoren. Die nachfolgenden Umweltfaktoren beeinflussen die Gesellschaft, der jedes Unternehmen angehört:

- Gesellschaftsordnung
- Entwicklung der menschlichen Bedürfnisse
- Bildungswesen
- Einflüsse durch Religion
- Entwicklung der Lebensstile
- Entwicklung der Geburtenrate
- Bevölkerungsstruktur
- Altersstruktur
- Größe der Haushalte

Darst. 1.6094: Gesellschaftliche Umweltfaktoren

Das **technologische Umweltsegment** beeinflusst den Herstellungsprozess und die produzierten Güter eines Unternehmens. Technologische Entwicklungen müssen frühzeitig erkannt werden, da sie die Wettbewerbsposition eines Unternehmens beeinflussen. Mögliche technologische Faktoren sind nachfolgend dargestellt:

- Produktinnovationen
- Prozessinnovationen
- Entwicklung von Produktionstechnologien
- Entwicklung von Informations- und Kommunikationstechnologien
- Rationalisierungen im Produktionsbereich
- Weiterentwicklung bestehender Technologien
- Substitutionstechnologien

Darst. 1.6095: Technologische Umweltfaktoren

Nachdem die Makroumwelt in die verschiedenen Umweltsegmente und ihre Umweltfaktoren zerlegt wurde, ist es notwendig, die Segmente einem Analyseprozess zu unterziehen, der in die nachfolgenden Schritte unterteilt wird:[707]

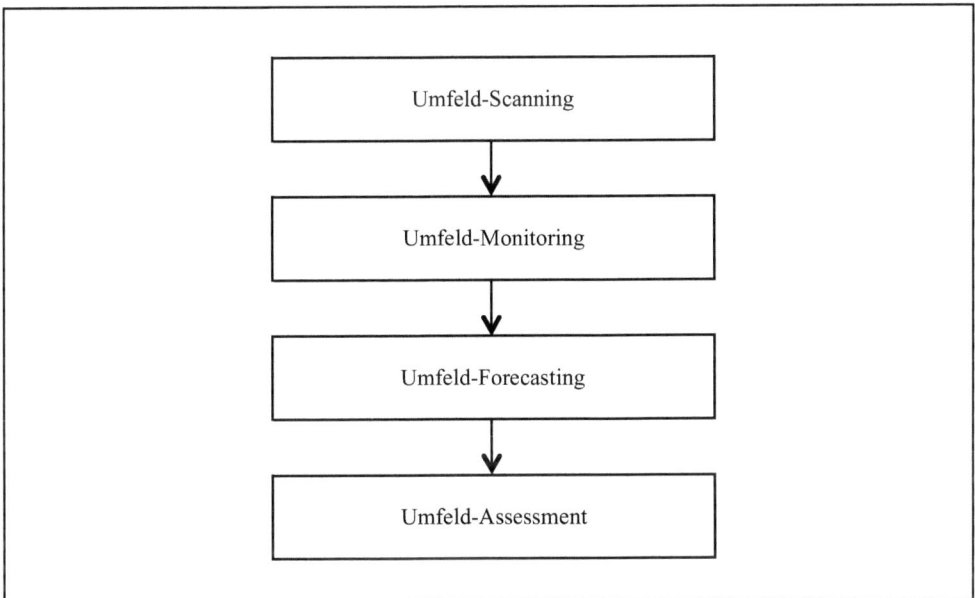

Darst. 1.6096: Analyseprozess des Umfelds

---

[707] Vgl. BAUM, H.-G., COENENBERG, A. G., GÜNTHER, T., a. a. O., S. 83.

1. **Umfeld-Scanning:** Alle Umweltsegmente werden systematisch auf neue Entwicklungen untersucht.
2. **Umfeld-Monitoring:** Dieser Schritt dient der Aufzeichnung, Verfolgung und Interpretation der aus dem Umfeld-Scanning gewonnen Daten.
3. **Umfeld-Forecasting:** Bei diesem Schritt sind die erkannten Tendenzen der Entwicklung der Umweltsegmente genauer zu prognostizieren.
4. **Umfeld-Assessment:** Dieser Schritt dient zur Beurteilung der möglichen Auswirkungen der prognostizierten Entwicklungen der einzelnen Umweltsegmente. Es gilt die Wahrscheinlichkeit für das mögliche Eintreten der prognostizierten Entwicklungen und deren mögliche Auswirkung auf das Unternehmen abzuschätzen und die Priorität für das Unternehmen zu bewerten.

Mit Hilfe der Analyse der Makroumwelt sollen wichtige Einflussfaktoren aus verschiedenen Segmenten der Unternehmensumwelt erkannt werden, die sich auf das Unternehmen auswirken. Bei der Analyse ist es von immenser Bedeutung, dass die möglichen Umweltfaktoren der verschiedenen Umweltsegmente nicht unabhängig voneinander zu betrachten sind, sondern diese sich teilweise gegenseitig beeinflussen können.[708]

In der Praxis wird die **PESTEL-** bzw. **PESTLE-Analyse** häufig bei der Beurteilung von Ländern, etwa bei der Suche nach einem geeigneten Produktionsstandort, eingesetzt. Als Hilfsmittel bei der Auswertung hat sich dabei das Scoring-Modell (Punktbewertungsschema, Nutzwertanalyse) besonders bewährt.[709]

1.6.11.1.3   Analyse der Mikroumwelt

Neben der Analyse des globalen Umfelds, gilt es im Rahmen der Umweltanalyse auch die **Mikroumwelt**, auch als **Branchenumwelt** bezeichnet, bzw. das aufgabenspezifische Umfeld, genauer zu betrachten. Das aufgabenspezifische Umfeld steht im direkten Bezug zu den Unternehmensaktivitäten und dient somit nicht als Datenrahmen für alle Unternehmen gleichermaßen. Zu diesem Umfeld zählen die Kunden, die Wettbewerber und die Lieferanten, die spezifisch für eine Branche sind, und durch die **Branchenanalyse**[710] strukturiert werden. Somit werden im Rahmen der Mikroumweltanalyse Faktoren untersucht, die nur für Unternehmen einer bestimmten Branche von Bedeutung sind. Im nachfolgenden soll die Branchenstrukturanalyse mit Hilfe des Branchenstrukturmodells ausführlich erläutert werden.

---

[708] Vgl. BEA, F. X., HAAS, J.: S. 126.

[709] Vgl. die Ausführungen und das Beispiel im Paragrafen 1.6.10.3.1 „Bewertungsprozess".

[710] Die Branchenanalyse umfasst die Branchenstrukturanalyse.

Die Branchenanalyse ist unterteilt in die Analysen der Branchenstruktur und der Konkurrenz innerhalb einer Branche. An erster Stelle ist zu klären, was genau unter einer Branche verstanden wird.

Eine Branche setzt sich aus einer Gruppe von Unternehmen zusammen, die Dienstleistungen und/oder Produkte anbieten, die das gleiche Kundenbedürfnis befriedigen und aus diesem Grund in Konkurrenz zueinander stehen.

Darst. 1.6097: Branche
        (Vgl. PORTER, M. E.: Wettbewerbsstrategie: Methoden zur Analyse von Branchen und Konkurrenten, 12. Aufl., Frankfurt/New York 2013, S. 37.)

Ähnlich wie bei der Analyse der Makroumwelt ist es bei der Branchenstrukturanalyse erforderlich, aus der großen Fülle von Einflusskräften die für die Formulierung der Strategie relevantesten Einflusskräfte herauszufiltern. Dieses ist nicht mit Gewissheit und im Allgemeinen noch nicht einmal auf der Basis von Wahrscheinlichkeiten möglich, so dass die Auswahl der Einflusskräfte auf Vermutungen beruht. Hier besteht demzufolge ein Risiko i. w. S., welches es im weiteren Prozess nicht aus den Augen zu verlieren gilt.[711]

---

[711] Vgl. SCHREYÖGG, K., KOCH, J.: Management, a. a. O., S. 161–162, 170.

1.6.11.1.3.1 Branchenstrukturanalyse

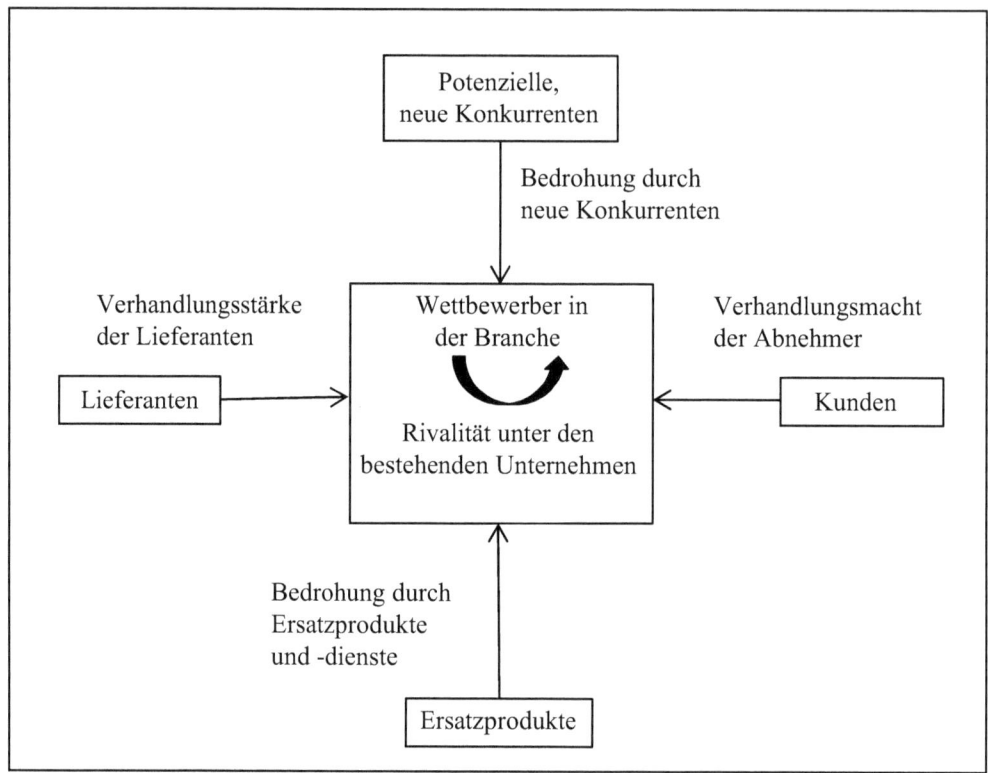

Darst. 1.6098: Branchenstrukturmodell von Porter
(PORTER, M. E.: Wettbewerbsstrategie, a. a. O., S. 38.)

Bei der **Branchenstrukturanalyse** sind nach Porter fünf Wettbewerbskräfte („Five-Forces")
zu berücksichtigen, welche den Wettbewerb innerhalb einer Branche maßgeblich beeinflussen.[712] Zusammen bestimmen die fünf Wettbewerbskräfte die Wettbewerbsintensität und Rentabilität der Branche.[713] Die vorstehende Darstellung veranschaulicht die verschiedenen Kräfte
und ihren Einfluss auf eine Branche.

---

[712] Vgl. BAUM, H.-G., COENENBERG, A. G., GÜNTHER, T., a. a. O., S. 84.

[713] Vgl. PORTER, M. E.: Wettbewerbsstrategie, a. a. O., S. 40.

Bedrohung durch neue Konkurrenten

Neue Marktteilnehmer weisen unter anderem das Verlangen nach Gewinn und neuen Kapazitäten in der Branche auf. Dementsprechend können die Kosten der bereits existierenden Wettbewerber erhöht oder die Preise gesenkt werden und folglich die Rentabilität der Branche gemindert werden. Die Bedrohung durch neue Konkurrenten ergibt sich aus den abschätzbaren Reaktionen der bestehenden Wettbewerber sowie aus den vorliegenden Eintrittsbarrieren der Branche. Nach Porter bestehen sieben Arten von Markteintrittsbarrieren:[714]

- Skaleneffekte (economies of scale): Erst durch eine entsprechende optimale Betriebsgröße können neu in die Branche eingetretene Anbieter niedrige Stückkosten erlangen. Diese Betriebsgrößenersparnisse liegen vor, wenn die Stückkosten eines Produkts bei steigender absoluter Menge pro Zeiteinheit sinken.[715]
- Kapitalbedarf: In bestimmten Branchen ist ein hoher Bedarf an Kapital für einen Brancheneintritt notwendig. Das Kapital wird z. B. für Einstiegswerbung, F&E, Produktionsanlagen, Kundenkredite und Inventar benötigt.
- Wechselkosten der Kunden (switching costs): Kaufen die Kunden Produkte von neu eingetretenen Anbietern, so entstehen den Kunden u. U. Wechselkosten, denen durch niedrige Verkaufspreise der Anbieter entgegengewirkt werden muss. Wechselkosten können z. B. Kosten für neue Zusatzgeräte oder Umschulungskosten für Mitarbeiter sein.
- Ausmaß der Produktdifferenzierung: Die bereits existierenden Anbieter einer Branche verfügen über Produktdifferenzierungsvorteile durch Marken und Kundenloyalität, welche aus vergangener Werbung, Service oder dem Brancheneintritt als erstes Unternehmen entstanden sind. Neue Konkurrenten müssen erhebliche Mittel aufwenden, um diese Vorteile zu erlangen.
- Erschwerter Zugang zu existierenden Vertriebskanälen: Der Eintritt in die Vertriebskanäle ist nur durch einen hohen Kapitaleinsatz möglich. Die neuen Unternehmen müssen durch Preissenkungen oder Bereitschaft gemeinsamer Werbeaktionen die Kanäle dazu bewegen, das neue Produkt zu akzeptieren. Durch diesen Zugang wird der Gewinn geschmälert.
- Größenunabhängige Kostenvorteile: Etablierte Unternehmen können über diese, von der Betriebsgröße unabhängigen Erfahrungskurveneffekte, verfügen, die für neue Konkurrenten nicht erreichbar sind. Hier zu nennen sind Vorteile wie bspw. Know-how, Patente, günstiger Zugang zu Rohstoffen, günstige Standorte oder auch staatliche Subventionen.
- Staatliche und rechtliche Regularien: Diese Regularien können den Markteintritt neuer Anbieter begrenzen oder sogar komplett verhindern.

---

[714] Vgl. PORTER, M. E.: Wettbewerbsstrategie, a. a. O., S. 41–48.
[715] Siehe die Ausführungen zu den Skaleneffekten im Paragrafen 1.6.11.1.4.7 „(Kosten-)Erfahrungskurvenanalyse".

Durch Vergeltungsmaßnahmen der etablierten Wettbewerber wird ebenfalls die Gefahr des Eintritts beeinflusst, indem den eintretenden Konkurrenten „das Leben schwer gemacht wird" oder der Eintritt sogar vollständig unterbunden wird. Eine hohe Wahrscheinlichkeit von Vergeltungsmaßnahmen wird durch die nachfolgenden Bedingungen signalisiert und schrecken somit vor dem Eintritt in eine Branche ab:[716]

- Bereits harte durchgeführte Vergeltungsmaßnahmen gegen frühere Eintretende.
- Eingetretene Unternehmen verfügen über umfangreiche Mittel, die zur Vergeltung eingesetzt werden können.
- Langsames Wachstum, wodurch die Aufnahmefähigkeit der Branche begrenzt wird.

Verhandlungsmacht der Kunden

Die Abnehmer werden als Wettbewerbskräfte modelliert, welche die Branchenrentabilität hauptsächlich durch das Verlangen nach höherer Qualität, niedrigeren Preisen und vermehrtem Service negativ beeinflussen können. Die Verhandlungsmacht der Abnehmer ist abhängig von den folgenden Bedingungen:[717]

- Konzentrationsgrad der Abnehmer: Ein Abnehmer kann Druck auf einen Lieferanten ausüben, wenn ein großer Anteil des Umsatzes auf diesen Abnehmer entfällt.
- Gekauftes Produkt repräsentiert hohen Anteil an den Kosten des Käufers: Die Abnehmer werden durch den hohen Kostenanteil stärker versuchen ihre Interessen durchzusetzen. In diesem Fall nehmen die Abnehmer vermehrte Kosten für die Suche nach einem günstigeren Preis auf sich.
- Wechselkosten (switching costs) sind niedrig: Sind die Wechselkosten niedrig, können die Abnehmer die Produkte ohne hohe zusätzliche Kosten von anderen Lieferanten beziehen.
- Viele Anbieter von Standardprodukten: Sind in einer Branche viele Anbieter von Standardprodukten, so können sich die Abnehmer sicher sein, dass sie immer alternative Lieferanten finden werden. Bei vielen Anbietern und vielen Nachfragern handelt es sich um ein zweiseitiges Polypol, während es sich bei vielen Anbietern und wenigen Nachfragern um ein Nachfrageoligopol handelt. Der Markttyp Nachfragemonopol besteht bei vielen Anbietern und nur einem Nachfrager.
- Abnehmer hat das Potenzial zur Rückwärtsintegration: Die Abnehmer können damit drohen, die Produkte selbst herzustellen und sind somit in der Lage, Zugeständnisse auszuhandeln.
- Schlechte „Profit"-Situationen des Käufers: Die schlechte Situation drängt die Abnehmer dazu, ihre Beschaffungskosten zu senken.

---

[716] Vgl. PORTER, M. E.: Wettbewerbsstrategie, a. a. O., S. 49.
[717] Vgl. ebenda, S. 61–63.

- Beschafftes Produkt ist unwichtig für die Qualität der Produkte des Käufers: Wenn die Qualität der Produkte des Käufers von dem beschafften Produkt abhängen, wird der Käufer des beschafften Produkts weniger preisempfindlich sein.
- Vollständige Information: Je umfassender der Abnehmer über die Lieferanten informiert ist, desto verhandlungsstärker ist er. Wie umfassend der Abnehmer informiert ist, hängt von der Markttransparenz ab.

Verhandlungsmacht der Lieferanten

Die Wettbewerbskraft der Lieferanten kann die Rentabilität einer Branche durch Preiserhöhungen, schlechtere Qualität und durch mangelhafte Lieferbereitschaft negativ beeinflussen. Die Verhandlungsmacht der Lieferanten wird durch die nachfolgenden Voraussetzungen beeinflusst:[718]

- Wenige Lieferanten, viele Nachfrager: Lieferanten können in diesem Fall einen beträchtlichen Einfluss auf Preise, Qualität und Lieferbedingungen ausüben. Dieser Markttyp wird als Angebotsoligopol bezeichnet. Besteht der Markt aus wenigen Anbietern und wenigen Nachfragern liegt ein zweiseitiges Oligopol vor.
- Keine oder ungenügende Ersatzprodukte: Je weniger Ersatzprodukte auf dem Markt der Branche verfügbar sind, desto stärker ist die Verhandlungsmacht der Lieferanten.
- Branche ist als Kunde für die Lieferanten relativ unwichtig: Hat eine Branche, an die ein Lieferant verkauft, keinen signifikanten Anteil an den Verkäufen des Lieferanten, so werden die Lieferanten eher ihre Verhandlungsmacht ausüben.
- Verkauftes Produkt ist wichtig für die Qualität der Produkte des Käufers: In diesem Fall wird die Verhandlungsmacht des Lieferanten erhöht.
- Wechselkosten (switching costs) sind hoch: Sind die Wechselkosten hoch, können die Abnehmer die benötigten Produkte nur mit hohen zusätzlichen Kosten von anderen Lieferanten beziehen.
- Lieferant hat das Potenzial zur Vorwärtsintegration: Die Lieferanten können damit drohen, eine oder mehrere nachgelagerte Fertigungsstufen zu übernehmen. Dadurch wird die Verhandlungsmacht zusätzlich erhöht.

Bedrohung durch Ersatzprodukte und -dienste

Durch Ersatzprodukte und -dienste bzw. Substitutionsprodukte und -dienste entsteht eine Bedrohung für alle Unternehmen einer Branche. Durch diese Produkte wird die Rentabilität und

---

[718] Vgl. PORTER, M. E.: Wettbewerbsstrategie, a. a. O., S. 64–66.

das Gewinnpotenzial einer Branche begrenzt, indem sie eine Preisobergrenze setzen, die die Hersteller dieser Produkte verlangen könnten, ohne dabei auf Gewinne zu verzichten oder diese zu gefährden. Substitutionsprodukte stellen eine Bedrohung für die Branche dar, wenn sie für die Kunden denselben Nutzen stiften, bzw. dieselbe Funktion erfüllen, den potenziellen Verkaufspreis „deckeln" und die Wechselkosten niedrig sind.

Grad der Rivalität unter den bestehenden Unternehmen

Je höher der Grad der Rivalität unter den bestehenden Wettbewerbern einer Branche, desto größer ist die Wahrscheinlichkeit einer sinkenden Branchenrendite.[719] Die Rivalität entsteht hauptsächlich, weil die Konkurrenten einer Branche ihre Marktposition verbessern wollen.[720] Der Grad der Rivalität wird dabei durch die nachfolgenden Kriterien bestimmt:[721]

- Hohe Anzahl oder gleich ausgestattete Wettbewerber: Bei einer hohen Anzahl von Wettbewerbern innerhalb einer Branche sind die Handlungen der Konkurrenz schwieriger zu identifizieren. Wettbewerber, die im Hinblick auf ihre Mittel und Größe ähnlich ausgestattet sind wie das eigene Unternehmen, können eine hohe Kampfbereitschaft aufweisen und harte Vergeltungsmaßnahmen durchführen.
- Langsames Branchenwachstum: Wächst eine Branche nur langsam, so ist ein Kampf durch die Unternehmen um die Höhe des Marktanteils wahrscheinlich.
- Hohe Fix- oder Lagerkosten: Durch hohe Fixkosten werden Unternehmen gezwungen ihre Kapazitäten möglichst stark auszulasten. Diese Senkung führt zwischen den Unternehmen oft zu einem Preiskampf. Ist ein Produkt schwer und kostspielig zu lagern, senken Unternehmen ihre Verkaufspreise, um Lagerbestände zu reduzieren. Somit wird durch die Preissenkungen der Gewinn einer Branche niedrig gehalten.
- Fehlende Differenzierung: Sind die Produkte oder Leistungen einer Branche homogen, werden die Produkte als einfache Gebrauchsartikel angesehen. Somit beruhen Käuferentscheidungen ausschließlich auf Verkaufspreis und angebotenem Service. Dies hat eine Intensivierung des Wettbewerbs bei Preis und Service innerhalb einer Branche zur Folge.
- Heterogene Wettbewerber: Unterscheiden sich Wettbewerber hinsichtlich ihrer Strategie, Persönlichkeit und Herkunft, so haben sie unterschiedliche Ziele und Strategien für ihr Verhalten im Wettbewerb und können dadurch in Konflikt zueinander geraten. Es fällt den Unternehmen häufig schwer, die Absichten der Konkurrenz zu verstehen und sich über die „Spielregeln" der Branche zu einigen. Häufig erhöhen ausländische Wettbewerber die Heterogenität einer Branche, da sie andere Ziele verfolgen und von anderen Prämissen ausgehen.

---

[719] Vgl. BAUM, H.-G., COENENBERG, A. G., GÜNTHER, T., a. a. O., S. 86.
[720] Vgl. PORTER, M. E.: Wettbewerbsstrategie, a. a. O., S. 53.
[721] Vgl. ebenda, S. 54–56.

Der **Grad der Rivalität** unter den bestehenden Unternehmen in einer Branche wird außerdem durch **Austrittsbarrieren** beeinflusst. Austrittsbarrieren sind nach Porter „... ökonomische, strategische und emotionale Faktoren, die Unternehmen zum Verbleib in ihrer Branche veranlassen, selbst wenn sie niedrige oder sogar negative Ertragsraten erwirtschaften."[722] Austrittsbarrieren basieren auf den nachfolgenden **Ursachen**:[723]

- Spezialisiertes Aktivvermögen: Das Aktivvermögen kann auf bestimmte Branchen spezialisiert sein und ist somit schwierig zu liquidieren.
- Hohe Fixkosten durch Branchenaustritt: Diese können durch Sozialpläne, Umsiedlungskosten etc. entstehen.
- Emotionale Barrieren: Diese Barrieren entstehen durch Faktoren wie der Identifikation mit dem eigenen Unternehmen und der Branche, Stolz, Sorge um die eigenen Mitarbeiter etc.
- Administrative und soziale Restriktionen: Auf Grund von Arbeitsplatzverlusten und negativen regionalen Auswirkungen bei einem Branchenaustritt, kann es vorkommen, dass staatliche Stellen den Austritt mit Restriktionen verhindern wollen.

Bei hohen Austrittsbarrieren weigern sich Unternehmen ökonomisch gerechtfertigte Austrittsentscheidungen zu fällen und wollen in der Branche nicht aufgeben. Diese Sturheit kann zu einer dauerhaft niedrigen Branchenrentabilität führen und zur Insolvenz des eigenen Unternehmens.[724]

Strategische Gruppen

In welchem Ausmaß sich die verschiedenen Wettbewerbskräfte einer Branche auf ein einzelnes Unternehmen auswirken hängt von der strategischen Gruppe ab, dem ein Unternehmen zugeordnet ist.[725]

> Verfolgen verschiedene Unternehmen einer Branche dieselbe oder eine ähnliche Strategie, so bilden diese Unternehmen eine strategische Gruppe.

Darst. 1.6099: Strategische Gruppe
(Vgl. PORTER, M. E.: Wettbewerbsstrategie, a. a. O., S. 183.)

---

[722] PORTER, M. E.: Wettbewerbsstrategie, a. a. O., S. 57.
[723] Vgl. ebenda.
[724] Vgl. ebenda, S. 57.
[725] Vgl. BAUM, H.-G., COENENBERG, A. G., GÜNTHER, T.: a. a. O., S. 86.

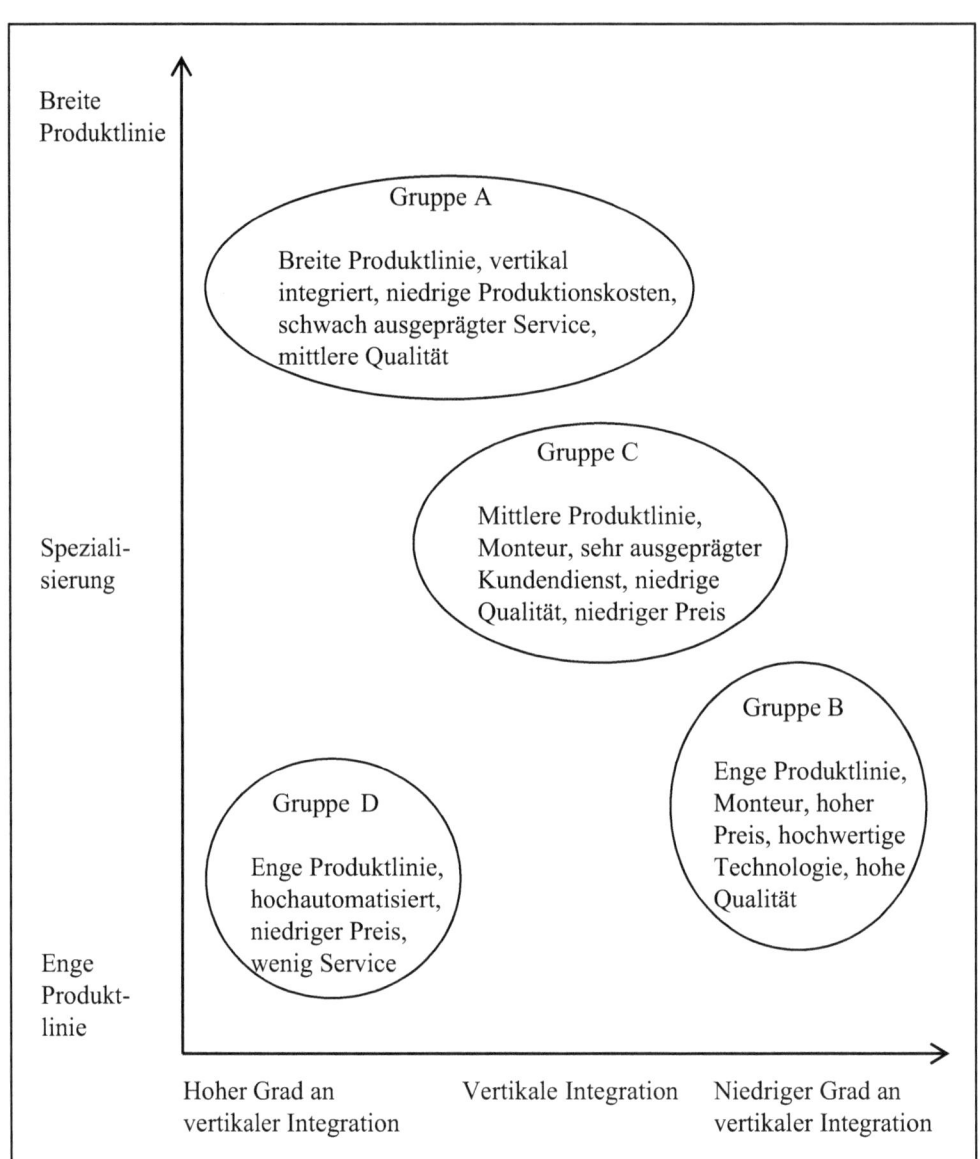

Darst. 1.6100: Beispiel für die Bildung strategischer Gruppen
(Vgl. PORTER, M. E.: Wettbewerbsstrategie, a. a. O., S. 186.)

Jedes Unternehmen einer Branche könnte bei heterogenen Strategien eine eigene strategische Gruppe bilden. Im Normalfall besteht jedoch eine kleine Zahl an strategischen Gruppen in einer Branche.[726]

Strategische Gruppen lassen sich bspw. durch **Kriterien** wie dem Grad der Spezialisierung, vertikale Integration, Produktangebot, Kundensegmente, Art der Vertriebskanäle, Qualität der Produkte oder Marketingkonzepte charakterisieren.[727] Die vorstehende Darstellung veranschaulicht die Bildung strategischer Gruppen anhand der strategischen Dimensionen „Spezialisierung" und „Vertikale Integration".

1.6.11.1.3.2 Marktformanalyse

Im Rahmen der Analyse der Mikroumwelt ist es erforderlich, eine **Marktartanalyse** vorzunehmen, indem die Märkte verschiedenen **Marktformen** zugeordnet werden. Welche Marktform vorliegt, entscheidet sich nach der Anzahl der auf beiden Marktseiten vorhandenen Marktteilnehmer (Anbieter und Nachfrager). Entweder treten auf jeder Marktseite ein großer, wenige mittlere oder viele kleine Anbieter oder Nachfrager auf. Somit ergeben sich insgesamt neun verschiedene Marktformen:

Nachfrager Anbieter	ein großer	wenige mittlere	viele kleine
ein großer	bilaterales Monopol	beschränktes Angebotsmonopol	Angebotsmonopol (Monopol)
wenige mittelgroße	beschränktes Nachfragemonopol	bilaterales Oligopol	Angebotsoligopol (Oligopol)
viele kleine	Nachfragemonopol (Monopson)	Nachfrageoligopol (Oligopson)	Vollständige Konkurrenz (Polypol)

Darst. 1.6101: Marktformenschema

Die verschiedenen Marktformen geben einen Aufschluss über die Strukturen von Angebot und Nachfrage, welche die Verhandlungsmächte der Kunden und der Lieferanten beeinflussen können. Bspw. haben Lieferanten eine hohe Verhandlungsmacht in einem (beschränkten) Angebotsmonopol oder in einem Angebotsoligopol. Die Verhandlungsmacht der Kunden kann eine

---

[726] Vgl. BAUM, H.-G., COENENBERG, A. G., GÜNTHER, T.: a. a. O., S. 86.
[727] Vgl. HUNGENBERG, H.: a. a. O., S. 132.

starke Ausprägung bei den Marktformen (beschränktes) Nachfragemonopol und Nachfrageoligopol vorweisen. Außerdem lässt sich aus den Marktformen eine Charakterisierung der Konkurrenzsituation auf dem Markt ableiten. In diesem Zusammenhang ist es hilfreich, eine konkrete Analyse der Konkurrenz durchzuführen. Diese Analyse dient später im Rahmen des weiteren Planungsprozesses der Ableitung konkurrenzbezogener Ziele und Strategien.

1.6.11.1.3.3 Analyse der Konkurrenten

Im Rahmen der Branchenstruktur- und der Marktformanalyse wurden die wichtigsten Wettbewerber bzw. der bedeutsamste Konkurrent derjenigen strategischen Gruppe, in der sich auch „unser" Unternehmen befindet, identifiziert.[728]

Im Rahmen der Konkurrenz- oder Konkurrenten-Analyse gilt es, diese relevanten Wettbewerber oder diesen entscheidenden Konkurrenten **näher „unter die Lupe zu nehmen"**. Bei genauerem Hinsehen müssen die Konkurrenten differenziert betrachtet werden:

Zeit / Branche	Gegenwart	Zukunft
eigene		
fremde	–	

Darst. 1.6102: Konkurrenzbezogene Kombinationen von Branche und Zeit

Neben den **aktuellen Wettbewerbern** können auch künftige identifiziert werden, wobei die **potenziellen Konkurrenten** zum jetzigen Zeitpunkt nicht unbedingt aus der gleichen Branche stammen müssen. Als Beispiel sei hier der Lebensmittellogistiker Nagel-Group angeführt, der derzeit den Versandhändler Amazon nicht als aktuellen, aber sehr wohl als potenziellen Wettbewerber ansieht, da dieser seit einigen Jahren ein flächendeckendes Netz an Logistikstandorten aufbaut und von dem der Einstieg in die eigene Zustellung von Waren bekannt ist. „Wir nehmen

---

[728] Eine strategische Gruppe ist dadurch gekennzeichnet, dass verschiedene Unternehmen einer Branche dieselbe oder eine ähnliche Strategie verfolgen.

es so wahr, dass sich Amazon auf das Geschäft mit Nichtlebensmittel konzentriert."[729] Was eben nicht ausschließt, dass Amazon auch Lebensmittel in der Zukunft ausliefern könnte.

Die Wettbewerber können auch **nach anderen Kriterien** weiter differenziert werden, die möglicherweise andere Gruppierungen ergeben. So kann bspw. die Volkswagen AG auf der Produktebene des VW Golf VII den Opel Astra, Ford Focus, Toyota Corolla und Seat Leon als Wettbewerber sehen, während als Branchenkonkurrent die Daimler AG gesehen wird.

Während die Analyse der derzeitigen Konkurrenten eines der Themen der **Lageanalyse**[730] ist, gehören die Analyse potenzieller Wettbewerber und die Entwicklung aktueller Konkurrenten in das Spezialgebiet der **Lageprognose**[731].

Eine **Konkurrentenanalyse** ist keine einmalige Aufgabe, sondern eine **wiederkehrende Notwendigkeit**[732] in Abhängigkeit von der Dynamik der Mikroumwelt, insb. den Veränderungen innerhalb der strategischen Gruppe.

Das **Ziel einer Konkurrenzanalyse** ähnelt grob dem Ziel der Umweltanalyse. Der Unternehmensführung sind möglichst sichere, vollständige und genaue Informationen über einen Ausschnitt des Umfeldes, nämlich die Wettbewerber, bereitzustellen. Konkret geht es um die Bedrohung bzw. das Bedrohungspotenzial der Hauptwettbewerber in Bezug auf das normative Ziel der Sicherung des Unternehmens, insb. der Gewährleistung seiner (Über-)Lebensfähigkeit.[733] Vor allem auf Märkten mit einem derzeitigen oder künftigen (sehr) starken Wettbewerb ist die Wettbewerbsanalyse ein zentraler Erfolgsfaktor der Marktbearbeitung. Aktuelle und künftige Chancen und Risiken im Wettbewerberumfeld müssen proaktiv erkannt und genutzt werden.[734] Durch eine intensive Auseinandersetzung mit den Konkurrenten kann (gleichzeitig) eine Fehlallokation der eigenen Ressourcen vermieden werden.

---

[729] https://www.westfalen-blatt.de/Ueberregional/Nachrichten/Wirtschaft/4184966-Versmolder-Nagel-Group-registriert-starke-Schwankungen-bei-Lebensmittel-Transportmengen-Corona-bringt-Logistiker-ins-Schwitzen, Abruf am 13.04.2020. Aktuell (November 2020) liefert Amazon auch schon ausgewählte Lebensmittel aus.

[730] Die Lageanalyse wurde im Paragrafen 1.6.10.1.1 „Lageanalyse" erörtert.

[731] Auf die Lageprognose wurde vorab im Paragrafen 1.6.10.1.2 „Lageprognose" eingegangen.

[732] Vgl. JENSTER, P., SOILEN, K.: Market Intelligence, Building Strategic Insight, Copenhagen 2009, S. 109.

[733] Siehe auch "Bedrohung durch neue Konkurrenten" im Paragrafen 1.6.11.1.3.1 „Branchenstrukturanalyse".

[734] Vgl. THEOBALD, E.: Marketing Intelligence. Ein Lehrbuch für die Praxis, 1. Aufl., Stuttgart 2019, S. 168.

Die wesentlichen **Aufgaben einer Konkurrenzanalyse** bestehen in der

- Herausarbeitung der Inhalte und Erfolgschancen der denkbaren strategischen Schritte des Konkurrenten,
- der Abschätzung der Aktions- und Reaktionsmöglichkeiten der Hauptwettbewerber hinsichtlich der Aktivitäten anderer Unternehmen der strategischen Gruppe und der Veränderungen in der Umwelt und speziell der Branche.[735]

Die vier **Kernelemente einer Konkurrenzanalyse**[736] sind die

- Feststellung der Ziele der Hauptwettbewerber,
- Informationen über die gegenwärtigen und erwarteten künftigen Strategien,
- zugrunde liegenden Annahmen sowie
- Kenntnis der Fähigkeiten und Ressourcen der Konkurrenten.

Zusammenfassend lässt sich die **Konkurrenzanalyse** wie folgt definieren:

Die Konkurrenzanalyse dient immer der Abschätzung des Bedrohungspotenzials der Hauptwettbewerber in Bezug auf das normative Ziel der Gewährleistung der (Über-)Lebensfähigkeit des Unternehmens. Sie umfasst explizit die Erstellung von Aktions- und Reaktionsprofilen der relevanten Wettbewerber, die für die eigenen Entscheidungen im Rahmen der strategischen Planung von Bedeutung sind.

Darst. 1.6103: Konkurrenzanalyse

Wie bei anderen Analysen auch gibt es bei der Konkurrenzanalyse eine typische Abfolge von Analyseschritten:

---

[735] Vgl. PORTER, M. E.: Wettbewerbsstrategie, a. a. O., S. 88.
[736] Vgl. ebenda, S. 88–119.

1. Bestimmung der relevanten Wettbewerber
2. Erstellung der Checkliste mit den wesentlichen Informationen über die Konkurrenten
3. Informationsgewinnung
4. Informationsbe- und -verarbeitung zwecks Erarbeitung von Wettbewerberprofilen
5. Wertsynthese zur Ermittlung der Gesamtbewertung der Konkurrenten
6. Externes Benchmarking und Identifizierung der wesentlichsten Wettbewerber
7. Abfassung des Wettbewerbsberichts und Weitergabe der Informationen an das Top-Management

Darst. 1.6104: Abfolge der strategischen Konkurrenzanalyse
(Vgl. THEOBALD, E.: a. a. O., S. 169.)

Bei der ersten Durchsicht des Procederes fällt ein **grundlegendes Problem der ersten Phase** auf. Aus Kapazitätsgründen muss ein Unternehmen für jeden (!) Markt[737] eine Vorauswahl hinsichtlich der zu untersuchenden Konkurrenzunternehmen vornehmen. Die **Bestimmung der relevanten Wettbewerber** innerhalb der strategischen Gruppe erfolgt jedoch, *bevor* die Gesamtbewertung der Konkurrenten im Schritt 5 und das externe Benchmarking mit der Identifizierung der wesentlichsten Wettbewerber im Schritt 6 durchgeführt wird.

Aufgrund der Vielzahl von Informationen – vgl. die Kernelemente der Konkurrenzanalyse – stellt sich die Frage, ob nur die Größten im Markt oder auch **kleinere Wettbewerber** in die Analyse einbezogen werden sollen. Eine Untersuchung von Simon zeigte auf, dass speziell kleinere Unternehmen, auch Start-ups, häufig größere Wachstumspotenziale aufweisen als größere, etablierte Unternehmen.[738] Kleinere Mitbewerber können zuweilen auch – derzeit oder künftig – interessante Marktnischen besetzen.[739]

Je nach Bedeutung können auch sog. **Local Heros** in die Betrachtung einbezogen werden, wenn Wettbewerber auf einzelnen regionalen Märkten eine marktbeherrschende Stellung aufweisen.

---

[737] Die Bestimmung des relevanten Marktes erfolgt grundsätzlich anhand der sachlichen, räumlichen und zeitlichen Abgrenzung. Vgl. BACKHAUS, K., SCHNEIDER, H.: Strategisches Marketing, 3. Aufl., Stuttgart 2020, S. 55 ff. Somit existieren für große Unternehmen eine Vielzahl von Märkten. Ein Problem besteht oft darin, dass Märkte in der Praxis viel zu eng abgegrenzt werden. Folge ist, dass Bedrohungen durch potenzielle Wettbewerber und Substitutionsprodukte viel zu spät erkannt werden.

[738] Vgl. SIMON, H.: Hidden Champions des 21. Jahrhunderts – Die Erfolgsstrategie unbekannter Weltmarktführer, Frankfurt/New York 2007, SIMON, H.: Hidden Champions – Die heimlichen Gewinner: die Erfolgsstrategie unbekannter Weltmarktführer, 2. Aufl., Frankfurt 1996.

[739] Vgl. EHRMANN, H., MINTERT, S.-M.: a. a. O., S. 154.

Möglicherweise liegt für den jeweiligen Markt bereits eine vorhergehende Analyse (s. Schritt 6 der Konkurrenzanalyse) mit den wichtigsten Wettbewerbern vor. Anderenfalls muss eine erste Selektion anhand der Größe des/der Konkurrenten, gemessen am Umsatz oder am Marktanteil[740], vorgenommen werden. Weitere **Kriterien** können die Umsatzentwicklung (Dynamik) und die Zahl der Innovationen bzw. die Erneuerungsrate[741] in den vergangenen Jahren, die (größte) Übereinstimmung hinsichtlich der angebotenen Grundfunktionen, des Kundenkreises und/oder des Produktprogramms, die strategischen Ziele und Optionen sowie die Managementqualität sein. Wie oben bereits erwähnt, ist diese Auswahl kontinuierlich zu überprüfen, da Trends, neue Markteintritte oder Übernahmen und Fusionen sowie gravierende Umweltveränderungen die Wettbewerberlandschaft schnell verändern können.[742]

Der zweite Schritt der Konkurrenzanalyse beinhaltet die **Erstellung der Checkliste mit den wesentlichen Informationen über die Konkurrenten**. Da der **Merkmalskatalog** letztlich der Identifizierung der wesentlichsten Wettbewerber dient, ist die Bestimmung der zugrunde zu legenden Kriterien sehr sorgfältig vorzunehmen.

Theobald schlägt bezüglich der Informationen über die Konkurrenten drei Informationenarten vor: Stammdaten, Bewegungsdaten und Einschätzungsdaten.[743] Stammdaten enthalten Basisinformationen über den Wettbewerb, die eine relativ hohe Stabilität haben und sich selten ändern. Dazu gehören u. a.: Konzernstrukturen, Produktionsstätten, Filial- und Niederlassungsstruktur, Vertriebskanäle und Vertriebswege, Informationen über die Geschäftsleitung und die leitenden Mitarbeiter, Übersicht der bearbeiteten Märkte sowie Unternehmensleitbild, Unternehmensphilosophie und Unternehmensziele. Die Bewegungsdaten unterliegen regelmäßigen Veränderungen. Zu ihnen gehören Unternehmens- und Marktbearbeitungsstrategien. Dieser Aufteilung wird hier nicht gefolgt, da auch die Stammdaten Veränderungen unterliegen. Zwar handelt es sich bei vielen Entscheidungen im Bereich der Stammdaten um Beschlüsse mit Grundsatzcharakter, wie dies bei normativen Entscheidungen (Sinn und Zweck des Unternehmens, grundsätzliche Unternehmensziele, Unternehmensethik, Vision, Unternehmensphilosophie, Unternehmenspolitik und Leitbild, Unternehmenskultur, Unternehmensverfassung und Corporate

---

[740] Wertmäßig oder mengenmäßig: Siehe die Ausführungen im Unterabschnitt 1.4.5 „Marktanteil, relativer Marktanteil und Distributionsquote" bei WÖRDENWEBER, M.: Operatives Controlling – Band 2, a. a. O., S. 374–379.

[741] Definiert als Umsatz neuer Produkte bezogen auf den Gesamtumsatz, multipliziert mit 100. Vgl. WÖRDENWEBER, M.: Operatives Controlling – Band 2, a. a. O., S. 469–470.

[742] Vgl. THEOBALD, E.: a. a. O., S. 169

[743] Vgl. ebenda, S. 172–174.

Governance)[744] der Fall ist.[745] Aber jedes Unternehmen ist auch Teil der es umgebenden Umwelt. Diese ist ständigen Veränderungen unterworfen.[746] Die Veränderungen treten mit unterschiedlichen Geschwindigkeiten und zu unterschiedlichen Zeiten auf. Mithin hängt das Eintreten bzw. Feststellen einer Veränderung von den Planungszeiträumen resp. von den Zeitpunkten der Planerstellung ab.

Hier soll eine Aufteilung bevorzugt werden, die ähnlich dem Vorgehen von Wördenweber eine Gliederung in gesamtbetriebliche[747] und funktionsbereichsbezogene Merkmale bzw. Kriterien vornimmt.[748] Der Vorteil dieser Unterteilung liegt darin, dass eine bessere Verknüpfung mit einem identisch aufgebauten Controlling gelingt und insb. funktionsbereichsbezogene Konkurrenzfaktoren einen direkten Vergleich innerhalb abgegrenzter Aufgabenbereiche ermöglicht.

Problematisch ist diese Differenzierung bei der Verwendung von Kennzahlen als Merkmale insofern, als eine funktionsbereichsbezogene Kennzahl gleichzeitig eine gesamtbetriebliche sein kann und umgekehrt. Als Beispiel sei hier der Cashflow genannt. Der Cashflow könnte somit als finanzwirtschaftliche Kennzahl des (gesamten) Unternehmens angesehen werden und/oder als Kennzahl des Funktionsbereichs Finanzen/Finanzierung.

Die Zuordnung der Kennzahlen soll wie folgt vorgenommen werden: **Ist eine Kennzahl oder deren *Nenner* nicht (eindeutig) einem Funktionsbereich zuzuordnen, so handelt es sich um eine gesamtbetriebliche Kennzahl**, anderenfalls um eine funktionsbereichsbezogene.

Gesamtbetriebliche Kennzahlen sind in erster Linie erfolgswirtschaftliche Kennzahlen wie z. B. die Gewinngrößen EBIT, EBITA, Jahresüberschuss, Bilanzgewinn etc.

Im Gegensatz zu absoluten Größen oder Grundzahlen stellt sich bei vielen Kennzahlen die Frage, welchem Funktionsbereich eine Kennzahl zuzuordnen ist bzw. wo sie abgehandelt werden soll, wenn der Nenner und der Zähler unterschiedlichen Funktionsbereichen zugeordnet werden können. Dies trifft z. B. typischerweise auf Beziehungskennzahlen zu. Hier werden verschiedenartige Massen in eine sinnvolle Beziehung zueinander gesetzt. Als Beispiel sei hier die Produktivität genannt. Sie könnte bspw. dem Produktionsbereich oder dem Personalbereich zugeteilt werden. Eine Kennzahl, deren Zähler und Nenner aus unterschiedlichen Funktionsbereichen stammen, wird dem Funktionsbereich zugeordnet, dem der Nenner der Kennzahl ent-

---

[744] Vgl. WÖRDENWEBER, M.: Normatives Management, a. a. O., S. 19.

[745] Vgl. ebenda, S. 6.

[746] Siehe u. a. Abschnitt 1.5 „Rahmenbedingungen der Unternehmensführung".

[747] Der Begriff gesamtbetrieblich ist nicht mit unternehmensbezogen gleichzusetzen. Eine Differenzierung der Begriffe erübrigt sich hier, da sich die betrachteten Kennzahlen immer auf ein konkretes Unternehmen beziehen, sofern nichts anderes bestimmt wird.

[748] Vgl. WÖRDENWEBER, M.: Operatives Controlling – Band 1, a. a. O., S. 425–426.

- Eigentumsverhältnisse
- Unternehmensbeteiligungen
- sonstige Verflechtungen mit anderen Unternehmen
- Konzernstrukturen
- Verwaltungsstandorte
- strategische Geschäftseinheiten
- Führungskräfte
  - Kompetenzen
  - Vergütungssystem
  - normatives Management
    - Unternehmensethik
    - Vision
    - grundsätzliche Unternehmensziele
    - Unternehmensphilosophie
    - Unternehmenspolitik und Leitbild
    - (angestrebte) Unternehmenskultur
    - Unternehmensverfassung und Corporate Governance
    - Risikomanagement und Corporate Compliance
  - strategische Ziele und Prioritäten
- Aufsichtsrat
  - Kompetenzen
  - Vergütungssystem
- Entscheidungsfindung
  - Ort
  - Art
  - Geschwindigkeit
- Planung
  - Art(en) der Planung
  - vertikale, horizontale und zeitliche Koordination der Planung
  - Planungszeiträume
- Organisation
  - Aufbauorganisation
  - Prozessorganisation
- Ausgestaltung des Rechnungswesens und Controllings einschl. Berichtswesen
- Teil-Erfolgskennzahlen zur Erfolgserzielung
- Analyse der Erfolgsverwendung
- Vermögensstrukturanalyse

Darst. 1.6105: Checkliste zur Konkurrenzanalyse mit gesamtbetrieblichen Merkmalen

stammt.[749] Ist der Nenner keinem Funktionsbereich eindeutig zuzuordnen, dann wird die Kennzahl *sinngemäß* einem Funktionsbereich zugeteilt.

---

[749] Nach dieser Einordnungsregel kommt es in wenigen Fällen zu überraschenden Zuordnungen. So werden die Erfolgskennzahlen wie Rentabilitätsgrößen im Bereich Finanzen oder im Bereich Marketing abgehandelt, da sich der Nenner auf eine Kapitalgröße oder den Umsatz bezieht. Wird der Aussagegehalt z. B. der Eigenkapitalrentabilität

• Forschung & Entwicklung
  • Technische Ressourcen
    ▪ Konzepte/Schwer-
      punkte
    ▪ Patente
    ▪ technologische Stufe
    ▪ Integration
  • Finanzielle Mittel
    ▪ Summe
    ▪ F&E-Aufwandsquote
    ▪ Kontinuität
    ▪ Eigenmittel
    ▪ staatliche Mittel
 	
• Beschaffung
  • Methoden/Systeme
    ▪ Integration mit
      Vertriebstriebs- und
      Produktionsplanung
    ▪ Dispositions- und
      Bestellsysteme,
    ▪ Lagerhaltungssystem
  • Lieferanten
    ▪ Lieferantenaudit
    ▪ Einkaufsverbünde
    ▪ Second Source
    ▪ Nachfrageanteil
 	
• Interne Logistik
  • Logistiksysteme
  • On-time-, Verzugs- und
    Fehllieferungsquote
 	
• Produktion
  • Produktionsstandorte
    ▪ Programm
    ▪ Kapazität
    ▪ Größe
    ▪ Alter
    ▪ Lage/Anbindung an
      Transportwege
	• Maschinen
	  ▪ Automatisierung
	  ▪ Flexibilität
	  ▪ Prozesse
	  ▪ Technik
	  ▪ Instandhaltung
	  ▪ Grad der Integration
	
	• Marketing
	  • Vertriebsstandorte
	  • Service- und Verkaufs-
	    strategie
	  ▪ bearbeitete und
	    geplante Märkte
	  ▪ Marktbearbeitungs-
	    strategien
	  ▪ Hauptkunden und
	    bedeutende Kunden-
	    segmente
	  ▪ Abhängigkeit von
	    Großkunden
	  ▪ Distributionssystem
	  ▪ Vertriebswege (indi-
	    rekt/direkt) und Ver-
	    triebskanäle, insb.
	    Online-Anteil
	  • Werbung
	    ▪ Qualität
	    ▪ Kontinuität
	    ▪ Art
	    ▪ Platzierung (Inter-
	      und Intramedien)
	    ▪ Etat und Quote
	    ▪ Multiplikatoren
	  • Öffentlichkeitsarbeit
	  • Beschwerdemanagement
	  • Marktforschung
	  • Gesamtumsatz
	  • Umsätze in den SGF
	    und Ländermärkten
	  • Umsatzrendite
		• Produkte
		  • Produktionsprogramm
		    und Sortiment
		  ▪ Marktanteile im
		    jeweiligen Markt
		  ▪ Preis(niveau)
		  ▪ Zahlungsbedingungen
		  ▪ Produktnutzen
		  ▪ Zuverlässigkeit
		  ▪ Qualität
		  ▪ Garantieleistungen
		  ▪ Image
		  ▪ zeitbezogene Kenn-
		    zahlen (u. a. Liefer-
		    zeit, On-time-Quote)
		  ▪ Erneuerungsrate
		
		• Finanz- und Rechnungs-
		  wesen
		  • Systeme
		    ▪ Liquiditätsplanung
		      insb. Budgetierung
		    ▪ Liquiditätskontrolle
		    ▪ Kostenplanung
		    ▪ Kostenkontrolle
		    ▪ Kostenrechnungs-
		      systeme
		    ▪ Investitionsrechnung
		  • Kennzahlen
		    ▪ Rentabilitätskenn-
		      zahlen
		    ▪ Eigenkapitalquote
		    ▪ Fremdkapitalquote
		    ▪ Art und Kosten der
		      Fremdfinanzierung
		    ▪ Anlagendeckungs-
		      grade
		    ▪ Liquidität
		    ▪ Kreditlinien
		    ▪ Cashflow
		    ▪ Kapitalflussrechnung

Darst. 1.6106: Checkliste zur Konkurrenzanalyse mit funktionsbereichsbezogenen Merkmalen

als Verzinsung des Eigenkapitals betrachtet, ist diese Zuordnung im Kontext der Finanzierung des Unternehmens und des aus Investorensicht erzielbaren Zinssatzes durchaus sinnvoll.

- Personalstrukturkennzahlen, u. a.
  - Art der Vertragsverhältnisse (unbefristet/befristet, Vollzeit-/Teilzeitbeschäftigung/ Ausbildungsvertrag)
  - Qualifikation (ungelernt, angelernt, gelernt)
  - Diversität
  - Alter
  - Betriebszugehörigkeit (Erfahrung)
  - Organisationszugehörigkeit
- Personalbewegungskennzahlen, u. a. Fluktuationsquote
- Arbeitszeitkennzahlen, u. a.
  - Quote der effektiven Arbeitszeit
  - Fehlzeitenquote
  - Krankheitsquote
  - Überstundenquote
- Personalaufwandskennzahlen, u. a.
  - Personalaufwand/Personalkosten je Mitarbeiter
  - Personalaufwandsquote
  - Entgeltquote
  - Personalzusatzkostenquote
  - Quote freiwilliger Sozialleistungen
- leistungsbezogene Kennzahlen, u. a.
  - Personalkosten-Umschlag
  - Arbeitsproduktivität
  - Erfolg je Mitarbeiter
  - Umsatz je Mitarbeiter
- weitere personalbezogene Kennzahlen, u. a.
  - Akquisition, Auswahl und Einarbeitung welcher Mitarbeiter (u. a. Qualifikationen)
  - Aus- und Weiterbildung der Mitarbeiter (Zahl, Kosten, fachlich)
  - Leistungsvergütungssystem
  - Anerkennung und Förderung
  - Betriebsklima
  - Disziplinarmaßnahmen

Darst. 1.6107: Checkliste „Personal" zur Konkurrenzanalyse

Den vorigen Ausführungen entsprechend werden zwei Checklisten mit Merkmalen vorgestellt: eine gesamtbetriebliche und eine funktionsbereichsbezogene. Ein großer Teil dieser Merkmale findet sich als Variablen des Benchmarkings bei der vergleichenden Kontrolle der Kennzahlen eines Unternehmens wieder.[750]

Die **gesamtbetriebliche Checkliste** (Darst. 1.6105) enthält eine Reihe von Basis- und funktionsbereichsübergreifenden Informationen.[751]

Die **funktionsbereichsorientierte Checkliste** (Darst. 1.6106) beinhaltet folgende Kriterien:

Da das **Personal** in allen vorstehenden Bereichen eingesetzt wird, existiert für die Beschäftigten des Unternehmens eine **spezielle Checkliste** (Darst. 1.6107).

Zu beachten ist, dass nahezu alle Merkmale sowohl für den Gesamtbetrieb als auch zwecks besserer Aussagekraft im Hinblick auf die Stärken und Schwächen des untersuchten Unternehmens für jeden Funktionsbereich analysiert werden müssen. Möglicherweise lassen sich Verschiebungen und letztlich Neuausrichtungen des Wettbewerbers erkennen.

Die aus den Checklisten gewonnenen Erkenntnisse werden im Rahmen einer **SWOT-Analyse**[752] überprüft und ggf. relativiert. Allerdings werden hier nicht die Stärken, Schwächen, Chancen und Risiken des eigenen Unternehmens eruiert, sondern die des relevanten Wettbewerbers/der entscheidenden Konkurrenten. Die SWOT-Analyse ist auf „beiden Seiten" dann identisch, wenn das eigene Unternehmen mit dem wichtigsten (stärksten) oder einem anderen Wettbewerber verglichen wird. Da die SWOT-Analyse sowohl bei der Analyse der Hauptwettbewerber als auch bei der Analyse des eigenen Unternehmens eingesetzt wird, soll dieses Analyseinstrument in einem separaten Paragrafen 1.6.11.1.6 „SWOT-Analyse" erläutert werden.

Um die Dynamik (und ggf. auch die Strategierichtung) eines Wettbewerbers besser beurteilen zu können, empfiehlt es sich, zusätzlich die **historische Abfolge wichtiger Ereignisse** (des Wettbewerbers) zusammenzustellen. Ein entsprechender Zeitstrahl kann grafisch mit Produktabbildungen, Auszeichnungen, Presse-Headlines etc. angereichert werden.

Ein Beispiel für eine derartige Zusammenstellung bedeutender Ereignisse veranschaulicht die nachstehende Abbildung.

---

[750] Siehe zu diesem Thema die Ausführungen im Unterabschnitt 1.7.6 „Bewertung von Kennzahlen und Benchmarking".

[751] Vgl. v. a. BAUM, H.-G., COENENBERG, A., GÜNTHER, T.: a. a. O., S. 87, v. a. STOI, R., DILLERUP, R.: a. a. O., S. 305, EHRMANN, H.: Marketing-Controlling, 5. Aufl., Ludwigshafen (Rhein), S. 186–187, EHRMANN, H., MINTERT, S.-M.: a. a. O., S. 155, JUNG, R. H., HEINZEN, M., QUARG, S.: a. a. O., S.313, THEOBALD, E.: a. a. O., S. 173–177.

[752] Siehe Paragraf 1.6.11.1.6 "SWOT-Analyse".

1969	1985	1998	2017
Gründung	Erweiterung	neues	Übernahme
in	Produkt-	Produkt:	von GSE,
Bielefeld:	palette:	Gebäude-	Frankreich
Hallenbau	Bürogebäude,	manage-	Erschließung
und	Parkhäuser	ment	Südeuropa
Stahlbau	mit Elementen		über 7.000
	aus eigener		Mitarbeiter
	Fertigung		
	200 Mitarbeiter		

1972	1997	2015
Dezentrales	Gründung	Goldbeck
Vertriebs-	der Goldbeck	fungiert
Netz:	International	als General-
Erste	Etablierung	übernehmer
Nieder-	erster Aus-	über 3.000
lassung	landsnieder-	Mitarbeiter
in	lassungen	
Hannover	1.200 Mitar-	
	beiter	

Darst. 1.6108: Wichtige Entwicklungsschritte eines Wettbewerbers am Beispiel der Goldbeck
          GmbH, Bielefeld

Für die (spätere) Abarbeitung der Checklisten spielt die Art und Weise der **Informationsgewinnung**[753] eine entscheidende Rolle. Während die erste Phase der Informationsversorgung[754],
die Informationsbedarfsermittlung, bereits mit der Erarbeitung der Checklisten abgeschlossen
ist, geht es jetzt um folgende Fragen:

1.   Wo bzw. wie sind die Informationen bestmöglich zu beschaffen?
2.   Welchen Ansprüchen (Qualitätskategorien)/Gütekriterien müssen die Informationen gene-
     rell entsprechen?

---

[753] Vgl. etwa FRETER, H.: a. a. O., S. 44 ff., MEFFERT, H., BURMANN, C., KIRCHGEORG, M., EISENBEISS,
     M.: a. a. O., S. 181–201, KOTLER, PH., ARMSTRONG, G., HARRIS, L., PIERCY, N.: a. a. O., S. 200–222,
     WEIS, H. C., STEINMETZ, P.: a. a. O., S. 62 ff.
[754] Vgl. die Ausführungen im Unter-Unterabschnitt 1.6.9.2 „Aufbau und Inhalt eines Planungshandbuchs".

Ein Großteil der Informationen ist bereits aufgrund der vom Gesetzgeber[755] und vom Kapitalmarkt geforderte und zunehmend von anderen Stakeholdern gewünschte Informationsversorgung relativ einfach beschaffbar. Jetzt gilt es, aus der Menge der verfügbaren Informationen diejenigen herauszufiltern, die für die Konkurrenzanalyse „brauchbar" sind. Brauchbar bedeutet, dass die Informationen generell mindestens folgenden **Ansprüchen (Qualitätskategorien, Gütekriterien)** entsprechen müssen. Mindestens heißt, dass es je nach Anforderungsprofil der Aufgabe bzw. des Adressaten der Information weitere Kriterien geben kann. Zu den Qualitätskriterien für Informationen zählen:[756]

- Problemrelevanz (Zweckorientiertheit, Relevanz der Informationen)
- Informationsgehalt (mit seinen drei Bestimmungsgrößen: Allgemeinheit, Präzision und Bedingtheit der Aussage)
- Vollständigkeit
- Wahrscheinlichkeit (Grad der Sicherheit)
- Reliabilität (Zuverlässigkeit der Information bzw. des Informanten)
- Überprüfbarkeit (Möglichkeit der Überprüfung des Wahrheitsgehalts der Informationen bzw. des Informanten)
- Aktualität (Alter bzw. Neuigkeitsgrad von Informationen)
- Zeitliche Verfügbarkeit (Rechtzeitige Information an den Informationsempfänger)

Darst. 1.6109: Qualitätskriterien für Informationen

Zwischen diesen Qualitätskriterien bestehen einige **Interdependenzen**. Beispielsweise trifft dies auf den Zusammenhang zwischen Vollständigkeit, Relevanz und Kosten zu. So ist auf der einen Seite oftmals eine Entscheidung zwischen der Relevanz bzw. den relevanten Daten und der Vollständigkeit derselben zu treffen. Auf der anderen Seite begrenzen die Kosten das Streben nach vollständiger Information, so dass letztendlich auch hier eine **Abwägung unter Kosten-Nutzen-Aspekten** vorgenommen werden muss.

Ein ähnliches Spannungsfeld ergibt sich aus einer möglichst **zeitnahen Information** einerseits und möglichst zuverlässigen und/oder vollständigen Informationen andererseits.

Als drittes Spannungsfeld sei die Beziehung zwischen der **Reliabilität** (Zuverlässigkeit) und der **Validität** (Genauigkeit) genannt. Maßstab für die Genauigkeit einer Information ist bei Intervallschätzungen die Breite des Konfidenzintervalls, innerhalb dessen der gesuchte „wahre"

---

[755] Siehe bspw. die gesetzlichen Mitteilungspflichten im Hinblick auf eine Beteiligung von und an einer AG oder KGaA nach §§ 20, 21 AktG und nach den §§ 33 ff. WpHG.

[756] Vgl. u. a. EHRMANN, H.: Marketing-Controlling, a. a. O., S. 160–161.

Wert liegt. Sicherheitsgrad (Signifikanzniveau) und Genauigkeitsgrad hängen voneinander ab, so dass bei gegebenem Untersuchungsplan der Sicherheitsgrad zu Lasten der Genauigkeit bzw. umgekehrt erhöht werden kann. Sollen beide Werte höheren Anforderungen genügen, ist der Untersuchungsplan zu ändern und eine Erhöhung des Stichprobenumfangs vorzunehmen. Letzteres ist dann allerdings mit höheren Kosten verbunden.

Die vorstehenden Aspekte sind grundsätzlich sowohl bei Primär-(originären) als auch bei Sekundär-(derivativen) Informationen zu beachten, gleich ob sie aus internen oder externen Quellen (s. u.) stammen.

Es wird bezüglich etlicher Merkmale nicht immer einfach sein, die für eine sorgfältige Konkurrentenanalyse notwendigen Informationen zu beschaffen. Bei vielen entscheidenden Informationen, die derzeit oder künftig strategische Vorteile von Unternehmen darstellen,[757] handelt es sich um **Geschäftsgeheimnisse**. Dies können bspw. Vorlagen oder Vorschriften technischer Art, insbesondere Zeichnungen, Modelle, Schablonen, Schnitte oder Rezepte sein. Geschäftsgeheimnisse sind Gegenstand der Betriebsspionage.

Betriebsspionage, d. h. das Ausspionieren von Unternehmen ist nach wie vor aktuell. Angesichts der zunehmenden Globalisierung, insb. in Verbindung mit einer wachsenden Digitalisierung, verschärft sich der internationale Wettbewerb. Im Ringen um Zutritt zu attraktiven Märkten, um Marktanteile und Wettbewerbsvorteile unterstützen nicht nur Staaten wie die Russische Föderation, die Volksrepublik China, Iran und einige andere Staaten des Nahen und Mittleren Ostens sowie Nordkorea, aber auch die USA und Großbritannien ihre einheimischen Unternehmen.[758] Auch zwischen den Wettbewerbern wird Spionage mit großem technischen und personellen Aufwand betrieben.

---

[757] Siehe die Liste der immateriellen Güter weiter unten im Rahmen der Konkurrenzspionage.

[758] Vgl. BUNDESAMT FÜR VERFASSUNGSSCHUTZ: Wer betreibt Spionage? https://www.verfassungs-schutz.de/de/arbeitsfelder/af-spionage-und-proliferationsabwehr/wer-betreibt-spionage, Abruf am 17.11.2016. Deutschland selbst betreibt keinen Geheimdienst, der für die deutsche Wirtschaft im Ausland spioniert.

Betriebsspionage liegt vor, wenn eine natürliche oder juristische Person entgegen § 4 GeschGehG ein Geschäftsgeheimnis eines Unternehmens rechtswidrig erlangt, nutzt oder offenlegt. Ausgenommen von der Erlangung, Nutzung oder Offenlegung eines Geschäftsgeheimnisses sind gem. § 5 GeschGehG Informationen zum Schutz eines berechtigten Interesses, insbesondere

1. zur Ausübung des Rechts der freien Meinungsäußerung und der Informationsfreiheit, einschließlich der Achtung der Freiheit und der Pluralität der Medien,
2. zur Aufdeckung einer rechtswidrigen Handlung oder eines beruflichen oder sonstigen Fehlverhaltens, wenn die Erlangung, Nutzung oder Offenlegung geeignet ist, das allgemeine öffentliche Interesse zu schützen,
3. im Rahmen der Offenlegung durch Arbeitnehmer gegenüber der Arbeitnehmervertretung, wenn dies erforderlich ist, damit die Arbeitnehmervertretung ihre Aufgaben erfüllen kann.

Darst. 1.6110: Betriebsspionage

Unabhängig davon, wer Auftraggeber der Spionage ist, stellt § 23 Abs. 1 bis 3 GeschGehG Geheimnisverrat und damit Betriebsspionage unter Strafe. Sowohl Mitarbeiter[759] als auch Unternehmensfremde müssen mit einer Freiheitsstrafe von bis zu drei Jahren oder einer Geldstrafe rechnen, in bes. schweren Fällen nach § 23 Abs. 4 GeschGehG mit einer Freiheitsstrafe von bis zu fünf Jahren oder einer Geldstrafe. Bereits der Versuch ist strafbar.

Dreh- und Angelpunkt des Geheimnisschutzes ist der Begriff des **Geschäftsgeheimnisses**. Es ist im § 2 Abs. 1 GeschGehG legaldefiniert:

---

[759] Zu dem Personenkreis der Geheimhaltungsträger gehören auch die Auszubildenden (§ 13 Nr. 6 BBiG) und, sofern ein berechtigtes Interesse an der Geheimhaltung besteht und das Unternehmen angemessene Geheimhaltungsmaßnahmen zum Schutz des Geschäftsgeheimnisses ergriffen hat, die Mitglieder des Betriebsrats, des Gesamtbetriebsrats, der Einigungsstelle, der Schlichtungsstelle sowie die Vertreter nach § 25 BetrVG, der Gewerkschaften und der Arbeitgeberverbände.

Ein Geschäftsgeheimnis ist eine Information
a) die weder insgesamt noch in der genauen Anordnung und Zusammensetzung ihrer Bestandteile den Personen in den Kreisen, die üblicherweise mit dieser Art von Informationen umgehen, allgemein bekannt oder ohne Weiteres zugänglich ist und daher von wirtschaftlichem Wert ist und
b) die Gegenstand von den Umständen nach angemessenen Geheimhaltungsmaßnahmen durch ihren rechtmäßigen Inhaber ist und
c) bei der ein berechtigtes Interesse an der Geheimhaltung besteht.

Darst. 1.6111: Geschäftsgeheimnis

Der Schutz von Geschäftsgeheimnissen hängt somit davon ab, ob der Inhaber des Geschäftsgeheimnisses dieses hinreichend geschützt hat. Ist letzteres der Fall, wird das Geschäftsgeheimnis durch das Gesetz zum Schutz von Geschäftsgeheimnissen besonders geschützt.

Interessant ist daneben das unter c) genannte „berechtigte Interesse". Dieses zielt darauf ab, dass **rechtswidrige Handlungen** wie etwa der „Dieselskandal"[760] keine Geschäftsgeheimnisse im Sinne des GeschGehG sein können. Insofern sind die in § 5 GeschGehG aufgeführten Tatbestandsausnahmen (s. die obige Definition Betriebsspionage) ohnehin kein Geschäftsgeheimnis.

Inhaber eines Geschäftsgeheimnisses ist lt. § 2 Abs. 2 GeschGehG jede natürliche oder juristische Person, die die rechtmäßige Kontrolle über ein Geschäftsgeheimnis hat.

Aus Auftraggebersicht kann zwischen der Wirtschaftsspionage und der Konkurrenzspionage differenziert werden:[761]

---

[760] Siehe zu diesem Thema die Ausführungen bei WÖRDENWEBER, M.: Nachhaltigkeitsmanagement, Grundlagen und Praxis unternehmerischen Handelns, Stuttgart 2017, S. 344–362.

[761] Vgl. BUNDESAMT FÜR VERFASSUNGSSCHUTZ FÜR DIE VERFASSUNGSSCHUTZBEHÖRDEB IN BUND UND LÄNDERN (HRSG.): Wirtschaftsspionage – Risiko für Ihr Unternehmen, Düsseldorf 2008, S. 2.

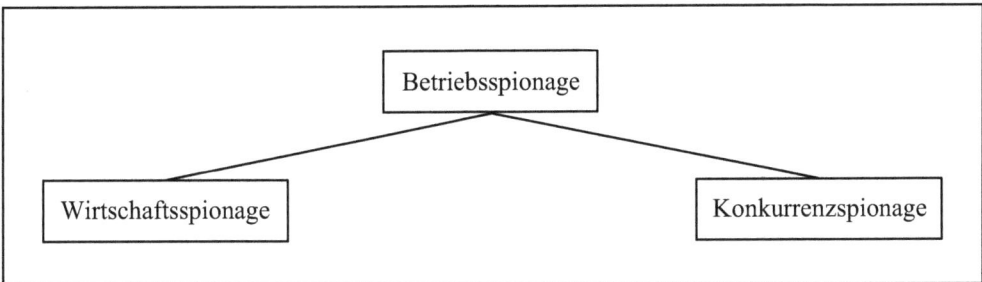

Darst. 1.6112: Formen der Spionage in der Wirtschaft aus Auftraggebersicht

Wirtschaftsspionage ist die staatlich gelenkte oder gestützte, von fremden Nachrichten-diensten ausgehende Ausforschung von Unternehmen oder mit ihnen in Verbindung ste-henden Organisationen.

Darst. 1.6113: Wirtschaftsspionage

Viele staatliche Geheimdienste arbeiten eng mit ihren einheimischen Unternehmen in der Be-schaffung von Informationen ausländischer Unternehmen zusammen, wie auch das nachfol-gende Beispiel verdeutlicht. Ein Fall von Wirtschaftsspionage wurde im Januar 2014 bekannt. Das deutsche Unternehmen Ferrostaal GmbH, ein weltweiter Projektentwickler, war 2003 in Nigeria in einer ausgeschriebenen Auftragsvergabe an einen Konkurrenten aus den USA unter-legen, nachdem der US-Geheimdienst NSA die Details des Ferrostaal-Angebots ausgespäht hatte. Dadurch ist dem Unternehmen ein Auftrag in Höhe von 34 Mio. US-$ entgangen.[762]

Die Bekämpfung von Wirtschaftsspionage ist gem. § 3 Abs. 1 Nr. 2 BVerfSchG Aufgabe der Verfassungsschutzbehörden. Darüber hinaus ist bei einem militärischen Bezug auch der Militä-rische Abschirmdienst (MAD) tätig.

Konkurrenzspionage, auch Konkurrenzausspähung oder Wettbewerbsspionage, heißt populä-rer **Industriespionage**[763].

---

[762] Vgl. LINDGENS, J.: NSA spähte auch Essener Firma Ferrostaal aus, in WAZ vom 21.01.2014, http://www.der-westen.de/staedte/essen/der-us-geheimdienst-spaehte-auch-ferrostaal-aus-id8895036.html, Abruf am 16.11.2016.

[763] Der Begriff Industriespionage ist insofern irreführend, als es vom Begriff „Industrie" her nicht um einen Wettbe-werber geht, sondern um eine ganze Branche bzw. einen Sektor einer Volkswirtschaft.

Konkurrenzspionage ist die von konkurrierenden Unternehmen ausgehende illegale Beschaffung geheim zu haltender materieller und immaterieller Güter eines anderen Unternehmens oder mit ihm in Verbindung stehender Organisationen.

Darst. 1.6114: Konkurrenzspionage

Immaterielle Güter können Studien, Zeichnungen, Schablonen, Entwürfe, Rezepturen, Formeln, Verfahren, Forschungsergebnisse, Marketingumfragen, Informationen über den Wettbewerb in der Branche, Bezugsquellen, Kundenlisten, Preis- und Kosteninformationen, Unterlagen zur Kreditwürdigkeit einschl. Liquiditätsstatus, Forschungsergebnisse, Informationen über Sicherheitsvorkehrungen resp. -implementierungen, Planungen aller Art (z. B. Fusionen und Übernahmen) u. Ä. sein. Zu den materiellen Gütern gehören in erster Linie Prototypen, fertige Erzeugnisse oder Teile davon. Ein Beispiel: 1990 hatte BP Thyssen auf Schadensersatz verklagt, nachdem BP Faxe von Thyssen abgefangen hatte, um einen Korruptionsfall aufzudecken (ein BP-Manager wurde von einem Thyssen-Berater bestochen). Es ging um eine Ausschreibung zur Gas- und Erdölförderung in der Nordsee, die Thyssen gewonnen hatte.[764] Auch eine Betriebsspionage in Form des Einschleusens von Personen als Mitarbeiter eines Konkurrenzbetriebs zwecks Auskundschaftung irgendwelcher Betriebsvorgänge ist nicht statthaft.[765]

Insgesamt entsteht der deutschen Wirtschaft durch Konkurrenzspionage ein jährlicher Gesamtschaden von ca. € 11,8 Mrd. Von den geschädigten Unternehmen erlitten 2014 77,5 % einen finanziellen Schaden durch Spionageangriffe.[766]

Von der Konkurrenzausspähung muss die **Competitive Intelligence** (CI) abgegrenzt werden, die in Amerika und Skandinavien meist als Business Intelligence bezeichnet wird.[767] Im Begriff Competitive Intelligence finden sich die beiden Wörter Competitive und Intelligence. Während Competitive (engl.) mit konkurrierend bzw. konkurrenzfähig, Konkurrenz-, Wettbewerbs- übersetzt werden kann, bedeutet Intelligence (engl.) Information, Auskunft, Aufklärung, aber auch Geheimdienst oder Spionage. Der Begriff kann wie folgt definiert werden. [768]

---

[764] FÖRSTER, A.: Maulwürfe in Nadelstreifen, Berlin 1997, S. 92; DER SPIEGEL: BP klagt gegen Thyssen, 1996, Heft 34, S. 59.

[765] Vgl. BGH, Urteil vom 16.03.1973, I ZR 154/71.

[766] Vgl. CORPORATE TRUST: Industriespionage 2014 – Cybergeddon der deutschen Wirtschaft durch NSA & Co.?, München 2014, S. 8.

[767] Auf eine mögliche inhaltliche Differenzierung der Begriffe Competitive Intelligence und Business Intelligence wird hier verzichtet.

[768] Vgl. MICHAELI, R.: Competitive Intelligence, Berlin 2006, S. 3; LUX, C., PESKE, T.: Competitive Intelligence und Wirtschaftsspionage – Analyse, Praxis, Strategie, Wiesbaden 2002, S. 27.

> Competitive Intelligence ist der systematische und kontinuierliche Prozess der legalen Informationsgewinnung, -analyse und -dokumentation über das Wettbewerbsumfeld eines Unternehmens.

Darst. 1.6115: Competitive Intelligence

Competitive Intelligence kann auch als Resultat des vorstehenden Prozesses verstanden werden.[769] Dieser einengenden Definition, die praktisch nur die Dokumentation umfasst, wird hier nicht gefolgt.

Ein wesentlicher Unterschied der Competitive Intelligence zur Konkurrenz- und Wirtschaftsspionage liegt in der Verwendung ausschließlich legaler Informationen. Unter dem Aspekt der Nachhaltigkeit sind somit sowohl die Konkurrenzausspähung als auch die Wirtschaftsspionage ethisch nicht vertretbar, weil die Informationen nicht auf legalem Wege erhoben werden. Die Übergänge zwischen CI und der Betriebsspionage sind jedoch wegen unterschiedlicher nationaler Gesetzgebungen fließend. Im Sinne der Nachhaltigkeit würden im Rahmen der CI zudem nur solche Informationen zusammengetragen, die datenschutzkonform und ethisch einwandfrei sind.

Im Gegensatz zur Competitive Intelligence beschäftigt sich die **Marktforschung** mit der Informationsgewinnung über Märkte. Marktforschung ist insofern zum einen weiter gefasst, da es sich neben dem Absatzmarkt auch um die Untersuchung anderer Märkte wie z.B. den Beschaffungsmarkt handelt. Zum anderen ist die Marktforschung im Absatzmarkt sehr stark kundenorientiert.

Die Zielsetzung von CI ähnelt der der Konkurrenzspionage. Es geht um die Sammlung von Informationen über materielle und immaterielle Güter anderer Wettbewerbsunternehmen oder mit ihnen in Verbindung stehender Organisationen, aber auch um Markt- und Branchenentwicklungen sowie Kundenerwartungen. Letztlich dienen diese dazu, Wettbewerbsvorteile zu erlangen bzw. eigene Schwächen im Wettbewerb zu erkennen und zu beheben und/oder eine geeignete Wettbewerbsstrategie zu entwickeln.

Als (legale) Informationsquellen kommen interne und externe infrage:

---

[769] Vgl. VEDDER, R. G./GUYNES, S./VANACEK, M.: CEO and CIO Perspectives on Competitive Intelligence, in: Communications of the ACM, 42. Jg., 1999, Heft 8, S. 109.

- Fachliteratur (einschl. Einkaufsführer etc.)
- Marktforschungsinstitute
- Veröffentlichungen der Wettbewerber (z. B. Jahresabschlüsse, Vierteljahresberichte, Hausmitteilungen, Pressekonferenzen, Werbebroschüren, Preislisten)
- Äußerungen von Kunden in den Medien (z. B. Bewertungsportale)
- Unternehmensberater und andere Experten
- Wirtschaftsverbände (z. B. Bundesverband der Deutsche Industrie (BDI), regionale Einzelhandelsverbände, Zentralverband des Deutschen Handwerks, Landesvereinigung der Arbeitgeberverbände Nordrhein-Westfalen e.V.)
- Ausstellungs- und Messeausschuss der Deutschen Wirtschaft
- Kammern (Industrie- und Handelskammer, Deutscher Industrie- und Handelstag (DIHT), Handwerkskammer, bilaterale Handelskammern (z. B. Deutsch-Amerikanische Außenhandelskammer))
- Technische Überwachungsvereine
- Berufsgenossenschaften
- Krankenkassen
- Rentenversicherungsträger (z. B. Bundesversicherungsanstalt für Angestellte (BfA), Landesversicherungsanstalten (LVA), Bundesknappschaft)
- Botschaften und Konsulate
- Bundesstelle für Außenhandelsinformationen
- Bundesministerium für Wirtschaft, andere Ministerien
- Ministerium für Wirtschaft, Innovation, Digitalisierung und Energie des Landes NRW
- Verlag Bundesanzeiger, Unternehmensregister im Internet
- Amt für Amtl. Veröffentlichungen der Europäischen Gemeinschaft
- Institute (z. B. Institute an den Universitäten (u. a. Institut für Weltwirtschaft, Hamburger Welt-Wirtschafts-Archiv (HWWA))
- Absatzmittler (Handelsbetriebe)
- Absatzhelfer (Kommissionäre, Spediteure, Banken (z. B. DtA))
- Auskunfteien (z. B. Creditreform, CRIF Bürgel, Dun & Bradstreet, infoscore, Schufa)
- Wirtschaftsdatenbanken (Genios, Bisnode u. a.)
- Anwälte (u. a. auch Patentanwälte)
- Patentämter (Deutschland (München), Europa (Alicante), u. a. wegen angemeldeter Patente, Marken, Warenzeichen, Gebrauchs- und Geschmacksmuster)
- Wertpapier- und Produktbörsen (Messen)
- Branchenberichte der Kreditinstitute
- Aktienanalysen von Banken und anderen Analysten
- gezielte Befragungen (auch simulierte Kundenanfragen) und Beobachtungen des Konkurrenten (Fabriken, Wege/Prozesse etc.)
- Produktanalysen (Reverse Engineering, Bedienungs-/Gebrauchsanleitungen)

Darst. 1.6116: Externe Informationsquellen

- Besuchsberichte der Vertriebsmitarbeiter bei Kunden (Außendienstberichte)
- Kundenanfragen
- Beschwerden/Reklamationen von Kunden
- Rückmeldungen von Absatzmittlern und -helfern
- Verbesserungsvorschläge von Mitarbeitern (Innerbetriebliches Vorschlagswesen)
- Daten aus Unternehmens- und sonstigen Vergleichen, an denen das eigene Unternehmen oder Funktionsbereiche teilgenommen haben
- Vermerke der eigenen Mitarbeiter aus Kontakten auf Messen, Tagungen etc., auf denen Mitbewerber ebenfalls anwesend waren

Darst. 1.6117: Interne Informationsquellen

Der nächste Schritt im Rahmen der Competitive Intelligence ist die **Be- und Verarbeitung der gewonnenen Informationen**. Zwar kann bei der ersten Überprüfung der Daten festgestellt worden sein, dass sie den obigen Qualitätskriterien für Informationen genügen, dennoch in der gegenwärtigen Form noch nicht aussagekräftig genug sind. Im Hinblick auf das Ziel der Konkurrenzanalyse[770], die Identifizierung der bzw. des Hauptwettbewerbers einschl. der

- Feststellung der Ziele der Hauptwettbewerber,
- Informationen über die gegenwärtigen und erwarteten künftigen Strategien,
- zugrunde liegenden Annahmen sowie
- Kenntnis der Fähigkeiten und Ressourcen der Konkurrenten,

sind die **Daten aufzubereiten**, d. h. zu **bereinigen, ergänzen, korrigieren, aufzuspalten, komprimieren, gruppieren oder mit anderen zu verknüpfen**. Dabei sind einige wesentliche **Anforderungen** zu beachten.[771]

- Viele Aufbereitungskriterien sind im Voraus nicht bekannt und werden erst bei der Benutzung deutlich.
- Der Benutzer sollte deshalb die Form der Aufbereitung mitbestimmen dürfen.
- Die Informationsversorgung sollte schon bei der Aufbereitung der Informationen eine Beurteilung über deren vermutlichen Nutzen aufzeigen. So kann sie dem Benutzer Impulse geben.
- Der Informationsstand des Benutzers sollte bei der Aufbereitung berücksichtigt werden.
- Die Informationsaufbereitung ist mit der Speicherung und Ausgabe abzustimmen.

---

[770] Siehe oben die „Kernelemente einer Konkurrenzanalyse".
[771] Vgl. HORVÁTH, P., GLEICH, R., SEITER, M.: a. a. O., S. 192.

Im Zusammenhang mit der Aufbereitung der Daten spielt das **Skalenniveau** der Merkmale (Items, Kriterien), genauer: der Merkmalsausprägungen, eine entscheidende Rolle hinsichtlich der Be- und Verarbeitungsmöglichkeiten. Eine erste Unterscheidung führt zu einer – eher ungenauen – Einteilung in quantitative und qualitative Daten. Ungenau deshalb, weil quantitative Merkmale vom Begriff her zahlenmäßige sind. Dies trifft meist auch auf die Merkmalsausprägungen ordinalskalierter Merkmale zu, die meist als Rangordnungen in Form von Ziffern angegeben werden. Daher lautet die korrekte Unterscheidung: metrische und nicht-metrische Merkmale.

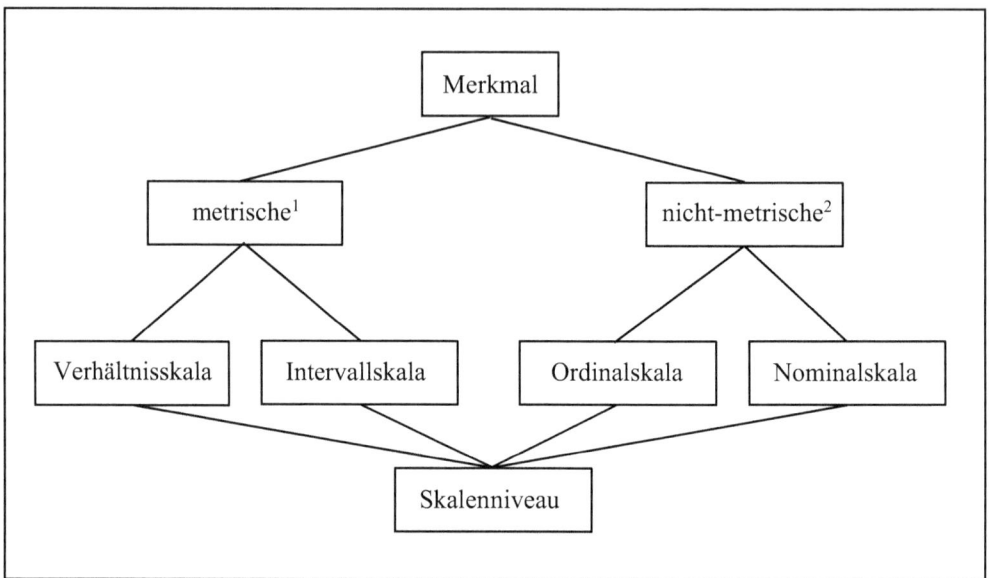

Darst. 1.6118: Skalenniveaus von Merkmalsausprägungen

[1] Oft auch als quantitative Merkmale bezeichnet. (Vgl. WEIS, H., CHR., STEINMETZ, P.: a. a. O., S. 262–263.)

[2] Häufig als qualitative Merkmale tituliert. (Vgl. ebenda.)

Skalenniveau	Beispiele für Merkmal	Beispiele für Merkmalsausprägung
Verhältnisskala	Alter Geschwindigkeit Längen (cm)	1, 14, 36, 69, 82 30, 55, 130, 175 10, 35, 75, 135
Intervallskala	IQ-Skala Jahreszahlen Temperatur °C	70, 95, 120, 132 30, 800, 1789, 1844, 1918, 2020 -12, -2, 11, 24, 32
Ordinalskala	Bundesligatabelle Energieeffizienz-klasse Schulnoten (D)	1., 2., 3., 18. A, B, C, D, E 1, 2, 3, 4, 5
Nominalskala	Familienstand Farbe Beruf	ledig, verheiratet, geschieden, verwitwet rot, grün, blau, weiß, schwarz, gelb, braun ... Lehrer, Maurer, Schornsteinfeger, Paketbote ...

Darst. 1.6119: Beispiele für Skalenniveaus

Bei den metrischen Skalen können die Differenzen zwischen den Merkmalsausprägungen[772] bestimmt werden. Dies ist der Fall, wenn die Ausprägungen als Vielfaches einer elementaren Maßeinheit angegeben werden können.

Bei Intervallskalen kann der 0-Punkt willkürlich festgelegt werden. Bei derartigen Skalen dürfen keine Quotienten gebildet werden. So ist z. B. die Aussage „30°C ist doppelt so warm wie 15°C" sinnlos.

Bei Verhältnisskalen hingegen weist die Skala einen absoluten Nullpunkt auf. Dadurch wird der Quotient zweier Merkmalsausprägungen unabhängig von der Maßeinheit.[773] Die Bildung von Quotienten ist möglich. Sie lassen sich gut interpretieren. So ist ein 36jähriger doppelt so alt wie ein 18jähriger.

---

[772] Bei metrischen Merkmalen werden die Merkmalsausprägungen auch als Merkmalswerte bezeichnet.

[773] Vgl. BLEYMÜLLER, J., WEISSBACH, R., DÖRRE, A.: a. a. O., S. 15.

Eine Ordinalskala ist dadurch gekennzeichnet, dass zwischen den einzelnen Merkmalsauspgrägungen eine natürliche Rangordnung herrscht. Zwischen den Merkmalsausprägungen lässt sich eine „größer als"- oder „besser als"-Beziehung herstellen. Die Abstände zwischen den Merkmalsausprägungen sind jedoch nicht quantifizierbar. So ist in der Bundesligatabelle der Viertplatzierte besser als der Achtplatzierte. Es kann aber z. B. nicht ausgesagt werden, dass der Viertplatziert doppelt so gut ist wie der Achtplatzierte – selbst wenn die Punktzahl des Viertplatzierten doppelt so groß sein sollte wie die des Achtplatzierten, denn die Punkte für ein gewonnenes Spiel sind identisch, egal wie hoch die Tordifferenz und wie überlegen der Sieger war.

Eine Nominalskala findet immer dann ihre Anwendung, wenn bei den Merkmalsausprägungen keine natürliche Reihenfolge gebildet werden kann, mithin die Merkmalsausprägungen gleichberechtigt nebeneinanderstehen. So steht bspw. bei der Religionszugehörigkeit die Ausprägung „alevitisch" gleichberechtigt neben „evangelisch", „konfessionslos", „römisch-katholisch", oder „sunnitisch". Eine Rangfolge ergibt sich erst, wenn eine Bewertung der Merkmalsauspgrägungen eines Merkmals, hier der Religionszugehörigkeit, erfolgt. Dann aber liegt bereits eine Ordinalskala vor.

Jedes Skalenniveau enthält ein **bestimmtes Ausmaß an Informationen** über die zugehörigen Merkmalsausprägungen. Dieses Ausmaß an Informationen nimmt entsprechend der Hierarchie der vier Skalen, von der Nominalskala bis zur Verhältnisskala zu. Mit jedem Skalentyp ist somit ein eindeutig festgelegtes Informationsniveau verbunden.[774]

Quantifizierbare Größen einschl. der Ordinalskala eignen sich unter dem Aspekt der Kontrollierbarkeit am besten.[775] Eingeschränkt gilt dies auch für ordinalskalierte Daten. Für das metrische Messniveau existieren die meisten statistischen Analyseverfahren.[776]

Im Zuge der Erarbeitung von Wettbewerberprofilen werden i. d. R. zwei verschiedene Analysen erstellt. Zum einen die im Paragrafen 1.6.11.1.6 noch vorzustellende SWOT-Analyse (Stärken-Schwächen-Profil) und zum anderen eine Competitive Profile Matrix[777]. Während das Stärken-Schwächen-Profil ausgewählte Merkmale mit ordinalskalierten Merkmalsausprägungen auflistet, geht die **Competitive Profile Matrix** einen Schritt weiter, indem sie als Scoring-Modell (Punktbewertungsschema, Nutzwertanalyse) die Merkmale gewichtet, die Merkmalsausprägungen mit den Gewichtungen der Merkmale multipliziert und die zuletzt ermittelten Produkte über

---

[774] Vgl. BLEYMÜLLER, J., WEISSBACH, R., DÖRRE, A.: a. a. O., S. 15.

[775] Vgl. EHRMANN, H., MINTERT, S.-M.: a. a. O., S. 46.

[776] Vgl. KOHN, W., ÖZTÜRK, R.: Statistik für Ökonomen. Datenanalyse mit R und SPSS, 2. Aufl., Berlin, Heidelberg 2013, S. 19.

[777] Vgl. THEOBALD, E.: a. a. O., S. 182–183.

alle Merkmale addiert. Das Ergebnis ist ein Punktwert. Wird diese Competitive Profile Matrix für alle Hauptwettbewerber erstellt, lässt sich anhand der Gesamtpunktwerte eine Reihenfolge der Konkurrenten erstellen.

Die ordinalskalierten Merkmalsausprägungen (eines Merkmals) können auf metrischen Werten basieren, die wegen der „Spannweite" der u. U. sehr unterschiedlich dimensionierten Merkmalsausprägungen (z. B. Umsatz und Rentabilität) ordinalen Werten zugeordnet werden. Somit würde zwar bei den metrischen Merkmalen ein Informationsverlust auftreten, der auf der anderen Seite eine gemeinsame Auswertung aller mindestens ordinalskalierten Merkmalswerte ermöglicht.

Vor der eigentlichen Wertsynthese (Schritt 5 der Konkurrenzanalyse) muss die **Festlegung der Gewichtungsskala und der Kriteriengewichte** erfolgen. In der Realität ist davon auszugehen, dass zur vollständigen Beurteilung einer Bedrohung durch Wettbewerber mehrere Kriterien angelegt werden müssen. Diese wurden bereits in den drei vorgestellten Checklisten zur Konkurrenzanalyse erfasst. Die relevanten Merkmale sind aber i. d. R. nicht gleichgewichtig. Daher müssen den einzelnen Kriterien Gewichte zugeordnet werden. Die zu vergebenen Gewichte richten sich nach einer Gewichtungsskala aus, die vorab zu definieren ist. Wenn bei der Analyse der Hauptkonkurrenten das Scoring-Modell (Nutzwertanalyse) zum Einsatz kommt, kann dieses Punktbewertungsverfahren das Ziel der Maximierung oder Minimierung der Punktsumme verfolgen. Bei einem Maximierungsziel ist darauf zu achten, dass sich die Kriterienwerte (z. B. Schulnoten) und Kriteriengewichte nicht quasi saldieren. Wenn beispielsweise eine Gewichtung von 1 (nicht wichtig) bis 10 (äußerst wichtig) erfolgt, sollte bei der Bewertung der Merkmale via Schulnoten beispielsweise das niederländische Notensystem von 1 (völlig ungenügend) bis 10 (ausgezeichnet) verwendet werden. (Das deutsche Schulnotensystem wäre hier ungeeignet.) Die Gewichtungsskala kann metrisch, ordinal (wie im Beispiel) oder nominal skaliert sein.

Als zweite Maßnahme vor der eigentlichen Wertsynthese ist eine **Festsetzung der Kriterienwerteskala und Ermittlung der Kriterienwerte je Wettbewerber** erforderlich. Ähnlich wie bei der Gewichtungsskala ist hier zunächst die Skalierung der Kriterienwerteskala festzulegen und darauf zu achten, dass sich die Kriterienwerte und Kriteriengewichte nicht quasi saldieren. Ist die Kriterienwerteskala bestimmt, werden jetzt dem Merkmal bzw. den relevanten Merkmalen eines Wettbewerbers der entsprechende Kriterienwert (Merkmalsausprägung, bspw. eine Schulnote oder Kosten) bzw. die entsprechenden Kriterienwerte zugeordnet.

Als fünfter Schritt der Konkurrenzanalyse steht die **Wertsynthese zur Ermittlung der Gesamtbewertung der Konkurrenten** an, die in die Competitive Profile Matrix mündet. Immer dann, wenn mehrere Kriterien – insbesondere mit unterschiedlichen Gewichten – bei der Analyse der Wettbewerber relevant sind und zur Anwendung kommen, ist eine Kombination der

einzelnen kriterienbezogenen Bewertungen (eines Konkurrenten), eine **Wertsynthese** vonnöten. Sie ermöglicht die Gesamtbewertung eines Wettbewerbers. Die Wertsynthese schafft somit
die Grundlage für eine konsistente Rangordnung aller Wettbewerber. Schwierigkeiten bei der
Aggregation zu einem Gesamtalternativenurteil treten dann auf, wenn die Kriteriengewichte
und Kriterienwerte nicht allesamt mindestens ordinalskalierter, im besten Falle metrischer Natur
sind.

Konsistenzprüfung der Bewertung: Die Kriterienwerte werden mit der Gesamturteilung eines
Wettbewerbers im Hinblick auf eine Verträglichkeit überprüft.

Das Ergebnis der Wertsynthese zur Ermittlung der Gesamtbewertung eines Konkurrenten ist
eine **Competitive Profile Matrix**, die sich für das Beispielunternehmen F. D. Ini SE wie nachfolgend gezeigt darstellt.

In der hier verwendeten Competitive Profile Matrix betrüge die maximale Punktzahl 1.400
Punkte (14 Merkmale • jeweiliges Maximalgewicht 10 • jeweilige Höchstbewertung pro Subkriterium), wenn jedem Merkmal das höchste Gewicht zugeordnet würde. Dies ist jedoch nicht
realistisch. Bei der hier vorgestellten Competitive Profile Matrix hat das untersuchende Unternehmen unterschiedliche Gewichte für die einzelnen Kriterien gewählt. In diesem Fall kann die
maximale Punktzahl eines Konkurrenten 860 Punkte betragen. Das betrachtete Unternehmen F.
D. Ini SE weist 587,70 Punkte auf.

Während die Analyse der derzeitigen Konkurrenten als Bestandsaufnahme/Status quo eines der
Themen der Lageanalyse[778] ist, gehören die Analyse potenzieller Wettbewerber und die Entwicklung aktueller Konkurrenten in das Spezialgebiet der Lageprognose[779]. In Bezug auf eine
Konkurrenzanalyse stellen die Lageanalyse und Lageprognose eine **gedankliche Einheit**[780] dar,
denn ein derzeit identifizierter Hauptwettbewerber muss nicht auch in Zukunft einer sein, während ein momentan noch relativ uninteressanter Konkurrent zu einem Hauptkonkurrenten er-
wachsen kann. Daher ist die Competitive Profile Matrix nicht nur im Sinne des **Status quo** zu
erstellen, sondern auch im Hinblick auf die **Zukunft**. Aus dem Vergleich der beiden Matrizen
lässt sich die **Dynamik der Entwicklung** von Wettbewerbern erkennen.

---

[778] Die Lageanalyse wurde im Paragrafen 1.6.10.1.1 „Lageanalyse" erörtert.

[779] Auf die Lageprognose wurde vorab im Paragrafen 1.6.10.1.2 „Lageprognose" eingegangen.

[780] Becker spricht daher auch konsequenterweise nicht von einer Konkurrenzanalyse, sondern von einer Konkurrentenanalyse & -prognose. Siehe BECKER, F. G.: a. a. O., S. 96–99.

Merkmal bzw. Subkriterium	Gewicht[1] davon	Bewertung[2]	Zeilenprodukt davon
Forschung & Entwicklung	9		63,0
Technische Ressourcen	50 %	6	27,0
Finanzielle Mittel	50 %	8	36.0
Beschaffung	2		13,6
Methoden/Systeme	40 %	5	4,0
Lieferanten	60 %	8	9,6
Interne Logistik	1		5,1
Logistiksysteme	30 %	3	0,9
On-time-, Verzugs-, Fehllieferungsquote	70 %	6	4,2
Produktion ...	6		44,2
Marketing ...	8		56,6
Finanz- und Rechnungswesen	9		79,2
Systeme	20 %	8	14,4
Kennzahlen	80 %	9	64,8
Personalaufwandskennzahlen	2	4	8,0
Leistungsbezogene Kennzahlen	6	6	36,0
Weitere personalbezogene Kennzahlen	9	7	63,0
Führungskräfte (Kompetenzen)	8	7	56,0
Aufsichtsrat (Kompetenzen)	3	4	12,0
Entscheidungsfindung (Geschwindigkeit)	7	9	63,0
Teil-Erfolgskennzahlen Erfolgserzielung	8	8	64,0
Erfolgsverwendung	8	3	24,0

Darst. 1.6120: Competitive Profile Matrix der F. D. Ini SE (Beispiel)

[1] Gewicht: 0 bis 10; 0 = unwichtig, 10 = extrem wichtig
[2] Bewertung: 0 bis 10; 0 = nicht existent/sehr schlecht; 10 = ausgezeichnet/hervorragend

Der sechste Schritt der Konkurrenzanalyse umfasst das **externe Benchmarking**[781] und die **Identifizierung der wesentlichsten Wettbewerber**. Um das erreichte Ergebnis, die Competitive Profile Matrix, hier: der F. D. Ini SE, bewerten zu können, ist eine Relativierung notwendig: Wie stark ist das untersuchte Unternehmen, d. h. auf welche Gesamtpunktzahl kommt es im Vergleich zu den anderen Wettbewerbern? Und vor allem interessiert das eigene Unternehmen: Wer sind die bedrohlichsten Wettbewerber und wo stehen wir mit unserem Unternehmen?

Aus dem **Vergleich der Gesamtpunktzahlen** aller Unternehmen der strategischen Gruppe lassen sich jetzt die **Hauptwettbewerber identifizieren**. Diese weisen die **höchsten Gesamtpunktzahlen** auf. Nun gilt es, diese genauer zu analysieren, um im Vergleich mit dem eigenen Unternehmen festzustellen, wo die **Stärken und Schwächen eines Hauptwettbewerbers** im Vergleich zum eigenen Unternehmen liegen. Die Stärken und Schwächen des Hauptkonkurrenten lassen sich recht einfach erkennen, wenn hinsichtlich jedes einzelnen Merkmals die Punktedifferenz zwischen dem Hauptwettbewerber und dem eigenen Unternehmen gebildet wird. Angenommen, bei dem analysierten Unternehmen F. D. Ini SE handelt es sich um einen Hauptwettbewerber. Wenn bspw. das Merkmal „Marketing" betrachtet werden soll, wird nun das Zeilenprodukt (siehe die vorstehende Matrix) der F. D. Ini SE gesucht (56,6) und mit dem entsprechenden Zeilenprodukt des eigenen Unternehmens verglichen. Weist das Unternehmen F. D. Ini SE bspw. ein deutlich höheres Zeilenprodukt als das eigene Unternehmen aus, handelt es sich um eine Stärke von F. D. Ini SE bzw. eine Schwäche des eigenen Unternehmens. Um den Ursachen dieser Differenz auf den Grund zu gehen, ist eine weitergehende Auseinandersetzung mit dem Merkmal „Marketing" erforderlich. Eine naheliegende Möglichkeit ist, sich mit den Subkriterien des Merkmals „Marketing" zu befassen. Laut obiger Checkliste wären dies:

- Vertriebsstandorte,
- Service- und Verkaufsstrategie,
- bearbeitete und geplante Märkte,
- Marktbearbeitungsstrategien,
- Hauptkunden und bedeutende Kundensegmente,
- Abhängigkeit von Großkunden,
- Distributionssystem,
- Vertriebswege (indirekt/direkt) und Vertriebskanäle, insb. Online-Anteil,
- Werbung
- Öffentlichkeitsarbeit,
- Beschwerdemanagement
- Marktforschung,
- Gesamtumsatz,

---

[781] Auf den Begriff des „externen Benchmarkings" wird näher im Unterabschnitt 1.7.6 „Bewertung von Kennzahlen und Benchmarking" eingegangen.

- Umsätze in den SGF und Ländermärkten,
- Umsatzrendite und
- Produkte.

Für viele dieser Subkriterien liegen weitere Untergliederungen vor, sodass sich die Ursachenanalyse im Hinblick auf die Stärken und Schwächen und damit auf die Chancen und Risiken weiter verfeinern lässt. So kann bspw. das Subkriterium „Produkte" weiter in

- Produktionsprogramm und Sortiment,
- Marktanteile im jeweiligen Markt,
- Preis(niveau),
- Zahlungsbedingungen,
- Produktnutzen,
- Zuverlässigkeit,
- Qualität,
- Garantieleistungen,
- Image,
- zeitbezogene Kennzahlen und
- Erneuerungsrate

differenziert werden.

Wenn lediglich die Stärken und Schwächen eines bestimmten Hauptwettbewerbers im Vergleich zum eigenen Unternehmen (oder eines anderen Benchmarks wie etwa dem Branchendurchschnitt) herausgearbeitet werden soll, lässt sich dies auch mit Hilfe der noch vorzustellenden SWOT-Analyse bewerkstelligen. Der Vorteil der Stärken-Schwächen-Analyse gegenüber der Competitive Profil Matrix liegt vor allem in dem geringeren Rechenaufwand und der grafisch besseren, weil übersichtlicheren und prägnanteren Darstellung.

In einem letzten Schritt der Konkurrenzanalyse steht die **Abfassung des Wettbewerbsberichts und Weitergabe der Informationen an das Top-Management** an. An dieser Stelle kann auf die Ausführungen zum Thema „Berichtswesen" im Unter-Unterabschnitt 1.6.9.2 „Aufgaben und Inhalt eines Planungshandbuchs" verwiesen werden. Wichtig ist u. a., dass sich die Ersteller des Berichts auf den Empfänger der Ausarbeitungen, das Top-Management, konzentrieren.

1.6.11.1.4 Analyse des Unternehmens

Die Unternehmensanalyse stellt neben der Umweltanalyse den zweiten Aufgabenbereich der strategischen Analysen dar.

> Das Ziel der Unternehmensanalyse ist es, sowohl ein möglichst objektives Bild der gegenwärtigen und zukünftigen Stärken und Schwächen des eigenen Unternehmens im Vergleich zu denen der Konkurrenz aufzuzeigen als auch Aussagen über die vorhandenen bzw. zukünftigen Unternehmenspotenziale zu gewinnen.

Darst. 1.6121: Unternehmensanalyse

Die Analyse befasst sich u. a. mit der heutigen und zukünftigen Situation der Unternehmung hinsichtlich seiner Prozesse, Ressourcen, Kompetenzen und der Bewertung der Unternehmenspotenziale:[782] Letztlich gilt es, die Stärken und Schwächen des Unternehmens zu ermitteln. Dazu gehört u. a. die Aufdeckung strategischer Lücken (Gap-Analyse)[783], das Herausfiltern strategischer Erfolgsfaktoren (PIMS-Studie)[784], die Wertschöpfungskettenanalyse[785], die Ressourcen- und Kompetenzanalyse[786], die Betrachtung des (Produkt-)Lebenszyklus[787] und die (Kosten-)Erfahrungskurve[788].

Die Unternehmensanalyse beruht auf einer systematischen Sammlung, Verdichtung, Auswertung und Interpretation von Informationen über das eigene Unternehmen, die für strategische Entscheidungen auf oberster Ebene zu verdichten sind.

Demzufolge besteht die bedeutsamste Aufgabe dieses Planungsschrittes in der Ermittlung der internen Situation eines Unternehmens, durch Aufdeckung der eigenen Stärken und Schwächen. Dadurch können anschließend die ermittelten Stärken und Schwächen, den aus der Unternehmensumwelt antizipierten Chancen und Risiken gegenübergestellt werden,[789] um geeignete

---

[782] Vgl. STOI, R., DILLERUP, R.: a. a. O., S. 238.

[783] Siehe Paragraf 1.6.11.1.4.2 „Gap-Analyse".

[784] Dieses Thema findet sich im Paragrafen 1.6.11.1.4.3 „PIMS-Studie".

[785] Sie wird im Paragrafen 1.6.11.1.4.4 „Wertschöpfungskettenanalyse" erläutert.

[786] Diese Analysen werden im Paragrafen 1.6.11.1.4.5 „Ressourcenorientierte Analyse" beschrieben.

[787] Der (Produkt-)Lebenszyklus wird im Paragrafen 1.6.11.1.4.6 „(Produkt-)Lebenszyklusanalyse" näher untersucht.

[788] Die Erfahrungskurve im Unternehmen, auch speziell hinsichtlich der Kosten, wird im Paragrafen 1.6.11.1.4.7 „(Kosten-)Erfahrungskurve" verdeutlicht.

[789] Dies geschieht im Rahmen der SWOT-Analyse, die im Paragrafen 1.6.11.1.6 „SWOT-Analyse" vorgestellt wird.

Strategiealternativen zu formulieren und um die Ansatzpunkte für die Schaffung eines strategischen Wettbewerbsvorteils aufzuzeigen. In jedem Fall sollte auch an dieser Stelle die strategische Zielsetzung des Unternehmens nochmals überprüft werden, sofern diese bereits schon vor der Unternehmensanalyse erfolgte.

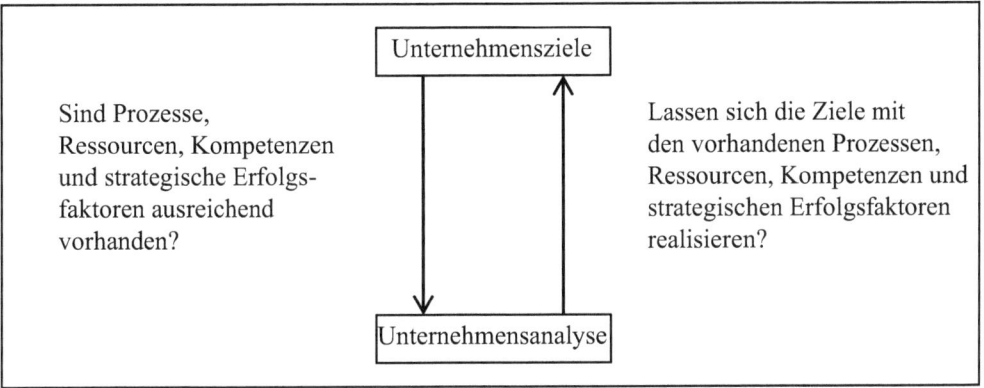

Darst. 1.6122: Zusammenspiel zwischen den Unternehmenszielen und der Unternehmensanalyse

Obwohl längst nicht alle Informationen zur Unternehmensanalyse aus dem Rechnungswesen stammen, haben das **interne und das externe Rechnungswesen** einschließlich der vorgeschriebenen Buchführung, Bilanz und Ergebnisrechnung doch **eine besondere Bedeutung im Rahmen der qualifizierten Kennzahlenanalyse**. Zu beachten ist allerdings, dass allenfalls ein ökonomisch nicht versierter Manager die vergangene, gegenwärtige und künftige wirtschaftliche Lage und Entwicklung seines Unternehmens allein aus dem Jahresabschluss erfahren will. **Jahresabschlüsse zeigen nur ein unvollständiges und auch nicht immer richtiges Bild über die „wirkliche" wirtschaftliche und finanzielle Situation und Entwicklung der Unternehmung**. Selbst wenn bilanzpolitische Verzerrungen eliminiert sind, ersetzen Bilanz und Gewinn- und Verlustrechnung keine internen Berichte, schon weil in solchen Berichten neben differenzierten Kennzahlen über Vergangenheitsdaten direkte Prognosen über deren wahrscheinliche Fortentwicklung nicht fehlen dürfen, sind doch erst auf dieser Grundlage Unternehmensentscheidungen sinnvoll möglich. Obwohl die **Buchhaltung und der Jahresabschluss den handels- und steuerrechtlichen Vorschriften entsprechen**, so **genügen beide** in der Regel **nicht ohne Aufbereitung als Ausgangsbasis einer qualifizierten Unternehmensanalyse**.[790] Die erforderliche Datenaufbereitung umfasst die **Verdichtung und Umgestaltung der Bilanz und**

---

[790] In diesem Zusammenhang ist u. a. auf die Angleichung des HGB an das angelsächsische Rechnungswesen hinzuweisen. So werden bspw. in den Umsatzerlösen betriebliche und nicht-betriebliche Erträge und Aufwendungen ausgewiesen.

Gewinn- und Verlustrechnung zur besseren Beurteilung der Unternehmung und zur Herstellung der Vergleichbarkeit verschiedener Abschlüsse. Die Datenaufbereitung[791] wird daher z. B. bei Wördenweber *vor* der Diskussion gesamtbetrieblicher Kennzahlen detailliert beschrieben.[792]

1.6.11.1.4.1 Strategische Geschäftsfelder (SGF)/Strategische Geschäftseinheiten (SGE)

Die Grundidee der strategischen Segmentierung ist, dass es für den Prozess der (späteren) Strategieentwicklung nicht ausreicht, das Geschäft eines Unternehmens als Ganzes zu betrachten. Da die einzelnen Unternehmensbereiche in verschiedenen Segmenten des Marktes tätig sind, erfordert deren Bearbeitung auch unterschiedliche Strategien. Der Bezugspunkt einer Strategie sollte insofern immer das konkrete Geschäft sein, in dem das Unternehmen (letztendlich) tätig sein will, und nicht nur das Unternehmen als Ganzes. Es gilt deshalb, die Chancen und Risiken sowie die Rahmenbedingungen der unterschiedlichen Geschäftssegmente ausreichend zu berücksichtigen. Die Segmentierung des Marktes liefert dazu die Grundlage. Aus den vorstehenden Überlegungen resultieren zwei elementare Fragen, die ein Unternehmen beantworten muss, bevor es mit der Ableitung von Strategien beginnen kann:[793]

- In welchem Bereich bzw. welchen Bereichen des Marktes wollen wir überhaupt tätig sein? Mit anderen Worten: In welche strategischen Geschäftsfelder (SGF) wollen wir investieren?
- Welche organisatorischen Voraussetzungen sind im Unternehmen nötig, um die strategischen Geschäftsfelder effektiv und effizient zu bearbeiten? Mit anderen Worten: Welche strategischen Geschäftseinheiten (SGE) bilden wir?

In der Literatur findet sich kein Konsens über die genaue Abgrenzung der Konstrukte strategische Geschäftsfelder vs. strategische Geschäftseinheit.[794] In vielen Fällen werden die inhaltlichen Beschreibungen mit den Begriffen unterschiedlich kombiniert. Oftmals werden beide Termini auch fälschlicherweise synonym verwendet. Eine genaue Präzisierung der Segmentierung von **Geschäftsfeldern** (strategic business areas) und **Geschäftseinheiten** (strategic business units) ist die notwendige Voraussetzung für eine erfolgreiche Ausgestaltung des strategischen Managementprozesses.

---

[791] WÖRDENWEBER, M.: Operatives Controlling – Band 1, a. a. O., S. 341–424.

[792] Ebenda, S. 425-594.

[793] Vgl. KREIKEBAUM, H., GILBERT, D. U., BEHNAM, M.: Strategisches Management, 8. Aufl., Stuttgart 2018, S. 76–77.

[794] Vgl. LOMBRISER, R., ABPLANALP, P. A.: Strategisches Management: Visionen entwickeln, Erfolgspotenziale aufbauen, Strategien umsetzen, 7. Aufl., Zürich 2018, S. 80–95.

Die Segmentierung des Marktes mittels der Bildung **strategischer Geschäftsfelder** wird dabei auch als **externe Segmentierung** bezeichnet und lenkt den **Blick auf die Umwelt des Unternehmens**.[795] Es handelt sich also um eine gedankliche, außenbezogene Abgrenzung.[796] Die Abgrenzung der **strategischen Geschäftseinheiten** dagegen richtet die **Sicht auf das Unternehmen und seine Strukturen** (innenbezogene Abgrenzung)[797] und wird deshalb **interne Segmentierung** genannt.[798] Als „Eselsbrücke" mag hier der Begriff „*Einheit*" bei der strategischen Geschäfts*einheit* diesen, der auch im Wort „Unternehmens*einheit*" (wie z. B. Abteilungen) vorkommt. Beide Formen der Segmentierung gilt es, im Folgenden näher zu erläutern.

Strategische Geschäftsfelder (SGF) entstehen gedanklich dadurch, dass die Felder, welche seitens des Unternehmens bearbeitet werden sollen, zunächst einmal grob im Rahmen der Mission[799], dann im Rahmen der Segmentierung exakt definiert werden müssen. Nicht wenige Unternehmen scheitern daran, dass (bereits) das strategische Geschäftsfeld nicht ausreichend genau bestimmt worden ist. Im Kontext der zunehmenden Komplexität und Dynamik des unternehmerischen Umfeldes[800] ist daran zu erinnern, dass auch die einmal festgelegten Geschäftsfelddefinitionen von Zeit zu Zeit zu überprüfen sind. Unterlässt eine Unternehmung dies, so läuft sie Gefahr, ihre jeweiligen Wettbewerbsvorteile zu verlieren. Erst wenn die Aufgabe der Definition der strategischen Geschäftsfelder erledigt ist, kann das Unternehmen daran gehen, die internen organisatorischen Strukturen, d. h. die strategischen Geschäftseinheiten, festzulegen.

Strategische Geschäftseinheiten (SGE)[801] umfassen in sich homogene Teile der Unternehmung, die ein eigenständiges Aktivitätsfeld darstellen. Sie werden gebildet, indem produktähnliche Bereiche gebildet werden, um

- Synergiepotentiale zwischen den Produkten zu nutzen,
- einen gemeinsamen Marktauftritt zu bewerkstelligen,
- eventuelle Dachmarken zu bilden und dessen Bekanntheit/Image auf neue Produkte des Bereichs/der SGE zu übertragen,
- Lean Management zu praktizieren, d. h. Overhead-Kosten (Fixkosten) abzubauen.

Strategische Geschäftseinheiten müssen nicht mit der Organisationsstruktur der Unternehmung übereinstimmen

---

[795] Vgl. HUNGENBERG, H., WULF, T.: a. a. O., S. 103–104.8

[796] Vgl. JUNG, R. H., HEINZEN, M., QUARG, S.: a. a. O., S. 339.

[797] Ebenda, S. 352.

[798] Vgl. KREIKEBAUM, H., GILBERT, D. U., BEHNAM, M.: a. a. O., S. 274, BAUM, H.-G., COENENBERG, A. G., GÜNTHER, T.: a. a. O., S. 58.

[799] Zum Thema „Mission" vergleiche bspw. die Ausführungen bei WÖRDENWEBER, M.: Normatives Management, a. a. O., S. 167–169.

[800] Siehe die Ausführungen im Abschnitt 1.5 „Rahmenbedingungen der Unternehmensführung".

[801] Im anglo-amerikanischen Raum entspricht die SGE der Strategic Business Unit (SBU).

1.6.11.1.4.2 Gap-Analyse

Die Gap-Analyse, auch als Lücken-Analyse bekannt, ist ein strategisches Planungsinstrument. Im Rahmen dieser Analyse erfolgt eine Gegenüberstellung der angestrebten bzw. geplanten Zielgröße und der zu erwarteten bzw. aktuellen Entwicklung. Mögliche untersuchte Zielgrößen können bspw. der Gewinn, der Umsatz oder Deckungsbeitrag sein. Die gegenübergestellten Größen werden auf Abweichungen untersucht. Eine mögliche Differenz zwischen der geplanten Größe und der aktuellen Größe ist eine Lücke, welche sich in eine operative und eine strategische Lücke gliedern lässt.

Die **operative Lücke** kann durch eine verbesserte Ausschöpfung von bestehenden Erfolgspotenzialen[802] im Rahmen des operativen Managements geschlossen werden. Dies kann bspw. durch erhöhte Werbemaßnahmen bestimmter Produkte, Kostensenkungen oder durch eine Steigerung der Produktivität geschehen.[803]

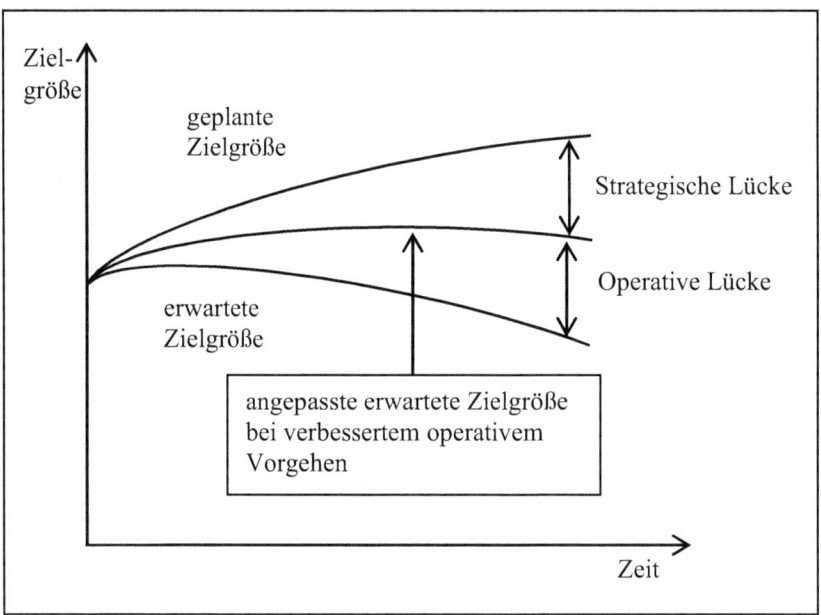

Darst. 1.6123: Gap-Analyse
          (Ähnlich KREIKEBAUM, H., GILBERT, D. U., BEHNAM, M.: Strategisches
          Management, 8. Aufl., Stuttgart 2018, S. 216.)

---

[802] Siehe Paragraf 1.6.11.1.1.1 „Wettbewerbsvorteile und Erfolgspotenziale".

[803] Vgl. STOI, R., DILLERUP, R.: a. a. O., S. 391.

Durch die Schließung der operativen Lücke nähert sich die erwartete Zielgröße an die geplante Zielgröße an. Jedoch lässt sich eine vollständige Schließung nicht nur durch operative Maßnahmen realisieren. Die noch vorhandene **strategische Lücke** erfordert neue Strategien, um eine Veränderung der Unternehmensstruktur zu erzielen. Gründe für die strategische Lücke können u. a. ein veraltetes Produktprogramm, altmodische oder falsche Vertriebskanäle oder veraltete Fertigungsverfahren und -anlagen sein.[804]

Die Gap-Analyse verdeutlicht, ob neue strategische Lösungen erforderlich sind und in welcher Form verschiedene Strategien miteinander kombiniert werden müssen, um eine geplante Zielgröße zu erreichen.

1.6.11.1.4.3 PIMS-Studie

Die PIMS-Studie (**P**rofit **I**mpact of **M**arket **S**trategies) befasst sich mit speziellen strategischen Lücken im Hinblick auf den Unternehmenserfolg. Dieser wird durch den Return of Investment (ROI) repräsentiert.

$$ROI = \frac{\text{Gewinn vor Steuern} + \text{Zinsen auf das langfristige Fremdkapital}}{\text{Bilanzsumme} - \text{kurzfristige Verbindlichkeiten}}$$

Darst. 1.6124: Return of Investment (ROI)

Die ursprünglich von General Electric intern erstellte Studie wurde von der Harvard Business School auf andere Unternehmen ausgeweitet. Zunächst wurden 250 Unternehmen aus Nordamerika und Europa mit ca. 3.000 Geschäftsbereichen untersucht.[805] Heute umfasst die Studie mehr als 12.500 Beobachtungen in über 4.200 SGEs.[806] Ziel der Studie war und ist es, die für den Unternehmenserfolg maßgeblichen Faktoren mittels Regressionsanalyse herauszufiltern. Die ursprünglich 37 unabhängigen Variablen wurden letztlich zu sieben Einflussgrößen (Marktanteil, Produktivität, Investment-Intensität, relativer Kundennutzen, Innovationsrate, Wachstumsrate des Marktes, vertikale Integration) verdichtet.

---

[804] Vgl. BAUM, H.-G., COENENBERG, A. G., GÜNTHER, T.: a. a. O., S. 23.

[805] Vgl. BUZZEL, R. D., GALE, B. T.: The PIMS Principles, New York 1987.

[806] Vgl. STOI, R., DILLERUP, R.: a. a. O., S. 230.

Als wichtigste Variable wurden der **relative Marktanteil** (hier: eigener Anteil in Relation zum Anteil der drei größten Wettbewerber), als zweit wichtigste die **Produktqualität** (Problem der Messung; durch unabhängige Institute oder Kundenbefragungen?), als dritt wichtigste der **F&E-Aufwand** und als viert wichtigste die **Unternehmensgröße** ermittelt.

Die **Kritikpunkte** an der PIMS-Untersuchung sind:

- Starker Vergangenheitsbezug.
- Es gilt die sog. Zeitstabilitätshypothese.[807]
- Zu sehr auf den ROI als Erfolgsmaßstab fokussiert.
- Die Aussagen sind je nach Branche zu relativieren. (Veröffentlicht wurden lediglich Durchschnittszahlen über alle Branchen.)
- Die Messung einzelner Variablen wie z. B. Produktqualität ist u. U. mit Subjektivitäten behaftet.
- Einige wichtige statistische Daten (z. B. Varianz der Variablen = Streuung) wurden nicht publiziert. Veröffentlicht wurden lediglich die Ergebnisse der multiplen Regressionsanalyse.

Zusammenfassend lässt sich festhalten, dass die PIMS-Studie einige fundierte Hinweise auf Erfolgsfaktoren im Rahmen der strategischen (Ziel-)Planung liefert. Als alleiniges Erfolgsrezept ist sie nicht geeignet.[808]

1.6.11.1.4.4 Wertschöpfungskettenanalyse

Der Begriff der **Wertschöpfung** hat seinen historischen Ursprung in der volkswirtschaftlichen Gesamtrechnung und findet ebenfalls als Erfolgsmaß eine betriebswirtschaftliche Anwendung, welche durch die wirtschaftliche Tätigkeit einer Wirtschaftseinheit als geschaffener „**Mehrwert**" verstanden wird. Dabei bezieht sich die Wertschöpfung **nicht nur** auf **die Schaffung eines konkreten Produktes oder einer bestimmten Dienstleistung, sondern auch auf die Vergrößerung eines bereits bestehenden Wertes wie etwa des Unternehmenswerts.** Der Mehrwert[809] leitet sich letztendlich aus dem **Nutzen eines Gutes oder einer Dienstleistung aus der Sicht des Kunden** ab, denn Leistungen des Unternehmens, die **schlussendlich keinen messbaren Kundennutzen schaffen**, sind nicht wertschöpfend und damit **Verschwendung**. Auf den Punkt gebracht stellt sich die Frage, welchen Preis der Kunde bereit ist, für ein Produkt oder eine Dienstleistung zu zahlen, denn auf der anderen Seite stehen die **Kosten** zur Erbringung

---

[807] Siehe die Erläuterungen zur Zeitstabilitätshypothese im Paragrafen 1.6.11.2 „Prognoseinstrumente".

[808] Vgl. JUNG, R. H., HEINZEN, M., QUARG, S.: a. a. O., S. 339.

[809] Engl.: value added.

dieses Outputs im Fokus des Unternehmens. Im Vordergrund steht aber zu guter Letzt immer der Kunde, ohne den eine Wertschöpfung/ein Mehrwert nicht generiert werden kann.

Der Begriff der einzelwirtschaftlichen Wertschöpfung wird nicht einheitlich definiert. Grundsätzlich kann er von zwei Seiten her berechnet werden:

Zum einen von der **Entstehungsseite**, zum anderen von der **Verwendungsseite** her.[810]

Als (volkswirtschaftliche) Verteilungsrechnung (Verwendungsseite), die auch geldmäßige oder personale Wertschöpfung heißt,[811] umfasst die Wertschöpfung folgende Positionen:

- Leistungen an Mitarbeiter (Lohn, Gehalt, Sozialaufwand, Betriebsrenten),
- Leistungen an Anteilseigner (ausgeschüttete Gewinne),
- Leistungen an Fremdkapitalgeber (Zinsaufwand für Fremdkredite),
- Leistungen an den Staat, die Länder oder die Kommunen (Steuern).
- unternehmensseitig thesaurierte Gewinne.

Hier interessiert jedoch nur die **Entstehungsseite der Wertschöpfung**. In diesem Fall wird die **(gütermäßige oder reale)**[812] **Wertschöpfung** als Differenz zwischen einer erbrachten Gesamtleistung des Unternehmens und den Vorleistungen anderer Wirtschaftseinheiten bzw. früherer Perioden betrachtet. Sie drückt damit die Eigenleistung eines Unternehmens aus und stellt eine Art Rohergebnis dar.

$$
\begin{array}{l}
\text{Gesamtleistung der Periode} \\
-\ \text{Vorleistungen} \\
\hline
=\ \text{Wertschöpfung}
\end{array}
$$

Darst. 1.6125: Wertschöpfung

Die **Gesamtleistung** wird der Erfolgsrechnung entnommen werden. Sie beinhaltet neben den aktivierten Eigenleistungen und den Bestandsveränderungen die Umsatzerlöse. Zu den **Vorleis-**

[810] Vgl. SCHIERENBECK, H., WÖHLE, C. B.: a. a. O., S. 776, BRÖSEL, G.: Bilanzanalyse. Unternehmensbeurteilung auf der Basis von HGB- und IFRS-Abschlüssen, 18. Aufl., Berlin 2024, S. 209.
[811] Vgl. ZIEGENBEIN, K.: a. a. O., S. 147.
[812] Siehe ebenda, S. 145.

tungen (der Lieferanten) zählen neben dem Materialeinsatz (Beschaffungsobjekte der Materialwirtschaft einschl. Handelsware)[813] Dienstleistungen, Entsorgungsobjekte und Abschreibungen als Ausdruck der Wertschöpfung anderer Betriebe bzw. früherer Perioden.

Die Aussagekraft der Wertschöpfung als alleiniger Absolutwert ist sehr gering. Es fehlt ein **Vergleichswert**, ein Benchmark. Eine erste einfache Möglichkeit ist der **Soll-Ist-Vergleich bzw. Plan-Ist-Vergleich**. In diesem Fall kann nur die Abweichung von einer Soll- oder Plangröße gemessen werden. Eine Verbesserung kann in den meisten Fällen nicht überprüft werden, selbst wenn zusätzlich eine Zeitreihenanalyse vorgenommen wird, da sich sowohl die Größe im Nenner als auch im Zähler ändern kann. Ein zeitlicher Vergleich (**Zeitreihenanalyse**) der Wertschöpfung liefert immerhin die Aussage, wie sich die Wertschöpfung verändert hat. In beiden Fällen ist aber nicht zu erkennen, wie gut oder schlecht die Wertschöpfung im Vergleich zu anderen Unternehmen ist. Dazu bietet sich das **interne oder externe Benchmarking** an.[814] Gerade durch das externe Benchmarking lassen sich weitere Ansatzpunkte für die Gestaltung der Wertschöpfungskette erkennen.

Als weitere Möglichkeit der Relativierung bietet die Literatur zwei Verhältniszahlen an: die Wertschöpfungstiefe[815] und die Wertschöpfungsquote.[816] Die **Wertschöpfungsquote** wird wie folgt definiert:[817]

---

[813] Vgl. WÖRDENWEBER, M.: Operatives Controlling – Band 1, a. a. O., S. 575.

[814] Mehr zum Thema „Benchmarking" als vergleichende Analyse im Unterabschnitt 1.7.6 „Bewertung von Kennzahlen und Benchmarking".

[815] Abweichend bezeichnen Schwarzmaier/Mayr die Wertschöpfungtiefe als Wertschöpfungsquote (SCHWARZMAIER, U., MAYR, C.: Übungsbuch Controlling, 3. Aufl., Herne 2023, S. 166.) Ehrmann/Mintert (EHRMANN, H., MINTERT, S.-M.: a. a. O., S. 199.) und Krause (KRAUSE, H.-U.: Controlling-Kennzahlen für ein nachhaltiges Management (im Folgenden mit „Controlling-Kennzahlen" abgekürzt). Ein umfassendes Kompendium kompakt erklärter Key Performance Indicators, Berlin, Boston 2016, S. 256–257.) nennen die Wertschöpfungstiefe Fertigungstiefe. Dieser Bezeichnung wird hier nicht gefolgt, da der Begriff Fertigungstiefe irreführend ist; denn sowohl die Wertschöpfung als auch die Gesamtleistung beziehen sich nicht allein auf die Fertigung.

[816] Vgl. u. a. ZIEGENBEIN, K.: a. a. O., S. 147.

[817] Eine divergierende Definition liefert Graumann, der die Wertschöpfung im Zähler wie folgt festlegt: Umsatzerlöse – Materialaufwand – sonstige betriebliche Erträge. Dieser Definition wird nicht zugestimmt, da die Umsatzerlöse nur einen Teil der Wertschöpfung (= Eigenleistung) des Unternehmens widerspiegeln. (GRAUMANN, M.: Praktische Jahresabschlussanalyse, 3. Aufl., Herne 2020, S. 171.)

$$\frac{\text{Wertschöpfung}}{\text{Umsatzerlöse}} \cdot 100$$

Darst. 1.6126: Wertschöpfungsquote (%)

Diese Größe kann – ähnlich wie die Umsatzrendite – als Renditekennzahl verstanden werden. Sie gibt die eigene Wertschöpfung in % der am Markt erzielten Umsatzerlöse an.

Eine sinnvollere Größe ist die **Wertschöpfungstiefe**, da sie die Wertschöpfung, die neben der Gesamtleistung als Subtrahend die Vorleistungen enthält, folgerichtig auch auf die gesamte Leistung des Unternehmens bezieht:

$$\frac{\text{Wertschöpfung}}{\text{Gesamtleistung}} \cdot 100$$

Darst. 1.6127: Wertschöpfungstiefe (%)

Auch dieser Quotient kann als Rentabilitätsgröße angesehen werden. Sie stellt die Eigenleistung in ein prozentuales Verhältnis zur Gesamtleistung des Unternehmens.

Sowohl die Wertschöpfungsquote als auch -tiefe spiegeln den Erfolg von strategischen Insourcing- bzw. Outsourcing-Entscheidungen (Eigenfertigung oder Fremdbezug von Produkten und Dienstleistungen) wider. Sie kann (c. p.) als Indikator für das Ausmaß der vertikalen Integration[818] interpretiert werden.

Eine im Vergleich mit anderen Unternehmen (internes oder externes Benchmarking) niedrige Wertschöpfungsquote/-tiefe sagt nichts über die Höhe der Wertschöpfung aus. So kann ein Unternehmen mit geringer Wertschöpfungsquote/-tiefe (weitaus) profitabler sein als ein Unternehmen mit höherer Wertschöpfung – und vice versa.

---

[818] Als vertikale Integration wird gemäß der Ansoff-Matrix (Produkt-Markt-Kombinationen) die Erschließung angrenzender, d. h. vor- und nachgelagerter Märkte bezeichnet. Wachstumsrelevant ist vor allem die vorwärtsgerichtete Bearbeitung von Endkunden-Märkten. Diese Strategie beschäftigt sich schwerpunktmäßig mit der Produktentwicklung für bestehende und angrenzende Märkte/Käuferschichten.

Die Wertschöpfungsquote/-tiefe erlaubt nicht in jedem Fall einen Rückschluss auf die Betriebstiefe: So muss eine hohe Quote nicht unbedingt darauf hindeuten, dass das Unternehmen die meisten Produktionsstufen selbst durchführt (Selbstständigkeit).[819] Es ist durchaus nicht selten, dass eine hohe Quote aus relativ niedrigen Material- und Dienstleistungspreisen (Elemente der Vorleistungen) bei gleichzeitig hohen Marktpreisen (Bestandteil der Gesamtleistung) resultieren. Dies ist bspw. bei der Adidas AG der Fall. In diesem Unternehmen ist ein großer Teil der Wertschöpfungsprozesse outgesourct. Ähnliches gilt für eine niedrige Verhältniszahl.

Die **Höhe** der zuletzt vorgestellten Quotienten ist **branchenabhängig**. Ein Richtwert kann hier nicht angegeben werden.

Wie oben bereits ausgeführt, gilt es, primär auf den Nutzen eines (materiellen oder immateriellen) Gutes aus Sicht des Kunden abzustellen. Das heißt **genau genommen, nicht den Output** (des Unternehmens), **sondern den Outcome** zu betrachten. Schließlich ist die Verbesserung der Kundenzufriedenheit ein elementares Ziel, welches zur Identifikation von Wettbewerbsvorteilen beiträgt.

Eine Wertschöpfungskette beinhaltet alle einen Mehrwert generierenden Tätigkeiten bzw. (Teil-)Prozesse eines Unternehmens in Bezug auf von Kunden nachgefragte Produkte oder Dienstleistungen.

Darst. 1.6128: Kundenorientierte Wertschöpfungskette

Die Wertschöpfung findet ihren Niederschlag im Geschäftsmodell eines Unternehmens: Das **Geschäftsmodell** eines Unternehmens kann durch eine oder mehrere (produktartbezogene) **Wertschöpfungskettenanalysen**[820], oder kürzer **Wertkettenanalyse**[821], differenziert dargestellt und untersucht werden. Dabei wird ein Unternehmen als Konglomerat von Teilaktivitäten angesehen, die als zu optimierende Glieder einer Kette, in der richtigen Reihenfolge konfiguriert, zur Wertschöpfung beitragen. Diese **Wertkette** gliedert ein Unternehmen prozessorientiert in eine Anordnung von strategisch bedeutsamen Tätigkeiten, durch die ein Produkt konzipiert, produziert, vertrieben und unterstützt wird.

---

[819] Anders: SCHWARZMAIER, U., MAYR, C.: a. a. O., S. 166.

[820] (engl.: Value-Chain-Analysis). Vgl. HINTERHUBER, H. H.: Strategische Unternehmensführung, 9. Aufl., Berlin 2015, S. 132, 181, 220, 255, 262, WEBER, J., SCHÄFFER, U.: Einführung in das Controlling, 17. Aufl., Stuttgart 2022, S. 435, WÖRDENWEBER, M.: Operatives Controlling – Band 2, a. a. O., S. 574–582.

[821] Vgl. KREIKEBAUM, H., GILBERT, D. U., BEHNAM, M.: a. a. O., S. 219–224, WILTINGER, K., HEUPEL, T., DEIMEL, K.: a. a. O., S. 85–87, JUNG, R. H., HEINZEN, M., QUARG, S.: a. a. O., S. 326–328.

Die einzelne Wertkette setzt sich aus den Wertaktivitäten und der Gewinnspanne zusammen. Wertaktivitäten sind die von einem Unternehmen ausgeführten Aktivitäten, mittels derer das Unternehmen ein Produkt für seine Abnehmer schafft, bzw. einen Nutzen für diese kreiert. Die Gewinnspanne ist die Differenz zwischen den produktartbezogenen Umsatzerlösen, die den Gesamtwert der ausgeführten Wertaktivitäten aus Kundensicht widerspiegeln, und den damit verbundenen Kosten. Sofern es sich um mehrere Wertketten handelt, stellt die Summe der einzelnen Wertketten die gesamten Umsatzerlöse des Unternehmens dar.

Darst. 1.6129: Wertschöpfung in der Wertkette

Eine **Analyse der Wertschöpfungskette** ordnet die unterschiedlichen wertkettenbezogenen Aktivitäten eines Unternehmens in einer Reihenfolge an.

Die Wertschöpfungskettenanalyse dient zur Bestimmung der Ursachen von Wettbewerbsvorteilen und beschreibt unter strategischen Gesichtspunkten die einer (produktartbezogenen) Wertschöpfungskette zurechenbaren Tätigkeiten eines Unternehmens sowie deren Zusammenhänge.

Darst. 1.6130: Wertschöpfungskettenanalyse

Es versteht sich von selbst, dass es sich um wettbewerbsfähige Produkte oder Dienstleistungen handeln muss; anderenfalls würden letztere (bei vollkommener Konkurrenz) nicht nachgefragt.

Eines der bekanntesten Modelle einer Wertschöpfungskette/Wertkette ist das von Porter zwecks Erkennung der Ursachen von Wettbewerbsvorteilen entwickelte:

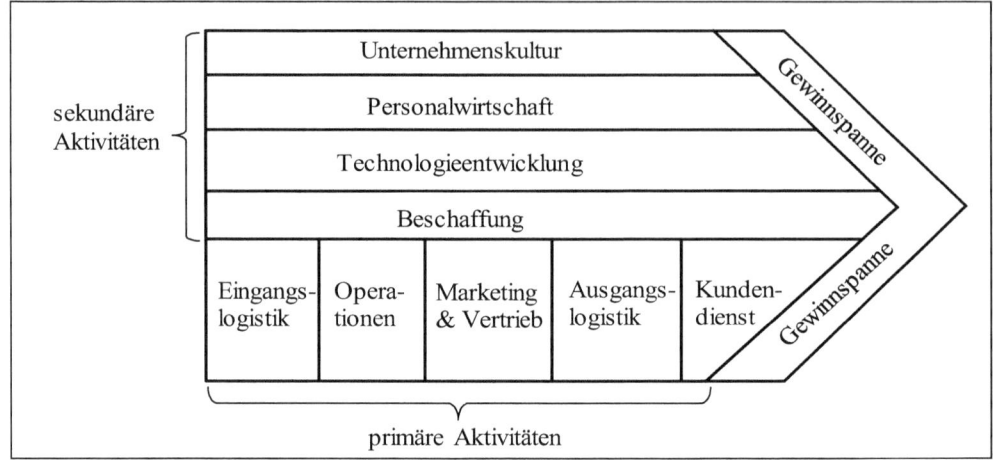

Darst. 1.6131: Modell der Wertkette
(Vgl. PORTER, M. E.: Wettbewerbsvorteile (Competitive Advantage). Spitzenleistungen erreichen
und behaupten, 7. Aufl., Frankfurt 2010, S. 10ff.)

Bei der Darstellung der Wertkette wird in Anlehnung an Porter zwischen primären Unternehmensaktivitäten sowie unterstützenden (sekundären) Aktivitäten unterschieden.[822] Die **primären Aktivitäten** betreffen die Versorgung des Marktes mit Produkten und Dienstleistungen und stehen somit im Zusammenhang mit der Transformation von Inputs in marktfähige Outputs und weisen eine Schnittstelle zu Kunden auf:[823]

- **Beschaffungslogistik**: Alle Aktivitäten, die den Eingang, Lagerung und Bereitstellung von zugekauften Vorprodukten und Dienstleistungen betreffen.
- **Produktionslogistik**: Alle Tätigkeiten zur Erzeugung eines Produkts, wie z. B. Fertigung, Montage, Zwischenlager, Qualitätskontrolle und Verpackung.
- **Marketing, insb. Vertrieb**: Bezieht sich auf alle Aktivitäten der Werbung, Verkaufsförderung, Außendienst, Preisgestaltung, Wahl der Vertriebswege etc.
- **Ausgangslogistik**: Aktivitäten am fertiggestellten Produkt wie bspw. Lager, Auslieferung und Auftragsabwicklung. Die Aktivitäten enden mit der Auslieferung an den Kunden.
- **Kundendienst**: Alle Tätigkeiten, die das Unternehmen zur Förderung der Werterhaltung der verkauften Produkte anbietet, wie u. a. Montage, Reparatur und Beratung.

---

[822] Vgl. PORTER, M. E.: Wettbewerbsstrategie, a. a. O., S. 68.

[823] Vgl. GRANT, R. M., NIPPA, M.: Strategisches Management: Analyse, Entwicklung und Implementierung von Unternehmensstrategien, 5. Aufl., München 2006, S. 192.

Die **unterstützenden (sekundären) Aktivitäten** umfassen alle Prozesse, die zur Ausübung der primären Aktivitäten erforderlich sind:

- **Unternehmensinfrastruktur**: Aktivitäten, die das gesamte Unternehmen umfassen, wie bspw. Geschäftsführung, Controlling und Rechnungswesen.
- **Personalwirtschaft**: Personalbezogene Aktivitäten wie u. a. Personalbeschaffung, Aus- und Weiterbildung und Entlohnung.
- **Technologieentwicklung**: Produkt- und Verfahrensverbesserungen in Bezug auf die Prozesse eines Unternehmens.[824]
- **Beschaffung**: Beschaffungsaktivitäten der für die Geschäftstätigkeit benötigten Ressourcen, wie Maschinen, Roh- Hilfs- und Betriebsstoffe, Vorprodukte etc.

Sekundäre Aktivitäten können sowohl die einzelnen primären Aktivitäten betreffen als auch die gesamte (produktartbezogene) Kette und gleichzeitig auch die unterstützenden Aktivitäten untereinander beeinflussen.[825] Die sekundären Aktivitäten entsprechen häufig (unternehmens-)zentralen (Dienst-)Leistungen über alle produktartbezogenen Wertketten mit primären Aktivitäten hinweg. Sekundäre Aktivitäten dienen somit auch der Koordination der einzelnen produktartbezogenen Wertketten. Auf diese Weise werden die Prozesse des Unternehmens in strategisch relevante und weniger strategisch relevante Wertschöpfungsaktivitäten aufgeteilt und ermöglichen die Analyse von Unterschieden im Vergleich zur Wertschöpfung der Konkurrenten.

Die Tätigkeiten/Aktivitäten und Prozesse[826] (von Porter Wertaktivitäten genannt) werden auf potenzielle Quellen für Ablaufoptimierungen, Kosten- oder Differenzierungsvorteile untersucht. **Typische Fragen** im Kontext einer Wertkettenanalyse sind:

---

[824] Vgl. BAUM, H.-G., COENENBERG, A. G., GÜNTHER, T., a. a. O., S. 93.

[825] Vgl. ebenda, S. 91.

[826] Zur Unterscheidung der Begriffe „Tätigkeit" und „Prozess" siehe WÖRDENWEBER, M.: Kostenrechnung, a. a. O., S. 293.

- Kann die Tätigkeit bzw. der (Teil-)Prozess entfallen?
- Kann der (Teil-)Prozess verkürzt werden?
- Ergibt es einen Sinn, eine Änderung der Reihenfolge der Tätigkeiten, d. h. des Prozessablaufes vorzunehmen?
- Ist eine Aggregation von Tätigkeiten bzw. (Teil-)Prozessen möglich und sinnvoll?
- Werden die Produktionsfaktoren effektiv und effizient eingesetzt?
- Werden die Tätigkeiten bzw. (Teil-)Prozesse den richtigen Trägern, insb. Verantwortlichen zugeordnet?

Darst. 1.6132: Typische Fragen im Rahmen einer Wertkettenanalyse
(Ähnlich KLEIN, A., WITTIGAYER, M.: Strategie und Unternehmensplanung. Lektion 2 des schriftlichen Lehrgangs BWL für Nicht-Betriebswirte I: Basiswissen, Schulungsunterlagen der Haufe Akademie 2010, S. 48.)

Auf den einzelnen Stufen der Wertschöpfungskette steht die **Zeit** in enger Verbindung mit den spezifischen Ressourceneinsätzen und sichert durch ein Zeitcontrolling die Effizienz der verteilten Aktivitäten. Die Kosten stehen in den meisten Fällen in einer limitationalen und stets kalkulierbaren Beziehung zu der Zeit. Aus diesem Grunde stellt die Zeitplanung eine Grundlage für eine Kostenplanung dar, indem die Zeitplanungsergebnisse sowohl für eine kostenoptimierte Materialbeschaffung und -bereitstellung als auch für den optimierten Einsatz der Arbeitskräfte und Maschinen ursächlich sind. Im Produktionsbereich können als Kostenbeispiele einer fehlerhaften Zeitplanung angeführt werden: Kapazitäts-, Material-, Qualitäts- und Fehlmengenkosten.[827]

Vorgehensweise bei der Wertkettenanalyse

Bei der Analyse der Wertkette lässt sich die Vorgehensweise in die nachfolgenden Schritte gliedern:[828]

---

[827] Vgl. zum Thema „Zeiten im Produktionsbereich" die Ausführungen bei WÖRDENWEBER, M.: Operatives Controlling – Band 2, a. a. O., S. 196–199, 240–273.
[828] Vgl. WELGE, M. K., AL-LAHAM, A., EULERICH, M.: a. a. O., S. 383.

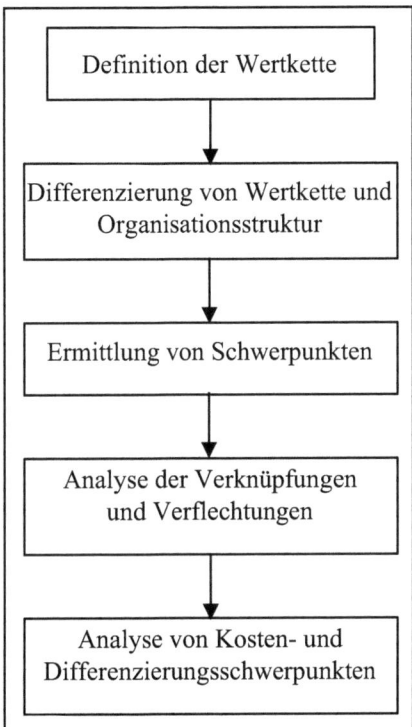

Darst. 1.6133: Phasen der Wertkettenanalyse

- Bei der **Definition der Wertkette** erfolgt eine Aufgliederung der einzelnen betrieblichen Wertaktivitäten in strategisch relevante, unterscheidbare Komponenten. Dabei werden die allgemeinen Kategorien der Wertkette (Beschaffungslogistik, Produktionslogistik usw.) in einzelne Aktivitäten unterteilt und in sog. Wertaktivitäten zusammengefasst, wie dies die nachfolgende Darstellung veranschaulicht:

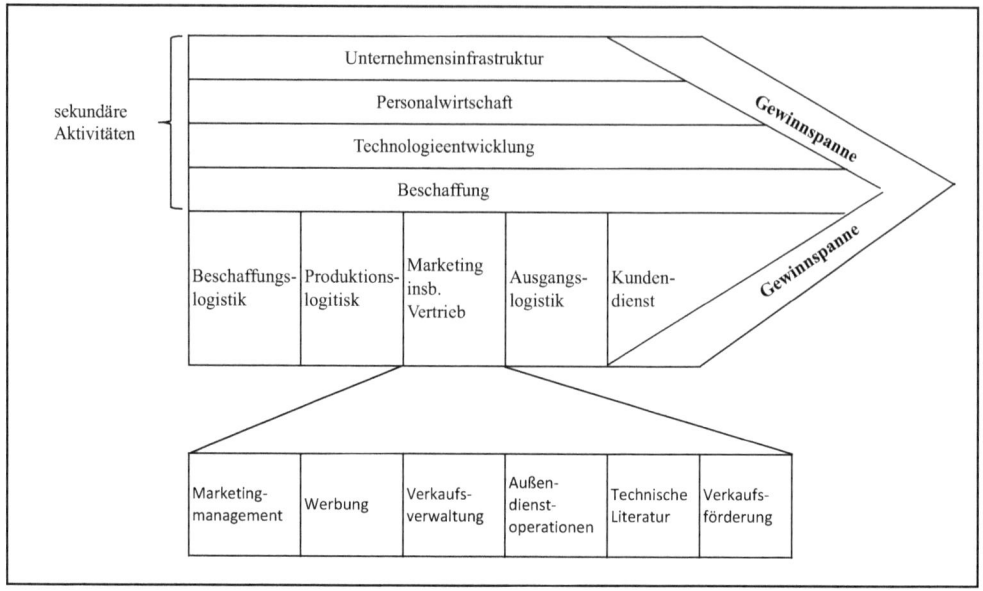

Darst. 1.6134: Unterteilung des Wertkettenmodells
(Vgl. PORTER, M. E.: Wettbewerbsstrategie, a. a. O., S. 76.)

- Durch die **Differenzierung zwischen Wertkette und Organisationsstruktur** wird sich an der Aufbau- und Ablauforganisation des Unternehmens orientiert. Es wird verdeutlicht, welche Organisationseinheiten an der eigentlichen Wertschöpfung beteiligt sind und es wird sichtbar gemacht, zwischen welchen Wertaktivitäten Koordinationsbedarf besteht.
- Auf welche Kategorien der Wertkette besonders Wert gelegt wird und welche Kategorien eher vernachlässigt werden, wird durch die grobe **Ermittlung von Schwerpunkten** aufgezeigt.
- **Analyse der Verknüpfungen und Verflechtungen**: Als Verflechtungen werden Verbindungen zwischen den Wertaktivitäten der Wertketten mehrerer Geschäftsbereiche einer Unternehmung bezeichnet. Im Gegensatz dazu beschreiben Verknüpfungen Verbindungen zwischen den Wertaktivitäten einer einzelnen Wertkette.
- Für die spätere Strategieformulierung ist die **Analyse von Kosten- und Differenzierungsschwerpunkten** in der Wertkette eine entscheidende Informationsquelle. Jede Wertaktivität verfügt über ihre eigene Kostenstruktur. Die Summe aus den einzelnen Kostenstrukturen entscheidet über die Höhe des Kostenvorsprungs oder –nachteils des Unternehmens. Vorteile aus der Differenzierung können aus jeder Wertaktivität der Wertkette erzielt werden und sind somit nicht nur produkt- und marketingbezogen.

Auf weitere Punkte des Wertkettenmanagements wie Wechselwirkungen und Abhängigkeiten unter den Wertschöpfungsaktivitäten, Analyseschritte der Wertkettenanalyse, die Optimierung von Wertschöpfungsketten und die Einbindung einer Wertschöpfungskette in einen Wertkettenverbund (Stichworte: Wettbewerb zwischen kooperierenden Netzwerken; Supply Chain Management[829]) sowie Weiterentwicklungen etc. wird hier nicht näher eingegangen, da diese Punkte Bestandteil der strategischen Unternehmensführung sind. Es sei daher auf die weiterführende Literatur verwiesen.[830]

Die Wertkettenanalyse ist damit eine ausgesprochen hilfreiche Methode, um **strukturiert unternehmensinterne Problemfelder** zu **identifizieren**. Sie stellt ein generisches Instrument dar, welches allerdings auf die jeweilige Unternehmenssituation zugeschnitten werden muss.

Wie vorab ausgeführt ist im Rahmen der Wertkettenanalyse eine systematische Analyse aller Arbeitsschritte und (Teil-)Prozesse (von Porter Wertaktivitäten genannt) durchzuführen. Da jeder Arbeitsschritt, jeder Prozess eine eigene Kostenstruktur und einen eigenen Kostentreiber aufweist, ist die Analyse der Wertkette **komplex und arbeitsintensiv**. Insofern empfiehlt es sich, den Schwerpunkt der Untersuchung auf Bereiche bzw. Prozesse mit hohem Kostenanteil und mit großen Differenzierungspotenzial zu legen.[831] Die damit verbundene Subjektivität der Auswahl bestimmter Analysebereiche kann als weiterer Nachteil der Wertkettenanalyse aufgeführt werden. Aus Praktikabilitätsgründen werden i. d. R. ohnehin nicht die Unternehmen als Ganzes, sondern einzelne strategische Geschäftseinheiten (SGE) in den Fokus der Analyse gerückt.[832] Die damit verbundene **Subjektivität** der Auswahl bestimmter Analysebereiche kann als weiterer Nachteil der Wertkettenanalyse aufgeführt werden. Zuletzt kann auch moniert werden, dass der **Mensch** als wesentliches Element betrieblicher Prozesse **nicht berücksichtigt** wird. Auch **ökologische Aspekte** werden oft **nicht bedacht**.

Die beschriebene Vorgehensweise der Wertkettenanalyse ähnelt sehr stark der **Prozesskostenrechnung**, die in der Praxis bevorzugt wird, da sie sowohl die Analyse der Tätigkeiten und Prozesse als auch die Berechnung der Prozesskosten beinhaltet.[833] Daher verwundert es nicht,

---

[829] Supply Chain Management (SCM) als aktive, unternehmensübergreifende Integration von Lieferanten, Produzenten, Absatzmittlern und Absatzhelfern bis hin zum Endabnehmer verlangt prinzipiell eine ganzheitliche strategische, taktische und operative Planung (Organisation und Steuerung) von Liefer(prozess-)ketten.Vgl. WÖRDENWEBER, M.: Operatives Controlling – Band 2 , a. a. O., Abschnitt 1.2.1 „Vorbemerkungen".

[830] Zum Beispiel STOI, R., DILLERUP, R.: a. a. O., S. 315–321, HUNGENBERG, H.: a. a. O., S. 115ff., NAGEL, M., MIEKE, C., TEUBER, S.: Methodenhandbuch der Betriebswirtschaft, 2. Aufl., München 2020, S. 313–316.

[831] Vgl. SCHELD, G. A.: Controlling im Mittelstand. Bd. 2: Strategisches Unternehmenscontrolling, im Folgenden abgekürzt mit „Strategisches", 6. Aufl., Büren 2017, S. 201.

[832] Vgl. KLEIN, A., WITTIGAYER, M.: Strategie und Unternehmensplanung. Lektion 2 des schriftlichen Lehrgangs BWL für Nicht-Betriebswirte I: Basiswissen, Schulungsunterlagen der Haufe Akademie 2010, S. 46.

[833] Vgl. WÖRDENWEBER, M.: Kostenrechnung, a. a. O., S. 280, 290.

dass die Wertkettenanalyse in der betrieblichen Praxis von Familienunternehmen keine weite Verbreitung gefunden hat. In einer empirischen Untersuchung wurde festgestellt, dass lediglich 6 % der Familienunternehmen eine Wertkettenanalyse vornehmen.[834]

1.6.11.1.4.5 Ressourcenorientierte Analyse

Im Rahmen der ressourcenbasierten Analyse steht die Identifikation strategisch relevanter Fähigkeiten eines Unternehmens im Mittelpunkt, denn die Unterschiede zwischen Unternehmen werden heterogenen Ressourcenausstattungen zugeschrieben.[835] Diese generieren als Kernkompetenzen nachhaltige Wettbewerbsvorteile. Demnach liegen die wesentlichen Quellen von Wettbewerbsvorteilen eines Unternehmens in der Fähigkeit des Managements, die **Mittel** des Unternehmens zu bündeln. Zu letzteren gehören nach Müller-Stewens et al.:[836]

- **materielle Ressourcen**
  - Finanzielle Ressourcen: liquide Mittel, Eigenkapital, Fremdkapital etc.
  - Physische Ressourcen: Grundstücke, Gebäude, Maschinen und maschinelle Anlagen, Werkzeuge, Transport und Fördermittel, Geschäftsausstattung sowie Material etc.
  - IT-basierte Ressourcen: Software (insb. Informationstechnologien), Hardware, Datenbanken, Netze etc.
- **immaterielle Ressourcen**
  - Bestandsressourcen-Ressourcen: Verträge, Patente, Lizenzen, Rechte, Copyrights, eingetragene Marken, Technologien, Unternehmensreputation, Markenimage, Kunden- und Beziehungskapital.
  - Human-Ressourcen: Leistungswille, Know-how (insb. Kompetenzen/Fähigkeiten der Mitarbeiter und des Managements), Lernfähigkeit, Altersstruktur etc.
  - Strukturelle Ressourcen: Aufbau- und Ablauf- bzw. Prozessorganisation, Managementsysteme, Planungshandbuch etc.
  - Kulturelle Ressourcen: Unternehmenskultur, Führungsstil, Kooperations- und Konfliktverhalten, Fehlerkultur

---

[834] Vgl. FELDEN, B.: Controlling in Familienunternehmen – Ergebnisse einer empirischen Untersuchung, in: Der Betrieb 2013, Heft 11, S. 533.

[835] Vgl. SCHERM, E., JULMI, C.: Strategisches Management: Theorie, Entscheidung, Reflexion, Berlin, Boston 2019, S. 43.

[836] Vgl. MÜLLER-STEWENS, G., LECHNER, C., KREUTZER, M., STONIG, J.: Strategisches Management. Wie strategische Initiativen zum Wandel führen, 6. Aufl., Stuttgart 2024, S. 235.

Die individuellen Fähigkeiten eines Unternehmens, seinen **strategisch relevanten** materiellen und immateriellen **Fundus** spezifisch zu kombinieren, begründen die **Kernkompetenzen** des Unternehmens.[837]

Im ressourcenorientierten Ansatz liegt der Schwerpunkt auf den **immateriellen Ressourcen** und deren Komponenten. Sie lassen sich nur schwer identifizieren und bewerten. Ihre Bedeutung zeigt sich darin, dass sie häufig einen wesentlichen Teil des Unternehmenswertes ausmachen. Im Gegensatz zu materiellen Ressourcen, die wie bspw. Betriebs- und Geschäftsausstattung bewertbare Vermögensgegenstände darstellen, lassen sie bis auf wenige Ausnahmen wie z. B. bei kompletten Unternehmenskäufen kaum am Markt beschaffen.[838] Damit sind sie auch nicht zwischen Unternehmen übertragbar.

Die theoretische Grundlage für die kompetenzbasierte Analyse ist der sog. **ressourcenorientierte Ansatz** (Resource-based View). Durch diesen Ansatz wird der Wettbewerbserfolg eines Unternehmens auf die Existenz der im Unternehmen vorhandenen einzigartigen Ressourcen und auf die Ressourcenkombination zurückgeführt.[839] Im Rahmen dieser **Inside-out-Perspektive** wird die zentrale Annahme getroffen, dass ein Unternehmen als ein Pool von Ressourcen und Fähigkeiten gesehen werden muss und diese als primäre Bestimmungsfaktoren der Strategie und Leistung eines Unternehmens dienen.[840]

Ressourcenbeurteilung

Die strategische Planung als ressourcenorientierter Ansatz stellt die Analyse der Ressourcenpotenziale eines Unternehmens dar. Dies ist der Ausgangspunkt für die Ableitung von Strategien. Die für das Unternehmen strategisch relevanten Kernkompetenzen können aus der Kenntnis über die in einem Unternehmen verfügbaren Ressourcen abgeleitet werden.[841] Die Ressourcen eines Unternehmens bestimmen darüber, welche Leistungen erbracht werden können. Die **Einzigartigkeit** ergibt sich, wenn ein Unternehmen über eine andere Kombination von Ressourcen verfügt als die Wettbewerber oder wenn bei gleichen Ressourcen eine unterschiedliche Kombination von Ressourcen gewählt wird.

---

[837] Vgl. MÜLLER-STEWENS, G., LECHNER, C., KREUTZER, M., STONIG, J.: a. a. O., S. 248, SCHERM, E., JULMI, C.: a. a. O., S. 46.

[838] Vgl. SCHERM, E., JULMI, C.: a. a. O., S. 43.

[839] Vgl. WELGE, M. K., AL-LAHAM, A., EULERICH, M.: a. a. O., S. 394.

[840] Vgl. GRANT, R. M., NIPPA, M.: a. a. O., S. 176.

[841] Vgl. KREIKEBAUM, H., GILBERT, D.-U., BEHNAN, M.; a. a. O., S. 93.

Die Ressourcenanalyse beschäftigt sich mit der Identifikation und der Klassifikation der in einem Unternehmen verfügbaren materiellen und immateriellen Ressourcen, um festzustellen, ob sie einen strategisch relevanten Wettbewerbsvorteil ermöglichen. Ist dies der Fall lässt sich anschließend daraus eine ressourcenorientierte Strategie ableiten.

Darst. 1.6135: Ressourcenanalyse
(Vgl. STOI, R., DILLERUP, R. : a. a. O., S. 275.)

Als Basis und Voraussetzung für den langfristigen Erfolg eines Unternehmens dient im ressourcenorientierten Ansatz die Qualität der Ressourcen eines Unternehmens. Dadurch wird sowohl der Analyse der bestehenden als auch der Ermittlung der zukünftig notwendigen Ressourcen in der strategischen Unternehmensplanung eine besondere Relevanz zugewiesen.[842]

Ressourcen stellen Speicher spezifischer Stärken dar, welche es ermöglichen, ein Unternehmen in einer veränderlichen Umwelt erfolgreich zu positionieren und somit langfristig den Erfolg eines Unternehmens zu sichern.[843] Für die Stärken müssen zudem nachfolgende **Bedingungen** erfüllt sein:

- Die Stärken müssen sich auf Ressourcen beziehen, die ökonomisch wertvoll sind, d. h. die Ressourcen müssen einzigartig oder zumindest knapp sein.
- Das Unternehmen muss die Ressourcen-Stärken gegen Imitationen verteidigen können und sie dürfen nicht durch Substitutionen entwertet werden. Somit müssen die Stärken über längere Zeit gegenüber der Konkurrenz aufrechterhalten werden.

Wie gut bzw. stark die einzelnen Ressourcen sind, lässt sich anhand des **VRIO-Schemas**[844] von Barney beurteilen:[845]

---

[842] Vgl. CAMPHAUSEN, B.: Strategisches Management: Planung, Entscheidung, Controlling, 3. Aufl., München 2013, S. 59.

[843] Vgl. BEA, F. X., HAAS, J., a. a. O., S. 32.

[844] Vgl. CORSTEN, H., CORSTEN, M.: Einführung in das strategische Management, Konstanz, München 2012, S. 29, MÜLLER, H.-E., WROBEL, M.: a. a. O., S. 154, STOI, R., DILLERUP, R.: a. a. O., S. 280, SCHERM, E., JULMI, C.: a. a. O., S. 137.

[845] Vgl. BARNEY, J. B.: Gaining and Sustaining Competitive Advantage, 4. Aufl., Boston 2011, S. 125 ff.

- **V**alue (Wert): Schafft die Ressource einen Mehrwert?
- **R**arity (Seltenheit): Ist die Ressource einzigartig oder selten?
- **I**nimitability (Nicht-Imitierbarkeit): Kann die Ressource schwer nachgeahmt werden?
- **O**rganization (Organisation): Ist das Unternehmen so strukturiert, dass es diese Ressource optimal nutzt?

Darst. 1.6136: VRIO-Fragenkatalog

Wenn eine Ressource im Konkurrenzvergleich[846] alle vier Kriterien erfüllt, bietet sie einen nachhaltigen Wettbewerbsvorteil.

Den beschriebenen Kriterien können vier Bewertungsklassen hinsichtlich der Wettbewerbsimplikation gegenübergestellt werden:

- Wettbewerbsnachteil
- Wettbewerbsgleichgewicht
- temporärer Wettbewerbsvorteil
- dauerhafter Wettbewerbsvorteil.

Letztlich stellen **strategische Ressourcen** die Voraussetzung dafür dar, dass das Management seine Fähigkeiten ausspielen kann, die Ressourcen effektiv und effizient zu nutzen, um schlussendlich Wettbewerbsvorteile zu erzielen.

Kompetenzanalyse

Im zweiten Schritt der Analyse stellt sich aus strategischer Sicht die Frage, ob ein Unternehmen in der Lage ist, vorhandene Ressourcen so miteinander zu kombinieren, dass strategische Ziele auch tatsächlich erreicht werden. Ist dies gegeben, weist ein Unternehmen bestimmte strategische Fähigkeiten auf, die anwendungsbezogenes Wissen umfassen, welches Unternehmen in die Lage versetzt, technische oder organisatorische Leistungen zu erbringen und welche zur

---

[846] Siehe Paragraf 1.6.11.1.3.3 „Analyse der Konkurrenten":

Lösung betrieblicher Problemstellungen eingesetzt werden können.[847] Unternehmerische **Kompetenzen**[848] sind gegeben, wenn das unternehmerische Handeln unter Nutzung der personenbezogenen Kompetenzen und (letztlich) zur Erreichung der unternehmerischen Ziele geeignet ist.

Der Begriff **Kompetenz** leitet sich aus dem Lateinischen ab: competere = zusammentreffen, zusammenkommen, ausreichen, zu etwas fähig sein, kräftig sein. Demzufolge kann die Kompetenz einer einzelnen Person wie folgt definiert werden:[849]

> Kompetenzen beschreiben die Fähigkeiten und Fertigkeiten einer Person.

Darst. 1.6137: Kompetenz

Mit den *unternehmerischen* Kompetenzen befasst sich die **Kompetenzanalyse.**

> Die Kompetenzanalyse hat die Aufgabe, die Kompetenzen eines Unternehmens zu identifizieren und zu bewerten, mit dem Ziel, Kernkompetenzen zu entdecken, die Wettbewerbsvorteile ermöglichen.

Darst. 1.6138: Kompetenzanalyse
       (Vgl. STOI, R., DILLERUP, R. : a. a. O., S. 279–280.)

Eine **Kernkompetenz** lässt sich wie folgt definieren:

> Kernkompetenzen sind einzelne oder miteinander kombinierte Kompetenzen, aus denen ein Unternehmen Wettbewerbsvorteile erzielen kann und die für ein Unternehmen eine herausgehobene strategische Bedeutung aufweisen. Dabei bestehen Kernkompetenzen aus einem umfangreichen Bündel aus abgestimmten Kompetenzen und Ressourcen, die den Aufbau von dauerhaften Wettbewerbsvorteilen ermöglichen.

Darst. 1.6139: Kernkompetenz eines Unternehmens

---

[847] Vgl. STOI, R., DILLERUP, R.: a. a. O., S. 279–280.

[848] Vgl. zum Begriff Kompetenz die detaillierten Ausführungen im Unterabschnitt 1.4.3. „Kompetenzen von Führungskräften".

[849] Abweichend von der nachstehenden Definition werden **Kompetenzen im organisatorischen Sinne** wie folgt beschrieben: Kompetenzen beinhalten alle Rechte und Befugnisse (Entscheidungs- und Weisungsbefugnise), die einer Person zur Erfüllung seiner Aufgaben zugeordnet sind.

Im Rahmen des ressourcenorientierten Ansatzes sollten die Ressourcen- und Kompetenzkombinationen eines Unternehmens bestimmte Kriterien erfüllen, damit Kernkompetenzen gegeben sind. Eine Kernkompetenz liegt vor, wenn folgende Charakteristika erfüllt sind:

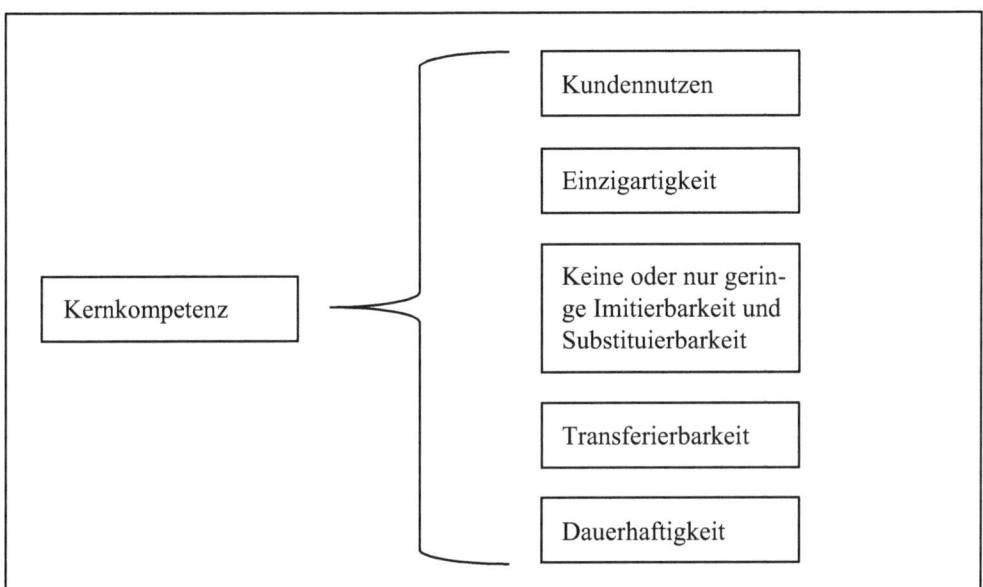

Darst. 1.6140: Charakteristika von Kernkompetenzen

- Die Kernkompetenz generiert einen einzigartigen **Kundennutzen**, für den der Endkunden bereit ist, einen entsprechenden Preis zu bezahlen.
- Durch die **Einzigartigkeit** ist ein Unternehmen in der Lage, sich durch einen Differenzierungsvorteil von der Konkurrenz abzuheben.
- **Keine oder nur geringe Imitierbarkeit und Substituierbarkeit** führen dazu, dass Wettbewerber die Kernkompetenzen nicht oder nur mit hohen Aufwendungen kopieren können.
- Durch **Transferierbarkeit** sind die Kernkompetenzen in verschiedenen Bereichen anwendbar und lassen sich auf neue Produkte übertragen.
- Durch die Voraussetzung **Dauerhaftigkeit** stehen die Kernkompetenzen einem Unternehmen über einen langfristigen Zeitraum zur Verfügung.

Durch die festgelegten charakteristischen Eigenschaften für Kernkompetenzen entsprechen diese einer Art Ressourcenkombination, die bei verschiedenen Wettbewerbssituationen (Marktsegmentierung), strategische Wettbewerbsvorteile ermöglichen. Dabei ist zu beachten, dass nicht jede Kompetenz gleichzeitig eine Kernkompetenz darstellt.[850] Gelingt es, Kernkompetenzen auf verschiedenen Märkten einzusetzen, ergeben sich erfolgsträchtige Synergieeffekte.

Obwohl die VRIO-Kriterien ursprünglich für Ressourcen (s. o.) entwickelt wurde, können auch **Kompetenzen** mit diesem Modell bewertet werden, insbesondere wenn sie als **strategische Kernkompetenzen** gelten.

Beispiel:
Ressource: Ein neuartiges Produktionsverfahren.
Kompetenz: Die Fähigkeit, dieses Verfahren effizient zu nutzen und weiterzuentwickeln.

Ein Unternehmen kann zwar wertvolle Ressourcen besitzen, aber ohne die nötigen Kompetenzen (z. B. Know-how oder Organisationsstrukturen) nicht von ihnen profitieren. Kernkompetenzen basieren oft auf schwer imitierbaren Ressourcen.

Zusammenfassend sind **strategische Kompetenzen/Kernkompetenzen** dadurch gekennzeichnet, dass sie **sowohl für Kunden als auch für das Unternehmen einen besonderen Wert** aufweisen.

1.6.11.1.4.6 (Produkt-)Lebenszyklusanalyse

Die dynamischen Entwicklungen in der Umwelt des Unternehmens bedingen Änderungen im Unternehmen, wenn es erfolgreich sein will. Diese Veränderungen in den Umwelten des Unternehmens und im Unternehmen selbst werden anhand von Lebenszykluskonzepten untersucht. Die Idee hinter diesen Konzepten ist, dass bei den Objekten in und um das Unternehmen herum sich die Entwicklung ähnlich gestaltet wie die Lebensstadien eines organischen Lebens: Von der Geburt über das Wachstum, die Reife und das Alter bis hin zum Tod. In der Betriebswirtschaftslehre kommen als Betrachtungsobjekte Märkte, Branchen, Gruppen innerhalb einer Branche, Geschäftseinheiten (SGEs), Produktgruppen oder Produkte infrage. Allen Objekten ist gemein, dass sie über eine beschränkte Lebensdauer verfügen und ihre Entwicklung im Zeitablauf „gesetzmäßig", d. h. typisch und zyklusartig verläuft.

---

[850] Vgl. SCHREYÖGG, K., KOCH, J.: Grundlagen des Managements, a. a. O., S. 91.

> Ein Lebenszyklusmodell verdeutlicht die einzelnen Lebensphasen eines wirtschaftlichen Betrachtungsobjektes in Analogie zu den Entwicklungsstadien eines organischen Lebens.

Darst. 1.6141: Lebenszyklusmodell

Schwerpunktmäßig beschäftigt sich die betriebswirtschaftliche Praxis vor allem mit strategischen Geschäftsfeldern, strategischen Geschäftseinheiten[851] und Produkten.

> Mittels einer Produktlebenszyklusanalyse wird untersucht, in welchem Entwicklungsstadium sich ein Produkt befindet und welche weiteren Phasen des Lebenszyklus sich typischerweise in welchen Zeiträumen anschließen. Ziel der Analyse ist, die den einzelnen Phasen zugeordneten Absatz-, Umsatz-, Gewinnerwartungen und sonstige relevante Kennzahlen eines Produktes zu betrachten, um Schwächen im Produktprogramm aufzudecken und um Rückschlüsse für die Entwicklung von Marktstrategien und für die Gestaltung des Produkt-Markt-Mixes zu ziehen.

Darst. 1.6142: Produktlebenszyklusanalyse
(Vgl. NAGEL, M., MIEKE, C., TEUBER, S.: a. a. O., S. 323.)

In der Literatur finden sich Produktlebenszyklusmodelle mit vier bis sechs Phasen sowie Modelle mit einer vor oder nachgelagerten Vorverkaufs- und Nachverkaufs-/Entsorgungsphase.

Diese Modelle werden sowohl in der Analyse als auch bei der Formulierung von Strategien herangezogen.

Die klassischen Phasen des Produktlebenszyklus(Marktzyklusmodell im Marketing) von der (Produkt-) Einführung bis zum Absterben lassen sich der folgenden Darstellung von Freudenmann entnehmen:

---

[851] Die beiden Begriffe und ihre Abgrenzung wird im Paragrafen 1.6.11.1.4.1 „Strategische Geschäftsfelder (SGF)/ Strategische Geschäftseinheiten (SGE)" erläutert.

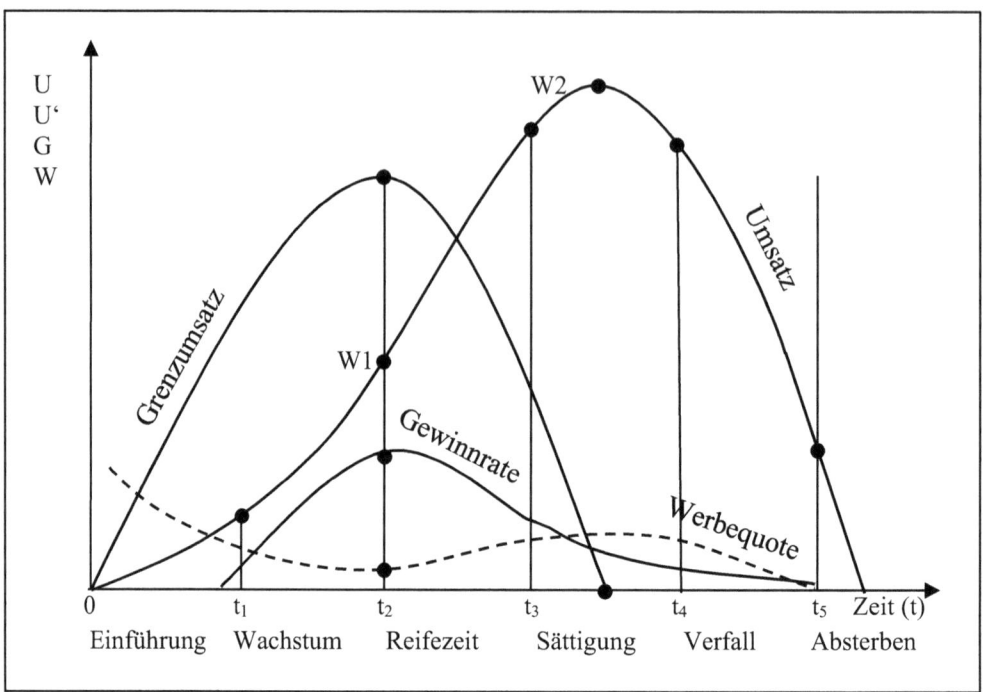

Darst. 1.6143: Abgrenzung der Phasen des Produktlebenszyklus
(Modifiziert entnommen: FREUDENMANN, H.: Planung neuer Produkte, Stuttgart 1965.)

Die Betrachtung des Produktlebenszyklus und der hier aufgeführten sechs Phasen ermöglichen Aussagen über die Anforderungen des Marktes und des Unternehmens, die sich durch politisch-rechtliche[852], ökonomische, ökologische, gesellschaftliche (demographische und sozio-kulturelle Faktoren) und technologische Rahmenbedingungen ändern können.[853]

Die einzelnen Phasen lassen sich wie folgt charakterisieren.[854]

Einführungsphase: Die erste Phase des Marktzyklusmodells schließt sich an das später noch zu beschreibende Stadium der Vorverkaufsphase (Umweltanalyse, Forschung und Entwicklung

---

[852] Das politisch-rechtliche Umweltsegment entspricht den Faktoren Legal und Political aus der PESTEL-Analyse. Legal und Political werden in der deutschsprachigen Literatur meist zusammengefasst. Inhaltlich werden sowohl die juristischen Instanzen und ihre Rechtsprechung, aber auch die in einem Staat anzutreffende Gesetzgebung als auch das politische System angesprochen.

[853] Siehe die Ausführungen zu PESTEL-Analyse im Paragrafen 1.6.11.1.2 „Analyse der Makroumwelt".

[854] Vgl. STOI, R., DILLERUP, R.: a. a. O., S. 263–264, NAGEL, M., MIEKE, C., TEUBER, S.: a. a. O., S. 264–265.

sowie Konstruktion) an. In der Einführungsphase werden die Produkte häufig nur in einer Basisversion angeboten. Neue Varianten und Differenzierungen kommen später hinzu, wenn der Verkauf der Basismodell erfolgreich angelaufen war. Die erste Phase ist noch durch langsam steigende Absätze, Umsätze und Grenzumsätze gekennzeichnet. Die Kosten sind noch recht hoch. Ursache der hohen Kosten und der daraus resultierenden Verluste sind vor allem in der ersten Hälfte dieser Phase die enormen Aufwendungen für Marketing (einschl. Werbung und Vertrieb). Im Einzelnen sind dies gemäß des AIDA-Modells[855] die Ausgaben, um die potenziellen Kunden auf das Produkt aufmerksam zu machen, ihr Interesse und ihr Bedürfnis zu wecken sowie sie zum Kauf zu animieren. Vorab sind geeignete Distributionskanäle zu suchen und vertraglich zu vereinbaren. Auch sind die Händler ggf. zu schulen und möglicherweise auch Verkaufsdisplays, Vitrinen o. Ä. zu liefern. Die Lagerbestände müssen vorfinanziert werden. Der Cashflow ist i. d. R. negativ.

Wachstumsphase: In der zweiten Phase des Marktzyklusmodells zeigt sich, dass bei marktgerechten, insb. innovativen Produkten, nach den sog. Early Adopter[856], die meist bereit sind, höhere oder hohe Preise zu zahlen, weitere Käufer die angebotenen Produkte nachfragen. In dieser Wachstumsphase sind deutlich steigende Absatz- und Umsatzzahlen sowie höhere Grenzumsätze und Marktanteilssteigerungen zu verzeichnen. Die Gewinnrate entwickelt sich positiv. Sie ist zum Ende der Wachstumsphase am höchsten. Der Cashflow nimmt stark zu. Je erfolgreicher ein für den Markt neues Produkt ist, umso wahrscheinlicher ist es, dass sich zu den Marktpionieren neue Wettbewerber gesellen. Spätestens in dieser Situation muss das Unternehmen prüfen, welche Markteintrittsbarrieren geeignet sind, nicht gewollte Konkurrenten vom Markteintritt abzuhalten.[857] Häufig versuchen die Wettbewerber, mit vergleichbaren oder verbesserten Angeboten Marktanteile zu gewinnen. Insofern kommt es in dieser Phase darauf an, Produktvarianten zu kreieren, Preise zu differenzieren, zusätzliche Services anzubieten oder neue Vertriebswege zu etablieren, um den aktuellen und potenziellen Abnehmern einen höheren Kundennutzen als die Konkurrenz zu offerieren.

Reifephase: In der dritten Phase nehmen bei weiter steigenden Absätzen und Umsätzen die Grenzumsätze ab; d. h. das Umsatzwachstum schwächt sich ab. Da die Werbequote sinkt und gleichzeitig die sog. economies of scale (Skaleneffekte)[858] realisiert werden, kann das Unternehmen signifikante Gewinne erzielen. Der Cashflow erreicht sein Maximum. In der zweiten

---

[855] Attention, Interest, Desire, Action.

[856] Es handelt sich bei diesen Personen um Menschen, die sich durch besondere Eigenschaften auszeichnen. Zu letzteren gehören bspw. eine hohe Technikaffinität, ein deutlich ausgeprägtes Modebewusstsein, ein größeres Bedürfnis nach sozialer Mobilität, eine positivere Einstellung zu Wandel und Risiko, häufigere Übernahme der Rolle von Meinungsführern (Influencer) und häufig ein höherer Status.

[857] Diesbezüglich sei auf die Ausführungen zum Thema „Bedrohung durch neue Konkurrenten" im Paragrafen 1.6.11.1.3.1 „Branchenstrukturanalyse" hingewiesen.

[858] Größenvorteile durch Massenproduktion.

Hälfte dieses meist relativ langen Stadiums sind erste Anzeichen einer Marktsättigung zu erkennen. Die Werbequote steigt wegen der Marketingaufwendungen, auch für neue Marktsegmente, mit denen diese Phase verlängert werden soll. Eine Stagnation der Gewinne oder gar sinkende können die Folge sein. Die ersten finanz- und oder innovationsschwachen Konkurrenten verlassen den Markt.

Sättigungsphase: In der vierten Phase tendieren die Grenzumsätze gegen Null. Der maximale Umsatz wird erreicht. Die Gewinne sinken teilweise deutlich, die Gewinnrate sinkt zunehmend. Weitere Wettbewerber scheiden aus dem Marktgeschehen aus. Die Unternehmen führen die ersten Desinvestitionen durch und nehmen die „poor dogs"[859], die schwachen Produkte, aus dem Markt. Produkte, von denen das Unternehmen annimmt, dass sie (noch einmal) ein Umsatzwachstum generieren werden, werden oft einem Relaunch unterzogen. Allerdings fallen dabei zusätzliche Kosten für die Entwicklung und neue Betriebsmittel an, sodass zu prüfen ist, ob bei diesen Produkten auch ein Erfolg (Jahresüberschuss) zu erwirtschaften ist.

Verfallsphase: In der fünften Phase sinken die Umsätze weiter. Die Werbequote reduziert sich deutlich, da es sich nicht mehr lohnt, für die Produkte in der Verfallsphase noch Werbeausgaben zu tätigen. Ein erfolgsversprechender Relaunch ist nur in seltenen Fällen möglich. Handelt es sich bei der Überarbeitung eines Produktes um eine Innovation, kann dies der Beginn eines neuen Produktlebenszyklus sein. Ansonsten stabilisieren sich die Gewinne auf einem niedrigen Niveau oder gehen in einen Stückverlust über. In der Verfallsphase sind Erträge durch die Vergabe von Lizenzen möglich.

Absterbensphase: In der sechsten Phase verfällt das Produkt weiter; d. h. die sinken die Umsätze weiter und gehen wie die Gewinne auch gegen Null. Da in das Produkt nicht mehr investiert wurde und auch keine Werbung mehr betrieben wurde, das Produkt nicht mehr „dem Stand der Technik" entspricht und sich in vielen Fällen auch die Kundebedürfnisse verändert haben, wird das Produkt sukzessive aus den Verkaufsunterlagen genommen und noch nur noch sehr eingeschränkt angeboten. Nur in Ausnahmefällen wird der Artikel noch produziert, etwa wenn es sich um ein „Traditionsprodukt" handelt, welches aus Imagegründen nicht aus dem Produktionsprogramm genommen werden kann oder es sich um ein Produkt handelt, für den ein dauerhafter Bedarf, wie bspw. bei Grundnahrungsmitteln, besteht – vorausgesetzt, der Artikel weist zumindest einen positiven Stückdeckungsbeitrag auf. Es ist dann zu überlegen, ob er ggf. fremdgefertigt werden kann. Für eine begrenzte Zeit werden lediglich noch Ersatzteile – falls die Gewährleistung und Garantie noch nicht abgelaufen sind – in das Lager aufgenommen.

---

[859] Eine ausführliche Beschreibung der „poor dogs" findet sich im Paragrafen 1.6.11.1.5.2 „Marktanteils-Marktwachstums-Analyse (BCG-Analyse)".

Das Produktlebenszyklusmodell ist nicht kritikfrei:

- Die Definition des Begriffs „Produkt" ist nicht immer eindeutig: Handelt es sich bei einem Relaunch noch um das ursprünglich betrachtete Produkt oder ist bereits ein neues entstanden?
- Die Abgrenzung der Phasen kann in der Praxis zu Schwierigkeiten führen, zumal keine – auch nicht theoretischen – Festlegungen für das Über- oder Unterschreiten von Grenzwerten von Kennzahlen (welchen?) existieren.
- Die Allgemeingültigkeit für alle Produkte kann angezweifelt werden. Die Entwicklung bei einzelnen Produkten hängt von spezifischen Einflussfaktoren (vgl. die Faktoren, die bei der PESTEL-Analyse analysiert werden)[860] wie z. B. Trends und Erwartungen des Marktes ab.
- Saisonbedingte Nachfragerückgänge könnten als Signal der Marktreife, der Sättigung oder des Verfalls interpretiert werden und zu falschen Entscheidungen führen.
- Sowohl die Länge der einzelnen Zeitabschnitte als auch der Phasenverlauf hängen nicht nur von der Unternehmensumwelt ab, sondern kann vom Unternehmen selbst durch den Einsatz bestimmter Instrumente des Marketing-Mixes gezielt beeinflusst werden.

Unabhängig von den vorstehenden Kritikpunkten ist die Produktlebenszyklusanalyse als beschreibendes Instrument hilfreich. Sie liefert Hinweise auf Absatz- und Umsatzentwicklungen und die damit verbundenen Cashflow-Bedarfe/-Überschüsse. Sie beinhaltet standardisierte Empfehlungen für den phasenspezifischen Einsatz der marketingpolitischen Instrumente. Sie zeigt das lang- und kurzfristige Gewinnpotenzial eines Produktes auf. Sie initiiert und unterstützt die langfristige Produkt- und Produktionsplanung, indem sie Informationen über die Altersstruktur des Produktionsprogramms verschafft. Sie liefert Ansätze für ein optimales Produktportfolio.[861] Sie weist auf den Zeitpunkt und Einsatz von Marktzugangsbarrieren hin. Sie

Die methodischen Schwächen lassen sich dadurch kompensieren, dass man in der Praxis nicht nur ein Modell – und das gilt grundsätzlich für alle Analysen – isoliert verwendet, sondern verschiedene betriebswirtschaftliche nebeneinander. Strategische Entscheidungen werden dann auf der Basis entsprechend fundierter Kombinationsanalysen vorgenommen.[862]

Aus Sicht des Controllers ist die **Beschränkung** auf die Phasen Einführung, Wachstum, Reifezeit, Sättigung, Verfall und Absterben **nicht sachgerecht**. Der klassische Zyklus beginnt mit der Einführung des Produkts und endet, wenn das letzte Produkt verkauft wurde.

---

[860] Politisch-rechtliche, ökonomische, ökologische, gesellschaftliche (demographische und sozio-kulturelle Faktoren) und technologische Rahmenbedingungen.

[861] Hier zeigt sich die gedankliche Nähe zur BCG-Matrix. Siehe Paragraf 1.6.11.1.5.2 „Marktanteils-Marktwachstums-Analyse (BCG-Analyse)".

[862] Vgl. NAGEL, M., MIEKE, C., TEUBER, S.: a. a. O., S. 267.

Zwei wichtige Phasen fehlen jedoch: *Vor* der Einführung eines Produktes liegt ein Zeitraum, welcher mit der Ideengewinnung und Ideenkonkretisierung beginnt. In diesem Zeitabschnitt fallen keine Umsätze, wohl aber Kosten in den Bereichen Umweltanalyse, Unternehmensanalyse, Forschung und Entwicklung, Konstruktion sowie für Produkt- und Markttests, spezielle Marktforschungsfragen und für Genehmigungen (u a. ggf. auch Patentanmeldungen) an. Der Cashflow ist stark negativ, da auch in Betriebsmittel, bspw. Produktionsanlagen, investiert und für die Akquisition und Ausbildung von Mitarbeitern finanzielle Mittel aufgewendet werden müssen. Dieser Zeitraum wird **Vorverkaufsphase** genannt. Daneben fallen weitere Kosten *nach* dem Verkauf eines Produktes an. Diese Kosten resultieren aus der Entsorgung von Abfällen (Recycling[863], sonstige Verwertung[864] oder Abfallbeseitigung), der Gewährleistung sowie der Wiederverwendung von Produkten (mit oder ohne Aufbereitung) im Rahmen der Rücknahme[865]. Auch Ersatzteile werden in diesem Stadium noch gefertigt. Zudem entstehen noch Aufwendungen für Gewährleistung und Garantie, soweit deren Frist nicht abgelaufen ist. Diese Phase wird als Auslaufzyklus[866], Nachverkaufsphase oder **Nachsorgephase** bezeichnet. Gerade die Kosten für die Nachsorge sind in den vergangenen Jahren aus Umwelt- und Ressourcengründen enorm angestiegen. Dabei spielt es zunächst keine Rolle, ob das Unternehmen die Rücknahme selbst vornimmt oder Umlagen für die Erfüllung der Verpflichtungen zahlt.

Damit ergibt sich folgender **integrierte Produktlebenszyklus**:

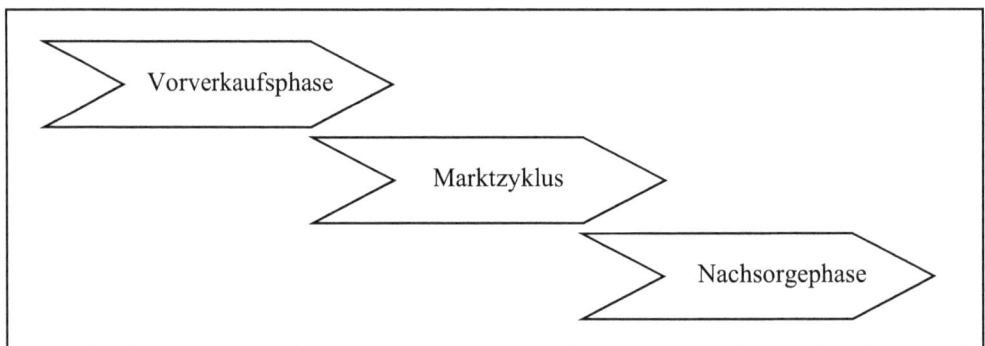

Darst. 1.6144: Phasen des integrierten Produktlebenszyklus

---

[863] Vgl. die zahlreichen Verpflichtungen der Industrie zur Rücknahme von Altöl, Batterien, Elektronikschrott, Autos etc.

[864] Der Begriff Verwertung umfasst die Wiederverwendung von Produkten, das Recycling sowie die sonstige Verwertung.

[865] Vgl. das sehr weitgehende deutsche Verbraucherrecht, das im Fernabsatz beispielsweise in Form des Widerrufsrechts zu grotesken Aktionen einschließlich Missbrauch der Käufer führt.

[866] Vgl. BEA, F. X., HAAS, J.: a. a. O., S. 151.

Die vorgenannten Phasen laufen in der Betrachtung jedes einzelnen Produktes nacheinander ab. In der Totalbetrachtung aller Produkte überlappen sie sich.

Für den Produzenten sind sämtliche Erträge und Aufwendungen einer Produktart relevant. Bisher wurden die Aufwendungen und – eher in seltenen Fällen – Erträge der Vorverkaufs- und Nachsorgephase nicht explizit betrachtet. Dies ist angesichts der enormen Kosten der Vorverkaufs- und Nachsorgephase nicht sachgerecht.

Neben den Kosten für die Entsorgung spielt auch der **nachhaltigkeitsbezogene Aspekt** eine immer größere Rolle in und für die Unternehmen.[867] Unter dem Gesichtspunkt einer nachhaltigkeitsorientierten Unternehmensführung sollten diese Kosten näher analysiert werden. Die Kosten für die Entsorgung können auf zwei Arten verringert oder gar vermieden werden: Wenn (im ersten Schritt/von vornherein) ressourcenschonend gearbeitet[868] und wenn (darüber hinaus) konduktverringernd[869] gehandelt wird.

1.6.11.1.4.7 (Kosten-)Erfahrungskurvenanalyse

Die Erfahrungskurve, insb. die Kostenerfahrungskurve, basiert auf der **Lernkurve**. Letztere be-

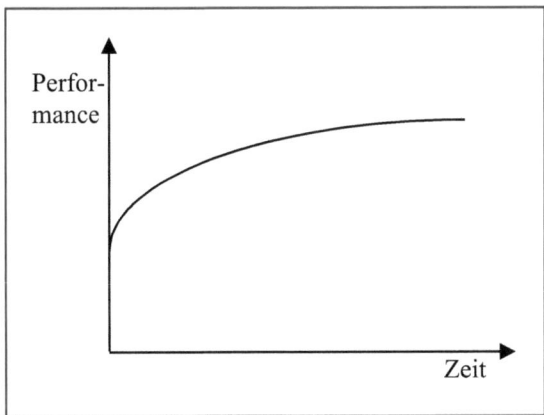

Darst. 1.6145: Lernkurve

---

[867] Siehe WÖRDENWEBER, M.: Nachhaltigkeitsmanagement, a. a. O., S. 29–39.

[868] Es wird unterstellt, dass angeschaffte, aber nicht benötigte Ressourcen Verschwendung darstellen, welche zum Teil wieder entsorgt werden müssen.

[869] Kondukte (von lat. conducere = mitführen) stellen den mit einem Produkt mitgeführten, unerwünschten Output dar, der in fester, flüssiger, gasförmiger oder energetischer Form auftreten kann.

sagt, dass bei einem Lernenden mit der Anzahl der Versuche oder der Zeit, die er benötigt, um die Aufgabe zu erlernen und der Leistung ein Zusammenhang besteht, der im Diagramm wie folgt dargestellt werden kann:

Zu Beginn des Lernens ist die Performance, d. h. der Lernertrag noch gering. Mit zunehmender Übung werden die Lernfehler mehr und mehr vermieden, der Lernende lernt das Lernen[870] und es stellt sich ein sehr hoher Zuwachs bezüglich der Performance ein. Allerdings nimmt der anfänglich hohe Zuwachs an Lernertrag im Laufe der Zeit ab, erlässt sich immer weniger steigern. Der Grenz-Lernertrag sinkt, da sich die ursprünglichen Lernerfolge nicht im gleichen Umfang unendlich fortsetzen lassen. Irgendwann hat der Lernende sein Lernen (mehr oder weniger) perfektioniert; dann bleibt ein Zuwachs an Performance aus. Somit lässt sich die Lernkurve als degressiv steigende Funktion darstellen.

Diese Lernkurve wurde erstmalig von Wright als betriebswirtschaftliches Phänomen im US-amerikanischen Flugzeugbau erkannt und später beschrieben.[871] Henderson[872] hat diese Erkenntnis aufgegriffen und in seiner Abhandlung die vorgenannte Kurve als **Erfahrungskurve** (experience curve) bezeichnet.[873] Der Unterschied zwischen der Lernkurve und der Erfahrungskurve besteht darin, dass die Lernkurve auf die Menge der addierten (kumulierten) Arbeitszeit abstellt, wohingegen die Erfahrungskurve auch andere Einflussgrößen inkludiert.

> Mit jeder Verdopplung der kumulierten Produktionsmenge sinken die auf die Wertschöpfung bezogenen, inflationsbereinigten (realen) Stückkosten potenziell um einen bestimmten Prozentsatz, z. B. 20–30 %.

Darst. 1.6146: Erfahrungskurveneffekt
(Vgl. HENDERSON, B.: Die Erfahrungskurve in der Unternehmensstrategie, Frankfurt 1974, S. 19.)

Analog der degressiv steigenden Lernkurve lässt sich die Erfahrungskurve (Kostenerfahrungskurve) als degressiv fallende abbilden:

---

[870] Indem er u. a. auch das (schnellere/bessere) Lesen lernt.

[871] Vgl. WRIGHT, T. P.: Factors effecting the cost of airplanes, in: Journal of Aeronautic Science, 1936, S. 122 ff.

[872] B. Henderson war Gründer und Chef der Boston Consulting Group (BCG).

[873] Vgl. HENDERSON, B.: The Experience Curve – Reviewed (Part II), in: THE BOSTON CONSULTING GROUP (HRSG.): Perspectives, 1. Januar 1973, Nr. 125.

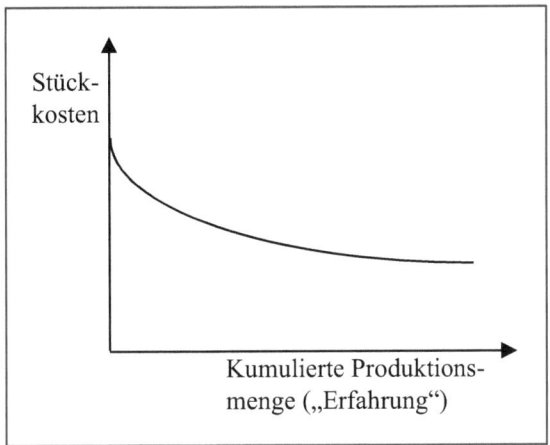

Darst. 1.6147: Erfahrungskurve bei linearem Maßstab

Als Maß für die Erfahrung wird die über die Zeit kumulierte Produktionsmenge gewählt.

Anmerkung: Bei einem logarithmischen Maßstab lässt sich die Erfahrungskurve als linear fallende Kurve darstellen.[874] Durch diesen Maßstab kann die längerfristige Perspektive umgesetzt werden, wie sie mit der Verdopplung der kumulierten Produktionsmenge konzipiert ist.

Die Kostenerfahrungskurve verdeutlicht, dass sich die Stückkosten mit zunehmender Ausbringungsmenge senken lassen. Kostet das erste Stück noch 1,00 €, so kostet das zweite Stück nur noch 0,80 € (bei Annahme eines 20 %igen Lern-/Erfahrungseffekt). Allerdings handelt es sich bei dieser Aussage keineswegs um eine sichere Information, sondern lediglich um eine aus der Erfahrung gewonnene Hypothese, die in der Praxis jedoch vielfach bestätigt wurde. Das vorhandene Potenzial einer Kostensenkung muss gesucht, gefunden und genutzt werden. Das vierte Stück (Verdopplung!) kostet nur noch 0,64 € (ohne Inflation), das acht Stück nur noch 0,51 €. Zu diesen realen Kosten gehören alle Kosten, die die Wertschöpfung des Unternehmens ausmachen, auch Fixkostenanteile wie Kapital- und Verwaltungskosten,[875] da auch hier gelernt werden kann. Nicht zu den Kostenarten, die durch eigenes[876] Lernen gesenkt werden können, gehören

---

[874] Siehe bspw. PAUL, H., WOLLNY, V.: Instrumente des strategischen Managements. Grundlagen und Anwendung, 3. Aufl., Berlin, Boston 2020, S. 316, BEA, F. X., HAAS, J.: a. a. O., S. 156.

[875] Beachte die Definition von Stückkosten als stückbezogene Summe von Einzel- und Gemeinkosten. Siehe etwa WÖRDENWEBER, M.: Kostenrechnung, a. a. O., S. 68, 164.

[876] Anmerkung: Aber fremdes Lernen: Lernen auf Seiten der Lieferanten! Diese Hypothese/dieses Argument kann bei Einkaufsverhandlungen genutzt werden.

Kosten für das Vormaterial, die durch Zulieferer verursacht werden und nur bedingt vom Unternehmen beeinflusst werden können.

Die Stückkosten in der laufenden Periode lassen sich anhand folgender Formel berechnen:[877]

$$k_t = k_{t-1} \cdot \left[\frac{x_t}{\sum_{i=1}^{t-1} x_i} + 1 \right]^{\frac{\ln(1-E)}{\ln(2)}}$$

Darst. 1.6148: Stückkosten in der laufenden Periode

Legende: k_t Stückkosten in dieser Periode

k_{t-1} Stückkosten in der letzten Periode

x_t in dieser Periode gefertigte Menge

$\sum_{i=1}^{t-1}$ Summe der in allen Vorperioden gefertigten Mengen

E Erfahrungskoeffizient

Beispiel: Ein Automobilzulieferer produziert seit einer Reihe von Jahren unverändert ein Getriebeteil. Insgesamt wurden bis zum letzten Jahr 20.000 Stück gefertigt. In diesem Jahr sind 3.000 Stück geplant. Die Stückkosten (Selbstkosten ohne Vormaterial betrugen im letzten Jahr 5,00 €. Der Erfahrungskoeffizient betrage 20 %; d. h. mit der Verdopplung der kumulierten Menge ergibt sich ein Stückkostensenkungspotenzial von 20 %.

Die Rechnung ergibt: $k_t = 5 \cdot \left[\frac{3.000}{20.000} \right]^{\ln(0,8)/\ln(2)}{}^{[878]} + 1 = 4{,}78$

---

[877] Vgl. SCHELD, G. A., WÖRDENWEBER, M.: Kostenrechnung im Industrieunternehmen – Band 4. Moderne Systeme der Kosten- und Leistungsrechnung, 4. Aufl., Berlin 2024, S. 332–334, EHRMANN, T.: Strategische Planung. Methoden und Praxisanwendungen, 2. Aufl., Berlin 2007, S. 117 ff.

[878] $\ln(0,8)/\ln(2) = -0{,}32$

Im nächsten Jahr sollten die Stückkosten 4,78 € betragen. Dieser Wert lässt sich somit als **Benchmark bei der Planung bzw. Vorgabe und Kontrolle** bezüglich des betrachteten Produkts und **im Vergleich mit anderen Erzeugnissen** verwenden.

Neben dem **Lernkurveneffekt** lassen sich noch einige weitere Ursachen für eine Stückkostenreduktion aufzählen:

Skaleneffekte: Die Stückkosten eines Erzeugnisses sinken c. p. mit einer stärkeren Ausnutzung der (gegebenen) Kapazität. Die Fixkosten, z B. die Abschreibungen auf die Produktionsanlagen oder bestimmte konstante Verwaltungskosten, verteilen sich auf eine größere Ausbringungsmenge. Diesen Sachverhalt bezeichnet man Fixkostendegression. Bei gleichzeitigen Erhöhungen des Inputs und anderen Stückkostenminderungen durch bspw. höhere Einkaufsrabatte steigen die die Skalenerträge (sog. economies of scale). Die vorgenannten Sachverhalte lassen sich c. p. nicht auf die Lernkurve zurückführen. Es sei kurz angemerkt, dass ein neuer Konkurrent sich die Skaleneffekte durch Aufbau einer großen Kapazität auch ohne hohe kumulierte Produktionsmengen erzielen kann.[879]

Technischer Fortschritt: Der technische Fortschritt führt c. p. meist zu einer Reduzierung der Stückkosten, auch wenn ggf. zunächst Investitionen getätigt werden müssen. Als Beispiel kann die Einführung von Fertigungsinseln genannt werden.

Rationalisierungsmaßnahmen: Die Ausnutzung von Kostensenkungspotenzialen in allen Bereichen des Unternehmens durch Rationalisierungsmaßnahmen, etwa bei der Kompensation teurer Arbeitskräfte durch Industrieroboter oder bei der Erstellung von Angeboten oder Werbetexten mittels künstlicher Intelligenz statt durch Menschen, senkt ebenfalls die Stückkosten.

Sonstige Effizienzfaktoren wie eine **Verbesserung** im **Management**, bezüglich der **Motivation** und hinsichtlich der **Unternehmenskultur**, aber auch die Beachtung **ethische Gesichtspunkte** (einschl. **nachhaltigkeitsbezogene Maßnahmen, Soziales**) oder eine **verstärkte Berücksichtigung von Stakeholderinteressen** (ohne Management und/oder Eigentümer) lassen sich ebenfalls anführen.

Der Erfahrungskurveneffekt kann durch weitere moderne Instrumente der Kostenrechnung wie z. B. die **Prozesskostenrechnung** deutlich verbessert werden. Die Prozesskostenrechnung stellt auf die **tätigkeits-/prozessorientierte Betrachtung** ab und fragt, was eine Tätigkeit/ein Prozess kostet. Dadurch werden Vorgänge innerhalb eines Unternehmens nicht nur kostentransparenter, sondern auch die tatsächliche Handhabung im Unternehmen offengelegt. Daraus lassen sich

---

[879] Siehe zum Thema „Bedrohung durch neue Konkurrenten" die Ausführungen im Paragrafen 1.6.11.1.3.1 „Branchenstrukturanalyse".

z. B. in Verbindung mit **dem Lean Management** effizientere Tätigkeitsabläufe/Prozesse erkennen oder entwickeln. Letztlich führt auch dies zu einer erheblichen Kostendegression, die sich insbesondere bei großen Mengen auswirkt.

Die Akzeptanz der (Kosten-)Erfahrungskurve wird durch folgende Kritik infrage gestellt:

Strategisch gesehen impliziert die Erfahrungskurve eine **Ausrichtung auf wachsende Märkte**, bei denen u. a. eine Ausdehnung der eigenen Marktanteile erreicht werden soll. Dies ist in der Logik der Erfahrungskurve erforderlich, da eine kontinuierliche Senkung der Stückkosten nur dann eintreten kann, wenn die Absatzmöglichkeiten und damit die Produktionsmengen um einen konstanten Prozentsatz wachsen. Für Produkte, die nicht (mehr) ganz am Anfang ihres Produktlebenszyklus stehen, ist eine Verdopplung der kumulierten Produktionsmengen nur unter der Voraussetzung denkbar, dass ein hohes Marktwachstum gegeben ist.

Eine Schwierigkeit bei der Ermittlung der Betriebskosten mittels des Erfahrungskurvenkonzeptes besteht darin, dass **nicht alle Kostenbereiche**, die in die Aufstellung dieser Kosten einfließen, **die gleichen Lerneffekte** aufweisen. So ist die Kostensenkungsrate im Fertigungs-, Montage- und Materialbereich wesentlich höher als die in den Bereichen der Verwaltung und des Vertriebs. Es sollte daher eine **kostenrechnerische Trennung zwischen den Kostenarten mit hoher und denen mit niedriger Kostensenkungsrate** vorgenommen werden. Aus diesem Grund wird im Fallbeispiel der Lerneffekt nur auf die Herstellkosten bezogen. Die Verwaltungs- und Vertriebskosten werden für jedes Produkt mit einem konstanten Betrag pro Periode angesetzt.

Zudem stellt sich das Problem, dass für eine produktbezogene Vorausschätzung der Betriebskosten eine möglichst **valide Absatzprognose** vorliegen muss, denn nur dann kann eine Planung der Potenzial- und Repetierfaktoren vorgenommen werden.

Mess- und datentechnische Probleme, u. a. bei der exakten Ermittlung des Kostensenkungspotenzials von Vor- und Fremdleistungen, können möglichweise eine genaue Kostenanalyse erschweren. Zuordnungsprobleme können auftreten, wenn ein einmal spezifiziertes Produkt im Laufe der Zeit, z. B. durch ein Relaunch, geändert wird.

Eine **empirische Bestätigung** des Erfahrungskurveneffekts fußt häufig auf der Untersuchung stark standardisierter Produkte wie Schaltkreise, OLED-Fernseher oder Smartphones. Diese Produkte weisen teilweise sehr unterschiedliche Erfahrungswerte auf. Speziell für (relativ) inhomogene Produkte, die meist individuelle Lösungen als Kundennutzen herausstellen, ist die Erfahrungskurve kaum nutzbar. Damit kann der Erfahrungskurveneffekt keine Allgemeingültigkeit beanspruchen. Die Theorie liefert keine ausreichenden Erklärungen für den angenommenen Effekt; Kausalzusammenhänge werden nur zum Teil beschrieben.

Eine **zu starke Fokussierung auf niedrige Stückkosten** eines Artikels kann dazu führen, dass die **Produktion weniger flexibel** wird und trotz geringer Stückkosten die **Wettbewerbsfähigkeit verloren geht**.

Die Stärke dieses Ansatzes liegt im **heuristischen Wert** des Instruments und seiner **Signalwirkung** für das Management, sofern die der Erfahrungskurve nach prognostizierten Stückkosten nicht den tatsächlichen Werten entsprechen bzw. Toleranzgrenzen überschritten werden. Genau dann ist zu untersuchen, warum die Stückkosten, insb. bei steigendem Marktanteil und/oder Marktwachstum, nicht sinken. Ein weiterer Vorteil liegt darin, dass **mit Hilfe von sehr wenigen Daten langfristige Abschätzungen** vorgenommen werden können, ohne dass genaue kausale Ursachen, in diesem Fall Kosteneinflussgrößen, analysiert werden müssen.[880] Die Erfahrungskurve eignet sich **primär zur Anwendung für Standardprodukte in kapitalintensiven, produzierenden Industrieunternehmen**. Die berechneten Stückkosten lassen sich als **Benchmark bei der Planung bzw. Vorgabe und Kontrolle** bezüglich des betrachteten Produkts und **im Vergleich mit anderen Erzeugnissen** verwenden. Darüber hinaus lässt sie initiiert sie **Entscheidungen über Eigenproduktion oder Fremdbezug** und regt zu **härteren Verhandlungen mit Lieferanten** an, bei denen der Erfahrungskurveneffekt (auch) unterstellt wird. Der Ergebnisse der Erfahrungskurvenanalyse können zur **Bestimmung des Marktpotenzials**, zur **Preissetzung** und zu **strategischen Entscheidungen über Marktanteile, Wachstum und Produktlinien** genutzt werden.[881] Gleichzeitig regt die Erfahrungskurvenanalyse zur **Abschätzung der Konkurrenzfähigkeit von Produkten** an.

Zusammenfassend gilt zu analysieren, ob sich die Stückkosten im Unternehmen gemäß Erfahrungskurveneffekt in der Vergangenheit senken ließen oder in der Zukunft reduzieren lassen.

In jedem Fall muss das Unternehmen ein wachsames Auge für die Marktgröße, das Verhalten der Wettbewerber und die Preiselastizität der Nachfrage haben, denn das Streben nach hohen Marktanteilen kann in einer Branche neue Konkurrenten anlocken und damit die Wettbewerbsintensität erhöhen, was i. d. R. mit sinkenden Renditen, häufig begleitet von ruinösen Preiskämpfen, verbunden ist.[882]

---

[880] Vgl. PAUL, H., WOLLNY, V.: a. a. O., S. 319.

[881] Vgl. ebenda, S. 316–317.

[882] Vgl. ebenda, S. 320.

1.6.11.1.5 Portfolio-Analysen

1.6.11.1.5.1 Grundlagen der Portfolio-Analyse

Auch hier handelt es sich – ähnlich wie bei der Produkt-Markt-Entwicklung als strategische Handlungsoption – um Überlegungen, **mit welchen Produkten auf welchen Märkten** bisher, zur Zeit und **in Zukunft vertreten** sein ist bzw. sein sollte – oder auch nicht.

Ziel der Portfolio-Analyse ist es, die Ressourcen des Unternehmens in erster Linie *den* SGE zur Verfügung zu stellen, deren künftige Ertragspotenziale als vergleichsweise größer beurteilt werden und relative Wettbewerbsvorteile erzielen lassen, d. h. erfolgsträchtige Zukunftspro-jekte/-produkte zu identifizieren. Des Weiteren gilt es, eine Risikostreuung zu erreichen.

Als Untersuchungsgegenstand einer Portfolio-Analyse kommen infrage:

- Technologien-Prognose-Portfolio
- Produktlebenszyklus/Wettbewerbs-Portfolio
- Marktattraktivitäts-Wettbewerbsstärken-Portfolio (McKinsey)
- Produkt-Länder-Portfolio
- Branchenattraktivitäts-Geschäftsfeldstärke-Portfolio
- Marktanteils-Marktwachstums-Portfolio (Boston Consulting Group)

Darst. 1.6149: Untersuchungsgegenstand von Portfolio-Analysen

Die Portfolio-Analysen gehen davon aus, dass sich die gesamte Unternehmenstätigkeit als ein Portfolio strategischer Geschäftseinheiten (SGE) darstellen lässt.

1.6.11.1.5.2 Marktanteils-Marktwachstums-Analyse (BCG-Analyse)

Die BCG-Analyse erfolgt mittels der von der Boston Consulting Group entwickelten **BCG-Matrix**[883], welche vorwiegend **strategische Geschäftseinheiten (SGE) eines Unternehmens**

---

[883] Wird häufig auch als Boston I-Portfolio, Marktwachstums-Marktanteils-Portfolio oder Vier-Felder-Matrix bezeich-net.

anhand der Kriterien Marktwachstum und relativer Marktanteil positioniert. Dadurch werden die beiden Aspekte Marktwachstum und rel. Marktanteil der Unternehmensumwelt angesprochen. Aufgrund der Positionierung der SGE lassen sich strategische Handlungsempfehlungen für diese ableiten.

Diversifizierte Unternehmen bestehen aus einer Vielzahl von Elementen, bspw. aus Produkten oder Produktlinien, die zusammen eine **strategische Geschäftseinheit** bilden. Die BCG-Analyse kann sich auch auf ein Unternehmen, welches aus einzelnen (relativ) homogenen SGEs besteht, beziehen.

Die **gedankliche Basis** der BCG-Analyse ist zum einen das **(Produkt-)Lebenszyklus-Modell**[884] und zum anderen das **(Kosten-)Erfahrungskurven-Konzept**[885].[886] Nachvollziehbar ist diese Verbindung, wenn man die vier Felder der BCG-Matrix im Uhrzeigersinn, beginnend mit dem Feld der Question Marks (Fragezeichen) und endend mit dem Feld der Poor Dogs (Arme Hunde), inhaltlich näher betrachtet.[887]

Die einzelnen Arbeitsschritte der BCG-Portfolio-Analyse lauten wie folgt:

- Bildung strategischer Geschäftseinheiten: Zusammenfassung von Unternehmensbereichen,
  - die hinsichtlich der Produkte und/oder Märkte ähnlich sind und
  - für die sich eine einheitliche Strategie entwickeln lässt
- Strategische Bestandsaufnahme
  - Analyse der Umwelt des Unternehmens durch Schätzung des Marktwachstums
  - Analyse des Unternehmens durch Ermittlung des relativen Marktanteils
- Positionierung der strategischen Geschäftseinheiten in der Vier-Felder Matrix mit den Achsen Relativer Marktanteil und Marktwachstum
- Ableitung strategischer Investitions- bzw. Desinvestitionsstrategien (Normstrategien)

Darst. 1.6150: Arbeitsschritte der BCG-Portfolio-Analyse

---

[884] Dieses Modell wurde im Paragrafen 1.6.11.1.4.6 „(Produkt-)Lebenszyklusanalyse" vorgestellt.

[885] Dieses Konzept wurde im Paragrafen 1.6.11.1.4.7 „(Kosten-)Erfahrungskurvenanalyse" ausführlich beschrieben.

[886] Vgl. JUNG, R. H., HEINZEN, M., QUARG: S.: a. a. O., S. 354.

[887] Siehe die Abbildung „Marktabteils-Marktwachstum-Portfolio (BCG-Matrix)" und die Erläuterungen bei KREIKEBAUM, H., GILBERT, D. U., BEHNAM, M.: a. a. O., S. 270. Eine ähnliche Darstellung findet sich auch bei WELGE, M, AL-LAHAM, A., EULERICH, M.: a. a. O., S. 496.

Der **rel. Marktanteil** ist der Marktanteil, den ein Unternehmen im Vergleich zu seinem größten Konkurrenten aufweist. Der rel. Marktanteil drückt die Marktstellung eines Unternehmens aus und berechnet sich als Quotient aus Umsatz einer SGE und dem Umsatz des größten Konkurrenten dieser SGE. Er kann nur positive Werte annehmen. Bei einem Wert von 1 sind das betrachtete Unternehmen und der größte Wettbewerber umsatzmäßig gleich groß. Während das betrachtete Unternehmen bei einem Wert < 1 umsatzmäßig schlechter gestellt ist als der größte Wettbewerber, bedeutet ein Wert > 1 die Marktführerschaft.

Das **Marktwachstum** ist die inflationsbereinigte Vergrößerung des Marktvolumens in einem festgelegten Zeitablauf. Es lässt sich messen als Quotient aus dem zusätzlichen realen Marktvolumen im Betrachtungszeitraum und dem Marktvolumen in einem vorangegangenen Zeitraum.

Die einzelnen SGEs eines Unternehmens lassen sich entsprechend der beiden ausgewählten Aspekte beurteilen und in einer Vier-Felder-Matrix positionieren. Die Darstellung der einzelnen SGEs erfolgt als Kreis, wobei die einzelne Kreisgröße abhängig vom jeweiligen erzielten Umsatz der SGE ist.

Die vorgenannte Vier-Felder-Matrix ergibt sich, indem die Merkmalsausprägungen der beiden Kriterien (Marktwachstum, rel. Markanteil) in jeweils zwei Bereiche (niedrig bzw. hoch) durch eine Trennlinie aufgeteilt werden. Wo die Grenzen liegen bzw. wie hoch die cut-off-Werte sind, ist den Unternehmen selbst überlassen. Die Trennlinie des rel. Marktanteils wird i. d. R. bei eins gezogen. Diese Skalierung der Achse kann jedoch zu Problemen führen, denn es spielt eine entscheidende Rolle für die Festlegung der Feldbegrenzungen. Werden die **maximalen Zahlenwerte** auf einer oder beiden Achsen zu groß gewählt, z. B. ein rel. Marktanteil von maximal 10 auf der entsprechenden Achse bei einem tatsächlichen rel. Marktanteil einer SGE von höchstens 2 und einem maximalen Marktwachstum von 30% bei einem tatsächlichen Marktwachstum einer SGE von höchstens 12%, dann werden alle SGEs bei entsprechendem Wachstum den Poor Dogs zugeordnet. Es macht daher eher Sinn, den **jeweils größten tatsächlich auftretenden Wert einer SGE als höchsten Skalenwert** auf den Achsen festzulegen.

Des Weiteren ist zu klären, wie mit den **minimalen Zahlenwerten** auf einer der beiden Achsen zu verfahren ist, und insbesondere, ob in der Darstellung auch negative Werte hinsichtlich der Kriterien berücksichtigt werden, also bspw. absehbare Umsatzrückgänge oder Marktrückgänge. Bei beiden Kriterien sollte der kleinste tatsächlich auftretende Wert einer SGE als kleinster Skalenwert auf der Achse gewählt werden. SGEs mit einem **künftigen Umsatzminus** sollten automatisch den Poor Dogs oder den Cash Cows zugeordnet werden. In diesem Zusammenhang sollte nochmal geprüft werden, ob es sich um Einzelfälle oder gar einen generellen Trend handelt. Im letzteren Fall muss möglichst schnell geprüft werden, welche generelle Strategie künftig gewählt werden soll, wie man bspw. diesem erkannten Trend entgegenwirken kann.

Es ist allerdings darauf hinzuweisen, dass SGEs, die bei einem oder beiden Kriterien extreme (maximale oder minimale) Werte aufweisen, die „richtige" Eingruppierung aller anderen SGEs erheblich verzerren können.

Auch spielen die jeweiligen Verhältnisse der Branche eine entscheidende Rolle. Ob ein hohes oder niedriges Marktwachstum vorliegt, wird durch Durchschnittswerte der zukünftigen realen Zuwachsrate des Marktes, der Branche oder des Bruttoinlandsproduktes bestimmt.[888]

Ein weiterer kritischer Punkt bei dieser Form der Analyse ist die Reduzierung auf zwei Bewer-

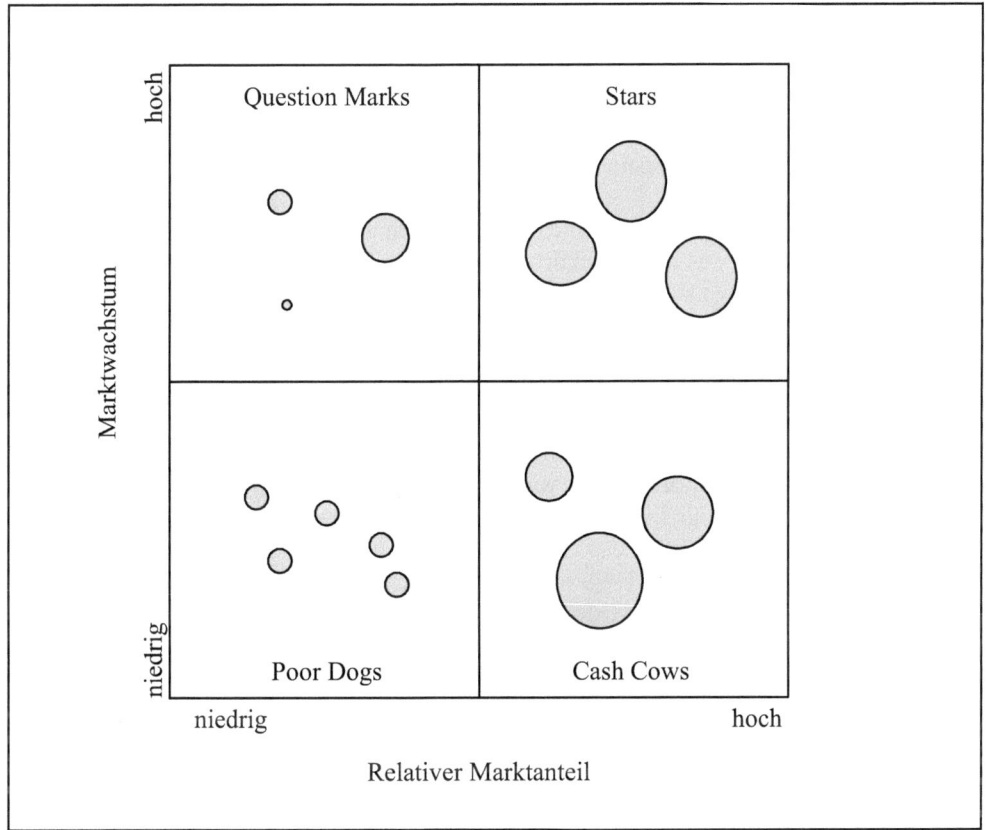

Darst. 1.6151: BCG-Matrix (Beispiel)

[888] Vgl. BAUM, H.-G., COENENBERG, A. G., GÜNTHER, T.: a. a. O., S.25.

tungsdimensionen oder auf nur zwei Erfolgsfaktoren, welche unter Umstände zu großem Informationsverlust führen können.

Nachfolgend wird eine BCG-Matrix mit unterschiedlichen SGEs dargestellt:

In der Vier-Felder-Matrix lassen sich grundsätzlich vier Positionen unterscheiden, die eine SGE einnehmen kann. Die verschiedenen Positionen werden nachfolgend erläutert:[889]

Question Marks (Fragezeichen): Die Question Marks sind die Nachwuchs-SGEs und zeichnen sich durch ein hohes Marktwachstum und niedrige Marktanteile aus. SGEs in diesem Quadranten haben bisher noch eine schwache Wettbewerbsposition. Dadurch werden nur geringe Mittelzuflüsse generiert, welche hohen Investitionskosten gegenüberstehen.

Stars (Sterne): Die Stars sind die herausragenden SGEs eines Unternehmens, da sie ein hohes Marktwachstum und hohe Marktanteile aufweisen. Die SGEs in dieser Position sind marktführend, erfordern aber hohe Investitionskosten.

Cash Cows (Melkkühe): Cash Cows kennzeichnen sich durch ein geringes Marktwachstum mit hohen Marktanteilen, was im Produktlebenszyklus der Sättigungsphase entspricht. Durch die Marktführerschaft lassen sich positive Cashflows generieren, ohne dabei noch viel zu investieren.

Poor Dogs (arme Hunde): Die Poor Dogs weisen niedrige relative Marktanteile und haben somit eine schwache Wettbewerbsposition inne. Das Marktwachstum ist niedrig oder zum Teil auch negativ. Sie generieren i. d. R. nur geringe Einzahlungen, da sie sich in der Verfallphase des Produktlebenszyklus befinden. Häufig werden die Poor Dogs als Problemprodukte[890] charakterisiert, da sie nur so wenige Einzahlungen generieren, um ihre Existenz fortzuführen.

Der Weg einer SGE von einem Fragezeichen hin zu einem Stern über die Melkkuh bis zu einem Hund ist nicht zwingend. Nicht jede Geschäftseinheit entwickelt sich zu einer Melkkuh oder einem Stern. Auch ist bspw. der direkte Untergang von einem Fragezeichen zu einem Hund möglich. Für die einzelnen Quadranten lassen sich nach erfolgter Zuordnung der SGEs sog. Normstrategien entwickeln.

Zusammengefasst ergeben sich folgende Vor- und Nachteile bzw. Probleme bei Anwendung der BCG-Portfolio-Analyse:

---

[889] Vgl. etwa HUNGENBERG, H., WULF, T.: a. a. O., S. 107–108.

[890] Vgl. AMANN, K., PETZOLD, J., WESTERKAMP, M.: Management und Controlling. Instrumente – Organisation – Digitalisierung – Ziele, 3. Aufl., Wiesbaden 2020, S. 349.

Die **Vorteile** sind offenkundig:

- einfache Darstellung
- leichte Kommunizierbarkeit
- strukturierte, leicht nachvollziehbare Vorgehensweise

Nachteile und Probleme sind:[891]

- Definition des relevanten Marktes/der strategischen Geschäftseinheiten (SGE)
- Messung des Marktanteils (wert- oder stückbezogen, Informationsgewinnung)
- Fixierung der Grenze zwischen „niedrig" und „hoch" (für die Mittelpositionen fehlen Normstrategien)
- Reduktion der zahlreichen strategischen Einflussgrößen auf die Faktoren relativer Marktanteil und Marktwachstumsrate
- Gesetzmäßigkeiten der Entwicklung der SGE liegen nicht vor
- Entwicklungen werden ihrerseits wiederum beeinflusst von absatzpolitischen Aktivitäten

1.6.11.1.5.3 Marktattraktivitäts-Wettbewerbsvorteils-Analyse (GE-Matrix)

Die **Marktattraktivitäts-Wettbewerbsvorteils-Analyse (MWA)** oder auch **GE-Matrix** ist ein von der Beratungsgesellschaft McKinsey & Company in Zusammenarbeit mit General Electric entwickeltes Instrument.[892] Die MWA untersucht, welche **bereits bestehenden Geschäftsfelder** eines Unternehmens auf Grund der im Unternehmen vorhandenen Wettbewerbsstärken und unter Berücksichtigung der Marktbedingungen[893] prinzipiell **erfolgsversprechend** sind. Wie bei den vorherigen kombinierten Analysen wird auch hier ein Teil der Umweltanalyse mit einem bestimmten Aspekt der Unternehmensanalyse kombiniert.

---

[891] Vgl. HUNGENBERG, H., WULF, T.: a. a. O., S. 108.

[892] Vgl. GRANT, R. M.: Moderne strategische Unternehmensführung: Konzepte, Analysen und Techniken, Weinheim 2023, S. 414.

[893] Vgl. GLEIßNER, W.: Future Value: 12 Module für eine strategische wertorientierte Unternehmensführung, Wiesbaden 2004, S. 138.

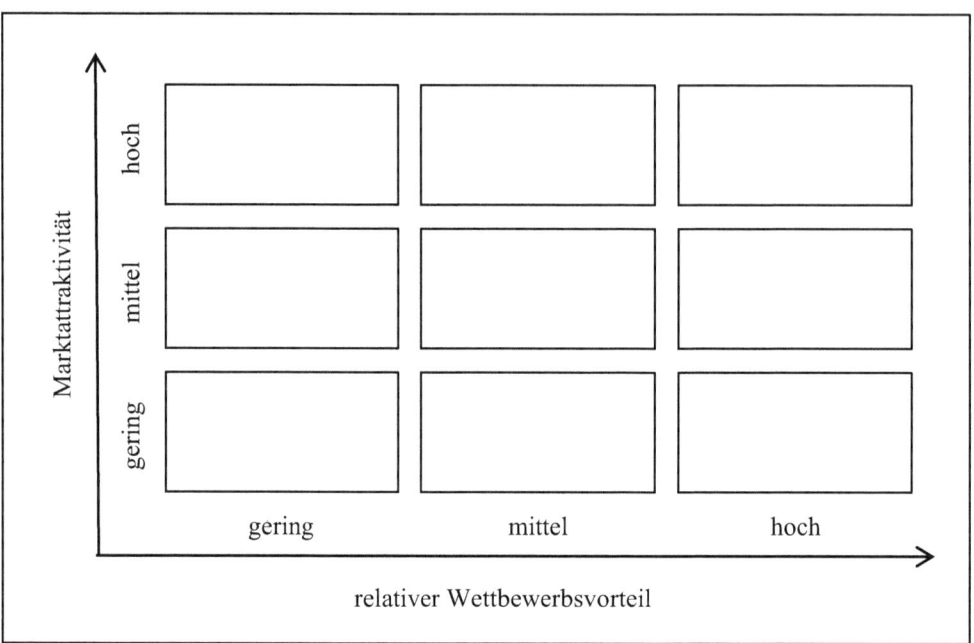

Darst. 1.6152: Marktattraktivitäts-Wettbewerbs-Portfolio

Die Darstellung erfolgt in einer Matrix mit neun Feldern mit den Achsen Marktattraktivität und relativer Wettbewerbsvorteil. Die beiden Achsen spiegeln jeweils das Konglomerat einer durch das Unternehmen selbst zu bestimmenden Menge an Kriterien wider. Dabei wird die jeweilige Faktorenauswahl den individuellen Bedürfnissen des Unternehmens flexibel angepasst. Auf der Ordinate wird die Umweltdimension **Marktattraktivität** dargestellt, welche als Chance angesehen werden kann. Die Marktattraktivität setzt sich aus einer Bewertung von branchenspezifischen Chancenfaktoren zusammen, die nicht oder nur indirekt vom Unternehmen beeinflussbar sind.[894] Mögliche Faktoren für die Marktattraktivität können sein:[895]

- Das Marktwachstum und die Marktgröße,
- die Marktqualität,
- die Energie- und Rohstoffversorgung sowie
- die Umweltsituation.

---

[894] Vgl. GLEIßNER, W.: Future Value: 12 Module für eine strategische wertorientierte Unternehmensführung, Wiesbaden 2004, S. 138.

[895] Vgl. KREIKEBAUM, H., GILBERT, D. U., BEHNAM, M.: a. a. O., S. 274.

Der **relative Wettbewerbsvorteil** stellt die Unternehmenssituation dar und wird auf der Abszisse abgetragen. Diese Dimension basiert auf einer zum stärksten Wettbewerber relativierten Bewertung von strategischen Erfolgsfaktoren, auf die das Unternehmen direkt einwirken und daher als Stärke angesehen werden kann.[896] Die nachfolgenden Faktoren stellen eine Möglichkeit für die Bestimmung des relativen Wettbewerbsvorteils dar:[897]

- Die relative Marktposition des Unternehmens,
- das relative Produktionspotenzial,
- das relative F&E-Potenzial,
- die relative Qualifikation der Führungskräfte sowie
- die Kernkompetenzen des Unternehmens.

Nach der Auswahl der für das Unternehmen relevanten Faktoren sind diese zunächst entsprechend ihrer Bedeutung für die jeweilige Bewertungsdimension anhand von Scoring-Modellen zu gewichten. Anschließend ist für jedes Geschäftsfeld der Erfüllungsgrad in Bezug auf alle relevanten Faktoren zu bestimmen.[898]

Die Geschäftsfelder werden in der Matrix entsprechend ihrem Erfüllungsgrad der Kriterien einem bestimmten Feld zugewiesen. Die neun Felder ergeben sich aus einer Dreiteilung der Dimensionen der beiden Achsen in „gering", „mittel" und „hoch". Für jedes der neun Felder werden Normstrategien vorgeschlagen. Die einzelnen Strategien werden im Unter-Unterabschnitt 3.4.2.3 „Strategien auf Basis der Marktattraktivitäts-Wettbewerbsvorteils-Analyse" detailliert vorgestellt.

Abschließend werden die bisherigen Erläuterungen in einem Überblick über die wichtigsten Portfolio-Modelle zusammengefasst:

---

[896] Vgl. BAUM, H.-G., COENENBERG, A. G., GÜNTHER, T., a.a.O., S. 230.
[897] Vgl. KREIKEBAUM, H., GILBERT, D. U., BEHNAM, M.: a. a. O., S. 274.
[898] Vgl. BAUM, H.-G., COENENBERG, A. G., GÜNTHER, T., a.a.O., S. 233.

Modell	Markt	Basisdimensionen, Anzahl Felder	Datenerhebung	Vorteile	Nachteile
BCG-Matrix	Absatzmarkt	Marktanteil, Marktwachstum, 4 Felder	einfache Ermittlung kardinal skalierter Werte	gut nachvollzieh-bare Positionierung der SGEs oder Produkte	zu pauschale Strategieempfeh-lungen, da nur 2 Einflußfaktoren berücksichtigt
GE-Matrix	Absatzmarkt	Marktattraktivität, Geschäftsfeld-stärke, 9 Felder	häufig schwierige Ermittlung der Daten für viele Teilvariablen der Hauptdimen-sionen	durch Berücksichti-gung vieler Teil-dimensionen und individuelle Gewich-tung hohe Anpaß-barkeit an Unter-nehmensspezifika, etwas differen-ziertere Strategie-empfehlungen als bei BCG-Matrix	viele Daten nicht oder schlecht objektivierbar, Gewichte gar nicht objektivier-bar, hoher Infor-mationsaufwand
Beschaffungs-markt-Unter-nehmens-stärken-Matrix	Beschaffungs-markt	Stärke des Lieferan-tenmarktes, Stärke des Unternehmens, 9 Felder	auch hier viele Teil-dimensionen, daher gleiche Bewertung wie GE-Matrix	vergleichbar mit GE-Matrix	vergleichbar mit GE-Matrix

Darst. 1.6153: Überblick über die wichtigsten Portfolio-Modelle

1.6.11.1.6 SWOT-Analyse

Nachdem in den vorherigen Abschnitten sowohl die Umweltanalyse als auch die Unterneh-mensanalyse ausführlich erläutert wurden, werden in den nachfolgenden Unter-Abschnitten **be-stimmte Aspekte beider Analysen** in speziellen Analysen wie bspw. der SWOT-Analyse **kom-biniert**.

Die SWOT-Analyse wird hier in einem gesonderten Paragrafen erläutert, weil sie sowohl für einen Konkurrenten im Vergleich mit einem anderen Benchmarking-Partner (auch dem eigenen Unternehmen) als auch für das eigene Unternehmen im Vergleich mit einem anderen Bench-marking-Partner (z. B. der Branche) erstellt werden kann.

Die **SWOT**-Analyse (engl. Akronym für **S**trengths (Stärken), **W**eaknesses (Schwächen), **O**p-portunities (Chancen) und **T**hreats (Bedrohungen)), gelegentlich auch bei anderer Reihenfolge der Anfangsbuchstaben TOWS genannt, stellt die jeweiligen Stärken und Schwächen den Chancen und Risiken eines Unternehmens gegenüber, um letztlich aus den Analyseergebnissen strategische Handlungsempfehlungen ableiten zu können. Als Informationsbasis für die SWOT-Analyse dient die **Analyse der Umwelt** (eines Unternehmens) und die **Analyse des Unternehmens** (selbst).

Durch die Analyse der Umwelt sollen **Chancen** identifiziert werden, die sich dem Unternehmen in seiner Umwelt bieten. Zusätzlich sollen **Risiken** frühzeitig erkannt werden, die aus der Umwelt des Unternehmens drohen. Im Rahmen der Unternehmensanalyse werden einerseits die **Stärken** des eigenen Unternehmens ermittelt, um die Chancen nutzen zu können und um Risiken zu vermeiden. Andererseits wird auf die eigenen **Schwächen** aufmerksam gemacht, die das Unternehmen evtl. anfälliger gegenüber externen Risiken werden lassen und es möglicherweise daran hindern Chancen optimal zu nutzen.

Die SWOT-Analyse kombiniert zwei Aspekte (O, T) der Umweltanalyse mit zwei Aspekten (S, W) der Unternehmensanalyse. Durch die Gegenüberstellung der Stärken und Schwächen eines Unternehmens wird verdeutlicht, ob diese hinsichtlich der aufkommenden Risiken und Chancen relevant sind und ob sie in der Lage sind, die Chancen zu nutzen und die Risiken zu bewälti-

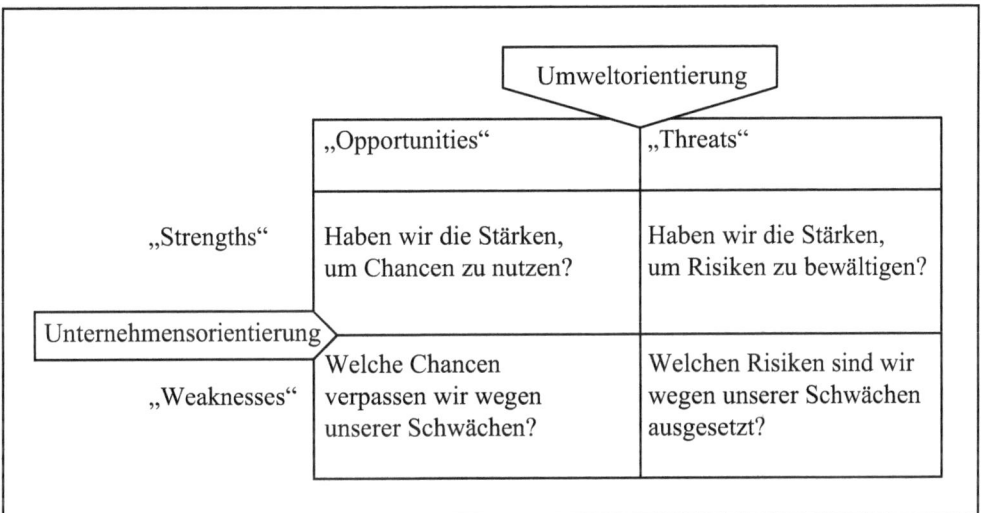

Darst. 1.6154: SWOT-Analyse als kombinierte Umwelt- und Unternehmensanalyse
(Abgeändert aus HUNGENBERG, H., WULF, T., a. a. O., S. 156.)

gen.[899] Je nach Beschaffenheit der strategischen Ausgangslage eines Unternehmens ist eine Entwicklung der Unternehmensumwelt entweder als Chance oder als Risiko (i. e. S.) einzustufen.

Ein wesentlicher Vorteil der SWOT-Analyse ist ihre Einfachheit und Übersichtlichkeit. Mit einer klaren Systematik gelingt es, Informationen aus der internen und externen Analyse miteinander zu verbinden. Das Instrument hilft, die enorme Komplexität im Rahmen der strategischen Analyse zu reduzieren. Neben der Erkenntnis über aktuelle Stärken, Schwächen, Chancen und Risiken lassen sich konkrete strategische Handlungsempfehlungen aus einer SWOT-Analyse ableiten. Eine SWOT-Analyse kann sich auf ein ganzes Unternehmen, eine strategische Geschäftseinheit, einzelne Funktionsbereiche oder auf bestimmte Geschäftsmodelle beziehen. Dementsprechend ist die Festlegung der Untersuchungseinheit die Voraussetzung für eine aussagekräftige SWOT-Analyse.[900]

Der **klassische Aufbau** einer SWOT-Analyse stellt sich wie folgt dar:

Stärken: Auflistung der Stärken (S) des Unternehmens	**Schwächen** Auflistung der Schwächen (W) des Unternehmens
- S1 - S2 - S3 - …	- W1 - W2 - W3 - …
Chancen: Auflistung der Chancen (O) des Umfeldes	**Risiken:** Auflistung der Risiken (T) des Umfeldes
- O1 - O2 - O3 - …	- T1 - T2 - T3 - …

Darst. 1.6155: Klassischer Aufbau einer SWOT-Analyse
(In Anlehnung an WHITTINGTON, R., REGNER, P., ANGWIN, D. ET AL.: Strategisches Management. Eine Einführung, 12. Aufl., München 2021, S. 162–166.)

---

[899] Vgl. HUNGENBERG, H., WULF, T.: a. a. O., S. 151.
[900] Vgl. KREIKEBAUM, H., GILBERT, D.-U., BEHNAN, M.: a. a. O., S. 263.

Zunächst sind für die SWOT-Analyse die **SWOT-relevanten Kriterien festzulegen**. Beispiel Nr. 1: Bei der internen Analyse in der Beschaffung und damit der Untersuchung der Stärken und Schwächen können die in der nachstehenden Tabelle aufgeführten Elemente als potenzielle Untersuchungskriterien infrage kommen.

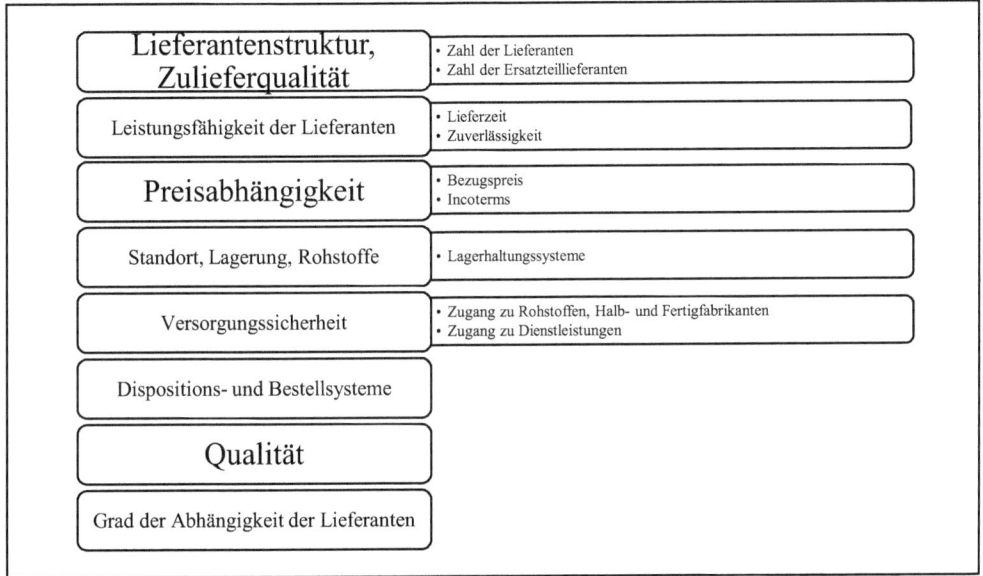

Darst. 1.6156: SWOT-relevante Kriterien der Beschaffung
(In Anlehnung an PIONTEK, J.: Beschaffungscontrolling, 6. Aufl., Berlin, Boston 2022, S. 77.)

Anhand der Untersuchungskriterien werden anschließend die ermittelten Merkmalsausprägungen (der Kriterien) in die Kästchen/Felder des oben dargestellten klassischen SWOT-Aufbaus eingetragen (siehe die nachfolgende Tabelle). Im konkreten Fall werden ausgewählte Kriterien auf Stärken, Schwächen, Chancen sowie Risiken in der Beschaffung geprüft. Die Kriterien umfassen die Beschaffungsstrukturen, Beschaffungsobjekte, Beschaffungsquellen und Beschaffungsprozesse.

Stärken	Schwächen
Beschaffungsstrukturen - Dezentrale Beschaffung erfordert wenig Personalkapazität - Personelle Aufteilung von operativen und strategischen Beschaffungsaufgaben	Beschaffungsstrukturen - Mangelnde Präsenz des Einkaufs in abteilungsübergreifenden Teams bei Neuentwicklungen
Beschaffungsobjekte - Übersichtliches, beständiges Materialgruppen-Portfolio - Überschaubarer Beschaffungsmarkt - Standardisierung	Beschaffungsobjekte - Austauschbarkeit der Objekte nur mit hohem Aufwand - Notwendigkeit eines hohen Lagerbestandes
Beschaffungsquellen - Gute Beziehungen zu den wichtigen Lieferanten - Single Sourcing	Beschaffungsquellen - Hohe Angebotsmacht einiger Lieferanten - Begrenzte Lieferantenbeurteilung im Lieferantenauswahlprozess
Beschaffungsprozesse - Beherrschung der operativen Beschaffungsprozesse - Sicherstellung der Versorgung	Beschaffungsprozesse - Umfassende Prozesse fehlen, vor allem bezüglich der Koordination der dezentralen Beschaffung
Chancen	**Risiken**
Beschaffungsstrukturen - Konzentration der Einkaufsabteilung auf Kernaktivitäten	Beschaffungsstrukturen - Dezentrale Beschaffung kann zu unkoordinierter Doppelarbeit führen
Beschaffungsobjekte - Bedarfsbündelung	Beschaffungsobjekte - Engpässe durch Produktbereinigung
Beschaffungsquellen - Lieferantenentwicklung bei ausgewählten Lieferanten zur Erschließung weiterer Potenziale	Beschaffungsquellen - Ausfallrisiko durch Abhängigkeit von Monopolisten
Beschaffungsprozesse - Einführung einer unterstützenden Software zur Gestaltung neuer Prozesse und Optimierung der vorhandenen Prozesse	Beschaffungsprozesse - Bestehendes ERP- System kann Anforderungen des Beschaffungscontrollings nicht umsetzen

Darst. 1.6157: SWOT-Analyse in der Beschaffung
(In Anlehnung an PIONTEK, J.: Beschaffungscontrolling, 6. Aufl., Berlin, Boston 2022, S. 78.)

Aus der SWOT-Analyse wird eine TOWS- Matrix abgeleitet. Sie baut auf den Ergebnissen der SWOT-Analyse auf. TOWS ist ebenfalls ein englischsprachiges Akronym mit den gleichen Bedeutungen wie bei SWOT. Während die Analyse nur eine Beschreibung der Momentansituation liefert, zeigt die **TOWS-Matrix ergebnisrelevante Strategien** auf, die dem Unternehmen in Zukunft den Weg weisen können.

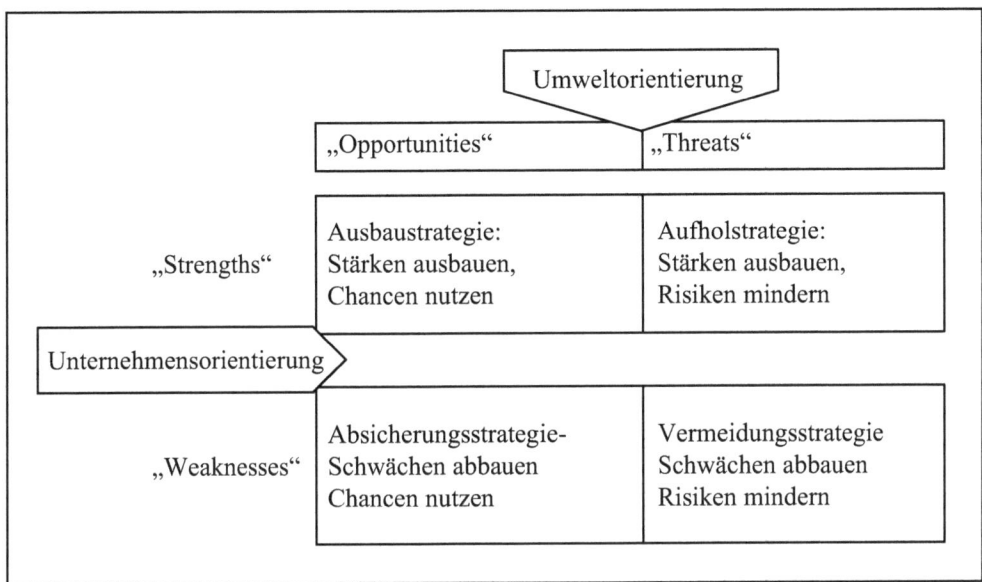

Darst. 1.6158: Allgemeine TOWS-Strategiematrix

Beispiel Nr. 2: Die nachstehende Abbildung zeigt die Stärken und Schwächen des eigenen Unternehmens im Vergleich zu einem Benchmarkings-Partner. Dies kann bspw. der bedrohlichste Wettbewerber oder der Branchendurchschnitt sein. In dem **Stärken-Schwächen-Profil** werden verschiedene Untersuchungsbereiche (Merkmale) beurteilt. Die übliche Darstellung als Profil verbindet die einzelnen Bewertungspunkte, auch wenn die Zeichnung einer verbindenden Kurve keinen Informationsgehalt hat. Im nachstehenden Beispiel wird die Beurteilung der einzelnen Merkmale mittels eines modifizierten niederländischen/spanischen Schulnotensystem[901] vorgenommen, welches mit einer Beurteilungsrange von 0 = völlig ungenügend/nicht vorhanden bis 10 = ausgezeichnet eine bessere Differenzierung hinsichtlich der Bewertung eines Kriteriums zulässt.

---

[901] Das niederländische und spanische Notensystem kennt 10 Abstufungen von 1 (völlig ungenügend) bis 10 (ausgezeichnet).

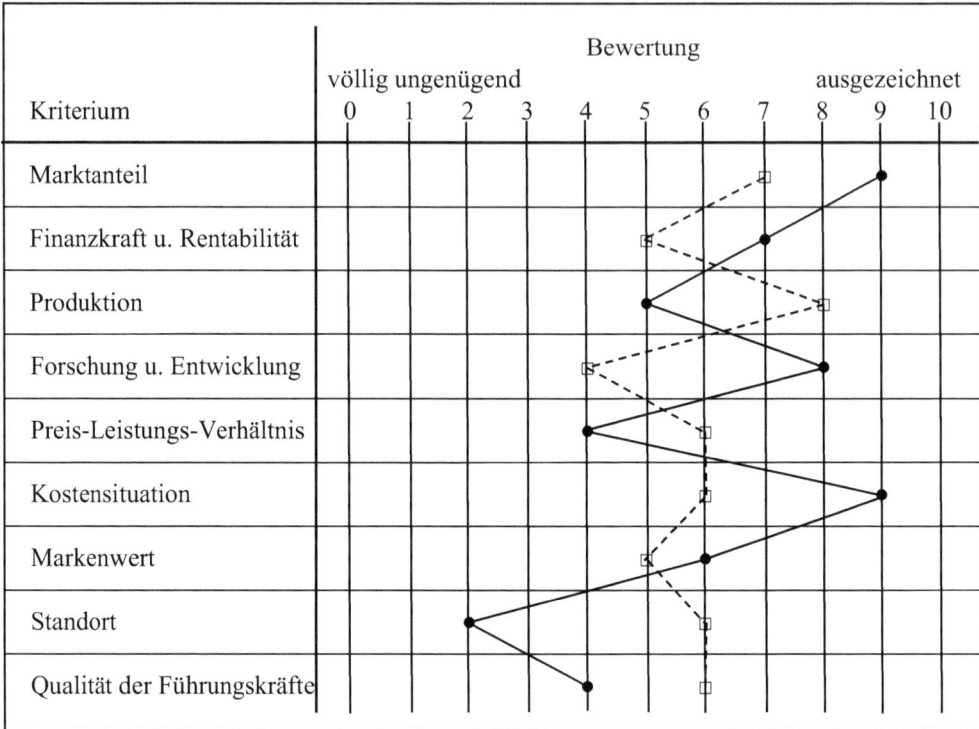

Darst. 1.6159: Stärken-Schwächen-Profil im Wettbewerbsvergleich

Legende:
●/ ——— stärkster Wettbewerber
□/ - - - - eigenes Unternehmen

In den Untersuchungsbereichen, in denen die Abstände (in der Bewertung) zwischen den Unternehmen besonders groß sind, zeigen sich relative Stärken oder Schwächen und damit Ansatzpunkte für eine Konkurrenzstrategie des eigenen Unternehmens. Im vorliegenden Beispiel liegen die Stärken des eigenen Unternehmens in der Produktion, dem Preis-Leistungs-Verhältnis, der Qualität der Führungskräfte und v. a. beim Standort, während als Schwächen der Marktanteil, die Finanzkraft und Rentabilität, die Kostensituation, der Markenwert und besonders die Forschung und Entwicklung zu konstatieren sind.

Problematisch erscheint, dass nicht alle Stärken und Schwächen bzw. Chancen und Risiken die gleiche Relevanz für ein Unternehmen aufweisen. Nur durch Zuweisung von Prioritäten lassen sich letztlich wichtige von weniger wichtigen Aspekten unterscheiden. An dieser Stelle lassen sich die Ergebnisse des im Paragrafen 1.6.11.1.4 angewendeten Scoring-Modells zwecks Erstellung der Competitive Profil Matrix verwenden, um, wie nachfolgend dargestellt, eine Bewertung der möglichen Stärken und Schwächen bzw. eine Priorisierung im Hinblick auf ihre Relevanz für das Unternehmen vorzunehmen. Eine solche Bewertung wäre an dieser Stelle auch für die Aspekte der Umweltanalyse durchaus sinnvoll.

1.6.11.2   Prognoseinstrumente

Prognosen lassen sich neben dem Ziel der Prognose (Lage- bzw. Entwicklungsprognose oder Wirkungsprognose)[902] auch hinsichtlich des **Prognosezeitraums** unterscheiden:

- kurzfristige (bis zu einem Jahr),
- mittelfristige (ab einem Jahr bis zu fünf Jahren),
- langfristige (ab fünf bis zu zehn Jahren).

Die vorherige Festlegung des Planungs- bzw. Prognosezeitraum ist von essenzieller Bedeutung, da sich die Prognosen und damit die Planungen immer auf bestimmte Zeiträume beziehen und daher auch nur für diese Gültigkeit besitzen. In diesem Zusammenhang sei noch einmal an das im Abschnitt 1.6.10.1.3 „Problemlücke" beschriebene Dilemma der Planungspraxis erinnert.

Neben den beiden bereits beschriebenen Kriterien für eine Unterscheidung der Prognosen (Prognosearten) lassen sich noch weitere finden:[903]

---

[902] Siehe die Ausführungen im Paragrafen 1.6.10.1.2 „Lageprognose" oder 1.6.10.2.3 „Prognose".

[903] In Anlehnung an WEIS, H. CHR., STEINMETZ, P.: a. a. O., S.421−422.

Kriterium	Ausprägung
Prognoseverfahren	quantitative Prognose: mathematisch-statistische Verfahren qualitative Prognose: intuitive Verfahren
Ziel (Gegenstand der Prognose	Lageprognose/Entwicklungsprognose Wirkungsprognose
Prognosezeitraum	kurzfristig mittelfristig langfristig
Datenherkunft	intern extern
Zahl der Variablen	univariat multivariat
Häufigkeit der Prognose	einmalig wiederholt
Prognoseobjekt	Bevölkerung (Stadtteil, Stadt, Kreis, Regierungsbezirk, Land, Staat, EU, Kontinent, Welt) Absatzvolumen (Unternehmen, Markt) Absatzpotenzial (Unternehmen, Markt) Preis (Beschaffung, Absatz) Umsatzvolumen (Unternehmen, Markt) Umsatzpotenzial (Unternehmen, Markt) Gewinn (Unternehmen, Sparte) usw.

Darst. 1.6160: Prognosearten

Von den vorab aufgeführten Prognosearten wird im Folgenden primär auf die Prognoseverfahren abgestellt, mit denen weitere Kriterien wie z. B. die unterschiedliche Zahl von Variablen kombiniert werden können.

Die **Prognoseverfahren** werden in den meisten Fällen, ausgehend von der Art der Datengewinnung und -verarbeitung, in zwei Gruppen aufgeteilt: in qualitative (auch subjektive, intuitive oder pragmatische genannt) und quantitative (auch als mathematisch-statistische, statistisch formale oder systematische bezeichnet). Die **qualitativen Prognoseverfahren**[904] beruhen auf subjektiven Einschätzungen auf Basis der Erfahrung oder Intuition von befragten Personen. Die Subjektivität stellt den entscheidenden Nachteil dieser Verfahren dar. Bei den **quantitativen Methoden** handelt es sich um weitgehend rationale, bedingte Prognosen, die sich logisch aus mathematisch-statistisch bearbeiteten, Rechenoperationen quantitativer Daten ableiten.[905] Evident ist der starke Vergangenheitsbezug der Inputdaten. Zu beachten ist in diesem Kontext die sogenannte Zeitstabilitätshypothese, die besagt, dass unter (bewusstem) Verzicht auf die Analyse der einzelnen Komponenten diese gedanklich zu einem Ursachenkomplex zusammengefasst werden und dessen in der Vergangenheit festgestellte Wirkung (Gesetzmäßigkeit) auch als gültig für die Zukunft angenommen wird. Insofern spiegeln die mathematisch-statistischen Methoden eine (stabile) exakte Genauigkeit wider, die insbesondere bei langfristigen Trends aufgrund der tatsächlichen Entwicklungen nicht gegeben ist und somit gegenüber der Realität eine Scheingenauigkeit vorspiegelt. Quantitative Verfahren lassen anders als qualitative Methoden i. d. R. keine Ursachenforschung zu. Erst die weitergehende Informationsbeschaffung führt z. B. zur Erkennung von Wirkungszusammenhängen.

Einen Spezialfall stellen **Früherkennungssysteme** dar. Sie wurden resp. werden konzipiert, da die Unternehmen Chancen und Risiken häufig viel zu spät erkennen. Ziel ist demzufolge die frühzeitige Erkennung, Diagnose und Weiterleitung von führungsrelevantem Wissen durch die Beobachtung und Analyse relevanter und noch nicht allgemein wahrnehmbarer Sachverhalte (Signale und Indikatoren).[906] Die zweite Generation von Früherkennungssystemen ist dadurch gekennzeichnet, dass zukünftige Veränderungen auf Basis mathematisch-statistischer Zusammenhänge mit Hilfe quantitativer Indikatoren angezeigt werden. Ausgangspunkt der sogenannten dritten Generation von Früherkennungssystemen, die verschiedentlich auch mit dem Begriff **Umweltscanning (Environmental Scanning)** gleichgesetzt werden,[907] ist das von Ansoff Mitte der 70er Jahre des letzten Jahrhunderts entwickelte Konzept der **Schwachen Signale**[908] (engl.: weak signals), die für ein „**strategisches Radar**" genutzt werden können. Schwache Signale sind oft auf strategisch relevante Veränderungen von Menschen zurückzuführen und beruhen

---

[904] Im Englischen meist als „subjective methods or judg(e)mental forecasting methods" benannt.

[905] Vgl. u. a. STOI, R., DILLERUP, R.: a. a. O., S. 757, JUNG, R. H., HEINZEN, M., QUARG: S.: a. a. O., S. 315.

[906] Vgl. KRYSTEK, U., MÜLLER-STEWENS, G.: Grundzüge einer strategischen Frühaufklärung, in: HAHN, D., TAYLOR, B. (HRSG.): Strategische Unternehmensplanung – Strategische Unternehmensführung, 9. Aufl., Berlin, Heidelberg, New York 2006, S. 175 ff., BEA, F. X., HAAS, J.: a. a. O., S. 26, 329, STOI, R., DILLERUP, R.: a. a. O., S. 758.

[907] Vgl. WELGE, M, AL-LAHAM, A., EULERICH, M.: a. a. O., S. 316.

[908] ANSOFF, H. I.: Managing Surprise and Discontinuity – Strategic Response to Weak Signals, in: Zeitschrift für betriebswirtschaftliche Forschung, 28. Jg., 1976, Nr. 28, S. 129–152.

auf Meinungen oder Äußerungen von Schlüsselpersonen oder -organisationen. Als Beispiel nennen Stoi und Dillerup die Äußerung des deutschen Umweltministers, den CO_2-Ausstoß langfristig reduzieren zu wollen. Dies hätte für die deutschen Automobilhersteller ein schwaches Signal sein können – wie sich heute herausstellt, war es eins –, die Entwicklung umweltfreundlicher Motoren voranzutreiben.[909] Denkbare Quellen zum Aufspüren von Signalen sind beispielsweise das Internet, Fernsehen, Tages- oder Fachzeitschriften, aber auch Manuskripte oder gar Literatur aus dem Genre Science-Fiction. Aus den Ausführungen ergibt sich, dass Früherkennungssysteme auch für Prognosen genutzt werden können.

Grundsätzlich sei auf das bekannte Phänomen der „self fulfilling prophecy" (selbst erfüllende Vorhersage) hingewiesen, nachdem die Prophezeiung eines (sehr) bekannten Experten bezüglich der künftigen Entwicklung einer Datenreihe (z. B. eines Aktienkurses) zu eben dieser Performance führt. Aber auch eine sich selbst widerlegende Prognose ist in einigen Fällen nicht auszuschließen. Beispielsweise etwa dann, wenn die prognostizierte negative Entwicklung bei den Betroffenen eine „Jetzt erst recht"-, „Das wollen wir doch mal sehen"- oder ähnliche Trotz-Reaktionen auslöst, die die vorhergesagte Tendenz in das Gegenteil verkehrt. Diese **Eigendynamik** von Prognosen kann bei geschickter Handhabung der Situation von der Unternehmensführung für zielgerichtete Ergebnisse des Unternehmens genutzt werden.[910]

Im Einzelnen sind die in der nachstehenden Tabelle aufgeführten Prognoseverfahren zu nennen.

Auf die detaillierte Erläuterung dieser Techniken wird hier verzichtet und stattdessen auf die Fachliteratur verwiesen.[911]

---

[909] Vermutlich hat Volkswagen AG diese schwachen Signale erkannt; allerdings mit der Erstellung von Programmen, die den tatsächlichen Schadstoffausstoß fehlerhaft ausweisen, die falsche Maßnahme getroffen.

[910] Vgl. BROCKHOFF, K.: Prognosen, in: BEA, X., SCHWEITZER, M. (HRSG.): Allgemeine Betriebswirtschaftslehre. Bd. 2. Führung, 10. Aufl., Konstanz, München 2011, S. 762 f.

[911] Als Auswahl seien hier genannt: BROCKHOFF, K.: a. a. O., S. 799 ff., MERTENS, P., RÄSSLER, S. (HRSG.): Prognoserechnung, 7. Aufl., Heidelberg 2012, PERRIDON, L., STEINER, M., RATHGEBER, A. W.: Finanzwirtschaft der Unternehmung, 16. Aufl., München 2012, S. 671 ff., VOGEL, J.: Prognose von Zeitreihen. Eine Einführung für Wirtschaftswissenschaftler, Wiesbaden 2015, WALZ, H., GRAMLICH, D.: Investitions- und Finanzplanung, 8. Aufl., Frankfurt am Main 2011, S. 176 ff.

Qualitative	Quantitative
● Eigene subjektive Einschätzungen	● Einfache Mittelwertbildung

● Befragung von Experten (Händler, Wissenschaftler, Verkaufsaußendienst, Kundendienst, Verbraucher) einschl. Delphi-Methode	● Zeitreihenanalyse (Extrapolation)
	  • Gleitende Durchschnitte
	  • Gewogene gleitende Durchschnitte
	  • Regression
	    ▪ Einfach/multiple
	    ▪ Linear/nicht linear

● Repräsentativbefragungen	

● Kreativitätstechniken
  • systematisch-analytische
  • kreativ-intuitive
	● Exponentielle Trendanalyse
	  • Exponentielle Glättung 1. Ordnung
	  • Exponentielle Glättung 2. Ordnung

● Szenario-Technik	● Autoregressive stochastische Prozesse
● Früherkennungssysteme (Dritte Generation)	● Früherkennungssysteme (Zweite Generation)

Darst. 1.6161: Prognoseverfahren

1.6.11.3   Planbare strategische Handlungsoptionen

Auf der Basis der im Paragrafen 1.6.11.1 „Analyseinstrumente für langfristige Planungszeiträume" vorgestellten langfristigen Analysen der Erfolgsfaktoren, deren Bündelung Erfolgspotentiale ergeben und die bei einer einzigartigen Kombination zu einem Wettbewerbsvorteil führen,[912] gilt es daran anschließend, aus den weiters zu beschreibenden Strategien (langfristige Handlungsoptionen) die erfolgversprechende(n) auszuwählen. Strategien gehören zu den Planungsinhalten.[913]

---

[912] Vgl. zu diesem Zusammenhang die Ausführungen im Paragrafen 1.6.11.1.1.1 „Wettbewerbsvorteile, Erfolgspotenziale und Erfolgsfaktoren".

[913] Siehe Unter-Unterabschnitt 1.6.5.2 „Planung nach dem Inhalt".

Zunächst jedoch ist kurz zu klären, was unter einer Strategie zu verstehen ist.

1.6.11.3.1 Strategiebegriff

Der Begriff „Strategie" wird in unterschiedlichsten Situationen[914] verwendet, was bedeutet, dass es vielfältige Definitionen existieren.

Ursprünglich leitet sich der Begriff "Strategie" leitet sich aus dem Altgriechischen "στρατηγία" (strategía)[915] ab, was mit „Heerführung" übersetzt werden kann.

In der Antike bezeichnete der Begriff die Kunst der Kriegsführung und die Planung militärischer Operationen. Später wurde der Begriff verallgemeinert und fand Anwendung in verschiedenen Bereichen wie Wirtschaft, Politik und Management, wo er für langfristige Planungen und zielgerichtetes Handeln steht.

Strategien in der Betriebswirtschaftslehre fußen immer auf den normativen und konstitutiven Entscheidungen sowie den – auch normativen – Unternehmenszielen.[916] Die Entscheidungen über die durchzuführenden Strategien obliegen dem Top-Management, da es sich um langfristige[917] und für das Unternehmen bedeutsame Vorhaben handelt.[918] Dabei werden sie von der zentralen Planungsabteilung, einem zentralen Controlling oder von Planungsstäben unterstützt, die die Strategien erarbeiten (Entscheidungsvorbereitung).[919]

(Erfolgreiche) Strategien **dienen dem normativen Unternehmensziel des (Über-)Lebens und der (Weiter-)Entwicklung des Unternehmens.**[920] Da es sich um langfristig wirksame Festlegungen des Unternehmens handelt, weisen die Definitionen von Strategien **tendenziell qualitative Formulierungen** auf.

---

[914] Vgl. etwa die unterschiedlichen Strategietypen (5Ps for Strategy) nach Mintzberg/Waters wie Strategie als Plan (plan), Strategie als List (ploy), Strategie als Muster (pattern), Strategie als Positionierung (position) oder Strategie als Denkhaltung (perspective) in: MINTZBERG, H., WATERS, J. A.: Of strategies, deliberate and emergent, in: Strategic, Management Journal, 1985, Nr. 6, S. 257–272, MINTZBERG, H., AHLSTRAND, B., LAMPEL, J.: Strategy Safari. Der Wegweiser durch den Dschungel des strategischen Managements, 2. Aufl., München 2012, S. 25–32.

[915] Dieses Wort ist eine Zusammensetzung aus altgriech. στρατός (stratós) = Heer, Armee und ἄγω (ágō) = führen, leiten.

[916] Siehe Kapitel 2 „Planung und Kontrolle von Zielen".

[917] Im Sinne von langfristiger Wirkung (Tragweite).

[918] Siehe Unterabschnitt 1.3.1 „Top-Management" und Unter-Unterabschnitt 1.6.8.2 „Unternehmensführung".

[919] Siehe Unter-Unterabschnitt 1.6.8.4 „Controller".

[920] Vgl. WÖRDENWEBER, M.: Normatives Management, a. a. O., S. 160–162, BAUM, H.-G., COENENBERG, A. G., GÜNTHER, T.: a. a. O., S. 259.

Strategien sind **gedankliche Konstrukte,**[921] die zunächst „Theorien" wiedergeben, welche erst nach deren Umsetzung als erfolgreich oder nicht erfolgreich bewertet werden können.

Inhaltlich weisen Strategiedefinitionen meist **folgende Punkte** auf:

- sie formulieren die Erreichung eines strategischen Ziels,
- sie beschränken sich methodisch auf wenige Gesichtspunkte,
- sie beschreiben grob den Weg zur Erreichung des Ziels,
- sie unterstellen eine langfristige Erfolgswirkung (Tragweite der Entscheidungen),
- sie verdeutlichen das Streben nach frühzeitigem Handeln (Proaktivität).

Oft fokussieren sich Strategiedefinitionen auf eine bestimmte Sichtweise:

- Markt- und wettbewerbsorientierte Definitionen, z. B.: Strategie ist die Entwicklung von Wettbewerbsvorteilen durch eine bewusste Positionierung im Markt.[922]
- Ressourcenbasierte Definitionen, z B.: Strategie ist die optimale Nutzung unternehmensinterner Ressourcen und Kernkompetenzen zur Schaffung nachhaltiger Wettbewerbsvorteile.[923]
- Dynamische Definition, z. B.: Strategie ist ein Muster oder eine Abfolge von Entscheidungen, die sich aus bewusst geplanten und emergenten (spontan entstandenen) Handlungen ergibt.[924]

Auch Kombinationen der Sichtweise finden sich, z. B.: „Eine Strategie besteht aus Maßnahmenbündeln zur Positionierung in der Unternehmensumwelt und zur Gestaltung der Ressourcen des Unternehmens."[925] Um allen Sichtweisen ihren Raum zu geben, d. h. den verschiedenen Unternehmenssituationen (s. o.) gerecht zu werden, wird folgende, allgemeiner gehaltene Definition vorgeschlagen:

> Strategien sind Maßnahmen zur Sicherung des langfristigen Unternehmenserfolgs.

Darst. 1.6162: Strategie-Definition
(Vgl. BEA, F. X., HAAS, J.: a. a. O., S. 55, 171.)

---

[921] KREIKEBAUM, H., GILBERT, D. U., BEHNAM, M.: a. a. O., S. 24.

[922] Vgl. PORTER, M.: Wettbewerbsstrategie, a. a. O., S. 16 ff.

[923] Vgl. WERNERFELT, B.: A Ressource-based View oft he Firm, in: Strategic Management Journal, 5. Jg., 1984, Nr. 2, S. 171–180.

[924] Vgl. MINTZBERG, H., AHLSTRAND, B., LAMPEL, J.: a. a. O., S. 12–13.

[925] STOI, R., DILLERUP, R.: a. a. O., S. 222.

Statt einzelner Maßnahmen sind auch Maßnahmenbündel/Maßnahmenkombinationen denkbar.[926]

1.6.11.3.2 Arten von Strategien

Bea/Haas listen zahlreiche Arten von Strategien mit den Kriterien der Klassifikation auf:[927]

- Entwicklungsrichtung,
- Produkt-Markt-Kombinationen (Ansoff),
- Organisatorischer Geltungsbereich,
- Ansatzpunkte für Wettbewerbsvorteile (Porter),
- Geltungsbereich für Funktionen,
- Regionaler Geltungsbereich,
- Grad der Eigenständigkeit.

In der Literatur werden nahezu ausnahmslos die Strategien nach dem organisatorischen Geltungsbereich, d. h. nach den drei strategischen Führungsebenen/Planungsebenen[928] eines großen Unternehmens (z. B. Konzern) gegliedert und besprochen.[929] Die einzelnen Arten von Strategien, gegliedert nach den strategischen Planungsebenen finden sich nachstehend zugeordnet.

Viele der im nachstehenden Schaubild aufgeführten Strategien entsprechen mehr oder weniger den Ergebnissen der bereits wiedergegebenen langfristigen Analysen. Aus diesem Grunde werden im Weiteren nur die diejenigen Strategien ausführlicher vorgestellt, die sich nicht direkt schon aus den Analysen ableiten lassen. Bei jeder der nachstehend beschriebenen Strategien wird das passende langfristige Analyseinstrument beigefügt.

---

[926] Vgl. JUNG, R. H., HEINZEN, M., QUARG, S.: a. a. O., S. 180 f., WELGE, M., AL-LAHAM, A., EULERICH, M., a. a. O, S. 24.

[927] Vgl. BEA, F. X., HAAS, J.: a. a. O., S. 171–172. Siehe auch LIPPOLD, D.: Marktorientierte Unternehmensführung und Digitalisierung: Management im digitalen Wandel, 2. Aufl., Berlin, Boston 2021, S. 128–130.

[928] Vgl. die Erläuterungen zu den Aufgaben und Angehörigen des Top-Managements bei großen Unternehmen in Abschnitt 1.3 „Führungsebenen".

[929] Siehe etwa BARNEY, J.: a. a. O., S. 11, MACHARZINA, K., WOLF, J.: a. a. O., S. 283, JUNG, R. H., HEINZEN, M., QUARG, S.: a. a. O., S. 287, BEA, F. X., HAAS, J.: a. a. O., S. 63–64, STOI, R., DILLERUP, R.: a. a. O., S. 231.

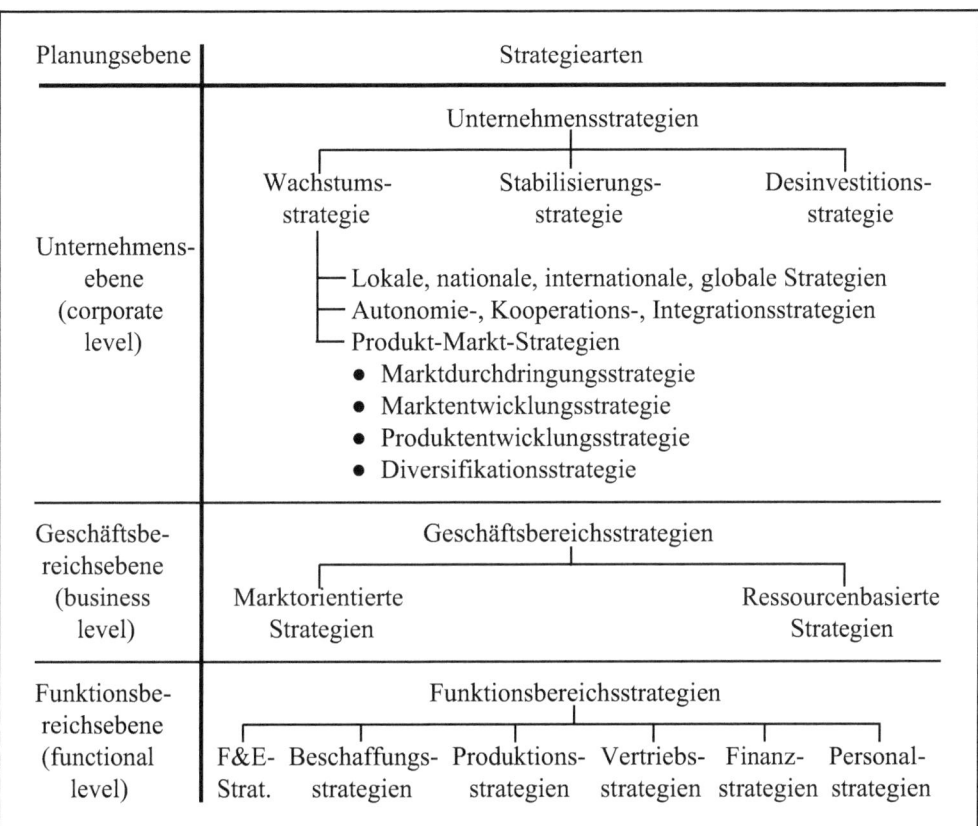

Darst. 1.6163: Arten von Strategien nach den strategischen Planungsebenen
(Vgl. REISINGER, S., GATTRINGER, R., STREHL, F.: a. a. O., S. 33, BEA, F. X., HAAS, J.:
a. a. O., S. 55, 171, STOI, R., DILLERUP, R.: a. a. O., S. 231, CORSTEN, H.: Grundlagen der
Wettbewerbsstrategie, Stuttgart, Leipzig 1998, S. 5-11.)

1.6.11.3.3 Unternehmensstrategien

Über Unternehmensstrategien wird immer **auf der obersten Führungsebene**, das ist i. d. R. bei
großen Unternehmen die Konzernspitze bzw. die (Beteiligungs-)Holding, entschieden.

Die Strategien auf Unternehmensebene (corporate strategies) kennzeichnen die **generelle Stoß-richtung** des Unternehmens.[930] Diese basiert auf der Grundidee der strategischen Segmentie-rung[931] ist. Sie sagt aus, dass es für den Prozess der Strategieentwicklung nicht ausreicht, das Geschäft eines (großen) Unternehmens als Ganzes zu betrachten. Da die einzelnen Unterneh-mensbereiche in verschiedenen Segmenten des Marktes tätig sind, erfordert deren Bearbeitung auch unterschiedliche Strategien.[932] Der Bezugspunkt einer Strategie sollte insofern immer das konkrete Geschäft sein, in dem das Unternehmen tätig sein will, und nicht nur das Unternehmen als Ganzes. Es gilt deshalb, die Chancen und Risiken sowie die Rahmenbedingungen der unter-schiedlichen Geschäftssegmente ausreichend zu berücksichtigen. Die Segmentierung des Mark-tes liefert dazu die Grundlage. Aus den vorstehenden Überlegungen resultieren zwei elementare Fragen, die ein Unternehmen beantworten muss, bevor es mit der Ableitung von Strategien be-ginnen kann:[933]

- In welchem Bereich bzw. welchen Bereichen des Marktes wollen wir überhaupt tätig sein? Mit anderen Worten: In welche strategischen Geschäftsfelder (SGF) wollen wir investieren?
- Welche organisatorischen Voraussetzungen sind im Unternehmen nötig, um die strategi-schen Geschäftsfelder effektiv und effizient zu bearbeiten? Mit anderen Worten: Welche stra-tegischen Geschäftseinheiten (SGE) bilden wir?

Zunächst sind von der Unternehmensführung die SGF, d. h. die vom Unternehmen zu bearbei-tenden erfolgversprechenden Märkte, festzulegen. Diese sind das Ergebnis der strategischen Analyse. Wie später die SGF im Unternehmen unter organisatorischen Aspekten zu SGE zu-sammengefasst werden und agieren, ist unternehmensspezifisch zu entscheiden.

Für jede SGF ist festzulegen, welche der drei grundsätzlichen Unternehmensstrategien gewählt wird. Infrage kommen:

---

[930] Vgl. BEA, F. X., HAAS, J.: a. a. O., S. 173.

[931] Marktsegmentierung bedeutet die Aufteilung heterogener Gesamtmärkte in homogene Gruppen (Teilmärkte, Seg-mente, Käufergruppen, Käuferklassen, Käufertypen) anhand trennscharfer, kaufverhaltensrelevanter Kriterien (Merkmale) der Käufer.

[932] Vgl. HUNGENBERG, H., WULF, T.: a. a. O., S. 114.

[933] Tiefergehende Ausführungen zum Nachstehenden finden sich im Paragrafen 1.6.11.1.4.1 „Strategische Geschäfts-felder (SGF)/Strategische Geschäftseinheiten (SGE)".

Darst. 1.6164: Unternehmenstrategien
(Vgl. REISINGER, S., GATTRINGER, R., STREHL, F.: a. a. O., S. 107.)

Einen ersten Ansatz in Form sog. **Normstrategien** liefern die **Portfolio-Modelle**, deren grundlegende Analysen in den Paragrafen 1.6.11.1.5.2 „Marktwachstum-Marktanteils-Analyse (BCG-Matrix)" und 1.6.11.1.5.3 „Marktattraktivität-Wettbewerbsvorteils-Analyse (GE-Matrix)" aufgezeigt wurden. Diese Normstrategien werden hier zunächst kurz vorgestellt. Später werden dann die angesprochenen Strategieversionen „Wachstums", „Stabilisierung" und „Desinvestition" in den einzelnen Paragrafen vertieft.

1.6.11.3.3.1 Normstrategien für die BCG-Matrix

Nachdem die Charakteristika der vier verschiedenen Felder der BCG-Matrix bereits erläutert wurden,[934] gilt es nachfolgend strategische Handlungsempfehlungen für diese abzuleiten. Diese **strategischen Handlungsempfehlungen** stellen **Normstrategien** dar, die das Investitionsverhalten des Unternehmens dahingehend betreffen, ob für die verschiedenen SGE eine Investitions- und Wachstumsstrategie, eine Selektionsstrategie oder eine Abschöpfungs- oder Desinvestitionsstrategie ausgewählt werden sollte. Diese Normstrategien sind different, da sich die SGE sich in jeweils unterschiedlichen strategischen Situationen befinden und deswegen auch unterschiedlich gesteuert werden müssen.[935] Gleichzeitig sind die SGE in ihrer Gesamtheit, also das komplette Portfolio, dahingehend zu überprüfen, ob ein finanzielles Gleichgewicht zwischen

---

[934] Siehe die Marktwachstum-Marktanteils-Analyse (BCG-Matrix) im gleichnamigen Paragrafen 1.6.11.1.5.2.
[935] Vgl. KREIKEBAUM, H., GILBERT, D. U., BEHNAM, M.: a. a. O., S. 271.

der Cash-Flow-Erzeugung und dem Cash-Flow-Bedarf besteht. Das Ziel sollte ein finanziell ausbalanciertes Gesamt-Portfolio sein: Die durch die Cash Cows sowie durch die liquidierten Questions Marks und Poor Dogs gewonnenen Finanzmittel sind dazu einzusetzen, um die Stars und die ausgewählten Question Marks zu finanzieren.

Für die SGE in den vier Feldern der BCG-Matrix bieten sich folgende **Normstrategien** an:

Question Marks (Fragezeichen): Bei den Fragezeichen kann in einem Unternehmen eine gewisse Unsicherheit bezüglich der Entwicklung herrschen. Auch wenn ein hohes Marktwachstum zu verzeichnen ist, herrscht Unsicherheit bzgl. der Durchsetzung gegenüber der Konkurrenz. Somit muss das Unternehmen je nach Vertrauen und Erwartung in die zukünftige Entwicklung des Marktanteils selektiv entscheiden, ob weiter **investiert (Wachstum)** werden soll oder ein **Rückzug (Desinvestition)** der SGE die bessere Alternative wäre. Auf Grund der schwachen Wettbewerbsposition sind im Rahmen einer Investitionsstrategie hohe Investitionsaufwendungen vonnöten, welchen nur geringe Cashflows gegenüberstehen, um eine SGE in das Feld Star zu führen. Daher ist ein Verlust in diesem Stadium des Lebenszyklus nicht unüblich.

Stars (Sterne): Diese SGEs sind Marktführer auf einem schnell wachsenden Markt. Um die führende Position zu halten oder gar zu verbessern, müssen weitere **Investitionen (Wachstum)** in die jeweiligen Geschäftseinheiten getätigt werden. Der hier entstehende Investitionsbedarf kann häufig schon durch die eigenen Einnahmen der Stars gedeckt werden. Auch die Cashflows der Melkkühe eignen sich für eine Förderung der SGEs im Star-Quadrant.

Cash Cows (Melkkühe): Cash Cows zeichnen sich durch hohe Marktanteile aus, wodurch positive Cashflows erwirtschaftet werden. Es empfiehlt sich das erwirtschaftete Kapital in den Nachwuchs oder in die Stars zu investieren. Somit sollte auf Grund des geringen Marktwachstums für diese Position eine **Abschöpfungsstrategie** gewählt werden, um andere Geschäftsfelder zu fördern.

Poor Dogs (arme Hunde): Das Marktwachstum und die Marktanteile für diese Position sind gering. Aus diesem Grund empfiehlt sich für diese Position ein Rückzug in Form einer **Desinvestitionsstrategie.**

Die Normstrategien für die einzelnen Felder sind nachfolgend noch einmal zusammengefasst:

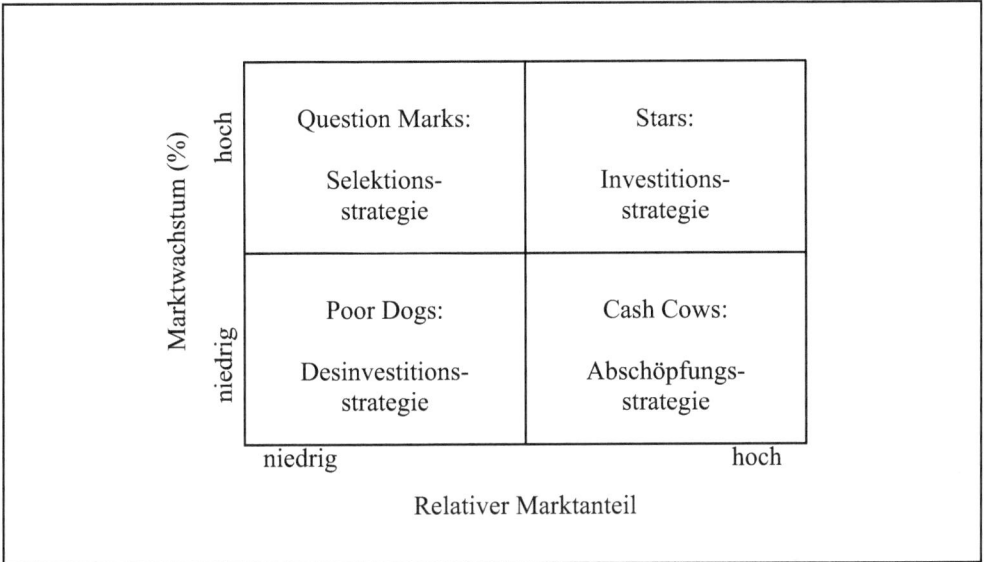

Darst. 1.6165: BCG-Normstrategien

Die Kritik an der BCG-Konzeption soll hier nicht noch einmal wiedergegeben werden. Es wird auf die Ausführungen im Paragrafen 1.6.11.1.5.2 „Marktwachstum-Marktanteils-Analyse (BCG-Matrix)" verwiesen.

1.6.11.3.3.2 Normstrategien für die GE-Matrix

Gegenüber der recht stark vereinfachten BCG-Analyse stellt die Marktattraktivität-Wettbe-werbsvorteils-Analyse (GE-Matrix) von McKinsey eine Weiterentwicklung dar, da sie statt der nur zwei Erfolgsfaktoren nunmehr für die beiden Achsen „Marktattraktivität" und „Relative Wettbewerbsvorteile" jeweils ein Erfolgsfaktorenbündel vorsehen.[936]

---

[936] Siehe die ausführliche Beschreibung im Paragrafen 1.6.11.1.5.3 „Marktattraktivität-Wettbewerbsvorteils-Analyse (GE-Matrix)".

Ähnlich wie im vorherigen Paragrafen gelten auch hier die weiteren Ausführungen zu den **Normstrategien**, allerdings mit dem Unterschied, dass die GE-Matrix aus neun statt vier Feldern besteht.

Für die SGE in den neun Feldern der GE-Matrix bieten sich folgende **Normstrategien** an:

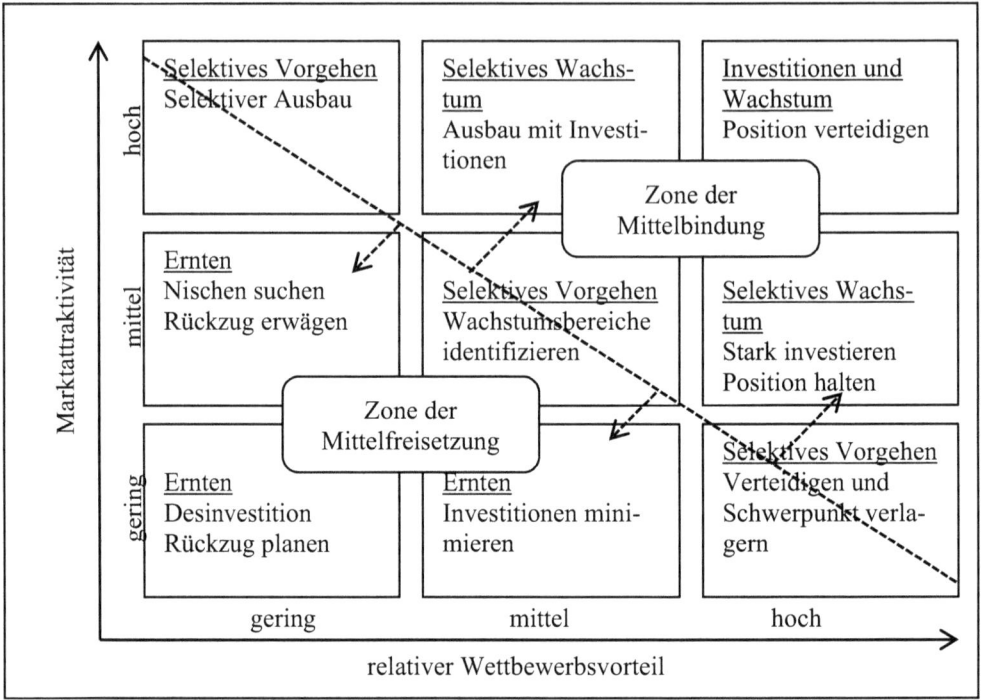

Darst. 1.6166: Marktattraktivitäts-Wettbewerbsvorteils-Strategien
(Quelle: LIPPOLD, D.: a. a. O., S. 136, ähnlich JUNG, R. H., HEINZEN, M., QUARG, S.: a. a. O., S. 357.)

Die Zone rechts oberhalb der Matrix-Diagonalen legt **Investitions- und Wachstumsstrategien** nahe, die auf den Aufbau von Wettbewerbsvorteilen gerichtet sind. Den betroffenen Geschäftsfeldern wird ein hohes Erfolgspotenzial in der Zukunft zugesprochen. Aus diesem Grund erhalten sie hohe Investitionen, wodurch eine Kapitalbindung stattfindet.

Sind Geschäftsfelder links unterhalb der Diagonalen positioniert, werden für diese **Abschöpfungs- und Desinvestitionsstrategien** empfohlen, da langfristig kein Erfolgspotenzial ersichtlich ist.

Die auf der gestrichelten Diagonale angesiedelten Geschäftsfelder sind genauer zu betrachten. Im Rahmen der **Selektionsentscheidung** gilt es abzuwägen, ob eine Wachstums- oder Abschöpfungsstrategie anzuwenden ist.[937]

Das Marktattraktivität-Wettbewerbsvorteils-Modell (GE-Matrix) leistet mit seinen Empfehlungen in Form von Normstrategien einen wichtigen Beitrag zur Entscheidungsfindung über ein optimales Unternehmensportfolio. Die vom Unternehmen ausgewählten relevanten Faktoren sind zum Teil quantitativ messbar (z. B. Marktwachstum), teilweise weisen sie jedoch einen qualitativen Charakter auf (z. B. die Qualifikationen der Führungskräfte)[938].

Nachstehend werden die bereits angesprochene Wachstums-, Stabilisierungs- und Desinvestitionsstrategie tiefergehend behandelt.

1.6.11.3.3.3 Wachstumsstrategien

Ein Unternehmen kann aus verschiedenen Wachstumsstrategien wählen.

Dieser Markt-/Feldstrategische Ansatz beinhaltet die vier grundlegenden **Produkt-Markt-Kombinationen** von Ansoff.[939] In der sogenannten **Ansoff-Matrix** werden die potenziellen Marktfelder des Unternehmens dargelegt.

---

[937] Vgl. BAUM, H.-G., COENENBERG, A. G., GÜNTHER, T., a. a. O., S. 233–235.
[938] Vgl. ebenda.
[939] Siehe ANSOFF, H. I.: Corporate strategy: a. a. O., S. 109 f.

Käufer bzw. Märkte \ Produkte	vorhanden	neu
Vorhanden	Marktdurchdringung und Marktausschöpfung	Marktschaffung (Segmentierung, Differenzierung)
Neu	Erschließung von Marktlücken	Diversifikation Sortimentserweiterung

Darst. 1.6167: Ansoff-Matrix

Die Entscheidung für ein oder mehrere Marktfelder muss sorgfältig geplant werden, da sie zu den Basisentscheidungen des Unternehmens gehört: alle anderen strategischen Alternativen fußen auf dieser Produkt-Markt-Entscheidung.[940]

(1) Die marketing-strategische Keimzelle eines Unternehmens ist das Marktfeld „**Marktdurchdringung**". Die Strategie der Marktdurchdringung wird auch Marktpenetration genannt. Sie strebt einen höheren Absatz der bisher schon angebotenen Produkte in den gegenwärtigen Märkten an. Ziel ist die „Weckung" des latenten Potenzials. Diese naheliegende Strategie basiert auf der Überlegung, dass mit relativ einfachen Mitteln (Produkt, Distribution und Kunden sind ja bekannt) eine höhere (Stück-)Kostendegression erreichbar ist. Die bereits angewandten Marketinginstrumente werden intensiver genutzt. Gleichzeitig soll die Kundenbeziehung gefestigt werden.

Gleichzeitig, d. h. mit steigendem Marktanteil **wächst der Einfluss auf die Preisbildung** (Marketingführerschaft als faktische Macht).

(2) Ziel dieser Strategie „**Marktentwicklung**" ist es, für die dem Unternehmen bereits bekannten Produkte **neue Märkte** zu erschließen und damit die Gewinne weiter zu steigern. Insbesondere dann, wenn auf dem „Heimatmarkt" eine gewisse Sättigung festzustellen ist, liegt es nahe, **angrenzende Märkte** zu bearbeiten. Angrenzend ist hier nicht unbedingt räumlich gemeint; es kann sich auch auf angrenzende Käuferschichten beziehen. Also **Marktschaffung** und **Markt-**

---

[940] Vgl. BAUM, H.-G., COENENBERG, A. G., GÜNTHER, T.: a. a. O., S. 290–292.

ausweitung, z. B. durch verstärkten Kundendienst, Erhöhung der Werbeausgaben. Kundenbesuche am Abend; i. d. R. ist diese Strategie gleichbedeutend mit einer Veränderung der Instrumente des Marketing-Mix.

Es geht also darum, mit überschaubarem Aufwand und ohne „große Abenteuer" zusätzliche Potentiale auf zusätzlichen Absatzmärkten zu erschließen.

(3) Bei dieser Strategie „**Produktentwicklung**" ist im Vergleich zu den beiden vorherigen ein erhöhtes Absatzrisiko erkennbar. Zum einen müssen wesentlich mehr Finanzmittel bereitgestellt werden (z. B. im Bereich F&E), zum anderen ist der **Absatz***erfolg* oftmals nicht kalkulierbar (vgl. Verdrängungswettbewerb im Regal des Einzelhändlers). Der Zwang, neue Produkte zu entwickeln, erhöht sich ständig durch zunehmenden Wettbewerbsdruck und damit einhergehend **immer kürzeren Produktlebenszyklen**. Auf **stagnierenden Märkten** findet ein **Verdrängungswettbewerb** statt, der zu einer „Neuprodukt-Inflation" führt. Es sei hier beispielsweise an Schokoladen- und Keks-Produkte erinnert (Inflation der Farbe lila, selbst zu Ostern!). **Echte Neuheiten (Innovationen)** sichern zunehmend das Überleben eines Unternehmens. Erfolgreiche Unternehmen weisen ein Sortiment auf, dass nicht selten zu 50 % oder mehr aus Produkten besteht, die nicht älter als fünf Jahre sind.

Diese Unternehmen betreiben einen permanenten Produktentwicklungsprozess, der einerseits zur Markteinführung verbesserter oder neuer Produkte führt und andererseits (z. B. wegen Lagerkosten, Umschlagshäufigkeit) zur systematischen Überwachung und Eliminierung degenerierter Produkte zwingt.

Wichtig ist, dass die Produktentwicklung nicht nur permanent und systematisch erfolgt, sondern auch das Timing eine ganz entscheidende Rolle spielt. Im Hinblick auf die Produktlebenszyklen der bisherigen Produkte bzw. die Portfolio-Analyse der bislang im Programm enthaltenen Produkte ist eine Verstetigung der Ertrags- und Liquiditätslage anzustreben. Es wäre nicht nur unwirtschaftlich, sondern auch gegenüber Kapitalgebern nicht zu verantworten, wenn hier erhebliche Disparitäten auftreten würden.

Zusammengefasst geschieht hier die Marktanteilsicherung der Zukunft durch eine fortlaufende Verbesserung der Leistungsprogramme, Veränderung alter Produktkonzeptionen, Produkteliminierungen und die Entwicklung neuer Produkte. Produktdifferenzierung.

(4) Wachstum, Gewinn und Stabilität auf lange Sicht werden bei dieser Strategie durch eine **Diversifikation** erreicht, d. h. der Einführung **neuer Programme** bei **neuen Kunden**. Diversifikationsstrategien wenden im Prinzip zwei verschiedenen Unternehmertypen an: **Existenzgründer** und **Unternehmen, die sich aus verschiedenen Gründen zur Produkt-/Markt-Er-**

weiterung gezwungen sehen. Da das Risiko einer Fehlinvestition bei dieser Strategie vergleichsweise am größten ist, müssen die Zwänge oder aber die Perspektiven so ausgezeichnet sein, dass sich das Wagnis Diversifikation lohnt. **Stagnierende oder schrumpfende Märkte, zunehmender Verdrängungswettbewerb, der inflationsbedingte Zwang zum Wachstum (Einkaufsvorteile)** sind gewichtige Gründe für eine derartige Strategie. Aber neben einem **Risikostrukturausgleich** führen auch **hervorragende Gewinnperspektiven** Unternehmen zur Verwirklichung einer Diversifikationsstrategie. Als Beispiel sei hier die Fa. Dornbracht AG & Co. KG (Design-Armaturen-Industrie) genannt. Mitte der 50er Jahre des vergangenen Jahrhunderts wuchs von einem kleinen Vater-Sohn-Betrieb (der Sohn war übrigens gelernter Maurer) ein Unternehmen heran mit ca. 160 Mio. € Umsatz Anfang der 20er Jahre. Design-Armaturen als Innovation auf dem deutschen und später internationalen Märkten sowie die Mischung aus italienischem Design und deutscher Zweckmäßigkeit gepaart mit deutscher Qualität brachte der Fa. Dornbracht die unangefochtene Marktführerschaft in diesem Marktsegment. Aufgrund der hervorragenden Entwicklung dieses Marktes in den 80er Jahren des letzten Jahrhunderts (Renovierungsbedarf, wachsende Einkommen, Doppelverdiener, Hauserben u. s. w.) und offensichtlich guter Unternehmensrenditen trat der Wettbewerb (Hansgrohe, Grohe, Rapetti, Kludi) hinzu. Folge war eine Umsatzstagnation bei der Fa. Dornbracht. Dies bedeutet gleichzeitig Marktanteilsverluste und vor allem der Verlust der Preisführerschaft. Gleichzeitig begannen bei gleichzeitig steigenden Kosten die Renditen zu sinken. Ähnliches zeichnete sich zum Ende des letzten Jahrhunderts in der Stromwirtschaft infolge der zunehmenden Liberalisierung des Marktes ab. Diese Unternehmen (Beispiel: RWE AG) diversifizierten verstärkt, im letzten Fünftel des vorangegangenen Jahrhunderts vor allem in die Telekommunikation, in den letzten Jahrzehnten in den Markt der erneuerbaren Energien. Das bekannteste Beispiel ist wohl Amazon, das als Buchhändler in Nordamerika begann und heute als global agierender Onlineversandhändler auftritt, der in den letzten Jahren zunehmend in Clouds und KI investiert.

In der Literatur werden drei Arten einer Diversifikation unterschieden:[941]

---

[941] Vgl. BAUM, H.-G., COENENBERG, A.G., GÜNTHER, T.: a. a. O., S. 291–292.

- Horizontale Diversifikation
  (Erweiterung der Produktpalette um verwandte Produkte, ähnliche Käuferschichten; z. B. bisher klassischer Teehandel mit losem Tee, jetzt auch Eistees)
- Vertikale Diversifikation
  (Aufnahme von Produkten aus vor- oder nachgelagerten Produktionsstufen; z. B. bisher Teehandel, jetzt auch Teeproduktion oder neben Großhandel jetzt auch Einzelhandelsfilialbetriebe)
- Konglomerate (laterale) Diversifikation
  (völlig neue Produkte; kein direkter Zusammenhang zwischen alten und neuen Produkten erkennbar; eher als unternehmerische Beteiligung zu werten; z. B. Türen- und Fensterfabrikant übernimmt Hotelkette, Stromversorger übernimmt Entsorger)

Darst. 1.6168: Arten der Diversifikation

Als schwierigste Strategie gilt die konglomerate (laterale) Diversifikation. Betrachtet man die sogenannten **Konglomerate**, stellt man häufig erhebliche Probleme und wenig überzeugende Renditen fest. Ein Beispiel ist hier die Daimler-Benz AG, ein Vorgängerunternehmen der heutigen Mercedes-Benz Group AG, die ab Mitte der 1980er Jahre bis Mitte der 1990er Jahre als zweites „Standbein" den Luft- und Raumfahrtkonzern Deutsche Aerospace AG (DASA) mit den Unternehmen Dornier GmbH, MTU Motoren- und Turbinen-Union, Fokker und Teilen der AEG zusammengekauft hatte. Hauptursache für das Scheitern dieser Idee waren sowohl erhebliche materiell-konzeptionelle als auch management-bezogene Probleme. Oft sind in einem Konglomerat **zentrifugale Kräfte** enthalten, z. B. weil dem Gesamtgebilde eine einheitliche, alles verbindende zentrale Idee fehlt. Ist mit ihr gleichzeitig eine zentralistische Führung mit ausgefeilten Reportingsystemen (MIS) verbunden, stellt sich schnell das Problem der Motivation des Managements und „um die Gunst der Oberen buhlenden Manager" ein.

Während die ersten drei Strategien noch Gemeinsamkeiten aufweisen, weil entweder das Produkt und/oder der Markt bekannt ist (Beispiel: Vertriebskanäle, Produktions-Know-how), wagt sich das Unternehmen bei der Diversifikation in völliges Neuland, d. h., dass von der ersten marktfeld-strategischen Option „Marktdurchdringung" bis zur vierten Option „Diversifikation" eine **wachsende Unsicherheit** hinsichtlich der Ergebnisse strategischer Entscheidungen zu konstatieren ist. Mit anderen Worten: Je mehr sich ein Unternehmen von den Strategien der Marktschaffung über die Produktdifferenzierung zur Diversifikation hin bewegt, umso größer wird das Entscheidungsrisiko. Die Planungsprobleme gewinnen an Komplexität.

Eine Diversifikationsstrategie muss in dem betroffenen Unternehmen gut vorbereitet sein, da es die traditionellen Wege (Produkte, Märkte, ggf. Vertrieb) verlässt. Das diversifizierende Unternehmen fällt dabei zwei strategische Entscheidungen: für neue Produkte, d. h. auch neue Technologie und damit auch für einen neuen Absatzmarkt.

Je nachdem, wie eine Diversifikation bewerkstelligt wird – organisch, kooperativ oder akquisitorisch – lassen diese Formen mit den Produkt-Markt-Strategien kombinieren. Diesbezüglich sei auf die weiterführende Literatur verwiesen.[942]

Eine Diversifikationsstrategie muss in dem betroffenen Unternehmen gut vorbereitet sein, da es die traditionellen Wege (Produkte, Märkte, ggf. Vertrieb) verlässt. Das diversifizierende Unternehmen fällt dabei zwei strategische Entscheidungen: für neue Produkte, d. h. auch neue Technologie und damit auch für einen neuen Absatzmarkt.

Ein erstes langfristiges Analyseinstrument zur Findung der bestmöglichen Strategie ist die Gap- oder Lücken-Analyse.[943] Sie geht von der Lücke zwischen der geplanten Größe einer Kennzahl (z. B. Umsatz, Ertrag, Unternehmenswertbeitrag) und dem gegenwärtigen Wert des Erfolgsfaktors aus.[944] Die Produkt-Matrix von Ansoff liefert vier strategische Empfehlungen, um die Lücke zu schließen und die geplante Ausprägung der Zielvariable zu erreichen.

Ein zweites Analyseinstrument ist mit der SWOT-Analyse[945] gegeben, wenn diese nicht auf das Unternehmen in seiner Gesamtheit, sondern auf jedes SGF angewendet wird. Mit Hilfe der SWOT-Analyse wird ein Abgleich zwischen den Einflussfaktoren der SGF und denen seiner Umwelt vorgenommen. Entsprechend dem Postulat, einerseits die Stärken und Chancen der SGF zu maximieren und andererseits die Schwächen und Risiken zu minimieren, können erste Überlegungen hinsichtlich einer geeigneten Strategie für jedes SGF angestellt werden. Angesichts knapper Ressourcen des Unternehmens (finanziell, personell, materiell) gilt es, zunächst diejenigen SGF mit der Produkt-Markt-Kombination herauszufiltern, die (überhaupt) ein ausreichendes Erfolgspotenzial aufweisen. In einem weiteren Schritt sind diese SGF hinsichtlich ihres Erfolgsbeitrages in eine Rangfolge zu bringen.

---

[942] Siehe etwa CORSTEN, H., CORSTEN, M.: a. a. O., S. 180–181, STOI, R., DILLERUP, R.: a. a. O., S. 266.

[943] Sie wurde im Paragrafen 1.6.11.1.4.2 „Gap-Analyse" portraitiert.

[944] Zur Illustration siehe das Schaubild bei STOI, R., DILLERUP, R.: a. a. O., S. 267.

[945] Diese strategische Analyseform wurde im Paragrafen 1.6.11.1.6 „SWOT-Analyse" ausgeführt.

1.6.11.3.3.4 Stabilisierungsstrategien

Während die Wachstumsstrategie auf Expansion durch Marktdurchdringung, Marktentwicklung, Produktentwicklung oder Diversifikation setzt, ist die Stabilisierungsstrategie besonders für Unternehmen oder SGE geeignet, die eine **Phase der Konsolidierung** durchlaufen oder sich **auf die bisherige langfristige Wettbewerbsfähigkeit konzentrieren** möchten, ohne große Risiken einzugehen. Damit lässt sie sich gut abgrenzen von der **Rückzugsstrategie**, die gedanklich einen Schritt weitergeht, indem sie darauf abzielt, unrentable Bereiche aufzugeben oder das Unternehmen bzw. die SGE zu verkleinern oder die **Turnaround-Strategie**, die bei Unternehmenskrisen angewandt wird, um eine drohende Insolvenz abzuwenden.

Die Stabilisierungsstrategie ist eine Unternehmensstrategie, die darauf abzielt, die aktuelle Marktposition eines Unternehmens oder einer SGE zu sichern und zu optimieren, anstatt aggressives Wachstum oder radikale Veränderungen anzustreben.

Darst. 1.6169: Stabilisierungsstrategie

Die Stabilisierungsstrategie beruht auf einer **defensiven Grundeinstellung**. Wie die nachfolgenden Beispiele zum Teil zeigen, stellen Stabilisierungsstrategien **häufig Übergangsstrategien** dar. Es soll Zeit gewonnen werden, um sich später für eine endgültige Stoßrichtung zu entscheiden, z. B. für eine Abschöpfung, den Marktaustritt (Desinvestitionsstrategie) oder die Sammlung von Kräften für eine neue „Offensive".[946] Soll durch eine bewusste Selbstbeschränkung die strategische Ausgangslage verbessert werden, indem die Effizienz aller Unternehmensaktivitäten verbessert werden soll, um Ertragslücken zu schließen, wird diese Strategie als **Konsolidierungsstrategie** bezeichnet.[947] Sie wird z. B. nach Phasen starken Wachstums eingesetzt.

Eine Stabilisierungsstrategie wird **in folgenden Situationen angewendet**:

- In **gesättigten Märkten**, in denen Wachstumspotenziale begrenzt sind.
- Bei **wirtschaftlichen Unsicherheiten** oder Krisenzeiten.
- Wenn ein Unternehmen **finanziell stabilisiert** werden muss.

---

[946] Vgl. BEA, F. X., HAAS, J.: a. a. O., S. 183.
[947] Vgl. WELGE, M., AL-LAHAM, A., EULERICH, M., a. a. O, S. 612, CORSTEN, H., CORSTEN, M.: a. a. O., S. 184.

- Wenn **technologische oder regulatorische Veränderungen** (unternehmensintern oder in der Umwelt des Unternehmens) eine abwartende Haltung erfordern (Zeitgewinn).[948]
- Wenn nach einer Wachstumsstrategie **Zeit für eine interne Anpassung der Strukturen und Systeme** erforderlich ist.
- Wenn ein **Unternehmen von einem größeren übernommen** wird oder werden soll und **Zeit für eine Entscheidung benötigt** wird, ob beim erworbenen Unternehmen durch Stilllegungen Kapazitäten abgebaut oder dem akquirierten Unternehmen neue Wachstumsimpulse verliehen werden sollen.[949]
- In **reiferen Unternehmensphasen**, wenn Expansion nicht mehr die oberste Priorität hat.

Das Erkennen dieser Situationen ist – von internen Gründen abgesehen – in erster Linie mittels einer Analyse der Makroumwelt[950] möglich. Ansonsten kann die Gap-Analyse eingesetzt werden, um zu klären, ob sich eklatante Lücken zwischen der geplanten Größe einer Kennzahl (z. B. Umsatz, Ertrag, Unternehmenswertbeitrag) und dem gegenwärtigen Wert des Erfolgsfaktors ergeben haben.[951] Ist dies nicht der Fall, kann Zeit für eine Stabilisierungsstrategie gegeben sein. Um interne Schwächen, etwa nach einer starken Wachstumsphase, aufzudecken, kann auf eine Analyse des Unternehmens, bspw. mittels Ressourcen- und Kompetenzanalyse,[952] oder auf eine SWOT-Analyse[953] zurückgegriffen werden.

Als **Ziele der Stabilisierungsstrategie** sind zu nennen:

- **Bewahrung der Marktstellung**: Das Unternehmen versucht, seine derzeitige Wettbewerbsposition zu erhalten und zu festigen.
- **Minimierung von Risiken**: Durch Vermeidung großer Investitionen oder Expansionen reduziert das Unternehmen finanzielle und erfolgswirksame Risiken.
- **Effizienzsteigerung**: Statt Wachstum stehen Maßnahmen zur Effizienzsteigerung (Wirtschaftlichkeit, Produktivität) und Kostenreduktion im Vordergrund.
- **Sicherung der Rentabilität**: Durch eine erprobte Unternehmensführung sollen nachhaltige Gewinne erzielt werden.

---

[948] Als Beispiel lässt sich die Automobilindustrie nennen, die lange Zeit nicht wusste, ob, wann und wie ein Umstieg der Motoren mit fossilen Energien auf elektrische oder wasserstoffbetriebene Motoren gesetzlich verankert würde. Eine Änderung der Antriebstechnik in der Produktion in den Automobilwerken benötigt ebenfalls eine gewisse Zeit.
[949] Vgl. BEA, F. X., HAAS, J.: a. a. O., S. 183.
[950] Die Analyse der Makroumwelt wird im gleichnamigen Paragrafen 1.6.11.1.2 beschrieben.
[951] Zur Illustration siehe das Schaubild bei STOI, R., DILLERUP, R.: a. a. O., S. 267.
[952] Vgl. Paragraf 1.6.11.1.4.5 „Ressourcenorientierte Analyse".
[953] Diese strategische Analyseform wurde im Paragrafen 1.6.11.1.6 „SWOT-Analyse" erläutert.

Folgende Maßnahmen werden bei einer Verwirklichung der Stabilisierungsstrategie vorgeschlagen:

- **Optimierung interner Prozesse**: Verbesserung der Effizienz, Maßnahmen zur Kostensenkung.
- **Qualitätsmanagement**: Sicherstellung hoher Produkt- und Servicequalität zwecks Kundenbindung.
- **Mitarbeiterentwicklung**: Schulungen und Motivation der Belegschaft zur Aufrechterhaltung der Leistungsfähigkeit.
- **Erhalt der Marktanteile**: Gezieltes Marketing und Kundenbindungsmaßnahmen ohne aggressive Expansion.
- **Finanzielle Konsolidierung**: Vermeidung unnötiger Kosten, Sicherung von Liquidität und Profitabilität.
- **Moderate Innovationen**: Kleine, aber kontinuierliche Verbesserungen an Produkten und Dienstleistungen, ohne riskante Neuentwicklungen.

1.6.11.3.3.5 Desinvestitionsstrategien

Primäre Intention von **Desinvestitionsstrategien**, auch **Schrumpfungsstrategien** genannt, ist es, sich von Teilen des Unternehmens zu trennen, wenn z. B. eine SGE nicht mehr profitabel (genug) ist, um potenzielle Risiken abzubauen, Kapital für andere Investitionen freizusetzen – etwa um sich grundsätzlich neu aufzustellen.

> Die Desinvestitionsstrategie ist eine Unternehmensstrategie, die darauf abzielt, bestimmte Divisionen, SGE, Geschäftsbereiche, Produkt-Markt-Kombinationen, Tochtergesellschaften, andere Vermögenswerte oder Produkte gezielt abzustoßen, um die ertragswirtschaftliche, finanzielle und strategische Situation des Unternehmens zu verbessern.

Darst. 1.6170: Desinvestitionsstrategie

Eine Desinvestitionsstrategie wird häufig **in folgenden Situationen eingesetzt**:

- **Mangelhafte Profitabilität**: Eine Unternehmenseinheit weist im Vergleich zur gewünschten zweistelligen Profitabilitätsrate (seit längerem) nur eine einstellige auf.
- **Unrentabilität**: Ein Geschäftsbereich ist dauerhaft defizitär und belastet das Gesamtunternehmen.

- **Strategische Neuausrichtung**: Das Unternehmen möchte sich auf seine Kernkompetenzen konzentrieren und trennt sich von nicht-strategischen Geschäftsfeldern. Sofern für die Neuausrichtung Kapital benötigt wird, muss Kapital freigesetzt werden.
- **Technologischer Wandel**: Ein Produkt oder eine Dienstleistung ist durch Innovationen überholt und nicht mehr wettbewerbsfähig.
- **Wirtschaftliche Krise**: In finanziell schwierigen Zeiten müssen Unternehmen Vermögenswerte verkaufen, um Liquidität zu sichern.
- **Abbau ungenutzter Kapazitäten.**
- **Fusionen und Übernahmen**: Nach einer Fusion kann es notwendig sein, überflüssige oder redundante Unternehmensbereiche abzustoßen.
- **Personelle Motive** wie Nachfolgeprobleme (z. B. Desinteresse der Kinder) oder Auseinandersetzungen in Familienunternehmen.[954]

Als **Ziele der Desinvestitionsstrategie** lassen sich folglich nennen:

- **Erhöhung der Rentabilität**: Durch den Verkauf oder die Schließung unrentabler Geschäftseinheiten kann die Gesamtprofitabilität des Unternehmens gesteigert werden.
- **Fokussierung auf das Kerngeschäft**: Unternehmen trennen sich von Bereichen, die nicht mehr zur langfristigen strategischen Ausrichtung passen.
- **Freisetzung von Kapital**: Durch den Verkauf von Vermögenswerten oder Tochtergesellschaften werden finanzielle Mittel für Investitionen in profitablere Bereiche generiert.
- **Reduzierung von Risiken**: Wenn ein Geschäftsbereich mit hohen Unsicherheiten oder regulatorischen Problemen behaftet ist, kann eine Desinvestition Risiken minimieren.
- **Kostensenkung**: Die Reduzierung von nicht ertragreichen Aktivitäten hilft, Fixkosten zu senken und die finanzielle Stabilität zu verbessern.

Es existieren verschiedene **Möglichkeiten**, eine Desinvestition durchzuführen, entweder als **Verkauf** oder **Liquidation**:

- **Verkauf an externe Unternehmen (sell-off)**: Ein Geschäftsbereich oder eine Tochtergesellschaft wird an einen strategischen Käufer oder einen Finanzinvestor verkauft. Beispiel: Ein Automobilkonzern verkauft seine LKW-Sparte, um sich auf Elektrofahrzeuge zu konzentrieren.
- **Verselbständigung (spin-off oder Ausgliederung**: Der Geschäftsbereich wird als eigenständiges Unternehmen ausgegliedert, oft mit einem Börsengang (IPO). Beispiel: Ein IT-Konzern gliedert seine Cloud-Sparte aus, um diese unabhängig weiterzuentwickeln.
- **Management-Buyout (MBO) oder Employee-Buyout (EBO)**: Das Management oder die Mitarbeiter übernehmen die Kontrolle über einen Unternehmensbereich durch den Kauf der

---

[954] Vgl. BEA, F. X., HAAS, J.: a. a. O., S. 185.

Anteile. Beispiel: Eine verlustreiche Tochtergesellschaft wird von ihrem eigenen Führungsteam übernommen.

- **Schrittweise Stilllegung (Liquidation)**: Falls ein Verkauf nicht möglich oder wirtschaftlich nicht sinnvoll ist, wird der Bereich schrittweise geschlossen. Beispiel: Ein Modeunternehmen stellt die Produktion einer nicht mehr nachgefragten Marke ein.

Allerdings erfordert eine Desinvestition eine sorgfältige Planung, denn folgende **Herausforderungen und Risiken** können bestehen:

- **Strategische Barrieren**[955] wie der Verlust von Synergieeffekten (z. B. gemeinsamer Einkauf oder Vertrieb[956]), Verlust von risikomindernder Diversifikation Verlust von personellem und/ oder technologischem Know-how.
- **Finanzielle Barrieren**:[957]
  - Veräußerung von speziellen Betriebsmitten „unter Wert",
  - Kosten für Sozialpläne der Belegschaft, Schadensersatz für vertraglich vereinbarte Miet-, Pacht-, Liefer-, Garantie- und Serviceverpflichtungen,
  - Ertragsteuern bei Aufdeckung stiller Reserven im Falle des Verkaufs von Betriebsmitteln.
- **Personelle Barrieren**:[958]
  - Traditionelle und emotionale Bindungen an das Unternehmen („Familienerbe"),
  - Angst vor dem Stigma des Versagens (z. B. Eingeständnis von Fehlentscheidungen),
  - Verantwortung für die Mitarbeiter: In vielen Fällen führt eine Desinvestition zu Entlassungen, was soziale und unternehmenskulturelle Herausforderungen mit sich bringt.
- **Image- und Reputationsrisiken**: Die Aufgabe eines Geschäftsbereichs könnte bei Kunden, Mitarbeitern und Investoren negativ wahrgenommen werden.
- **Fehlbewertung von Vermögenswerten**: Ein zu niedriger Verkaufspreis kann langfristig wirtschaftliche Nachteile verursachen.

In der Vergangenheit wurden beispielhaft folgende Desinvestitionen von Unternehmen vorgenommen:

Die **TUI AG** ging 1997 aus dem 1923 gegründeten Mischkonzern (v. a. Chemie, Strom, Logistik, Bergbau und Stahl) Preussag AG hervor. Die Gesellschafter der Preussag AG, zu denen ab 1969 die WestLB mit zeitweilig 26 % gehörte, befand die Ertragslage als zunehmend inakzeptabel. Als neues Geschäftsmodell wurde die weltweit zunehmende Touristik unter Beibehaltung

---

[955] Vgl. BEA, F. X., HAAS, J.: a. a. O., S. 185.

[956] Dies kann auch den Verlust von Marktanteilen bedeuten, wenn ein Unternehmen durch die Abgabe einer Unternehmenseinheit Marktanteile und Kunden verliert.

[957] Vgl. BEA, F. X., HAAS, J.: a. a. O., S. 185.

[958] Vgl. ebenda.

der Logistik-Aktivitäten gewählt. 2001 ging die TUI Group, an der die WestLB ebenfalls 31,4 % der Anteile hielt, in die Preussag AG über und wurde 100-prozentige Tochter derselben. 2002 beschloss die Hauptversammlung eine Umbenennung der Preussag AG in TUI AG. Damit begann die groß angelegte Umstrukturierung, die das Unternehmen weg von einem Mischkonzern und hin zu einem reinen, weltweit agierenden Touristik- und Logistikkonzern führte.

Ein weiteres klassisches Beispiel ist die Entscheidung von **IBM**, sich aus dem PC-Geschäft zurückzuziehen und dieses 2005 an **Lenovo** zu verkaufen. IBM konzentrierte sich danach auf Software, Cloud-Computing und Beratungsdienstleistungen, während Lenovo das PC-Geschäft weiter ausbaute.

Als letztes Beispiel sei die **Abspaltung von PayPal seitens eBay** im Jahr 2015 genannt. Die beiden Unternehmen entwickelten sich unabhängig voneinander weiter und konnten so ihre jeweiligen Marktstrategien besser verfolgen.

Prinzipiell sollte von Zeit zu Zeit eine Gap-Analyse vorgenommen werden, um zu klären, ob sich in der dynamischen Betrachtung eklatante Lücken zwischen der geplanten Größe einer Kennzahl (z. B. Umsatz, Ertrag, Unternehmenswertbeitrag) und dem gegenwärtigen Wert des Erfolgsfaktors ergeben haben.[959] Ist dies der Fall, sollten die Ursachen erforscht werden. Möglicherweise lautet das Ergebnis, eine Desinvestitionen hinsichtlich der untersuchten Division, SGE, Geschäftsbereiche, Produkt-Markt-Kombination, Tochtergesellschaft oder des Geschäftsbereichs oder Produktes voranzutreiben. Einen weiteren Anhaltspunkt für eine Desinvestition kann die SWOT-Analyse[960] liefern, insbesondere wenn im Zeitablauf interne Schwächen und externe Risiken zunehmen oder Stärken und Chancen kontinuierlich abnehmen. Eine weitere Anregung zu einer Desinvestitionsstrategie bezüglich einer SGE liefert die Marktanteils-Marktwachstums-Analyse (BCG-Analyse)[961] zurückgegriffen werden, und zwar hinsichtlich zweier Felder der BCG-Matrix:

Question Marks (Fragezeichen) mit geringem Marktanteil auf einem schnell wachsenden Markt. Ihr Cashflow reicht für Erweiterungsinvestitionen nicht aus. Bei den Fragezeichen kann in einem Unternehmen eine gewisse Unsicherheit bezüglich der Entwicklung auftreten. Auch wenn ein hohes Marktwachstum zu verzeichnen ist, herrscht Unsicherheit bzgl. der Durchsetzung gegenüber der Konkurrenz. Somit muss das Unternehmen je nach Vertrauen und Erwartung in die zukünftige Entwicklung des Marktanteils selektiv entscheiden, ob weiter investiert werden soll oder ein Rückzug der SGE die bessere Alternative wäre. Auf Grund der schwachen

---

[959] Zur Illustration siehe das Schaubild bei STOI, R., DILLERUP, R.: a. a. O., S. 267.

[960] Diese strategische Analyseform wurde im Paragrafen 1.6.11.1.6 „SWOT-Analyse" erläutert.

[961] Es sei auf die Ausführungen im Paragrafen 1.6.11.1.5.2 „Marktanteils-Marktwachstums-Analyse (BCG-Analyse)" verwiesen.

Wettbewerbsposition sind im Rahmen einer Investitionsstrategie hohe Investitionsaufwendungen vonnöten, welchen nur geringe Cashflows gegenüberstehen, um eine SGE in das Feld Star zu führen. Daher ist ein Verlust in diesem Stadium des Lebenszyklus nicht unüblich.

Poor Dogs (arme Hunde) mit geringem Marktanteil und niedrigem Marktwachstum. Sie weisen häufig einen negativen Cashflow auf. Das Marktwachstum und die Marktanteile für diese Position sind gering. Aus diesem Grund empfiehlt sich für diese Position ein Rückzug in Form einer Desinvestitionsstrategie.

Sind im Rahmen der Marktattraktivitäts-Wettbewerbs-Analyse[962] SGE links unterhalb der Diagonalen (von links oben nach rechts unten) positioniert, werden für diese **Abschöpfungs- und Desinvestitionsstrategien** empfohlen, da langfristig kein Erfolgspotenzial ersichtlich ist.

1.6.11.3.4   Geschäftsbereichsstrategien

Die **Geschäftsbereichsstrategien** (business level), zuweilen auch **Geschäftsstrategien** genannt,[963] sind ein zentraler Bestandteil des strategischen Managements und beschäftigen sich mit der strategischen Ausrichtung einzelner strategischer Geschäftseinheiten (SGE) innerhalb eines Unternehmens, d. h. wie sich die einzelne SGE gegenüber den Kunden und Wettbewerbern positioniert.[964] Sie dient dazu, Wettbewerbsvorteile auf der Ebene des Geschäftsbereichs zu entwickeln und langfristig zu sichern.

Unternehmen bestehen häufig aus mehreren Geschäftsbereichen, die unterschiedliche Märkte bedienen. Jede SGE agiert in einem spezifischen Wettbewerbsumfeld und benötigt daher eine individuelle Strategie,[965] um sich gegenüber Konkurrenten zu behaupten und gegenüber den Kunden die Wettbewerbsvorteile zu verdeutlichen. Die Geschäftsbereichsstrategien bilden die Brücke zwischen der übergeordneten Unternehmensstrategie (corporate strategy, corporate level) und den funktionalen Strategien (functional level).

Die Geschäftsbereichsstrategie umfasst zwei zentrale Bereiche:

---

[962] Vgl. die Ausführungen im Paragrafen 1.6.11.1.5.3 „Marktattraktivitäts-Wettbewerbsvorteils-Analyse".

[963] Siehe STOI, R., DILLERUP, R.: a. a. O., S. 231.

[964] Vgl. NAGEL, M., MIEKE, C., TEUBER, S.: a. a. O., S. 333.

[965] Vgl. BAUM, H.-G., COENENBERG, A. G., GÜNTHER, T., a. a. O., S. 57, KREIKEBAUM, H., GILBERT, D. U., BEHNAM, M.: a. a. O., S. 141.

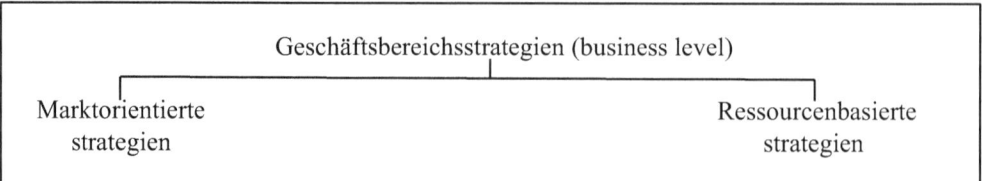

Darst. 1.6171: Geschäftsbereichsstrategien

- **Marktorientierte Strategien (Market-based View)**: Die marktorientierten Strategien ge-hen davon aus, dass die Marktstruktur und der Wettbewerb die Unternehmensstrategie be-stimmen. Unternehmen orientieren sich bei diesem Ansatz an **externen Faktoren** wie Markt-bedingungen, Wettbewerbsintensität und Kundenbedürfnissen.
- **Ressourcenbasierte Strategien (Resource-based View)**: Die ressourcenbasierten Strate-gien sehen den Erfolg eines Unternehmens nicht primär durch den Markt bestimmt, sondern durch **interne Ressourcen**. Wettbewerbsvorteile entstehen, wenn ein Unternehmen über **wertvolle, seltene, schwer imitierbare und gut organisierte Ressourcen** (VRIO-Kriterien) verfügt.

Als wichtigste **Ziele** der Geschäftsbereichsstrategien gelten:

- **Wettbewerbsvorteile schaffen**: Differenzierung oder Kostenvorteile im Vergleich zur Kon-kurrenz erzielen.
- **Marktposition stärken**: Durch gezielte Maßnahmen die Marktstellung verbessern.
- **Ressourcen optimal nutzen**: Effiziente Allokation von Ressourcen innerhalb des Geschäfts-bereichs.
- **Nachhaltiges Wachstum sichern**: Langfristige Sicherung der Profitabilität und Wettbe-werbsfähigkeit.

Die erfolgreiche Umsetzung einer Geschäftsbereichsstrategie erfordert eine sorgfältige Analyse des Marktes, der Wettbewerber und der internen Ressourcen.[966] Dabei spielen folgende Aspekte eine wesentliche Rolle:

- **Markt- und Wettbewerbsanalyse** sowie die **ressourcenorientierte Analyse** zur Identifika-tion von Chancen und Risiken,
- **Kundenzentrierung** durch ein tiefes Verständnis der Kundenbedürfnisse,
- **Innovationsmanagement**, um nachhaltige Differenzierung zu ermöglichen,
- **Agilität und Anpassungsfähigkeit**, um auf Marktveränderungen flexibel zu reagieren.

---

[966] Vgl. die entsprechenden Analyseformen in den Paragrafen 1.6.11.1.2 „Analyse der Makroumwelt", 1.6.11.1.3 „Analyse der Mikroumwelt", 1.6.11.1.4 „Analyse des Unternehmens" und 1.6.11.1.5 „Portfolio-Analysen".

1.6.11.3.4.1   Marktorientierte Strategien

Die **marktorientierten Strategien (Market-based View)** umfasst eine Geschäftsbereichsstrategien, die sich darauf konzentriert, Wettbewerbsvorteile durch die gezielte Anpassung an Marktbedingungen zu erzielen. Dabei stehen externe Faktoren wie Marktdynamik, Wettbewerb und Kundenbedürfnisse im Mittelpunkt der strategischen Planung.

Der Market-based View geht davon aus, dass der Markterfolg eines Unternehmens maßgeblich durch die Struktur des Marktes und die dort herrschenden Wettbewerbsbedingungen bestimmt wird. Erfolgreiche Unternehmen passen sich diesen Gegebenheiten an und entwickeln Strategien, um Wettbewerbsvorteile zu sichern.

Bevor marktorientierte Strategien entwickelt werden könne, ist die **Struktur des Marktes** zu **analysieren.** Die geschah explizit in den Paragrafen 1.6.11.1.2 „Analyse der Makroumwelt" und 1.6.11.1.3 „Analyse der Mikroumwelt", insb. die Branchenstrukturanalyse im Paragrafen 1.6.11.1.3.1 mit den **fünf Wettbewerbskräften (five forces)** nach Porter. Schwerpunkte der Analysen sind die

- Betrachtung von Marktgröße, Wachstumspotenzial und Trends,
- Identifikation von Eintrittsbarrieren und Markteintrittsmöglichkeiten,
- Analyse der Wettbewerbsdynamik (z. B. Anzahl und Stärke der Wettbewerber).

Ein weiteres wichtiges Werkzeug als Basis der marktorientierten Strategien ist die **Marktsegmentierung** (s. u.) zur gezielten Kundenansprache.

Porter hat die sog. **generischen Wettbewerbsstrategien** als marktorientierte Strategien entwi-

Darst. 1.6172: Marktorientierte Strategien (Market-based View)

ckelt,[967] die im strategischen Management eine hohe Bedeutung erlangt haben:

Während sich die Strategie der Kostenführerschaft und die Differenzierungsstrategie auf die ganze Branche beziehen, beschränkt sich das Unternehmen bei der Konzentration auf Schwerpunkte und bei der Hybridstrategie auf ein Segment oder mehrere. Bei der Konzentration auf Schwerpunkte ist auch die Bearbeitung nur eines einzelnen Kunden denkbar.

Strategie der Kostenführerschaft: Ein Unternehmen setzt auf geringe Kosten, um niedrigere Preise als die Konkurrenz anzubieten und so Marktanteile zu gewinnen.
Differenzierungsstrategie: Das Unternehmen schafft einzigartige Produkte oder Services, die sich von denen der Wettbewerber abheben.
Konzentration auf mehrere Schwerpunkte/Fokussierung: Spezialisierung auf *mehrere* Marktsegmente, *ein* spezifisches Marktsegment, *eine* bestimmte Zielgruppe oder *einen* bestimmten Teil des Produktprogramms oder nur *einen* einzelnen Kunden.
Hybridstrategie: Kombination der Strategien Kostenführerschaft und Differenzierung

Basierend auf der Markt- und Wettbewerbsanalyse entwickelt das Unternehmen eine Strategie, um sich bestmöglich zu positionieren. Dabei kommen häufig folgende Maßnahmen zum Einsatz:

- Anpassung des Produktportfolios an Marktbedürfnisse,
- Optimierung der Preisstrategie,
- Verbesserung von Vertrieb und Kundenservice,
- Gezielte Marketing- und Branding-Strategien

Der **Unterschied zur Resource-based View** besteht in Folgendem: Während der **Market-based View** externe Marktbedingungen als Haupttreiber des Unternehmenserfolgs betrachtet, fokussiert sich der **Resource-based View (RBV)** auf die internen Ressourcen und Fähigkeiten des Unternehmens als Quelle für Wettbewerbsvorteile (s. u.). Beide Ansätze ergänzen sich und werden oft gemeinsam betrachtet.

Strategie der Kostenführerschaft:

Das primäre **Ziel** ist – im Vergleich zu den Wettbewerbern – **möglichst niedrige Kosten**, und zwar in Form der Gesamtkosten und Stückkosten. Die Strategie der Kostenführerschaft zielt darauf ab, durch niedrige Produktions- und Betriebskosten einen **Preisvorteil** gegenüber der Konkurrenz zu erlangen und dadurch **höhere Marktanteile oder Gewinnmargen** zu erzielen.

---

[967] Vgl. PORTER, M. E.: Wettbewerbsstrategie: a. a. O., S. 79.

Diese Strategie ist besonders in stark **preissensitiven Märkten** relevant, in denen Kunden vor allem den Preis als Kaufkriterium betrachten.

Die Kostenvorteile werden durch Skaleneffekte, effiziente Prozesse, optimierte Lieferketten und technologische Innovationen angestrebt (s. u.).

Als **Vorteile** (besonders) niedriger Kosten als Wettbewerbsvorteil sind anzuführen:[968] Das Unternehmen

- kann die **niedrigsten Preise im Markt** anbieten und damit Marktanteile gewinnen, oder
- die **Preise auf Marktniveau halten** und höhere Gewinnmargen erzielen, oder
- bei **Preisreduktionen** – auch als Reaktion auf Preissenkungen der Konkurrenten – **profitabel bleiben** und
- kann sich **in wirtschaftlichen Krisen**, z. B. Konjunkturabschwung (Rezession) oder Tiefphase (Depression) **besser behaupten**,
- **baut** mit niedrigen Preisen **Markteintrittsbarrieren** für (potenzielle) Konkurrenten auf.

Typischerweise konzentrieren sich kostenführende Unternehmen auf **Massenproduktion** und **standardisierte Produkte**, um Kosten zu senken und Effizienz zu maximieren.

Einem Unternehmen bieten sich verschiedene Wege zur Kostenführerschaft an::[969]

- **Skaleneffekte (economies of scale)**[970]
  - Je größer die Produktionsmenge, desto niedriger die Fixkosten pro Einheit.
  - Einkauf größerer Mengen führt zu besseren Konditionen bei Lieferanten.
  - Effizientere Nutzung von Maschinen und Personal.
- **(Kosten-)Erfahrungskurve (experience curve effects)**[971]
  - Langfristige Erfahrung in der Produktion führt zu effizienteren Abläufen.
  - Verbesserte Arbeitsabläufe und optimierte Produktionsmethoden senken Kosten.
- **Umstrukturierung der Wertkette**[972]

---

[968] Vgl. HUNGENBERG, H., WULF, T.: a. a. O., S. 134.

[969] Vgl. GRANT, R. M., NIPPA, M.: a. a. O., REISINGER, S., GATTRINGER, R., STREHL, F.: a. a. O., S. 33, JUNG, R. H., HEINZEN, M., QUARG, S.: a. a. O., S. 367, CORSTEN, H., CORSTEN, M.: a. a. O., S. 42–42, CORSTEN, H.: a. a. O., S. 95, WELGE, M. K., AL-LAHAM, A., EULERICH, M.: a. a. O., S. 534–537, HAMMER, R.: a. a. O., S. 171, MACHARZINA, K., WOLF, J.: a. a. O., S. 303–304, HUNGENBERG, H., WULF, T.: a. a. O., S. 137–140, SCHERM, E., JULMI, C.: a. a. O., S. 179.

[970] Siehe die Ausführungen zu den Skaleneffekten im Paragrafen 1.6.11.1.4.7 „(Kosten-)Erfahrungskurvenanalyse".

[971] Siehe Paragraf 1.6.11.1.4.7 „Kosten-)Erfahrungskurvenanalyse".

[972] Siehe zu diesem Thema Paragraf 1.6.11.1.4.4 „Wertschöpfungskettenanalyse".

- **Prozessoptimierung und Automatisierung**
  - Einsatz von Technologien zur Reduzierung manueller Arbeit und Fehler.
  - Optimierung von Fertigungs- und Logistikprozessen.
  - Just-in-Time-Produktion zur Minimierung von Lagerhaltungskosten.
- **Kostengünstige Beschaffung und Lieferkettenmanagement**
  - Strategische Partnerschaften mit Lieferanten zur Senkung der Materialkosten.
  - Nutzung von Outsourcing oder Offshoring zur Reduzierung von Lohn- und Produktionskosten.
  - Standortverlagerung der Produktionsanlagen.
- **Lean Management und schlanke Organisation**
  - Effiziente Unternehmensstruktur mit flachen Hierarchien.
  - Vermeidung unnötiger Bürokratie und Verwaltungskosten.
  - Fokus auf Kernkompetenzen, um Ressourcen optimal einzusetzen.
- **Breites Sortiment von gleichartigen Produkten**
- **Einfaches Produktdesign**

Es darf allerdings nicht übersehen werden, dass eine (alleinige) Fokussierung auf die Strategie der Kostenführerschaft auch **Risiken** beinhaltet:[973]

- **Preiskämpfe und niedrige Margen**: Falls Konkurrenten noch niedrigere Kosten erreichen, kann dies zu ruinösen Preiskämpfen führen.
- **Abhängigkeit von Lieferanten und Rohstoffen**: Kostenführende Unternehmen sind oft auf günstige Rohstoffe angewiesen – steigende Einkaufspreise können die Strategie gefährden.
- **Geringe Flexibilität und Innovationskraft**: Der Fokus auf Effizienz kann dazu führen, dass das Unternehmen langsamer auf Marktveränderungen reagiert.
- **Qualitätsprobleme**: Eine zu starke Kostenreduktion kann zu minderwertigen Produkten führen, was die Kundenzufriedenheit senkt.

Als typische Kostenführer in ihrer Branche sind folgende Unternehmen zu erwähnen:

- Walmart (Einzelhandel)
  - Große Einkaufsmengen ermöglichen günstige Preise für Kunden.
  - Hochoptimierte Logistik und Lagerhaltung.

---

[973] Vgl. WELGE, M. K., AL-LAHAM, A., EULERICH, M.: a. a. O., S. 540.

- Ryanair (Luftfahrtindustrie)
  - Niedrige Betriebskosten durch Ein-Typ-Flotte (nur Boeing 737).
  - Keine kostenlosen Extras (z. B. Verzicht auf kostenloses Essen an Bord, Begrenzung des Gewichts und der Zahl der Gepäckstücke).
  - Vermeidung von Flughäfen mit hohen Gebühren
- McDonald's (Gastronomie)
  - Hohe Standardisierung der Produkte und Prozesse.
  - Große Einkaufsmengen reduzieren Einkaufspreise und Produktionskosten.

Differenzierungsstrategie:

Die Differenzierungsstrategie basiert auf dem Konzept der Marktsegmentierung[974], welches davon ausgeht, dass unterschiedliche Kundengruppen mit unterschiedlichen Bedürfnissen und Wertvorstellungen existieren.[975] Die Differenzierungsstrategie zielt darauf ab, sich von der Konkurrenz durch **einzigartige Produkte oder Dienstleistungen** abzuheben und damit einen **Mehrwert für den Kunden** zu schaffen.[976]

Infolge der Abhebung vom Wettbewerb soll die Preiselastizität der Nachfrage verringert werden. Es wird ein sog. monopolistischer Bereich geschaffen oder ein bereits existierender vergrößert werden. In diesem hat das Unternehmen einen – teilweise deutlichen – Preisspielraum nach oben; die Käufer wechseln erst bei einer „übertriebenen" Preissetzung zum Konkurrenten (s. u. „Kundenloyalität").[977] Der Umfang des monopolistischen Bereichs hängt vom Grad der Differenzierung ab.

Die **Vorteile** der Differenzierungsstrategie lauten:[978]

- **Weniger Preisdruck**: Kunden sind bereit, höhere Preise zu zahlen, da sie das Produkt als überlegen wahrnehmen.
- **Stärkere Kundenbindung**: Differenzierte Produkte schaffen Markentreue und emotionale Bindung zum Unternehmen.

---

[974] Marktsegmentierung bedeutet die Aufteilung heterogener Gesamtmärkte in homogene Gruppen (Teilmärkte, Segmente, Käufergruppen, Käuferklassen, Käufertypen) anhand trennscharfer, kaufverhaltensrelevanter Kriterien (Merkmale) der Käufer.

[975] Vgl. REISINGER, S., GATTRINGER, R., STREHL, F.: a. a. O., S. 122.

[976] Vgl. HUNGENBERG, H., WULF, T.: a. a. O., S. 141.

[977] Vgl. BEA, F. X., HAAS, J.: a. a. O., S. 189.

[978] Vgl. CORSTEN, H.: a. a. O., S. 96.

- **Geringere Wettbewerbsintensität**: Unternehmen mit einzigartigen Produkten müssen sich weniger stark mit direkten Konkurrenten messen.
- **Höhere Gewinnmargen**: Unternehmen können höhere Preise verlangen und damit höhere Margen erzielen.
- **Bessere Marktpositionierung**: Durch Differenzierung kann ein Unternehmen sich langfristig von Nachahmern absetzen.

Merkmale der Differenzierungsstrategie sind:[979]

- **Einzigartigkeit als Wettbewerbsvorteil**: Die Unternehmen setzen auf **besondere Eigenschaften** ihrer Produkte oder Dienstleistungen, die für den Kunden einen wahrnehmbaren Wert darstellen.
- **Kundenloyalität durch Markenstärke**:[980] Die Kunden sind oft bereit, **höhere Preise** zu zahlen, wenn sie das Produkt als überlegen betrachten. Eine starke Marke kann eine emotionale Bindung zum Kunden aufbauen, die einen gewissen Schutz gegen „schlechte" Nachrichten bieten und ein „Abwandern" verhindern können.
- **Ziel: Verminderung des Preisdrucks**: Unternehmen mit Differenzierungsvorteilen müssen **nicht in Preiskämpfe eintreten**, da Kunden den Mehrwert anerkennen und bereit sind, höhere Preise zu zahlen.
- **Fokus auf Qualität, Innovation oder Kundenerlebnis**: Unternehmen müssen kontinuierlich ihre Produkte oder Dienstleistungen verbessern, um sich deutlich und nachhaltig vom Wettbewerb abzuheben.[981]

Faktoren für eine erfolgreiche Differenzierung und einen einzigartigen Zusatznutzen können bspw. sein:[982]

- **Produktdifferenzierung (Unique Selling Proposition (USP))**[983]
  - Besondere **technologische Merkmale**, bessere Funktionalität oder überlegene Qualität.
  - Einsatz innovativer Materialien oder fortschrittlicher Herstellungsverfahren.
  - Beispiel: Apple hebt sich durch innovatives Design und einfache Benutzerfreundlichkeit ab.

---

[979] Vgl. WELGE, M. K., AL-LAHAM, A., EULERICH, M.: a. a. O., S. 542.

[980] Vgl. MEFFERT, H., BURMANN, C., KIRCHGEORG, M., EISENBEISS, M.: a. a. O., S. 322-323.

[981] Vgl. HUNGENBERG, H., WULF, T.: a. a. O., S. 142–143.

[982] Vgl. PORTER, M. E.: Wettbewerbsstrategie: a. a. O., S. 76, BECKER, F. G.: a. a. O., S. 166–167, JUNG, R. H., HEINZEN, M., QUARG, S.: a. a. O., S. 367. CORSTEN, H., CORSTEN, M.: a. a. O., S. 42–43, REISINGER, S., GATTRINGER, R., STREHL, F.: a. a. O., S. 122–123, BEA, F. X., HAAS, J.: a. a. O., S. 190, HAMMER, R.: a. a. O., S. 171, MACHARZINA, K., WOLF, J.: a. a. O., S. 311.

[983] Vgl. LIPPOLD, D.: a. a. O., S. 193.

- **Service- und Kundenerlebnis-Differenzierung**
  - Exzellenter Kundenservice und außergewöhnliche Einkaufserlebnisse.
  - **Personalisierung** von Dienstleistungen oder individuelle Beratung.
  - Beispiel: Zappos bietet herausragenden Kundenservice mit kostenloser Rückgabe.
- **Markenimage und emotionale Differenzierung**
  - Aufbau eines starken Markenimages, das mit positiven Emotionen verbunden ist.
  - Luxusmarken nutzen dieses Prinzip, um Exklusivität zu vermitteln.
  - Beispiel: Rolex steht für Prestige, Handwerkskunst und Exklusivität.
- **Design- und Ästhetik-Differenzierung**
  - Ansprechendes Design oder besondere Verpackung kann ein Differenzierungsmerkmal sein.
  - Beispiel: Tesla kombiniert innovative Elektrotechnik mit modernem Design.
- **Ökologische und soziale einschl. gesellschaftliche Verantwortung (CSR)**
  - Umweltfreundliche Produktion, faire Arbeitsbedingungen oder soziale Verantwortung.
  - Beispiel: Patagonia hebt sich durch nachhaltige Materialien und umweltfreundliche Produktion ab.
- **Vertriebsnetz**: Spezielle, insb. exklusive Vertriebswege, können einer besonderen Wertigkeit für den Kunden entsprechen.
- **Zeitvorteile**: Die Zeitführerschaft ist dadurch gekennzeichnet, im Vergleich zum Wettbewerb die Kundenaufträge schneller zu erledigen, d. h. Erzeugnisse schneller zu produzieren und Waren schneller zu liefern, sowie Neuprodukte schneller zu entwickeln.[984]

Neben den Vorteilen sind bei einer (alleinigen) Fokussierung auf die Differenzierungsstrategie auch **Risiken** und Herausforderungen aufzuzeigen:[985]

- **Kosten werden (stark) vernachlässigt**: Differenzierung erfordert nachhaltig Investitionen in Forschung und Entwicklung, Design und Marketing.
- **Nachahmung durch Wettbewerber**: Einzigartige Merkmale können von Konkurrenten kopiert oder verbessert werden.
- **Sich ändernde Kundenpräferenzen**: Was heute als einzigartig gilt, kann morgen irrelevant sein. Unternehmen müssen sich ständig weiterentwickeln.
- **Schwierigkeit, Differenzierung zu kommunizieren**: Kunden müssen den Mehrwert des Produkts erkennen und verstehen – dies erfordert effektives Marketing.

---

[984] Vgl. BAUM, H.-G., COENENBERG, A. G., GÜNTHER, T., a. a. O., S. 175–177, 192–197, HUNGENBERG, H., WULF, T.: a. a. O., S. 143.

[985] Vgl. WELGE, M. K., AL-LAHAM, A., EULERICH, M.: a. a. O., S. 542–544.

Im Zeitablauf vermindern Nachahmer häufig die Differenzierungsvorteile. Insofern handelt es sich bei vielen Wettbewerbsvorteilen nur um **temporäre** – was eine ständige Beobachtung des Marktes und eine permanente Anpassung an dynamische Wettbewerbsbedingungen erfordert.[986]

Zu den erfolgreichen Unternehmen, die der Differenzierungsstrategie folgen, gehören u. a.:

- Apple (Technologiebranche)
  - Premium-Design, intuitive Bedienung und starke Marke.
  - Hohe Kundenbindung durch ein geschlossenes Ökosystem (iOS, Mac, Apple Watch).
- Tesla (Automobilindustrie)
  - Differenziert sich durch innovative Elektroautos mit hoher Reichweite und autonomem Fahren.
  - Positionierung als umweltfreundliches High-Tech-Unternehmen.
- Porsche (Automobilindustrie): Exklusivität
- Starbucks (Gastronomiebranche)
  - Verkauft nicht nur Kaffee, sondern ein einzigartiges Kundenerlebnis (Wohlfühlatmosphäre, individuelle Bestellungen).
  - Starke Marke mit globaler Wiedererkennbarkeit.
- Patagonia (Bekleidungsbranche)
  - Nachhaltige Materialien und soziales Engagement als Differenzierungsmerkmale.
  - Kunden zahlen mehr für umweltfreundliche Kleidung und fairen Handel.
- Swatch, Rolex (Uhrenindustrie)
  - Design
  - Technische Ausstattung
  - Exklusive Vertriebswege
- Miele (Haushalts- und Gewerbegeräte): Qualität
- Dr. Oetker (Lebensmittel): Qualität
- Ritter Sport (Schokolade): Quadratisches Design
- Vorwerk (Staubsauger, Thermomix): Direktvertrieb

---

[986] Vgl. BECKER, F. G.: a. a. O., S. 167.

Strategie der Konzentration auf Schwerpunkte/Fokussierungsstrategie:

Im Rahmen der Konzentration auf Schwerpunkte erfolgt eine Fokussierung auf

- mehrere Marktsegmente (selektive Marktwahl) oder
- ein Segment (Marktnische) oder
- einen einzelnen Kunden (one-to-one-Marketing).

Die Konzentration beruht auf der Voraussetzung, dass das Unternehmen Marktnischen bearbeitet, die von Konkurrenten eher vernachlässigt werden, da diese sich im breiteren Wettbewerb befinden, wodurch ein gewisses Potenzial entstehen kann.[987] Das Unternehmen konzentriert somit all seine Marketingaktivitäten, innerhalb eines (sehr) speziellen Marketing-mixes (-programms), auf ein besonders lukratives Segment.

Nischenstrategie

Die *eine* **Marktnische** kann wie folgt definiert sein:[988] Als

- **Geografische Nische**
  - Konzentration auf eine bestimmte Region oder einen lokalen Markt.
  - Beispiel: Ein handwerklicher Bäcker spezialisiert sich auf regionale Produkte.
- **Kundenspezifische Nische**
  - Produkte oder Dienstleistungen speziell für eine bestimmte Zielgruppe, bspw. Yuppies (Young Urban Professionals), Dinkies oder Dinks (Double Income no Kids), Woopies (Well-Off Older People), Schüler, Jäger, Bastler etc.; im Online-Business: Surfer, Schnäppchenjäger, Unterhaltungsorientierte; siehe auch z. B. die Käufertypologien bei Frauen (Käsemarkt u. a.).
  - Beispiel: Rolls-Royce produziert Luxusautos für eine wohlhabende Kundenschicht.
- **Produkt- oder Service-Nische**
  - Spezialisierung auf eine bestimmte Art von Produkten oder Dienstleistungen.
  - Beispiel: GoPro konzentriert sich auf Action-Kameras für Extremsportler.

---

[987] Vgl. PORTER, M. E.: Wettbewerbsstrategie: a. a. O., S. 77 f.
[988] Vgl. MACHARZINA, K., WOLF, J.: a. a. O., S. 316.

- **Technologische Nische**
  - Unternehmen fokussieren sich auf innovative oder spezialisierte Technologien.
  - Beispiel: NVIDIA bietet spezialisierte Grafikprozessoren für Gaming und KI-Anwendungen.
- **Preisnische**
  - Fokussierung auf sehr günstige oder sehr hochpreisige Produkte.
  - Beispiel: Primark bedient den Markt für extrem günstige Modeartikel.

Die **Vorteile** der Nischenstrategie sind:

- **Weniger direkte Konkurrenz**: Große Unternehmen meiden oft kleine Marktsegmente, da sie für sie weniger profitabel sind.[989]
- **Stärkere Kundenbindung**: Kunden sind treuer, wenn das Unternehmen genau ihre Bedürfnisse bedient. Möglicherweise kann auch eine „persönliche Beziehung" aufgebaut werden.
- **Höhere Gewinnmargen möglich**: Durch Spezialisierung können Premium-Preise durchgesetzt werden.
- **Effiziente Ressourcennutzung**: Unternehmen können sich auf eine klar definierte Zielgruppe konzentrieren, ohne große Massenproduktion.
- **Bessere Marktpositionierung**: Ein einzigartiges Angebot macht das Unternehmen weniger austauschbar.

Auf Grund des – im Vergleich zur Differenzierungsstrategie –**geringeren Ressourcenaufwands** eignet sich diese Strategie besser für kleinere und mittlere Unternehmen oder Start-ups. Das Unternehmen kann eine besonders starke Position in dem ausgewählten Segment oder gegenüber den einzelnen Kunden einnehmen. Zusätzlich kann für diesen Bereich ein umfassendes Know-how erlangt werden.

Voraussetzung für eine Nischenstrategie ist die Durchführung einer **Marktsegmentierung**.[990] Dies bedeutet die Aufteilung heterogener Gesamtmärkte in homogene Gruppen (Teilmärkte, Segmente, Käufergruppen, Käuferklassen, Käufertypen) anhand trennscharfer, kaufverhaltensrelevanter Kriterien (Merkmale) der Käufer und die gezielte Bearbeitung eines oder mehrerer Segmente mittels segmentspezifischer Marketingprogramme (-mixes).

---

[989] Vgl. BAUM, H.-G., COENENBERG, A.G., GÜNTHER, T.: a. a. O., S. 258.
[990] Vgl. HAMMER, R.: a. a. O., S. 171.

Merkmale der Nischenstrategie sind:

- **Fokus auf eine spezifische Marktnische**: Unternehmen spezialisieren sich auf einen kleinen, aber profitablen Teilmarkt.
- **Ziel: Wettbewerbsvorteil durch Spezialisierung**: Statt mit großen Unternehmen direkt zu konkurrieren, differenziert sich das Unternehmen durch ein einzigartiges Angebot.
- **Geringere Konkurrenz als im Massenmarkt**: Da große Anbieter oft auf breite Märkte abzielen, bleibt die Nische meist unbesetzt oder wenig umkämpft.
- **Starke Kundenbindung durch maßgeschneiderte Lösungen**: Kunden, die eine spezielle Lösung suchen, sind oft besonders loyal.
- **Premium-Preise möglich**: Aufgrund der Spezialisierung können höhere Preise durchgesetzt werden, da es weniger Alternativen gibt.

Neben den Vorteilen ist bei einer (alleinigen) Fokussierung auf die Nischenstrategie auch auf die **Risiken** und Grenzen hinzuweisen:

- **Begrenztes Wachstumspotenzial**: Da die Nische klein ist, kann das Unternehmenswachstum begrenzt sein.
- **Abhängigkeit von einem Marktsegment**: Wenn sich die Bedürfnisse oder Trends ändern, kann das Unternehmen schnell Marktanteile verlieren.
- **Markteintritt großer Unternehmen**: Falls die Nische lukrativ wird, könnten große Anbieter sie ebenfalls besetzen.
- **Gefahr der Übersegmentierung**: Eine zu starke Spezialisierung kann dazu führen, dass die Zielgruppe zu klein ist.

Bisher haben u. a. folgende Unternehmen die Nischenstrategie erfolgreich angewendet.

- **Ferrari, Maserati (Luxusautomobilindustrie)**: Bedienen eine wohlhabende Zielgruppe mit exklusiven, leistungsstarken Sportwagen.
- **Bang & Olufsen (Premium-Audio)**: Fokussiert sich auf hochwertige Soundanlagen mit besonderem Design.
- **GoPro (Action-Kameras)**: Spezialisiert auf Kameras für Extremsportler, anstatt den gesamten Kameramarkt zu bedienen.
- **Patagonia (Nachhaltige Outdoor-Bekleidung)**: Positioniert sich mit nachhaltigen Materialien und fairer Produktion als Nischenanbieter für umweltbewusste Outdoor-Enthusiasten.

Strategie der selektiven Marktwahl

Die Strategie der selektiven Marktwahl ist eine **zielgerichtete Markteintritts- und Wettbe-werbsstrategie**, bei der ein Unternehmen mehrere Märkte oder Marktsegmente gezielt aus-wählt, um dort Wettbewerbsvorteile zu erlangen. Sie basiert auf einer differenzierten Analyse von Marktpotenzialen, Wettbewerbssituationen und den eigenen Unternehmensressourcen. Diese Strategie wird häufig von Unternehmen angewendet, die **begrenzte Ressourcen haben**, aber dennoch in mehreren Märkten aktiv sein möchten, ohne sich auf den gesamten Markt zu erstrecken.

Die **Vorteile** der selektiven Marktwahl liegen in folgenden Punkten:

- **Effiziente Nutzung der Ressourcen**: Unternehmen müssen nicht in alle Märkte investieren, sondern können gezielt die profitabelsten auswählen (effiziente Expansion).
- **Weniger direkter Wettbewerb**: Durch eine geschickte Auswahl der Märkte können Unter-nehmen Konkurrenz vermeiden.
- **Höhere Erfolgschancen durch Marktexpertise**: Unternehmen bauen tiefgehendes Wissen über ausgewählte Märkte auf und können sich dort besser positionieren.
- **Flexibilität und Risikominimierung**: Falls ein Markt nicht erfolgreich ist, können Unter-nehmen den Fokus schnell anpassen.
- **Schrittweise Expansion möglich**: Unternehmen können zunächst in profitablen Märkten Fuß fassen und sich dann weiter ausdehnen.

Merkmale der Strategie der selektiven Marktwahl sind:

- **Gezielte Auswahl von Märkten oder Segmenten**: Unternehmen konzentrieren sich nicht auf den gesamten Markt, sondern nur auf spezifische Marktsegmente oder Regionen.
- **Effiziente Ressourcennutzung**: Durch die selektive Marktwahl werden finanzielle, perso-nelle und operative Ressourcen gezielt eingesetzt.
- **Vermeidung intensiver Konkurrenz**: Unternehmen wählen gezielt Märkte, in denen sie sich Wettbewerbsvorteile verschaffen können.
- **Schrittweises Wachstum möglich**: Unternehmen können nach und nach neue Märkte er-schließen, anstatt sich erfolgsbezogenen und finanzielle Krisen auszusetzen.
- **Flexibilität und Risikominimierung**: Falls ein Marktsegment nicht profitabel ist, kann sich das Unternehmen auf andere Segmente fokussieren.

Die **Umsetzung** der Strategien zur selektiven Marktwahl kann auf verschiedene Arten erfolgen:

- **Geografische Selektion**:
  - Das Unternehmen wählt gezielt bestimmte Regionen oder Länder für den Markteintritt aus.
  - Beispiel: IKEA expandiert zunächst in wirtschaftlich starke Städte und Regionen, bevor es neue Länder erschließt.
- **Kundensegment-Selektion**:
  - Spezialisierung auf bestimmte Zielgruppen mit klar definierten Bedürfnissen.
  - Beispiel: Tesla begann mit hochpreisigen Elektroautos für Technik-Enthusiasten, bevor es Modelle für den Massenmarkt entwickelte.
- **Produkt- oder Dienstleistungs-Selektion**:
  - Unternehmen fokussieren sich auf bestimmte Produktkategorien und vermeiden eine zu breite Aufstellung.
  - Beispiel: GoPro konzentriert sich auf Action-Kameras statt den gesamten Kameramarkt.
- **Wettbewerbsorientierte Selektion**:
  - Eintritt in Märkte mit wenig Wettbewerb oder mit einer schwachen Konkurrenzsituation.
  - Beispiel: Netflix expandierte zunächst in Märkte mit schwachem Streaming-Angebot, bevor es in gesättigtere Märkte vordrang.

Bei der selektiven Marktwahl sind folgende **Risiken** und Herausforderungen zu bedenken:

- **Fehlende Skaleneffekte**: Durch die Fokussierung auf einzelne Märkte kann es schwieriger sein, Kostenvorteile durch eine Massenproduktion zu erzielen.
- **Gefahr der falschen Marktauswahl**: Falls ein gewählter Markt nicht erfolgreich ist, können erhebliche Verluste entstehen.
- **Potenzielle Image-Probleme**: Unternehmen könnten als zu exklusiv oder unflexibel wahrgenommen werden.
- **Marktveränderungen**: Die Wettbewerbsbedingungen oder Kundenbedürfnisse können sich ändern, sodass die Strategie angepasst werden muss.

Erfolgreiche Unternehmen im Hinblick auf die Strategie der selektiven Marktwahl sind:

- **Apple (Technologiebranche)**: Apple konzentriert sich auf Premium-Märkte und wählt gezielt Regionen mit hoher Kaufkraft.
- **Tesla (Automobilbranche)**: Zunächst Markteintritt mit Luxus-Elektroautos, später Erweiterung auf Massenmodelle.

- **Amazon (E-Commerce)**: Startete mit Büchern, bevor es sein Produktsortiment erweiterte und schrittweise in neue Länder expandierte.
- **Airbnb (Unterkunftsbranche)**: Fokus auf Großstädte und touristisch attraktive Regionen, bevor eine globale Expansion folgte.

Strategie der Einzelkundenbearbeitung

Die Strategie der Einzelkundenbearbeitung ist eine **hochgradig individualisierte Marktbearbeitungsstrategie**, die sich auf die spezifischen Bedürfnisse einzelner Kunden konzentriert. Sie ist eine spezielle Form der Fokussierungsstrategie (Strategie der Konzentration auf Schwerpunkte), bei der nicht nur ein Marktsegment oder eine Nische bedient wird, sondern einzelne Kunden mit maßgeschneiderten Lösungen angesprochen werden.

Diese Strategie wird besonders in Branchen angewendet, in denen **maßgeschneiderte Produkte, persönliche Kundenbeziehungen und exklusive Dienstleistungen** im Vordergrund stehen, wie z. B. im **Luxusgütermarkt, B2B-Bereich oder im High-End-Dienstleistungssektor**.

Die **Vorteile** der Einzelkundenbearbeitung liegen in folgenden Punkten:

- **Maximale Kundenzufriedenheit und Loyalität**: Kunden schätzen die persönliche Betreuung und bleiben dem Unternehmen langfristig treu.
- **Hohe Profitabilität durch Premium-Preise**: Individuelle Lösungen rechtfertigen höhere Preise und ermöglichen hohe Gewinnmargen.
- **Wettbewerbsvorteil durch Differenzierung**: Maßgeschneiderte Angebote sind schwer kopierbar und schaffen einen einzigartigen Marktvorteil.
- **Langfristige Geschäftsbeziehungen**: Kundenbindung ist besonders stark, da die Beziehung auf Vertrauen und individueller Betreuung basiert.
- **Geringere direkte Konkurrenz**: Der Fokus auf Einzelkunden macht es schwieriger für Wettbewerber, exakt die gleichen Angebote zu erstellen.

Merkmale der Strategie der Einzelkundenbearbeitung sind:

- **Individuelle Anpassung an jeden Kunden**: Produkte oder Dienstleistungen werden speziell für einzelne Kunden entwickelt und angepasst.
- **Hohe Kundenbindung**: Durch intensive Betreuung entsteht eine enge Geschäftsbeziehung mit hoher Loyalität.

- **Premium-Preise und hohe Margen**: Kunden sind oft bereit, hohe Preise für exklusive und personalisierte Angebote zu zahlen.
- **Langfristige Kundenbeziehungen statt Massenmarkt**: Der Fokus liegt auf wenigen, aber besonders wertvollen Kunden.
- **Direkte Kommunikation und intensive Beratung**: Unternehmen arbeiten eng mit Kunden zusammen, um deren Bedürfnisse exakt zu erfüllen.

Als **Einsatzbereiche** der Strategie der Einzelkundenbearbeitung kommen infrage:

- **Luxusgüter und exklusive Dienstleistungen**:
  - Maßgeschneiderte Mode, Schmuck oder individuell gefertigte Automobile.
  - Beispiel: Rolls-Royce bietet Kunden individuelle Anpassungen ihrer Fahrzeuge an.
- **B2B-Speziallösungen**:
  - Unternehmen entwickeln individuelle Maschinen oder Software für spezifische Geschäftsanforderungen.
  - Beispiel: SAP erstellt maßgeschneiderte ERP-Lösungen für Unternehmen.
- **High-End-Beratung und Finanzdienstleistungen**:
  - Individuelle Vermögensverwaltung oder Unternehmensberatung für Großkunden.
  - Beispiel: **Private Banking bei UBS oder Credit Suisse** bietet exklusive Finanzlösungen für vermögende Kunden.
- **Gesundheitswesen und Medizin**:
  - Personalisierte Behandlungen oder maßgeschneiderte Medikamente.
  - Beispiel: Personalisierte Krebstherapie in der Onkologie.

Die **Risiken** und Herausforderungen der Einzelkundenbearbeitung sind erheblich:

- **Hoher Ressourceneinsatz**: Individuelle Lösungen sind aufwendig und erfordern eine enge Kundenbetreuung.
- **Begrenzte Skalierbarkeit**: Unternehmen können nur eine begrenzte Anzahl an Kunden betreuen, was das Wachstum einschränkt.
- **Abhängigkeit von wenigen Kunden**: Schon der Verlust eines einzelnen Kunden kann erhebliche Auswirkungen auf den Erfolg und die Liquidität des Unternehmens haben. Insbesondere der Verlust eines Großkunden ist i. d. R. existenzbedrohend.
- **Hohe Erwartungshaltung der Kunden**: Kunden verlangen erstklassige Qualität und exzellenten Service, was kontinuierliche Investitionen und speziell geschulte Mitarbeiter erfordert.

Zu den Unternehmen, die erfolgreich die Strategie der Einzelkundenbearbeitung anwenden, gehören u. a.:

- **Rolls-Royce (Luxusautomobile)**: Kunden können ihre Fahrzeuge individuell anpassen, von Lackfarben bis zur Innenausstattung.
- **Patek Philippe (Luxusuhren)**: Exklusive Uhrenmarke, die oft maßgefertigte Modelle für einzelne Kunden anbietet.
- **Goldman Sachs Private Banking (Finanzdienstleistungen)**: Maßgeschneiderte Anlagestrategien für Ultra-High-Net-Worth Individuals (UHNWIs).
- **SAP (Softwarelösungen für Unternehmen)**: Entwicklung individueller ERP-Systeme für Firmenkunden.

Blue Ocean-Strategie

Die **Blue Ocean-Strategie**[991] ist ein strategischer Ansatz, der Unternehmen dazu ermutigt, neue, unbesetzte Märkte zu erschließen, anstatt in bereits bestehenden, hart umkämpften Märkten zu konkurrieren.[992] Sie wirkt gezielt auf die Schaffung von Marktnischen („sweet spots") hin.[993] Unternehmen, die einen Blue Ocean erschließen, haben die Chance, **Pioniere** in einem völlig neuen Marktsegment zu werden!

Grundlegend ist die **Unterscheidung** in „**Blue Oceans**" und „**Red Oceans**":[994]

- **Blue Oceans (Blaue Ozeane)**
  - Neue Märkte ohne oder mit geringer Konkurrenz
  - Innovative Geschäftsmodelle und Produkte
  - Fokus auf Differenzierung und Kundennutzen

- **Red Oceans (Rote Ozeane)**
  - Bestehende Märkte mit intensivem Wettbewerb
  - Kampf um Marktanteile durch Preiskämpfe und Margendruck
  - Unternehmen konkurrieren mit ähnlichen Angeboten

---

[991] Der Begriff wurde von Kim/Mauborgne in ihrem Buch "Blue Ocean Strategy" (KIM, W. C., MAUBORGNE, R. A.: Blue Ocean Strategy: How to Create Uncontested Market Space am Make the Competition Irrelevant, Boston 2005), geprägt.

[992] Vgl. KREIKEBAUM, H., GILBERT, D. U., BEHNAM, M.: a. a. O., S. 133–134, MACHARZINA, K., WOLF, J.: a. a. O., S. 286.

[993] Vgl. MACHARZINA, K., WOLF, J.: a. a. O., S. 287, KREIKEBAUM, H., GILBERT, D. U., BEHNAM, M.: a. a. O., S. 134.

[994] Vgl. WELGE, M., AL-LAHAM, A., EULERICH, M., a. a. O, S. 560, MACHARZINA, K., WOLF, J.: a. a. O., S. 286–287, SCHERM, E., JULMI, C.: a. a. O., S. 128.

Als **Vorteile** der Blue Ocean-Strategie sind von Bedeutung:

- Weniger Wettbewerb, da der Markt neu definiert wird
- Höhere Gewinnmargen durch Einzigartigkeit
- Erschließung neuer Kunden und Bedürfnisse

Als **Merkmale** der Blue Ocean-Strategie werden in der Literatur genannt:

- **Erweiterung des Marktes statt Konkurrenzkampf**: Statt gegen Wettbewerber anzutreten, erschafft das Unternehmen **eine neue Nachfrage**.
- **Wertinnovation als zentraler Erfolgsfaktor**: Eine Kombination aus **Kostenreduktion** und **Differenzierung**, um sowohl günstiger als auch einzigartig zu sein.[995]
- **Nutzensteigerung für Kunden**: Produkte oder Dienstleistungen bieten völlig **neue Vorteile**, die bisher nicht existierten.
- **Überwindung traditioneller Branchengrenzen**: Unternehmen hinterfragen bestehende Marktregeln und **entwickeln neue Geschäftsmodelle**.

Ein zentrales Werkzeug der Blue Ocean-Strategie ist die **Vier-Aktionen-Matrix**, die hilft, ein neues Marktsegment zu schaffen:[996]

Ansatz	Frage	Beispiel (Cirque du Soleil)
Eliminieren	Welche Branchenstandards können entfernt werden?	Kein traditionelles Zirkuskonzept mit Tieren, Bänken, Sandboden
Reduzieren	Welche Bestandteile können reduziert werden?	Weniger Fokus auf Clowns, Sichtbares Orchester
Steigern	Welche Komponenten sollten verstärkt werden?	Hochwertige Bühnenkunst, Storytelling
Kreieren	Welche neuen Elemente geschaffen werden?	Mischung aus Zirkus und Musical für Erwachsene

Darst. 1.6173: Vier-Aktionen-Matrix am Beispiel von Cirque du Soleil
(Entnommen: KIM, W. C., MAUBORGNE, R. A.: a. a. O., S. 38.)

---

[995] Vgl. die nachstehend beschriebene Hybridstrategie.
[996] Vgl. KIM, W. C., MAUBORGNE, R. A.: a. a. O., S. 29.

Die **Risiken** und Herausforderungen der Blue Ocean-Strategie sollen nicht unerwähnt bleiben:

- Risiko der Nachahmung durch Wettbewerber
- Hoher Innovationsaufwand erforderlich
- Unsicherheit, ob die neuen Märkte die Strategie wirklich annehmen werden

Zu den erfolgreichen Pionieren, die die Blue Ocean-Strategie anwenden, gehören u. a.:

- **Cirque du Soleil** (Zirkusbranche): Kombination aus Zirkus und Theater, ohne Tiere → neuer Markt für Unterhaltung.
- **Nintendo Wii** (Gaming): Fokus auf Bewegungssteuerung und Casual Gaming → neue Zielgruppen erschlossen.
- **Uber** und **Airbnb** (Mobilität & Tourismus): Digitale Plattformen für Transport und Unterkünfte → neue Geschäftsmodelle geschaffen.

Hybridstrategie

Die **Hybridstrategie, hybride Wettbewerbsstrategie** oder einfach **hybride Strategie** ist ein Ansatz im strategischen Management, bei dem ein Unternehmen **gleichzeitig Kostenführerschaft** und **Differenzierung** verfolgt. Dieser Ansatz widerspricht der klassischen Theorie von Porter, die besagt, dass Unternehmen sich entweder auf **niedrige Kosten** oder auf **einzigartige Differenzierungsmerkmale** konzentrieren sollten, um Wettbewerbsvorteile zu erzielen. Die Beschreibung seiner generischen Geschäftsstrategien weist deutlich darauf hin, dass die drei generellen Ausrichtungen alternativ zu sehen sind und auf jeweils unterschiedlichen Wegen zu Erfolgen führen. Wird, bezogen auf die Geschäftsbereiche, keine Strategie konsequent verfolgt, können Wettbewerbsvorteile nicht errungen werden. Ein Geschäftsbereich, dessen Vorgehensweise nicht klar auf eine der drei Strategien ausgerichtet ist, sitzt nach Porter „zwischen den Stühlen" („stuck in the middle").[997] „Für die Kostenführerschaft fehlen diesem Unternehmen der Marktanteil, Kapitalinvestitionen und zudem die nötige Entschlossenheit; um aber die Notwendigkeit niedriger Kosten zu umgehen, mangelt es ihm an der branchenweiten Differenzierung; und um einen Kostenvorsprung oder Differenzierung im Hinblick auf ein begrenztes Marktsegment zu schaffen, fehlt ihm die nötige Konzentration."[998] Moderne Unternehmen zeigen jedoch, dass eine Hybridstrategie erfolgreich sein kann, indem sie **sowohl kosteneffiziente**

---

[997] Vgl. WELGE, M., AL-LAHAM, A., EULERICH, M., a. a. O, S. 550–551, HUNGENBERG, H., WULF, T.: a. a. O., S. 134–135, SCHERM, E., JULMI, C.: a. a. O., S. 181.

[998] PORTER, M. E.: Wettbewerbsstrategie: a. a. O., S. 81.

Prozesse als auch differenzierte Produkte oder Dienstleistungen anbieten.[999] Die Strategie-typen wie bspw. „Produktdifferenzierung" und „Kostenführerschaft" können kombiniert werden. Die **übergeordnete Strategie** ist i. d. R. die **Differenzierungsstrategie, aber mit Kostenführerschaft**, da Unternehmen sowohl einzigartige Produkte oder Dienstleistungen schaffen als auch gleichzeitig die Kosten optimieren, um einen erschwinglichen Preis für Kunden zu gewährleisten. Unternehmen, die eine Hybridstrategie erfolgreich umsetzen, können sich langfristig gegen rein kosten- oder differenzierungsorientierte Wettbewerber behaupten![1000]

Auf die einzelnen **Formen** von Hybridstrategien (sequenzielle hybride Strategie, simultane hybride Strategie) soll hier nicht weiter eingegangen werden. Insbesondere der Wechsel von einer Strategie zur anderen in bestimmten Fällen des Wettbewerbs – ohne Aufgabe des bis dahin erreichten Wettbewerbsvorteils – ist von Bedeutung. Diese **Outpacing-Strategien** und die anderen Formen von Hybrid-Strategien sollen hier nicht näher erläutert werden. Es sei auf die Fachliteratur verwiesen.[1001]

Als **Vorteile** der Hybridstrategie lassen sich herausstellen:[1002]

- **Marktabdeckung:** Erreicht sowohl preisbewusste als auch qualitätsorientierte Kunden.
- **Wettbewerbsstärke:** Kombiniert Kosten- und Differenzierungsvorteile, sodass das Unternehmen widerstandsfähiger gegen Preiskämpfe ist.
- **Skaleneffekte:** Effiziente Produktion und hohe Absatzmengen senken Kosten, während Differenzierung höhere Margen ermöglicht.
- **Innovationspotenzial:** Unternehmen können in neue Technologien investieren, um sowohl Effizienz als auch Produktqualität zu steigern.

Merkmale der Strategie der hybriden Wettbewerbsstrategie sind:

- **Kostenvorteile und Differenzierung gleichzeitig**: Unternehmen bieten wettbewerbsfähige Preise, ohne auf Qualität oder Innovation zu verzichten.
- **Flexibilität und Anpassungsfähigkeit**: Schnelle Reaktion auf Marktveränderungen durch effiziente Strukturen und kontinuierliche Innovation.

---

[999] Vgl. BECKER, F. G.: a. a. O., S. 170, CORSTEN, H., CORSTEN, M.: a. a. O., S. 37, 47, 54, LIPPOLD, D.: a. a. O., S. 120, HUNGENBERG, H., WULF, T.: a. a. O., S. 135.

[1000] Vgl. WELGE, M., AL-LAHAM, A., EULERICH, M., a. a. O, S. 551–552, JUNG, R. H., HEINZEN, M., QUARG, S.: a. a. O., S. 368, SCHERM, E., JULMI, C.: a. a. O., S. 183, STOI, R., DILLERUP, R.: a. a. O., S. 253–254.

[1001] Etwa. BECKER, F. G.: a. a. O., S. 171–172, WELGE, M., AL-LAHAM, A., EULERICH, M., a. a. O, S. 551–554, SCHERM, E., JULMI, C.: a. a. O., S. 184–185.

[1002] Vgl. REISINGER, S., GATTRINGER, R., STREHL, F.: a. a. O., S. 124.

- **Skaleneffekte und Premium-Produkte**: Nutzung von **Massenproduktion** zur Kostensenkung, während parallel hochwertige Produkte angeboten werden (**Mass Customization**).[1003]
- **Kundenzentrierung**: Unternehmen bieten attraktive Produkte zu einem Preis-Leistungs-Verhältnis, das sowohl preisbewusste als auch qualitätsorientierte Kunden anspricht.

Die **Risiken** und Herausforderungen der hybriden Strategie können beträchtlich sein:[1004]

- **Komplexität der Umsetzung:** Unternehmen müssen sowohl Kosten senken als auch hohe Qualität oder Innovation liefern.
- **Gefahr der „Stuck in the Middle"-Falle:** Wenn die Balance zwischen Kostenführerschaft und Differenzierung nicht gelingt, kann das Unternehmen zwischen beiden Strategien stecken bleiben und weder günstige noch einzigartige Produkte anbieten.
- **Hoher Investitionsbedarf:** Forschung, Entwicklung und Prozessoptimierung erfordern langfristige Investitionen.

Die Hybridstrategie ist u. a. bei folgenden Unternehmen zu finden:

- **Apple (Technologiebranche)**
  - Kosteneffiziente Produktion durch globale Lieferketten.
  - Hochwertige, innovative Produkte mit Premium-Preisen.
- **IKEA (Möbelbranche)**
  - Niedrige Preise durch standardisierte Massenproduktion.
  - Differenzierung durch skandinavisches Design und Selbstmontage-Konzept.
- **Toyota (Automobilbranche)**
  - Kosteneffiziente Produktion durch „Lean Production"-Ansatz.
  - Hochwertige, zuverlässige Autos mit innovativen Technologien (z. B. Hybridantrieb oder Brennstoffzellenautos mit Wasserstoff wie der Toyota Mirai).

Wie bei nahezu allen Strategien ist auch hier anzumerken, dass das Unternehmen seine Konzentrationsschwerpunkte kontinuierlich beobachtet und sich an veränderte Marktbedingungen anpasst.

[1003] Vgl. die „kundenindividuelle Massenproduktion" (mass customization) bei Piller (PILLER, F. T.: Kundenindividuelle Massenproduktion, München 1998). Siehe auch SCHERM, E., JULMI, C.: a. a. O., S. 185–186.

[1004] Vgl. BECKER, F. G.: a. a. O., S. 173–174.

1.6.11.3.4.2 Ressourcenbasierte Strategien

Die **ressourcenbasierten Strategien** (Resource-Based View) ist ein Ansatz im strategischen Management, der sich darauf konzentriert, in den unterschiedlichen SGE Wettbewerbsvorteile durch **einzigartige, schwer imitierbare Ressourcen und Fähigkeiten** eines Unternehmens zu erlangen.[1005] Im Gegensatz zu den marktorientierten Strategien (Market-Based View), die sich auf externe Marktbedingungen konzentriert, legen die ressourcenbasierten Strategien den Fokus auf die **internen Stärken und Kernkompetenzen** eines Unternehmens (Inside-out-Perspektive).

Entscheidend ist, ob die Ressourcen im Vergleich zur Konkurrenz[1006] alle vier zentralen Kriterien gemäß **VRIO-Schema**[1007](wertvoll, selten, schwer imitierbar, gut organisiert) erfüllen, um einen nachhaltigen Wettbewerbsvorteil zu bieten. Kaum bzw. nicht zu imitieren sind v. a. Patente, einzigartige Assets, einzigartige Standorte und komplexe Wertschöpfungsprozesse.[1008]

Als **Vorteile** der ressourcenbasierten Strategie sind belegt:

- **Nachhaltige Wettbewerbsvorteile**: Unternehmen können sich langfristig differenzieren, wenn sie schwer imitierbare Ressourcen besitzen.[1009]
- **Weniger Abhängigkeit von Marktveränderungen**: Während sich Märkte schnell ändern können, bleiben wertvolle Ressourcen oft beständig.
- **Starke Positionierung und hohe Markteintrittsbarrieren für Wettbewerber**: Einzigartige Ressourcen wie Patente oder spezialisierte Technologien machen es für neue Anbieter schwer, in den Markt einzutreten.
- **Höhere Rentabilität durch Premium-Strategien**: Unternehmen mit starken Marken oder technologischen Alleinstellungsmerkmalen können höhere Preise durchsetzen.

Voraussetzung für eine erfolgreiche Umsetzung der ressourcenbasierten Strategien ist eine vorherige **Analyse der Ressourcen** des Unternehmens.[1010] Helfen kann auch die **SWOT-Analyse**,

---

[1005] Vgl. CORSTEN, H., CORSTEN, M.: a. a. O., S. 148, KREIKEBAUM, H., GILBERT, D. U., BEHNAM, M.: a. a. O., S. 124, MACHARZINA, K., WOLF, J.: a. a. O., S. 223–248.

[1006] Siehe Paragraf 1.6.11.1.3.3 „Analyse der Konkurrenten":

[1007] Siehe die ausführlichere Beschreibung im Paragrafen 1.6.11.1.4.5 „Ressourcenorientierte Analyse". Ein zusammenfassendes Schaubild findet sich etwa bei KREIKEBAUM, H., GILBERT, D. U., BEHNAM, M.: a. a. O., S. 98.

[1008] Vgl. KREIKEBAUM, H., GILBERT, D. U., BEHNAM, M.: a. a. O., S. 97.

[1009] Vgl. NEWBERT, S. L.: Value, Rareness, Competitive Advantage, and Performance: A Conceptual Level Empirical Investigation of the Resource-based View of the Firm, in: Strategic Management Journal, Jg. 29, 2008, Nr. 7, S. 745-768. https://doi.org/10.1002/smj.686

[1010] Diese wurde im Paragrafen 1.6.11.1.4.5 „Ressourcenorientierte Analyse" eingehend erläutert.

die sich mit den Stärken und Schwächen des Unternehmens bzw. der Geschäftsbereiche ausei-
nandersetzt.[1011]

Wie schon im Paragrafen 1.6.11.1.4.5 „Ressourcenorientierte Analyse" erwähnt, wird bei den
Ressourcen grundsätzlich zwischen zwei **Arten** unterschieden, wobei sich die materiellen und
immateriellen Ressourcen nach Müller-Stewens et al. in folgende Untergruppen aufteilen lassen:[1012]

- **materielle Ressourcen**
  - Finanzielle Ressourcen: liquide Mittel, Eigenkapital, Fremdkapital etc.
  - Physische Ressourcen: Grundstücke, Gebäude, Maschinen und maschinelle Anlagen,
    Werkzeuge, Transport und Fördermittel, Geschäftsausstattung sowie Material etc. Bei-
    spiel: Tesla besitzt hochmoderne Gigafactories zur Batterieproduktion, die schwer zu
    replizieren sind.
  - IT-basierte Ressourcen: Software (insb. Informationstechnologien), Hardware, Daten-
    banken, Netze etc. Beispiel: Apple hat eine starke Marke und ein einzigartiges Ökosys-
    tem aus Hardware, Software und Services.
- **immaterielle Ressourcen**
  - Bestandsressourcen-Ressourcen: Verträge, Patente, Lizenzen, Rechte, Copyrights, ein-
    getragene Marken, Technologien, Unternehmensreputation, Markenimage, Kunden- und
    Beziehungskapital.
  - Human-Ressourcen: Leistungswille, Know-how (insb. Kompetenzen/Fähigkeiten der
    Mitarbeiter und des Managements), Lernfähigkeit, Altersstruktur etc. Beispiel: Google
    profitiert von hochqualifizierten Mitarbeitern und einem innovativen Arbeitsumfeld.
  - Strukturelle Ressourcen: Aufbau- und Ablauf- bzw. Prozessorganisation, Management-
    systeme, Planungshandbuch etc.
  - Kulturelle Ressourcen: Unternehmenskultur, Führungsstil, Kooperations- und Konflikt-
    verhalten, Fehlerkultur, Arbeitsumfeld etc.

In der ressourcenorientierten Unternehmenspolitik spielen die **immateriellen Ressourcen** und
deren Komponenten eine besondere Rolle, auch wenn sie sich nur schwer identifizieren und
bewerten lassen. Ihre Bedeutung zeigt sich darin, dass sie häufig einen wesentlichen Teil des
Unternehmenswertes ausmachen. Im Gegensatz zu materiellen Ressourcen, die wie bspw. Be-
triebs- und Geschäftsausstattung bewertbare Vermögensgegenstände darstellen, lassen sie bis

---

[1011] Siehe Paragraf 1.6.11.1.6 „SWOT-Analyse".

[1012] Vgl. MÜLLER-STEWENS, G., LECHNER, C., KREUTZER, M., STONIG, J.: a. a. O., S. 245–248, BECKER, F.
G.: a. a. O., S. 146–148, KREIKEBAUM, H., GILBERT, D. U., BEHNAM, M.: a. a. O., S. 94, MACHARZINA,
K., WOLF, J.: a. a. O., S. 78–80.

auf wenige Ausnahmen wie z. B. bei kompletten Unternehmenskäufen kaum am Markt beschaffen.[1013] Insofern muss das Unternehmen diejenigen Faktoren (Hebel) suchen und finden, die den Wert dieser intangiblen Ressourcen steigern. Diese nicht über den Markt beziehbaren Ressourcen muss das Unternehmen selbst aufbauen.

Die individuellen Fähigkeiten eines Unternehmens, seinen **strategisch relevanten** materiellen und immateriellen **Fundus** spezifisch zu kombinieren, begründen die **Kernkompetenzen** des Unternehmens.[1014]

Die **Umsetzung** der ressourcenbasierten Strategien mit Hilfe verschiedenartiger Maßnahmen vorgenommen werden:

- **Identifikation der eigenen Kernressourcen und -kompetenzen**: Welche Ressourcen erfüllen die **VRIO-Kriterien** und können langfristige Wettbewerbsvorteile schaffen?
- **Stärkung und Entwicklung dieser Ressourcen**: z. B. Investition in Forschung & Entwicklung, Mitarbeiterweiterbildung, technologische Innovationen.
- **Schutz der Ressourcen**: Patente, Geheimhaltung, Exklusivverträge oder organisatorische Maßnahmen etc., um schwer imitierbar zu bleiben.
- **Optimale Nutzung der Ressourcen zur Differenzierung**: Differenzierung durch Innovation, Servicequalität oder ein einzigartiges Geschäftsmodell (s. o. Nischenstrategie).

Die **Risiken** und **Herausforderungen** der ressourcenbasierten Strategie können erheblich sein:

- **Schwierige Ressourcenermittlung und -entwicklung**: Nicht alle Unternehmen haben Zugang zu einzigartigen Ressourcen, und deren Aufbau kann teuer und zeitaufwendig sein.
- **Mögliche technologische Disruptionen**: Selbst wertvolle Ressourcen können durch Innovationen überholt werden (z. B. Nokia im Mobilfunkmarkt).
- **Interne Trägheit und mangelnde Anpassungsfähigkeit**: Unternehmen, die sich zu stark auf bestehende Ressourcen verlassen, könnten Schwierigkeiten haben, sich an neue Marktbedingungen anzupassen.
- **Gefahr der Ressourcenabhängigkeit**: Wenn ein Unternehmen sich zu sehr auf eine Kernressource stützt (z. B. ein bestimmtes Produkt oder eine Technologie), kann es durch Marktentwicklungen stark gefährdet sein.
- **Strategische Entscheidungen allein aufgrund ressourcenbasierter Überlegungen**: Sich nur auf die Ressourcen zu verlassen, ohne den Markt zu kennen, wäre fahrlässig. Eine res-

---

[1013] Vgl. SCHERM, E., JULMI, C.: a. a. O., S. 43.
[1014] Vgl. STOI, R., DILLERUP, R.: a. a. O., S. 280–281.

sourcenorientierte Strategie ohne (jegliche) Kundenorientierung ist nicht oder wenig erfolgreich. „Es nützt wenig, sich von seinen Konkurrenten zu differenzieren, wenn dies am Markt nicht wahrgenommen und entsprechend belohnt wird."[1015]

Auf die Kritik an dem „Resource-based View" als Ausgangspunkt eines wissensbasierten Ansatzes[1016] wird hier nicht weiter eingegangen. Es sei auf die spezielle Fachliteratur hingewiesen.[1017]

Aus der Praxis sind etliche Beispiele einer ressourcenbasierten Strategie bekannt:

- **Apple (Technologiebranche)**
  - **Einzigartige immaterielle Ressourcen:** Starkes Markenimage, Patente, geschlossenes Ökosystem aus Hardware und Software.
  - **Wettbewerbsvorteil:** Hohe Kundenbindung, Premium-Preise, schwer imitierbares Produktdesign.
- **Ferrari (Automobilbranche)**
  - **Kernkompetenz:** Hochspezialisierte Ingenieurskunst und exklusive Markenpositionierung.
  - **Wettbewerbsvorteil:** Limitierte Produktion, hohe Nachfrage, starke Luxusmarke.
- **Amazon (E-Commerce und Cloud-Computing)**
  - **Organisationale Fähigkeit:** Perfektioniertes Logistiknetzwerk und skalierbare Cloud-Infrastruktur (AWS).
  - **Wettbewerbsvorteil:** Schnellste Lieferzeiten, hohe Effizienz, hohe Eintrittsbarrieren für neue Anbieter.
- **Pfizer (Pharmaindustrie)**
  - **Einzigartige Ressource:** Starke Forschungs- und Entwicklungsabteilung, exklusive Medikamentenpatente.
  - **Wettbewerbsvorteil:** Marktführerschaft durch patentgeschützte Medikamente, hohe Innovationskraft.

Der ressourcenbasierte Ansatz hat in den letzten Jahren etliche Erweiterungen und Weiterentwicklungen erfahren. Bei der Anwendung von sog. **Fähigkeits-Lebenszyklen (capability lifecycles)** werden, analog zur Verwendung von Produktlebenszyklen, verschiedene Phasen beim

---

[1015] MÜLLER-STEWENS, G., LECHNER, C., KREUTZER, M., STONIG, J.: a. a. O., S. 245.

[1016] Vgl. NONAKA, J., TAKEUCHI, H.: The knowledge-creating company, New York, Oxford 1995, GRANT, R. M.: Toward a knowledge-based theory oft he firm, in: Strategic Management Journal, Jg. 17, 1996, S, 109–123.

[1017] Siehe u. a. WELGE, M., AL-LAHAM, A., EULERICH, M., a. a. O, S. 93–95, SCHERM, E., JULMI, C.: a. a. O., S. 50–52.

Aufbau und Einsatz von Fähigkeiten von Unternehmen unterschieden und somit der Resource-based View um ein dynamisches Element **(dynamic capabilities)**[1018] angereichert.[1019]

1.6.11.3.5 Funktionsbereichsstrategien

Die **Funktionalstrategien** (auch **funktionale Strategien** oder **Funktionsbereichsstrategien**) befinden sich auf einer **unteren Strategieebene im strategischen Management**, die sich **auf spezifische Funktionsbereiche** eines Unternehmens **bezieht**.

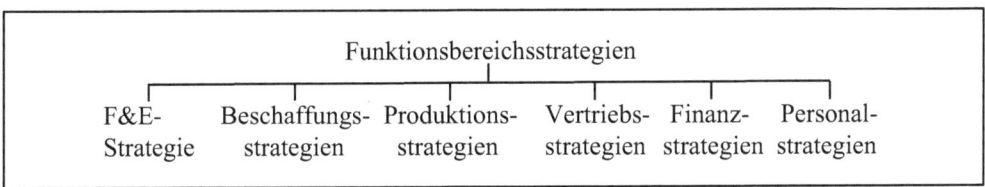

Darst. 1.6174: Funktionsbereichsstrategien

Die funktionalen Strategien dient dazu, die übergeordnete **Geschäftsbereichsstrategie und Unternehmensstrategie und operativ**[1020] **umzusetzen.**[1021] Sie sorgen also dafür, dass sich die einzelnen Bereiche des Unternehmens **optimal an den übergeordneten strategischen Zielen ausrichten**. Auf dieser dritten Ebene, der Strategieebene der Funktionsbereiche („functional strategy"), besteht die Aufgabe darin, die einzelnen (Unter-)Strategien der betroffenen Funktionsbereiche einer strategischen Geschäftseinheit zu spezifizieren.

[1018] Vgl. TEECE, D., PISANO, G., SHUEN, A.: Dynamic Capabilities and Strategic Management, in: Strategic Management Journal, Jg. 18, 1997, Nr. 7, S. 516, TEECE, D.: Dynamic Capabilities and Strategic Management, Oxford 2009, S. 224 f.

[1019] Siehe KREIKEBAUM, H., GILBERT, D. U., BEHNAM, M.: a. a. O., S. 126 MACHARZINA, K., WOLF, J.: a. a. O., S. 80, REISINGER, S., GATTRINGER, R., STREHL, F.: a. a. O., S. 37, SCHERM, E., JULMI, C.: a. a. O., S. 48–50.

[1020] An dieser Stelle zeigt sich wieder die bereits im Unter-Unterabschnitt 1.6.5.5 „Planung nach dem Zeitraum" zuweilen irreführende Definition der strategischen Planung als langfristige. Diese Gleichsetzung von strategisch und langfristig ist jedoch mit Vorsicht zu genießen. Strategische Pläne können einen relativ kurzen Zeithorizont aufweisen bzw. einen kurzen Zeitraum betreffen, ohne dass sie gleich als operative Pläne zu charakterisieren wären. Der Begriff Strategie impliziert, dass es sich um Planungen bzw. Entscheidungen mit erheblicher Tragweite, d. h. mit einer hohen zeitlichen Bindungswirkung handelt – auch wenn sie kurzfristig oder innerhalb eines relativ kurzen Zeitraums umgesetzt werden.

[1021] Vgl. WELGE, M., AL-LAHAM, A., EULERICH, M., a. a. O, S. 580, BECKER, F. G.: a. a. O., S. 175.

Die Funktionalstrategien bietet folgende **Vorteile**:

- **Effiziente Umsetzung der Geschäftsstrategie**: Klare Direktiven für die Bereiche ermöglichen eine gezielte Ausrichtung auf Unternehmensziele.
- **Bessere Ressourcennutzung**: Funktionalstrategien helfen, die Ressourcen des Unternehmens (u. a. Budgets, Zeit und Personal) optimal einzusetzen.
- **Höhere Wettbewerbsfähigkeit**: Durch spezialisierte Strategien kann sich ein Unternehmen in bestimmten Bereichen stark differenzieren.
- **Flexibilität und Anpassungsfähigkeit**: Funktionale Strategien ermöglichen eine schnelle Reaktion auf Marktveränderungen.
- **Synergieeffekte zwischen Abteilungen**: Eine abgestimmte Strategie zwischen den Funktionsbereichen, insb. Marketing, Produktion und Finanzen, steigert den Gesamterfolg.

Wichtige **Merkmale** der Funktionalstrategie sind:

- Sie wird **abgeleitet aus der Geschäftsstrategie:** – Jede Funktion unterstützt die Gesamtziele des Unternehmens. Damit werden ineffiziente oder widersprüchlichen Maßnahmen vermieden.
- Sie ist **spezifisch für jeden Funktionsbereich**: Jeder einzelne hat eigene strategische Prioritäten, d. h. jeder Bereich weiß genau, wie er zur Unternehmensstrategie beiträgt.[1022]
- Sie **wirkt langfristig, ist aber operativ ausgerichtet,** d. h. strategische Planungen weisen eine erhebliche Tragweite/eine zeitlich hohe zeitliche Bindungswirkung auf – auch wenn sie kurzfristig oder innerhalb eines relativ kurzen Zeitraums umgesetzt werden. Es geht um die Umsetzung **konkreter Maßnahmen** zur Erreichung strategischer Ziele. Im Vergleich zu den übergeordneten Strategien (Unternehmensstrategien, Geschäftsbereichsstrategien) sind die Aktivitäten einer jeden funktionalen Strategie meist **messbar**, um eine direkte Wirkung auf die Unternehmensleistung zu erzielen.
- Sie führt zu **Wettbewerbsvorteilen durch Spezialisierung**: – In jedem Funktionsbereich werden effizientere Prozesse und optimierte Ressourcennutzungen angestrebt.

Beispiel 1: Eine Marketingstrategie kann auf Markenbildung und digitale Reichweite abzielen.
Beispiel 2: Eine Produktionsstrategie könnte auf Automatisierung und Lean-Management setzen.

[1022] Vgl. BAUM, H.-G., COENENBERG, A. G., GÜNTHER, T.: a. a. O., S. 273.

Als **Arten** von Funktionsbereichsstrategien sind v. a. zu nennen:[1023]

- **F&E-Strategie (Forschung & Entwicklung)**
  - Grundlagen- oder angewandte Forschung, Forschungskooperationen, Forschungsstandorte, Innovationsmanagement, Patente, Technologieentwicklung, Zeitmanagement, CSR-Ausrichtung etc.
  - Beispiel: Tesla setzt auf kontinuierliche Innovationen in der Batterietechnologie.
- **Beschaffungsstrategie**: Reduzierung der Beschaffungs- und Lagerkosten (z. B. durch Optimierung der Beschaffungsprozesse und der Materialqualität, Verringerung der Kapitalbindung im Lager), Sicherung der Materialversorgung, Steigerung der Beschaffungsflexibilität, Ausbau der Lieferantenbeziehungen etc.[1024]
- **Produktionsstrategie (Operations Strategy)**
  - Optimierung von Standorten, Eigen- oder Fremdfertigung, Kapazitäten, Produktionsprozessen, Kostensenkung, Automatisierung, Reduzierung der Fertigungszeit etc.
  - Beispiel: Toyota nutzt „Lean Production", um Effizienz zu maximieren.
- **Marketingstrategie**
  - Effektivere und effizientere Marktforschung, verbesserte Prognosefähigkeiten, optimiertes Marketing-Mix (Produkt und Programm, Preis, Distribution, Kommunikation), z. B. Erhöhung des Marktanteils, Positionierung der Marke, Preisstrategie, Vertriebskanäle und Vertriebspartner, Kommunikationsmaßnahmen
  - Beispiel: Coca-Cola setzt auf emotionale Werbung und starke Markenbindung.
- **IT-Strategie**: Welche IT-Komponenten (Hardware, Software) benötigt das Unternehmen insgesamt und in den einzelnen Funktionsbereichen? Etwa globale IT-Plattformen (IoT).
- **Finanzstrategie**
  - Kapitalbeschaffung, Senkung der Kapitalkosten, Investitionspolitik, Liquiditäts-/Zahlungsmittelmanagement
  - Beispiel: Apple hält hohe Barreserven für strategische Investitionen.
- **Personalstrategie (HR-Strategie)**
  - Mitarbeitergewinnung-, Mitarbeiterentwicklung, Talentmanagement, Verringerung der Fluktuationsrate, Unternehmenskultur etc.
  - Beispiel: Google investiert stark in Weiterbildungen und Mitarbeiterzufriedenheit.

[1023] Vgl. MACHARZINA, K., WOLF, J.: a. a. O., S. 325, MÜLLER-STEWENS, G., LECHNER, C., KREUTZER, M., STONIG, J.: a. a. O., S. 504–248, HAMMER, R.: a. a. O., S. 104, REISINGER, S., GATTRINGER, R., STREHL, F.: a. a. O., S. 130–131, SCHERM, E., JULMI, C.: a. a. O., S. 196, STOI, R., DILLERUP, R.: a. a. O., S. 232.

[1024] Vgl. WELGE, M., AL-LAHAM, A., EULERICH, M., a. a. O, S. 584.

Bei der **Planung** der Funktionalstrategien sind die nachstehenden **Aspekte** von hoher Bedeutung:

● **Strategische Ausrichtung an der Unternehmens- und Geschäftsstrategie (vertikale Koordination)**[1025]
   • Die Funktionalstrategien leiten sich aus den übergeordneten Strategien ab, d. h. die Funktionalstrategien zeigen die Konsequenzen von Unternehmens- und Geschäftsbereichsstrategien für die Funktionsbereiche.[1026] Die übergeordneten Strategien stellen den Rahmen für die bestmöglichen Bereichsziele dar.
   • Alle Bereiche müssen auf die gleichen Unternehmensziele hinarbeiten.
   • Beispiel: Ein Unternehmen mit einer Kostenführerschaftstrategie entwickelt eine Produktionsstrategie mit Fokus auf Effizienz und Skaleneffekte.
● **Einbindung der funktionalen Strategien in die übergeordneten Strategien zwecks Überwindung der Interdependenzen**: Zwischen den Funktionsbereichen bestehen eine Reihe von Interdependenzen. So kann z. B. das langfristige Beschaffungsprogramm nicht ohne Kenntnis der Produktionspläne und diese wiederum nicht ohne eine langfristige Absatzplanung bestimmt werden.[1027]
● **Festlegung klarer Ziele für jede Funktion**
   • Die Strategien müssen konkrete und messbare KPIs (Key Performance Indicators)[1028] enthalten.
   • Hinsichtlich der Ziele auf Bereichsebene (und auch darunter) sollten die SMART-Regeln[1029] (spezifisch, messbar, anspruchsvoll, realistisch, terminiert) erfüllt sein.
   • Sollten Zielkonflikte[1030] auftreten, die auf der Funktionsbereichsebene nicht gelöst werden können, muss es eine Direktive seitens der Unternehmensleitung geben, wie zu verfahren ist.
   • Beispiele: Marketingstrategie: Erhöhung der Markenbekanntheit um 20 % in einem Jahr. Finanzstrategie: Reduzierung der Verschuldungsquote um 6 % in drei Jahren.

[1025] Siehe WELGE, M., AL-LAHAM, A., EULERICH, M., a. a. O, S. 580, MÜLLER-STEWENS, G., LECHNER, C., KREUTZER, M., STONIG, J.: a. a. O., S. 508.

[1026] Vgl. REISINGER, S., GATTRINGER, R., STREHL, F.: a. a. O., S. 165, STOI, R., DILLERUP, R.: a. a. O., S. 232.

[1027] Vgl. WELGE, M., AL-LAHAM, A., EULERICH, M., a. a. O, S. 582, MÜLLER-STEWENS, G., LECHNER, C., KREUTZER, M., STONIG, J.: a. a. O., S. 507–508, SCHERM, E., JULMI, C.: a. a. O., S. 196.

[1028] Vgl. die Ausführungen zum Thema „Key Performance Indicator (KPI)" im Unterabschnitt 1.6.2 „Kennzahlen".

[1029] Siehe die Erläuterungen zur SMART-Regel im Unterabschnitt 2.5 „Zieldimensionen und -eignung".

[1030] Dies ist bspw. der Fall, wenn im Beschaffungsbereich die Zahl der Lieferanten verringert werden soll, um (Prozess-)Kosten zu reduzieren, in der Produktion aber gleichzeitig die Ansicht vorherrscht, mit mehreren Lieferanten zusammenzuarbeiten, um das Risiko falscher oder gar fehlender Lieferungen zu reduzieren. Vgl. KREIKEBAUM, H., GILBERT, D. U., BEHNAM, M.: a. a. O., S. 142.

- **Optimale Ressourcennutzung und Budgetplanung**
  - Jede Funktionsbereichsstrategie muss die Verfügbarkeit von Ressourcen (Mitarbeiter, Kapital, Technologie) berücksichtigen, da die Ressourcen einem Unternehmen nie unbegrenzt zur Verfügung stehen. In Ergänzung zu den funktionalen Planungen sind immer bereichsübergreifende ressourcenbezogene Planungen durchzuführen.[1031]
  - Die effiziente Nutzung von finanziellen und personellen Kapazitäten ist essenziell.[1032]
  - Beispiel: Die Personalstrategie muss sicherstellen, dass ausreichend qualifizierte Fachkräfte für eine geplante Expansion vorhanden sind.
- **Horizontale Koordination und Integration zwischen den Funktionen bzw. Funktionsbereichen**[1033]
  - Die Bereiche dürfen nicht isoliert arbeiten – es müssen Synergien geschaffen werden.
  - Regelmäßige Abstimmungen zwischen den Bereichen sind notwendig, um Zielkonflikte zu vermeiden.
  - Beispiel: Die F&E-Strategie muss mit der Produktionsstrategie abgestimmt sein, damit innovative Produkte effizient gefertigt werden können.
- **Flexibilität und Anpassungsfähigkeit**
  - Die Strategien sollte anpassbar sein, um auf Marktveränderungen reagieren zu können.
  - Unternehmen müssen regelmäßig Erfolgskontrollen durchführen und ggf. nachjustieren.
  - Beispiel: Eine plötzliche Änderung der Marktnachfrage erfordert möglicherweise eine Neuausrichtung der Vertriebsstrategie.

1.6.11.4 Bewertungsinstrumente

Im dritten Schritt des oben beschriebenen Planungsprozesses, der Optimierungs- und Auswahlphase, kommen die Bewertungsinstrumente zur Anwendung. Existieren mehrere Handlungsalternativen, muss eine Auswahl getroffen werden. Letztlich muss geprüft werden, wie hoch der Beitrag einer Alternative in Bezug auf die Zielerreichung ist. Welches Bewertungsinstrument eingesetzt wird, hängt von der jeweiligen Entscheidungssituation ab.[1034] Typische Auswahl- und

---

[1031] Vgl. REISINGER, S., GATTRINGER, R., STREHL, F.: a. a. O., S. 169, SCHERM, E., JULMI, C.: a. a. O., S. 195.

[1032] Anmerkung: Effizient schließt nicht aus, dass z. B. eine strategische Personalentwicklung betrieben wird, auch wenn sie nicht kurzfristig zu Erhalt von Wettbewerbsvorteilen dient, sondern ohne aktuellen Anwendungsbezug oder ohne organisatorische Veränderungen perspektivisch als entscheidend angesehen wird. Vgl. SCHERM, E., JULMI, C.: a. a. O., S. 195.

[1033] Siehe WELGE, M., AL-LAHAM, A., EULERICH, M., a. a. O, S. 580, MÜLLER-STEWENS, G., LECHNER, C., KREUTZER, M., STONIG, J.: a. a. O., S. 508–509.

[1034] Vgl. STOI, R., DILLERUP, R.: a. a. O., S. 20–21.

Optimierungsverfahren bzw. -modelle sind Kosten-, Gewinn- und Rentabilitätsrechnungen, dynamische Investitionsrechnungsverfahren, Deckungsbeitragsrechnungen, Plankostenrechnungen und Scoring-Modelle zur mehrdimensionalen Bewertung sowie Modelle der Entscheidungstheorie wie z. B. Bayes-Regel (μ-Regel), Bernoulli-Prinzip, Laplace-Regel (Regel des unzureichenden Grundes), Hurwicz-Regel, Savage-Niehaus-Regel u. a.

Darüber hinaus kommen mathematisch-statistische Verfahren wie z. B. Simulationsmodelle, Verfahren des Operations Research, Realoptionen oder uni-/multivariate statistische Verfahren zur Anwendung.

Die vorgenannten Bewertungsverfahren bzw. Entscheidungsmodelle dienen der Bestimmung optimaler Handlungsmöglichkeiten, sofern mehrere Handlungsalternativen vorliegen. Dies ist grundsätzlich immer der Fall, denn auch die Unterlassensalternative stellt eine Handlungsmöglichkeit dar.

Entscheidungsmodelle suchen nach Mitteln und Wegen zur optimalen Realisierung eines Ziels, d. h. sie übertragen die in einem Erklärungsmodell gewonnenen Erkenntnisse auf einen konkreten praktischen Anwendungsfall.[1035] Dabei werden i. d. R. mehrere Variable derart bestimmt, dass die Zielfunktion dieser Variablen unter Beachtung ggf. gegebener Restriktionen einen Extremwert (z. B. maximaler EVA, Gewinnmaximum) annimmt.

Entscheidungsmodelle sind zukunftsgerichtet. Insofern kann nur in wenigen Fällen davon ausgegangen werden, dass der Entscheidungsträger über sog. **vollkommene Informationen** verfügt. In den meisten Fällen wird es so sein, dass der Entscheider über **unvollkommene Informationen** verfügt, d. h. die Sicherheitsgrade der Umweltzustände/Szenarien werden als Risiko oder Unsicherheit bezeichnet. Diese Zusammenhänge verdeutlich die nachstehende Abbildung.

[1035] Vgl. WÖHE, G., DÖRING, U., BRÖSEL, G.: Einführung in die Allgemeine Betriebswirtschaftslehre, 28. Aufl., München 2023, S. 88–98.

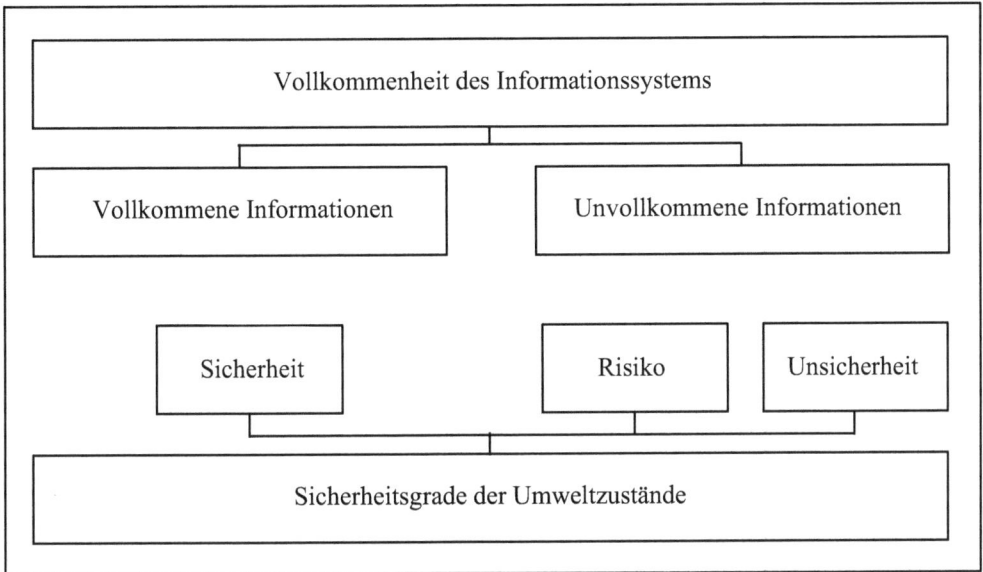

Darst. 1.6175: Formen der Information und Sicherheitsgrade der Umweltzustände/Szenarien

Der Begriff Risiko wird in der Entscheidungstheorie abweichend definiert: Während die Wahrscheinlichkeiten der einzelnen Szenarien bekannt sind, liegen bei einer Unsicherheit keinerlei Wahrscheinlichkeitsangaben zu den Umweltzuständen/Szenarien vor, d. h. im Falle von Unsicherheit sind die Wahrscheinlichkeiten für den Eintritt der Umweltzustände gleich verteilt. Somit werden drei Arten von Szenarien unterschieden:

- Szenario mit völliger Sicherheit
- Szenario mit abschätzbaren Eintrittswahrscheinlichkeiten
- Szenario mit ungewissen Eintrittswahrscheinlichkeiten

Darst. 1.6176: Typen von Szenarien

Für jedes dieser Szenarien wurden in der BWL Entscheidungsmodelle entwickelt. Sie unterscheiden sich nach der **Art der Annahmen über das Eintreten der Ergebnisse eines Modells**. In der folgenden Darstellung sind die drei Entscheidungsmodelle den Sicherheitsgraden der Szenarios zugeordnet:

Entscheidungsmodelle	Sicherheitsgrad der Umweltzustände
Deterministische Modelle	(völlige) Sicherheit (Wahrscheinlichkeit = 1)
Stochastische Modelle	Risiko (Wahrscheinlichkeiten bekannt)
Spieltheoretische Modelle	Unsicherheit (Wahrscheinlichkeiten unbekannt)

Darst. 1.6177: Entscheidungsmodelle und Sicherheitsgrade der Szenarios

Deterministische Modelle, bei denen unterstellt wird oder bekannt ist, dass ein Umweltzustand mit 100 %iger Wahrscheinlichkeit eintritt, d. h. bei denen den Handlungsalternativen eindeutige Werte zugeordnet werden können, sind bspw. die Investitionsrechnungsverfahren[1036], die Deckungsbeitragsrechnungen, Plankostenrechnungen sowie die Scoring-Modelle (Nutzwertverfahren) zur mehrdimensionalen Bewertung von Sachverhalten.

Stochastische Modelle sind dadurch gekennzeichnet, dass den einzelnen Szenarien bestimmte Wahrscheinlichkeiten > 0 und < 1 zugeordnet werden können. Zu den stochastischen Modellen der Entscheidungstheorie gehören u. a. die Bayes-Regel (μ-Regel), die μ-σ-Regel und das Bernoulli-Prinzip.

Spieltheoretische Modelle gehen davon aus, dass für die Szenarien keine Eintrittswahrscheinlichkeiten explizit angegeben werden können, d. h. die Wahrscheinlichkeiten sind gleich verteilt. In den Modellen wird unterstellt, dass gegen einen rational handelnden Gegner oder gegen die Natur gespielt wird.[1037] Bekannte Entscheidungsregeln sind die Laplace-Regel (Regel des unzureichenden Grundes), die Minimax-Regel (Wald-Regel), Maximax-Regel, Hurwicz-Regel (Pessimismus-Optimismus-Regel) oder die Savage-Niehaus-Regel (Regel des kleinsten Bedauerns).

Auf die einzelnen Bewertungsverfahren bzw. Entscheidungsmodelle soll hier nicht im Einzelnen eingegangen werden. Es sei auf die Fachliteratur zum strategischen Management[1038] bzw.

[1036] Bei den dynamischen Investitionsrechnungen wird unterstellt, dass alle zukünftigen Einzahlungen und Auszahlungen alternativer Investitionsprojekte bekannt sind und somit das vorteilhafteste Investitionsvorhaben bestimmt werden kann.

[1037] Vgl. WÖHE, G., DÖRING, U., BRÖSEL, G.: a. a. O., S. 95–96.

[1038] Etwa BEA, F. X., HAAS, J.: a. a. O., MÜLLER-STEWENS, G., LECHNER, C., KREUTZER, M., STONIG, J.: a. a. O., WELGE, M. K., AL-LAHAM, A., EULERICH, M.: a. a. O.

strategischen Controlling[1039] und zum operativen Management bzw. operativen Controlling[1040] verwiesen.

1.6.12 Planung im digitalen Kontext

Neue Technologien ermöglichen die Integration von großen unternehmensexternen Daten („**Big Data**") in den Planungsprozess.[1041] Ebenso wird die Auswertung dieser Datenvolumina durch digitale Technologien („**Business Analytics**") erleichtert.[1042] Infolgedessen verspricht der technologische Fortschritt zunächst eine Verbesserung der Planung – sowohl hinsichtlich der Effizienz als auch der Effektivität. Damit ergibt sich im aktuellen Zeitalter ein Kontinuum zwischen vollständiger Computerbasierung und ausschließlicher menschlicher Intuition. Während einige Unternehmen ihre Planungsdaten mittlerweile „auf Knopfdruck" durch Technologien generieren lassen,[1043] nutzen andere diese lediglich als Vorschlagswerte. Der moderne Planungsprozess zeichnet sich somit als ein Zusammenspiel zwischen Mensch und Technik aus. Dabei wird die inhaltliche Planung der Handlungsverantwortlichen durch die Digitalisierung erleichtert, wohingegen die koordinierenden Planungsmanagementaufgaben des Controllings durch die Systemauswahl, -ausgestaltung und -validierung zunehmen.

1.6.13 Grenzen der Planung

Jede noch so gut gemeinte Planung stößt irgendwann an ihre Grenzen. Zu diesen gehören:[1044]

[1039] Hier seien u. a. genannt: ALTER, R.: a. a. O., BAUM, H.-G., COENENBERG, A., GÜNTHER, T.: a. a. O.

[1040] Neben anderen etwa SCHELD, G. A.: Controlling im Mittelstand, Bd. 3: Operatives Unternehmenscontrolling, 6. Aufl., Berlin 2017, SÖHNCHEN, W.: Operatives Controlling. Grundlagen und Instrumente, Norderstedt 2010, WÖRDENWEBER, M.: Operatives Controlling – Band 1, a. a. O.

[1041] Vgl. HORVÁTH, P., GLEICH, R., SEITER, M.: a. a. O., S. 78, 185, 187.

[1042] Vgl. BAUMÖL, U., PERSCHEID, G.: Der Weg ist das Ziel. Wie Sie mithilfe von adaptiven Planungsverfahren und innovativen IT-Lösungen den Datenberg erklimmen, in: Controlling, Spezialausgabe Frühjahr 2019, S. 36–37, HORVÁTH, P., GLEICH, R., SEITER, M.: a. a. O., S. 105, KAJÜTER, P., SCHAUMANN, K., SCHIRMACHER, H.: Einfluss aktueller IT-Trends auf das interne Berichtswesen, in: KÜMPEL, TH., SCHLENKRICH, K., HEUPEL, TH. (HRSG.): Controlling & Innovation 2019. Digitalisierung, Wiesbaden 2019, S. 142–143.

[1043] Vgl. EILERS, CHR.: SAP S/4HANA: Was ändert sich dadurch für Planung, Reporting und Konsolidierung, in: KLEIN, A., GRÄF, J. (HRSG.): Reporting und Business Intelligence, 3. Aufl., München 2017, S. 134–136.

[1044] Vgl. DIEDRICH, A.: Modul: Betriebswirtschaftslehre BWL 1 A, Veranstaltungsteil: Grundlagen der Betriebswirtschaftslehre, Themenbereich: Planung, Folie 22, http://wirtschaft.fh-duesseldorf.de/fileadmin/personen/professoren/diedrich/Downloads/BWL_1A_Planung_WS_2012..pdf, Abruf am 23.11.2015, STOI, R., DILLERUP, R.: a. a. O., S. 369–370.

- Kosten- und Zeitrestriktionen
- Organisatorische Grenzen
- Informationsgrenzen
- Kontrollgrenzen
- Implementierungsgrenzen
- Normativer Rahmen
- Personenbezogene Grenzen

Darst. 1.6178: Grenzen der Planung

Die **Kosten- und Zeitrestriktionen** liegen u. a. in den zur Verfügung stehenden Budgets, den terminlichen Vorgaben und der Beachtung des Grundsatzes der Wirtschaftlichkeit (Kosten-Nutzen-Relation). So können bspw. Strategien wegen des starren zeitlichen Rahmens nicht flexibel angepasst oder zahlreiche Initiativen aus Zeitmangel nicht koordiniert werden.

Organisatorische Grenzen zeigen sich oft in wenig adaptiven Organisationen, die schnelle Koordinationsprozesse verhindern. Die Bedeutung der Adaptionsfähigkeit ergibt sich aus den immer schnelleren und kurzfristigeren Entwicklungen in der Umwelt des Unternehmens neben kürzeren Trendzyklen, auf die das Unternehmen, z. B. in Bezug auf Harmonisierung der Strategien verschiedener Bereiche oder hinsichtlich der Zielvereinbarungen mit Führungskräften reagieren muss. Oft wird die Kreativität des Einzelnen durch ein formalisiertes Vorgehen oder die Flexibilität durch eine verbindliche Festlegung von Alternativen eingeschränkt. Ein weiterer Punkt ist bspw. ein leistungsfähiges Projektmanagement. Zuletzt sei noch auf häufig wenig effiziente Besprechungen hingewiesen, die nicht institutionalisiert und schlecht organisiert sind und sich zu oft auf operative Sachverhalte beschränken. In allen Fällen sind optimierte Kommunikationswege eine wichtige Voraussetzung. So lassen sich Planung und Kontrolle effizienter verzahnen, wenn Planer und Kontrolleure einheitlich strukturierte Medien wie Formulare, Tabellen, Bildschirmmasken und Software nutzen können. Gleiches gilt für die verwendeten Methoden und Techniken. Damit wird das Verständnis der Planungsinhalte, das Zusammenführen verschiedener Pläne und der Abgleich von Kontrollgröße(n) und Vergleichswerte(n) erleichtert. Die derzeitige Praxis sieht jedoch anders aus: Eine überwältigende Mehrheit der Unternehmen setzt Microsoft Excel® bei der Planung ein. Die Verwendung dieser Tabellenkalkulationsprogramme ist insofern sehr problematisch, als in vielen Fällen eine fehlende Anbindung zu vor- und nachgelagerten Stellen zu konstatieren ist. Auch eine Datenharmonisierung in Form eines Abgleichs und der Anpassung von Daten aus unterschiedlichen Datenquellen ist standardmäßig nicht vorgesehen und muss daher manuell vorgenommen werden. Die Folge der schwachen Datenintegration sind Datenredundanzen und Fehler, wenn identische oder ähnliche Werte z. B. an unterschiedlichen Stellen der Tabellen unterschiedlich gepflegt sind.[1045]

Die **Informationsgrenzen** ergeben sich aus Trendbrüchen, Prognosefehlern (auch durch falsche Prognosemethoden), fehlenden Daten (auch aus Gründen des Datenschutzes), aber auch veralteten Kommunikationsmitteln etc. Im Einzelnen sind u. a. zu nennen die sogenannte Zeitstabilitätshypothese bei der Ableitung zukünftiger Entwicklungen aus Daten der Vergangenheit.

Die **Kontrollgrenzen** finden sich in der Messbarkeit, der Kausalität, den Wirkungsverzögerungen, der Qualität des Datenmaterials, der Kompetenzen der Planungsträger usw. begründet.

Als **Implementierungsgrenzen** sind u. a. unternehmensinterne Widerstände und die Akzeptanz unter den Mitarbeitern sowie die Möglichkeiten der IT-seitigen Systemintegration und - verarbeitung (z. B. fehlende Kommunikationsplattform für Beteiligte, die gemeinsam an einem Balanced Scorecard-Projekt arbeiten) zu nennen.

Der **normative Rahmen** einer Unternehmung, d. h. das Selbstverständnis, die Werte, Normen und Weltbilder des Unternehmens und damit auch die gelebte Unternehmenskultur, der auf den Vorstellungen der Unternehmensführung und damit auch auf den Anschauungen von Share- und Stakeholdern beruht, beeinflusst das Verhalten der an der Planung beteiligten Personen. Ein prägnantes, wenn auch negatives Beispiel ist die Unternehmenskultur der Volkswagen AG, die zunächst zu fehlerhaften Planungen und letztlich zu den skandalösen Manipulationen von Abgastests führte, um letztlich die geplanten Ziele einzuhalten. Als Grund für diese – teilweise strafbaren – Handlungen wurde beispielsweise von einem Ingenieur die Angst vor dem Vorstandsvorsitzenden Winterkorn genannt.[1046]

Alle vorgenannten Restriktionen werden von den **personenbezogenen Grenzen** überlagert, die bei den an der Planung Beteiligten in der Fach- und Methodenkompetenz[1047] und – speziell bei

---

[1045] Vgl. SCHÖN, D.: Planung und Reporting – Grundlagen, Business Intelligence, Mobile BI und Big-Data-Analytics, 2. Aufl., Wiesbaden 2015, S. 217.

[1046] Vgl. HÄGLER, M., BAUCHMÜLLER, M.: VW-Ingenieure manipulierten aus Angst vor Winterkorn, in: Süddeutsche Zeitung vom 08.11.2015, http://www.sueddeutsche.de/wirtschaft/abgas-skandal-vw-ingenieure-manipulierten-aus-angst-vor-winterkorn-1.2727745, Abruf am 27.11.2015. Ähnlich äußert sich Kiel in einem Interview der Wirtschaftswoche Online: „Das Geschäftsmodell von Volkswagen ist sehr gut und dort arbeiten sicher viele Menschen mit einem starken Charakter, aber trotzdem herrschte dort eine Kultur der Angst, in der solche Skandale gedeihen konnten." (KIEL, F.: Chefs, a. a. O.)

[1047] Zur Fachkompetenz gehören die folgenden Punkte: Breite, Tiefe und Aktualität des stellenbezogenen Fachwissens, Sprachkenntnisse, Mediale Fähigkeiten, Fachübergreifende Sachkenntnis, Systemverständnis. Die Methodenkompetenz bezieht sich auf folgende Sachverhalte: Abstraktes, logisches Denkvermögen, Fähigkeit, Zusammenhänge

den Planungsträgern – in der Linienerfahrung zu sehen sind. Zudem verfügen Personen nur über eine unvollkommene Rationalität und begrenzte intellektuelle Fähigkeiten zur Prognose und Beurteilung zukünftiger Umweltzustände. Eine optimale Planung kann explizit durch eine mangelnde Motivation verhindert werden. Ein weiter zu beobachtendes Phänomen ist der Ressortegoismus, wobei Linienmanager ihren eigenen Verantwortungsbereich dezentral optimieren und/oder ggf. ihren Machtbereich ausbauen und/oder schlicht ihre Macht gegenüber anderen Bereichen demonstrieren, ohne das gesamtunternehmensbezogene Optimum zu suchen.

---

zu erkennen, Erkennen methodischer Alternativen, Beherrschung von Organisationstechniken, Anwendung von Problemlösungstechniken. Vgl. Unterabschnitt 1.4.3 „Kompetenz von Führungskräften".

1.7 Kontrolle

1.7.1 Zusammenhang von Planung und Kontrolle

Bereits in Darst. 1.209 wurde der Führungsprozess mit den fünf Teilprozessen (Anregungsphase, Such- und Orientierungsphase, Optimierungs- und Auswahlphase, Durch-/Umsetzungs-
phase, Kontrollphase) dargestellt, an dessen Ende die Kontrolle der Planung und Realisation
stattfindet. Dieser prozessualen Betrachtung liegen die vier Aufgaben des Managements Planung, Organisation und Kontrolle sowie Personalführung[1048] zugrunde.

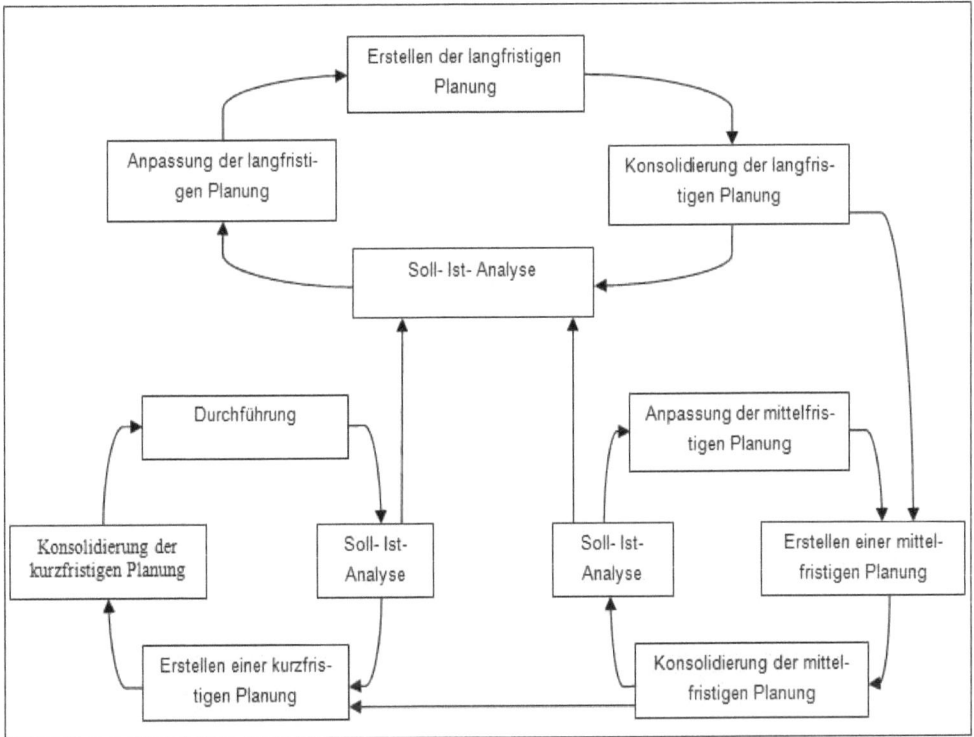

Darst. 1.701: Zusammenspiel von kurz-, mittel und langfristiger Planung

---

[1048] Im Unter-Unterabschnitt 1.2.2.2 „Aufgaben des Managements" wurden die einzelnen Managementfunktionen beschrieben.

Das Zusammenspiel von Planung und Kontrolle auf der Basis der drei Planungszeiträume (langfristig, mittelfristig- und kurzfristig-, nicht zu verwechseln mit den Planungsebenen (normative
und konstitutive, strategisch, taktisch, operativ)[1049]), verdeutlicht die vorstehende Abbildung.

Bevor im Folgenden auf das Thema Kontrolle weiter eingegangen wird, sollen zunächst die
Begriffe Überwachung, Kontrolle und Prüfung voneinander abgegrenzt werden. Neben der externen Prüfung und/oder der internen Prüfung (Revision) ist die Kontrolle die zweite Teilfunk-
tion der **Überwachung**. Letztere soll wie folgt definiert werden:

Überwachung ist ein systematischer oder anlassbezogener, zielgerichteter und informationsgewinnender Vorgang zum beurteilenden Vergleich von Zielen, Prämissen, Ergebnissen, Prozessen und Verfahren sowie des Verhaltens von Unternehmensangehörigen,
indem die Vorgaben oder Planungen den realisierten Zuständen gegenübergestellt werden. Eine Überwachung beinhaltet immer eine Analyse der Abweichungsursachen.

Darst. 1.702: Definition Überwachung

Die **Differenzierung** zwischen den Unterbegriffen Prüfung und Kontrolle kann erstens nach
den **Aufgaben**, zweitens nach der Frage der **Prozessabhängigkeit bzw. Prozessunabhängig-
keit** und drittens nach dem **Zeitpunkt der Überwachungstätigkeit** erfolgen.

Darüber hinaus spielt bei einer **Prüfung** auch die **Unabhängigkeit** – weder direkt noch indirekt
– **der überwachenden Personen oder Organisationseinheiten** eine entscheidende Rolle. Die
Revision kann durch eigene Mitarbeiter des Unternehmens (interne Revision) oder fremde Personen erfolgen Eine Prüfung findet prozessunabhängig statt.

Zentrale Aufgaben der Revision sind die Prüfung der Zuverlässigkeit, Ordnungsmäßig-
keit und Richtigkeit von Handlungen, Ergebnissen und Systemen.

Darst. 1.703: Definition Prüfung
(Vgl. KÜPPER, H.-U., FRIEDL, G., HOFMANN, C. ET AL.: Controlling: Konzeption, Aufgaben,
Instrumente, 6. Aufl., Stuttgart 2013, S. 678.)

Schwerpunkt ist die Überwachung der Einhaltung von Regelungen, z. B. in Bezug auf die Corporate Governance.

[1049] Die vier Planungs-/Handlungsebenen wurden ausführlich im Unter-Unterabschnitt 1.6.5.6 „Planung nach den Planungsebenen" erläutert.

Der Zeitpunkt der Überwachungstätigkeit ist bei einer Prüfung und einer Kontrolle unterschiedlich. Während die Revision immer eine ex post-orientierte Überwachung darstellt, kann eine Kontrolle auch (schon) prozessbegleitend erfolgen.

Bei einer **Kontrolle** handelt es sich um eine prozessabhängige Form der Überwachung. Sie lässt sich ergebnisbezogen wie folgt definieren:[1050]

Kontrolle ist ein systematischer, zielgerichteter und informationsgewinnender Vorgang zum beurteilenden Vergleich von zwei oder mehreren zu kontrollierenden Größen, wobei es sich bei einer der Größen um die Kontrollgröße, bei der (den) anderen um den (die) Vergleichswert(e) handelt. Eine Kontrolle beinhaltet immer eine Analyse der Abweichungsursachen.

Darst. 1.704: Definition Kontrolle

Vergleichswerte sind als **Maßstabs- oder Normgrößen** anzusehen.

Die Kontrolle unterliegt dem Aufgabenbereich des Controllings. Mittels einer Kontrolle soll zum einen untersucht werden, **ob die in der Planung festgelegten Ziele die richtigen waren (Zielkontrolle) und ob diese Ziele erreicht wurden (Zielerreichungskontrolle) und die dazu eingesetzten bereichsübergreifenden und bereichsspezifischen Maßnahmen effektiv und effizient** (Stichworte: Produktivität bzw. Wirtschaftlichkeit) **eingesetzt wurden.** Kontrolle meint also sowohl das Beurteilen von in der Vergangenheit erfolgten zielbezogenen Entscheidungen hinsichtlich der Ziele als auch der Maßnahmen-Entscheidungen auf der Basis der eingetretenen Ist-Situation im Hinblick auf die Unternehmensziele. Durch einen Soll-Ist-Vergleich als eine der Möglichkeiten der vergleichenden Bewertung[1051] können beispielsweise in der Gastronomie folgende Probleme (Auswahl) entdeckt werden:

- Der Wareneinsatz ist zu hoch (Ursache z. B.: Mitarbeiter verarbeiten zu viele oder zu teure Zutaten oder entsorgen zu viele Lebensmittel wegen Verderbs.).
- Die Personalkosten sind weit überdurchschnittlich (Ursache z. B.: mangelhafte Schichtpläne, d. h. fehlerhafter Abgleich der geplanten Personalstärke mit der Auslastung des Betriebes und dadurch häufig Doppelbesetzungen.).

[1050] Vgl. ALBERS, S., HERRMANN, A.: Handbuch Produktmanagement: Strategieentwicklung – Produktplanung – Organisation – Kontrolle, 3. Aufl., Wiesbaden 2007, S. 818, GÄLWEILER, A.: a. a. O., S. 204, SCHÄFFER; U.: Kontrolle als Lernprozess, Wiesbaden 2001, SCHELD, G. A.: Grundlagen, a. a. O., S. 27.

[1051] Weitere Möglichkeiten werden im Unterabschnitt 1.7.6 „Bewertung von Kennzahlen und Benchmarking" aufgezeigt.

- Die Energiekosten sind zu hoch (Ursache möglicherweise: „energiefressende" Geräte im Einsatz, „Dauerlicht" aufgrund fehlender Bewegungsmelder etc.).
- Die Effizienz der Werbung ist nicht zufriedenstellend (Ursache z. B. aufgrund eines bestimmten, teuren Werbemediums wird die falsche Zielgruppe beworben).
- Fehlerhafte Kalkulation: Die Gerichte werden unter dem Selbstkostenpreis angeboten, der seinerseits auch noch zu niedrig kalkuliert wurde.

Zum anderen wird die **Planung selbst überprüft**, d. h. ob die Methoden und Techniken der Planung beherrscht wurden.[1052] Erst durch die Kontrolle kann eine wirksame Erfolgsmessung vorgenommen werden und eine realistische(re) Einschätzung der tatsächlichen Situation erfolgen.

Eine Kontrolle kann und darf allerdings nicht damit enden, dass nur die Abweichungen erkannt werden. Sie muss auch ihren Ursachen auf den Grund gehen. Das heißt, die **Analyse der Abweichungsursachen**[1053] ist ebenfalls essenzieller Bestandteil einer Kontrolle.

Eine Planung muss durch die Kontrolle ergänzt werden, da sie zur **Ungewissheitsreduktion** notwendig ist. Denn folgende Ungewissheiten hatten bestanden und können (in vergleichbaren Situationen) auch bei zukünftigen Planungen bestehen. Z. B.:

- Waren die Annahmen richtig und sind während der Planrealisierung keine unvorhergesehenen Ereignisse aufgetreten?
- Wurden die Zielwirkungen der geplanten Maßnahmen richtig geschätzt?
- Waren die Mittel wie vorgesehen verfügbar und wurden sie eingesetzt?
- Haben sich die Beteiligten planmäßig verhalten?

Genauso wie die Planung ist die Kontrolle sowohl Voraussetzung als auch Instrument der Koordination. Beide sind jeweils eigenständige Instrumente der Führung, die aber im Kern völlig verschiedene Tätigkeiten beinhalten. Trotzdem sind die Planung und Kontrolle als **Einheit** zu behandeln. Die Soll-Größe, die durch die Planung definiert und vorgegeben wird, hat eine überragende Bedeutung und ist mit der Ist-Größe über Rückkopplungsvorgänge untrennbar verbunden. Angesichts der engen Verbindung und Interaktion wäre eine getrennte Analyse von Planungs- und Kontrollvorgängen sinnlos. Jede im Planungsprozess vorhandene Teilphase ist mit Kontrollen verknüpft. Trotz der engen Verbindung sollten Planungs- und Kontrollaufgaben verschiedenen Aufgabenträgern zugeordnet werden, um die Unabhängigkeit der Kontrolle zu gewährleisten. Grundsätzlich ist die Kontrolle – insbesondere die strategische Kontrolle – eine Führungsaufgabe. Die Unternehmensführung kann die zahlreichen Kontrollaufgaben nicht

---

[1052] Vgl. beispielsweise das vorgenannte Personalkostenproblem.

[1053] Analysen der Abweichungsursachen werden im Unterabschnitt 1.7.8 „Abweichungsursachenanalyse" vorgestellt.

selbst ausführen. Daher werden die Kontrollen an geeignete interne[1054] oder externe[1055] Stellen delegiert.

1.7.2 Kontrollprozess

Die Kontrolle kann als **Prozess** mit folgenden vier Phasen begriffen werden:[1056]

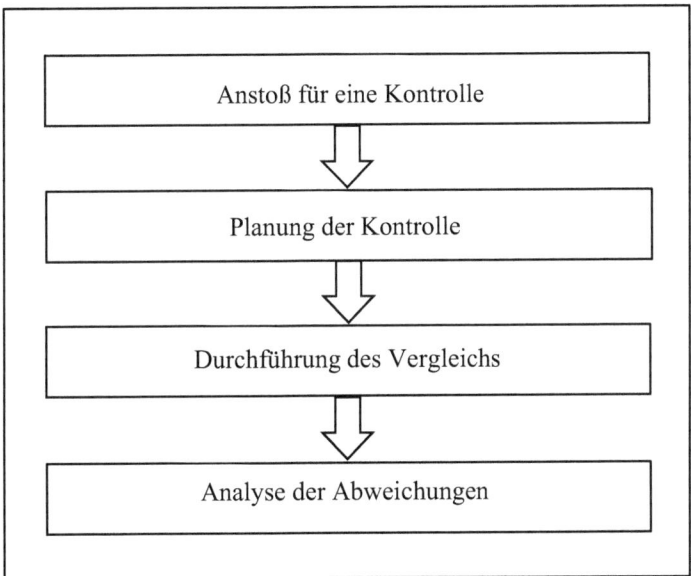

Darst. 1.705: Kontrollprozess

Der **Anstoß für eine Kontrolle** kann vielfältig sein. Es kann sich um extern oktroyierte Kontrollen handeln, z. B. aufgrund gesetzlicher Vorschriften[1057], oder um fakultative Kontrollen, die den Mitarbeitern im Sinne der Zielerreichung oder auf der Basis des grundsätzlichen Postulats

---

[1054] Als interne Stellen kommen das Controlling, eigens eingerichtete Stäbe, zentrale Kontrollbereiche sowie Ausschüsse und Kommissionen infrage.

[1055] Externe Stellen wie Unternehmensberater, Wirtschaftsprüfer und ggf. Ratingagenturen weisen zwar den Vorteil der Objektivität und meist Branchenkenntnisse auf, die ein externes Benchmarking ermöglichen, gelten jedoch als „unternehmensfern", weil sie mit den Interna (und damit den Besonderheiten des Unternehmens) nicht vertraut sind.

[1056] Vgl. KÜPPER, H.-U., FRIEDL, G., HOFMANN, C. ET AL.: a. a. O., S. 262–263.

[1057] Beispielsweise die Vorschriften zum Organkredit in § 15 KWG.

der Effizienz (Produktivität bzw. Wirtschaftlichkeit) wichtig und richtig erscheinen. Kontrollen können systematisch oder sporadisch vorgenommen werden. Das Erkennen von Kontrollanlässen und die Entscheidung darüber, welche Objekte (Kontrollobjekte)[1058] wann[1059] beleuchtet werden sollen, stellt den Ausgang einer jeden Kontrolle dar. Folglich setzt die Notwendigkeit einer Kontrolle einen Kontrollprozess frei.

Erst mit der **Festlegung von Kontrollgröße und Vergleichswert**[1060] können eine Überprüfung einer Kennzahl/eines Sachverhalts vorgenommen und Probleme entdeckt werden. Gleichzeitig wird **geplant** und entschieden, **wie (Kontrollverfahren) und durch wen** die Kontrolle erfolgen soll, d.h. es werden die **Kontrollkompetenzen** geregelt.

Bei der **Durchführung des Vergleichs** werden die Normgröße (Vergleichsgröße, Benchmark) und die zu beurteilende Größe (Kontrollgröße) ermittelt sowie die mögliche Abweichung zwischen beiden ermittelt.[1061] Die Normgröße kann über die Planung oder die gesetzlichen Vorschriften unmittelbar vorgegeben sein.

Anschließend erfolgt die **Analyse der Abweichungen**.[1062] Hier soll die Bedeutung der Abweichungen für die Unternehmensziele bzw. für die rechtlichen Vorgaben bewertet werden sowie eine Auswahl an zu analysierenden Abweichungen getroffen werden. Die Abweichungsanalyse soll alle notwendigen Informationen über die Ursachen der festgestellten Abweichungen liefern, sodass anschließend die Entwicklung geeigneter Anpassungsmaßnahmen, durch die Abweichungen in Zukunft vermieden oder verringert werden sollen, erfolgen kann.

Nach der letzten Kontrollphase werden **Verbesserungsvorschläge**, d. h. neue Ideen, Lösungsvorschläge und Korrekturmaßnahmen im Hinblick auf die entdeckten Abweichungen von den vorgegebenen Zielen **ausgearbeitet**, aber auch die Ziele selbst überprüft. Insofern kann von einem **neuen Planungsprozess** gesprochen werden. Hier wird die Brücke zur Planung bzw. zum Planungsprozess evident.

Auf die wichtigsten Phasen des Kontrollprozesses wird in den folgenden Unterabschnitten detailliert eingegangen.

[1058] Vgl. dazu den Unterabschnitt 1.7.4 „Kontrollobjekte".

[1059] Vgl. zur Frage, wann eine Kontrolle vorgenommen werden soll, den folgenden Unterabschnitt 1.7.3 „Kontrollzeitpunkte".

[1060] Vgl. Unterabschnitt 1.7.5 „Kontrollgröße und Vergleichswert".

[1061] Vgl. Unterabschnitt 1.7.7 „Darstellung und Bewertung von Abweichungen".

[1062] Vgl. Unterabschnitt 1.7.8 „Abweichungsanalysen".

1.7.3 Kontrollzeitpunkte

Kontrollen sollten eine Kombination aus Feedback- und Feedforward-Kontrollen sein.[1063]

Die **Feedback-Kontrolle,** auch ex post- oder Endkontrolle genannt, ist eine Ergebniskontrolle (Soll-Ist-Vergleich) und setzt am Abschluss der Durch-/Umsetzungsphase (eines Führungsprozesses) an. Es erfolgt eine Rückkopplung mit einer anschließenden Abweichungsanalyse. Die Reihenfolge der einzelnen Schritte zeigt die nachstehende Darstellung.

1. Bestimmung des anzustrebenden Wertes der Kontrollgröße	→	Planziele oder Budgetgrößen
2. Ermittlung des Ist-Wertes der Kontrollgröße	→	interne und externe Statistiken: u. a. Rechnungswesen/Marktforschung
3. Vergleichende Analyse	→	Zielerreichungsgrad/Budgeterfüllungsgrad
3. Abweichungsanalyse	→	Ursachen für Abweichungen
4. Berichterstattung		

Darst. 1.706: Phasen der Feedback-Kontrolle

Auf der Basis der festgestellten Planungs- und Auswertungsfehler sowie der Realisationsfehler (s. u.), aus denen die Planenden ihre Schlussfolgerungen gezogen und Korrekturvorschläge erarbeitet haben, und der neuen Rahmenbedingungen wird eine neue Planungsrunde für den nächsten Planungszeitraum initiiert. M. a. W.: Eine ermittelte Soll-Ist-Abweichung stellt eine Anregung dar, **die irrigen Prämissen, verfehlten Ziele und die falschen Maßnahmen, Verfahren und Verhaltensweisen** (der Mitarbeiter) zu optimieren. Empfehlenswert ist in diesem Zusammenhang, auch die Ziele selbst zu überprüfen. Sie könnten zwischenzeitlich aufgrund der dynamischen Änderungen in der Umwelt des Unternehmens nicht mehr aktuell sein. Die **Anregungsphase** ist bereits Teil eines neuen Planung- und Kontrollprozesses. Diesen Regelkreis zeigt die folgende Abbildung:

[1063] Vgl. BAETGE, J.: Überwachung, in: BITZ, M. ET AL. (HRSG.): Vahlens Kompendium der Betriebswirtschaftslehre, Bd. 2, 3. Aufl., München 1993, S. 182 ff.

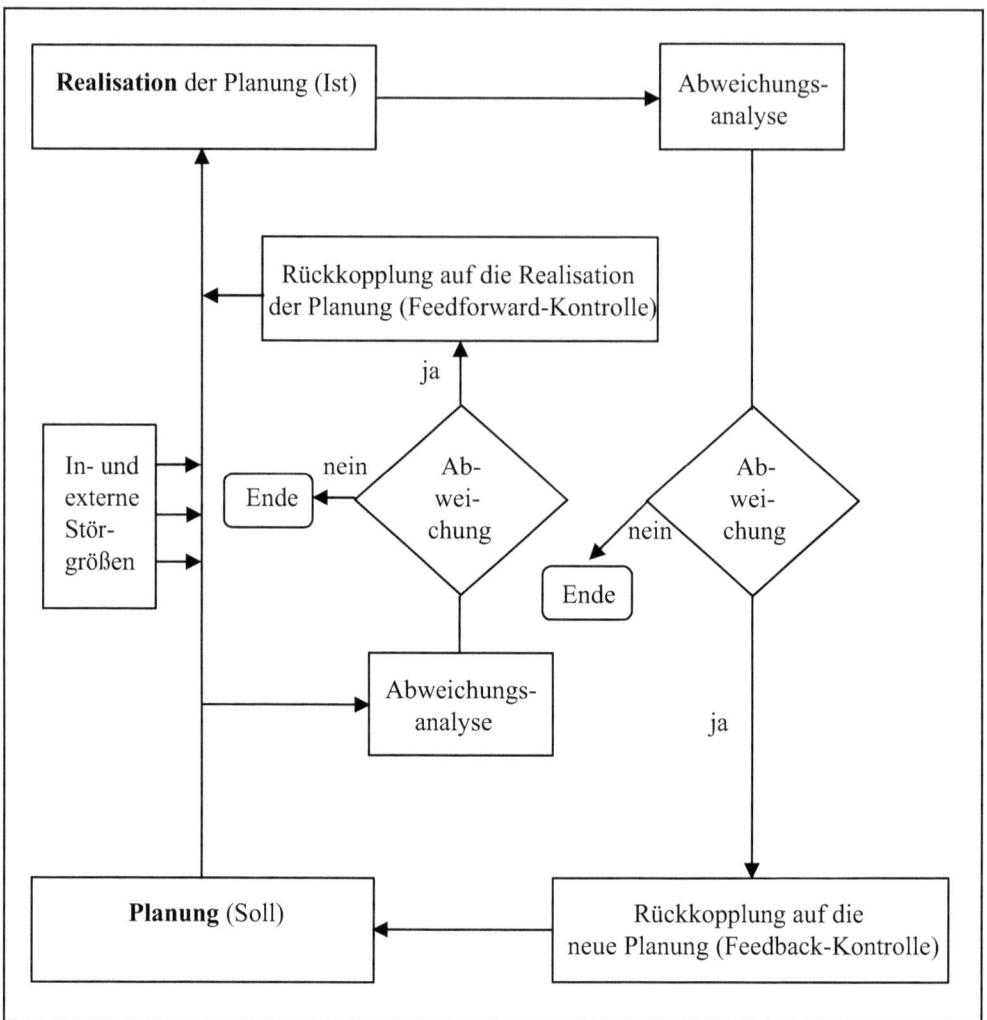

Darst. 1.707: Regelkreis der Kontrolle

Eine **Realisationskontrolle** macht vor allem im Rahmen der operativen Planung Sinn, weniger in Bezug auf die strategische Planung. Der Grund liegt darin, dass die Erkenntnisse hinsichtlich einer Fehlentwicklung im Sinne einer strategischen Kontrolle viel zu spät erhalten werden, d. h. notwendige Informationen für Rückkopplungen (Plankorrekturen, Neuplanungen) können nur aus den Ergebnissen längst realisierter Maßnahmen gewonnen werden. Entscheidend ist hier der Timelag zwischen dem Realisationszeitpunkt einer Maßnahme und dessen Wirkung. Denkbar wäre auch eine Übereinstimmung zwischen Ist und Soll, beispielsweise deshalb, weil sich die falschen Prämissen und die fehlerhafte Umsetzung in ihren Auswirkungen kompensieren. Da es speziell bei der strategischen Planung um weitreichende Entscheidungen geht, ist eine Realisationskontrolle im Rahmen eines strategischen Führungsprozesses sehr problematisch. Sofern auf die nachfolgend beschriebene Feedforward-Kontrolle als ex ante-Planrevision verzichtet würde, bliebe als Reaktion auf festgestellte Fehlentwicklungen nur (noch) ein Krisenmanagement.[1064] Dennoch ist in vielen Bereichen, so bspw. im Finanzwesen, die Feedback-Kontrolle die einzig durchführbare Kontrollart.

Da die Feedback-Kontrolle − wie vorstehend beschrieben – im Rahmen der strategischen Planung wenig sinnvoll ist, stellt die adaptive Kontrolle, auch **Feedforward-Kontrolle**, Planfortschritts- Zwischen-, Synchron- oder ex ante-Kontrolle genannt, eine entscheidende Alternative dar.[1065] Diese prüft bereits während der Realisationsphase anhand von bereits verfügbaren Informationen, ob das vorgegebene Ziel (z. B. Kostenlimit, Umsatzgröße) erreichbar erscheint.[1066] Hierbei wird die Gefahr von verspäteten Rückkopplungsinformationen vermieden. Abweichungen können etwa über den Plan- bzw. Soll-/Wird-Vergleich rechtzeitig erkannt und Maßnahmen ergriffen werden. Bedingung bei dieser Kontrollform ist allerdings, dass die Pläne in sinnvolle Abschnitte („Meilensteine") gegliedert werden können, so dass nach jedem Abschnitt eine erneute Kontrolle durchgeführt werden kann. Insofern ist die operative Feedback-Kontrolle als adaptive Kontrolle für die strategische Planung und Realisierung ein hervorragendes Instrument. Die Feedforward-Kontrolle darf jedoch nicht mit der strategischen (oder taktischen) Kontrolle verwechselt werden, welche (lediglich) der Frage nachgeht, ob der gewählte strategische (oder taktische) Kurs richtig ist. Eine zeitgleiche Kontrolle findet häufig im Zusammenhang mit dem „Management by walking around" statt. Hier „besucht" der Vorgesetzte seine Mitarbeiter, um (u. a.) aktuell aufgetretene oder auftretende Probleme zu besprechen.[1067]

Zusammengefasst zeigen sich folgende Abgrenzungen zwischen der Feedback- und der Feedforward-Kontrolle:

[1064] Vgl. SCHREYÖGG, G., KOCH, J.: Grundlagen des Managements, a. a. O., S. 179.

[1065] Vgl. CORSTEN, H., CORSTEN, M.: a. a. O., S. 238.

[1066] Vgl. SCHREYÖGG, G., KOCH, J.: Grundlagen des Managements, a. a. O., S. 179. So war es bspw. bei den Airlines nach dem islamistischen Terroranschlag am 11.09.2001 sinnlos, weiter an den Jahreszielen festzuhalten.

[1067] Vgl. ROBBINS, S. P., COULTER, M., FISCHER, I.: a. a. O., S. 276.

Kriterien	Feedforward-Kontrolle	Feedback-Kontrolle
Mechanismus	Vorkopplung	Rückkopplung
Zeitbezug	ex ante	ex post
Wirkung	Verhinderung möglicher Fehlentwicklungen	Aufdeckung eingetretener Fehlentwicklungen/Prüfung der Erreichbarkeit bzw. Gültigkeit der Pläne
Eignung primär für	strategische und taktische Planung und Realisation	operative Planung und Realisation

Darst. 1.708: Feedback- und Feedforward-Kontrolle

1.7.4 Kontrollobjekte

Dieser Unterabschnitt befasst sich mit der Frage, **was kontrolliert werden soll**: die Objekte der Kontrolle. In der Literatur finden sich zu diesem Thema neben verschiedenen Begriffen[1068] sehr unterschiedliche Kataloge von drei oder vier Kontrollobjekten, die nur in seltenen Fällen Gemeinsamkeiten aufweisen. Einzig das Kontrollobjekt „Ergebnis" findet sich in allen Zusammenstellungen. Hier soll eine Liste von **fünf Kontrollobjekten** besprochen werden:

- Prämissen
- Verfahren
- Verhalten
- Ergebnis
- Ziele

Darst. 1.709: Objekte der Kontrolle

[1068] In der Literatur finden sich hierfür auch die Begriffe Arten oder Formen der Objekte oder Typen von Objekten.

Da eine Maßnahmen-Planung nach der Anregungsphase[1069] mit den Voraussetzungen für die Planung beginnt, ist es naheliegend eine **Prämissenkontrolle** durchzuführen. Sinn dieser Kontrolle ist die Prüfung, ob und inwieweit die Entscheidungsgrundlagen (Prämissen bezüglich der internen und externen Entwicklungen) noch zutreffen, d. h. ob sie dem derzeitigen Erkenntnisstand entsprechen. Insbesondere ist zu prüfen, ob die damaligen Prognosen im Hinblick auf die künftigen Umweltzustände noch als gültig angesehen werden können. Haben sich die Prämissen geändert, muss geklärt werden, inwieweit die gewählten Maßnahmen im Sinne der Zielerreichung noch sinnvoll umsetzbar sind. Im Rahmen einer strategischen Planung sollte dieser Aspekt bei Erreichen bestimmter Kontrollpunkte (Meilensteine) eruiert werden. Als Beispiel sei der prognostizierte Ausgang einer Bundestagswahl bei konträren Vorstellungen der Parteien hinsichtlich eines für die Unternehmung wirtschaftlich sehr bedeutsamen Sachverhalts angeführt.

Bei den **Verfahrenskontrollen** handelt es sich um einen primär prozessorientierten Abgleich der im Planungsprozess verwendeten Techniken und Verfahren neben den Entscheidungs-, Durch- und Umsetzungsprozessen mit den seinerzeit vorgesehenen Verfahrensweisen. Diese Überwachung schließt die Informationsprozesse mit ein. In erster Linie wird die Ordnungs-, Zweck- und Planmäßigkeit der Prozessabläufe inspiziert.[1070] Darüber hinaus wird kontrolliert, ob die vorgesehenen und später verwirklichten Prozesse optimal im Sinne der Zielerreichung waren, d. h. ob nicht alternative, bessere Methoden und Techniken hätten vorgesehen und eingesetzt werden sollen. Nicht zuletzt sei in diesem Zusammenhang auf die so genannten Metakontrollen (Kontrollen der Kontrolle) hingewiesen, die die Eignung der angedachten und/oder durchgeführten Kontrollprozesse im Unternehmen infrage stellt. Als Beispiel sei ein beobachteter Kommissionierungsvorgang genannt, der einem ex ante ingenieurmäßig entwickelten Ablauf gegenübergestellt wird.

Gegenstand von personenbezogenen **Verhaltenskontrollen** ist die Beurteilung, ob der Mitarbeiter die unter den jeweiligen Bedingungen geeigneten Maßnahmen ergriffen hat.[1071] Hierbei muss analysiert werden, inwieweit die Abweichung von den Zielen im Verantwortungsbereich des Mitarbeiters lag oder ob die Nichterreichung auf Ursachen außerhalb seines Einflussbereiches zurückzuführen ist. Denkbar wären Änderungen der Rahmenbedingungen als auch unrealistische Zielvorgaben, planerische Mängel und Fehler bei der Auswahl der Planenden.[1072] Das Verhalten der Mitarbeiter kann direkt oder indirekt (über die Arbeitsergebnisse mit Rückschluss auf das Verhalten) überprüft werden.[1073] Die vorgenannten Kontrollen dienen vor allem der

---

[1069] Die Phasen des Planungsprozesses sind in Darst. 1.209 „Führungsprozess" aufgelistet.

[1070] Vgl. FRIEDL, B.: Controlling, a. a. O., S. 183.

[1071] Vgl. SIEGWART, H., MENZL, I.: Kontrolle als Führungsaufgabe, Bern, Stuttgart 1978, S. 107.

[1072] Vgl. STOI, R., DILLERUP, R.: a. a. O., S. 356.

[1073] Vgl. JUNG, R. H., HEINZEN, M., QUARG, S.: a. a. O., S. 180 f.

Leistungsbeurteilung der Mitarbeiter. Als Beispiel sei das Verhalten des Mitarbeiters bei der aufgezeichneten telefonischen Beschwerde eines Kunden im Vergleich zum a priori trainierten Verhalten in derartigen Situationen angeführt.

Die mit Abstand wichtigste Kontrolle bezieht sich auf das Ergebnis. Nachdem im Zuge der Suche nach Abweichungsursachen mögliche Prämissen-, Verfahrens- oder Verhaltensfehler ausgeschlossen bzw. erkannt worden sind, bleibt noch die **Ergebniskontrolle**, die letztlich auf eine **Kontrolle der gewählten Maßnahmen** abzielt (**Maßnahmenkontrolle**). Um die Wirkung der durchgeführten Aktivitäten zu erkennen, wird eine geplante Größe (Planwert), ein vorgegebener Wert (Soll-Größe) oder ein anderer Vergleichswert mit der Kontrollgröße, das ist der Ist-Wert, verglichen.[1074] Festgestellt werden soll, in welchem Ausmaß das Ziel mittels der unternehmerischen Aktivitäten erreicht wurde. Sie umfassen begriffssystematisch auch die bereits oben beschriebenen Feedforward-Kontrollen, die eine Art zwischenzeitlicher Ergebniskontrollen darstellen. Die Ergebniskontrolle spielt eine große Rolle bei der Beurteilung der Leistung von Mitarbeitern. Generell besteht der Nachteil von Ergebniskontrollen darin, dass die ermittelten Abweichungen – vor allem im Rahmen der taktischen und strategischen Planung – zu spät erkannt werden, so dass es kaum noch möglich ist, entscheidende Korrekturmaßnahmen zu ergreifen.[1075] Als Beispiel sei der Vergleich der geplanten und der tatsächlichen Kosten des Bauvorhabens Flughafen Berlin-Brandenburg „Willy Brandt" genannt.

Eine letzte Kontrolle muss den Zielen gewidmet sein. Der Führungsprozess bezog sich auf Ziele und die Maßnahmen zur Zielerreichung.[1076] Die bisher beschriebenen Kontrollen waren auf die geplanten und realisierten Aktivitäten bzw. deren Prämissen, Ergebnisse, Verfahren und das Verhalten der Mitarbeiter ausgerichtet. Es wurde nicht geklärt, ob die Ziele an sich die richtigen waren. So macht es beispielsweise keinen Sinn, bei einem Start-up-Unternehmen im ersten Geschäftsjahr ein anspruchsvolles Gewinnziel oder gar das Ziel „Gewinnmaximierung" vorzugeben. Es wird in den ersten Jahren eher darauf ankommen, Kunden zu generieren und zu wachsen, wie das bspw. bei amazon oder Zalando der Fall war, selbst wenn mehr oder weniger hohe Verluste zu verzeichnen waren. Als Ziele wären in dieser Situation dann wohl Umsatzwachstum oder Marktanteilssteigerung zu nennen, die im Rahmen der **Zielkontrolle** auf den Prüfstand zu stellen sind.

[1074] Auf die Begriffe Kontrollgröße und Vergleichswert wird im nachfolgenden Unterabschnitt eingegangen. Vergleichswerte werden im Rahmen der vergleichenden Betrachtung ausführlich im Unterabschnitt 1.7.6 „Bewertung von Kennzahlen und Benchmarking" vorgestellt.

[1075] Vgl. die Ausführungen zur Feedback-Kontrolle im vorangegangenen Unterabschnitt.

[1076] Vgl. die Phasen des Führungsprozesses (Darst. 1.209), die sowohl für die Ziele als auch die Maßnahmen (zur Zielerreichung) durchlaufen werden müssen.

Mit der Frage der Kontrollobjekte ist auch immer eine Frage der Verantwortlichkeiten[1077] angesprochen.

1.7.5   Kontrollgröße und Vergleichswert

Grundsätzlich werden im Rahmen einer Kontrolle (mindestens) zwei unterschiedliche Werte miteinander verglichen. Eine der beiden Größen wird als **Maßstabs- oder Normgröße (Vergleichswert)** definiert.[1078] Es kann sich auch um mehrere Vergleichswerte handeln.[1079] Diese können zum Beispiel eine Plan-/Prognose-, Soll- oder eine Istgröße[1080] sein. Die Wahl des (der) Vergleichswertes (-werte) liegt beim zuständigen Entscheider. Die andere Größe ist die **Kontrollgröße (zu kontrollierende/zu prüfende Größe)**.

In diesem Kontext stellt sich die Frage, anhand welcher Größe die Verantwortlichen gemessen werden sollen. Im Prinzip müsste es zwei Budgets geben bzw. im Unternehmen mit **(mindestens) zwei Kontrollgrößen** gearbeitet werden.[1081] Eine Soll-Größe, die einen **Vorgabecharakter** hat. Diese Größe dient als „Messlatte" (Ausmaß der Zielerreichung). Sie muss **nicht zwangsläufig ein Plan-Wert**, der eine **prognostizierte Größe** darstellt, **bzw. mit diesem identisch sein**. Zum einen kann sich ein Zielerreichungsvorgabewert von einem (internen) Wert für die Planung unterscheiden, zum anderen ist auch denkbar, dass der Planende unterschiedliche Planwerte ansetzt, nämlich dann, wenn er z. B. mit unterschiedlichen Szenarien wie „worst case" oder „best case" oder einem realistischen Wert arbeitet. In diesem Fall wäre es nicht von Vorteil, dem Ausführenden den niedrigen worst case-Planwert vorzugeben, wenn ein „höherer" (Soll-)Wert erreicht werden kann – und sollte. Daher wird – soweit differenziert werden muss – von **Plan-Werten/-Größen** einerseits und **Soll-Größen/-Werten** andererseits gesprochen.

Bereits während der Realisierung kann – insb. bei größeren Projekten – ein zwischenzeitlicher **Soll-Wird-Vergleich** angestellt werden.

[1077] Verantwortung ist – unabhängig von gesetzlichen Normen – die grundsätzliche Bereitschaft oder Verpflichtung, für etwas einzutreten und für die daraus resultierenden Folgen einzustehen. Vgl. WÖRDENWEBER, M.: Normatives Management, a. a. O., S. 62–64.

[1078] Vgl. VANINI, U., KROLAK, T., LANGGUTH, H.: Controlling. Grundlage einer entscheidungsorientierten Unternehmensführung, 2. Aufl., München 2019, S. 104.

[1079] Dies ist der Fall, wenn eine Kontrollgröße mit mehreren Werten (z. B. Soll- oder Branchendurchschnittswert) verglichen werden soll.

[1080] Auch diese können wiederum verschiedene sein; z. B. eine vergangene Ist-Größe im Rahmen des zeitlichen Vergleichs oder ein Branchendurchschnittswert.

[1081] Vgl. hierzu auch die Ausführungen im folgenden Unterabschnitt 1.7.6 „Bewertung von Kennzahlen und Benchmarking".

Als **Vergleichswerte**, die als **Beurteilungsmaßstäbe** oder **Vorgabewerte** dienen, kommen im Rahmen der zeitlichen Bewertung (**Zeitreihenanalyse**) grundsätzlich Istwerte (**Ist-Ist-Vergleich**) einer oder mehrerer Vorperioden, eines anderen Unternehmungsbereichs oder von Tochterunternehmen innerhalb eines Konzerns (**internes Benchmarking**), einer anderen Unternehmung in der gleichen oder einer fremden Branche (**externes Benchmarking**) oder Soll- oder Planwerte (**Soll-Ist-Vergleich** oder **Plan-Ist-Vergleich**), die in der Planung oder anderen Richtlinien als zu erreichende Werte vorgegeben sind, in Betracht.[1082]

Ein grundsätzliches Problem stellt die **Zweckeignung und Aussagekraft** der zu verwendenden/ zu erhebenden Daten dar. Obwohl längst nicht alle Informationen zur Unternehmensanalyse aus dem Rechnungswesen stammen, haben das **interne und das externe Rechnungswesen** einschließlich der vorgeschriebenen Buchführung, Bilanz und Ergebnisrechnung doch **eine besondere Bedeutung im Rahmen der qualifizierten Kennzahlenanalyse**. Zu beachten ist allerdings, dass allenfalls ein ökonomisch nicht versierter Manager die vergangene, gegenwärtige und künftige wirtschaftliche Lage und Entwicklung seines Unternehmens allein aus dem Jahresabschluss erfahren will. **Jahresabschlüsse zeigen nur ein unvollständiges und auch nicht immer richtiges Bild über die „wirkliche" wirtschaftliche und finanzielle Situation und Entwicklung der Unternehmung**. Selbst wenn bilanzpolitische Verzerrungen eliminiert sind, ersetzen Bilanz und Gewinn- und Verlustrechnung keine internen Berichte, schon weil in solchen Berichten neben differenzierten Kennzahlen über Vergangenheitsdaten direkte Prognosen über deren wahrscheinliche Fortentwicklung nicht fehlen dürfen, sind doch erst auf dieser Grundlage Unternehmensentscheidungen sinnvoll möglich. Obwohl die **Buchhaltung und der Jahresabschluss den handels- und steuerrechtlichen Vorschriften entsprechen**, so **genügen** beide in der Regel **nicht ohne Aufbereitung als Ausgangsbasis einer qualifizierten Unternehmensanalyse**.[1083] Die erforderliche Datenaufbereitung umfasst die **Verdichtung und Umgestaltung der Bilanz und Gewinn- und Verlustrechnung** zur besseren Beurteilung der Unternehmung und zur Herstellung der Vergleichbarkeit verschiedener Abschlüsse. Die Datenaufbereitung[1084] wird daher z. B. bei Wördenweber *vor* der Diskussion gesamtbetrieblicher Kennzahlen detailliert beschrieben.[1085]

Ein Vergleich zwischen Kontrollgröße und Normgröße ist nur dann sinnvoll, wenn die **materielle Identität der beiden Größen** als zwingende Voraussetzung gegeben ist. Diese definitorische Identität, die sich z. B. auf die Zusammensetzung einer Formel bezieht, garantiert, dass

[1082] Vgl. hierzu die detaillierteren Ausführungen im Unterabschnitt 1.7.6 „Bewertung von Kennzahlen und Benchmarking".

[1083] In diesem Zusammenhang ist u. a. auf die Angleichung des HGB an das angelsächsische Rechnungswesen hinzuweisen. So werden bspw. in den Umsatzerlösen betriebliche und nicht-betriebliche Erträge und Aufwendungen ausgewiesen.

[1084] WÖRDENWEBER, M.: Operatives Controlling – Band 1, a. a. O., S. 341–424.

[1085] Ebenda, S. 425–594.

Kontrollgröße und Vergleichswert auf die gleiche Weise ermittelt, abgegrenzt und zusammengesetzt sind. Im Rahmen der Zeitreihenanalyse ist eine weitere Bedingung zu beachten: Die **materielle Kontinuität**[1086] fordert, dass die Kontrollgröße als eingetretener Istwert **zu jedem Zeitpunkt** auf die gleiche Weise ermittelt, abgegrenzt und zusammengesetzt ist. Als Beispiel sei hier die jährlich vom Statistischen Bundesamt ermittelte Inflationsrate genannt, der ein bestimmter Warenkorb zugrunde liegt.

Empfehlenswert ist im Rahmen des Vergleichs von Kontroll- und Maßstabsgröße auch eine **formelle Identität**. Diese besagt, dass sowohl für die Kontrollgröße als auch den Vergleichswert **die gleichen Begriffe** verwendet werden (sollten). Die formelle Identität vereinfacht die Vergleichbarkeit, insbesondere beim Benchmarking, erheblich, ist aber keine zwingende Voraussetzung. Entscheidend ist die materielle Identität, die – insbesondere beim externen Benchmarking und gleichlautenden Begrifflichkeiten – sorgsam zu prüfen ist.

Die verschiedenen Möglichkeiten einer **vergleichenden Bewertung (Benchmarking)** werden im nachfolgenden Unterabschnitt vertieft.

1.7.6 Bewertung von Kennzahlen und Benchmarking

Nachdem die im Abschnitt 1.6.2 „Kennzahlen" diskutierten Probleme im Hinblick auf die Voraussetzungen für die Definition von Kennzahlen und Kennzahlensystemen (Darst. 1.6016) geklärt und die Bewertungskriterien für Kennzahlen und Kennzahlensystemen (Darst. 1.6015) eingehalten worden sind, steht noch die Vornahme der Datenaufbereitung[1087] im Raum. Unter der Annahme, dass auch diese Aufgabe erledigt ist, sollte es möglich sein, die aufbereiteten Istzahlen näher zu analysieren.

Bei diesen Kennzahlen handelt es sich zunächst um einzelne, statische Größen, die so nicht bewertbar sind: Es lässt sich keine Aussage darüber ableiten, ob die konkrete Ausprägung des Kriteriums/der Kennzahl gut oder schlecht ist. Es **fehlt ein Bezugspunkt**. Dementsprechend werden im Rahmen einer Kontrolle (mindestens) zwei unterschiedliche Werte miteinander verglichen.[1088] Eine der beiden Größen wird als **Maßstabs- oder Normgröße (Vergleichswert)**

[1086] Vgl. die materielle Kontinuität im Rahmen der Grundsätze ordnungsgemäßer Buchführung (GoB).

[1087] Vgl. Abschnitt 3.1 „Datenaufbereitung" bei Wördenweber (WÖRDENWEBER, M.: Operatives Controlling – Band 1, a. a. O. S. 341–424).

[1088] Vgl. zum Folgenden den vorangehenden Abschnitt 1.7.5 „Kontrollgröße und Vergleichswert".

definiert. Es kann sich auch um mehrere Vergleichswerte handeln.[1089] Diese können zum Beispiel eine Plan-/Prognose-, Soll- oder eine Istgröße[1090] sein. Die Wahl des (der) Vergleichswertes (-werte) liegt beim zuständigen Entscheider. Die andere Größe ist die **Kontrollgröße (zu kontrollierende/zu prüfende Größe)**.

Eine **vergleichende Bewertung** wird als **Benchmarking** bezeichnet.

Unter einer vergleichenden Bewertung (Benchmarking) versteht die Betriebswirtschaftslehre einen systematischen und in der Regel wiederkehrenden Prozess der Soll-Wird-Vergleiche, Soll-Ist- bzw. Plan-Ist-Vergleiche, der zeitlichen Bewertung (Zeitreihenanalyse) oder des Vergleichens von Unternehmenszielen und/oder diversen Objekten zwischen Organisationseinheiten eines Unternehmens oder zwischen Unternehmen oder Unternehmenseinheiten einer Gruppe (internes Benchmarking) oder mit einem fremden Unternehmen bzw. seinen Organisationseinheiten oder mit der Branche (externes Benchmarking) in qualitativer und/oder quantitativer Hinsicht.

Darst. 1.710: Definition Benchmarking

Die folgende Übersicht gibt die **Variablen des Benchmarkings** sowie deren **Ausprägungen**

Variable	Ausprägung der Variable
Objekt	Daten, Produkte, Methoden, Prozesse, Strategien
Unternehmens-ziel	Kosten, Flexibilität, Qualität, Kundenzufriedenheit, Stakeholderorientierung, ethische Werte einschl. ökologischer und sozialer, Unternehmenswert, Gewinn, Rentabilität, Marktanteil, Unabhängigkeit
„Sparrings-partner"	Andere Geschäftsbereiche oder Unternehmen der Gruppe/des Konzerns/der Holding, Wettbewerber, branchenfremde Unternehmen

Darst. 1.711: Variablen des Benchmarkings

[1089] Dies ist der Fall, wenn eine Kontrollgröße mit mehreren Werten (z. B. Soll- oder Branchendurchschnittswert) verglichen werden soll.

[1090] Auch diese können wiederum verschiedene sein; z. B. eine vergangene Ist-Größe im Rahmen des zeitlichen Vergleichs oder ein Branchendurchschnittswert.

bei einer vergleichenden Bewertung zwischen Organisationseinheiten eines Unternehmens oder **zwischen Unternehmen** oder **Unternehmenseinheiten einer Gruppe (internes Benchmarking)** oder **mit einem fremden Unternehmen bzw. seinen Organisationseinheiten (externes Benchmarking)** wieder.

Zu den Daten gehören insbesondere die Kennzahlen. Bei den Produkten sei beispielhaft auf die Verzinsung von Sparbriefen hingewiesen, wenn die Eigenkapitalrentabilität extern verglichen werden soll. – Die **drei Vergleichsmöglichkeiten (Grundtypen des Benchmarkings)** sind:

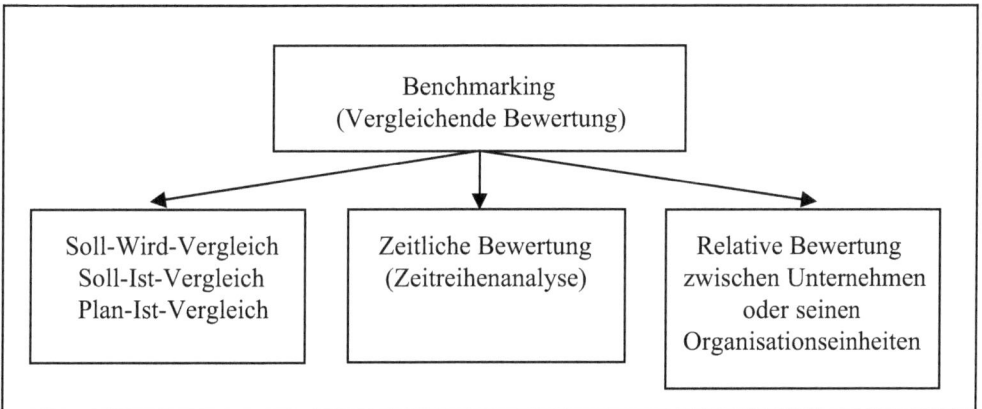

Darst. 1.712: Vergleichende Betrachtung der konkreten Ausprägungen eines Merkmals

Bereits während der Realisierung kann – insb. bei größeren Projekten – ein zwischenzeitlicher **Soll-Wird-Vergleich** angestellt werden. Dabei wird die **angestrebte Zielgröße (Soll) mit dem für sie prognostizierten Ist-Wert (Wird)** verglichen.

$$\text{Soll-Wird-Vergleich} = \frac{\text{Soll-Größe}}{\text{Wird-Größe}}$$

Darst. 1.713: Soll-Wird-Vergleich als Quotient
    (Gelegentlich wird diese Kennzahl auch als Prozentzahl angegeben. In diesem Fall wird der Quotient mit 100 multipliziert.)

Somit können bei lang andauernden Projekten **Planfortschrittskontrollen**, bspw. bei Erreichung a priori definierter Meilensteine, durchgeführt werden. Auf der Basis der bisherigen

Durch-/Umsetzung der Maßnahmen und den zusätzlichen Informationen lässt sich die Zielerreichung besser voraussagen. Eine **Abweichungsanalyse** ermöglicht bereits vor der endgültigen Realisierung einen Einblick in künftig zu erwartende Chancen und Risiken.[1091] Bei Abweichungen zwischen dem Soll-Wert und dem Wird-Wert (Forecast) können noch während der Realisationsphase des Projekts notwendige Korrekturmaßnahmen wie z. B. Aufstockung der Investitionssumme, Personaleinstellungsstopp, kurzfristige Produktionskapazitätsanpassung eingeleitet werden.[1092]

Der Soll-Ist-Vergleich **stellt eine aktuell ermittelte Ist-Größe einer vorher geplanten Vorgabegröße (Soll-Größe) gegenüber**; z. B. als Quotient[1093]:

$$\text{Soll-Ist-Vergleich} = \frac{\text{Soll-Größe}}{\text{Ist-Größe}}$$

Darst. 1.714: Soll-Ist-Vergleich als Quotient

Die **Beurteilung des Quotienten** (Gradwerte <, = oder > 1) hängt davon ab, um **welche Größe** (z. B. Aufwands- oder Ertragsgröße, Aktiv- oder Passivposition) es sich handelt (s. u.).

Die Abweichung des Ist-Wertes von der Soll-Größe kann auch als relative prozentuale Abweichung berechnet werden:

$$\text{Relative Soll-Ist-Abweichung (in \%)} = \frac{\text{Ist-Größe ./. Soll-Größe}}{\text{Soll-Größe}} \cdot 100$$

Darst. 1.715: Relative Soll-Ist-Abweichung (in %)

[1091] Vgl. BAUM, H.-G., COENENBERG, A., GÜNTHER, TH.: a. a. O., S. 373.

[1092] Vgl. BEHRENS, R., FEUERLOHN, B.: Angewandtes Unternehmens-Controlling. Operative Systeme der Planung, Kontrolle und Entscheidung, Berlin, Boston 2018, S. 139.

[1093] In der Literatur finden sich zuweilen auch Quotienten, bei denen Nenner und Zähler vertauscht sind. Da fast immer von einem Soll-Ist-Vergleich gesprochen wird, soll diese Reihenfolge (von oben nach unten gelesen) verwendet werden.

Soll-Ist-Vergleiche werden oft im Rahmen der **Wirtschaftlichkeitskontrolle** angewendet. Beispiele sind die Soll-Ist-Wirtschaftlichkeit des Aufwandes und des Ertrages[1094] innerhalb eines definierten Zeitraumes[1095]:

$$\text{Soll-Ist-Wirtschaftlichkeit des Aufwandes} = \frac{\text{Soll-Aufwand}}{\text{Ist-Aufwand}}$$

Darst. 1.716: Soll-Ist-Wirtschaftlichkeit des Aufwandes

Gradwerte unter 1 (bzw. 100 % bei Prozentzahlen) geben eine **Unwirtschaftlichkeit** an; konkrete Ausprägungen der Kennzahl **über 1 (bzw. 100 % bei Prozentzahlen)** eine **Wirtschaftlichkeit.**

$$\text{Soll-Ist-Wirtschaftlichkeit des Ertrages} = \frac{\text{Soll-Ertrag}}{\text{Ist-Ertrag}}$$

Darst. 1.717: Soll-Ist-Wirtschaftlichkeit des Ertrages

Gradwerte über 1 (bzw. 100 % bei Prozentzahlen) geben eine **Unwirtschaftlichkeit** an; konkrete Ausprägungen der Kennzahl **unter 1 (bzw. 100 % bei Prozentzahlen)** eine **Wirtschaftlichkeit.**

Die Soll-Größe hat in der Tat einen **Vorgabecharakter,** d. h. die Größe dient als „Messlatte" (Ausmaß der Zielerreichung). Sie muss **nicht zwangsläufig ein Plan-Wert,** der eine **prognostizierte Größe** darstellt, **bzw. mit diesem identisch sein.** Zum einen kann sich ein Zielerreichungsvorgabewert von einem (internen) Wert für die Planung unterscheiden, zum anderen ist auch denkbar, dass der Planende unterschiedliche Planwerte ansetzt, nämlich dann, wenn er z. B. mit unterschiedlichen Szenarien wie „worst case" oder „best case" oder einem realistischen Wert arbeitet. In diesem Fall wäre es nicht von Vorteil, dem Ausführenden den niedrigen worst case-Planwert vorzugeben, wenn ein „höherer" (Soll-)Wert erreicht werden kann – und sollte.

[1094] Vgl. DAUM, A., PETZOLD, J., PLETKE, M.: BWL für Juristen. Eine praxisnahe Einführung in die betriebswirtschaftlichen Grundlagen, 3. Aufl., Wiesbaden 2016, S. 29. Für Zwecke der betrieblichen Kontrolle (Kosten- und Leistungsrechnung) werden anstelle der buchhalterischen Erfolgsgrößen Aufwand und Ertrag die kostenrechnerischen Größen Kosten und Leistungen angesetzt.

[1095] Finanzbuchhaltung/Bilanzierung: Geschäftsjahr; Kostenrechnung: Monat.

Ein grundlegendes Problem der **Soll-Ist-** oder **Plan-Ist-Vergleiche** stellt die **Subjektivität** dar. Die erste Frage lautet: Welche der infrage kommenden Kontrollgrößen soll der Planende auswählen, d. h. welche Soll-Größe soll als Vorgabe gelten? Der subjektive Charakter zeigt sich auch bei der zweiten Festlegung: Welches Ausmaß (Höhe o. ä.) soll die Vergleichsgröße haben, um messbar und damit vergleichbar zu sein, d. h. wann ist die konkrete Ausprägung des Vergleichswertes (Plan- oder Soll-Größe) als „gut" oder „schlecht" im Vergleich zum Ist-Wert der Kontrollgröße einzustufen? Denn die Plan- oder Sollgröße kann sich ausschließlich an internen Ressourcen und Vorstellungen ausgerichtet haben. Eine Orientierung können historische Daten (vgl. die Zeitreihenanalyse) oder Werte im Rahmen des internen oder externen Benchmarkings liefern. Die Einbeziehung von Daten interner oder externer Vergleichsquellen (s. u.) erweist sich als deutlich bessere Lösung, da bei einer subjektiven Festlegung von Plan- oder Sollgrößen die Gefahr besteht, eine katastrophale Situation mit einer weniger katastrophalen Situation zu vergleichen.

Die einfachste Form einer vergleichenden Bewertung ist die die zeitliche Gegenüberstellung von zwei Ist-Werten als **Ist-Ist-Vergleich zweier Perioden**. Hier ist die Kontrollgröße der Istwert des gerade abgeschlossenen Zeitraums, der Vergleichswert der des vorherigen. Der Ist-Ist-Vergleich lässt sich als Quotient oder als prozentuale Veränderung darstellen:

$$\text{Ist-Ist-Vergleich} = \frac{\text{Ist-Größe der gerade abgelaufenen Planungsperiode}}{\text{Ist-Größe des vorherigen Planungszeitraums}}$$

Darst. 1.718: Ist-Ist-Vergleich als Quotient

$$\text{Relative Ist-Ist-Abweichung (in \%)} = \frac{\text{Ist-Größe der gerade abgelaufenen Planungsperiode}\ ./.\ \text{Ist-Größe des vorherigen Planungszeitraums}}{\text{Ist-Größe des vorherigen Planungszeitraums}} \cdot 100$$

Darst. 1.719: Relative Ist-Ist-Abweichung (in %)

Eine Erweiterung der zeitlichen Bewertung auf mehr als zwei Perioden findet in Form einer **Zeitreihenanalyse** statt. Es ist ein **Ist-Ist-Vergleich von mehr als zwei Perioden**. Hier wird eine Kennzahl im Zeitablauf dargestellt, wobei die konkrete Ausprägung einer Kennzahl in einer **Referenzperiode** als **100 %** gesetzt wird. Im Zuge einer Berechnung mittels Dreisatzes ergeben sich für konkrete andere Ausprägungen dieser Kennzahl in späteren Perioden Werte, die über oder unter oder genau 100 % betragen. Liegen die Werte über 100 %, liegt eine Steigerung /Vergrößerung der betrachteten Kennzahl vor; bei Werten unter 100 % eine Minderung/Verkleinerung. Die Zeitreihenanalyse zeigt also nur eine **Tendenzaussage**, eine tendenzielle Verbesserung um x %-Punkte („besser um x %-Punkte") oder Verschlechterung um („schlechter um x %-Punkte") oder einen Gleichstand an. Eine Aussage, ob die berechneten Werte, dies gilt auch für die 100 % in der Referenzperiode, als **gut oder schlecht** einzustufen sind, **ist nicht möglich**. Es fehlt die markt- resp. wettbewerbsbezogene Betrachtung. So kann sich die Kontrollgröße (signifikant) verbessert haben, was zwar „gut" ist. Aber es lässt keine Beurteilung der gefundenen Merkmalsausprägung der Kontrollgröße im Vergleich zu den Konkurrenten zu. Dafür empfiehlt sich die relative Bewertung in zwischen Unternehmensteilen oder zwischen Unternehmen. Letztere können auch externe sein.

Handelt es sich bei der Kontrollgröße bspw. um einen zusammengesetzten Wert wie dies etwa bei der Inflationsrate der Fall ist, sei ausdrücklich auf das oben bereits formulierte Postulat der materiellen (inhaltlichen) und formellen Identität hingewiesen.

Hinsichtlich der „Sparringspartner" lassen sich weisungsbezogen zwei Grundtypen des Benchmarkings unterscheiden:

- Internes Benchmarking
- Externes Benchmarking
  - Wettbewerbsorientiertes Benchmarking
    - Verdecktes wettbewerbsorientiertes Benchmarking
    - Kooperatives wettbewerbsorientiertes Benchmarking
  - Funktionales Benchmarking

Darst. 1.720: Weisungsbezogene Differenzierung der „Sparringspartner" des Benchmarkings

Internes Benchmarking liegt vor, wenn der Benchmarking-Partner („Sparringspartner") aus demselben Unternehmen stammt (andere Geschäftsbereiche, Abteilungen oder Werke) oder wenn es sich um Unternehmen der Gruppe/des Konzerns/der Holding handelt.

Darst. 1.721: Internes Benchmarking

Das interne Benchmarking wird auch mit dem Begriff **Best of Company** umschrieben.

Der **Vorteil** des internen Benchmarkings liegt in dem relativ problemlosen Zugang zu den benötigten Informationen (Möglichkeit der (An-)Weisung), der relativ schnellen Fertigstellung und der hohen Präzision des Vergleichs durch z. B. gleiche Definitionen von Kennzahlen (materielle und formelle Identität). Ein weiterer Vorteil ergibt sich daraus, dass die beteiligten Unternehmen oder Unternehmensteile mit dem Instrument Benchmarking vertraut werden.

Die **Empfehlung** lautet daher, zunächst Erfahrungen mit dem internen Benchmarking zu sammeln, bevor Benchmarking-Projekte mit Externen begonnen werden.

Die **Grenzen** des internen Benchmarkings resultieren aus der Wahrscheinlichkeit, dass Potenziale verschenkt werden, da externe „Sparringspartner" hinsichtlich der Objekte (Daten einschließlich Kennzahlen, Produkte, Methoden, Prozesse, Strategien) bessere Ausprägungen vorweisen können.

Ein weiteres Problem können die zu erhebenden Daten hinsichtlich ihrer Zweckeignung und Aussagekraft darstellen. Auf die notwendige Datenaufbereitung wurde bereits im vorhergehenden Unterabschnitt hingewiesen.

Bevor auf das **externe Benchmarking** näher eingegangen wird, sollen zunächst ähnliche For-

---

Beim **Reverse Engineering** werden Produkteigenschaften, Funktionalität und Leistungsfähigkeit mit gleichartigen Produkten oder Dienstleistungen von Wettbewerbern verglichen. Um die einzelnen Merkmale und Merkmalsausprägungen besser bewerten zu können, werden die Konkurrenzprodukte in ihre Einzelteile zerlegt.

Im Rahmen der **Konkurrenzanalyse** (z. B. als SWOT-Analyse) werden die Ausprägungen vorher definierter Kriterien des eigenen Unternehmens mit denen der Wettbewerber verglichen.

Das **externe Benchmarking** als Weiterentwicklung der traditionellen Konkurrenzanalyse vergleicht nicht nur die Konkurrenten, sondern analysiert auch branchenübergreifend die Ausprägungen vorher festgelegter Kriterien des eigenen Unternehmens und die der Besten in fremden Branchen bzw. der Branche. Ziel der Untersuchung können darüber hinaus neben Objekten, Methoden und Prozessen auch weitere Unternehmensziele wie z. B. Kosten, Qualität, Kundenzufriedenheit, Flexibilität und Zeit sein.[1]

Darst. 1.722: Reverse Engineering, Konkurrenzanalyse und externes Benchmarking

[1] Vgl. HORVÁTH, P., HERTER, R. N.: Benchmarking – Vergleich mit den Besten der Besten, in: Controlling, 4. Jg., 1992, S. 4-11.

men der vergleichenden Betrachtung voneinander abgegrenzt werden.

Externes Benchmarking wurde im Prinzip zu allen Zeiten betrieben. Das Vergleichen mit anderen und „Abschauen" von Techniken und Methoden bis hin zur Spionage findet sich in allen Disziplinen.[1096] Im Bereich der BWL existieren Verbindungen zum Reverse Engineering und in der Konkurrenzanalyse.

Sofern im Rahmen des Benchmarkings **direkte Konkurrenzunternehmen** als Partner ausgewählt werden, wird dieser Vorgang als **wettbewerbsorientiertes Benchmarking (Best of Industry)** bezeichnet.

Beim wettbewerbsorientierten Benchmarking ist der Benchmarking-Partner („Sparringspartner") ein direkter Konkurrent.

Darst. 1.723: Wettbewerbsorientiertes Benchmarking

Wettbewerbsorientiertes Benchmarking kann **verdeckt** oder **kooperativ** erfolgen:

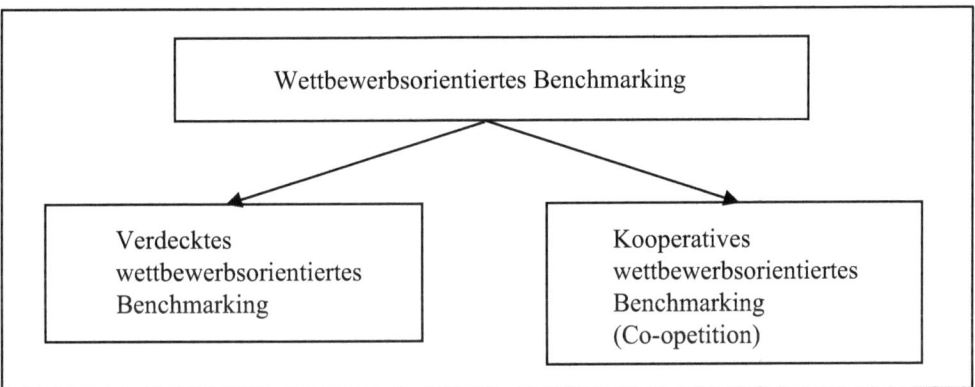

Darst. 1.724: Formen des Wettbewerbsorientierten Benchmarkings

Bei der Analyse von Zahlen, auch Kennzahlen, insb. beim verdeckten wettbewerbsorientierten Benchmarking ist auf das Problem der qualifizierten (Kenn-)Zahlenanalyse hinzuweisen. Da bei

---

[1096] Ein historischer Überblick zum Benchmarking findet sich ausführlich bei WATSON, G. H.: Benchmarking. Vom Besten lernen, München 1993, S. 23 ff.

dieser Form des Benchmarkings **nicht auf die Zahlen des internen Rechnungswesens zurückgegriffen werden** kann, müssen i. d. R. die Daten aus den veröffentlichten Jahresabschlüs-
sen der Wettbewerber entnommen werden. Diese zeigen – wie schon oben angemerkt – nur ein
unvollständiges und auch nicht immer richtiges Bild über die „wirkliche" wirtschaftliche und
finanzielle Situation und Entwicklung der Unternehmung. Daher sind die veröffentlichten handelsrechtlichen Daten wie im vorstehenden Unterabschnitt beschrieben aufzubereiten.[1097]

Beim **kooperativen Benchmarking** geht es darum, in der gleichen Branche Partner zu finden,
die davon überzeugt sind, dass die „… Absichten redlich sind und zu beiderseitigem Nutzen
führen."[1098]

Beispiele für kooperatives Benchmarking finden sich sowohl in der Automobilindustrie als auch
in der ostwestfälischen Möbelwirtschaft. Die „**Co-opetition**" (Cooperation = Zusammenarbeit
und Competition = Wettbewerb) macht zum Beispiel dann Sinn, wenn zwei Unternehmen zwar
national Konkurrenten sind, international aber gegen weitaus größere Wettbewerber agieren
müssen.

Die Wahl des „richtigen" Benchmarking-Partners hängt in erster Linie von den Unternehmenszielen und Objekten ab und nicht von den höchsten Unternehmensrenditen, dem Image oder
ähnlichen Kriterien des Wettbewerbers.

Wesentliches Merkmal beim funktionalen Benchmarking der Vergleich einer Funktion
des eigenen Unternehmens mit der gleichen oder sehr ähnlichen Funktion in einem anderen oder in mehreren anderen Unternehmen, die in keiner Konkurrenzbeziehung zum
eigenen Unternehmen stehen.

Darst. 1.724: Funktionales Benchmarking

Möglicherweise gelingt die Beschaffung relevanter Informationen beim funktionalen Benchmarking besser, da die Vergleichspartner nicht derselben Branche angehören (**Best of World**).

[1097] Eine solche kann etwa bei WÖRDENWEBER, M.: Operatives Controlling – Band 1, a. a. O., S. 341–424 nachge-
lesen werden.
[1098] Vgl. KARLÖF, B., OSTBLOM, S. Das Benchmarking Konzept: Wegweiser zur Spitzenleistung in Qualität und
Produktivität, München 1994, S. 124.

Auch profitieren beide Partner vom Benchmarking erheblich, da es sich um logisch gleicharti-ge Betriebsabläufe handelt und branchenübergreifende Lernprozesse (explizit) erlaubt und ge-wünscht sind.[1099]

Insofern besteht beim funktionalen Benchmarking das **größte Potential für eine bessere Per-formance** im eigenen Unternehmen bzw. des eigenen Unternehmens, mit dem Ergebnis, dass (direkte) Konkurrenten nicht nur eingeholt, sondern überholt werden können.[1100]

Die Durchführung eines Benchmarking-Prozesses lässt sich gut anhand der nachstehenden Ab-bildung 1.727 erläutern.

Die Planungsphase besteht aus der **Anregungsphase** und der **Phase der Festlegung der Bench-marking-Variablen**. Ausgangspunkt eines Benchmarking-Prozesses sind z. B. Abweichungen von den (internen) Plan- und/oder Sollwerten im Rahmen der Abweichungsanalyse[1101], die ei-nen Vergleich zu Wettbewerbern nicht beinhalten. Denkbar ist auch schlicht die Suche nach Kontrollgrößen für die Zielplanung und nach Vergleichswerten (Maßstabs- oder Normgrößen) für die spätere Kontrolle.[1102] Einen Benchmarking-Prozess können bspw. neben schlechten Kos-tenträgerergebnissen aber auch enttäuschende Umfragen oder negative Presseveröffentlichun-gen initiieren. Zu Beginn einer Benchmarking-Untersuchung wird zunächst das Ziel der Ana-lyse (Definition der Variablen, s. Darst. 1.711) festgelegt. Im Einzelnen sind dies folgende Auf-gaben:

- Festlegung der zu analysierenden Unternehmensziele
- Festlegung der zu analysierenden Objekte
- Festlegung der zu analysierenden „Sparringspartner"
- Festlegung der Erhebungsmethode

Darst. 1.726: Aufgaben in der Planungsphase des Benchmarking-Prozesses

Nach der Erhebung der Daten (**Erhebungsphase**) werden die Ergebnisse ausgewertet und die Leistungslücken im Vergleich mit dem „Sparringspartner" ermittelt. In dieser **Analysephase** erfolgt sowohl eine vergleichende Analyse als auch eine Ursachenanalyse. Im nächsten Schritt **(Phase der Erarbeitung von Strategien und Maßnahmen)** ist es jetzt möglich, Aktionspläne

---

[1099] Vgl. HOHBERGER, ST., DAMLACHI, H.: Performancesteigerung im Unternehmen. Innovative Tools und Tech-niken, Wiesbaden 2017, S. 339.

[1100] Vgl. STIBBE, R.: Kostenmanagement, 3. Aufl., München 2009, S. 78.

[1101] Vgl. Unterabschnitt 1.7.8 „Abweichungsanalysen".

[1102] Die beiden Begriffe werden im vorigen Unterabschnitt 1.7.5 „Kontrollgröße und Vergleichswerte" erklärt.

1. Anregungsphase

2. Phase der Festlegung der Benchmarking-Variablen

3. Erhebungsphase

4. Analysephase

5. Phase der Erarbeitung von Strategien und Maßnahmen

6. Durch-/Umsetzungsphase

7. Kontrollphase

Darst. 1.727: Benchmarking-Prozess

zu erstellen, die alle relevanten Elemente eines Plans (Planstruktur) enthalten.[1103] Diese Prozessstufe beinhaltet die Suche nach geeigneten Maßnahmen zur Behebung der Defizite (negative Abweichungen) sowie zum Erhalt und Ausbau der Stärken (positive Abweichungen). Abschließend findet die Auswahl der am besten geeigneten Maßnahmen statt. Die Phase der Erarbeitung von Strategien und Maßnahmen stellt gleichzeitig den Beginn eines neuen Führungsprozesses dar, der mit der Planungsphase beginnt.[1104] Nach der Verabschiedung des Plans wird dieser umgesetzt. Diese **Durch-/Umsetzungsphase** umfasst die Verabschiedung der vorgeschlagenen Maßnahme(n), die Kommunikation und Umsetzung der beschlossenen Aktivität(en). In der **Kontrollphase** befassen sich die Verantwortlichen mit der Wirksamkeitsprüfung der durchgeführten Maßnahmen hinsichtlich der Effektivität und Effizienz. Die abschließende Kontrolle sollte bei Feststellung von Abweichungen zu den Plan- und/oder Sollgrößen einen neuen Führungsprozess, beginnend mit der Planungs- und Entscheidungsphase auslösen.

1.7.7 Darstellung und Bewertung von Abweichungen

Die Darstellung der Abweichungen kann auf vier verschiedene Arten erfolgen:[1105]

- Absolute Abweichungen
- Relative Abweichungen
- Selektive Abweichungen
- Kumulierte Abweichungen

Darst. 1.728: Darstellung der Abweichungen

Ein absoluter Abweichungsbetrag gibt einen Eindruck von der Größenordnung der Abweichung wieder. Die Aussagekraft einer **absoluten Abweichung** ist allerdings beschränkt, da keine Relativierung mit anderen (Bezugs-)Größen erfolgt.

Beispiel 1:   Ist-Umsatz: 3,8 Mrd. € ↔ Soll-Umsatz: 3,9 Mrd. €
                Absolute Abweichung: – 100 Mio. €.

Beispiel 2:   Ist-Umsatz: 180 Mio. € ↔ Soll-Umsatz: 280 Mio. €
                Absolute Abweichung: – 100 Mio. €

[1103] Vgl. Unterabschnitt 1.6.6 „Merkmale und Elemente eines Plans".
[1104] Vgl. hierzu die Ausführungen im Unter-Unterabschnitt 1.2.2.3 „Führungsprozess".
[1105] Vgl. TAUBERGER, A.: Controlling für die öffentliche Verwaltung, München 2008, S. 66.

Während die (negative) Abweichung im ersten Beispiel nur eine (relativ) geringfügige Umsatzabweichung bedeutet, stellt die Abweichung im zweiten Fall für das Unternehmen schon eine enorme Umsatzeinbuße dar.

Aus diesem Grunde ist eine Darstellung mittels einer **relativen Abweichung** meist sinnvoller. Als Abweichung in Relation zu einer *anderen* Größe im Nenner bietet sie den Vorteil der besseren Vergleichbarkeit, des Erkennens von Veränderungen und bei der Erfassung von Zusammenhängen. Bei der relativen Darstellung ist immer zu prüfen, ob sich bei der Basisgröße eine Veränderung ergeben hat.[1106] Relative Abweichungen werden meist in Prozentzahlen ausgedrückt.

Beispiel 1 (gleiche Grundzahl „Umsatz"):
Ist-Umsatz: 180 Mio. € ↔ Soll-Umsatz: 280 Mio. €
Relative Abweichung: − 35,71 % (= (180 € − 280 €) ÷ 280 € • 100)

Beispiel 2 (Beziehungszahl „Umsatzrendite"):
Ist-Gewinn: 26,8 Mio. € ↔ Plan-Gewinn: 8,6 Mio. €
bei einem Plan-Umsatz von 3,8 Mrd. €
Relative Abweichung: + 0,48 % (= (26,8 € − 8,6 €) ÷ 3.800 € • 100)

Selektive Abweichungen beziehen sich auf Abweichungen in Bezug auf bestimmte zeitliche Abschnitte. Es werden Größen bestimmter Zeitabschnitte miteinander verglichen. Der Vorteil dieser Abweichungsdarstellung liegt darin, dass aus den jeweiligen Unterschieden die Abweichungsursachen besser herausgearbeitet werden können. Dies gilt z. B. im Fall der Herausrechnung von Projekten. Insbesondere bei Schwankungen im Zeitablauf wie z. B. Saisons oder Konjunkturzyklen ist die Vergleichbarkeit deutlich verbessert.

Beispiel: Ist-Gewinn im 2. Quartal des Vorjahres: 6,8 Mio. € ↔ Ist-Gewinn im 2. Quartal des laufenden Jahres: 6,6 Mio. €

Kumulative Abweichungen geben an, wie weit die Zielgröße über mehrere Zeiträume hinweg verfehlt wurde und wie hoch die Differenz zum Ende des Planungshorizonts sein wird. Kumulative Abweichungen erlauben eine bessere Prognose der am Ende des Planungszeitraums zu erwartenden Zielabweichung.[1107] Zu beachten ist, dass zwischenzeitliche Schwankungen ggf. kompensiert wurden. Die Anwendung kumulativer Abweichungen ist speziell bei Feedforward-Kontrollen zu empfehlen.

[1106] Vgl. PEEMÖLLER, V. H.: a. a. O., S. 324 ff.

[1107] Vgl. SPECHT, O., SCHWEER, H., CEYP, M.: Markt- und ergebnisorientierte Unternehmensführung für Ingenieure + Informatiker, 6. Aufl., München 2005, S. 546.

Beispiel: Die kumulierte Budgetausschöpfung der ersten acht Monate liegt bei 90 %. Am Jahresende wird das Budget zu 135 % ausgenutzt sein.

Die **Bedeutung einer Abweichung** für die Verantwortlichen kann sehr unterschiedlich sein. Nicht nur wegen einer eventuellen zielabhängigen Vergütung, sondern auch wegen der Notwendigkeit, bestimmte Maßnahmen zwecks Gegensteuerung zu ergreifen. Ebenso hängt die Frage, wie häufig eingegriffen werden muss, von der **Gewichtung der Abweichung** ab. Zu diesem Zweck werden **Toleranzgrenzen** für die zu kontrollierende(n) Größe(n) festgelegt. Dabei ist abzuwägen, ob sie in einem angemessenen Verhältnis zur Messgenauigkeit stehen und ob sie den Verantwortlichen gestatten, das gesetzte Ziel (Soll- oder Plangröße) auch bei Abweichungen noch in vertretbarer Zeit zu erreichen.[1108] Die in der Vergangenheit ermittelte durchschnittliche absolute oder relative Abweichung ist ebenfalls zu beachten.

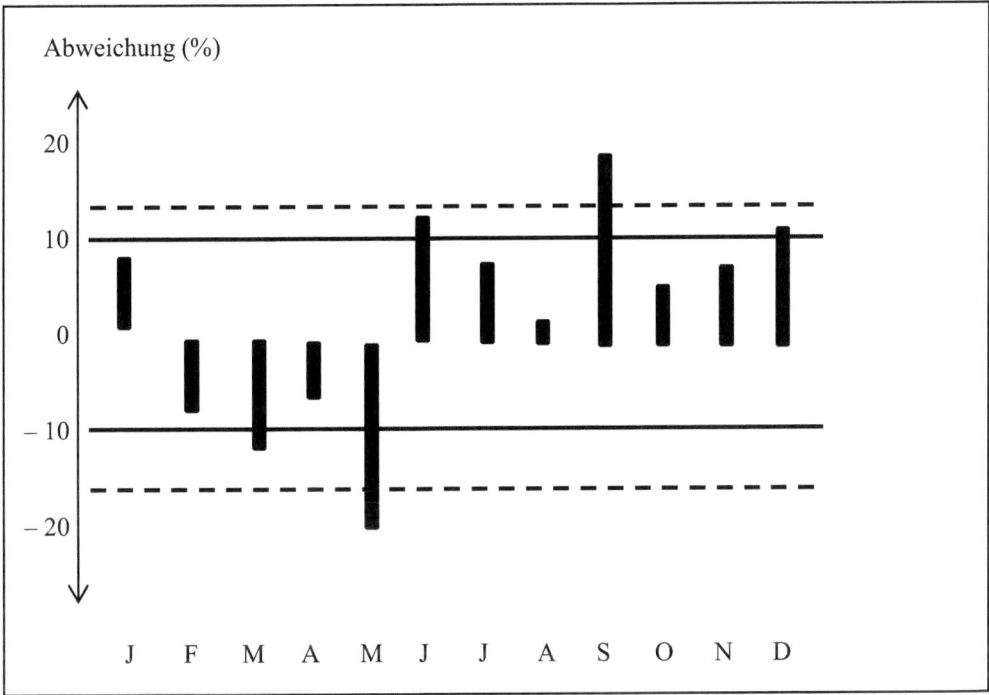

Darst. 1.729: Lineare Toleranzgrenzen (Beispiel)

[1108] Vgl. PEEMÖLLER, V. H.: a. a. O., S. 325 ff.

Eine Abweichungsanalyse und die Suche nach Gegensteuerungsmaßnahmen erfolgt, sobald eine vorab definierte Toleranzschwelle über- oder unterschritten wird.

Grundsätzlich wird zwischen linearen und nicht-linearen Toleranzgrenzen unterschieden.

Lineare Toleranzgrenzen (s. Darst. 1.729) werden in der Regel für Einzelgrößen wie Umsatz, Personalkosten, Anzahl der Beschwerden etc. vorgegeben.

Es ist durchaus empfehlenswert, Toleranzgrenzen für Einzelgrößen **mit gestuften Zuständig-keiten/Verantwortlichkeiten** anzugeben. Diese Möglichkeit ist in der vorstehenden Abbildung vorgesehen. Gelten die durchgezogenen Linien für den Verantwortlichen oder den Controller, können die gestrichelten Linien die Toleranzgrenze für den Vorgesetzten des Verantwortlichen oder die Unternehmensleitung gedacht sein. Denkbar ist auch der Einsatz zweier Toleranzgrenzen bei Verwendung eines **Dashboards für Führungskräfte**. So könnte bei Überschreiten der oberen durchgezogenen Linie bzw. bei einer Unterschreitung der unteren durchgezogenen Linie der Regler, z. B. eine Ampel, von grün auf gelb schalten, und bei Überschreiten der oberen gestrichelten Linie bzw. bei einer Unterschreitung der unteren gestrichelten Linie auf rot.

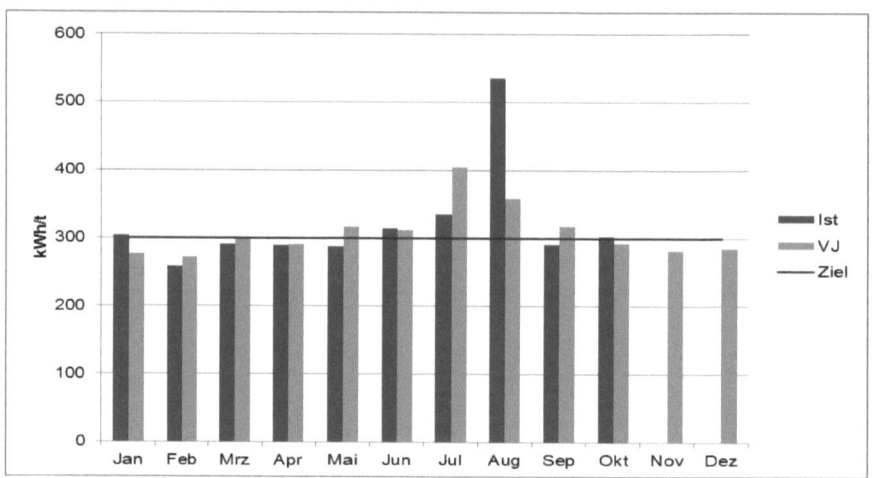

Darst. 1.730: Stromverbrauch in der Fertigung 2020 (Ist-Ist-Vergleich mit linearer Toleranz-
grenze und selektiven Abweichungen)
(Anmerkung: Ist-Verbrauch des Jahres 2020 bis einschließlich 31.10.2020)
(Legende:Ist = Ist-Werte des Jahres 2020
VJ = Ist-Werte des Vorjahres)
Ziel = Toleranzgrenze für den monatlichen Stromverbrauch in der Fertigung)

Vorstehend ist ein Praxisbeispiel für den Stromverbrauch in der Fertigung eines großen Unternehmens im Bereich der Nahrungsmittelindustrie wiedergegeben. In dieser Planung sind auch selektive Abweichungen enthalten, indem jedem Monats-Wert der Verbrauch des Vormonats gegenübergestellt wurde. Die Toleranzgrenze für den monatlichen Stromverbrauch in der Fertigung liegt bei 300 kWh.

Nicht-lineare Toleranzgrenzen werden in der Regel für kumulierte Werte wie Umsatz, Materialeinzelkosten etc. verwendet. In diesem Zusammenhang ist zu beachten, dass sich unterschiedliche Einzelwerte im Zeitablauf ausgleichen können. Ein anderer Anwendungsfall bezieht sich auf Schwankungen der Daten im Zeitablauf wie dies z. B. bei Saisons oder Konjunkturzyklen der Fall ist. Hier würden die Toleranzgrenzen mit Hilfe mathematisch-statistischer Verfahren dem Kurvenverlauf der untersuchten Kontrollgröße nachempfunden.

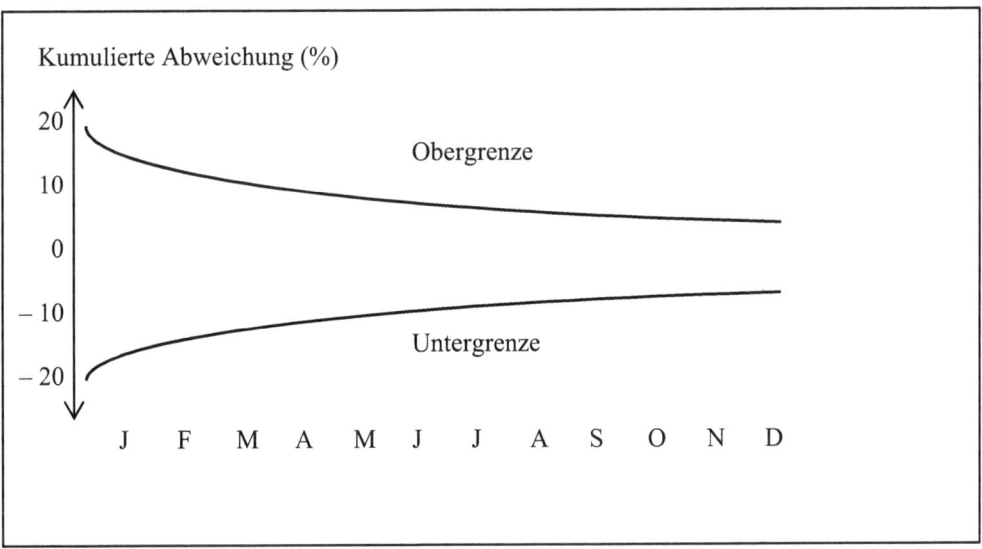

Darst. 1.731: Nicht-lineare Toleranzgrenzen (Beispiel)

Eine ganz besondere Rolle spielt die **Bedeutung der Abweichung für das Betriebsergebnis/den Erfolg**. Insofern empfiehlt es sich, neben den Toleranzgrenzen auch eine Gewichtung der Abweichung nach der Wirkung auf das Betriebsergebnis/den Erfolg vorzunehmen und eine entsprechende Rangfolge zu entwickeln.

Toleranzgrenzen fließen in die Entwicklung eines **Management-Cockpits (Dashboards)** ein, denn die Toleranzgrenzen entscheiden u. a. darüber, welche farbliche oder andersartige Anzeige bei der Überschreitung von Toleranzgrenzen erfolgt. In diesem Zusammenhang sei noch einmal auf die Toleranzgrenzen mit gestuften Zuständigkeiten verwiesen, die hier ebenfalls zur Anwendung kommen.

1.7.8   Abweichungsursachenanalyse

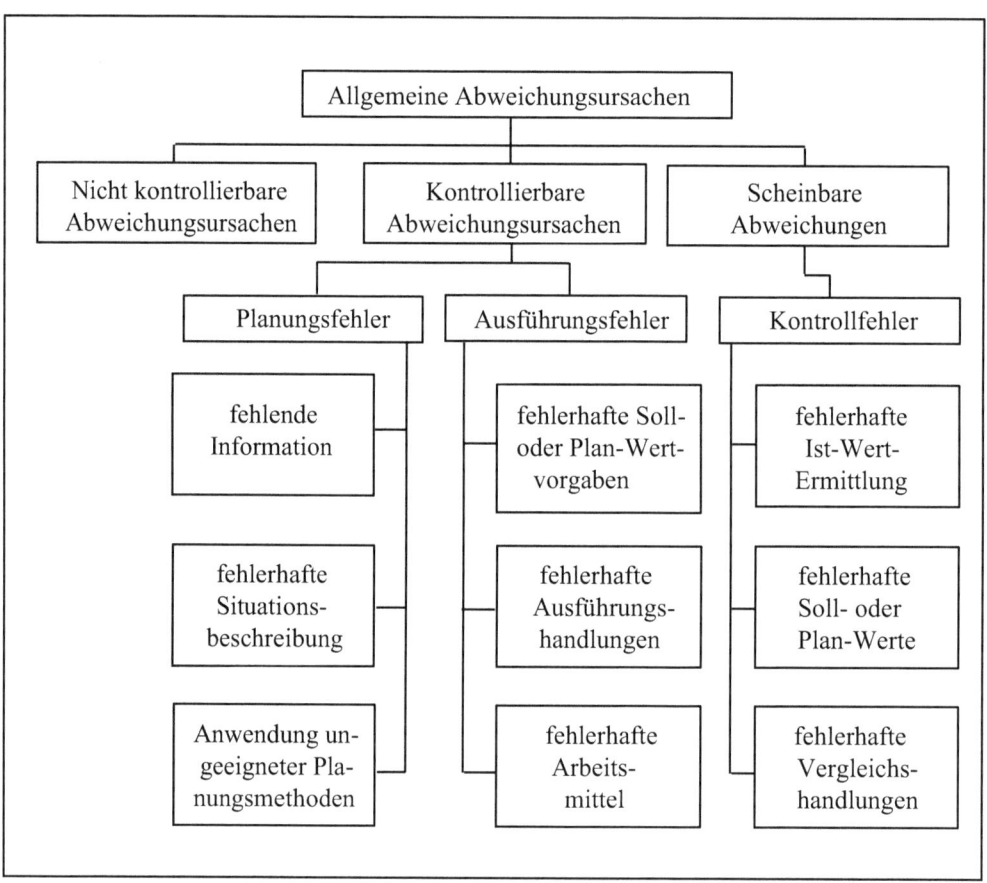

Darst. 1.732: Allgemeine Abweichungsursachen
    (In Anlehnung an PEEMÖLLER, V. H.: a. a. O., S. 339)

Die Kontrolle der operativen Planung beschäftigt sich mit der **Abweichungsermittlung** in Form von Soll-Ist- oder Plan-Ist-Abgleichen hinsichtlich der Ziele (oft als Kennzahlen einschließlich

Budgets festgelegt) und Maßnahmen[1109] sowie der **Abweichungsanalyse.** Ziel einer Abweichungsanalyse ist das **Aufspüren der Störgrößen,** die zur der Abweichungsermittlung geführt haben. Ist die **Ursache der Abweichungen** bekannt, kann daraus eine verbesserte Prognose für die nächste Planungsrunde resultieren. Die Ursachenermittlung ermöglicht nicht nur den Einsatz präventiver Maßnahmen, sondern auch eine elastische (flexible) Planung.

Die Abweichungen werden mit der Planung oder mit der Realisation der Planung rückgekoppelt. Der Bezug auf die Planung bedeutet, dass die Planung auf **Planungs- und Auswertungsfehler** geprüft wird, denn schon daraus können sich Soll-Ist- bzw. Plan-Ist-Abweichungen ergeben.

Die Ursache von **Planungsfehlern** liegt darin begründet, dass die Umweltsituationen falsch beschrieben wurden. So können bestimmte Annahmen z. B. betreffend die Marktentwicklungen, das zukünftige Verhalten der Marktteilnehmer, der denkbare Einsatz der eigenen Marketinginstrumente oder die Entwicklung der Umwelten (Natur, Wirtschaft, Gesellschaft, Technologie, Recht und Politik) und daraus resultierend falsche Einschätzungen von Kosten- und Erlösfunktionen und Ähnlichem waren falsch.[1110] Möglicherweise waren aber auch die Zweckeignung und die Aussagekraft der ausgewählten Kennzahlen nicht gegeben. Obwohl die Buchhaltung und der Jahresabschluss den handels- und steuerrechtlichen Vorschriften entsprechen, so genügen beide in der Regel nicht ohne Aufbereitung als Ausgangsbasis einer qualifizierten Unternehmensanalyse.[1111] Die erforderliche Datenaufbereitung umfasst die Verdichtung und Umgestaltung der Bilanz und Gewinn- und Verlustrechnung zur besseren Beurteilung der Unternehmung und zur Herstellung der Vergleichbarkeit verschiedener Abschlüsse. Die Datenaufbereitung[1112] wird daher z. B. bei Wördenweber *vor* der Diskussion gesamtbetrieblicher Kennzahlen detailliert beschrieben.[1113] Die Frage ist nicht nur, wie die Kennzahlen beschaffen sein müssen, d. h. welche Anforderungen an sie zu stellen sind[1114], sondern welches die „richtige" Kennzahl ist. Es ist also zu klären, welche Kennzahl die „richtigen" Informationen liefert, um die „richtigen" Entscheidungen[1115] fällen zu können. Die Betriebswirtschaftslehre resp. das operative Controlling bietet hierzu eine Vielzahl von operativen Kennzahlen an, die bei Wördenweber im

---

[1109] Für die zukünftige Planung ist es wichtig, nicht nur negative, sondern auch positive Abweichungen aufzuzeigen.

[1110] An dieser Stelle sei auf das Thema „Prämissenkontrolle" im Unterabschnitt 1.7.4 „Kontrollobjekte" hingewiesen.

[1111] In diesem Zusammenhang ist u. a. auf die Angleichung des HGB an das angelsächsische Rechnungswesen hinzuweisen. So werden bspw. in den Umsatzerlösen betriebliche und nicht-betriebliche Erträge und Aufwendungen ausgewiesen.

[1112] WÖRDENWEBER, M.: Operatives Controlling – Band 1, a. a. O., S. 341–424.

[1113] WÖRDENWEBER, M.: Operatives Controlling – Band 2, a. a. O., S. 15–648.

[1114] Die Anforderungen, die an Kennzahlen zu stellen sind, wurden bereits im Unterabschnitt 1.6.2 „Kennzahlen" erläutert.

[1115] Die Beurteilung, ob eine „richtige" Entscheidung getroffen wurde, ist nur in Verbindung mit dem Ziel/den Zielen des Unternehmers bzw. dessen legitimierten Akteuren möglich.

Abschnitt 3.2 „Gesamtbetriebliche Analysen" auf gesamtbetrieblicher Ebene[1116] und im Kapitel 2 „Operative Kennzahlenanalyse in den Funktionsbereichen"[1117] für die einzelnen Funktionsbereiche vorgestellt und bewertet werden.

Auswertungsfehler beruhen auf Messfehlern, Rechenfehlern und Fehlbuchungen, falschen Interpretationen oder ähnlich verursachten Fehlern.

Des Weiteren werden die Abweichungen rückgekoppelt mit der Realisation der Planung. Hier handelt es sich um sogenannte **Realisationsfehler**, die durch **beabsichtigtes** (vgl. Prinzipal-Agent-Theorie) oder **unbeabsichtigtes Fehlverhalten** entstanden sind.[1118] Zu den – aus Unternehmenssicht – unbeabsichtigten Fehlern gehören einerseits die nicht oder falsch eingeschätzten externen Störgrößen, andererseits aber auch die internen Fehler, verursacht durch die Produktionsfaktoren Arbeit (Mitarbeiter), Betriebsmittel (Anlagen, Maschinen und sonstige Geräte) und Werkstoffe.

Bei der Abweichungsanalyse sind einige Punkte zu beachten, u. a. die **sachliche Kongruenz**[1119], die oben als materielle und formelle Identität bezeichnet wurde. Für die operative Kontrolle bedeutet dies:

- Das Budget als Soll-Größe sollte die gleichen Mengengrößen wie die Ist-Rechnung aufweisen. Anderenfalls ist im Falle einer Beschäftigungsabweichung ein modifiziertes Budget als neue Vorgabegröße zu berechnen.[1120]
- Gleiches gilt für die Strukturen.
- Auch die Bezeichnungen der einzelnen Positionen und Konten müssen identisch sein.

Sofern mit der Abweichungsermittlung und -analyse eine dritte Stelle, z. B. das Controlling beauftragt ist, muss für die Weiterleitung der Auswertungen an die betroffenen Verantwortlichen (Personen, Instanzen oder (Kosten-)Stellen) Sorge getragen werden.

[1116] WÖRDENWEBER, M.: Operatives Controlling – Band 1, a. a. O., S. 425–594.

[1117] Ebenda, S. 339 ff.

[1118] Auf die Verhaltenskontrollen wurde bereits im Unterabschnitt 1.7.4 „Kontrollobjekte" näher eingegangen.

[1119] Vgl. SCHREYÖGG, G., KOCH, J.: Grundlagen des Managements, a. a. O., S. 178.

[1120] Vgl. hierzu die Ausführungen zur Abweichungsanalyse in der (flexiblen) Plankostenrechnung.

2 Planung und Kontrolle von Zielen

Zunächst einmal ist zu klären, was grundsätzlich unter einem Ziel zu verstehen ist. In der Literatur existieren verschiedene Definitionen. Dies zeigt sich u. a. daran, dass die Abgrenzung zu ähnlichen Begriffen wie Aufgabe, Vorhaben, Grundsatz, Leitbild, Mission, Motiv, Vorsatz, Absicht oder Zweck immer eindeutig ist.

Ziele sind als positiv betrachtete Zustände in der Zukunft, die aus bestimmten Handlungen resultieren sollen, zu verstehen. Ein Ziel ist somit ein bestimmter angestrebter und gewollter Zustand in einem definierten Zeitraum, welcher meistens aus einer Handlung bzw. einer Folge von mehreren Handlungen entspricht und einer bestimmten Sache oder einem Zweck dient.[1121] Ziele können auch als Vorstellungen über einen zukünftigen Zustand verstanden werden, welche durch die Umsetzung des Plans bzw. der Pläne erreicht werden sollen.[1122] Ein Ziel beinhaltet immer eine Aussage mit normativem Charakter. Es lässt sich wie folgt definieren:

> Ein Ziel ist ein angestrebter und somit in der Zukunft liegender Zustand, der aus einer bestimmten Handlung oder einer Folge von Handlungen resultiert.

Darst. 2.01: Definition Ziel

Häufig wird in diesem Zusammenhang folgendes Zitat genannt: „Wer den Hafen nicht kennt, in den er segeln will, für den ist kein Wind ein günstiger."[1123] Oder: „Wenn man nicht weiß, welchen Hafen man ansteuert, ist kein Wind günstig." Soll sagen: Jeder Wind ist prinzipiell ein günstiger oder kein günstiger. Der Wind (im übertragenen Sinne die Mittel, Wege und Maßnahmen) besitzt letztlich jedoch keine Relevanz, wenn das Ziel nicht bekannt ist.

Eine Entscheidung für bestimmte Geschäftsfelder bzw. die Auswahl und Bearbeitung von Märkten und Marksegmenten, die Erarbeitung von Strategien und (Einzel-)Maßnahmen, deren Umsetzung und spätere Kontrolle im Sinne von Effektivität und Effizienz setzt immer das (vorherige) Vorhandensein von Zielen voraus.[1124] Ohne die Bestimmung von Zielen würden den Entscheidern im Unternehmen klare Bezugspunkte und die Orientierung für ihre Handlungen

---

[1121] Vgl. die ausführliche Diskussion zum Thema „Ziele" u. a. bei MACHARZINA, K., WOLF, J.: a. a. O., S. 223–248.

[1122] Vgl. STOI, R., DILLERUP, R.: a. a. O., S. 346.

[1123] SENECA, L. A.: Epistulae morales ad Lucilium (Moralische Briefe an Lucilius), Briefe (epistulae) VIII, LXXI, 3. Im Original lautet der Satz: „Ignoranti quem portum petat nullus suus ventus est."

[1124] Vgl. KUBICEK, H.: Unternehmungsziele, Zielkonflikte und Zielbildungsprozesse, in: Wirtschaftswissenschaftliches Studium, 10. Jg., 1981, H. 10, S. 458.

fehlen.[1125] Kurz gesagt, **jegliche Entscheidung** (mit Ausnahme der Festlegung von Kriterien zur Bestimmung eines Ziels) **bedingt die vorherige Festlegung eines Ziels**. Um es einmal plastisch auszudrücken: Es macht keinen Sinn, einen Skianzug in den Koffer zu packen, wenn im Vorhinein als Ziel eine Urlaubsreise auf die Malediven[1126] ausgewählt wurde.

Die **Formulierung von Zielen** ist somit eine der **Grundfunktionen von Unternehmen**.[1127]

2.1 Funktionen von Zielen

Die Bedeutung von Zielen war bereits vorab kurz angerissen worden: Unternehmerisches Handeln sollte – wie jedes zweckgerichtete Handeln – möglichst rational begründet sein. Das bedeutet, der Entscheider sollte sich im Rahmen seines Zielplanungs-/-entscheidungsprozesses (s. o. Ziel-Führungsprozess) Klarheit über seine Ziele verschaffen, d. h. die Konsequenzen alternativer Zielsetzungen und der daraus abzuleitenden Handlungsmöglichkeiten ex ante überdenken. Die Relevanz von Zielen wird bei näherer Betrachtung der Funktionen von Zielen deutlich:

- Orientierungsfunktion
- Identifikations- und Motivationsfunktion
- Informationsfunktion
- Koordinationsfunktion
- Konfliktlösungsfunktion
- Bewertungsfunktion
- Entscheidungs-/Selektionsfunktion
- Kontrollfunktion
- Legitimationsfunktion

Darst. 2.02: Funktionen von Zielen

- **Orientierungsfunktion**: Wie bereits oben beschrieben dienen Ziele den Entscheidern im Unternehmen als Orientierung. Ohne jegliche Orientierung wäre ein Planen und Entscheiden ziellos. Eine zielorientierte Kontrolle von Maßnahmen in Bezug auf ihre Effektivität und

---

[1125] Vgl. KREIKEBAUM, H., GILBERT, D. U., BEHNAM, M.: a. a. O., S. 67.

[1126] Die Tiefsttemperatur wird auf den Malediven zwischen Oktober und Dezember mit 27 °C erreicht.

[1127] Vgl. GROCHLA, E.: Einführung in die Organisationstheorie, 2. Aufl., Stuttgart 1991, S. 12.

Effizienz wäre nicht möglich. Ziele liefern klare Bezugspunkte für das Handeln der Mitarbeiter.

- **Identifikations- und Motivationsfunktion**: Anspruchsvolle, aber erreichbare Ziele, mit denen sich die Mitarbeiter identifizieren, wirken auf die Belegschaft motivierend.
- **Informationsfunktion**: Dem Wunsch nach Offenheit und Transparenz kann gefolgt werden, wenn das Unternehmen relevante Anspruchsgruppen (z. B. aktuelle und/oder potenzielle Investoren und Analysten, Kreditgeber, Mitarbeiter oder die interessierte Öffentlichkeit) über die Ziele des Unternehmens informiert. So fördern nachvollziehbare und überprüfbare Ziele die Bereitschaft von Kapitalgebern, in ein Unternehmen zu investieren. Nachteilig an dieser Strategie ist, dass im Falle von negativen Zielabweichungen diese Zielgruppe sich entsprechend schnell vom Unternehmen abwenden kann.
- **Koordinationsfunktion**: Sind mehrere Akteure an verschiedenen Stellen im Unternehmen tätig, können ihre Handlungen über gemeinsame (Ober-)Ziele vertikal und horizontal koordiniert werden. Sofern die (Einzel-)Ziele einer jeden Organisationseinheit mit dem Oberziel (vertikal) abgestimmt werden, wird das Oberziel über die Erreichung der Einzelziele erfüllt. Die Koordinationsfunktion ist ein Kernelement des MbO-Konzepts, etwa im Rahmen der divisionalen Organisation[1128] oder der Zielvereinbarung zwischen einer Führungskraft und den ihm unterstellten Mitarbeitern.
- **Konfliktlösungsfunktion**: Ähnlich der horizontalen Koordination können Ziele im Falle eines Konflikts zur Lösung beitragen: Bei zwei (oder mehr) konfliktären Zielen zweier (oder mehrerer) Organisationseinheiten kann das Oberziel konfliktlösend wirken, indem das Organisationsziel gewählt wird, das besser zur Zielerreichung des Oberziels beiträgt.
- **Bewertungsfunktion**: Mittels der verwirklichten Zielerreichung kann bei operationalen Zielen ex post festgestellt werden, wie groß der Nutzen der gewählten Handlung war. Ein Ziel dient damit auch als Maßstab für den Erfolg. Somit können Ziele, genauer: Zielerreichungsgrade auch Anhaltspunkte für eine Leistungsbeurteilung liefern.
- **Entscheidungs-/Selektionsfunktion**: Alternative Handlungsmöglichkeiten können anhand der prognostizierten Zielerreichungsgrade ex ante verglichen werden, sodass anhand der besten Zielerfüllung die zugehörige Entscheidungsalternative ausgewählt wird. Im Nachgang sollte dann geprüft werden, ob und inwieweit die Maßnahme zur Erreichung des Ziels tatsächlich beigetragen hat (s. Bewertungsfunktion).
- **Kontrollfunktion**: Messbare Ziele können dahingehend kontrolliert werden, ob der angestrebte Erfolg erreicht wurde bzw. wie groß die Abweichung zwischen dem gewünschten und dem erreichten Zielerreichungsgrad ist (Performance Measurement).
- **Legitimationsfunktion**: Eine Entscheidung für eine Maßnahme, die bspw. unpopulär ist, lässt sich gegenüber den Stakeholdern des Unternehmens mit Hilfe eines übergeordneten Ziels – unterstellt wird eine formallogisch richtige Ableitung – begründen und rechtfertigen; beispielsweise dann, wenn als ultima ratio betriebsbedingte Kündigungen notwendig werden,

---

[1128] Vgl. BEA, F. X., HAAS, J.: a. a. O., S. 78.

um das gesamte Unternehmen zu „retten". Glaubwürdige und allgemein akzeptierte Legiti-
mationen basieren häufig auf ethischen Begründungen, die eine emotionale Komponente be-
inhalten wie z. B. „Erhaltung von Arbeitsplätzen", „Umweltverträglichkeit oder -förderung",
„Reduzierung der Kindersterblichkeit", Verbesserung der Umwelt", „Fairer Handel/Faire
Preise für die Dritte Welt". Grenzwertig wird eine solche Argumentation, wenn sie von den
Rezipienten als „Greenwashing" bewertet wird.[1129]

[1129] Zum Thema „Greenwashing" wird auf die Ausführungen im Unter-Unterabschnitt 6.2.3.2 „Kontrollgrößen, Vergleichswerte, Bewertungsverfahren und -probleme" verwiesen.

2.2 Zielhierarchie des Unternehmens und Fristigkeit von Zielen

Ziele können von einzelnen Personen oder einer Gemeinschaft (einer Gesellschaft, einer Organisation wie z. B. das Unternehmen oder einer Gruppe) entwickelt werden. Diese Ziele werden im Falle einer Organisation entweder der Organisation insgesamt oder einer ihrer Organisationseinheiten zugeordnet. Für diese gelten sie in dem jeweiligen Planungszeitraum.

Wird ein Ziel von den dazu legitimierten Akteuren eines Unternehmens **für die gesamte Organisation** festgelegt, kann dieses **Unternehmensziel**[1130] wie folgt definiert werden:

> Ein Unternehmensziel ist ein von einem Unternehmen angestrebter und somit in der Zukunft liegender Zustand, der aus einer bestimmten Handlung oder einer Folge von Handlungen resultiert. Es wird vom Top-Management eines Unternehmens bestimmt und ggf. von dessen Aufsichtsgremium ratifiziert.

Darst. 2.03: Definition Unternehmensziel

In der vorliegenden Festlegung wird der Gründer eines Unternehmens, der ein Unternehmensziel erstmalig festsetzt, mit dem Top-Management gleichgesetzt.

Bereichsziele sind Ziele, die einem Bereich zugeordnet werden; Abteilungsziele besitzen ihre Gültigkeit für eine Abteilung.

Im Allgemeinen werden aus der Vision, sofern vorhanden, die normativen Unternehmensziele und danach aus diesen die strategischen Ziele abgeleitet. Dies veranschaulicht die folgende Abbildung:

[1130] Sie werden im angelsächsischen Sprachraum als objectives oder corporate goals bezeichnet.

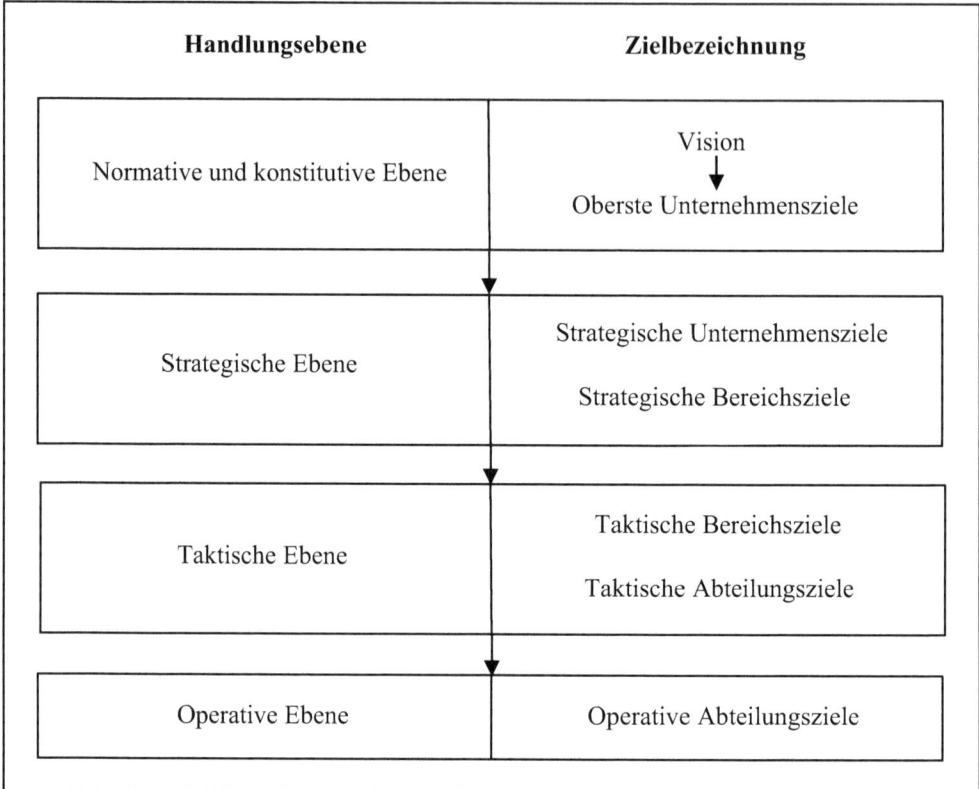

Handlungsebene	**Zielbezeichnung**
Normative und konstitutive Ebene	Vision ↓ Oberste Unternehmensziele
Strategische Ebene	Strategische Unternehmensziele / Strategische Bereichsziele
Taktische Ebene	Taktische Bereichsziele / Taktische Abteilungsziele
Operative Ebene	Operative Abteilungsziele

Darst. 2.04: Zielhierarchie des Unternehmens

In der vorgestellten Zielhierarchie wird von den vier Planungsebenen normativ und konstitutiv, strategisch, taktisch und operativ ausgegangen.[1131] Neben den konstitutiven Entscheidungen liefert die **normative Planung**, die aus der Unternehmensphilosophie abgeleitet wird, den **äußeren Rahmen für alle Teilplanungen** des Unternehmens. Die dort getroffenen Entscheidungen (Werte, Normen, Grund und Zweck des Unternehmens, Ziele) gelten für das ganze Unternehmen **generell** und prinzipiell **unbefristet**, d. h. bis auf Widerruf. In der **strategischen Planung** wird grob skizziert, welche Maßnahmen wann und wie durchgeführt werden sollen, um die unternehmenspolitischen (strategischen) Zielvorstellungen zu verwirklichen. Da sich die strategische Planung oft auf einen Zeitraum von fünf bis zehn Jahren bezieht, wird sie auch als **langfristige Planung** bezeichnet. Diese Gleichsetzung von strategisch und langfristig ist jedoch mit

---

[1131] Vgl. die Abgrenzung der Planungsebenen im Paragrafen 1.6.5.6 „Planung nach den Planungsebenen".

Vorsicht zu genießen. Strategische Pläne können einen relativ kurzen Zeithorizont aufweisen, ohne dass sie gleich als operative Pläne zu charakterisieren wären. Bspw. dann, wenn einem Unternehmen ein anderes überraschend, etwa aus der Insolvenzmasse, angeboten wird.[1132] In der strategischen Planung geht es um die Sicherung und die Entwicklung neuer Erfolgspotenziale[1133] bzw. um die Erreichung von Wettbewerbsvorteilen. Die **taktische Planung** ist darauf ausgerichtet, die strategischen Vorstrukturierungen und Abgrenzungen inhaltlich (durch mehrperiodige Ziele und Maßnahmen) zu konkretisieren, um die bestehenden und erkannten Erfolgspotenziale eines Unternehmens bestmöglich zu nutzen. Es geht hier neben den taktischen Zielen konkret um die Erstellung und Bewertung mittelfristiger Aktionsprogramme und Verfahrensregeln; also beispielsweise um mittelfristige Beschaffungs-, Produktions-, Absatz-, Finanzierungs-, Investitions- und Personalausstattungs- und -entwicklungspläne[1134] sowie mittelfristige Produktziele. Auch der Erhalt der Zahlungsfähigkeit ist ein wichtiger Bestandteil der taktischen Planungen. Zu den taktischen Planungen gehören oft auch Projekte.[1135] Der Planungszeitraum liegt zwischen ein und drei Jahren. Insofern ist sie **mittelfristig** ausgelegt. Die **operative Planung** ist eine sehr aufgegliederte und exakte Planung und erfolgt auf der untersten hierarchischen Planungsstufe i. d. R. durch die Leitung des jeweiligen Funktionsbereichs. Allerdings werden die Planungsaufgaben meist an die untergeordneten Lineninstanzen delegiert. Welche Stelle die einzelnen Arbeiten erledigt, hängt in erster Linie von der konkreten Aufbauorganisation ab. Auch die operative Planung besteht aus Ziel- und Maßnahmenplanungen, die durch eine Erlös- und Kostenplanung ergänzt werden. Auf dieser Planungsebene liegen das Produktionsprogramm, die erwartete Nachfrage und die Kapazitäten sowie weitere Ressourcen weitestgehend fest. Die Steuerung erfolgt durch die höhere Führungsebene. Der Planungszeitraum in der operativen Planung beträgt in der Regel **maximal ein Jahr**. Die Fokussierung ist abteilungs- oder tätigkeitsbezogen.

Wie bereits in der Darst. 1.304 „Handlungsfelder der Führungsebenen" vorgestellt, wird auch in der vorstehenden Abbildung wird von drei Führungsebenen (Top-Management, Middle-Management, Lower-Management) im Unternehmen ausgegangen. Die Entscheidungen auf der normativen und konstitutiven Planungs-/Entscheidungsebene sind dem Top-Management (Geschäftsleitung) vorbehalten. Ebenso die strategischen Entscheidungen. Aber auch das Middle-

---

[1132] In manchen Fällen ist das sogar der bisherige Wettbewerber. So wurde bspw. 2006 die Hornitex Gruppe Gebr. Künnemeyer GmbH & Co. KG mit 1.400 Mitarbeitern im Zuge des Insolvenzverfahrens an die Sonae Indústria, Meia, Portugal veräußert, zu der zu diesem Zeitpunkt auch der bisherige Konkurrenz Glunz AG gehörte.

[1133] Siehe Paragraf 1.6.11.1.1.1 „Wettbewerbsvorteile und Erfolgspotenziale".

[1134] Insbesondere die Schaffung eines qualifizierten Führungspersonals und Mitarbeiterstamms sind hier zu nennen.

[1135] Ein Projekt ist ein einmaliges Vorhaben einer Aufgabenausführung. Unter Projektorganisation kann die Strukturierung von Systemen als Einzelvorhaben mit hohem Schwierigkeitsgrad und mit Risikobeziehung verstehen. Beispiele sind große Bauvorhaben, die Errichtung eines neuen Werkes, die Errichtung einer Niederlassung oder einer Tochtergesellschaft im Ausland, die Übernahme anderer Unternehmen, die Einführung eines Jahresarbeitszeitkontos etc.

Management (Funktionsbereichs- oder Geschäftsfeld-Leiter) trifft z. T. strategische Entscheidungen neben den taktischen. Das Lower-Management (Abteilungsleiter) fällt zu einem kleineren Teil taktische Entscheidungen, in den meisten Fällen aber operative.[1136] Zu den Entscheidungen, die hier zu treffen sind, gehören die Entscheidungen über die entsprechenden Ziele (und die Maßnahmen). Die **Zielbindungsdaue**r, d. h. der Zeitraum, für den die Ziele Gültigkeit besitzen, **nimmt parallel mit der Tragweite der Entscheidungen ab**.

[1136] Diese Überschneidungen bei den Entscheidungen waren bereits in der Darst. 1.304 „Handlungsfelder der Führungsebenen" zu sehen.

2.3   Ziel-Führungsprozess

Bevor näher auf die verschiedenen Arten von Zielen eingegangen wird, soll zunächst das Procedere bei der Findung eines Ziels näher betrachtet werden. Im Paragrafen 1.2.1.2 „Definition Unternehmensführung" war **Unternehmensführung** generell das **Entwickeln, Gestalten und Steuern eines sozialen Systems**, wie das Unternehmen eines ist, verstanden.[1137] In einer prozessorientierten Sichtweise lässt sich Unternehmensführung als **Führungsprozess**, auch **Managementprozess** oder **Problemlösungsprozess** genannt, darstellen.

Ein Führungsprozess bezieht sich immer auf zwei unterschiedliche Entscheidungen. Was soll wann/bis wann in welchem Ausmaß/Umfang erreicht werden (**Ziele**) und wie, d. h. mittels welcher **Maßnahmen/Aktivitäten** sollen diese Ziele erreicht werden. Maßnahmen ohne (vorherige Festlegung der) Ziele sind sinnlos, die Zielerreichung ohne Maßnahmen unmöglich. Dies bedeutet, dass der **Führungsprozess** grundsätzlich in **zweifacher Hinsicht durchlaufen werden muss: einmal für die Ziele des Unternehmens und einmal für die Strategien, Prozesse und Maßnahmen**, die zur Zielerreichung notwendig sind.[1138]

[1137] Vgl. ULRICH, H.: Management, Bern 1984, S. 114 ff.

[1138] Dies bedeutet nicht, dass der jeweilige Führungsprozess nur einmal stattfindet. Wie nachstehend noch zu lesen sein wird, werden die beiden Führungsprozesse im Laufe des Unternehmenslebens mehrfach durchlaufen: Immer dann, wenn im Rahmen einer Abweichungsanalyse im Hinblick auf die Zielerreichung festgestellt wird, dass ein Ziel nicht bzw. nicht in ausreichendem Maße erreicht wurde, beginnt ein neuer Führungsprozess.

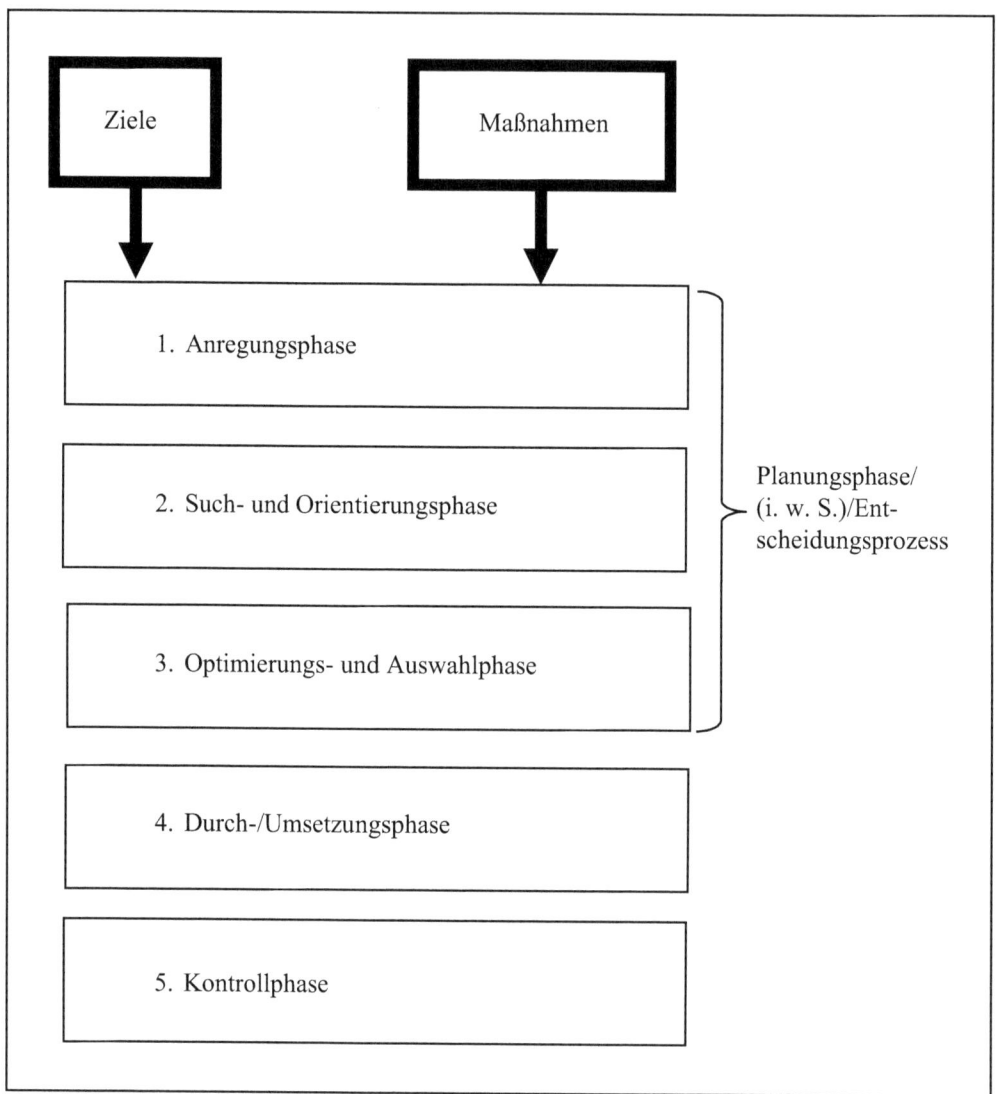

Darst. 2.05: Führungsprozess

Hier soll der **zielbezogene Führungsprozess** näher beschrieben werden.

Der zielbezogene Führungsprozess beginnt mit der **Anregungsphase**. In dieser Phase liegen – oft im Rahmen einer Kontrolle der Ziele zum Ende eines vorherigen Führungszyklus – i. d. R. Informationen über die zu verfolgenden Ziele des Unternehmens vor, die (möglicherweise) nicht mit den bisherigen Zielvorstellungen des Unternehmens übereinstimmen. Ursache können geänderte oder sich ändernde Zielvorstellungen der Stakeholder sein. Im Falle des Nachhaltigkeitsmanagements ist es bspw. denkbar, dass sich die Erwartungen relevanter Anspruchsgruppen wie z. B. NGOs gewandelt haben oder sich ein verstärkter Einfluss dieser Gruppen abzeichnet. Auch gesetzgeberische Maßnahmen sind oft der Auslöser für ein Überdenken der Unternehmensziele. Nicht zuletzt sorgt auch die sich dynamisch veränderte Umwelt des Unternehmens (z. B. Bedeutungswechsel gesellschaftlicher Werte, Änderung der Wettbewerbsstruktur oder der Strategien von Wettbewerbern) für eine Überprüfung der (bisher verfolgten) Ziele.

In der **Such- und Orientierungsphase** muss prinzipiell auf verschiedene Anforderungen geachtet werden. Aus dem Kanon der Planungsgrundsätze[1139] soll eine in diesem Kontext besonders wichtige herausgegriffen werden. Eine Anforderung besteht darin, dass alle relevanten Informationen und Daten im Rahmen der Zielbildung vollständig zusammengetragen, bearbeitet und kontrolliert werden. Diese Informationsbeschaffung erfolgt grundsätzlich entweder **planmäßig, kontinuierlich oder nach Bedarf**. Die optimale Ausgestaltung des Informationsbeschaffungszyklus hängt einerseits von den unternehmensspezifischen Gegebenheiten, der Branche und der Unternehmensgröße, und andererseits von den zur Verfügung stehenden Ressourcen ab. Grundsätzlich erhöhen sich die Anforderungen an die Zielbildung in Abhängigkeit von der Komplexität des Unternehmens und der Umwelt.[1140] Informationen hinsichtlich der (unterschiedlichen) Ziele im Unternehmen bzw. für das Unternehmen werden bspw. nach Erfüllung einer Vision, im Rahmen der strategischen, taktischen oder operativen Zielsetzung, bei der Zielplanung nach Zeithorizonten, vor der Erarbeitung der verschiedenartigen Strategien und Maßnahmenkataloge oder fallweise bei gravierenden Änderungen in der Unternehmensumwelt.

Ursprünglich ging die traditionelle betriebswirtschaftliche Theorie vom Konzept der Einpersonenunternehmung aus. Ziel des rational Entscheidenden (homo oeconomicus) war das Streben nach einem maximalen Gewinn bzw. nach einer maximalen Rentabilität. Diese Denkhaltung musste spätestens in den 60er Jahren des vergangenen Jahrhunderts aufgegeben werden, denn die empirischen Forschungen u. a. von Cyert/March zu Entscheidungsprozessen in Unternehmen machten deutlich, dass die **Bildung von Unternehmenszielen in Form von Aushandlungsprozessen** (engl. bargaining) im Rahmen eines kooperativen, formal strukturierten Zielbildungsprozesses stattfindet.[1141] Eine – eher seltene – Ausnahme davon stellt nur die Gründung

---

[1139] Vgl. die grundlegenden Bemerkungen im Unterabschnitt 1.6.3 „Planungsgrundsätze".

[1140] Vgl. ähnlich in Bezug auf die strategische Kontrolle WELGE, M., AL-LAHAM, A., EULERICH, M., a. a. O, S. 963.

[1141] Vgl. CYERT, R. M., MARCH, J. C.: A Behavioral Theory of the Firm, Englewood Cliffs 1963.

eines neuen Unternehmens durch eine Einzelperson dar, die zu Beginn des Unternehmenslebenslaufes eine Vision mit einem Ziel präsentiert. Wächst das Unternehmen im Laufe der Zeit und muss die alte Vision durch eine neue ersetzt werden, kann bzw. sollte der Unternehmensgründer i. d. R. nicht mehr allein entscheiden. Sinnvoll ist es, dass sich der Firmenpatriarch zumindest den Rat der Führungsmannschaft oder von externen Experten einholt. Viele zunächst sehr erfolgreiche Unternehmen wie z. B. Schlecker oder Nixdorf sind letztlich u. a. an dem vorgenannten Problem gescheitert. Die Zielbildung als Prozess von Abstimmungen zwischen hochrangigen Führungskräften empfiehlt sich auch für die aus den normativen Zielen abzuleitenden strategische Ziele. Alle nachgelagerten Ziele werden i. d. R. zwischen den betroffenen Handlungs- bzw. Führungsebenen abgestimmt.[1142] In welcher Form die einzelnen **unternehmensinternen Stellen beteiligt** werden können, wird im Unterabschnitt 1.6.7 „Koordination der Planung" grundsätzlich diskutiert.

Bereits im Abschnitt 1.1 „Unternehmen, Betrieb, Firma" wurde festgehalten, dass ein **Unternehmen als offenes System** definiert wird, welches vielfältige Beziehungen zur Unternehmensumwelt unterhält. Die **Umwelt** manifestiert sich als eine **Restriktion des Handlungsfeldes** (Entscheidungen über Ziele und Maßnahmen) **eines Unternehmens.** Sie ist **Gegenstand normativer, strategischer, taktischer und operativer Veränderungen.** Um eine sinnvolle Orientierung entwickeln zu können, ist eine Strukturierung und Bildung eines Verständnisses des komplexen Umfeldes unumgänglich.[1143] Bei der **Umweltanalyse** wird demzufolge das Ziel verfolgt, der Unternehmensführung möglichst sichere, vollständige und genaue **Informationen über das Umfeld des Unternehmens** bereitzustellen. Damit dieses Ziel erreicht werden kann, muss ein Bild von den relevanten Einflussfaktoren und deren Verknüpfung erarbeitet werden. Auf Grundlage der Vorstellungen dieser Zusammenhänge ist eine Zielbildung und die spätere Entscheidung über zielorientierte Maßnahmen sowie die Beurteilung bestehender Positionen erst möglich. Zu beachten ist, dass die Vorstellung der Zusammenhänge nur eine vereinfachte Form sein kann, da viele Anschlussmöglichkeiten zwischen den Umweltelementen existieren.

Bei der Umweltanalyse wird das externe Umfeld des Unternehmens systematisch dahingehend untersucht, ob sich mögliche Risiken und/oder Chancen für die gegenwärtige und zukünftige Unternehmenssituation erkennen lassen.[1144] Als Beispiel für eine Untersuchung der sog. Makro-

---

[1142] Vgl. hierzu die Darst. 1.304 „Handlungsfelder der Führungsebenen".

[1143] Vgl. SCHREYÖGG, K., KOCH, J.: Grundlagen des Managements, a. a. O., S. 256.

[1144] In der Literatur werden die Begriff Risiko und Chance unterschiedlich definiert. Es wird hier festgelegt, dass hier ein Risiko als die Gefahr einer möglichen negativen Abweichung eines realisierten Ergebnisses von einem erwarteten Ergebnis verstanden. Sie legen die Grenzen des Handlungsspielraums fest und stellen im schlimmsten Fall eine Bedrohung des Unternehmensbestandes dar. Chancen hingegen repräsentieren eine mögliche positive Abweichung und können einen Raum für neue Maßnahmen eröffnen.

Umwelt wird häufig die **PEST-Analyse,** auch **PESTEL-Analyse** oder **PESTLE-Analyse** genannt.[1145] Auch diese Analyse kann, wie alle anderen, allerdings Unsicherheiten nicht beheben, sondern sie nur in ein handhabbares Format bringen, wodurch folglich eine Entscheidung meistens nur unter Unsicherheit möglich ist. Das bedeutet, dass die Umweltanalyse ein Unternehmen nicht vor Überraschungen schützen kann, da sich die Sachverhalte auch anders entwickeln können.

Die Umweltanalyse wird nicht nur durchgeführt, damit das Unternehmen seine Struktur und Prozessorganisation optimal anpassen kann, sondern auch um die Umwelt möglicherweise gestalten und steuern zu können. Ein Beispiel hierfür wäre, dass das Unternehmen dem Eintritt eines prognostizierten Umweltereignisses (pro-)aktiv entgegengewirkt.

Um mögliche Ziele des Unternehmens auf den einzelnen Handlungsebenen bilden zu können,[1146] muss ein Unternehmen neben der externen Umweltanalyse auch eine **Unternehmensanalyse** durchführen. Ziel der Unternehmensanalyse ist es, **handlungsebenenbezogen** sowohl ein möglichst objektives **Bild der** gegenwärtigen und zukünftigen **Stärken und Schwächen des eigenen Unternehmens** im Vergleich zu denen der Konkurrenz aufzuzeigen, als auch **Aussagen über die vorhandenen bzw. zukünftigen Unternehmenspotenziale** zu gewinnen. Die Unternehmensanalyse befasst sich unter anderem mit der heutigen und zukünftigen Situation der Unternehmung hinsichtlich seiner Prozesse, Ressourcen und Kompetenzen sowie potenziellen Erfolgsfaktoren.

Eine erschöpfende **Umwelt- und Unternehmensanalyse ist als Voraussetzung für eine gewissenhafte Zielbildung** seitens **des Unternehmens** unabdingbar.

Im Rahmen der Such- und Orientierungsphase werden unterschiedliche Ziele ergründet, vorgeschlagen und diskutiert. Grundsätzlich ist dabei zu überlegen – wie dies schon vorab kurz angerissen wurde –,

- **ob Personen, Personengruppen oder ggf. Organisationen** (z. B. Unternehmensberater),
- in den Zielbildungsprozess **einbezogen** werden **müssen oder sollten,** und
- wenn ja, **welche.**

Die Beantwortung dieser Frage hängt zunächst einmal von der Art und dem Umfang der zu lösenden Problemstellung ab. Konkret **kommt es** bei der Einbindung von Mitarbeitern oder

---

[1145] PEST steht für die Faktoren Political, Economical, Socio-Cultural und Technological. Die PESTEL und die PESTLE-Analysen werden um die Faktoren Environmental und Legal ergänzt. Vgl. dazu die Ausführungen im Paragrafen 1.6.11.1.2 „Analyse der Makroumwelt".

[1146] Vgl. Darst. 2.04 „Zielhierarchie des Unternehmens".

Organisationen **auf die Tragweite der zu treffenden Entscheidungen** (Planungs-/Manage-mentebene) bzw. auf **die Fristigkeit von Zielen** (Planungshorizont) an.

Die Frage, ob andere Personen, Personengruppen oder ggf. Organisationen bei der Zielbildung beteiligt werden *müssen*, lässt sich allein schon aufgrund der Größe des Unternehmens, der Komplexität des Unternehmens und der Umwelt eindeutig mit „Ja" beantworten. Zudem existieren nicht nur eine Reihe **gesetzlicher Vorschriften**, die eine Beteiligung Dritter (aus Sicht der Unternehmenseigner/des Top-Managements) vorsehen. Hier sei bspw. auf das Betriebsverfassungsgesetz und das Mitbestimmungsgesetz hingewiesen. Aber auch andere Vorgaben der rechtlichen Umwelt wie Steuer- oder Umweltgesetze etc. mit den dort enthaltenen Zielvorstellungen machen eine **Berücksichtigung Dritter** bei der Zielbildung **unabdingbar**.

Die Frage, ob andere Personen, Personengruppen oder ggf. Organisationen bei der Zielbildung beteiligt werden *sollten*, lässt sich nicht nur deshalb ebenfalls mit einem „Ja" beantworten, weil allein faktisch die Macht, die andere Personen – direkt oder indirekt – in der Unternehmensumwelt, aber auch im Unternehmen selbst, die Unternehmen quasi „zwingen", diese Anspruchsgruppen zu berücksichtigen. Sondern auch, weil in dieser Phase der Orientierung und Suche nach Zielen aus dem Blickwinkel der Unternehmensethik, insb. der Nachhaltigkeit – wie dies thematisch unten noch zu zeigen sein wird – die Stakeholder, z. B. im Rahmen der Erstellung der Wesentlichkeitsmatrix, die eine gemeinsame Zielpriorisierung aus Unternehmenssicht und aus Sicht der Stakeholder (mit Ausnahme des Top-Managements und der Anteilseigner) veranschaulicht, verstärkt zu beteiligen sind.

Im Rahmen der Zielbildung befindet sich das Top-Management eines Unternehmens in einem normativen und strategischen **Paradox**. Zum einen sollten sie sich aufgrund ihrer gesellschaftlichen Bedeutung gegenüber allen Anspruchsgruppen (Stakeholder einschließlich der Teilmenge der Shareholder) verantwortlich zeigen und zum anderen werden sie als Organisationen angesehen, welche Gewinne für ihre Eigentümer (Shareholder), erzielen müssen und sollen.
In der Literatur werden daher zwei grundsätzliche Arten der Priorisierung der Anspruchsgruppen diskutiert: Der Stakeholder-Ansatz, auch als Stakeholder-Value-Konzept oder Stakeholder-Orientierung bezeichnet, und der Shareholder-Ansatz, auch bekannt als Shareholder-Value-Konzept oder Shareholder-Orientierung. Beide Ansätze vertreten **in ihrer Ausschließlichkeit Extrempositionen**. Der **Stakeholder-Ansatz** – zunächst als *gleichstellungstheoretisches* Konstrukt formuliert – stellt die Interessen *aller* Anspruchs- bzw. Interessengruppen (Stakeholder) in den Fokus der Unternehmensentscheidungen. Bei der Zielbildung werden die Interessen aller Anspruchsgruppen *gleichberechtigt* berücksichtigt.[1147] Dabei wird unterstellt, dass alle Gruppen für die Existenz und das Handeln eines Unternehmens notwendig sind. Deshalb sind sie berech-

---

[1147] Vgl. STOI, R., DILLERUP, R.: a. a. O., S. 135, HUNGENBERG, H., WULF, T.: a. a. O., S. 48.

tigt, in die Zielbildung eines Unternehmens aufgenommen zu werden. Normative und strategische Unternehmensziele sind auf die Interessen aller Unternehmensgruppen ausgerichtet und werden in einem sog. **Stakeholder-Value** zusammengefasst. Demgegenüber ist das Unternehmen beim **Shareholder-Ansatz** *ausschließlich* den Interessen der Unternehmenseigentümer verpflichtet – sofern dem nicht gesetzliche Vorgaben entgegenstehen.[1148] In einem marktwirtschaftlichen System – die Adjektive sozial oder ethisch können hier nicht mit verwendet werden – leitet sich das Recht zur alleinigen Festlegung von Unternehmenszielen aus dem Eigentum am Unternehmen ab. Das oberste Ziel des Unternehmens lautet dann Wertorientierung. Letztere wird verkörpert durch das Erfolgskriterium **Shareholder-Value** (Unternehmenswert = Wert des Eigentümervermögens), der auf verschiedene Arten berechnet werden kann. Die wichtigsten Bestimmungsfaktoren des Shareholder-Value sind die zukünftig zufließenden, diskontierten Zahlungsströme in Form von Dividenden und risikoadjustierten (Eigen-)Kapitalkosten.

Die normative Frage, ob Unternehmen die Stakeholder-Orientierung oder die Shareholder-Orientierung bevorzugen sollten, ist Gegenstand zahlreicher Diskussionen. Zumindest in den westlichen Marktwirtschaften wird in Wissenschaften und Unternehmenspraxis **überwiegend den Eigentümerinteressen der Vorrang** eingeräumt. Das im Art. 14 GG als Grundrecht verankerte Eigentum ist nach deutschem Rechtsverständnis ein Herrschaftsrecht über einen Vermögenswert. Für das Privatrecht definiert § 903 BGB das **Eigentum als Herrschaft einer Person über eine Sache.** Insofern kann der Eigentümer nach freiem Ermessen über sein Eigentum verfügen und andere von jeglicher Einwirkung ausschließen, sofern nicht das Gesetz oder Rechte Dritter diese Verfügungsgewalt einschränken. Da die Eigentümer die einzige Interessengruppe sind, die nur Anspruch auf einen unsicheren Saldo aller Erträge und Aufwendungen aus der Unternehmenstätigkeit, den Gewinn, hat, ist der **Eigentümer in besonderer Weise von den Unternehmensentscheidungen betroffen.** Der Gewinn zählt zu den **Existenzbedingungen der Unternehmung** als Institution.[1149] Letzterer ist erforderlich, um mindestens das Eigenkapital zu erhalten und eine angemessene Verzinsung des Eigenkapitals zu ermöglichen. Anderenfalls ließen sich weder Anteilseigner noch Kreditgeber finden. Das wiederum stellt u. a. die Grundvoraussetzung für die Schaffung und Erhaltung von Arbeitsplätzen dar. Eine Organisation wie das Unternehmen existiert erst dadurch, dass es Eigentümer gibt, die im Hinblick auf die Vergütung der risikoadäquaten Kapitalkosten und darüber hinaus auf eine von ihnen zu erwartende Dividende bereit sind, das unternehmerische Risiko zu tragen. Ein weiteres Argument ist, dass Gewinne und/oder eine Erhöhung des Unternehmenswerts auch im Interesse aller Stakeholder sind

---

[1148] Da eine freie Marktwirtschaft aus sozialen oder – weitergehend – ethischen Gründen (z. B. Ungleichheiten, Ungerechtigkeiten, Klimaschäden) zu erheblichen gesellschaftlichen Spannungen führen würde, nimmt der Gesetzgeber Eingriffe in die freie Marktwirtschaft vor, mit der Folge, dass Eigentumsrechte eingeschränkt werden (können). Derartige Beschränkungen sind sorgfältig zu prüfen und eingehend zu begründen.

[1149] Vgl. SCHIERENBECK, H., WÖHLE, C. B.: a. a. O., S. 74, SILLER, H., GRAUSAM, A.: Selbstcontrolling für Selbständige und kleine Unternehmen, Wiesbaden 2013, S. 173.

und sein müssen, da diese Gewinne bzw. der Unternehmenswert für eine Verteilung an die Stakeholder zur Verfügung steht, z. B. in Form von Steuern, mittels derer etwa erhebliche Teile der Sozialversicherung oder Infrastruktur oder Bildung finanziert werden. Darüber hinaus werden folgende drei Gründe für eine Wertorientierung angeführt:

Erstens: Wegbereiter für die Akzeptanz einer verstärkten Wertorientierung in den späten 1980er Jahren war eine Mergers & Acquisitions[1150]-Welle. Im Zuge dieser kam es zu einer gestiegenen Anzahl von feindlichen Unternehmensübernahmen. Die Gründe dafür waren falsche Entscheidungen u. a. in Form von **unökonomischen Investitionen oder ungeeigneten Diversifikationen**. Folglich entstanden sogenannte **Wertlücken**, eine Diskrepanz zwischen dem Wert, den ein Unternehmen besäße, wenn es die Maximierung des Unternehmenswertes als Ziel gehabt hätte, und dem Wert des Unternehmens aus aktueller Marktsicht. Diese Lücke wurde ausgenutzt, um die Unternehmen „unter Wert" zu übernehmen und anschließend zu zerschlagen. Somit war der erste Beweggrund für die Akzeptanz der Wertorientierung die **Wertlückenschließung**.[1151]

Zweitens: Grundsätzlich soll eine Unternehmensverfassung dazu beitragen, dass die Unternehmensführung, gleich welche Person diese Position bekleidet, tatsächlich **im Interesse der Eigentümer** des Unternehmens unter Berücksichtigung bzw. Beachtung der gesetzlich fixierten Einflussmöglichkeiten verschiedener Stakeholder handelt, d. h. **die** (ggf. aus der Vision abgeleiteten) **Ziele der Eigentümer auf der Basis ihrer sonstigen unternehmenspolitischen Vorstellungen** (Wertekatalog einschließlich Unternehmensphilosophie, Mission) **verfolgt**.[1152]

Nun ist es aus vielerlei Gründen (z. B. Arbeitsteilung, mangelnde Fachkompetenz, Geschäftsführungsverbot gemäß § 6 Abs. 2 GmbHG etwa bei erfolgten Verurteilungen bei Insolvenzverschleppung, unrichtigen Darstellungen, Betrug, Computerbetrug, Kreditbetrug, Untreue) so, dass die Eigentümer ein Unternehmen nicht führen dürfen, können oder wollen. Gleiches kann auch für einen einzelnen Inhaber eines Unternehmens zutreffen. In den vorgenannten Fällen wird dann eine Person oder mehrere vom Eigentümer (**Principal**) mit der Führung der Geschäfte betraut.

[1150] Dieser Begriff lässt sich am ehesten mit „Unternehmenszusammenschlüsse und Unternehmensübertragungen" übersetzen. M&A umfassen Fusionen, Verschmelzungen, Unternehmenskäufe etc.

[1151] Vgl. RAPPAPORT, A.: Shareholder Value: Ein Handbuch für Manager und Investoren, 2. Aufl., Stuttgart 1999, S. 1 f.

[1152] Vgl. im Folgenden: WÖRDENWEBER, M.: Normatives Management, a. a. O., S. 203–209.

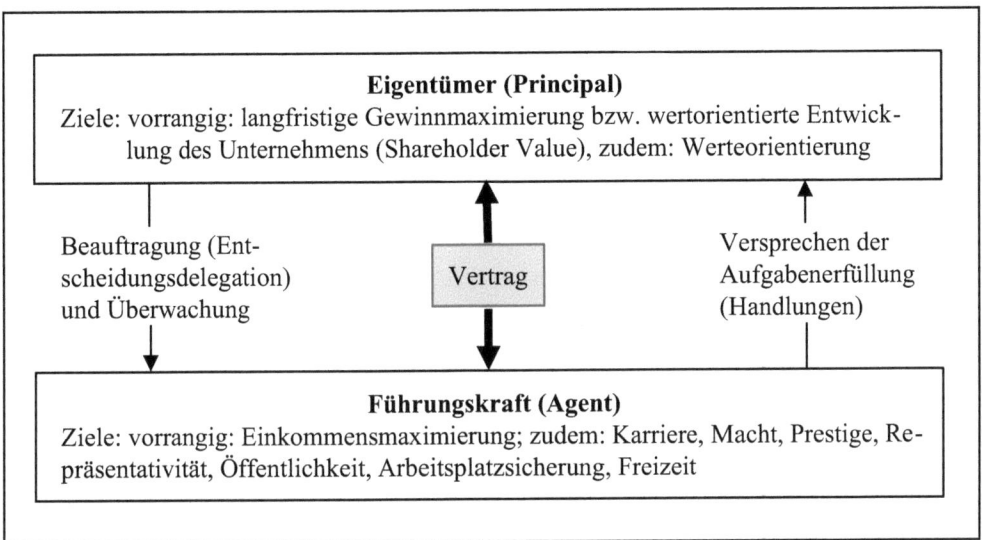

Darst. 2.06: Principal-Agent-Beziehung zwischen Eigentümer und Führungskraft

Damit übernimmt eine beauftragte Person, die als **Agent** bezeichnet wird, die Verantwortung für das Unternehmen und hat die Verfügungsgewalt über das Unternehmen inne, obwohl sie i. d. R. nicht Eigentümer des Unternehmens ist und somit auch nicht das Kapitalrisiko trägt und folglich keinen Anspruch auf den erwirtschafteten Gewinn hat. Es erfolgt somit eine Delegation von Entscheidungen auf den Agenten, während das Risiko von Fehlentscheidungen beim Prinzipal verbleibt. Diese Divergenz führt zu einem Regelungsbedarf, der im Rahmen der Unternehmensverfassung zu lösen ist.

Kernfrage der **Principal-Agent-Theorie** (Principal-Agent-Ansatz, Agenturansatz, Agency Theory) ist, ob die Zielsetzungen bzw. Interessen des Principals und des Agenten identisch sind, und wenn dies – wie zu vermuten ist – nicht der Fall sein sollte, wie dann die Beziehungen zwischen dem Auftragnehmer (Agent) und dem Auftraggeber (Principal) optimal gestaltet werden können.

Im Folgenden werden zunächst die Ziele von Eigentümern (Principal) und Führungskräften (Agent) untersucht. Grundsätzlich wird davon ausgegangen, dass die Akteure stets ihren **individuellen Nutzen maximieren**. Eigentümer, die ihr Geld in das Unternehmen investiert haben, streben in erster Linie eine langfristige Gewinnmaximierung bzw. wertorientierte Entwicklung des Unternehmens (Shareholder Value) an. Demgegenüber wird bei den Führungskräften unterstellt, dass sie ihr Einkommen maximieren möchten. Daneben können andere Ziele wie Karriere, Macht, Prestige (auch Luxus seiner Arbeitsumgebung), Repräsentativität, Öffentlichkeit, Arbeitsplatzsicherung oder Freizeit vorliegen. Die Prinzipal-Agent-Theorie geht davon aus, dass ein Interessenkonflikt zwischen dem Eigenkapitalgeber (Prinzipal) und dem Manager (Agent) eines Unternehmens besteht.[1153] Um diesen Interessenkonflikt zu lösen, bedarf es **Anreize für ausgewählte Akteure** im Unternehmen, die sich **im Rahmen eines wertorientierten Unternehmens** integrieren lassen.

Drittens: Als weiterer Beweggrund ist anzuführen, dass durch eine zunehmende Globalisierung der Finanzmärkte Unternehmen gezwungen werden, die **Kapitalbeschaffung als Wettbewerb** zu betrachten.[1154] **Unternehmen mit einem hohen Unternehmenswert eröffnen sich dabei vorteilhafte Handlungsoptionen hinsichtlich der Finanzierung ihrer Unternehmensaktivitäten.**[1155] Unternehmen mit einem niedrigeren Unternehmenswert bleiben diese verwehrt.

Wie oben bereits angemerkt, wird die **Herrschaft über das Eigentum eingeschränkt.** Eine grundsätzliche Begrenzung findet sich bereits in Art. 14 Abs. 2 GG, wonach „Eigentum verpflichtet": „Sein Gebrauch soll [...] dem Wohle der Allgemeinheit dienen." Nicht nur dieser wirtschaftsethische Grundsatz führte letztlich dazu, dass die Gewinnmaximierung in ihrer reinsten Form – analog zum Konzept der *freien* Marktwirtschaft resp. des Unternehmers als ausschließlich rational handelnde Persönlichkeit (homo oeconomicus) – mehr oder weniger abgelöst wurde und wird durch das **Prinzip der beschränkten Gewinnerzielung.** Auch kann ein Unternehmen nur dann langfristig bestehen, wenn es neben den Interessen der Shareholder auch die der übrigen Stakeholder, in welchem Umfang auch immer, berücksichtigt. Allerdings ist die Extremposition, *alle* Stakeholder *gleichberechtigt* zu berücksichtigen, utopisch. Schon deshalb, weil es angesichts der konfliktären Ziele unter ihnen (s. u.), schon theoretisch nicht möglich ist.[1156] Abgesehen davon würde angesichts der Vielfalt der Ziele die Koordination derselben, insbesondere die Operationalisierung der Ziele, derart erschwert, dass eine Zielbildung praktisch nicht möglich ist. Das heißt aber nicht, dass die Stakeholder mit Ausnahme der Anteilseigner/des Top-Managements außer Acht bleiben sollten. Im Gegenteil. Angesichts der Tatsache, dass u. a. motivierte und zufriedene Mitarbeiter das „Rückgrat" des Unternehmens bilden und diese somit eine wertvolle strategische Ressource darstellen oder das (wohlwollende) Votum bedeutsamer Einflussgruppen für die Akzeptanz des Unternehmens in der Öffentlichkeit und damit für den (nachhaltigen) Unternehmenserfolg entscheidend sein kann, gilt in der Praxis

---

[1153] Vgl. BECK, R.: Erfolg durch wertorientiertes Controlling: Entscheidungen unterstützende Konzepte, Berlin 2003, S. 20.

[1154] Vgl. BRITZELMAIER, B.: Wertorientierte Unternehmensführung, 2. Aufl., Herne 2013, S. 16.

[1155] Vgl. COENENBERG, A. G., SALFELD, R., SCHULTZE, W., a. a. O., S. 8.

[1156] Auf dieses Problem, insbesondere das Erfordernis eines interpersonellen Nutzenvergleichs, gehen bspw. Hungenberg/Wulf ausführlicher ein: HUNGENBERG, H., WULF, T.: a. a. O., S. 49–50.

primär der Shareholder-Ansatz. Dieser berücksichtigt mehr oder weniger die (berechtigten) Interessen der Stakeholder mit Ausnahme der Anteilseigner/des Top-Managements. Allerdings werden wegen der oben genannten Probleme bei der Zielbildung nur die *relevanten* Anspruchs-gruppen einbezogen. Eine der schwierigsten Aufgaben der Unternehmensführung liegt darin, **auf der Basis einer in erster Linie wertorientierten und nachhaltig gewinnorientierten Zielvorstellung**[1157] einen im Übrigen **zielbezogenen Konsens zwischen den relevanten Sta-keholdern** zu finden. So stellen Bühner/Stiller/Tuschke bei fast 70 % der von ihnen untersuch-ten DAX-Konzerne wertbasierte Führungssysteme fest, die sich an Kennzahlen orientieren, die den Shareholder-Value repräsentieren.[1158] Diese vorrangige Shareholder-Value-Orientierung, d. h. die Ausrichtung an den Interessen der Anteilseigner, stellt auch Happel bei börsennotierten Unternehmen fest.[1159]

Der – im Allgemeinen – soziale Prozess der Zielbildung gestaltet sich in der Unternehmenspra-xis häufig schwierig, weil neben die **Ziele des Unternehmens** die **Ziele** der Individuen **für das Unternehmen** und die **Individualziele** (Ziele in der Unternehmung)[1160] treten. Insbesondere bei Reorganisationen spielen die individuellen Ziele der Mitarbeiter eine nicht zu unterschät-zende Rolle, wenn die Vorstellungen hinsichtlich des sozialen Status, der Vergütung, der Auf-gaben (Umfang, Qualität etc.) oder der Kompetenzen tangiert sind.[1161] Im vorliegenden Fall werden die Grundzüge der **Koalitionstheorie** deutlich. Ausgehend davon, dass ein Unterneh-men keine eigenständigen Ziele besitzt, sondern nur Personen, Personengruppen oder Organi-sationen, die mit der Unternehmung in einer Beziehung stehen, Ziele innehaben können, werden deren Ziele dann zu Zielen des Unternehmens, wenn sie dem Unternehmen bekanntgemacht und vom Top-Management verbindlich übernommen werden.[1162] Die einzelnen Personen, Ge-meinschaften oder Organisationen versuchen, eine Relation zum Unternehmen aufzubauen, d. h. eine Koalition einzugehen, die es erlaubt, die individuellen Ziele (besser) zu erreichen. Je besser dies den Genannten gelingt, umso höher ist der entsprechende Nutzen. Um diesen Nutzen zu realisieren, müssen die Personen, Personengruppen oder Organisationen allerdings auch eine „Gegenleistung"[1163] erbringen.

[1157] Vgl. HINTERHUBER, H. H.: a. a. O., S. 109, MACHARZINA, K., WOLF, J.: a. a. O., S. 247.

[1158] Vgl. BÜHNER, R., STILLER, P., TUSCHKE, A.: Legitimität und Innovation, Einführung wertorientierten Mana-gements in Deutschland, in: ZfbF, Jg. 56, 2004, H. 12, S. 721.

[1159] HAPPEL, M.: Shareholder-Value-Ansatz: Implementierungslücke im Controlling deutscher Unternehmen? Ergeb-nisse einer empirischen Untersuchung, in: Controlling, 2002, H. 4, S. 279 f.

[1160] Deren Ziele werden in der Betriebswirtschaftslehre durch Motiv- und Bedürfnistheorien (vgl. etwa die Mas-low'sche Pyramide der Bedürfnisse) sowie durch Lerntheorien erklärt.

[1161] Vgl. VAHS, D.: a. a. O., S. 12, 488–489.

[1162] Vgl. etwa HUNGENBERG, H., WULF, T.: a. a. O., S. 45-46, STAEHLE, W.: Management. Eine verhaltenswis-senschaftliche Perspektive. 8. Aufl., München 1999, S. 431 ff.

[1163] Dies könnte beispielsweise ein Verzicht auf bestimmte Aktionen (z. B. Boykott) oder die Übernahme bestimmter Unterstützungsleistungen sein.

Nach Art der **Anreize** und **Beiträge** lassen sich diese nach unterschiedlichen Anspruchsgruppen wie nachstehend veranschaulichen.

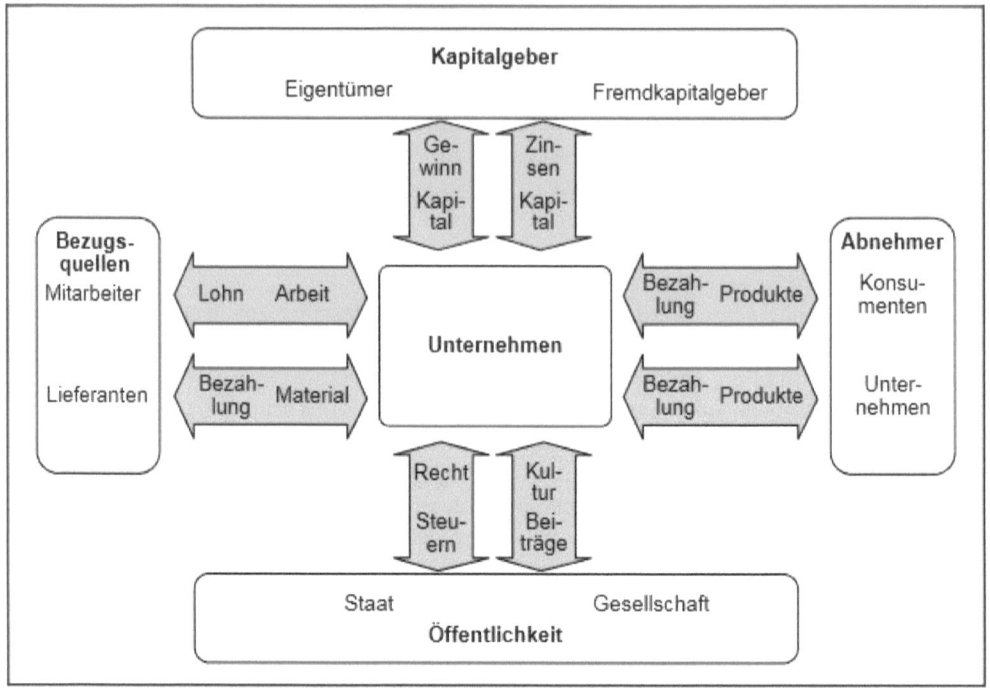

Darst. 2.07: Koalitionstheoretische Interpretation des Unternehmens
(Entnommen: HUNGENBERG, H., WULF, T.: a. a. O., S. 51.)

Vorab war festgehalten worden, dass auch die Ziele der Stakeholder, die nicht Anteilseigner sind, mit bedacht werden sollten bzw. müssen. Den heutigen Auffassungen liegt daher der **Gedanke einer interessenpluralistischen und Mehrpersonenunternehmung** zugrunde, die **im Wege des Aushandelns die Interessen der relevanten Anspruchsgruppen mit berücksichtigt** und **für alle maßgeblichen Stakeholder auf der Basis einer primär wertorientierten** bzw. **nachhaltig gewinnorientierten Zielvorstellung konsensfähige Unternehmensziele zu erreichen** versucht. Die Anspruchsgruppen sind jedoch hinsichtlich ihrer Ziele alles andere als homogen, wie die nachstehende Tabelle zeigt.

Stakeholder	Mögliche Erwartungen
Anteilseigner	Steigerung des Shareholder Value, angemessene Verzinsung des Eigenkapitals (u. a. Dividende), Macht, soziales Prestige
Management	Einkommen, Kontrolle, Macht, Status, Gewinn, Sicherheit
Mitarbeiter	Einkommen, Arbeitsplatzsicherheit, humane Arbeitsbedingungen, Work-Life-Balance, Sinn, Spaß an der Arbeit, gutes Betriebsklima, Anerkennung, Selbstverwirklichung, Verantwortung, Status, Identität, Sozialbeziehungen
Kunden	Qualität, gutes Preis-Leistungsverhältnis, Nachhaltigkeit, Service, Informationen, Image
Lieferanten	Abnahmesicherheit, akzeptable Preise, hohe Zahlungsmoral, Image
Fremdkapitalgeber	vereinbarte Zins- und Tilgungsleistungen, gute Bonität, kalkulierbares Risiko, Einfluss
Wettbewerber	fairer Wettbewerb, keine aggressiven Verdrängungsstrategien
Öffentlichkeit/ Gesellschaft	Einhaltung gesellschaftlicher Werte und Normen (einschl. Nachhaltigkeit), Schaffung von Arbeitsplätzen, Sicherung der Leistungsfähigkeit, Übernahme sozialer – aus Unternehmenssicht: externer – Kosten, Corporate Citizenship
Staat	Steuern, Gebühren, Einhaltung von Gesetzen, Schaffung von Arbeitsplätzen, Prosperität der Privatwirtschaft
Medien	Zugang zu Informationen, Gesprächsbereitschaft, Transparenz

Darst. 2.08: Stakeholder und ausgewählte Ziele

Es sei am Rande angemerkt, dass eine erschöpfende **Umwelt- und Unternehmensanalyse als Voraussetzung für eine gewissenhafte Zielbildung** auch **seitens professionell arbeitender Stakeholder** eine Option darstellt.

Die **Identifikation der Ziele des Unternehmens hängt** entscheidend **von der Tragweite der zu treffenden Entscheidungen (Planungs-/Managementebene) bzw. der Fristigkeit von Zielen (Planungshorizont) ab**. Die Suche nach geeigneten Unternehmenszielen gestaltet sich daher sehr unterschiedlich. Je nach Entscheidungsebene sind nicht nur verschiedenartige Akteure (mit divergenten Kompetenzen) beteiligt und auch verschiedene Zielfindungsprozesse denkbar. Auch sind die Ziele hinsichtlich ihrer Mittel-Zweck-Beziehung oder der Präferenzen stark differierend.[1164] So kann bspw. die Zielsuche auf der normativen und konstitutiven Ebene zum einen über die Extraktion aus der Unternehmensgeschichte erfolgen. Sie kann ggf. aber auch aus der Unternehmensvision herausgelesen werden. Hinzu tritt in jedem Fall die Sicht des Top-Managements.

Zunächst stellt sich die Frage, auf welcher Planungs-/Managementebene die relevanten **Stakeholder und ihre Ziele** identifiziert werden sollten. Sofern – wie in dieser Ausarbeitung – zwischen der normativen und der strategischen Handlungsebene unterschieden wird, ist eine **frühzeitige Beteiligung**, also bereits **auf der normativen und konstitutiven Ebene, der relevanten Anspruchsgruppen sinnvoll**, da die Entscheidung über die vom Unternehmen zu verfolgenden (Werte und Normen sowie) Ziele auf der normativen Ebene die Basis für die weiteren Ableitungen untergeordneter (strategischer, taktischer und operativer) Ziele darstellt.

Die **Identifikation der** (Werte und) **Ziele der relevanten Stakeholder** erfolgt in mehreren Schritten. Die Bestimmung der Gruppen, die für ein Unternehmen relevant sind, hängt von der Perspektive ab. Fungiert das Unternehmen als Hersteller und Vermarkter von Produkten, bewegt es sich zwischen den Lieferanten und den Kunden. Gilt das Unternehmen als Arbeitgeber, muss es im Zusammenhang mit seinen Mitarbeitern betrachtet werden. Als rechtliche Einheit unterhält es Verbindungen zum Rechtssystem und zu den staatlichen Institutionen. Als Teil eines Systems ist das Unternehmen in seine Umwelt mit all seinen Elementen. Unternehmenshandeln erfolgt damit nicht losgelöst von diesen Personen, Gruppen oder Institutionen, sondern in der Interaktion mit diesen. Die Liste der Gruppen, mit denen ein Unternehmen durch sein Handeln in Berührung kommt, ist jedoch variabel.[1165] Zum einen in zeitlicher Hinsicht, zum anderen von Unternehmen zu Unternehmen. Daher ist zunächst einmal festzulegen, welche Personen oder Organisationen im ersten Schritt als Anspruchsgruppe definiert wird. Eine zu frühe Einschränkung verhindert eine spätere Priorisierung der Stakeholder anhand noch festzulegender

---

[1164] Auf die einzelnen Zielbeziehungen wird im Abschnitt 2.6 „Zielbeziehungen und Zielsystem" näher eingegangen.

[1165] Vgl. SIMTION, A.: Strategische Stakeholder-Ansprache – eine Fallstudie zur BtB-Kundenkommunikation auf Messen, Wiesbaden 2016, S. 31.

Kriterien. Daher ist es sinnvoll, zunächst alle diejenigen bei der Identifikation aufzunehmen, die von den Entscheidungen des Unternehmens betroffen sind oder von deren Entscheidungen das Unternehmen in seinem Handeln tangiert wird. Diese breite Definition betrachtet Stakeholder auch aus einer ethischen Perspektive, da durch den Aspekt der Betroffenheit die Betrachtungsweise nicht rein ökonomisch ist.[1166] So können auch zukünftige Generationen schon jetzt Stakeholder eines Unternehmens sein, da sie durch die Entscheidungen, die ein Unternehmen zum Beispiel im Hinblick auf die Umwelt trifft, betroffen sein können.

Typische Stakeholder nach dieser Definition sind in der nachstehenden Darstellung abgebildet.

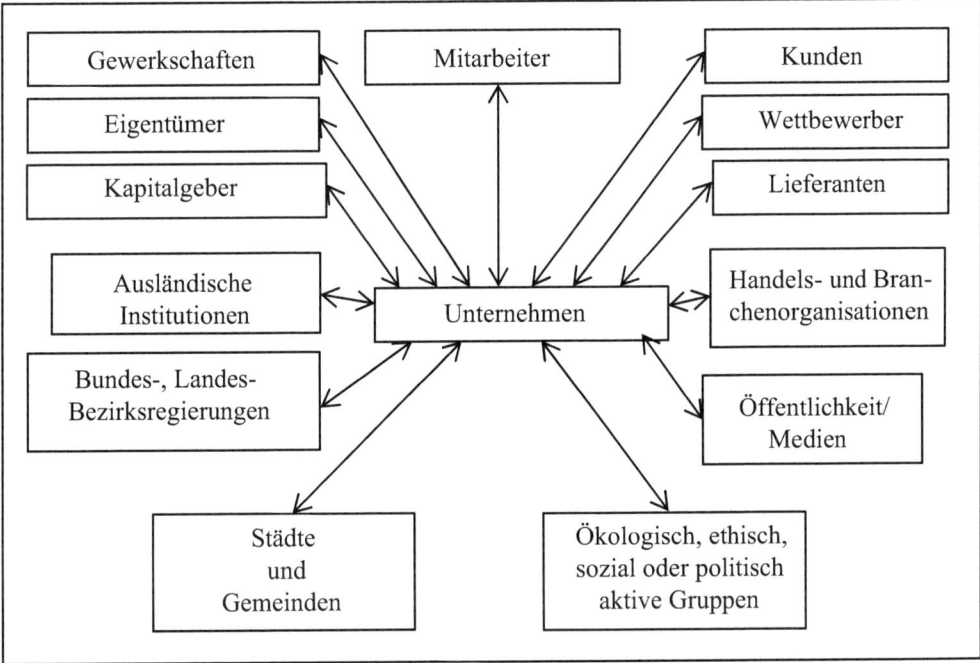

Darst. 2.09: Stakeholder eines Unternehmens

Die vorstehende Grafik zeigt auf, dass es im Stakeholdermanagement eine zweiseitige Beziehung zwischen Unternehmung und Stakeholdern gibt und eine beidseitige Beeinflussung mög-

---

[1166] Vgl. SIMTION, A.: a. a. O., S. 31.

lich ist. Die Stakeholder werden nicht nur als Objekte betrachtet, sondern als selbständige Subjekte, die in eine Interaktion mit dem Unternehmen treten können und somit zu einem wichtigen Teil der Organisation werden.[1167]

Im Anschluss an die Identifikation kann eine erste Systematisierung der Anspruchsgruppen erfolgen. Ungericht schlägt fünf unterschiedliche Anspruchsgruppenpaarungen und ihre Kriterien vor:[1168]

- **primäre und sekundäre** Stakeholder nach der Bedeutung für die betriebliche Leistungserstellung,
- **interne und externe** Stakeholder nach dem Grad der Zugehörigkeit zur Organisation,
- **dominante und dependente** Stakeholder nach der Machtrelation,
- **diskretionäre und dissonante** Stakeholder nach der Konfliktträchtigkeit,
- **unterstützende und nicht-unterstützende** Stakeholder nach dem Kooperationsgrad.

Diese Klassifizierungen können teilweise erst nach einer genaueren Betrachtung der Stakeholder angewandt werden. Deswegen werden in einem weiteren Schritt die identifizierten Anspruchsgruppen nach den Chancen und Risiken (i. e. S.) anhand der Wertvorstellungen[1169] sowie des Einflusses und der Beinflussbarkeit der Stakeholder (Macht) bewertet. Dieses Vorgehen wird ausführlich im Abschnitt 6.1 „Stakeholdermanagement" erläutert. Eine andere Art der Segmentierung, die sowohl betriebswirtschaftlich als auch ethisch akzeptabel erscheint[1170], indem die Stakeholder nach drei Kriterien Macht, Legitimität und Dringlichkeit klassifiziert werden. Diese Vorgehensweise macht insofern Sinn, als Stakeholder-Beziehungen dynamisch sind und sich im Zeitablauf verändern, sodass potenzielle Stakeholder genauso relevant und berücksichtigenswert sind, wie bereits existierende.[1171] Im nächsten Schritt werden die Stakeholder klassifiziert und anschließend die für das Unternehmen relevanten selektiert.

Da es „(...) ex definitione unmöglich [ist], alle Ansprüche gleichzeitig zu realisieren", vor allem aus Gründen der Ressourcenknappheit eines jeden Unternehmens ist ein Selektionsmechanismus und eine Priorisierungsstrategie für die Ansprüche notwendig; beides nicht ausschließlich

---

[1167] Vgl. FABER-WIENER, G.: Responsible Communication – Wie Sie von PR und CSR-Kommunikation zu echtem Verantwortungsmanagement kommen, Berlin, Heidelberg 2013, S. 89.

[1168] Vgl. UNGERICHT, B.: Strategiebewusstes Management – Konzepte und Instrumente für nachhaltiges Handeln, München 2012, S. 288 f.

[1169] In der klassischen Stakeholderanalyse werden statt der Werte die Ziele der Stakeholder, die auf den Werten basieren oder sich aus diesen ableiten lassen, zugrunde gelegt.

[1170] Vgl. BRUTON, J.: a. a. O., S. 80.

[1171] Vgl. MITCHELL, R. K., AGLE, B. R., WOOD, D. J.: Toward a Theory of Stakeholder Identification and Salience: Defining the Principle of Who and What Really Counts, in: Academy of Management Review, 22. Jg., 1997, Heft 4, S. 859.

nach ökonomischen, sondern auch nach stakeholderaffinen Kriterien.[1172] Auch die Tatsache, dass Stakeholder-Interessen konfliktär zueinander stehen können, macht eine Erfüllung aller Ansprüche unmöglich.

Die **Erfassung der einzelnen Informationen** (z. B. Werte, Ziele) kann auf sehr unterschiedlichen Wegen erfolgen. Bei der Anspruchsgruppe **Mitarbeiter** scheint die anonyme Mitarbeiterbefragung am besten geeignet zu sein. Auch eine indirekte, zuweilen „kanalisierte" Informationseinholung über den Betriebsrat und/oder die Gewerkschaften ist denkbar. Da die Zielsuche selbst ein kreativer Prozess ist, kommen auch Kreativitätstechniken wie das Brainstorming, als Weiterentwicklung das Brainwriting oder abgewandelt die CNB-Methode (Collective Notebook) infrage. Die Mitarbeiter kennen das Unternehmen und können es aus einer detaillierteren Perspektive beschreiben als das Top-Management. Ein weiterer Vorteil ist, dass sich die Mitarbeiter durch eine solche Maßnahme eingebunden und ernst genommen fühlen, ohne dass sie ihre Anonymität aufgeben müssen. Damit wird die Akzeptanz weiterer Maßnahmen in diesem Bereich erhöht. Bei **Anteilseignern** wie z. B. der geschäftsleitende Gesellschafter (ggf. Gründer) oder dominierende Gesellschafter (z. B. Großaktionäre) sind direkte Abfragen, bei einer Vielzahl von Aktionären Befragungen auf einer Hauptversammlung denkbar. Die (Werte- und) Zielvorstellungen bei den **Lieferanten** können im Rahmen eines Lieferantengesprächs aufgenommen werden. **Kunden** können im Zuge der Bewertung eines Kaufs zur Abgabe ihrer Meinungen bewegt werden. Bei allen externen Stakeholdern existieren im Rahmen eines Stakeholder-Dialogs eine Vielzahl auch parallel nebeneinander nutzbarer, weiterer Möglichkeiten: neben der Erfassung direkt bei bestimmten Zielgruppen ist diese auch im Rahmen von Workshops und Fachtagungen, oder mittels Leserbefragungen zum vorausgegangenen Nachhaltigkeitsbericht, mittels wissenschaftlicher Beiträge (Forschungsergebnisse) oder anderer Fachpublikationen bis hin zur (regelmäßigen) Mitarbeit in Verbänden oder per offenem Blog im Internet.[1173] Die (Werte und) Ziele der **Politik** auf nationaler Ebene sind bspw. über den Rat für nachhaltige Entwicklung zu erfahren. Diese Kommission wurde 2011 von der Bundesregierung berufen und hat u. a. den Deutschen Nachhaltigkeitskodex (DNK) entwickelt. Die im DNK enthaltenen Kennzahlen und qualitativen Leistungsindikatoren beziehen sich auf vier Bereiche und beschreiben jeweils soziale, ökologische und strategische Anforderungen.[1174] Aus der in der DNK-Entsprechenserklärung enthaltenen DNK-Kriterien lassen sich die im politischen Bereich aufgestellten (Werte und) Ziele ablesen.[1175]

[1172] Vgl. KARMASIN, M.: Stakeholder Management als Kontext von Medienmanagement, in: ALTMEPPEN, K., KARMASIN, M. (HRSG.): Medien und Ökonomie: Anwendungsfelder der Medienökonomie, Bd. 3, Wiesbaden 2006, S. 84.

[1173] Vgl. WÖRDENWEBER, M.: Nachhaltigkeitsmanagement, a. a. O., S. 52.

[1174] Vgl. auch im Folgenden: RAT FÜR NACHHALTIGE ENTWICKLUNG (HRSG.): Übersicht über die Inhalte einer DNK-Entsprechenserklärung, im Folgenden mit „Übersicht" abgekürzt, Berlin 2016, http://www.deutscher-nachhaltigkeitskodex.de/fileadmin/user_upload/dnk/dok/DNK_Kriterien_KPI_neu.pdf, Abruf am 01.10.2016.

[1175] Vgl. WÖRDENWEBER, M.: Nachhaltigkeitsmanagement, a. a. O., S. 265.

Bereits die weltweite Abfrage von Werten und Zielen bei den Kunden kann ein sehr differenziertes Bild ergeben und die (werte- und) zielorientierten Grenzen des unternehmerischen Handelns offenlegen. Diese Dissonanzen werden immer dann erkennbar, wenn die Unternehmenswerte und -normen bzw. -ziele mit denen einer Gesellschaft, genauer: mit denen der Anspruchsgruppen eines vom Unternehmen bearbeiteten oder zu bearbeitenden bestimmten Marktes oder Marktsegments kollidieren. Diese Divergenzen können zudem von Markt zu Markt, von Staat zu Staat unterschiedlich sein. Während eine bestimmte zielorientierte Aktivität in einem Staat bereits ein Vergehen und strafbar ist, wird die gleiche Tat in einem anderen Staat noch von dessen Rechtssystem akzeptiert.

In der Such- und Orientierungsphase spielt auch die **Prognose zukünftiger Szenarien (Umweltzustände)** eine wichtige Rolle, da möglicherweise unterschiedliche Szenarien hinsichtlich des Grundsatzes der Flexibilität der Pläne (z. B. Eventual-/"Schubladen"-Planungen unter Berücksichtigung der Eintrittswahrscheinlichkeiten und/oder Erwartungswerte)[1176] bei der Planung und Entscheidung bedacht werden müssen. Der Generierung, Zusammenstellung und Auswertung sämtlicher für die Problemlösung relevanter Informationen kommt insbesondere in dieser Phase eine herausragende Bedeutung zu.

In der **Optimierungs- und Auswahlphase** werden die **Beziehungen zwischen den Zielen** im Hinblick auf eine Zielkomplementarität, eine Zielneutralität oder auf Zielkonflikte untersucht. Problematisch sind grundsätzlich Zielkonflikte, denn je nach Lösung kann ein (oberstes oder Ober-)Ziel gar nicht (mehr) verfolgt werden, was dann einen Richtungswechsel nach sich ziehen kann oder ein (oberstes oder Ober-)Ziel kann nicht mehr im angestrebten Ausmaß verfolgt werden. Im Bereich der Nachhaltigkeit treten häufiger Zielkonflikte zwischen den drei Zentralkategorien Ökonomie, Soziales und Ökologie auf. Andere Ziele können einander bedingen (Beispiel: Instrumentalziele). Als Beispiel sei die Kommunikationsorientierung angeführt. Viele Unternehmen haben sich als Ziel gesetzt, offen über alles mit ihren Mitarbeitern zu sprechen und sie in alle Vorgänge einzubinden. Dies hat oft positiven Einfluss auf die Mitarbeiter, weil sie sich so stärker zum Unternehmen hingezogen fühlen und mehr Verständnis für die Handlungen des Unternehmens aufbringen. Hierbei muss beachtet werden, dass nicht einfach nur ein neues Ziel dem Zielsystem/-bündel hinzugefügt wird, sondern dass dieses Ziel meist auch an ein anderes Ziel geknüpft ist. Wenn das Unternehmen z. B. Offenheit als neues Ziel in sein Ziele-Mix aufnimmt, so muss auch Transparenz gegeben sein. Auf das Thema Zielbeziehungen und möglichen Lösungen bei Zielkonflikten wird im Abschnitt 2.6 „Zielbeziehungen und Zielsystem" näher eingegangen. In dieser Phase ist auch zu prüfen, um **welche Ziele** es sich für welche Planungs-/Handlungsebene handelt und insbesondere, **ob diese Ziele in Bezug auf die**

[1176] Vgl. hierzu die Ausführungen im Unter-Unterabschnitt 2.1.3.4 „Flexibilität der Planung" bei Wördenweber (WÖRDENWEBER, M.: Operatives Controlling – Band 1, a. a. O., S. 66–69).

Messbarkeit der Zielerreichung operationalisierbar sind bzw. sein sollen.[1177] Es muss nicht weiter ausgeführt werden, dass generelle Ziele auf der normativen Ebene wegen ihres sehr langfristigen Charakters nicht operationalisierbar sind – und damit eine große Flexibilität aufweisen und einen erheblichen Interpretationsspielraum zulassen, während Ziele auf der operativen Ebene meist in operationalisierter Form vorliegen und damit gut kontrollierbar sind. Die zuletzt genannten Ziele weisen den Nachteil auf, dass sie kaum noch Handlungsspielräume bzw. flexible Planungen zulassen. Angesichts der teilweise dramatischen und sich beschleunigenden **Dynamik der Umweltentwicklungen** ist daher zu überlegen, **wie „eng" die Ziele** auf der jeweiligen Planungsebene definiert werden, damit **Fehlallokationen** vermieden werden. Auf der anderen Seite **verhindert** aber **eine permanente Anpassung** der Ziele **eine nachhaltige, kontinuierliche Handlungssteuerung und -beurteilung**.

Wichtig ist, dass im Rahmen der Zielfindung nicht nur die Ziele selbst, sondern auch deren **Bedeutung** ermittelt wird. Letztere können die verschiedenen Stakeholder anhand einer Skala festlegen.[1178] Nach der Erfassung der Wichtigkeit lässt sich eine **Wesentlichkeitsmatrix** ableiten, in der – ähnlich wie im Falle des Nachhaltigkeitsmanagements, im Zuge dessen Themen eingetragen werden – die Ziele geordnet werden können. Eine Wesentlichkeitsmatrix ordnet per Definition in vier Quadranten Ziele nach ihrer Dringlichkeit aus Unternehmenssicht und aus Sicht der Stakeholder (mit Ausnahme des Top-Managements). Mithilfe der Wesentlichkeitsmatrix werden die relevanten Handlungsfelder identifiziert.[1179] Da im Zuge der Erstellung einer Wesentlichkeitsmatrix nicht auf alle Details eingegangen werden kann, kann sich auf die Abstufungen „hoch" und „sehr hoch" konzentriert werden, da diese die Wichtigkeit widerspiegeln. Eine Wesentlichkeitsmatrix auf dieser Basis hat folgendes Aussehen.

[1177] Dieses Thema wird im Abschnitt 2.5 „Zieldimensionen und -eignung" weiterverfolgt.
[1178] Vgl. WÖRDENWEBER, M.: Nachhaltigkeitsmanagement, a. a. O., S. 52 f.
[1179] Vgl. ebenda, S. 52 ff.

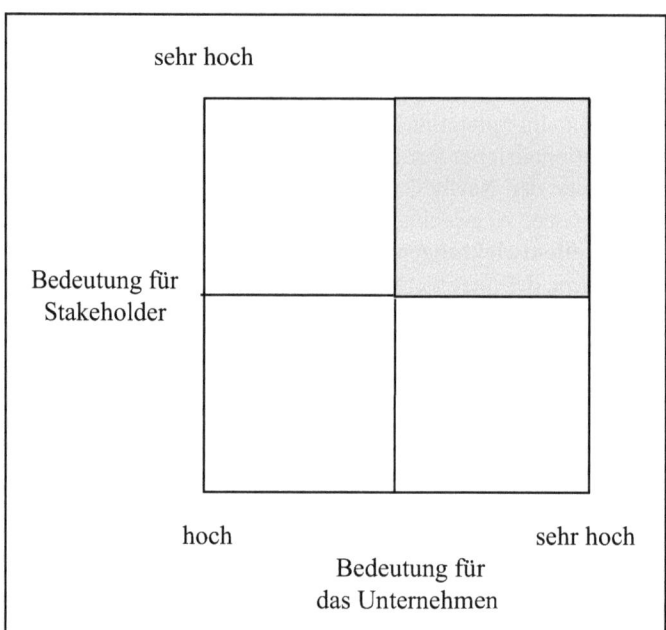

Darst. 2.10: Wesentlichkeitsmatrix

Die Ziele werden in die Wesentlichkeitsmatrix eingetragen. Für das weitere Vorgehen ist das grau hinterlegte Feld entscheidend. Es umfasst diejenigen Ziele, die sowohl für Stakeholder als auch für das Unternehmen von Bedeutung sind. Sie stellen die relevanten Handlungsfelder für das Unternehmen dar. Sie können daraufhin weiter eingegrenzt werden, inwiefern sie das heutige und zukünftige unternehmerische Handeln tangieren und inwiefern das Unternehmen in der Lage ist diese mittelbar oder unmittelbar zu beeinflussen.[1180]

Eine grundsätzliche Schwierigkeit bei der Bildung eines Zielsystems besteht darin, dass diese Aufgabe im Prinzip erst erledigt werden kann, wenn die zielwirksamen Konsequenzen, die notwendigen Maßnahmen und der erforderliche Ressourceneinsatz geklärt sind. Dieses „**Dilemma der Zielplanung**" zeigt sich darin, dass die **Entscheidung** für ein Zielbündel **auf Informationen der hierarchisch und/oder zeitlich nachfolgenden Strategie- und Maßnahmenplanung(en) aufbaut**.[1181] Insofern ist jeder Ziel-Führungsprozess in Abhängigkeit von der Tragweite der zu treffenden Entscheidungen (Planungs-/Managementebene) bzw. der Fristigkeit der

---

[1180] Vgl. WÖRDENWEBER, M.: Nachhaltigkeitsmanagement, a. a. O., S. 54.

[1181] Vgl. WELGE, M. K., AL-LAHAM, A., EULERICH, M.: a. a. O., S. 967–968.

Ziele (Planungshorizont) als ein **Regelkreis** zu verstehen, der **in Verbindung mit dem jeweils zugeordneten Maßnahmen-Führungsprozess** mindestens einmal zu durchlaufen ist, bevor über das einzelne Zielbündel entschieden werden kann.

Damit ist die Entscheidungsvorbereitung abgeschlossen.

Das Fällen der Entscheidung, d. h. die Auswahl der „richtigen" Alternative in der **Entscheidungsphase** wird auch als **Planverabschiedung** bezeichnet. Mit der Optimierung und Auswahl von Zielen endet die zielbezogene **Planungsphase** (Planung i. w. S.) resp. der **Entscheidungsprozess**.[1182] Die Frage der (geplanten und zu entscheidenden) **Zielinhalte** bzw. der **Zielsysteme/-bündel**[1183] hängt von der Tragweite der Entscheidungen (Planungs-/Managementebene) bzw. der Fristigkeit von Zielen (Planungshorizont) ab. In dieser Monografie werden die Zielinhalte auf der einzelnen Planungsebene diskutiert: Die normativen Ziele in Abschnitt 3.1.4 „Normative Unternehmensziele" und die strategischen im Abschnitt 4.3 „Strategische Unternehmensziele". In der Literatur besteht keine Einheitlichkeit hinsichtlich der Zielinhalte auf den einzelnen Entscheidungsebenen. Stattdessen werden zumeist Zielkataloge mit denkbaren Zielinhalten präsentiert.[1184] – Sofern das Controlling mit der Optimierung und Auswahl betraut ist, handelt es sich i. d. R. um einen zweistufigen Entscheidungsprozess: Nach der **(Vor-)Entscheidung durch das Controlling** muss dieser **Entschluss von der Geschäftsführung genehmigt** und **ggf. vom Aufsichtsrat ratifiziert** werden.

Die **Durch-/Umsetzungsphase (Realisationsphase)** beinhaltet die detaillierte Festlegung der Durchführung und die Realisierung der getroffenen Planung/Entscheidung. Über die erforderliche resp. gewollte Kommunikation muss

- in Abhängigkeit von der Herausgabefähigkeit der Informationen (Stichwort Betriebsgeheimnisse),
- im Hinblick auf die Informationspflichten des Unternehmens (z. B. im Rahmen der gesetzlich vorgeschriebenen Veröffentlichungen gemäß HGB, speziell etwa in Bezug auf die Nachhaltigkeitsberichterstattung),
- angesichts der Informationsbedürfnisse infrage kommender Stakeholder und
- wegen der notwendigen Informationen an alle betroffenen, d. h. für die Zielerreichung verantwortlichen Organisationseinheiten bzw. Mitarbeiter im Unternehmen

---

[1182] Eine Entscheidung ist die Wahl eines oder mehrerer Entscheidungsträger zwischen verschiedenen Alternativen (auch der Unterlassensalternative!) zwecks Zielerfüllung im Rahmen der gegebenen Möglichkeiten. Ein Entscheidungsprozess ist die systematische Bearbeitung eines Entscheidungsproblems von der Entstehung bis zur konkreten Entscheidung.

[1183] Vgl. hierzu die Ausarbeitungen im Abschnitt 2.6 „Zielbeziehungen und Zielsystem".

[1184] Im Abschnitt 2.4 werden die Zielarten vorgestellt.

sorgfältig entschieden werden. Da das Top Management und die betroffenen Organe des Unternehmens nicht zwangsläufig personenidentisch sind, ist sicherzustellen, dass der **Wille,** der sich hinter einer getroffenen Ziel-Entscheidung verbirgt, **in keiner Weise verändert oder verfälscht** wird. Eine notwendige **Voraussetzung** besteht darin, dass sich die verantwortlichen **Mitarbeiter mit den vorgegebenen oder vereinbarten Zielen identifizieren.** Des Weiteren müssen den **Mitarbeitern** der jeweiligen Management- oder Ausführungsebene entsprechende **Anforderungen bezüglich ihrer Kompetenzen**[1185] erfüllt und **notwendige Weisungsbefugnisse gegeben** sowie **erforderliche Ressourcen vorhanden** sein.

Auf die **Vorteile einer Veröffentlichung** der Ziele wurde bereits im Rahmen der Zielfunktionen (Abschnitt 2.1) hingewiesen. Die Bekanntmachung kann über verschiedene Arten erfolgen: Von einer Nutzung der Medien für die breite Öffentlichkeit über Arbeits- und Lieferantenverträge, die Aufnahme in ein Planungshandbuch,[1186] Arbeitsanweisungen bis hin zu besonderen Flyern oder Workshops für ausgewählte Personenkreise, vor allem für die Mitarbeiter, oder Institutionen. Eine spezielle, weil indirekte Art der Kommunikation stellen Aktivitäten im Rahmen des Corporate Citizenship dar.[1187]

Zur wirksamen Durch- und Umsetzung der Unternehmensziele gehört auch das **Implementieren von Instrumenten** wie etwa das vorgenannte Planungshandbuch, der Verweis auf das (derzeit gültige) Unternehmensleitbild im Arbeitsvertrag sowie Systeme zur Leistungsbewertung oder Zuteilungsregeln für Boni.

Abschließend, d. h. spätestens nach Ablauf des Planungszeitraums, werden die Ziele (z. B. zur Verbesserung der ökologischen Situation des Unternehmens) mittels Soll-Ist-Vergleiches, Zeitreihenanalyse oder in- und/oder externem Benchmarking dahingehend **untersucht, ob die zuvor festgelegten Ziele** (bei operationalisierten Zielen sind dies die konkreten Ausprägungen der ausgewählten Kennzahlen) **erreicht wurden.** Im Rahmen einer **Abweichungsanalyse** muss geprüft werden, **warum diese Ziele nicht erreicht** werden konnten und **ob die Ziele an sich überhaupt die richtigen** waren. Bei einer festgestellten Abweichung erfolgt ein wiederholter Durchlauf des zielbezogenen Führungsprozesses, beginnend mit der Anregungsphase. Es können sich auch die Umweltsituationen des Unternehmens, insb. die Ziele von Stakeholdern zwischenzeitlich geändert haben, so dass ein **neuer Führungsprozess angestoßen** wird. Ein solcher ist auch dann erforderlich, wenn die **Planungsprämissen erneuert** werden müssen oder sich zwischenzeitlich die **Unternehmens- und Umweltbedingungen geändert** haben.

[1185] Die Kompetenzen von Führungskräften wurden im Unterabschnitt 1.4.3 bereits erläutert.

[1186] Siehe hierzu die Anmerkungen im Unterabschnitt 1.6.9 „Planungshandbuch".

[1187] Eine Reihe von Aktivitäten werden bei Wördenweber aufgelistet: WÖRDENWEBER, M.: Nachhaltigkeitsmanagement, a. a. O., S. 20–21.

2.4   Zielarten

Unter **Zielarten** soll hier der **Schwerpunkt (inhaltliche Ausrichtung)** verstanden werden, auf den sich ein Ziel konzentriert oder ein Zielbündel bezieht. Kosiol hat die beiden Hauptziele, **Sachziele** und **Formalziele**, in den Vordergrund gestellt.[1188] Diese Aufteilung wurde von einem großen Teil der Lehre und Praxis übernommen; allerdings wird die Zielproblematik inzwischen differenzierter betrachtet, da andere Ziele ebenfalls in den Fokus der Planer gerückt sind. Letztere sind nicht ohne Weiteres den beiden Kategorien zuzuordnen.

Die sach- bzw. formalorientierte Zielplanung bezog sich auf folgende Aspekte:

- **Sachzielorientierte Planung**: Das Sachziel[1189] bezieht sich auf die Leistungssphäre eines Wirtschaftssubjektes bzw. auf den Beitrag eines Unternehmens zur Bedarfsdeckung, also auf reale Objekte und Aktivitäten, z. B. die Herstellung einer bestimmten Anzahl eines Produktes oder den Wechsel einer Fertigungstechnologie. Die Planung bestimmt die dafür erforderlichen Programme und Maßnahmen.
- **Formalzielorientierte Planung**: Das Formalziel, auch als **ökonomische Ziele** betitelt, bezieht sich auf die Finanzsphäre bzw. die finanziellen Auswirkungen von Handlungen, z. B. Liquidität, Umsatz, Rentabilität, Kosten oder Gewinn. Hierbei bezieht sich die Planung auf Erfolgs- und Liquiditätsaspekte bzw. die Erreichung einer Wertsteigerung.

Während die sachzielorientierte Planung als **Aktionsplanung** bezeichnet wird, wird die formalzielorientierte mit **Budgetierung** gleichgesetzt.[1190]

Um die Erfolgsziele, denen ein anderer Stellenwert zugemessen wird, hervorzuheben sowie deutlich und eindeutiger zwischen **Finanzzielen**, die auf die Liquidität (Auszahlungen, Einzahlungen) abstellen, und **Erfolgszielen**, die auf der Ebene von Aufwendungen und Erträgen oder Kosten und Leistungen agieren, zu differenzieren, verwendet Schierenbeck die Einteilung **Leistungsziele**, Erfolgsziele und Finanzziele.[1191]

Aber auch diese sinnvolle Dreiteilung erfasst nicht weitere Ziele, wie sie nach heutigem Verständnis beispielsweise im Public oder Gesundheits-Management als Outcome oder Impact definiert werden. Das Ergebnis einer Produktion ist der **Output**, der eine Auswirkung auf den Kunden hat. Diese Auswirkung auf den Kunden, heißt **Outcome**. Gleichzeitig hat der Outcome

---

[1188] Vgl. KOSIOL, E.: Die Unternehmung als wirtschaftliches Aktionszentrum, Reinbek 1972, S. 54, S. 223, DAMBROWSKI, J.: Budgetierungssysteme in der deutschen Unternehmenspraxis, Darmstadt 1986, S. 23 ff.

[1189] Synonym: Leistungsziel (Output-Ziel).

[1190] Vgl. HAMMER, R.: a. a. O., S. 194.

[1191] Vgl. SCHIERENBECK, H., WÖHLE, C. B.: a. a. O., S. 78.

Auswirkungen auf Dritte, z.. B. Verwandte oder die gesamte Gesellschaft. Dies ist der **Impact**. Diese Differenzierung ist wichtig, um das Ergebnis einer Leistungserstellung aus unterschiedlichen Sichten beurteilen zu können.[1192] Besteht beispielsweise der Output eines Unternehmens aus einer Betreuung, Beratung oder Gesundheitsleistung, hat diese Leistung eine Auswirkung auf den Kunden/Patienten in Form eines Wohlfühlens, einer Sicherheit, Gesundung, Linderung oder Selbsterkenntnis. Auch wenn der Betrieb eine aus seiner Sicht 100%ige Leistung erbracht hat, kann der Kunde/Patient eine durchaus abweichende Auffassung vertreten. Die Betreuung eines Kunden/Patienten hat darüber Auswirkungen auf seine Umgebung und sogar auf die Gesellschaft. Wurde also beispielsweise eine an der Spanischen Grippe erkrankte Person 1918 in einem britischen Krankenhaus behandelt, wobei gleichzeitig eine Quarantäne verordnet wurde, kann medizinisch eine erfolgreiche Behandlung durchgeführt und eine sinnvolle Entscheidung getroffen worden sein. Dennoch wäre der Patient möglicherweise unzufrieden, weil er für einen bestimmten Zeitraum seiner Freiheit beraubt wurde und keinerlei Besuch, etwa von Angehörigen, empfangen durfte. Für sämtliche Menschen in seiner Umgebung, ja theoretisch für die gesamte Bevölkerung wäre die Behandlung einschließlich Quarantäne ein wichtiger Schutz, also absolut positiv zu bewerten.[1193]

Neben den zuletzt genannten **gesellschaftlichen Zielen** bleiben bei den erstgenannten Klassifikationen weitere, heute weitgehend akzeptierte Ziele wie **technische, soziale, ökologische, sonstige gesellschaftliche und kulturelle** unberücksichtigt. Ökonomische, ökologische, soziale und sonstige gesellschaftliche Ziele können unter dem Begriff „**nachhaltigkeitsbezogene Ziele**" subsumiert werden. Die meisten nachhaltigkeitsbezogenen Ziele und weitere werteori-

• Leistungsziele • Erfolgsziele • Finanzziele • ethische Ziele • kulturelle Ziele • technische Ziele • sonstige Ziele

Darst. 2.11: Zielarten

[1192] So kann ein Unternehmen eine objektiv korrekte Leistung erbracht haben, die der Kunde subjektiv als schlecht empfindet. So gesehen ist nicht der Output, sondern der Outcome entscheidend. Aus Marketingsicht ist es daher wünschenswert, dass der Kunde eine objektiv gut erbrachte Leistung auch gut bewertet.

[1193] Durch Quarantänemaßnahmen (vor dem Betreten des Landes musste jede einreisende Person ca. 40 Tage in Quarantäne) wurde Australien 1918 vor dem Übertritt der Spanischen Grippe geschützt.

entierten Ziele werden hier unter dem Terminus „**ethische Ziele**" Ziele zusammengefasst. Im Überblick lassen sich demnach die in der vorstehenden Tabelle erfassten Zielarten auflisten.

Auf die Berücksichtigung von mehr als nur Sach- und Formalzielen weist bereits die Balanced Scorecard hin.[1194]

Eine andere, selten verwendete Möglichkeit, Zielinhalte zu differenzieren, ist die Aufteilung der Ziele in monetäre und nicht-monetäre Zielvorstellungen. Während sich **monetäre Ziele geldlich**, d. h. mittels einer beliebigen Währung bewerten lassen, ist dies bei **nicht-monetären Zielen** nicht möglich. **Monetäre Zielgrößen** sind bspw. der Gewinn, der Umsatz, die Liquidität, Rentabilität, **nicht-monetäre Ziele** der Marktanteil, der Krankenstand, das Betriebsklima, Mitarbeitermotivation, die Kundenzufriedenheit, das Image, der politische oder gesellschaftliche Einfluss sowie der ökologische Fußabdruck.

[1194] Vgl. KAPLAN, R. S., NORTON, D. P.: The Balanced Scorecard, Boston 1996, KAPLAN, R. S., Norton, D. P.: The Balanced Scorecard – Measures That Drive Performance, in: Harvard Business Review, January-February 1992, S. 71–79, HORVÁTH & PARTNERS (HRSG.): Balanced Scorecard umsetzen, 5. Aufl., Stuttgart 2013.

2.5 Zieldimensionen und -eignung

Bei der Bestimmung von Zielen stellt sich immer die Frage des Zielausmaßes, des Anspruchs-niveaus: Wie viel soll erreicht werden. Diesbezüglich lassen sich grundsätzlich Extremalziele und Satisfaktionsziele (Punktziele) unterscheiden:

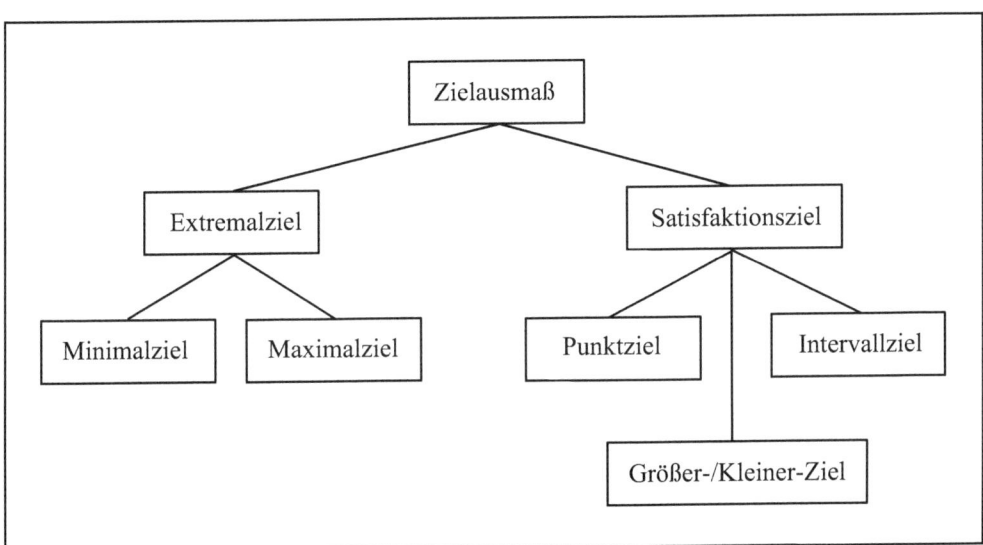

Darst. 2.12: Zielausmaße

Minimal- und Maximalziele sind **Extremalziele**, die eine extreme Zielerreichung verkörpern. Diese Ziele drücken aus, dass jede weitere Änderung in die gewünschte Richtung einen weiteren Nutzen (Grenznutzen) mit sich bringt. Bei einem Minimalziel geht es darum, eine möglichst geringe Ausprägung einer Zielgröße zu erreichen, bei einem Maximalziel einen möglichst gro-ßen bzw. hohen Umfang. Ein Minimalziel könnte bspw. die Erreichung der geringstmöglichen Stückkosten zu fordern, während bei einem Maximalziel etwa ein größtmöglicher Gewinn er-zielt werden soll. Derartige Ziele sind zur Steuerung eines Unternehmens eher ungeeignet. Denn es kann bei einer konkreten Zielerreichung nie gesagt werden, ob das angestrebte Ziel erreicht, unterschritten oder übererfüllt wurde. Eine **effektive Zielkontrolle** ist damit **nicht möglich**. Insofern liegt bei Verwendung eines Maximalziels auch ein **Verstoß gegen das Controllabi-lity-Prinzip** vor. Dieses Prinzip fordert, Akteure nur für das verantwortlich zu machen, was diese auch beeinflussen können. Der Mitarbeiter kann aber nur dann für etwas verantwortlich gemacht werden, wenn er sich an klaren, messbaren Kriterien ausrichten kann.[1195] Auch eine **zielorientierte Vergütung** etwa **scheidet** damit **aus**. Empirische Untersuchung haben ergeben, dass konkrete und anspruchsvolle Ziele **bessere Leistungen der Mitarbeiter** hervorbringen als Extremalziele.[1196] Letztere eignen sich auch weder zur **internen** noch **externen Koordination** (s. o.), da die einzelnen internen Bereiche und externen Akteure (z. B. Lieferanten, Absatzmittler bzw. Endkunden und Absatzhelfer) nicht erkennen können, woran sie genau bzw. möglichst exakt ihre eigenen Ziele und damit ihre maßnahmenbezogenen Planungen/Entscheidungen ausrichten können. Aus diesem Grunde werden in der betrieblichen Praxis fast ausschließlich Punktziele verwendet, die konkreter als Maximalziele sind.

Im Gegensatz zu den Maximalzielen begnügt sich der Entscheider bei einem **Satisfaktionsziel** mit einem für ihn zufriedenstellenden, begrenztem Anspruchsniveau. Das kann neben einem Punktziel auch ein Größer-/Kleiner-Ziel und/oder Intervallziel sein.[1197] Ein **Punktziel** kann als „Halten" eines bestimmten Zustands wie z. B. die Festigung eines bestimmten Marktanteils oder die Erreichung einer konkreten Größe wie etwa die Erzielung von 30 Mio. € Umsatz formuliert werden. Ein **Größer-/Kleiner-Ziel** besagt, dass sich ein späterer Kontrollwert um einen Absolutwert oder einen prozentualen Anteil ändern soll. Im immer positiv formulierten Sinne wäre das z. B. eine Erhöhung des Gewinns um 6,5 Mio. € oder eine Steigerung der Zahl der Car Sharing-Nutzer der eigenen Unternehmensflotte um 5 % (Größer-Ziel) bzw. eine Minderung der Kosten um 40 Mio. € oder eine Reduzierung der Treibhausgase je t Verkaufsprodukt um 8 % (Kleiner-Ziel). Ein **Intervallziel** gibt eine Spannweite der Zielerreichung wieder. So wäre bspw. eine Gewinnsteigerung um 6-8 % denkbar. Werden Größer-/Kleiner-Ziele können mit dem Zusatz „mindestens" als **Mindestziele** versehen, z. B. Steigerung des Gewinns um mind. 7 % (Größer-Ziel), handelt es sich ebenfalls um Intervallziele (halboffenes Intervall).

Voraussetzung für die Eignung von Zielen zum Zwecke der Unternehmensführung ist ihre **Eindeutigkeit** bzw. **Präzision**, die möglichst keinerlei Interpretationsspielräume zulässt. Dies ist der Fall, wenn die Ziele **operationalisiert** wurden, d. h. nach **Inhalt, Ausmaß und Zeitbezug**, ggf. **Segmentbezug** bestimmt sind und im Zuge der Zielbestimmung die **Realisierbarkeit geprüft** und spätestens mit der Bekanntgabe der Ziele die **Zielverantwortung festgelegt** wurde. Operationalisierte Ziele werden gelegentlich auch als **Ziele i. e. S.** bezeichnet. Entscheidend ist, dass **nicht-operationalisierte Ziele nicht** oder nur eingeschränkt **kontrollierbar sind**, also eine **effektive Zielkontrolle ver- oder behindert** wird, da mindestens eine der drei Bestimmungsgrößen „Inhalt", „Ausmaß" oder „Zeitbezug" fehlt.

[1195] Vgl. SCHÄFFER, U., PELSTER, C.: Zur Relevanz des Controllability-Prinzips für die Unternehmenspraxis, in: Controlling & Management, 51. Jg., 2007, S. 422.

[1196] Vgl. LOCKE, E. A., LATHAM, G. P., A Theory of Goal Setting and Task Performance. Englewood Cliffs, NJ, 1990.

[1197] Vgl. ALTER, R.: a. a. O., S. 79, SIEBEN, G., SCHILDBACH, T.: Betriebswirtschaftliche Entscheidungstheorie, 4. Aufl., Düsseldorf 1994, S. 25.

- Inhalt
- Ausmaß
- Zeitbezug
- ggf. Segmentbezug

Darst. 2.13: Dimensionen operationalisierter Ziele

Bei der Festlegung des **Zielinhalts** lautet die Fragestellung: Was soll erreicht werden? Es handelt sich also um die sachliche Bestimmung dessen, was erreicht werden soll. Dies sind die im vorigen Unter-Unterabschnitt genannten **Leistungsziele** wie etwa die Produktion einer bestimmten Menge von Pkw, die **Erfolgsziele** wie z. B. Gewinn, Rentabilität, Shareholder Value, Marktanteil oder Deckungsbeitrag, **Finanzziele** wie bspw. Liquidität[1198], Fremdkapitalquote, Betrag an liquiden Mitteln oder Höhe des Kreditrahmens, **ethische Ziele** wie etwa Vertrauen, Verantwortung, Integrität, Compliance, Leistung, Kinderarbeit, ökologischer Fußabdruck, CO_2-Ausstoß, Wasserfußabdruck oder Krankenstand, **kulturelle, technische und sonstige Ziele** wie bspw. Unabhängigkeit, Sicherheit oder politischer und gesellschaftlicher Einfluss. Darüber hinaus lassen sich weitere Unterziele, bspw. Bereichsziele nennen. Als Beispiel seien im Funktionsbereich Marketing **psychographische Größen** wie Image, Bekanntheit, Präferenz oder Kundenzufriedenheit angeführt.[1199] Die Zielinhalte müssen **präzise** formuliert sein. So reicht es bspw. nicht aus, als Ziel „Steigerung der Rentabilität" zu postulieren, wenn nicht klar ist, ob die Umsatzrendite (Umsatzrentabilität), die Eigenkapitalrentabilität, die Gesamtkapitalrentabilität oder gar der ROI gemeint ist.

Das **Zielausmaß** im Sinne eines operationalisierten Ziels klären, heißt letztlich über den (exakten) Umfang der Zielerreichung als **Punktziel** oder **Kleiner-/Größer-Ziel** zu entscheiden. Extremal- und Intervallziele- scheiden als operationalisierte Ziele aus, da keine eindeutige Bestimmung des Anspruchsniveaus erfolgt.

Entsprechend der Differenzierung der Planung nach dem Zeitraum[1200] bzw. nach den Planungsebenen[1201] muss auch hinsichtlich der Ziele eine entsprechende Abgrenzung erfolgen. Bei der Frage des **Zeitbezugs** geht es nicht um die Tragweite der Ziel-Entscheidung (Planungsebene), sondern um die **Festlegung des Zeitraumes, für den das Ziel Gültigkeit besitzen soll**. Dies

---

[1198] Liquidität ist Fähigkeit, jederzeit den Zahlungsverpflichtungen termin- und betragsgenau nachkommen zu können.

[1199] Vgl. STENDER-MONHEMIUS, K., MONHEMIUS, J.: Marketing und Recht kompakt. Systematik, Beispiele, Fallstudien mit Lösungen, 2. Aufl., Norderstedt 2016, S. 77.

[1200] Vgl. Unter-Unterabschnitt 1.6.5.5 „Planung nach dem Zeitraum".

[1201] Vgl. Unter-Unterabschnitt 1.6.5.6 „Planung nach den Planungsebenen".

bedeutet, dass für einen bestimmten Zeitraum neben den Zielen (zeitraumbezogene) Ziele auch die passenden Maßnahmen geplant werden.

> - langfristige Ziele
> - mittelfristige Ziele
> - kurzfristige Ziele

Darst. 2.14: Unterscheidung von Zielen nach ihrer Fristigkeit

Dementsprechend wird zwischen lang-, mittel- und kurzfristigen Zielen unterschieden. **Langfristige Ziele** beziehen sich meist über einen (Planungs-)Zeitraum von etwa fünf bis maximal acht oder zehn Jahren, **mittelfristige Ziele** erstrecken sich über einen Zeitraum von zwei bis drei Jahren, während sich **kurzfristige Ziele** auf einen Zeitraum von maximal einem Geschäftsjahr erstrecken.

Beispiele für vollständig operationalisierte Ziele sind:

- Steigerung der Effizienz der Drehmaschine um 12 % bis zum Jahresende 20130,
- Reduktion der Personalkosten im Bereich der Leiharbeitnehmer um 4,8 % bis zum 31.05.2021,
- Reduktion der Beschaffungsnebenkosten um 2 % innerhalb des nächsten Geschäftsjahres,
- Erreichung der nächsten Umsatzmilliarde (in €) bis zum Ende des Geschäftsjahres 2026/27.

Eine andere Möglichkeit, die Eignung von Zielen zu überprüfen, wird mittels der sogenannten SMART-Regel angeboten. Der Begriff SMART ist ein Akronym bestehend aus den Anfangsbuchstaben der englischen Attribute, d. h. der Eigenschaften, die ein Ziel besitzen sollte. Schon in der angelsächsischen Literatur finden sich unterschiedliche Begriffe für die fünf Kriterien. So kann das „A" für **A**mbitious, **A**chievable, **A**propiate oder **A**ttainable stehen.[1202] Dementsprechend vielfältig sind auch die deutschen Übersetzungen: Von aktionsorientiert, akzeptiert, anspruchsvoll, erreichbar, attraktiv[1203] bis angemessen im Verhältnis zum Aufwand[1204]. Ähnliches gilt für das „R". Es kann der erste Buchstabe für **R**ealistic, **R**elevant oder **R**esults-oriented sein. Im Deutschen heißt das dann, realistisch, relevant oder ergebnisorientiert. Dem Verfasser scheinen im Hinblick auf die Zieleignung folgende Eigenschaften am besten:

[1202] Vgl. JUNG, R. H., HEINZEN, M., QUARG, S.: a. a. O., S. 237.

[1203] Vgl. SCHELD, G. A.: Strategisches, a. a. O., S. 94.

[1204] Vgl. MÜLLER, H.-E., WROBEL, M.: Unternehmensführung. Strategien – Konzepte – Praxisbeispiele, 4. Aufl., Berlin, Boston 2021, S. 66.

- Specific
- Measurable
- Ambitious and Achievable
- Relevant
- Terminated

Darst. 2.15: SMART-Regel

- **Specific**: **Spezifisch** bedeutet, dass ein Ziel konkret, d. h. eindeutig und ohne jeglichen Interpretionsspielraum definiert wird.
- **Measurable**: Ein Unternehmensziel muss **messbar** sein, um den Zielerreichungsgrad und Abweichungen davon prüfen zu können.
- **Ambitious** and **Achievable**: Nur Ziele, die einerseits **anspruchsvoll** sind, andererseits aber auch **erreichbar/realistisch** sind, können Mitarbeiter motivieren. Im Zuge der Prüfung, ob die Ziele erreichbar sind, sollte auch geklärt werden, ob diese in der Organisation **durchsetzbar** sind. Es sind geeignete **organisatorische, psychologische und informatorische Voraussetzungen** zu schaffen, die es nachgelagerten Instanzen erleichtern, die Ziele zu akzeptieren, zu verstehen und in positiver Weise deren Verwirklichung voranzutreiben. Empfehlenswert ist hier die **partizipierende Form der Zielvorgabe (Management by Objectives)** und **Beteiligung der nachgeordneten Instanzen** an der Zielfindung.
- **Relevant**: Es sind nur diejenigen Ziele in ein Zielsystem aufzunehmen, die im Hinblick auf das jeweilige Oberziel **relevant** sind.
- **Terminated**: Ziele sind nur dann bezüglich der zeitlichen Anforderung kontrollierbar, wenn sie **terminiert** sind.

Die nachstehende Tabelle verdeutlich u. a., dass die **Operationalisierung von Zielen mit der abnehmenden Hierarchie der Ebenen zunimmt**. Dies liegt u. a. daran, dass mit zunehmender Hierarchieebene die Datenprognose immer schwieriger wird. So ist diese beispielsweise auf der strategischen Ebene nur in qualitativer Hinsicht möglich und grob strukturiert. Der lange Zeithorizont von über fünf bis acht, oder manchmal 10 Jahren erlaubt keine genaue Prognose. Daher macht es wenig Sinn, ein strategisches Ziel zu operationalisieren.

Ebene	Normativ	Strategisch	Taktisch	Operativ
Fristigkeit	über 10 Jahre	über 5 bis 10 Jahre	über 1 bis 5 Jahre	bis 1 Jahr
Unsicher-heitsgrad	extrem hoch	sehr hoch	mittel-hoch	gering
Daten-prognose	fast ausschließ-lich qualitativ, sehr grob strukturiert	überwiegend qualitativ, grob strukturiert	überwiegend quantitativ, mittel strukturiert	fast ausschließ-lich quantitativ fein strukturiert
Operationali-siertheit von Zielen	nein	zum Teil-	fast immer-	ausnahmslos
Geltungs-bereich	(Gesamt-) Unternehmung	(Gesamt-) Unternehmung	Funktions-bereich	Abteilung, Gruppe, Stelle
Verantwort-lichkeit	Oberste Leitung (Top-Mana--gement): Vor-stand/Geschäfts-führung	Oberste Leistung (Top-Mana-gement): Vor-stand/Geschäfts-führung	Mittlere Leitung (Middle-Mana-gement: Be-reichsleiter	Untere Leitung Lower-Mana-gement: Ab-teilungsleiter, Gruppenleiter, Sachbearbeiter

Darst. 2.16: Normative, strategische, taktische und operative Planung

Neben der Genauigkeit der Daten resp. der Unsicherheit der Daten, die sich mit zunehmendem Zeithorizont vergrößert, ist auch zu prüfen, um **welche Ziele** es sich für welche Planungs-/Handlungsebene handelt und insbesondere, **ob diese Ziele in Bezug auf die Messbarkeit der Ziel-erreichung operationalisierbar** sind bzw. (überhaupt) sein sollen.[1205] Es muss nicht noch einmal betont werden, dass generelle Ziele auf der normativen und konstitutiven Ebene wegen ihres sehr langfristigen Charakters nicht operationalisierbar sind – und damit eine große Flexibilität aufweisen und einen erheblichen Interpretationsspielraum zulassen, während Ziele auf

---

[1205] Auch dieses Thema wird im Abschnitt 2.6 „Zielbeziehungen und Zielsystem" weiterverfolgt.

der operativen Ebene meist in operationalisierter Form vorliegen und damit gut kontrollierbar sind. Die zuletzt genannten Ziele weisen den Nachteil auf, dass sie kaum noch Handlungsspielräume bzw. flexible Planungen zulassen. Angesichts der teilweise dramatischen und sich beschleunigenden **Dynamik der Umweltentwicklungen** ist daher zu überlegen, **wie „eng" die Ziele** auf der jeweiligen Planungsebene definiert werden, damit **Fehlallokationen** vermieden werden.

Bei **Zielsystemen** treten drei weitere Anforderungen hinzu. Dies ist erstens die **Organisationskongruenz**: Bei der Operationalisierung der Ziele ist zu beachten, dass diese im Zusammenhang mit der Organisation des betreffenden Unternehmens stehen.[1206] Zweitens muss das Kriterium der **Vollständigkeit** erfüllt sein: Im Zielsystem der Unternehmung sind alle relevanten Ziele vollständig enthalten. Drittens muss die **Konsistenz** gegeben sein: Die in ein Zielsystem zu integrierenden Ziele müssen aufeinander abgestimmt und widerspruchsfrei sein. Auf diesen Punkt ist im nächsten Unter-Unterabschnitt noch näher einzugehen.

Ein weiterer Aspekt betrifft die **Aktualität** von Zielen. Es bedarf keiner weiteren Begründung, dass die Ziele – in Abhängigkeit von ihrer jeweiligen Fristigkeit – immer wieder dahingehend überprüft werden müssen, ob sie den aktuellen Ansprüchen aller Stakeholder noch genügen bzw. ob diesbezüglich nicht andere Ziele in den Fokus rücken oder sich die Gewichtung der Ziele untereinander verschiebt. Im Paragrafen 1.6.7.3.2 „Planungsrhythmus" wird auf zwei Planungsrhythmen hingewiesen, die eine systematische Aktualisierung der Pläne (Ziele und Maßnahmen) betreffen. Neben der **rollierenden Planung** wird dort wegen der größeren Vorteile der **revolvierenden Planung** letztere empfohlen.

Bei einer eingehenden Betrachtung der Handlungsebenen (Zielhierarchie) und der Fristigkeit von Zielen lässt sich leicht nachvollziehen, dass **mit abnehmender Tragweite der Entscheidungen und mit kürzeren Planungszeiträumen die Ziele** aufgrund einer besseren Einschätzung der Zukunft (Prognosegenauigkeit) bzw. genauerer oder überhaupt vorhandener Daten **zunehmend konkretisiert und operationalisiert** werden können. So arbeitet bspw. eine strategische Zielplanung eher mit qualitativen Zielen, während eine operative Zielplanung primär quantitative Ziele kennt. Damit kann konstatiert werden, dass das Postulat operationalisierbarer Ziele tendenziell eher bei Zielentscheidungen mit geringer Tragweite (operative Ziele) bzw. eher bei kurzfristigen (Ziel-)Planungszeiträumen erfüllt ist.

[1206] Vgl. SCHIERENBECK, H., WÖHLE, C. B.: a. a. O., S. 183, MÜLLER, D.: Investitionsrechnung und Investitionscontrolling, 2. Aufl., Berlin 2019, S. 20.

2.6 Zielbeziehungen und Zielsystem

Sofern davon ausgegangen wird, dass eine **monistische Zielausrichtung nur selten den Ansprüchen/den Vorstellungen eines Unternehmens genügt** und im Rahmen des Zielfindungsprozesses eines Unternehmens als Resultat eines Stakeholderdialogs **mehrere Ziele zur Disposition stehen** oder ein Unternehmen **mehrere Ziele für erstrebenswert** hält bzw. letztlich die Praxis zeigt, dass die Unternehmen in der Praxis **meist die Verfolgung mehrerer Ziele** gleichzeitig anstreben (**Ziel-Pluralismus**), muss untersucht werden, in welcher Beziehung die Ziele der Unternehmung zueinanderstehen. Dabei wird eruiert, ob es bspw. Ziele im Unternehmen gibt, welche die Erreichung anderer Ziele fördern oder auch stören. Auch gibt es Ziele, die sich komplett neutral gegenüber anderen Zielen verhalten. Es finden sich drei Arten von **Zielbeziehungen**:[1207]

- Zielkomplementarität
- Zielneutralität
- Zielkonflikte

Darst. 2.17: Typen von Zielbeziehungen

Eine **Zielkomplementarität**, auch **Zielkonformität** genannt, liegt vor, wenn die Erreichung eines Ziels (Z_1) gleichzeitig zur Erreichung eines zweiten Ziels (Z_2) führt.

Beispiel: Senkung der Lager- und Logistikkosten (Z_1), Erhöhung der Logistikeffizienz (Z_2). Oder: Senkung der Selbstkosten (Z_1), Reduzierung des Werbeaufwandes (Z_2)

[1207] Vgl. u. a. WEBER, W., KABST, R., BAUM, M.: Einführung in die Betriebswirtschaftslehre, 9. Aufl., Wiesbaden 2014, S. 87.

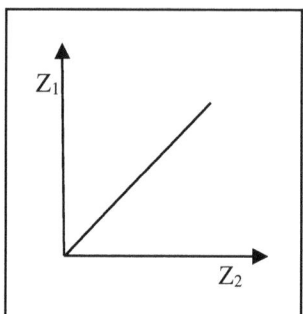

Darst. 2.18: Komplementäre Ziele

Ist die Erreichung des ersten Ziels jedoch unabhängig von anderen Zielen und beeinflusst deren Erreichung nicht, dann handelt es sich um **neutrale** oder **indifferente Ziele**.

Beispiel: Steigerung des Bekanntheitsgrades eines Produkts (Z_1), interne Schulung zur Vermittlung des neuen Unternehmensleitbilds (Z_2)

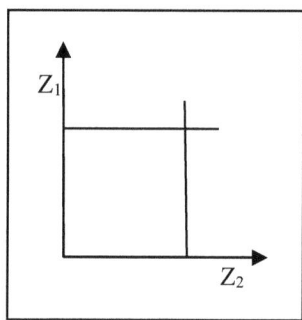

Darst. 2.19: Neutrale Ziele

Ziele, die im **Konflikt** stehen und sich bezüglich ihrer Erreichung gegenseitig behindern, heißen auch **konkurrierende** Ziele:

Beispiel: Erweiterung des Produktionsprogramms auf einer Maschine (Z_1), Senkung der Rüstkosten auf dieser Maschine (Z_2). Oder: Erhöhung der Löhne und Gehälter (Z_1), kurzfristige Gewinnmaximierung (Z_2)

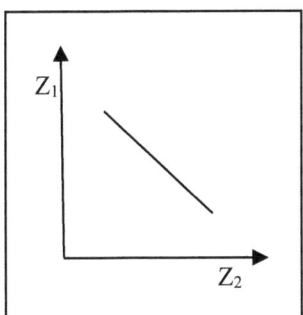

Darst. 2.20: Konfliktäre Ziele

Sofern, wie fast immer in der Realität, mehrere Zielalternativen existieren, die zudem noch konfliktär sein können, muss aus den möglichen Zielen eine optimale Selektion getroffen werden.[1208] Diese Auswahl und Ordnung von Zielen heißt **Zielsystem**:

> Ein Zielsystem ist das Ergebnis eines Ziel-Planungs-/Entscheidungsprozesses, das wi-
> derspiegelt, welche Ziele in einer bestimmten hierarchischen Anordnung mit welcher
> Intensität gemäß einem Beschluss der dazu befugten Entscheidungsträger angestrebt
> werden.

Darst. 2.21: Zielsystem

Im Planungs-/Entscheidungsprozess als Teil des zielbezogenen Führungsprozesses werden die
Einzelziele aufgrund ihrer Beziehungen zueinander in eine Reihenfolge gebracht. Ziel der Op-
timierungs- und Auswahlphase muss es sein, ein **Zielbündel** zu finden, welches **konfliktäre
Ziele nahezu gänzlich vermeidet** und **fast ausnahmslos aus komplementären Zielen besteht**. In der Realität ist dies schon deshalb **nicht möglich**, da **gesetzliche Vorschriften, ethische Grundhaltungen des Unternehmens und die Vorstellungen der Stakeholder** ein solches Ansinnen **verhindern**. Insofern gilt es, Zielkonflikte aufzudecken und zu lösen sowie komplementäre Ziele für die Erreichung übergeordneter Ziele zu nutzen. Dass Redundanzen aufgrund einer evtl. Mehrfachnennung von Zielen zu vermeiden sind, ist selbstverständlich.

[1208] Vgl. HEINEN, E.: Grundlagen betrieblicher Entscheidungen – Das Zielsystem der Unternehmung, 3. Aufl., Wiesbaden 1976, S. 28.

Neben der Option, Konflikten durch das **Suchen und Finden** (ausschließlich) **konfliktfreier Ziele** aus dem Wege zu gehen, besteht eine zweite Möglichkeit der Konfliktlösung in der **zeitlichen Hintereinanderschaltung von Zielen**, wie dies im Abschnitt 2.2 „Zielhierarchie des Unternehmens und Fristigkeit von Zielen" bereits beleuchtet wurde. Sofern die erste der beiden Ausweichmöglichkeiten nicht gegeben ist bzw. die zweite ohnehin nicht schon im Rahmen der Planungen mit unterschiedlichen Zeithorizonten umgesetzt wurde, verbleiben nur noch zwei Möglichkeiten einer Konfliktregelung:

- die Rangordnung als vertikale Zielordnung (Mittel-Zweck-Ordnung, aus der Unter- und Oberziele, ggf. zusätzlich Zwischenziele, resultieren) oder
- die Präferenzbildung (Haupt- und Nebenziele im Sinne einer horizontalen Zielordnung, Zielgewichtung).

Ausgangspunkt eines **hierarchischen** Zielsystems, welches auf der **Rangordnung** basiert, ist eine **funktionale Beziehung zwischen Zweck und Mittel**. Sie basiert auf Zusammenhängen zwischen Ursache und Wirkung.[1209] Diese Differenzierung besagt, dass **auf jeder Hierarchiestufe** eines Zielsystems **das jeweilige Ziel sowohl die Funktion eines Mittels (= Instrumentalziel)**[1210] **als auch die eines Zwecks** aufweist, d. h. untergeordnete Ziele sind Mittel zur Erreichung höherer Ziele. Für untergeordnete Ziele bilden sie aber wiederum selbst das übergeordnete Ziel. Diese Mittel-Zweck-Ordnung stellt letztlich ein hierarchisches Zielsystem dar. Der **Vorteil** einer solchen hierarchischen Ordnung liegt darin, dass die **Mitarbeiter auf „ihrer"** jeweiligen Organisationsebene im Unternehmen **Ziele vorfinden**, die ihm eine direkte Orientierung für sein tägliches Handeln bieten. Ein weiterer Vorzug besteht darin, dass die **Unterziele** i. d. R. **leichter operationalisierbar** sind. Auch können im Vergleich verschiedener Unterziele eher **mögliche Doppelungen (Zielredundanzen) aufgedeckt** werden. Letztlich ist die **Bedeutung des einzelnen Ziels klarer** erkennbar.

Zielsysteme können hierbei wiederum unterschiedlich aufgebaut bzw. orientiert sein. **Deduktiv-orientierte Zielsysteme** drücken eine definitionslogische bzw. rechentechnische Relation zwischen den Zielen als funktionale Zusammenhänge zwischen Kennzahlen aus. Diese haben eine weite Verbreitung in der Literatur gefunden. Ein **induktiv-orientiertes Zielsystem** hingegen legt den Fokus auf empirisch in Erscheinung getretene Zielkonflikte, Mehrfachzielsetzungen und Koppelungen zwischen gleichwertigen Zielinhalten.

Im Folgenden ist die Mittel-Zweck-Beziehung vor allem bei den beiden Zwischenzielen gut erkennbar:

[1209] Vgl. KUPSCH, P.: Unternehmungsziele, Stuttgart 1979, S. 68.

[1210] Ein Ziel wird als Instrumentalziel bezeichnet, wenn dadurch ein anderes, fundamentaleres Ziel erreicht wird. Dies ist bspw. gut am ROI-Schema erkennbar.

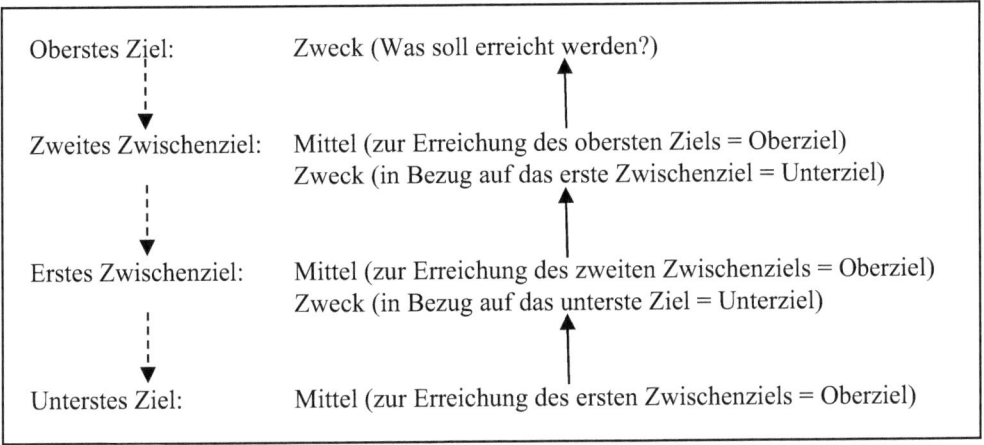

Darst. 2.22: Rangordnung mit Ober- und Unterzielen auf der Basis von zwei Zwischenzielen
Legende: - - - - ▶ Ableitung der Unterziele aus den Oberzielen
——————▶ Mittel-Zweck-Beziehung

Oberziele, insbesondere die obersten Ziele, sind oft nicht operationalisiert. Sie sollen über Zwischenziele erreicht werden, wie die vorstehende Abbildung verdeutlicht. Diese, vor allem die untersten Ziele, müssen operational formuliert werden. Nur so ist es möglich, die Zielerreichungsgrade zu messen und Mitarbeiter oder Organisationseinheiten verantwortlich zu machen.

Bei einem Zwischenziel könnte beispielhaft die Werbeabteilung Insertionen in ausgesuchten Printmedien schalten, um eine bestimmte Zielgruppe anzusprechen (unterstes Ziel = Unterziel zur Erreichung des Zwischenziels), damit der Umsatz einer definierten Produktgruppe eine geplante Steigerung erfährt (Zwischenziel: Oberziel als Zweck des untersten Ziels und gleichzeitig Unterziel als Mittel zur Erreichung des obersten Ziels), sodass letztlich der Gewinn des Unternehmens erhöht wird (oberstes Ziel = Oberziel).

Zu den deduktiv-orientierten Zielsystemen gehört neben dem ZVEI-System, dem Ratios au Tableau de Bord und dem RL-Kennzahlensystem das bekannte ROI-Schema von DuPont:

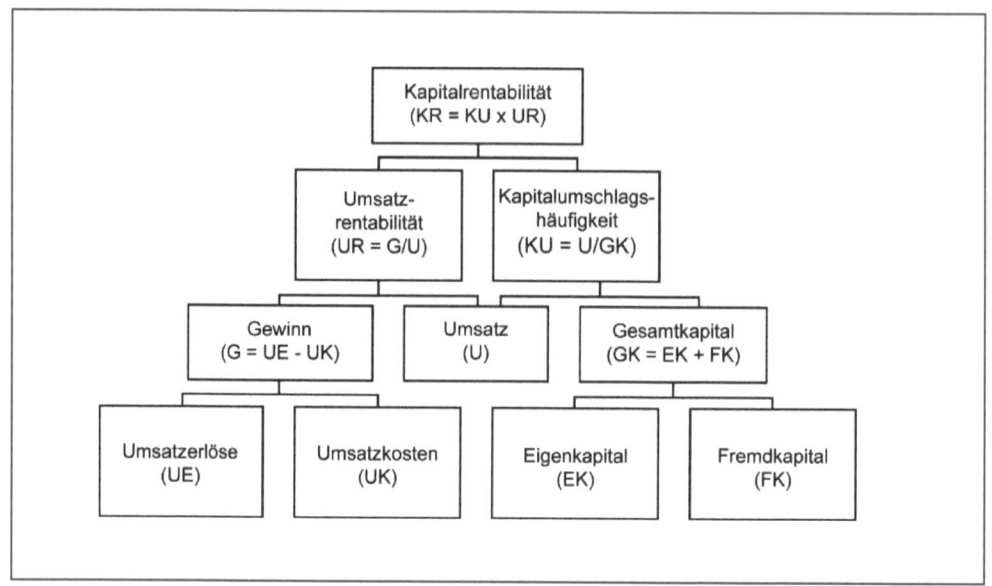

Darst. 2.23: ROI-Schema nach DuPont
(Ähnlich: MACHARZINA, K., WOLF, J.: a. a. O., S. 232.)

Auf die Problematik von **Rechensystemen**, wie das ROI-System eines ist, wird in der Literatur vielfach hingewiesen. Neben den dort aufgeführten rein monetären Kennzahlen sind auch andere nicht-monetäre Größen im Unternehmen zu betrachten. Auch die meist kurzfristige Ausrichtung des ROI-Systems kann zu einer Nichtbeachtung des Ziels der langfristig angedachten Wertorientierung des Unternehmens führen. Dies führte zur Entwicklung des Konzepts der Balanced Scorecard. Daneben ist sind bei vielen Rechensystemen **Spielräume** enthalten, die zu Problemen bei der Verwendung führen können. Dies können u. a. **Zielunklarheiten** bei der Zielerreichung sein. So fehlt etwa beim ROI die Einbeziehung der Finanzierung, genauer: der Finanzierungsart, z. B. in Form von Leasing. Zuletzt stoßen die Rechensysteme an ihre **Grenzen**, wenn sich möglichst alle funktionalen Beziehungen zwischen den Kennzahlen (als Messgrößen für Ziele) enthalten sollen. Entweder leidet das System dann an der Übersichtlichkeit, was die Orientierung für die handelnden Akteure erheblich erschwert, oder es wird auf eine Reihe von Anpassungen, z. B. beim Economic Value Added (EVA) verzichtet. Die pragmatische Lösung dieses Dilemmas liegt darin, Materiality-Grenzen zu definieren und Prämissen zu nennen, wann eine Anpassung der Größen – und damit eine Justierung der Ziele – erforderlich wird.

Im Gegensatz zu den Rechensystemen existieren bei **Ordnungssystemen** selten mathematischen Beziehungen zwischen den Kennzahlen (als Messgrößen für die Ziele), sondern i. d. R. **sachlogische, kausale** oder **aus empirisch induktiven Erkenntnissen hergeleitete Verknüpfungen**. Bei Ordnungssystemen ist auch eine Kombination von rechentechnischen und sachlogischen Verknüpfungen möglich.[1211] Auf jeder Ebene des hierarchisch gegliederten Ordnungssystems wird ein bestimmter gemeinsamer Sachverhalt ausgedrückt, der für alle Leistungsmerkmale oder Kennzahlen auf der untergeordneten Rangebene Gültigkeit besitzt. Häufig werden die Leistungsmerkmale oder Kennzahlen eines Ordnungssystems auf der zweithöchsten Ebene den Divisionen oder den Funktionsbereichen des Unternehmens zugeordnet. Auch eine Untergliederung nach Absatzregionen ist denkbar. Ebenso sind andere Gliederungskriterien wie z. B. Kostenstellen etwa des Produktionsbereichs möglich. Das nachfolgende Beispiel enthält als Spitzenkennzahl den Gewinn des Unternehmens, auf der zweithöchsten Ebene die Gewinne in den vom Unternehmen bearbeiteten Absatzregionen und auf der dritten Ebene die den Absatzregionen zugeordneten Umsätze und Kosten.

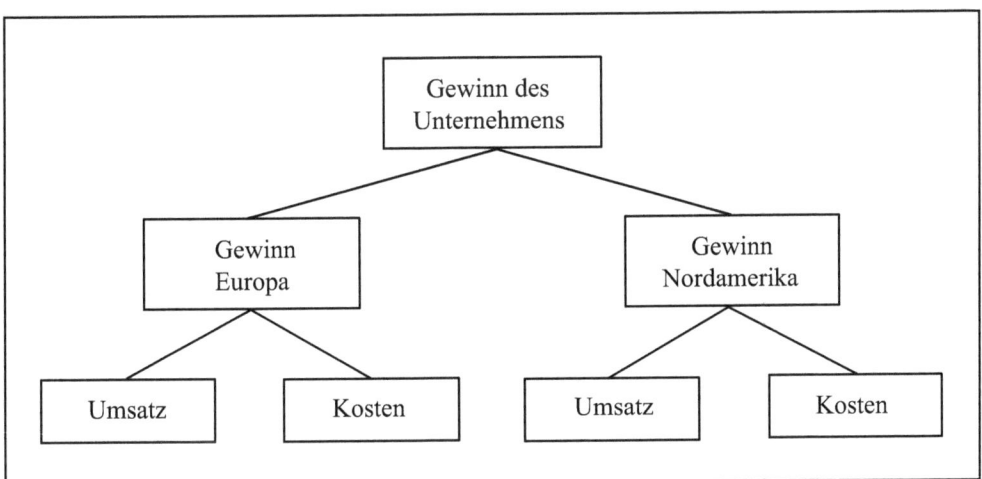

Darst. 2.24: Ordnungssystem (Beispiel)

Sowohl bei den Rechensystemen als auch bei den Ordnungssystemen ist als Manko eine gewisse **Subjektivität bei der Auswahl der Kennzahlen** auf den einzelnen Rangebenen zu nennen, z. B. die Bestimmung der Spitzenkennzahl(en) wie Rentabilität, Gewinn etc.

[1211] So kann sich in der nachstehenden Abbildung der Gewinn des Unternehmens aus der Summe des Gewinns in Europa und des Gewinns in Nordamerika ergeben, vorausgesetzt, die Darstellung enthält *alle* Absatzregionen des Unternehmens. Denkbar wäre also auch, dass die Abbildung nur die beiden gewinnstärksten Absatzregionen zeigt.

Die genauere Betrachtung (nur) von Formal- und Sachzielen zeigt, dass es beiden diesen beiden Zielkategorien eine klare Rangordnung gibt. „Formalziele wie Gewinnmaximierung oder Kostenminimierung bestimmen die Grundlinie unternehmerischen Handelns. Sachziele (z. B. Verkürzung der Maschinendurchlaufzeiten oder Verbesserung der Produktqualität) haben Instrumentalcharakter. Sie stehen also im Dienst der Erreichung von Formalzielen."[1212]

Systeme, die auch eine Verarbeitung **qualitativer Informationen** – also nicht nur von Kennzahlen (**Kennzahlensysteme**) – beinhalten und gleichzeitig als **Ziel die Beurteilung der Leistungsfähigkeit** eines Unternehmens vorsehen, werden als **Performance-Measurement-Systeme** bezeichnet. Die in einem Performance-Measurement-System enthaltenen Sachverhalte bestehen neben quantitativen Informationen auch aus qualitativen. Dieses unterschiedliche Skalenniveau verbietet es, (nur) von Kennzahlen zu sprechen.[1213] Richtig ist es, wie in der Statistik üblich, von **Merkmalen** und ihren **Merkmalsausprägungen** zu sprechen.

Unter Merkmalen sind Beschreibungsmöglichkeiten der untersuchten Objekte (Größe, Gewicht, Gewinn, Farbe, Arbeitsproduktivität, Kundenzufriedenheit etc.), d. h. charakteristische Eigenschaften zu verstehen. Bei den zu verwendenden, merkmalsbezogenen Skalen kann es sich um eine Verhältnis-, Intervall-, Ordinal- oder Nominalskala handeln.

Darst. 2.25: Merkmal

Die bekanntesten Performance-Measurement-Systeme sind das EFQM-System[1214] sowie die Balanced Scorecard.[1215] Letztere entwickelten 1990 ein System, das über reine Kennzahlen hinausgeht.[1216] Die zuvor ausschließlich quantitative, i. d. R. finanzielle oder erfolgsorientierte Ausrichtung sollte um qualitative Aspekte erweitert werden. Dabei ergänzt die Balanced Scorecard Kennzahlen in der Finanz- und Erfolgsperspektive um Leistungsmerkmale, die innerhalb der Kunden-, internen Prozess-, Lern- und Entwicklungsperspektive ermittelt werden. Das System der Balanced Scorecard ist nachstehend abgebildet.

[1212] WÖHE, G., DÖRING, U., BRÖSEL, G.: a. a. O., S. 63.

[1213] Vgl. die Definition von Kennzahlen im Unterabschnitt 1.6.2 „Kennzahlen".

[1214] Diesem von der European Foundation of Quality Management entwickeltem System liegt das Ziel der Verbesserung und Sicherung der Qualität zugrunde.

[1215] Übersetzt mit "ausgewogener Wertungsliste".

[1216] Vgl. KAPLAN, R. S., NORTON, D. P.: The Balanced Scorecard, Boston 1996

Finanzperspektive			
Strategisches Ziel	Messgrößen	Zielwerte	Maßnahmen
...	...	...	...

Kundenperspektive					Interne Prozessperspektive			
Strategisches Ziel	Messgrößen	Zielwerte	Maßnahmen	**Vision und Strategie**	Strategisches Ziel	Messgrößen	Zielwerte	Maßnahmen
...	...	...	...		...	...	...	...

Lern- und Entwicklungsperspektive			
Strategisches Ziel	Messgrößen	Zielwerte	Maßnahmen
...	...	...	...

Darst. 2.26: System der Balanced Scorecard
(In Anlehnung an BRÜHL, R.: a. a. O., S. 453.)

Präferenzen (Prioritäten) drücken die relative Bedeutung von Zielen untereinander aus. Tragen bspw. zwei alternative, gleichrangige Ziele unterschiedlich zur Erreichung eines höherrangigen Ziels bei, so wird das Ziel mit dem höheren Zielerreichungsgrad priorisiert. Nach diesem Prinzip wird eine Unterteilung in **Haupt- und Nebenziele** vorgenommen, weniger wichtige Ziele von bedeutsamen Zielen getrennt. Ziele, welche der Entscheidungsträger als essenziell einstuft, werden als Hauptziele bezeichnet, die anderen als Nebenziele. Die Präferenzrelationen bestehen hier nicht zwischen den Zielinhalten, sondern zwischen den Nutzen (Zielerreichungsgraden) gleichrangiger Ziele. Werden den n Zielen Z_1 bis Z_n die jeweiligen n Gewichte g_1 bis g_n zugeordnet, kann hieraus eine Zielfunktion f(Z) gebildet werden, die sich wie folgt schreiben lässt: $f(Z) = Z_1 \cdot g_1 + Z_2 \cdot g_2 + Z_3 \cdot g_3 + \ldots Z_n \cdot g_n$. Die Zielgewichtung, die einen **subjektiven, entscheidungsträgerabhängigen Entschluss** darstellt, kann mittels verschiedener **Zielgewichtungsverfahren** vollzogen werden. Denkbar wäre etwa eine **Vergabe** von maximal 100 Punkten bzw. von maximal 1,0 Dezimaleinheiten **pro Ebene der Zielhierarchie**[1217]. Jedes Ziel erhält ganzzahlig zwischen 0 und 100 Punkten bzw. zwischen 0,00 und 1,00 Dezimaleinheiten. 0 Punkte bzw. 0,00 Dezimaleinheiten bekommt ein Ziel, welches absolut unwichtig ist, während 100 Punkte bzw. 1,0 Dezimaleinheiten dann vergeben werden, wenn auf einer Ebene nur ein (Ober-)Ziel existiert oder ein Ziel keinerlei andere Ziele neben sich duldet. Bei einer stufenweisen Zielgewichtung wird auf der obersten Ebene der Zielhierarchie begonnen und anschließend wird sukzessive die jeweils tiefere Ebenen hinsichtlich ihrer Ziele und deren Gewichtung bearbeitet, bis alle Ebenen über gewichtete Ziele verfügen. Ein Spezialfall der Zielgewichtung ist die **Zieldominanz**. In diesem Fall wird ausschließlich ein Ziel angestrebt, während alle anderen

---

[1217] Die Zielhierarchie wird im Abschnitt 2.2 „Zielhierarchie des Unternehmens und Fristigkeit von Zielen" vorgestellt.

Ziele als nicht relevant deklariert werden. Die aus der Nichtberücksichtigung der anderen Ziele resultierenden Nachteile werden bewusst akzeptiert.

Generell lässt sich festhalten, dass die **Stabilität eines Zielsystems** von der Dynamik der Umwelt und damit des Unternehmens sowie seiner Komplexität und darüber hinaus vom erreichten Akzeptanzniveau der relevanten Anspruchsgruppen abhängig ist.[1218] Dies Im letztgenannten Punkt kann bspw. konkret geprüft werden, inwieweit die Ziele der als relevant eingestuften Anspruchsgruppen (mit Ausnahme der Anteilseigner und des Top-Managements) von den Zielen des Unternehmens entfernt sind und ob im Zeitablauf eine diesbezügliche Annäherung stattgefunden hat.[1219] Gestaltungsmöglichkeiten liegen in der eher generellen Formulierung der Ziele, der Vorgabe der Geltungsdauer bzw. Einstufung als normatives, strategisches, taktisches oder operatives Ziel, der Beschränkung auf bestimmte Ziele oder die Festlegung von Annahmen.[1220]

[1218] Vgl. Diesbezüglich sei auf die obigen Ausführungen im Abschnitt 2.3 „Ziel-Führungsprozess" und dort insbesondere auf die Wesentlichkeitsmatrix verwiesen.

[1219] Ein solches Vorgehen wird bei Wördenweber beschrieben: WÖRDENWEBER, M.: Nachhaltigkeitsmanagement, a. a. O., S. 55–57.

[1220] Vgl. BREIT, V.: Integrative Zielbildung in Unternehmen. Ein systemkybernetischer Ansatz unter besonderer Berücksichtigung der Ökologie, Frankfurt a. M. 1996, S. 85.

Literaturverzeichnis

ADAMS, J. Q. (6th president of the United States of America): "If your actions inspire others to dream more, learn more, do more and become more, you are a leader." In: WILLIAMS, P.: The Paradox of Power: A Transforming View of Leadership, New York 2002

ALBERS, W., BORN, E., DÜRR, E. ET AL.: Handwörterbuch der Wirtschaftswissenschaft (HdWW). Zugleich Neuauflage des Handwörterbuchs der Sozialwissenschaften. Terminmärkte bis Wirtschaft der DDR, Bd. 8, Stuttgart u. a. O. 1980

ALBERS, S., HERRMANN, A.: Handbuch Produktmanagement: Strategieentwicklung – Produktplanung – Organisation – Kontrolle, 3. Aufl., Wiesbaden 2007

ALTER, R.: Strategisches Controlling. Unterstützung des strategischen Managements, 2. Aufl., München 2013

ALTOBELLI, C. F.: Marktforschung: Methoden – Anwendungen – Praxisbeispiele, 2. Aufl., Konstanz 2011

AMANN, K., PETZOLD, J., WESTERKAMP, M.: Management und Controlling. Instrumente – Organisation – Digitalisierung – Ziele, 3. Aufl., Wiesbaden 2020

ANSOFF, H. I.: Corporate Strategy: An Analytic Approach to Business Policy for Growth and Expansion, New York 1965

ANSOFF, H. I.: Management-Strategie, Landsberg 1966

ANSOFF, H. I.: Managing Surprise and Discontinuity – Strategic Response to Weak Signals, in: Zeitschrift für betriebswirtschaftliche Forschung (ZfbF), 28. Jg., 1976, Nr. 28, S. 129–152

ANTHONY, W. P.: Management, Reading 1981

ANWANDER, A.: Strategien erfolgreich verwirklichen, 2. Aufl., Berlin, Heidelberg 2002

ARROW, K. J.: The Economics of Agency, in: PRATT, J. W., ZECKHAUSER, R. J. (HRSG.): Principals and Agents: The Structure of Business, Boston, MA, S. 37–51

BACKHAUS, K., SCHNEIDER, H.: Strategisches Marketing, 3. Aufl., Stuttgart 2020

BAECKER, D.: Postheroisches Management. Ein Vademecum, Berlin 1994

BAETGE, J.: Überwachung, in: BITZ, M. ET AL. (HRSG.): Vahlens Kompendium der Betriebswirtschaftslehre, Bd. 2, 3. Aufl., München 1993, S. 175−218

BAG-Urteil vom 20.11.2014, AZ: 2 AZR 651/13

BAIER, P.: Praxishandbuch Controlling, 2. Aufl., München 2008

BAILOM, F., MATZLER, K., TSCHEMERNJAK, D.: Was Top-Unternehmen anders machen. Mit Strategie, Innovation und Leadership zum nachhaltigen Erfolg, 2. Aufl., Wien 2013

BALDERJAHN, I., SPECHT, G.: Einführung in die Betriebswirtschaftslehre, 5. Aufl., Stuttgart 2007

BAMBERGER, I., WRONA, TH.: Planung, in: BREUER, W., GÜRTLER, M. (HRSG.): Internationales Management. Betriebswirtschaftslehre der internationalen Unternehmung, Wiesbaden 2003, S. 57−110

BAMBERGER, I., WRONA, TH.: Strategische Unternehmensführung. Strategien, Systeme, Prozesse, München 2004

BAMBERGER, I., WRONA, TH.: Strategische Unternehmensführung, Strategien, Systeme, Methoden, Prozesse, 2. Aufl., München 2012

BARNEY, J. B.: Gaining and Sustaining Competitive Advantage, 4. Aufl., Boston 2011

BAUM, H.-G., COENENBERG, A., GÜNTHER, T.: Strategisches Controlling, 5. Aufl., Stuttgart 2013

BAUMGARTEN, R.: Führungsstile und Führungstechniken, Berlin 1977

BDU E. V.: Grundsätze ordnungsgemäßer Planung (GoP), 3. Aufl., Bonn 2009

BEA, F. X.: Führung, in: BEA, F. X., DICHTL, E., SCHWEITZER, M. (HRSG.): Allgemeine Betriebswirtschaftslehre, Bd. 2, 8. Aufl., Stuttgart 2001

BEA, F. X., HAAS, J.: Strategisches Management, 11. Aufl., München 2024

BECK, M.: Grundsätze der Personalplanung. Ausrichtung der Betriebsverfassung am Strategischen Human Resource Management, Diss. Universität Mannheim, Wiesbaden 2002

BECKER, F. G.: Strategische Unternehmensführung – Eine Einführung, 5. Aufl., Berlin 2018

BECKER, M.: Personalentwicklung. Bildung, Förderung und Organisationsentwicklung in Theorie und Praxis, 6. Aufl., Stuttgart 2013

BECKER, T.: Management mit Kultur, Wiesbaden 2013

BEHRENS, R., FEUERLOHN, B.: Angewandtes Unternehmens-Controlling. Operative Systeme der Planung, Kontrolle und Entscheidung, Berlin, Boston 2018

BEHRINGER, S. (HRSG.): Compliance kompakt – Best Practice im Compliance-Management, 3. Aufl., Berlin 2013

BERSCHIN, H. H.: Handbuch Controlling. Systematisches Planen, Führen, Steuern, Überwachen des Unternehmens und seiner Abteilungen, München 1989

BERTHEL, J.: Personal-Management. Grundzüge für Konzeptionen betrieblicher Personalarbeit, 3. Aufl., Stuttgart 1991

BERTHEL, J., BECKER, F. G.: Personal-Management. Grundzüge für Konzeptionen betrieblicher Personalarbeit, 8. Aufl., Stuttgart 2007

BFH, Urteil vom 07.11.2018, X R 34/16

BGH, Urteil vom 16.03.1973, I ZR 154/71

BGH, Urteil vom 21.04.1997, II ZR 175/95

BGH, Urteil vom 28.10.1971, II ZR 49/70

BGH, Urteil vom 29.03.2006, VIII ZR 173/05 – Unternehmerbegriff, in: NJW 2006

BIRKER, K.: Einführung in die Betriebswirtschaftslehre: Grundbegriffe, Denkweisen, Fachgebiete, Berlin 2000

BLEICHER, K.: Das Konzept Integriertes Management: Visionen, Missionen, Programme, 8. Aufl., Frankfurt/New York 2011

BLEYMÜLLER, J., WEISSBACH, R., DÖRRE, A.: Statistik für Wirtschaftswissenschaftler, 18. Aufl., München 2020

BLOHM, H.: Die Gestaltung des betrieblichen Berichtswesens als Problem der Leitungsorganisation, Herne, Berlin 1974

BOETTICHER, K. W.: Unternehmer oder Manager, Köln 1963

BRAVERMAN, H.: Labor and Monopoly Capital: The Degradation of Work in the Twentieth Century, New York 1974

BREID, V.: Erfolgspotenzialrechnung: Konzeption im System einer finanzierungstheoretisch fundierten, strategischen Erfolgsrechnung, Stuttgart 1994

BREIT, V.: Integrative Zielbildung in Unternehmen. Ein systemkybernetischer Ansatz unter besonderer Berücksichtigung der Ökologie, Frankfurt a. M. 1996

BRENNER, W., HILBERS, K.: Unternehmensführung und Informationssystem, 2. Aufl., Wiesbaden 2014

BROCKHOFF, K.: Prognosen, in: BEA, F. X., SCHWEITZER, M. (HRSG.): Allgemeine Betriebswirtschaftslehre. Bd. 2. Führung, 10. Aufl., Stuttgart 2011, S. 785–825

BRÖSEL, G.: Bilanzanalyse. Unternehmensbeurteilung auf der Basis von HGB- und IFRS-Abschlüssen, 18. Aufl., Berlin 2024

BRUCH, H. KUNZE, F, BÖHM, S.: Generationen erfolgreich führen. Konzepte und Praxiserfahrungen zum Management des demografischen Wandels, Wiesbaden 2010

BRÜHL, R.: Controlling. Grundlagen des Erfolgscontrollings, 2. Aufl., München 2009

BUCHHOLZ, L.: Strategisches Controlling. Grundlagen – Instrumente – Konzepte, 2. Aufl., Wiesbaden 2013

BUCHHORN, E., WERLE, K.: Auf eigene Gefahr, in: manager magazin vom 04.09.2006, http://www.manager-magazin.de/magazin/artikel/a-422780.html, Abruf am 19.02.2016

BUCHNER, H.: Planung im turbulenten Umfeld, München 2002

BÜHNER, R., STILLER, P., TUSCHKE, A.: Legitimität und Innovation, Einführung wertorientierten Managements in Deutschland, in: ZfbF, Jg. 56, 2004, H. 12, S. 715–736

BUNDESAMT FÜR VERFASSUNGSSCHUTZ: Wer betreibt Spionage? https://www.verfassungsschutz.de/de/arbeitsfelder/af-spionage-und-proliferationsabwehr/wer-betreibt-spionage, Abruf am 17.11.2016.

BUNDESAMT FÜR VERFASSUNGSSCHUTZ FÜR DIE VERFASSUNGSSCHUTZBEHÖRDEN IN BUND UND LÄNDERN (HRSG.): Wirtschaftsspionage – Risiko für Ihr Unternehmen, Düsseldorf 2008

BUNDESAMT FÜR WIRTSCHAFT UND AUSFUHRKONTROLLE (HRSG.): Merkblatt zum Außenwirtschaftsverkehr mit der Russischen Föderation, http://www.ausfuhrkontrolle. info/ausfuhrkontrolle/de/arbeitshilfen/merkblaetter/merkblatt_russland.pdf, Abruf am 23.02.2016

BUNDESANSTALT FÜR FINANZDIENSTLEISTUNGSAUFSICHT (HRSG.): Emittentenleitfaden, 4. Aufl., Bonn 2013

BUNDESMINISTERIUM DER VERTEIDIGUNG (HRSG.): Heeresdienstvorschrift 100/200, Bonn 1998

BURNS, J. M.: Leadership, New York 1978

BUSSIEK, J.: Wie entsteht eine Unternehmensplanung? 2. Aufl., Wiesbaden 1991

CAMPHAUSEN, B.: Strategisches Management: Planung, Entscheidung, Controlling, 3. Aufl., München 2013

CANARIS, C.-W.: Handelsrecht, 24. Aufl., München 2006

CARROLL, S. J., GILLEN, D. J.: Are the Classical Management Functions Useful in Describing Managerial Work? In: Academy of Management Review 1987, Heft 12, Nr. 1, S. 38–51

CLAAS, S. C.: Marktorientiertes Management in Wachstumsunternehmen, Diss. RWTH Aachen 2006, Wiesbaden 2006

CORPORATE TRUST: Industriespionage 2014 – Cybergeddon der deutschen Wirtschaft durch NSA & Co.? München 2014

CORSTEN, H.: Grundlagen der Wettbewerbsstrategie, Stuttgart, Leipzig 1998

CORSTEN, H., CORSTEN, M.: Einführung in das Strategische Management, Konstanz, München 2012

CYERT, R. M., MARCH, J. C.: A Behavioral Theory of the Firm, Englewood Cliffs 1963

DAMBROWSKI, J.: Budgetierungssysteme in der deutschen Unternehmenspraxis, Darmstadt 1986

DAVID, F. R.: Strategic Management: Cases, 10th ed., Upper Saddle River 2004

DELFMANN, W., REIHLEN, M.: Planung, in: KÜPPER, H.-U., WAGENHOFER, A. (HRSG.): Handwörterbuch Unternehmensrechnung und Controlling, 4. Aufl., Stuttgart 2002, S. 1439–1449

DER SPIEGEL: BP klagt gegen Thyssen, 1996, Heft 34, S. 59

DESTATIS Statistisches Bundesamt, Insolvenzen. Wiesbaden 2014; https://www.destatis. de/DE/ZahlenFakten/Indikatoren/LangeReihen/Insolvenzen/lrins01.html;jsessionid=227D6E1 D5267E3BB5EB8575E64922375.cae4

DIEDRICH, A.: Modul: Betriebswirtschaftslehre BWL 1 A, Veranstaltungsteil: Grundlagen der Betriebswirtschaftslehre, Themenbereich: Planung, Folie 22, http://wirtschaft.fh-duesseldorf. de/fileadmin/personen/professoren/diedrich/Downloads/BWL_1A_Planung_WS_2012.pdf, Abruf am 23.11.2015

DRUCKER, P. F.: The Practice of Management, New York 1986

DUDENREDAKTION (HRSG.): Duden. Deutsches Universalwörterbuch, 8. Aufl., Berlin 2015

DÜTZ, W.: Arbeitsrecht, 22. Aufl., München 2017

DWORSKI, E. A.: Flexibilisierung der Budgetierung mit Rolling Forecasts und Relativen Zielen, Diss. Universität Stuttgart, München 2011

EBNER STOLZ MANAGEMENT CONSULTANTS GMBH (HRSG.): BWL-Basics: Der Jahresabschluss, seine Rechenwerke und Implikationen für die Business Planung, Frankfurt 2013, S. 15f., http://www.vc-germany.com/German_Venture_Club_e.V./Veranstaltungen_files/Handout%20-%20BWL-Basics.PDF, Abruf am 22.11.2015

EHRMANN, H.: Marketing-Controlling, 5. Aufl., Ludwigshafen (Rhein) 2016

EHRMANN, H., MINTERT, S.-M.: Unternehmensplanung, 7. Aufl., Ludwigshafen (Rhein) 2022

EHRMANN, T.: Strategische Planung. Methoden und Praxisanwendungen, 2. Aufl., Berlin 2007

EILENBERGER, G.: Bankbetriebswirtschaftslehre. Grundlagen – Internationale Bankleistungen – Bank-Management, 4. Aufl., München, Wien 1990

ESCHENBACH, R., SILLER, H.: Controlling professionell. Konzeption und Werkzeuge, 2. Aufl., Stuttgart, 2011

EULER HERMES KREDITVERSICHERUNGS-AG (HRSG.): Ursachen von Insolvenzen, Wirtschaft Konkret Nr. 414 in Zusammenarbeit mit dem ZIS Zentrum für Insolvenz und Sanierung an der Universität Mannheim e. V., Hamburg 2006, S. 20.

FABER-WIENER, G.: Responsible Communication – Wie Sie von PR und CSR-Kommunikation zu echtem Verantwortungsmanagement kommen, Berlin, Heidelberg 2013

FAYOL, H.: Allgemeine und industrielle Verwaltung, München, Berlin 1929

FELDEN, B.: Controlling in Familienunternehmen – Ergebnisse einer empirischen Untersuchung, in: Der Betrieb 2013, Heft 11, S. 529–533

FINK, C. A.: Prozessorientierte Unternehmensplanung: Analyse, Konzeption und Praxisbeispiele, Dissertation an der Universität Stuttgart, Wiesbaden 2003

FISCHER, J.: Qualitative Ziele in der Unternehmensplanung – Konzepte zur Verbesserung betriebswirtschaftlicher Problemlösungstechniken, Habilitationsschrift, Münster 1989

FISCHER, T. M., MÖLLER, K., SCHULTZE, W.: Controlling. Grundlagen, Instrumente und Entwicklungsperspektiven, 2. Aufl. Stuttgart 2015

FÖRSTER, A.: Maulwürfe in Nadelstreifen, Berlin 1997

FRANKEN, R., FRANKEN, S.: Integriertes Wissens- und Innovationsmanagement, Wiesbaden 2011

FRETER, H.: Marketing – Die Einführung mit Übungen, München 2004

FRIEDL, B.: Controlling, 3. Aufl., Konstanz, München 2024

FRIEDL, B.: General Management, Konstanz 2015

FUCHS-WEGNER, G., WELGE, M.: Kriterien und Auswahl von Organisationskonzepten, in: Zeitschrift für Organisation, 43. Jg., 1974, Nr. 4, S. 71–82

FÜRTJES, H.-T.: Planungsorgane, in: SZYPERSKI, N. (HRSG.): Handwörterbuch der Planung, Stuttgart 1989, Sp. 1464–1468

GÄLWEILER, A.: Strategische Unternehmensführung, 3. Aufl., Frankfurt 2005

GAITANIDES, M.: Zeitliche Koordination, Konzepte zur, in: SZYPERSKI, N. (HRSG.): Handwörterbuch der Planung, Stuttgart 1989, Sp. 2258–2270

GIBB, C. A.: Leadership, in: LINDZEY, G., ARONSON, E. (HRSG.): The Handbook of Social Psychology, Bd. 4, Reading 1969

GLEIßNER, W.: Future Value: 12 Module für eine strategische wertorientierte Unternehmensführung, Wiesbaden 2004

GOGOLL, F., WENKE, M.: Unternehmensethik, Nachhaltigkeit und Corporate Social Responsibility, Stuttgart 2017

GONSCHORREK, U.: Personalmanagement, 2. Aufl., Berlin 2001

GORDON, W.: Synectics: The Development of Creative Capacity, New York 1961

GRANT, R.M.: Moderne strategische Unternehmensführung: Konzepte, Analysen und Techniken, Weinheim 2023

GRANT, R. M.: Toward a knowledge-based theory oft he firm, in: Strategic Management Journal, Jg. 17, 1996, S, 109–123

GRANT, R. M., NIPPA, M.: Strategisches Management: Analyse, Entwicklung und Implementierung von Unternehmensstrategien, 5. Aufl., München 2006

GRASS, B.: Einführung in die Betriebswirtschaftslehre. Das System Unternehmung, 2. Aufl., Herne, Berlin 2003

GROCHLA, E.: Einführung in die Organisationstheorie, 2. Aufl., Stuttgart 1991

GULICK, L.: Notes on the Theory of Administration, in: GULICK, L., URWICK, L. (HRSG.): Papers on the Science of Administration, New York 1936, S. 1–46

GUTENBERG, E.: Die *Unternehmung* als Gegenstand betriebswirtschaftlicher Theorie, Berlin, Wien 1929

GUTENBERG, E.: *Grundlagen* der Betriebswirtschaftslehre, Bd. 1: Die Produktion, 24. Aufl., Berlin, Heidelberg, New York 1983

GUTENBERG, E.: Unternehmensführung. Organisation und Entscheidungen, Wiesbaden 1962

HÄGLER, M., BAUCHMÜLLER, M.: VW-Ingenieure manipulierten aus Angst vor Winterkorn, in: Süddeutsche Zeitung vom 08.11.2015, http://www.sueddeutsche.de/wirtschaft/abgas-skandal-vw-ingenieure-manipulierten-aus-angst-vor-winterkorn-1.2727745,   Abruf   am 27.11.2015

HÄRDLER, J. (HRSG.): Betriebswirtschaftslehre für Ingenieure. Lehr- und Praxisbuch für Ingenieure und Wirtschaftsingenieure, 3. Aufl., Leipzig 2007

HÄRDLER, J., GONSCHOREK, T. (HRSG.): Betriebswirtschaftslehre für Ingenieure. Lehr- und Praxisbuch, 6. Aufl., Leipzig 2016

HAGENLOCH, T.: Einführung in die Betriebswirtschaftslehre. Theoretische Grundlagen. Rechnungswesen und Managementlehre, 2. Aufl., Norderstedt 2018

HAHN, D.: Planungs- und Kontrollrechnung, 5. Aufl., Wiesbaden 1996

HAHN, D., HUNGENBERG, H.: PuK – Wertorientierte Controllingkonzepte – Planung und Kontrolle – Planungs- und Kontrollsysteme – Planungs- und Kontrollrechnung, 6. Aufl., Wiesbaden 2001

HAMEL, G., PRAHALAD, C. K.: Wettlauf um die Zukunft, Wien 1995

HAMMER, R.: Unternehmensplanung, 9. Aufl., München 2015

HANK, R., MECK, G.: Dem früheren VW-Chef droht der Ruin, in: Frankfurter Allgemeine Zeitung, http://www.faz.net/aktuell/wirtschaft/vw-abgasskandal/nach-vw-abgas-skandal-win terkorn-droht-der-ruin-13962946.html, Abruf am 16.02.2016

HANS, L., WARSCHBURGER, V.: Controlling, 3. Aufl., München 2009

HAPPEL, M.: Shareholder-Value-Ansatz: Implementierungslücke im Controlling deutscher Unternehmen? Ergebnisse einer empirischen Untersuchung, in: Controlling, 2002, H. 4, S. 275–282

HEIDELBERGER, M., KORNHERR, L.: Handbuch der Personalberatung. Konzepte, Prozesse und Visionen, 2. Aufl., München 2014

HEINEN, E.: Grundlagen betrieblicher Entscheidungen – Das Zielsystem der Unternehmung, 3. Aufl., Wiesbaden 1976

HENDERSON, B.: Die Erfahrungskurve in der Unternehmensstrategie, Frankfurt 1974

HENDERSON, B.: The Experience Curve – Reviewed (Part II), in: THE BOSTON CONSUL-TING GROUP (HRSG.): Perspectives, 1. Januar 1973, Nr. 125

HENNERKES, B.-H., AUGUSTIN, G. (HRSG.): Wertewandel mitgestalten, Freiburg, Basel, Wien 2014

HENTZE, J., BROSE, P., KAMMEL, A.: Unternehmensplanung, 2. Aufl., Bern 1993

HERRMANN, A., HOMBURG, CHR., KLARMANN, A., Handbuch Marktforschung: Metho-den – Anwendungen – Praxisbeispiele, 3. Aufl., Wiesbaden 2014

HILBERT, M., LÓPEZ, P.: The World's Technological Capacity to Store, Communicate, and Compute Information from 1986 to 2010, p. 1, http://www.ris.org/uploadi/editor/13049382751 297697294Science-2011-Hilbert-science.1200970.pdf, Abruf am 24.02.2016

HILL, W.: Stichwort „Planungsmanagement", in: SZYPERSKI, N. (HRSG.): Handwörterbuch der Planung, Stuttgart 1989, Sp. 1457–1463

HINTERHUBER, H. H.: Strategische Unternehmensführung, 9. Aufl., Berlin 2015

HOFFILLER, R.: Der Unternehmer in der Insolvenz: Eine erste explorative Studie, Hamburg 2012

HOFMANN, R.: Bilanzkennzahlen, Industrielle Bilanzanalyse und Bilanzkritik, 3. Aufl., Opladen 1973

HOFMANN, W, THEYMANN, W.: Wenn Personalabbau unvermeidlich wird – Outplacement als sozialverträglicher Lösungsweg? In: REFA-Nachrichten, Heft 3, 2002, S. 25–30

HOHBERGER, ST., DAMLACHI, H.: Performancesteigerung im Unternehmen. Innovative Tools und Techniken, Wiesbaden 2017

HOMBURG, C.: Quantitative Betriebswirtschaftslehre, 3. Aufl., Wiesbaden 2000

HORVÁTH, P.: Controlling, 9. Aufl., München 2003

HORVÁTH, P.: Controlling, 12. Aufl., München 2011

HORVÁTH & PARTNERS: Das Controllingkonzept. Der Weg zu einem wirkungsvollen Controllingsystem, 8. Aufl., München 2016

HORVÁTH, P., HERTER, R. N.: Benchmarking – Vergleich mit den Besten der Besten, in: Controlling, 4. Jg., 1992, S. 4–11.

HORVÁTH, P., GLEICH, R., SEITER, M.: Controlling, 14. Aufl., München 2019

HORVÁTH, P., GLEICH, R., VOGGENREITER, D.: Controlling umsetzen: Fallstudien, Lösungen und Basiswissen, 5. Aufl., Stuttgart 2012

HORVÁTH & PARTNERS (HRSG.): Balanced Scorecard umsetzen, 5. Aufl., Stuttgart 2013

http://www.aktiencheck.de/exklusiv/Artikel-VW_Abgasskandal_Klage_gegen_Audi_Fuhrpar k_Verband_sieht_Wertminderung-7012379, Abruf am 17.02.2016

HUNGENBERG, H.: Strategisches Management im Unternehmen, Ziele – Prozesse – Verfahren, 8. Aufl., Wiesbaden 2014

HUNGENBERG, H., WULF, T.: Grundlagen der Unternehmensführung, 6. Aufl., Berlin, Heidelberg 2021

HUTZSCHENREUTER, T.: Allgemeine Betriebswirtschaftslehre: Grundlagen mit zahlreichen Praxisbeispielen, 6. Aufl., Wiesbaden 2015

ICV INTERNATIONALER CONTROLLER VEREIN E. V.: Noch viel Raum zur Verbesserung der Planung, München, Würzburg 2015, https://www.icv-controlling.com/de/verein/pres se/presseinformationen/ansicht/noch-viel-raum-zur-verbesserung-der-planung.html?tx_news_ pi1%5Bcontroller%5D=News&tx_news_pi1%5Baction%5D=detail&cHash=28b44f16730771 3ec8a06647b8eb6189 (Abruf am 15.12.2018)

INSTITUT DER UNTERNEHMENSBERATER: Grundsätze ordnungsgemäßer Planung, V. 2.1, 2007

INSTITUT FÜR ARBEITSMARKT- UND BERUFSFORSCHUNG (IAB) DER BUN-DESAGENTUR FÜR ARBEIT (HRSG.): IAB-Kurzbericht Nr. 15 vom 15.08.2019, http://doku.iab.de/kurzber/2019/kb1519.pdf, Abruf am 18.09.2019

INSTITUT FÜR ARBEITSMARKT- UND BERUFSFORSCHUNG (IAB) DER BUN-DESAGENTUR FÜR ARBEIT (HRSG.): IAB-Kurzbericht Nr. 24 vom 16.10.2018, http://doku.iab.de/kurzber/2018/kb2418.pdf, Abruf am 18.09.2019.

JACOBI, E.: Betrieb und Unternehmen als Rechtsbegriff, Leipzig 1926

JÄGER, TH., PAULUS, J., WINTER, K.: Macht Führung Regeln? Die Koordinierung der Außenpolitiken der EG-Staaten im Konflikt um Jugoslawien 1991/92, in: KNOOT, M., KOHLER-KOCH, B. (HRSG.): Deutschland zwischen Europäisierung und Selbstbehauptung, Frankfurt 2000

JENSTER, P., SOILEN, K.: Market Intelligence, Building Strategic Insight, Copenhagen 2009

JOOS, T.: Controlling, Kostenrechnung und Kostenmanagement. Grundlagen – Anwendungen – Instrumente, 5. Aufl., Wiesbaden 2014

JUNG, R. H., HEINZEN, M., QUARG, S.: Allgemeine Managementlehre. Lehrbuch für die angewandte Unternehmens- und Personalführung, 7. Aufl., Berlin 2018

KAPLAN, R. S., NORTON, D. P.: The Balanced Scorecard, Boston 1996

KAPLAN, R. S., NORTON, D. P.: The Balanced Scorecard – Measures That Drive Performance, in: Harvard Business Review, January-February 1992, S. 71−79

KARLÖF, B., OSTBLOM, S. Das Benchmarking Konzept: Wegweiser zur Spitzenleistung in Qualität und Produktivität, München 1994

KARMASIN, M.: Stakeholder Management als Kontext von Medienmanagement, in: ALTMEPPEN, K., KARMASIN, M. (HRSG.): Medien und Ökonomie: Anwendungsfelder der Medienökonomie, Bd. 3, Wiesbaden 2006, S. 61–88

KIEL, F.: Chefs brauchen Moral und Anstand, in: Wirtschaftswoche vom 22.10.2015, http://www.wiwo.de/erfolg/management/fred-kiel-chefs-brauchen-moral-und-anstand/124842 48.html, Abruf 24.10.2015

KIEL, F.: Return on Character – The real reason leaders and their companies win, Boston, MA 2015

KIM, W. C., MAUBORGNE, R. A.: Blue Ocean Strategy: How to Create Uncontested Market Space am Make the Competition Irrelevant, Boston 2005

KIRSCH, W.: Die Handhabung von Entscheidungsproblemen, 5. Aufl., Herrsching 1998

KIRSCH, W., SEIDL, D., VAN AAKEN, D.: Unternehmensführung: Eine evolutionäre Perspektive, Stuttgart 2009

KLEIN, A., WITTIGAYER, M.: Strategie und Unternehmensplanung. Lektion 2 des schriftlichen Lehrgangs BWL für Nicht-Betriebswirte I: Basiswissen, Schulungsunterlagen der Haufe Akademie 2010

KLEIN, R., SCHOLL, A.: Planung und Entscheidung, 2. Aufl., München 2011

KLIMMER, M.: Unternehmensorganisation. Eine kompakte und praxisnahe Einführung mit Online-Training, 4. Aufl., Herne 2016

KNÖLL, H.-D., SCHULZ-SACHAROW, CHR., ZIMPEL, M.: Unternehmensführung mit SAP BI, Wiesbaden 2006

KOCH, H.: Aufbau der Unternehmensplanung, Wiesbaden 1977

KOCH, J.: Marktforschung: Grundlagen und praktische Anwendungen, 6. Aufl., München 2012

KOCH, R.: Betriebliches Berichtswesen als Informations- und Steuerungsinstrument, Frankfurt 1994

KOHLERT, H.: Strategische Ausrichtung als Wettbewerbsvorteil, Stuttgart 2018

KOHN, W.: Statistik. Datenanalyse und Wahrscheinlichkeitsrechnung. Berlin 2004

KOHN, W., ÖZTÜRK, R.: Statistik für Ökonomen. Datenanalyse mit R und SPSS, 2. Aufl., Berlin, Heidelberg 2013

KOLB, M.: Personalmanagement. Grundlagen und Praxis des Human Resources Managements, 2. Aufl., Wiesbaden 2010

KOONTZ, H., O'DONNELL, C.: Principles of Management: An Analysis of Managerial Functions, 5th ed. New York et al. 1972

KORFF, E.: Leiten und Führen: Profil des leitenden Angestellten, 2. Aufl., Heidelberg 1971

KORNDÖRFER, W.: Grundlagen der Unternehmensführung, Wiesbaden 1980

KORNDÖRFER, W.: Unternehmensführungslehre. Einführung – Entscheidungslogik – Soziale Komponenten, 7. Aufl., Wiesbaden 1989

KOSIOL, E.: Die Unternehmung als wirtschaftliches Aktionszentrum, 4. Aufl., Reinbek bei Hamburg 1972

KOTLER, PH., ARMSTRONG, G., HARRIS, L., PIERCY, N.: Grundlagen des Marketing, 7. Aufl., München 2019

KOTTER, J. P.: What Leaders Really Do, Harvard Business Review, May-June 1990

KRCMAR, H.: Informationsmanagement, 6. Aufl., Berlin, Heidelberg 2015

KREIKEBAUM, H., GILBERT, D.-U., BEHNAN, M.: Strategisches Management, 8. Aufl., Stuttgart 2018

KROMREI, S.: Zur Bedeutung und Praxis von Kompetenzmodellen für Unternehmen, München, Mering 2006

KRYSTEK, U., MÜLLER-STEWENS, G.: Grundzüge einer strategischen Frühaufklärung, in: HAHN, D., TAYLOR, B. (HRSG.): Strategische Unternehmensplanung – Strategische Unternehmensführung, 9. Aufl., Berlin, Heidelberg, New York 2006

KUBICEK, H.: Unternehmungsziele, Zielkonflikte und Zielbildungsprozesse, in: Wirtschafts-wissenschaftliches Studium, 10. Jg., 1981, H. 10, S. 458–466

KÜPPER, H.-U., FRIEDL, G., HOFMANN, C. ET AL.: Controlling: Konzeption, Aufgaben, Instrumente, 6. Aufl., Stuttgart 2013

KUPSCH, P.: Unternehmungsziele, Stuttgart 1979

KUSS, A., WILDNER, R., KREIS, H.: Marktforschung: Grundlagen der Datenerhebung und Datenanalyse, 5. Aufl., Wiesbaden 2014

KUSSMAUL, H.: Betriebswirtschaftslehre. Eine Einführung für Einsteiger und Existenzgrün-der, 9. Aufl., München 2022

LAUE, R., KOSCHMIDER, A., FAHLAND, D.: Prozessmanagement und Process-Mining. Grundlagen, Berlin, Bosten 2021

LEHMANN, M.-L., KEIMER, I., EGLE, U.: Agile Controlling, in: Controller Magazin, 2021, Ausgabe 1, S. 26–31

LEONTIADES, M.: Management Policy, Strategy and Plans, Boston, Toronto 1982

LINDGENS, J.: NSA spähte auch Essener Firma Ferrostaal aus, in WAZ vom 21.01.2014, http://www.derwesten.de/staedte/essen/der-us-geheimdienst-spaehte-auch-ferrostaal-aus-id889 5036.html, Abruf am 16.11.2016.

LIPPOLD, D.: Marktorientierte Unternehmensführung und Digitalisierung: Management im di-gitalen Wandel, 2. Aufl., Berlin, Boston 2021

LOCKE, E. A., LATHAM, G. P., A Theory of Goal Setting and Task Performance. Englewood Cliffs, NJ, 1990

LORSON, P., QUICK, R., WURL, H. J.: Grundlagen des Controlling, Weinheim 2013

LURZ, H., SCHEBEN, B., DOLLE, W.: Das IT-Sicherheitsgesetz: Herausforderungen und Chancen für Unternehmen – vor allem für KMU, in: Betriebs-Berater, 70. Jg., 2015, Heft 46, S. 2755–2762

LUX, C., PESKE, T.: Competitive Intelligence und Wirtschaftsspionage – Analyse, Praxis, Strategie, Wiesbaden 2002

MACAT TEAM: An Analysis of C. K. Prahalad and Gary Hamel's The Core Competence of the Corporation, London 2017

MACHARZINA, K., WOLF, J.: Unternehmensführung: Das internationale Managementwissen. Konzepte – Methoden – Praxis, 12. Aufl. Wiesbaden 2023

MAG, W.: Unternehmensplanung, München 1995

MAIER, I.: Führungskompetenzen: Inwieweit sind diese in Führungstheorie und Führungsstilen enthalten? Hamburg 2015

MALIK, F.: Führen, Leisten, Leben: Wirksames Management für eine neue Zeit, 11. Aufl., Stuttgart, München 2001

MALIK, F.: Management: Das A und O des Handwerks, Frankfurt (Main) 2007
MCNAMARA, R. S.: The Essence of Security, New York 1968

MEFFERT, H.: Marketing-Management: Analyse – Strategie – Implementierung, Wiesbaden 1994

MEFFERT, H., BURMANN, C., KIRCHGEORG, M., EISENBEISS, M.: Marketing. Grundlagen marktorientierter Unternehmensführung. Konzepte – Instrumente – Praxisbeispiele, 14. Aufl., Wiesbaden 2024

MEHRINGS, J.: Grundlagen des Wirtschaftsprivatrechts. Theorie und Praxis für Wirtschaftswissenschaftler, München 2006

MEIER, H., BACHMANN, J.-T.: Unternehmensführung. Aufgaben und Techniken betrieblichen Managements, 7. Aufl., Herne 2025

MENGE, H.: Langenscheidts Großwörterbuch Griechisch Deutsch, 22. Aufl., Berlin, München, Zürich 1973

MERTENS, P., MEIER, M. C.: Integrierte Informationsverarbeitung 2 – Planungs- und Kontrollsysteme in der Industrie, 10. Aufl., Wiesbaden 2009

MEYBERG, E., in: GRAF, J. P. (HRSG.): Beck'scher Onlinekommentar zum OWiG, 8. Edition, § 30, Rn. 53

MEYER, C.: Kennzahlen und Kennzahlensysteme, Sternenfels 1976

MICHAELI, R.: Competitive Intelligence, Berlin 2006

MINTZBERG, H., AHLSTRAND, B., LAMPEL, J.: Strategy Safari. Der Wegweiser durch den Dschungel des strategischen Managements, 2. Aufl., München 2012

MINTZBERG, H., LAMPEL, J., QUINN, J. B., GHOSAHL, S.: The strategy process: Concepts, contexts, cases, 4th ed., Upper Saddle River 2003

MINTZBERG, H., WATERS, J. A.: Of strategies, deliberate and emergent, in: Strategic, Management Journal, 1985, Nr. 6, S. 257–272

MIROW, M.: Strategie zwischen Führung und Autonomie, Vortrag zum St. Galler Forum für Unternehmensführung am 09.09.2011, http://www.ifb.unisg.ch/~/media/Internet/Content/Dateien/ InstituteUndCenters/IfB/FFU/Mirow.ashx, Abruf am 22.11.2015

MISHRA, R. K., SARKAR, S., SINGH, P.: Today's HR for a Sustainable Tomorrow, New Delhi 2012

MITCHELL, R. K., AGLE, B. R., WOOD, D. J.: Toward a Theory of Stakeholder Identification and Salience: Defining the Principle of Who and What Really Counts, in: Academy of Management Review, 22. Jg., 1997, Heft 4, S. 853–886

MOLITOR, E.: Das Wesen des Arbeitsvertrages. Eine Untersuchung über die Begriffe des Dienst- und Werkvertrags, sowie des Vertrags über abhängige Arbeiten, Leipzig, Erlangen 1925

MÜLLER, D.: Investitionsrechnung und Investitionscontrolling, 2. Aufl., Berlin 2019

MÜLLER, H.-E.: Unternehmensführung. Strategien – Konzepte – Praxisbeispiele, 4. Aufl., Berlin, Boston 2021

MÜLLER, M., STURM, R.: Wirtschaftspolitik kompakt, Wiesbaden 2010

MÜLLER-STEWENS, G., LECHNER, C., KREUTZER, M., STONIG, J.: Strategisches Management. Wie strategische Initiativen zum Wandel führen, 6. Aufl., Stuttgart 2024

NAGEL, M., MIEKE, C., TEUBER, S.: Methodenhandbuch der Betriebswirtschaft, 2. Aufl., München 2020

NERDINGER, F. W., NEUMANN, C., CURTH, S.: Kundenzufriedenheit und Kundenbindung, in: MOSER, K.: Wirtschaftspsychologie, 2. Aufl. Berlin, Heidelberg 2015, S. 119–138

NEWBERT, S. L.: Value, Rareness, Competitive Advantage, and Performance: A Conceptual Level Empirical Investigation of the Resource-based View of the Firm, in: Strategic Management Journal, Jg. 29, 2008, Nr. 7, S. 745-768. https://doi.org/10.1002/smj.686

NONAKA, J., TAKEUCHI, H.: The knowledge-creating company, New York, Oxford 1995

NOTHHAFT, H.: Kommunikationsmanagement als professionelle Organisationspraxis. Theoretische Annäherung auf Grundlage einer teilnehmenden Beobachtungsstudie. Diss. Uni Leipzig 2010, Wiesbaden 2011

OLFERT, K.: Kompakt-Training. Einführung in die Betriebswirtschaftslehre, 2. Aufl., Ludwigshafen 2008

OLFERT, K., PISCHULTI, H.: Unternehmensführung, 6. Aufl., Herne 2013

OLFERT, K., RAHN, H.-J., ZSCHENDERLEIN, O.: Lexikon der Betriebswirtschaftslehre, 8. Aufl., Herne 2013

OLG München, Urteil vom 22.10.2015, AZ: 23 U 4861/14

OPPOLZER, A., DAHL, H.: Verfahren zur Beurteilung psychischer Gefährdungen bei der Arbeit, in: BetriebsBerater, 2022, Nr. 11, S. 628–634

OSSOLA-HARING, C., SCHLAGETER, A., SCHÖNING, S.: 11 Irrtümer über Kennzahlen. Mit den richtigen Zahlen führen, 2. Aufl., Wiesbaden 2019

O. V.: Korrupte Siemens AG: 1,2 Milliarden Euro Strafe, in: http://www.compliancemagazin.de/markt/unternehmen/siemens171208.html, Abruf am 16.02.2016

O. V.: Middelhoff verteidigt Pendeln per Hubschrauber, in: Süddeutsche Zeitung vom 02.06.2014, http://www.sueddeutsche.de/wirtschaft/ehemaliger-arcandor-chef-middelhoff-verteidigt-pendeln-per-hubschrauber-1.1983114, Abruf am 17.02.2016

O. V.: Siemens-Aufseher einigen sich mit Pierer, in: manager-magazin vom 02.12.2009

O. V.: Volkswagen informiert Kunden mit Halbwahrheiten, in: Wirtschaftswoche vom 07.10.2015, http://www.wiwo.de/unternehmen/auto/vw-abgas-skandal-volkswagen-informiert-kunden-mit-halbwahrheiten/12422310.html, Abruf am 17.02.2016

O. V.: VW erwägt Neuwagen-Prämie für Diesel-Fahrer, in: Wirtschaftswoche vom 25.10.2015, http://www.wiwo.de/unternehmen/auto/vw-abgasskandal-vw-erwaegt-neuwagen-praemie-fuer-diesel-fahrer/12494178.html, Abruf am 16.02.2016

O. V.: VW verletzte Wertpapierhandelsgesetz, in: Wirtschaftswoche vom 28.02.2016, http://www.wiwo.de/unternehmen/auto/abgas-skandal-vw-verletzte-wertpapierhandelsgesetz/13026 258.html, Abruf am 29.02.2016

OWEN, W. V.: Modern Management, its Nature and Functions, New York 1958

PASCALE, R. T., ATHOS, A. G.: The Art of Japanese Management, New York 1981

PAUL, H., WOLLNY, V.: Instrumente des strategischen Managements. Grundlagen und Anwendung, 3. Aufl., Berlin, Boston 2020

PEEMÖLLER, V. H.: Controlling. Grundlagen und Einsatzgebiet, 5. Aufl., Herne, Berlin 2005

PEPELS, W.: Produktmanagement: Produktinnovation – Markenpolitik – Programmplanung – Prozessorganisation, 6. Aufl., München 2013

PERRIDON, L., STEINER, M., RATHGEBER, A. W.: Finanzwirtschaft der Unternehmung, 16. Aufl., München 2012

PETERS, R., NAUROTH, M.: Process Mining, Wiesbaden 2019

PETERS, T., WATERMAN, R. H.: Auf der Suche nach Spitzenleistungen, 9. Aufl., Landsberg a. L. 1984

PETERS, T., WATERMAN; R. H.: In Search of Excellence. Lessons from America's Best-Run-Companies, New York 1982

PETSCHENIG, M.: Der kleine Stowasser, München 1971

PFEIL, B.: Planungshandbuch. Mit 40 Muster-Formularen, Landsberg 1990

PICOT, A., REICHWALD, R., WIGAND, R.: Die grenzenlose Unternehmung. Information, Organisation und Management – Lehrbuch zur Unternehmensführung im Informationszeitalter, 5. Aufl., Wiesbaden 2003

PILLER, F. T.: Kundenindividuelle Massenproduktion, München 1998

PIONTEK, J.: Beschaffungscontrolling, 6. Aufl., Berlin, Boston 2022

POOTEN, H., LANGENBECK, J.: Bilanzanalyse, 4. Aufl., Herne 2016

PORTER, M. E.: Wettbewerbsvorteile (Competitive Advantage). Spitzenleistungen erreichen und behaupten, 7. Aufl., Frankfurt 2010

PORTER, M. E.: Wettbewerbsstrategie: Methoden zur Analyse von Branchen und Konkurrenten, 12. Aufl., Frankfurt/New York 2013

RAHN, H.-J.: Unternehmensführung, 9. Aufl., Herne 2015

RAT FÜR NACHHALTIGE ENTWICKLUNG (HRSG.): Übersicht über die Inhalte einer DNK-Entsprechenserklärung, Berlin 2016, http://www.deutscher-nachhaltigkeitskodex.de/file admin/user_upload/dnk/dok/DNK_Kriterien_KPI_neu.pdf, Abruf am 01.10.2016

RATHNOW, P.: Management weltweit. Mit praxiserprobten Instrumenten zu Spitzenleistungen, München 2010

REIHLEN, M.: Entwicklungsfähige Planungssysteme: Grundlagen, Konzepte und Anwendungen zur Bewältigung von Innovationsproblemen, Diss. Uni Köln, Wiesbaden 1997

REISINGER, S., GATTRINGER, R., STREHL, F.: Strategisches Management. Grundlagen für Studium und Praxis, 3. Aufl., München 2022

REUTHER, F., FINK, CH.: Besonderheiten der Bilanzierung in Familienunternehmen in: Betriebs-Berater (Zeitschrift) 2010

RICHTER, F., KNECKTYS, L., BIHLER, A.: Wirtschaftsbezogene Qualifikationen für Dummies, Weinheim 2023

RIEGER, W.: Einführung in die Betriebswirtschaftslehre, 2. Aufl., Erlangen 1959

ROBBINS, S. P.: Fundamentals of Management, 7th ed., London 2011

ROBBINS, S. P., BERGMAN, R., STAGG, I., COULTER, M.: Management, 12th. ed, Melbourne 2014

ROBBINS, S. P., COULTER, M.: Management, 10th. ed., Upper Saddle River 2010

ROBBINS, S. P., COULTER, M., FISCHER, I.: Management. Grundlagen der Unternehmensführung, 12. Aufl., Hallbergmoos 2014

ROGALL, K., in: SENGE, L. (HRSG.): Karlsruher Kommentar zum Ordnungswidrigkeitengesetz, 4. Aufl., München 2014, § 30, Rn. 84, § 130, Rn. 53ff

RÜHLI, E.: Unternehmensführung und Unternehmenspolitik. Bd. I, 3. Aufl., Bern 1966

RÜTH, D.: Planungssysteme der Industrie, Wiesbaden 1989

RUSS-MOHL, ST.: Redaktionelles Marketing und Management, in JARREN, O.: Medien und Journalismus, Bd. 2, Opladen 1995

SCHÄFFER; U.: Kontrolle als Lernprozess, Wiesbaden 2001

SCHÄFFER, U., PELSTER, C.: Zur Relevanz des Controllability-Prinzips für die Unternehmenspraxis, in: Controlling & Management, 51. Jg., 2007, S. 422–436

SCHAUF, M.: Grundlagen der Unternehmensführung im Mittelstand, in: SCHAUF, M. (HRSG.): Unternehmensführung im Mittelstand: Rollenwandel kleiner und mittlerer Unternehmen in der Globalisierung, 2. Aufl., München, Mering 2006

SCHAUFELBÜHL, K., HUGENTOBLER, W., BLATTNER, M. (HRSG.): Betriebswirtschaftslehre für Bachelor, Zürich 2007

SCHELD, G. A.: Controlling im Mittelstand, Bd. 1: *Grundlagen* und Informationsmanagement, 5. Aufl., Büren 2012

SCHELD, G. A.: Controlling im Mittelstand, Bd. 3: *Operatives* Unternehmenscontrolling, 6. Aufl., Berlin 2017

SCHELD, G. A.: Controlling im Mittelstand. Bd. 2: *Strategisches* Unternehmenscontrolling, 6. Aufl., Berlin 2017

SCHELD, G. A., WÖRDENWEBER, M.: Kostenrechnung im Industrieunternehmen – Band 4. Moderne Systeme der Kosten- und Leistungsrechnung, 4. Aufl., Berlin 2024

SCHERM, E., JULMI, C.: Strategisches Management: Theorie, Entscheidung, Reflexion, Berlin, Boston 2019

SCHIERENBECK, H., WÖHLE, C. B.: Grundzüge der Betriebswirtschaftslehre, 19. Aufl., München 2016

SCHMELTER, R.: Der Einfluss von Management auf Corporate Entrepeneurship, Diss. RWTH Aachen 2008, Wiesbaden 2009

SCHMIDT, K.: Handelsrecht, 5. Aufl., Köln 1999

SCHNEIDER, D.: Investition, Finanzierung und Besteuerung, 7. Aufl., Wiesbaden 1992

SCHÖN, D.: Planung und Reporting – Grundlagen, Business Intelligence, Mobile BI und Big-Data-Analytics, 2. Aufl., Wiesbaden 2015

SCHREYÖGG, G., KOCH, J.: Grundlagen des Managements. Basiswissen für Studium und Praxis, 4. Aufl., Wiesbaden 2023

SCHREYÖGG, G., KOCH, J.: Management. Grundlagen der Unternehmensführung. Konzepte – Funktionen – Fallstudien, 8. Aufl., Wiesbaden 2020

SCHROETER, B.: Operatives Controlling. Aufgaben, Objekte, Instrumente, Wiesbaden 2002

SCHUMANN, J., MEYER, U., STRÖBELE, W.: Grundzüge der mikroökomischen Theorie, 9. Aufl., Berlin, Heidelberg 2011

SCHWANINGER, M.: Managementsysteme (St. Galler Management-Konzepte), Frankfurt a. M. 1994

SCHWARZMAIER, U., MAYR, C.: Übungsbuch Controlling, 3. Aufl., Herne 2023

SCHWEITZER, M.: Planung und Kontrolle, in: BEA, F. X., DICHTL, E., SCHWEITZER, M. (HRSG.): Allgemeine Betriebswirtschaftslehre. Bd. 2. Führung, 4. Aufl., Stuttgart, New York 1989

SCHWEITZER, M.: Planung und Steuerung, in: BEA, F. X., SCHWEITZER, M. (HRSG.): Allgemeine Betriebswirtschaftslehre, Bd. 2, Führung, 10. Aufl., Konstanz, München 2011, S. 38–172

SEELOS, H.-J.: Management in Medizinbetrieben. Medizinmanagement in Theorie und Praxis, Wiesbaden 2010

SENECA, L. A.: Epistulae morales ad Lucilium (Moralische Briefe an Lucilius), o. O., o. J.

SEYFFERT, R.: Über Begriff, Aufgaben und Entwicklung der Betriebswirtschaftslehre, 6. Aufl., Stuttgart 1971

SIEBEN, G., SCHILDBACH, T.: Betriebswirtschaftliche Entscheidungstheorie, 4. Aufl., Düsseldorf 1994

SIEBOLD, TH.: Die sozialen Dimensionen der Strukturanpassung – eine Zwischenbilanz, Duisburg 1995, http://edoc.vifapol.de/opus/volltexte/2014/5529/pdf/report13.pdf, S. 2, Abruf am 05.01.2015

SIEGWART, H., MENZL, I.: Kontrolle als Führungsaufgabe, Bern, Stuttgart 1978

SILLER, H., GRAUSAM, A.: Selbstcontrolling für Selbständige und kleine Unternehmen, Wiesbaden 2013

SIMON, H.: Hidden Champions – Die heimlichen Gewinner: die Erfolgsstrategie unbekannter Weltmarktführer, 2. Aufl., Frankfurt 1996.

SIMON, H.: Hidden Champions des 21. Jahrhunderts – Die Erfolgsstrategie unbekannter Weltmarktführer, Frankfurt/New York 2007

SIMTION, A.: Strategische Stakeholder-Ansprache – eine Fallstudie zur BtB-Kundenkommunikation auf Messen, Wiesbaden 2016

SÖHNCHEN, W.: Operatives Controlling. Grundlagen und Instrumente, Norderstedt 2010

SPECHT, O., SCHWEER, H., CEYP, M.: Markt- und ergebnisorientierte Unternehmensführung für Ingenieure + Informatiker, 6. Aufl., München 2005

SPRAUL, A., OESER, J.: Controlling. Unternehmenssteuerung, Controlling-Werkzeuge, Unternehmensplanung, Managementinformationssysteme, Strategische Ausrichtung, Stuttgart 2004

STAEHLE, W.: Funktionen des Managements. Eine Einführung in einzelwirtschaftliche und gesamtgesellschaftliche Probleme der Unternehmensführung, Bern 1992

STAEHLE, W.: Management. Eine verhaltenswissenschaftliche Perspektive. 8. Aufl., München 1999

STAEHLE, W. H., CONRAD, P., SYDOW, J.: Management. Eine verhaltenswissenschaftliche Perspektive, 8. Aufl., München 1999

STEINLE, C.: Führung. Grundlagen, Prozesse und Modelle der Führung in der Unternehmung, Stuttgart 1978

STENDER-MONHEMIUS, K., MONHEMIUS, J.: Marketing und Recht kompakt. Systematik, Beispiele, Fallstudien mit Lösungen, 2. Aufl., Norderstedt 2016

STIBBE, R.: Kostenmanagement, 3. Aufl., München 2009

STOGDILL, R. M.: Leadership, membership and organization, in: Psychological Bulletin, 47. Jg, S. 1−14

STOI, R., DILLERUP, R.: Unternehmensführung. Erfolgreich durch modernes Management & Leadership, 6. Aufl., München 2022

STONER, J. A., FREEMAN, R. E., GILBERT, D. A.: Management, Upper Saddle River 1995

STRAUB, TH.: Einführung in die Allgemeine Betriebswirtschaftslehre, München 2012

STREICH, D.: Wertorientiertes Personalmanagement − Theoretische Konzepte und empirische Befunde zur monetären Qualifizierung des betrieblichen Humankapitals, Frankfurt (Main) 2006

SZYPERSKI, N.: Informationsbedarf, in: GROCHLA, E. (HRSG.): Handwörterbuch der Organisation, 2. Aufl., Stuttgart 1980, S. 904−913

SZYPERSKI, N., MÜLLER-BÖLING, D.: Aufgabenspezialisierung in Planungssystemen: Eine konzeptionelle und empirische Analyse, in: ZfbF, 36. Jg., 1984, Nr. 2, S. 124−147

TAKEDA, H.: LCIA − Low Cost Intelligent Automation, Produktionsvorteile durch Einfachautomatisierung, 3. Aufl., München 2011

TANNENBAUM, R., SCHMIDT, W. H.: How to Choose a Leadership Pattern, in: Harvard Business Review, Nr. 36, 1958, S. 95−102

TAUBERGER, A.: Controlling für die öffentliche Verwaltung, München 2008

TEECE, D.: Dynamic Capabilities and Strategic Management, Oxford 2009

TEECE, D., PISANO, G., SHUEN, A.: Dynamic Capabilities and Strategic Management, in: Strategic Management Journal, Jg. 18, 1997, Nr. 7, S. 509–533

TENNSTEDT, T.: Mitarbeiterführung und Kulturbezug, Mering 2007

THEOBALD, E.: Marketing Intelligence. Ein Lehrbuch für die Praxis, 1. Aufl., Stuttgart 2019

THOM, N., WENGER A. P.: Die optimale Organisationsform. Grundlagen und Handlungsanleitung, Wiesbaden 2010

THOMMEN, J.-P., ACHLEITNER, A.-K.: Allgemeine Betriebswirtschaftslehre – Umfassende Einführung aus managementorientierter Sicht, 8. Aufl., Wiesbaden 2016

TÖDTMANN, C.: Diese Strafen drohen Volkswagen, in: Wirtschaftswoche vom 23.09.2015, http://www.wiwo.de/unternehmen/auto/vw-skandal-diese-strafen-drohen-volkswagen/12355 350.html, Abruf am 16.02.2015

TÖPFER, A.: Stichwort „Planungssystemkonzeptionen", in: SZYPERSKI, N. (HRSG.): Handwörterbuch der Planung, Stuttgart 1989, Sp. 1515–1528

TREYER, O. A. G.: Business Forecasting, Berne 2010

TRIEPEL, H.: Die Hegemonie. Ein Buch von führenden Staaten, Stuttgart, Berlin 1938

TSCHUMI, M.: Praxisratgeber zur Personalentwicklung, 4. Aufl., Zürich 2014

TURIN, G.: Der Begriff des Unternehmers, Zürich 1947

UHLENDORFF, W., JÄGER, M.: Führung in der Polizei. Ein praxisbezogenes Lehr- und Lernbuch, 5. Aufl., Stuttgart 2011

ULLRICH, N.: Wirtschaftsrecht für Betriebswirte, 4. Aufl., Herne, Berlin

ULRICH, H.: Management, Bern 1984

ULRICH, H.: Management als Gestalten und Lenken zweckorientierter sozialer Systeme: Entwicklung und Perspektive der systemorientierten Managementlehre, Diskussionspapier im Rahmen eines Nationalfonds-Projektes über „Grundlagen einer allgemeinen Theorie der Gestaltung und Entwicklung zweckorientierter sozialer Systeme", St. Gallen 1982, entnommen aus: ULRICH, H.: Ulrich-Werkausgabe, Bd. 5, Bern 2001

ULRICH, H., PROBST, G. J. B.: Anleitung zum ganzheitlichen Denken und Handeln. Ein Brevier für Führungskräfte, 2. Aufl., Bern, Stuttgart 1990

ULRICH, P., FLURI, E.: Management, 7. Aufl., Stuttgart 1995

UNGERICHT, B.: Strategiebewusstes Management – Konzepte und Instrumente für nachhaltiges Handeln, München 2012

VAHS, D.: Organisation. Ein Lehr- und Managementbuch, 10. Aufl., Stuttgart 2019

VANINI, U., KROLAK, T., LANGGUTH, H.: Controlling. Grundlage einer entscheidungsorientierten Unternehmensführung, 2. Aufl., München 2019

VEDDER, R. G./GUYNES, S./VANACEK, M.: CEO and CIO Perspectives on Competitive Intelligence, in: Communications of the ACM, 42. Jg., 1999, Heft 8, S. 108–116

VERNAU, K.: Effektive politisch-administrative Steuerung in Stadtverwaltungen: Möglichkeiten und Grenzen einer Reform, Diss. Uni Potsdam 2001, Wiesbaden 2002

VOGEL, J.: Prognose von Zeitreihen. Eine Einführung für Wirtschaftswissenschaftler, Wiesbaden 2015

VON BECKERATH, P. G. ET AL. (HRSG.): Handwörterbuch der Betriebspsychologie und Betriebssoziologie, Stuttgart 1981

VON GIERKE, J., SANDROCK, O.: Handels- und Wirtschaftsrecht, Bd. I, Allgemeine Grundlagen. Der Kaufmann und sein Unternehmen, 9. Aufl., Berlin 1975.

WALDMANN, R.: Führungsverhalten, in: KUHNHARDT, H. (HRSG.): Systematisches Management im Gesundheitswesen. Innovative Konzepte und Praxisbeispiele, Wiesbaden 2011

WALZ, H., GRAMLICH, D.: Investitions- und Finanzplanung, 8. Aufl., Frankfurt am Main 2011

WANICZEK, M.: Unternehmensplanung neu: Vom teuren Managementprozess zum wirkungsvollen Steuerungsinstrument, Wien 2008

WATSON, G. H.: Benchmarking. Vom Besten lernen, München 1993

WEBER, J.: Einführung in das Controlling, 10. Aufl., Stuttgart 2004

WEBER, J., SCHÄFFER, U., Einführung in das Controlling, 13. Aufl., Stuttgart 2011

WEBER, J., SCHÄFFER, U., Einführung in das Controlling, 17. Aufl., Stuttgart 2022

WEBER, W., KABST, R., BAUM, M.: Einführung in die Betriebswirtschaftslehre, 9. Aufl., Wiesbaden 2014

WEBER, J., LINDER, S.: Budgeting, Better Budgeting oder Beyond Budgeting? – Konzeptionelle Eignung und Implementierbarkeit. Reihe Advanced Controlling. Bd. 33, Vallendar 2003

WEBER, J., WALLENBURG, C. M.: Logistik- und Supply Chain Controlling, 6. Aufl., Stuttgart 2010

WEBER, K.: Prognose und Prognoseverfahren, in: GROCHLA, E., WITTMANN, W. (HRSG.): Handwörterbuch der Betriebswirtschaft. Bd. 2, 4. Aufl., Stuttgart 1975, Sp. 3188.

WEBER, K.: Wirtschaftsprognostik, München 1990

WEIBLER, J.: Personalführung, 2. Aufl., München 2012

WEIHRICH, H., KOONTZ, H.: Management, 10. Aufl., New York 1993

WEIS, H., CHR., STEINMETZ, P.: Marktforschung, 8. Aufl., Herne 2012

WELGE, M. K.: Planung, Unternehmensführung. Band 1. Planung, Stuttgart 1985

WELGE, M. K., AL LAHAM, A.: Erscheinungsformen und betriebswirtschaftliche Relevanz von strategischen Allianzen, in: MACHARZINA, K., OESTERLE, M. J. (HRSG.): Handbuch internationales Management, Wiesbaden 1997, S. 555–578

WELGE, M. K., AL-LAHAM, A., EULERICH, M.: Strategisches Management: Grundlagen – Prozess – Implementierung, 8. Aufl., Wiesbaden 2024

WELGE, K., EULERICH, M.: Corporate-Governance-Management, 2. Aufl., Wiesbaden 2014

WERNERFELT, B.: A Ressource-based View oft he Firm, in: Strategic Management Journal, 5. Jg., 1984, Nr. 2, S. 171–180

WELSH, W. A.: Leaders and Elites, New York 1979

WHEELEN, T. L., HUNGER, J. D.: Strategic Management, 7th ed., Upper Saddle River, 2000

WHITTINGTON, R., REGNÉR, P., ANGWIN, D. ET AL.: Strategisches Management. Eine Einführung, 12. Aufl., München 2021

WIELAND, J., STEINMEYER, R., GRÜNINGER, ST. (HRSG.): Handbuch Compliance-Management, 2. Aufl., Berlin 2014

WILD, J.: Betriebswirtschaftliche Führungslehre und Führungsmodelle, in: WILD, J. (HRSG.): Unternehmensführung. Festschrift für E. Kosiol, Berlin 1974, S. 141–179

WILD, J.: Grundlagen der *Unternehmensplanung*, 4. Aufl., Opladen 1982

WILD, J.: Management-Konzeption und Unternehmensverfassung, in: LOHMANN, M., SCHMIDT, R.-B. (HRSG.): Probleme der Unternehmensverfassung. Gedanken zum 70. Geburtstag von Martin Lohmann, Tübingen 1971, S. 57–95

WILLKE, H.: Systemtheorie I: Grundlagen. Eine Einführung in die Grundprobleme der Theorie sozialer Systeme, 7. Aufl., Stuttgart 2006

WILTINGER, K., HEUPEL, T., DEIMEL, K.: Controlling, 2. Aufl., München 2022

WITTE, E.: Phasen-Theorem und Organisation komplexer Entscheidungsverläufe, in: Zeitschrift für betriebswirtschaftliche Forschung (ZfbF), 20. Jg., 1968, S. 625–647

WÖHE, G., DÖRING, U., BRÖSEL, G.: Einführung in die Allgemeine Betriebswirtschaftslehre, 28. Aufl., München 2023

WÖRDENWEBER, M.: Kennzahlen und Verfahren der *Kostenrechnung*, 4. Aufl., Norderstedt 2023

WÖRDENWEBER, M., MELCHER, P. R.: *Leitfaden* für wissenschaftliche Arbeiten. Praktikums-, Seminar-, Bachelor- und Masterarbeiten sowie Dissertationen, 3. Aufl., Berlin 2024

WÖRDENWEBER, M.: *Nachhaltigkeitsmanagement*. Grundlagen und Praxis unternehmerischen Handelns, Stuttgart 2017

WÖRDENWEBER, M.: *Normatives Management* und konstitutive Entscheidungen, 2. Aufl., Norderstedt 2022

WÖRDENWEBER, M.: *Operatives Controlling – Band 1*. Planung, Datenaufbereitung, gesamtbetriebliche Kennzahlen, Kontrolle, 3. Aufl., Berlin 2021

WÖRDENWEBER, M.: *Operatives Controlling – Band 2*, Kennzahlenanalyse der betrieblichen Funktionsbereiche – Grundlagen, Methoden, Techniken, 3. Aufl., Berlin 2022

WÖRDENWEBER, M.: Wertorientiertes Controlling, 2. Aufl., Norderstedt 2022

WOLFFRAMM, S.: Die ethische Dimension des Compliance: Notwendigkeit oder Hindernis? München 2008

WRIGHT, T. P.: Factors effecting the cost of airplanes, in: Journal of Aeronautic Science, 1936, S. 122–128

WUNDERER, R.: Führung und Zusammenarbeit. Eine unternehmerische Führungslehre, 3. Aufl., Neuwied 2000

ZELL, M.: Kosten- und Performance Management. Grundlagen – Instrumente – Fallstudie, Wiesbaden 2008

ZIEGENBEIN, K.: Controlling, 10. Aufl., Herne 2012

ZWICKY, F.: Entdecken, Erfinden, Forschen im morphologischen Weltbild, 2. Aufl., München 1989

Stichwortverzeichnis

Prof. Dr. Martin Wördenweber studierte Betriebswirtschaftslehre an der Westfälischen Wilhelms-Universität Münster. Danach war er u. a. als Leiter Controlling/Finanzen und Geschäftsführer mehrerer mittelständischer Unternehmen tätig. Bis 2024 war er Professor für Betriebswirtschaftslehre, insbes. Rechnungswesen und Controlling, an der HSBI Hochschule Bielefeld sowie Dozent für Investition, Finanzierung, Marketing und Management an anderen Hochschulen.

unternehmensplanung@dr-woerdenweber.de